Heon-Wook Park

Die Kirche als „Leib Christi“ bei Paulus

BRUNNEN VERLAG GIESSEN/BASEL

Die THEOLOGISCHE VERLAGSGEMEINSCHAFT (TVG)
ist eine Arbeitsgemeinschaft der Verlage
Brunnen Gießen und R. Brockhaus Wuppertal.
Sie hat das Ziel, schriftgemäße theologische Arbeiten
zu veröffentlichen.

Inaugural-Dissertation zur Erlangung der Doktorwürde
der Evangelisch-theologischen Fakultät
an der Eberhard-Karls-Universität zu Tübingen

Die Deutsche Bibliothek – CIP-Einheitsaufnahme

Park, Heon-Wook:
Die Kirche als „Leib Christi" bei Paulus /
Heon-Wook Park. –
Giessen ; Basel : Brunnen-Verl., 1992
(Monographien und Studienbücher)
Zugl.: Tübingen, Univ., Diss.
ISBN 3-7655-9378-8

Umschlag: Friedhelm Grabowski
Herstellung: Weihert-Druck, Darmstadt
ISBN 3-7655-9378-8

VORWORT

Das vorliegende Buch ist der krönende Abschluß eines langen und ungewöhnlichen Bildungsweges. Sein Verfasser, Dr. theol. Heon-Wook Park, wurde als sechstes Kind eines koreanischen Pfarrers in Ogaki, Japan, 1950 geboren; in der Industriestadt Nagoya wuchs er auf und besuchte dort verschiedene japanische Schulen. Am bekannten Union Theological Seminary in Tokio begann er 1968 sein Studium und erwarb dort 1972 den Grad eines Bachelor of Arts und 1974 den eines Master of Divinity. Aber da er - wie sein Vater - einer koreanischen Gemeinde als Pfarrer dienen wollte, entschloß er sich dazu, auch die Sprache, Theologie und Kirche seines Heimatlandes kennenzulernen. Er studierte deshalb von 1974 bis 1976 in Seoul, Korea, und zwar zunächst an einem methodistischen und dann an einem presbyterianischen Seminar. Dort lernte er auch seine zukünftige Frau, die Tochter des Seminar-Präsidenten, kennen. Während eines Vikariats an der koreanischen Kirche in Kyoto, Japan, studierte er nebenbei koreanische Kirchengeschichte, vor allem ihr Verhältnis zu Japan; diese Arbeit wurde 1978 mit dem Grad eines Masters of Theology durch das presbyterianische Seminar in Seoul belohnt. Anschließend diente Heon-Wook Park fünf Jahre lang als Pfarrer der Okayama-Kirche in Japan.

Noch einmal wurde der Dienst in der Kirche durch eine Phase des Studiums unterbrochen. 1982 wurde Herr Park vom Nationalen Kirchenrat in Japan und vom Weltkirchenrat in Genf für ein Stipendium des Diakonischen Werks der EKD in Stuttgart empfohlen, das ein Studium in Tübingen und die Erlangung eines Dr. theol. von der dortigen Evangelisch-theologischen Fakultät ermöglichte; dabei hat auch das Albrecht-Bengel-Haus in Tübingen ihn für elf Monate finanziell unterstützt. Für mich war es eine große Freude, den strebsamen, begabten und immer fröhlichen Herrn Park in die Gruppe meiner Doktoranden aus dem Fernen Osten aufnehmen zu können. Sein Umgang mit fremden Sprachen war sehr beeindruckend: Am Goethe-Institut in Schwäbisch Hall lernte er Deutsch innerhalb von zwei Monaten, dann schaffte er in Tübingen das Latinum; aus Japan hatte er die Kenntnis des Griechischen und Hebräischen mitgebracht, die er in Tübingen ständig erweiterte. Erstaunlich war es, wie souverän er mit jüdischen Quellen umgehen konnte oder auch Literatur anderer europäischer Sprachen für seine Arbeit heranzog. Neben seiner wissenschaftlichen Arbeit hat Herr Park auch am kirchlichen Leben aktiv teilgenommen, einer koreanischen Gemeinde in Tübingen gedient, im Tübinger Kantatenchor als Tenor mitgesungen und in württembergischen Kirchen gepredigt.

Das Thema seiner Dissertation brachte er aus Japan mit. Die Vorstellung von der Kirche als dem Leib Christi ist ja ungemein wichtig und hilfreich, gerade auch bei der Begegnung von Christen verschiedener Kontinente: Alles erscheint fernliegend und fremd, aber als Glieder am geistlichen Leib Christi gehören wir zusammen, wissen uns verbunden durch einen Geist, einen Herrn, einen Gott. Aber wissenschaftlich gesehen blieb bislang vieles unklar an dieser paulinischen Vorstellung; zu verschieden waren die Antworten auf die Frage nach dem religionsgeschichtlichen Hintergrund und der theologischen Bedeutung des "Leibes Christi" der Kirche ausgefallen. Eine neuerliche Untersuchung schien deshalb dringend notwendig.

Herr Park hat sich die Arbeit nicht leichtgemacht. Mit großer Energie erforschte er vor allem das reiche jüdische Erbe des Apostels und ehemaligen Pharisäers Paulus, das dieser im Glauben an den gekreuzigten und auferstandenen Herrn verwaltet, entfaltet und für die christliche Verkündigung fruchtbar gemacht hat: Sollte nicht auch die neue ekklesiologische Erkenntnis vom "Leib Christi" in erster Linie auf diesem Boden gewachsen sein? Diese Frage wird im vorliegenden Buche bejaht: Die Vorstellung von der Kirche als dem Leib Christi ist genuin paulinisch und durch eine konstruktive Auslegung der Bibel des Apostels entstanden, der dabei die exegetischen Anliegen und Arbeiten seiner Landsleute berücksichtigt und ernstgenommen hat.

Allen, die das Zustandekommen dieses Buches ermöglicht haben, sei hier herzlich gedankt: dem Diakonischen Werk der EKD und dem Albrecht-Bengel-Haus für die finanzielle Förderung des Stipendiaten, sodann dem "Arbeitskreis für evangelikale Theologie" und "Hilfe für Brüder"/Stuttgart für einen namhaften Druckkostenzuschuß.

Otto Betz

INHALT

EINLEITUNG

Die für den Apostel Paulus charakteristische Bezeichnung der Kirche ist die des "Leibes Christi". Mit ihr wird besonders die enge Verbindung zwischen Christus und den Gliedern seiner Gemeinde veranschaulicht. Der "Leib Christi" hat für den Apostel funktionale Bedeutung. Denn alle bedeutsamen Lebensäußerungen der Kirche kommen "christologisch", in organischem Verhältnis zu Christus, zum Ausdruck: Geist und Wort, der Glaube, der Dienst, die Sakramente. Deshalb ist in der Regel die Paränese der Ort, an dem der Apostel ausdrücklich von der Kirche spricht. Aber in den Briefen an die Kolosser und Epheser ist die doxologische Redeweise von der Kirche vorherrschend, und von der Sache her sollte sie der paränetischen voraufgehen. Diese Tatsache spricht für die Ansicht, daß mit einer profangriechischen Herleitung und einer sozial-praktischen Auslegung der Bezeichnung "Leib Christi" das theologische Anliegen des Apostels keineswegs voll erfaßt wird. Bei der religionsgeschichtlichen, traditionsgeschichtlichen und theologischen Untersuchung der paulinischen Ekklesiologie ist zunächst zu beachten, daß die Wendung "Sōma Christou" nicht den Leib eines Kollektivs, der messianischen Gemeinde, bezeichnet, sondern von einem einzelnen, nämlich Christus, spricht. Es wird nicht von einer Vielheit her auf die sie zusammenbindende Einheit geschaut und Christus als Zentrum und organische Führungsstelle für die Glieder gedacht. Vielmehr "hat" der himmlische Christus die Kirche, und zwar als einen die menschliche Welt durchdringenden und sie umspannenden Leib. Diese Tatsache muß in erster Linie beachtet werden. Erst dann soll das Verhältnis der Glieder dieses Leibes vom Gedanken eines Organismus her untersucht werden, wobei durch solch einen Vergleich vor allem die Solidarität der Glieder untereinander deutlich gemacht wird. Man ist sich heute darüber einig, daß die paulinische Ekklesiologie zutiefst Christoloie ist.

Es ist deshalb nicht beabsichtigt, die anthropologische Rolle des sōma-Begriffs bei Paulus zu behandeln; vielmehr gilt das Interesse der mit dieser Bezeichnung verbundenen Christologie und Ekklesiologie. Dennoch ist zunächst zu fragen, ob und inwiefern die ekklesiologische Größe des Leibes Christi am anthropologischen Begriff sōma orientiert bleibt. Der Apostel hat den Begriff sōma anthropologisch als das menschliche "Selbst", als Person verstanden, die jedoch nicht als isoliertes Individuum, sondern als eine in der Wirklichkeit von verschiedenartiger Kommunikation und Herrschaft existierende Größe gemeint ist (z.B. 1. Kor. 6,12-20). Die Kraft der Auferstehung transzendiert die Individualität und ordnet die Christen in die Gemeinschaft der im Reich Gottes Lebenden ein, die Paulus auch als eine leibliche verstanden wissen will, wobei er jeden Spiritualismus abwehrt. Von diesen Voraussetzungen her kann die Vorstellung vom Leib Christi näher bestimmt werden. Indem der erhöhte Christus unsere irdischen Leiber durch Wort und Glauben, Geist und Sakrament in die Gemeinschaft mit ihm und in seine Herrschaft eingliedert, erweist er den Bereich dieser Herrschaft auf Erden als seinen eigenen Leib, der durch die Kraft des Geistes belebt wird.

Das ist jedoch nur eine Seite des zu betrachtenden Sachverhalts. Die Frage, weshalb der Apostel die von Christus geleitete Gemeinde mit der Wendung "Leib Christi" beschreibt und wie der Genitiv "Christi" auf den anthropologischen Begriff "Leib" zu beziehen ist, muß näherhin beantwortet werden. Es wird in dieser Untersuchung die These aufgestellt, die paulinische Vorstellung von Christus als eschatologischem Adam = Anthrōpos habe auch die Bestimmung der Kirche als "Leib Christi" ermöglicht. Die Verbindung dieser beiden echt paulinischen Größen ist sehr wichtig, wie überhaupt der Sinngehalt der Bezeichnung "Leib Christi" von der religionsgeschichtlichen Frage nach deren Ursprung wesentlich abhängig ist. Die zahlreichen, bisher gegebenen, Antworten auf diese Frage können jedoch nicht als zufriedenstellend angesehen werden (Teil A dieser Arbeit).

Nicht selten leitet man die gesamte Konzeption vom Christusleib der Kirche von den Ausführungen des Paulus über das Sakrament des Abendmahls (vor allem in 1. Kor. 10,16f) ab. Auf diese Weise will man sie als eine genuin christliche Schöpfung erklären, die keiner weiteren religionsgeschichtlichen Untersuchung bedarf. Jedoch gilt es zunächst zu erkennen, daß gerade 1. Kor. 10,16f eine traditionskritische Differenzierung verlangt. Die Bezeichnung des eucharistischen Brotes als "Leib Christi" war Paulus liturgisch vorgegeben, dazu auch die Tatsache, daß die Teilnahme an Brot und Kelch den Glaubenden in das Todesschicksal Jesu mit einbezieht. Aber die Verbindung dieser eucharistischen Anschauung mit der ekklesiologischen vom Christusleib der Kirche wurde erst durch den Apostel hergestellt. Wie war sie möglich? Es wird hier nachgewiesen, daß gerade an dieser Stelle das Motiv "Adam-Christus" (vgl. Gen 2,21ff) und das vom Menschensohn als Gottesknecht (Dan 7,13 und Jes 53) zum Tragen kommt; das wird in Teil D und E dieser Arbeit im einzelnen nachgewiesen. Zuvor wird in Teil B der alttestamentliche und der jüdisch-hellenistische Hintergrund, nämlich der individuelle und kollektive Gebrauch des Begriffs sōma, das Verhältnis von Leib und Seele sowie das Zusammenwirken der Glieder eines Leibes bei Juden und Griechen dargestellt.

Die paulinische Vorstellung vom "Leib Christi" hat ihre Wurzeln auch in den Jesusworten der Evangelien (Teil C). Die Jesusworte über Leib und Seele weisen auch charakteristische Unterschiede gegenüber den frühjüdischen, apokalyptischen und hellenistischen Aussagen auf; eine traditionsgeschichtliche Kontinuität: Jesus -

Urgemeinde - Paulus läßt sich aufzeigen. Für unser Thema wichtig sind nicht nur die anthropologischen Aussagen Jesu über Leib und Seele, Leib und Glieder, sondern auch Menschensohnworte, die ekklesiologische und sakramentale Bedeutung haben. Schließlich werden noch andersartige Vorstellungen behandelt, die bei Paulus mit den Ausführungen über den Leib Christi verbunden sind, so etwa die vom Gottesvolk, vom neuen Tempel, vom alten und neuen Bund.

A

DIE FORSCHUNGSGESCHICHTE ÜBER DEN PAULINISCHEN BEGRIFF σῶμα UND σῶμα Χριστοῦ

O. Michel hat im Jahre 1940 die letzten 20 Jahre der Diskussion, besonders über den Ursprung des paulinischen Begriffes σῶμα, dargestellt[1]. Am Schluß der Darstellung meint er, viele paulinische Begriffe, die das Neue Testament für die Gemeinde verwende, auch das σῶμα Χριστοῦ, gründen auf dem Osterereignis: "Durch die Auferweckung entsteht der 'neue Tempel seines Leibes' im johanneischen (Joh. 2,20f) als auch im synoptischen (MK. 14,58) Sinn. Das Geheimnis des himmlischen Leibes Christi teilt sich der irdischen Jünger- und Bruderschaft Jesu mit und macht sie zur ἐκκλησία τοῦ θεοῦ und zum σῶμα Χριστοῦ, wobei vielleicht der letztere Begriff einen sakramentalen Unterton erhält"[2].

Zehn Jahre danach hat Th. Soiron das römisch-katholische Verständnis vom Begriff σῶμα Χριστοῦ behandelt. Wir werden später das Ergebnis seiner Untersuchung vorstellen[3]. J. J. Meuzelaar hat 1961 eine ausgezeichnete Bibliographie über die bisherigen Untersuchungen vom Begriff σῶμα herausgegeben und darüber hinaus die in ihm enthaltenen Probleme beschrieben. Er weist darauf hin, daß die Forschung sich bis jetzt viel mehr mit Versuchen beschäftigt hat, den Ursprung des paulinischen Begriffes klarzulegen, als die naheliegende Frage zu stellen, in welcher Situation und mit welcher Intention der Apostel den Begriff Leib Christi verwendet habe, was also der praktische Sinn dieses Ausdrucks sein soll[4]. Aber wie wir gleich zeigen werden, entstehen einige Probleme, wenn die exegetische Methode nur den praktischen Sinn dieses Ausdrucks im Blick hat.

Von Beginn dieses Jahrhunderts an erhielt dieser Begriff - unabhängig vom bisherigen traditionellen Kirchenrecht - seine eigene theologische Bedeutung. Er wurde erörtert von der historisch-kritischen Forschung und in der ökumenischen Bewegung, und vor allem von katholischen Theologen wegen seiner Wichtigkeit in der katholischen Ekklesiologie. Die katholischen Theologen haben ihn besonders auch in der Beziehung zum mystischen Leib Christi bei Augustinus erörtert.

---

1 O. MICHEL, Das Zeugnis des Neuen Testaments von der Gemeinde, 1941, 44ff.
2 AaO 56.
3 Th. SOIRON, Die Kirche als der Leib Christi, 1951, 9ff.
4 J. J. MEUZELAAR, Der Leib des Messias. Eine exegetische Studie über den Gedanken vom Leib Christi in den Paulusbriefen, 1961, 16.

Wir können nicht alle diese Debatten einschließlich der in Frankreich und England entstandenen Studien behandeln[5]. Die nun folgende Übersicht, die bis in die 60er Jahre reicht, wird hauptsächlich auf den Bereich der deutschen Arbeiten beschränkt. Diese gehen jedoch auch auf die Ansichten ein, die auch in vielen anderen Ländern erörtert wurden. Die in den 70er und 80er Jahren neu entstandenen Debatten über die paulinische Leib-Christi-Vorstellung wollen wir später in Teil D und Teil E behandeln.

§ 1 Die römisch-katholische Debatte über den Leib Christi

Die beiden von mir gewählten Vertreter auf der katholischen Seite sind A. Wikenhauser und Th. Soiron. A. Wikenhauser hat in seinem Buch[6] das klassische katholische Verständnis von der Kirche als dem mystischen Leib Christi dargestellt. Aufgrund von 1. Kor. 12,13 zeigt er, daß die Christusgläubigen durch den Empfang des Geistes zu einer Einheit zusammengeschlossen werden, die Paulus als (mystischen) "Christus" oder "Leib" bezeichnet[7]; dies sei - so betont Wikenhauser - die grundsätzliche Dimension des Begriffes σῶμα. Der Organismus-Gedanke in 1. Kor. 12 und Röm. 12 wird von ihm als Nebengedanke bezeichnet, der aus der hellenistischen Philosophie stamme. Wikenhauser nimmt weiterhin an, daß der Apostel Paulus in der theologischen Formulierung und sprachlich-bildhaften Darstellung seiner Gedanken über die Kirche und ihr Glieder-Verhältnis zu Christus von der Gnosis, speziell einem gnostischen Urmensch-Erlöser-Mythos, beeinflußt sei, weil die Begrifflichkeit der Gnosis offenbar die Sprache seiner Umwelt war[8]. Aber der theologisch-sachliche Inhalt stamme bei Paulus nicht aus der Gnosis[9]. Aber wir müssen uns fragen, ob die gnostische Terminologie ohne Einwirkung auf den Inhalt gebraucht werden kann. Ausdrucksform und Bedeutung, die sich in einem Wort vereinigen, können nicht leicht voneinander getrennt werden. Form und Begriff gehören eng zusammen. Auf unsere Frage, was der Inhalt des σῶμα Χριστοῦ ist, antwortet Wikenhauser mit dem traditionellen Verständnis, nämlich mit dem mystischen Leib Christi bei Augustinus. Auf die Frage, wie Paulus ein Verfechter dieser mystischen Auffassung gewesen sein könne, gibt er nur zur Antwort, der Apostel habe seine theologischen Erkennntnisse aufgrund "seiner religiösen Erfahrung und der Erleuchtung und Führung durch den Heiligen Geist"[10] erhalten.

5 Über die Literatur in Frankreich und England vgl. R. JEWETT., Paul's Anthropological Terms, 1971, 202.

6 A. WIKENHAUSER, Die Kirche als der mystische Leib Christi nach dem Apostel Paulus, (1937) ²1940.

7 AaO 92.

8 AaO 239.

9 AaO 239.

10 AaO 229.

Th. Soiron hat auf die Frage nach der traditionellen mystischen Interpretation von σωμα Χριστου anders geantwortet[11]. Er unterscheidet drei verschiedene Lösungen des Problems, deren Vertreter er kurz zu Wort kommen läßt. Die erste ist die "realistisch-somatische" Lösung, nach der die Gegenwart Christi in der Kirche und ihren einzelnen Gliedern nicht nur die Gottheit Christi, sondern auch dessen verklärte Menschheit einschließt[12], so F. Kastner in seinem Buch "Marianische Christusgestaltung der Welt"[13]. Kastner schreibt, "... daß die Substanz des verklärten Christus die Substanz der ihm angeeigneten Glieder zu innerst durchdringt"[14]. Soiron zitiert auch Donatus Haugg, der in demselben Sinne wie Kastner antwortet: "Es wohnt Christus als der Auferstandene und Erhöhte nicht etwa bloß seiner Gottheit, sondern auch seiner verklärten Menschheit nach im Gerechtfertigten"[15] und "Wir sind nicht bloß Christi Eigentum (Christi sumus), *wir sind Christus* (christus sumus)"[16].

Die zweite ist die "bildliche" Auffassung, die im Gegensatz zur realistisch-somatischen Deutung steht. Der Leib Christi sei nur eine Metapher unter anderen Metaphern, die die Kirche als Gesellschaft mit einer besonderen Beziehung zu Christus beschreibt. Als Beispiel für diese Auffassung ist L. Deimels Buch zu nennen: "Leib Christi, Sinn und Grenzen einer Deutung des innerkirchlichen Lebens"[17]. Nach seiner Meinung hat Paulus das in der vorchristlichen Zeit gebrauchte Bild vom Leibe (z.B. bei Plato und Livius[18]) auf die christliche Gesellschaft angewandt. Dieses Bild zeigt, daß ein menschlicher Leib und eine Gesellschaft trotz großer Mannigfaltigkeit einen einzigen Zweck haben sollen. Deimel sagt, daß die Leib-Christi-Lehre des Apostels den Leib der Kirche durch den Zusatz "Christi" ('genitivus possessivus') von jeder anderen Körperschaft unterscheidet, weil diese Körperschaft Christus angehört und Christus als Heiliger Geist innerlich der Gesamtheit der Kirche begegnet. Demgegenüber zeigt das Wort "Leib" selbst für sich genommen "die natürliche gesellschaftliche Anlage und Verfassung der Menschen"[19]. Das heilige Bild vom σῶμα Χριστοῦ ist auf seiner höheren Ebene auch wieder nur ein Bild unter Bildern.

Im gleichen Jahr hat M. D. Koster einen Einwand gegen das Verständnis des Leibes Christi bei Augustin erhoben: Der hebräische Begriff "Volk Gottes" sei ein besseres Bild für die Kirche als der Ausdruck "Leib Christi", und dieser Begriff stehe hinter der paulinischen Wendung. Koster schreibt: Dem Verständnis Augustins mußte "die Priorität der Sachbezeichnung 'Volk Gottes', des Heilskollektivs vor dem Heilspersonalismus, die Deutung der Metapher 'Leib Christi' von der Grundvorstellung

---

11 T. SOIRON, Die Kirche.
12 AaO 9.
13 F. KASTNER, Marianische Christusgestaltung der Welt (²1936) ⁴1937.
14 AaO 197.
15 AaO 52.
16 AaO 130.
17 L. DEIMEL, Leib Christi, Sinn und Grenzen einer Deutung des innerkirchlichen Lebens, 1940.
18 Die berühmte Fabel des Menenius Agrippa Liv, in: The Loeb Classical Library, Libr I, Books I & II, (1916) ⁶1961, 323-325.
19 L. DEIMEL, Leib Christi, 167.

des 'Volkes Gottes' und der 'Gliedperson' dieses 'Volkes' aus und ... die saubere Scheidung von Christologie und Ekklesiologie entgegengehalten werden"[20].

Die dritte ist die "bildlich-reale" Lösung, die Soiron selbst als einen Kompromißvorschlag bietet. Die dritte Lösung faßt zwar die Leib-Idee als bildlich auf, findet aber in ihr doch eine Wirklichkeit von mystischer Tiefe und Größe. Als Vertreter dieser Lösung seien Wikenhauser, Feckes, Bernhart, Casel, Mitterer, Loosen, Adam und Jüsser genannt[21].

Diese Forscher betonen wie aus einem Munde, die Kirche sei ein Organismus, den Christus mit dem Heiligen Geist versorge. Mitterer kommt zu folgendem Resultat: "... die heilige Kirche ist ein übernatürlicher Organismus, bestehend aus Menschen als seinem Wesensstoff und dem Heiligen Geist als seiner Wesensform oder Seele, wie ein biologischer Organismus eine Lebensgemeinschaft ist, ..."[22]. Wie Mitterer, so kommt auch Soiron zum Schluß, daß in 1. Kor. 12,12 Christus und die Gemeinde sich zu einer personhaften, mystischen Einheit verbinden, in der die Eigenpersönlichkeit der Glieder gewahrt, aber ebenso auch die personhafte, mystische Einheit gesichert bleibt, die er ὁ Χριστός - "der Christus" - nennt[23]. Er betont, daß Christus seinen Leib, die Kirche, als den einen und einzigen Leib Christi durch den einen, einzigen Heiligen Geist schafft[24], und daß der Leib Christi als die hierarchische Ordnung des Leibes Christi an drei Stellen, 1. Kor. 12,28-31; Röm. 12,4-8 und Eph. 4,11-13 dargestellt wird[25]. Er antwortet auf die Frage, welches Ziel die mystische Vereinigung Christi mit der Kirche und ihren Gliedern habe: "Er, der Christus als Haupt und Leib, ist der eine neue Mensch (Eph. 2,15), in dem sich der Heilsplan Gottes am einzelnen Menschen und in der Menschengemeinschaft erfüllt und für die Menschheit jene Menschenwirklichkeit gewonnen werden soll, für die Gott sie berufen und bestimmt hat"[26a]. Der Mittelpunkt dieser Interpretation ist, daß gerade der Heilige Geist den Inhalt der Ausdrücke 'mystisch'[26b], 'realistisch' und 'physisch' füllen kann.

20 M. D. KOSTER, Ekklesiologie im Werden, 1940, 19-20.

21 A. WIKENHAUSER, Die Kirche als der mystische Leib Christi nach dem Apostel Paulus; DERS., Die Christusmystik des hl. Paulus, 1928; FECKES, Das Mysterium der heiligen Kirche, 1934; J. BERNHART, Die Kirche des lebendigen Gottes: Kosmos, Hierarchie und Kirche, in: Theologie der Zeit, 1936, 65ff; O. CASEL, Die Kirche als Braut Christi nach Schrift, Väterlehre und Liturgie, in: Theologie der Zeit, 1936, 91ff; A. MITTERER, Biologische Grundlagen einer organischen Auffassung von der Kirche, in: Theologie der Zeit, 1936, 112ff; J. LOOSEN, Unsere Verbindung mit Christus. Eine Prüfung ihrer scholastischen Begrifflichkeit bei Thomas und Skotus. 2. Teil, in: Scholastik 16 (1941), 193ff; K. ADAM, Ekklesiologie im Werden?, in: Theol. Quartalschrift 122 (1941), 145ff; K. JÜSSEN, Christus in der Kirche, in: Oberrheinisches Pastoralblatt, 1942, 57ff, 77ff.

22 A. MITTERER, Geheimnisvoller Leib Christi, Nach St. Thomas von Aquin und nach Papst Pius XII, 1950, 118.

23 T. SOIRON, Die Kirche, 174.

24 AaO 181.

25 AaO 185.

26a AaO 189.

26b SOIRON bestimmt den Begriff "mystisch" zweifach: er soll vor Verwechslungen mit dem natürlichen, fleischlichen Menschenleib Jesu Christi und dem connubium divinum der hypostatischen Union bewahren und damit Irrlehren verhüten (aaO 27).

Dennoch kann die oben erwähnte Diskussion den biblischen Grund für ihre eigenen Behauptungen nicht deutlich genug zeigen. Ein Schema wird gegen das andere gestellt, um einen zufriedenstellenden Kompromiß zwischen dem Text und der theologischen Tradition, in deren Mitte Augustinus steht, zu erreichen.

Später wurde die röm.-katholische Debatte über das Verständnis des Augustin hinaus geführt. Die neue Forschung über den Ausdruck σῶμα Χριστοῦ erhält durch die Methode der historisch-kritischen Exegese zunehmend mehr Erfolg. F. Mussner hat 1955 in seiner Schrift "Christus, der All und die Kirche" eine historisch-kritische Methode gebraucht[27], mit der er das traditionelle Verständnis des Heiligen Geistes als Lebensprinzip der Kirche aufgesprengt hat. Er hat nämlich zum Text 1. Kor. 12,13 geschrieben: "Vielmehr kommt durch 'in einem Pneuma' zum Ausdruck, daß der Pneumaempfang in der Taufe die Ursache für das Zustandekommen des Gemeinde-Leibes ist, vor allem aber - im ganzen Zusammenhang des Textes -, daß die Einheit des Leibes durch die Einheit des Taufpneuma bedingt ist"[28]. Drei Jahre danach analysierte J. Reuss die Lehre von der Gemeinde bzw. der Kirche als "Leib Christi" historisch-kritisch in ihrem geschichtlichen Zusammenhang so, daß der Unterschied zwischen den Hauptbriefen und den Deuteropaulinen deutlich wurde[29]. Nach seiner Meinung stammt die Vorstellung der Kirche als "Leib Christi" nicht aus dem stoischen Gedanken, der die Gesamtheit des Kosmos oder den Staat sowie die Stadt als einen Organismus betrachtet, sondern aus der Tiefe der paulinischen Christologie: Der Apostel kannte zwar auch jene stoische Vorstellung und benutzte sie, aber nur um die Einheit der Christen unter sich zu veranschaulichen, die aus ihrer sakramentalen Verbindung mit dem verklärten Leibe Jesu Christi als des zweiten Adam entstanden ist[30].

P. Neuenzeit hat 1960 in seiner Studie zu den vorpaulinischen Traditionen des Herrenmahls die Beziehung des Leibes Christi zum Sakrament des Herrenmahls hergestellt und einen hellenistisch-gnostischen Einfluß auf den Begriff entdeckt[31].

Auch R. Schnackenburg benützt eine ähnliche Methodologie[32]. Aber er versucht, den Begriff σῶμα Χριστοῦ vom "Gottesvolk"-Gedanken her zu erfassen, der als der biblische Begriff des "Gesetz Gottes" verstanden wird. Es sei zu vermeiden, daß man auf den heilsgeschichtlichen Begriff des "Volkes Gottes" verzichten, den Leib-Christi-Gedanken verabsolutieren und allein von ihm aus weiterspekulieren wolle. Seine Forschung möchte nicht dogmatische Aussagen auf das Neue Testament anwenden, sondern sich auf ein von der Bibel selbst gebrauchtes Motiv stützen. Wir werden jedoch

27 F. MUSSNER, Christus, das All und die Kirche, 1955.

28 AaO 132f.

29 J. REUSS, Die Kirche als Leib Christi und die Herkunft dieser Vorstellung beim Apostel Paulus, BZ NF 2 (1958).

30 AaO 118.

31 P. NEUENZEIT, Das Herrenmahl, Studien zur paulinischen Eucharistieauffassung, 1960, 201.

32 R. SCHNACKENBURG, Wesenszüge und Geheimnis der Kirche nach dem neuen Testament, in: Mysterium Kirche in der Sicht der theologischen Disziplinen, 1962, 89-199. Vgl. auch DERS., Die Kirche im Neuen Testament, (1961) 1966, 147.

später auf die bei ihm vorliegenden Probleme hinweisen[33]. Den Bezug zum gnostischen Urmensch-Mythos, zum "Gottesvolk"-Hintergrund und zur alttestamentlich-jüdischen Tradition wollen wir ausführlich in den folgenden Teilen (B bis E) diskutieren.

§ 2 Die idealistische Deutung des σῶμα

F. C. Baur behauptete, daß σῶμα wesentlich mit dem theologisch wichtigen Wort σάρξ identisch sei[34]. C. Holsten meinte dagegen, σάρξ habe als Stoff des organischen Leibes in der Kategorie der Substanz seine Bestimmung, während σῶμα als organischer Leib der Kategorie der Form angehöre. Baurs Begriffsbestimmung, die σάρξ und τὸ σῶμα τῆς σαρκός gleich setzt, sei falsch[35]. Infolge des Urteils von Holsten sagte H. Lüdemann bei seiner Interpretation von 1. Kor. 15,35-50, daß der Begriff σῶμα eine Form sei, in die jede beliebige Materie eingehen könne, wie besonders V. 40 zeige[36]. Bei diesem Verständnis von σάρξ und σῶμα als Stoff und Form ist es nun möglich, daß σῶμα öfter gebraucht wird als σάρξ, sofern mit dem Begriff für die Form zugleich auf den von ihr umschlossenen Stoff reflektiert sein kann. Nie aber könne σάρξ an der Stelle von σῶμα gebraucht werden, denn σάρξ kann bei Paulus kein Formbegriff sein. Nach dem Verständnis Lüdemanns ist der Begriff σῶμα der Träger, die Anschauungsform, für die ganze Persönlichkeit des Menschen. Deshalb konnte er dem Begriff σῶμα eine theologische Bedeutung zuerkennen. Pfleiderer und Holtzmann sind ähnlicher Meinung wie Lüdemann. Pfleiderer urteilt, die σάρξ sei der Stoff des (irdischen) Leibes, der Leib aber die organisierte Form, in welcher dieser Stoff als konkretes irdisches Individuum existiere. Und er bestimmt das Bild der Gemeinde als "Leib Christi" folgendermaßen: Christus verhält sich zu dieser Gesamtheit als der innerlich beseelende Geist des ganzen Leibes, der die einzelnen als seine Organe beherrscht (1. Kor. 6,15) und untereinander als Glieder verbindet[37]. H. J. Holtzmann meint auch, der äußere Mensch vereine in sich sowohl den Stoff (σάρξ) wie die Form des Leibes (σῶμα). Die 2. Kor. 5,1-4 begegnenden Bilder vom Gewand, von der Nacktheit, vom Angezogen- und Darüberangezogenwerden, von der unwürdigen Haft des Geistes im Gefängnis des Leibes, von dem körperlosen Ich als Ideal zukünftiger Vollendung usw., scheinen der griechischen Sprache zu entstammen, z.B. der Demokrits, des Empedokles und Platos[38]. Holtzmann folgte dem Verständnis des Leibes

---

33 S.u. 44f.

34 F. C. BAUR, Vorlesungen über neutestamentliche Theologie, 1864, 143ff.

35 C. HOLSTEN, Zum Evangelium des Paulus und des Petrus, 1868, 370ff.

36 H. LÜDEMANN, Die Anthropologie des Apostels Paulus und ihre Stellung innerhalb seiner Heilslehre. Nach den vier Hauptbriefen, 1873, 7ff.

37 O. PFLEIDERER, Paulinismus. Ein Beitrag zur Geschichte der urchristlichen Theologie, (1873) ²1890, 62, 241.

38 H. J. HOLTZMANN, Lehrbuch der neutestamentlichen Theologie, Bd. II, (1897) ²1911, 13.

Christi von Pfleiderer[39]. Dieses schien von den Forschern aufgenommen zu werden, während sie sich in anderen Punkten dem Standpunkt Holstens und Holtzmanns widersetzten. Z.B. hat Beyschlag den Leib als Organismus bestimmt; in der Idee von der σάρξ herrsche der Begriff des Stofflichen vor[40]. Th. Simon hat diese Meinung weiterentwickelt. Er nennt σῶμα die "Leibesform", der der Leibesstoff gegenübersteht: Die Leibesform beherrscht den Leibesstoff. So schafft sich die Form durch den Stoff und im Stoff einen sichtbaren Ausdruck und verschafft dem Menschen in dem stofflichen Leib ein Werkzeug, vermittelst dessen er in der stofflichen Welt um ihn her wirken kann (vgl. 2. Kor. 5,10). Dieses Werkzeug heißt σῶμα und ist ein gestaltgebendes Prinzip im Menschenwesen[41]. Das einheitliche, selbstlebendige Gestaltungsprinzip, das nach Verbrauch und Abstoßung der alten Leibesstoffe stets neue Stoffe in seinen Wirkungskreis zieht, beherrscht diese Stoffe und gibt sich in ihnen Gestalt. In dieser Beziehung sagt Holtzmann: "Zu unserer Überraschung finden wir hier den schwierigen paulinischen σῶμα= Begriff als Gemeingut des natürlichen Denkens"[42]. Der Ausdruck "natürlich" ist auf den deutschen Idealismus des späten letzten Jahrhunderts zu beziehen. Der deutsche Idealismus hat einen großen Einfluß auf das Verständnis des Begriffes σωμα bei den Exegeten ausgeübt.

J. Weiss hat 1910 in seinem Kommentar des Ersten Korintherbriefes Kritik an dem bisherigen Verständnis erhoben. Er behauptet, daß man die aristotelischen Kategorien von Form und Stoff (ὕλη und μορφή oder εἶδος) hier nicht heranziehen dürfe, weil für Paulus σωμα doch wieder mehr als nur die räumliche Form oder die äußere Erscheinung ist[43]. Die geeignete Nuance ergibt sich daraus, daß in 1. Kor. 6,14 für τὸ σῶμα (ἡμῶν) einfach ἡμᾶς eintritt und daß Röm. 12,2 (παραστῆσαι τ. σώματα ὑμῶν θυσίαν ζῶσαν) das Wort σῶμα genau an die Stelle tritt, wo in griechischen Parallelen die ganze Persönlichkeit genannt ist. Indem er auf die Immaterialität des σωμα achtete, kam er zu diesem Schluß. R. Bultmann nahm dieses Ergebnis auf und entwickelte es weiter.

§ 3 Die theologische Beurteilung von σῶμα

Bis in die 20er Jahre dieses Jahrhunderts schloß man bei dem Wort σῶμα eine theologische Bedeutung aus. Die Bestimmung des Begriffs σῶμα als Form hatte keine dogmatische, sondern eher eine philosophisch-anthropologische Bedeutung. Nur beim Aus-

---

39 AaO 180.
40 W. BEYSCHLAG, Neutestamentliche Theologie oder geschichtliche Darstellung des Lebens Jesu und des Urchristentums nach den neutestamentlichen Quellen, Bd. II, 1896, 31.
41 Th. SIMON, Die Psychologie des Apostels Paulus, 1897, 9.
42 AaO 10.
43 J. WEISS, Der Erste Korintherbrief (1910) ¹⁰1925, 161.

druck σῶμα Χριστοῦ als Kirche hat man theologisch diskutiert. Deshalb war es eine entscheidende Neuerung, daß T. Schmidt in seinem Buch "Der Leib Christi" eine theologische Bedeutung des Leibes gefunden hat[44]. Angeregt durch seine These begann die moderne Diskussion über diesen Begriff. Schmidt hat nach der Betrachtung des religiösen Hintergrundes geurteilt, daß Paulus das Bild einer Gemeinschaft als Leib aus der griechischen Popularphilosophie genommen habe. Aber seine Anschauung von der Einheit sei anders als die des Hellenismus, weil die Gläubigen überhaupt erst zur Gesamtpersönlichkeit werden und ihre pneumatische Person geradezu mit dieser Gesamtpersönlichkeit zusammenfällt[45]. Deshalb hat Paulus die hellenistischen Gedanken stark umgebildet. Denn das Motiv und das Ziel seines Nachdenkens waren so systematisch und dogmatisch, daß er großes Interesse daran hatte zu zeigen, wie Christus in der Gemeinde gegenwärtig sein könne, und ebenso, daß es sich für ihn vor allem um den erhöhten Christus handelt. Aber dieser Christus thront nicht nur droben im Himmel in unnahbarer Erhabenheit, sondern er geht ein in die Menschenherzen und wird so den Gläubigen innerlich gegenwärtig. Zum Schluß zeigt Schmidt, daß der Zusammenhang zwischen diesen drei Erscheinungsformen Christi zugleich auch leiblich ist. "Es ist der gekreuzigte, also der irdische Leib Jesu, der jetzt in den Himmel erhoben und so mit seinem pneumatischen Leibe identisch ist. Und dieser pneumatische Leib ist es wiederum, an dem die Christen Anteil haben, der sie umfaßt und durchdringt. Dieser Christus aber tritt konkret in Erscheinung erst in der Gemeinde. An sich ist er unsichtbar und nur für den Glauben faßbar. Aber indem er nun die Summe der Christen, die Gemeinde, in seine pneumatische Person aufnimmt, wird er identisch mit dieser Gesamtpersönlichkeit. Er ist der neue Mensch, der zweite Adam, ... Sie (die Kirche) ist sein Leib, der Organismus, in dem seine Persönlichkeit zum Ausdruck kommt, die Verkörperung seiner göttlichen Geisteskraft. So stellt die Gemeinde sein Wesen äußerlich sichtbar dar; in ihr, der Gesamtpersönlichkeit, wird seine unsichtbare Person greifbar, faßbar gegenwärtig"[46].

Obgleich Schmidts Verständnis richtig ist, besteht ein schwacher Punkt dieser Interpretation darin, daß sie nicht zeigen kann, ob Paulus das Wort σῶμα im Zusammenhang mit diesen drei Erscheinungsformen Christi gebraucht hat. Er kann auch nicht belegen, daß Paulus das Wort σῶμα als Brücke und Verbindung zwischen dem himmlischen Sein Christi und seiner sichtbaren Gegenwart in der Gemeinde gebraucht hat. Seine Interpretation von σῶμα ist ein Produkt seiner Reflexion über einige theologisch wichtige Probleme. Sie ist nicht eine historisch-kritische Exegese über den paulinischen Gebrauch.

44 T. SCHMIDT, Der Leib Christi. Eine Untersuchung zum urchristlichen Gemeindegedanken, 1919.
45 AaO 234.
46 AaO 249f.

§ 4 Die Strukturen der modernen Interpretation

I. Die existentiale Interpretation

R. Bultmann kritisierte die bisherige idealistische interpretation des σῶμα und trug dazu bei, eine neue theologische Bedeutung des Wortes zu finden. In einem frühen Aufsatz[47] legte er dar, daß Paulus menschliches Existenzverständnis nicht durch das neuzeitliche Entwicklungsdenken bestimmt war; nicht durch Rationalismus, Klassik und Romantik, nicht durch die moderne Naturwissenschaft und Psychologie und nicht durch die in all diesen Strömungen wirksamen Motive des griechischen Verständnisses von Sein und Dasein, sondern nur durch das Verhältnis "ich - du", wo "ich" Gott begegne. "Die Einheit des Menschen ... ist vielmehr als geschichtliche gesehen, d.h. als eine solche, die dadurch gegeben ist, daß der Mensch von einem Du beansprucht ist"[48]. Bultmann stellt eine kritische Frage an das Verständnis von σῶμα und σάρξ als eines "Was" (Form-Stoff) am Menschen, das Holsten und Lüdemann bis Holtzmann teilten, obwohl er sieht, daß Paulus sich in 1. Kor. 15,38ff - ausnahmsweise aus einem apologetischen Grund - durch das griechische Verständnis leiten läßt. Statt dessen deutet er an, daß σῶμα das Sein des Menschen, sofern es seiner Verfügung entnommen ist, das geschichtliche Sein bezeichnet, das nach der Anschauung des Paulus die beiden Möglichkeiten hat, durch Gott oder durch die Sünde bestimmt zu sein. "Das Wie (nicht Was) des durch die Sünde bestimmten σῶμα heißt σάρξ, das Wie des neuen Menschen ist das πνεῦμα"[49]. Hier bedeutet der Leib die Person als ganze, die Gott begegnet. Bultmann bestimmt später das Wort σῶμα wie folgt: "Der Mensch hat nicht ein σῶμα, sondern er ist σῶμα "[50]. Aber in seiner Theologie des Neuen Testaments hat Bultmann die Bestimmung des σῶμα fast ausschließlich individualisiert. Der Mensch heißt σῶμα, sofern er sich selbst zum Objekt seines Tuns machen kann oder sich selbst als Subjekt eines Geschehens, eines Erleidens erfährt. "Er kann also σῶμα genannt werden, sofern er ein Verhältnis zu sich selbst hat"[51]. Darin liegt die doppelte Möglichkeit: mit sich selbst einig zu sein oder sich selbst entfremdet zu sein, mit sich selbst im Zwiespalt zu sein. Das gehört zum menschlichen Sein als solchem. Dabei kann aber die fremde Macht als feindliche, den Menschen sich selbst entfremdende, erfahren werden, oder umgekehrt als eine hilfreiche Macht, die den sich selbst entfremdeten Menschen wieder zu sich selbst zurückführt (1. Kor. 9,27; 13,3; Phil. 1,20; 1. Kor. 7,4). Statt des Wortes "Du" = Gott, das früher in seiner

---

47 R. BULTMANN, Die Bedeutung der dialektischen Theologie für die neutestamentliche Wissenschaft, ThBl, VII März 1928, 57-67.

48 AaO 66.

49 AaO 66.

50 R. BULTMANN, Theologie des Neuen Testaments, hg. v. O. Merk, ⁸1980.

51 AaO 196.

Interpretation erschien, steht jetzt der "Nachbar"[52]. Das σῶμα wurde zum Wort, mit dem die Struktur des Daseins bestimmt werden kann. Deshalb verlor das σῶμα jede sinnvolle Beziehung zur physischen Leiblichkeit. Bultmann leugnet nicht, daß σῶμα physische Leiblichkeit bedeutet, weil in 1. Kor. 6,13-20 (... τὸ δὲ σῶμα οὐ τῇ πορνείᾳ ...) der Leib, sofern er der Sitz des sexuellen Lebens ist, nicht durch Unzucht befleckt werden soll. Trotzdem findet er keine besondere Bedeutung an der leiblichen Einheit zwischen Christus und den Christen. Vielmehr behauptet er, "daß das σῶμα das dem Menschen Engstverbundene bedeutet und auf den Sinn von Ich hinausläuft"[53]. Das σῶμα ist nicht etwas dem eigentlichen Ich des Menschen (etwas seiner Seele) äußerlich Anhaftendes, sondern gehört wesenhaft zu diesem, so daß man sagen kann: "der Mensch hat nicht ein σῶμα, sondern er ist σῶμα. Denn nicht selten kann man σῶμα einfach durch 'ich' übersetzen"[54]. Für Bultmann ist das σῶμα wesentlich ein Symbol für die Struktur des un-physischen Menschseins. Seine eigentliche Kritik am Idealismus kam aus der richtigen Erkenntnis, daß das biblische Denken geschichtlich ist und auf etwas bezogen ist. Trotzdem hat seine Absicht, diese Einsicht in ein System, nämlich in eine existentialistische Struktur, hineinzuziehen, das Verständnis von σῶμα verzerrt. Man darf nicht übersehen, daß bei Paulus das σῶμα der Mensch als physischer Leib ist. Der Mensch begegnet und gehorcht Gott in dem von σῶμα bestimmten leibhaften Verhältnis in der Mitte der Geschichte.

Die existentiale Interpretation des σῶμα-Begriffes Bultmanns wurde 1932 von E. Fuchs aufgenommen. Er sagt, daß Paulus kein biologisch-soziologisches Interesse am Leib und den Gliedern habe, sondern die vereinheitlichte Vollständigkeit in der Entscheidung des Menschen behaupte. Die Stelle 1. Kor. 12,12f, in der ein Leib die Einheit trotz verschiedener Glieder darstellt, erörtert er folgendermaßen: "Sofern nun der Leib und die Glieder den Menschen ausmachen, bezeichnet der Leib die Einheit im Handeln des Menschen"[55]. Das menschliche Handeln nach dem Willen Gottes ist nur durch das regulative Prinzip der Einheitlichkeit geleitet. Die Einheit kann der Glaubende gewinnen, wenn sein Handeln die Norm in Christus hat[56]. Wer keine Verantwortlichkeit in seinem leiblichen Sein vor Gott fühlen kann, der wird sein einheitliches "Ichbewußtsein" verlieren und durch eine andere Kraft, nämlich das Fleisch, beherrscht werden[57].

Wir müssen nun fragen, wie Fuchs die "Einheitlichkeit", die der Existentialismus als Einheit des Subjekts und des Objekts bezeichnet, auf den Begriff σῶμα Χριστοῦ

---

52 Auch in seinem anderen Aufsatz, Paulus, RGG², Bd. IV, 1930, 1033ff, tritt der frühere Aspekt zurück, das Menschsein im Verhältnis zu Gott zu betrachten.
53 BULTMANN, Theologie, 196.
54 AaO 195.
55 E. FUCHS, Christus und der Geist bei Paulus. Eine biblisch-theologische Untersuchung, 1932, 13.
56 AaO 13.
57 AaO 15.

anwendet. Er sagt, daß unser Handeln in Christus seine konkrete Einheit gewinnt[58]. Aber in 1. Kor. 12 ist nicht die Einheit des Subjekts und Objekts, sondern die Einheit Christi und des Gläubigen gemeint. Fuchs scheint vom Begriff σῶμα Χριστοῦ her nur an eine Norm für die Entscheidungen des einzelnen zu denken. Wie Bultmann hat er den Begriff dadurch unleiblich interpretiert, daß er "leibhaft" für "einheitlich"[59] hält.

II. Die körperlich-apokalyptische Interpretation

A. Schweitzer hat 1933 in seiner Studie "Die Mystik des Apostels Paulus" nachgewiesen, daß die Mitte der paulinischen Theologie die leibliche Verbindung der Gläubigen mit Christus ist[60]. Er reißt die Vorstellung σῶμα Χριστοῦ aus der ekklesiologischen Beschränkung heraus und stellt sie in die Beziehung zur Soteriologie und Ethik. "Der ursprüngliche und zentrale Gedanke der Mystik Pauli ist also der, daß die Erwählten miteinander und mit Jesu Christo an einer Leiblichkeit teilhaben, die in besonderer Weise der Wirkung von Sterbens- und Auferstehungskräften ausgesetzt ist und damit der Erlangung der Seinsweise der Auferstehung fähig wird, bevor noch die allgemeine Totenauferstehung stattgefunden hat"[61]. Schweitzer setzt voraus, daß Paulus nach der Eschatologie der Apokalypsen Baruch und Esra glaubte, daß der Messias das Gericht über alle Menschen, die des messianischen Reiches nicht würdig sind, vollendet und im messianischen Reich in Ewigkeit herrscht, bis die Auferstehung der Toten aller Generationen und das Endgericht über sie durch Gott durchgeführt wird. Aber wegen der unerwarteten Auferstehung Jesu mußte Paulus die jüdische Eschatologie, nämlich den Gedanken der Auferstehung, ändern. Er hat eine Lehre von der zweifachen Auferstehung verkündet. Diese Lehre vertritt Paulus besonders in der Ausführung gegen die Auferstehungsleugner (1. Kor. 15). Auf Grund der Tatsache der Auferstehung Jesu können sich die Gläubigen im messianischen Reich im Auferstehungsdasein befinden. Paulus kann zugleich das sonst unlösbare Problem des Schicksals der vor der Wiederkunft Jesu verstorbenen Gläubigen durch die Darstellung ihrer vorzeitigen Auferstehung (1. Tess. 4,16; 1. Kor. 15,18; 15,23) lösen. Da der zukünftige Messias vor dem Kommen des Reiches als Mensch existierte, starb und auferstand, kann Paulus nicht mehr bei der von den Schriftgelehrten überlieferten Eschatologie verharren. Als Denker muß er sie mit jenem Geschehen in Einklang bringen. Dies kann er nur durch die Annahme zweier Auferstehungen. Daher spricht Schweitzer über die zum messianischen Reich Erwählten, nämlich über den Leib Christi als Kirche. Die Kirche als die erwählte messianische Gemeinde hat bereits an der Auferstehung

58 AaO 13.
59 AaO 13. Vgl. darüber R. H. GUNDRY, SŌMA In Biblical Theology, 1976, 5-7.
60 A. SCHWEITZER, Die Mystik des Apostels Paulus, 1930.
61 AaO 116.

Jesu teil. Wie Christus den Aufstehungsleib hat, so können die Gläubigen den Aufstehungsleib durch die Teilnahme an der messianischen Gemeinde bei der Taufe haben. Ohne Taufe kein Sein in Christo! Die wichtige Vorstellung von dem "Sein in Christo" (Röm. 12,5; 16,7; Gal. 3,28) bei Paulus wurzelt nicht im "Glauben an Christus", sondern entsteht durch den Glauben an Christus in der Vorstellung des mystischen "Leibes Christi", der eine Summierung des Seins in Christo der Vielen bedeutet. Schweitzer sagt, es werde bei Paulus nirgends angedeutet, daß "das Sein in Christo" aus einer Steigerung des Glaubens an Christus entsteht[62]. Alle bisher unternommenen Versuche, den Begriff des Leibes Christi als einen bildhaften Ausdruck des Seins in Christo zu verstehen, haben die leibliche Zusammengehörigkeit der Erwählten untereinander und mit Christus übersehen. "Das Teilhaben der Erwählten mit Christus an derselben Leiblichkeit wird zu ihrem Teilhaben am Leibe Christi"[63]. Diese These bietet eine gute Hilfe zur Erklärung von 1. Kor. 6,16-17 an, wo Paulus die Gemeinschaft mit Christus in die Analogie zur leiblichen Gemeinschaft zwischen Mann und Frau stellt, und von 1. Kor. 7,12-14, wo Paulus sagt, der ungläubige Gatte oder die ungläubige Gattin werde durch den gläubigen anderen Eheteil geheiligt. Gleichfalls kann die Erwähnung der Taufe für Verstorbene (1. Kor. 15,29) und der Gemeinschaft mit dem Leiden Christi (2. Kor. 1,5; Phil. 3,10-11; Gal. 4,13-14) aus seiner These klar verstanden werden.

Nach der Anschauung Schweitzers statuiert Paulus drei Todsünden:

1. die Unzucht (1. Kor. 6,13-19), weil dadurch eine Gemeinschaft hergestellt wird, die die mit Christo bestehende notwendigerweise aufhebt.
2. Die Übernahme der Beschneidung nach der Taufe, weil man neben der Gemeinschaft mit Christus die natürliche Leiblichkeit noch weiterhin in Geltung sein lassen will. Das bedeutet nichts anderes, als daß man meint, man könne zugleich in Christo und im Fleisch sein (Gal. 5,4).
3. Die Teilnahme an den Kultmahlen in den Tempeln, weil die Opfermahlzeiten die Gemeinschaft mit den Dämonen bewirken (1. Kor. 10,14-21).

Während alle anderen Vergehen die Gemeinschaft mit Christus nur schädigen, heben diese drei sie alsbald auf.

Darum stammt die paulinische pneumatische Ethik aus der zentralen Vorstellung von der leiblichen Gemeinschaft mit Christus. Auch die Liebe als das Prinzip seiner Ethik stammt daraus. "Der metaphysische Begriff der Liebe bei Paulus ist nichts anderes

62 AaO 117.
63 AaO 118.

als ein besonderer Ausdruck der zwischen Gott und Christus und den Erwählten waltenden Zusammengehörigkeit"[64].

Die bemerkenswerte These Schweitzers hat ein neues Licht auf die Bedeutung von σῶμα geworfen. Aber wir müssen eine wesentliche Frage nach dem Mittelpunkt seiner theologischen Struktur, nämlich nach seinem Verständnis der paulinischen Eschatologie stellen. Paulus scheint nicht zu glauben, daß es zwei Auferstehungen und zwei Gerichte gibt, und daß das erste Gericht und die erste Auferstehung schon in Christo geschahen[65]. Schweitzer erwähnt, daß die Erwählten in Wirklichkeit nicht mehr natürliche Menschen, sondern, wie Christus selber, bereits übernatürliche Wesen sind, nur daß es an ihnen noch nicht offenbar ist. Dies Verständnis paßt nicht zur Interpretation der Texte, weil Paulus die Auferstehung als zukünftiges Geschehen betonte, um die Forderung der damaligen enthusiastischen Christen abzulehnen, die an den gegenwärtigen Gewinn der Unsterblichkeit glaubten (Röm. 6,1-7; Phil. 3,10-21)[66].

Schweitzer ist auf Grund seiner originellen Eschatologie über die leibliche Zusammengehörigkeit (z.B. 1. Kor. 6,13f) zu dem bemerkenswerten Schluß gekommen, die Zusammengehörigkeit mit Christus schließe andere naturhaft-leibliche Verbindungen aus, weil "man nur in Christo oder nur im Fleisch sein kann, nicht beides zugleich"[67]. Aber dieser Schluß wird von den paulinischen Briefen nicht gestützt. Im Text 1. Kor. 7,3ff und 1. Tess. 4,4 wird begründet, daß ein leiblicher Verkehr zwischen Mann und Frau erlaubt ist. Es ist klar, daß auch die Christen nicht nach dem Fleisch (κατὰ σάρκα), aber im Fleisch (ἐν σαρκί) leben (2. Kor. 10,3; Gal. 2,20; Phil. 1,22f). Schweitzers Einsicht in die reale (leibhafte) Verbindung zwischen Christus und den Glaubenden soll dennoch nicht übersehen werden, obwohl seine These geändert werden muß.

III. Die gnostische Interpretation

"Leib und Leib Christi" von E. Käsemann enthält die erste umfassende Forschung über den religionsgeschichtlichen Hintergrund des Begriffes σῶμα und die erste Analyse der ganzen Wendung des Begriffes bei Paulus[68]. Wie Bultmann setzt Käsemann dabei voraus, daß der Leib das geschichtliche Dasein des Menschen[69] bedeutet, der sich für Gott oder für die Sünde entscheiden soll. Der Leib ist in 1. Kor. 9,27; Gal.

64 AaO 298.
65 Vgl. W. D. DAVIES , Paul and Rabbinic Judaism, ²1955, 285; H. A. WILKE, Das Problem eines messianischen Zwischenreiches bei Paulus, 1967, 148-150.
66 R. JEWETT, Paul's Anthropological Terms. AGJU 10 (1971), 215. Dagegen nähert sich Gundry nach seiner Analyse des Begriffes σῶμα als paulinischer Anthropologie wieder der Richtung Schweitzers. R. H. GUNDRY, SŌMA In Biblical Theology, 229.
67 A. SCHWEITZER, aaO 129.
68 E. KÄSEMANN, Leib und Leib Christi. Eine Untersuchung zur paulinischen Begrifflichkeit, 1933.
69 Für KÄSEMANN bedeutet die "Geschichtlichkeit" die Gegebenheit des in der Tat verbundenen Miteinanders von Ich und Du in der Welt, aaO 111.

6,17; 1. Th. 5,23 die äußere Erscheinungsweise des Menschen. Paulus kommt dennoch von dieser Bedeutungsnuance her nur einmal zum griechischen Sinn von σῶμα als "Form" des Fleisches (1. Kor. 15,35). Überall sonst wird der Leib durchaus alttestamentlich als leibgebundenes Leben gefaßt (Röm. 4,19; 2. Kor. 4,10; 2. Kor. 5,10). So "hat" man denn auch nicht eigentlich ein σῶμα, man "ist" es, wie man σάρξ "ist". Aber der Leib als ganzer Mensch bedeutet zugleich die "Geschöpflichkeit des Menschen"[70]. Der Mensch als Leib lebt, wenn er zu dem ihn schaffenden Schöpfer gehört und ihm gehorcht. Aber der Mensch wird in der Sünde verfälscht (Röm. 1,25). Die Sünde der Heiden ist die Isolation der Schöpfung von dem sie schaffenden und erhaltenden Schöpfer und damit die Übergehung des Schöpfers. Der einzelne soll im Leib seine Geschöpflichkeit vor Gott feststellen. "So ist man als Leib vor die Entscheidung für oder wider Gott gestellt"[71].

Die oben genannte Fassung bestimmt unmittelbar das Verständnis vom Christusleib bei Paulus. "Nun ist bei Paulus das Verständnis des 'In der Kirche-Seins' unterbaut durch eine explizite Besinnung über die Anthropologie"[72]. Käsemann erwähnt weiterhin: "Die Kirche ist sowohl für die paulinische Christologie wie für seine Anthropologie Sinn und Telos"[73]. Und wenn Paulus die Kirche als Leib Christi bezeichnet, stellt er sie in die Mitte der Welt, wo ein leiblicher Gehorsam gegenüber dem Herrn der Welt vollzogen werden soll. Während die Welt wegen des Ungehorsams zu Adam gehört, ist die Kirche als Christusleib die Neuschöpfung, die dem Schöpfer Gehorsam leistet. Der Christusleib als die Neuschöpfung ist eine neue Welt, die als Gliedschaft in der göttlichen Schöpfung verstanden wird. In der Schöpfungslehre werden "die Welt" und die Kirche miteinander identifiziert. "Denn die Kirche ist die Welt, sofern sie in Christus dorthin zurückgestellt wurde, wovon sie in Adam gefallen war"[74]. Weil Paulus versteht, daß die Kirche von Gott durch seine Liebe neu begründet und dadurch alle Welt von Gott in Christusliebe neu geordnet wurde, deshalb kann der Apostel aller Welt dieses ihr neues Bestimmtsein durch den Christusleib verkündigen.

Der Mittelpunkt der oben genannten Behauptung Käsemanns ist der Schöpfungsgedanke. Aber wir müssen nun fragen, ob Paulus den gnostischen Äon-Begriff, der den Schöpfungsgedanken herausstellt, wie Käsemann sagt[75], aufnimmt. Nach seiner Meinung ist die Kirche als Leib Christi "der Gesamt-Äon". Das Wort "Gesamt-Äon" gebraucht er in seiner Frage nach dem gnostischen Ursprung des Ausdrucks σῶμα Χριστοῦ. Er erwähnt, daß Paulus an die Vereinigung zwischen den einzelnen und Christus denkt auf Grund der materiellen Vereinigung zwischen dem Riesenleib (= Äon)

70 AaO 120.
71 AaO 121.
72 AaO 183.
73 AaO 183.
74 AaO 185.
75 AaO 185.

des Urmensch-Erlösers und den Fragmenten der individuellen Geister der gnostischen Mythologie. Zwar enthält die gnostische Vorstellung die Vereinigung des Seins zwischen den Fragmenten der Geister und dem geistigen Urmenschen. Solche Vereinigung ist dennoch nicht wirklich-leiblich, weil nach dem Dualismus im gnostischen Denken die materielle Welt die Wurzel des Bösen ist. Der gnostische σῶμα-Begriff enthält keine Bedeutung einer leiblichen Verbindung. Wir können mit Käsemanns These nicht einverstanden sein, daß die von Paulus in der Analogie zum gnostischen Gedanken gemeinte Vereinigung von σῶμα Χριστοῦ leiblich, physisch und weltweit ist[76].

In seinem nächsten Aufsatz "Anliegen und Eigenart der paulinischen Abendmahlslehre"[77] hat Käsemann die Wendung σῶμα bei Paulus in der Beziehung des Sakraments zum πνεῦμα behandelt. Und er hat das Verständnis des σῶμα weiterentwickelt, um den inneren Zusammenhang zwischen πνεῦμα und σῶμα, σῶμα und der Herrschaft Christi zu beschreiben. Nach seiner Exegese von 1. Kor. 10,3f; 12,13 gliedert die Taufe wie das Abendmahl die Gläubigen in den Christusleib ein. Wenn man den Christusleib wie ein Gewand "anzieht", in ihn hineingetauft wird, so ist dieser Leib schon da, ehe wir seine Glieder werden, wie der Christus selber vor unserem Glauben und Taufen da ist[78]. Indem der Christus im Sakrament sich selber als πνεῦμα gewährt, "wird man durch diese Gabe als wirkende Kraft in den Leib des erhöhten Herrn eingegliedert"[79]. Im Sakrament erscheint eine leibliche und zugleich geistige Wirklichkeit. Wenn das Nehmen des Brotes als κοινωνία τοῦ σώματος (1. Kor. 10,16) bezeichnet wird, ist das leiblich gemeint. Wenn Paulus die von Mose verteilte Speise als "πνευματικὸν βρῶμα..καὶ..πόμα" (1. Kor. 10,3-4) bestimmt, um die geistige Wirklichkeit im christlichen Sakrament darzustellen, ist es geistig gemeint. Hier ist eine untrennbare Beziehung des σῶμα zum πνεῦμα erwiesen. Die einsichtige Exegese Käsemanns von 1. Kor. 11,17f macht klar, daß das Sakrament seinen Ort hat, wo die eschatologische Struktur aufgerichtet wird, in der das Gericht und die Herrschaft Christi fruchtbar wirken[80]. Der Zusammenhang der Herrschaft des Kyrios im Pneuma mit seiner Herrschaft über seinen Leib kann aus dem gnostischen Mythos erklärt werden: Die in den Äon-Anthroposleib Eingegliederten gehen vom bösen Äon weg und in den neuen Äon hinein. Käsemann nennt den von Christus geschaffenen Äon "Herrschaftsbereich". Das σῶμα als der Herrschaftsbereich bezeichnet eine weltumspannende leibliche Beziehung. "Der Christusleib ist der Herrschaftsbereich, in den wir mit unsern Leibern einbezogen und zu leiblichem, d.h. totalem, all unsere Beziehungen zur

---

76 AaO 184.

77 E. KÄSEMANN, Anliegen und Eigenart der paulinischen Abendmahlslehre, Ev Theol 1947/81, in: Exegetische Versuche und Besinnungen I, [6]1970.

78 AaO 14. Wie Käsemann den Christusleib "Gesamtäon" genannt hat, so hat A. Schweitzer ihn "In-Erscheinung-Treten der praeexistenten Kirche" genannt.

79 AaO 17.

80 AaO 25f.

Welt umspannenden Dienst verpflichtet werden"[81]. Daher übertrifft Käsemann den Standpunkt Bultmanns, der das σῶμα als die Persönlichkeit oder das Verständnis von sich selbst bestimmt: Für Käsemann ist das σῶμα die Möglichkeit der Kommunikation: "Als Leib steht man in der Ausrichtung auf andere, in der Möglichkeit konkreten Gehorsams und der Selbsthingabe"[82]. Diese Kommunikation mit Christus oder mit der Hure realisiert sich aber jeweils leiblich. Die feste Behauptung Käsemanns, daß der σῶμα-Begriff die Bedeutung "Leiblichkeit" hat, steht parallel zu seiner anderen Behauptung, daß σῶμα Χριστοῦ eine aus dem gnostischen "Äonmensch"-Mythos entnommene Vorstellung ist. Aber er beweist leider nicht völlig den inneren Zusammenhang der beiden Größen[83]. Der gnostische Begriff "Riesenleib des Urmensch-Erlösers" enthält keine leibliche Kommunikation, sondern die geistige. Obwohl wir vieles von Käsemanns einsichtiger Exegese annehmen können, können wir an der gnostischen Vorstellung nicht festhalten. Wir werden eine weitere Diskussion darüber in § 5 II. bieten.

IV. Die objektiv-repräsentative Interpretation

E. Percy versuchte auf die Frage zu antworten, die H. Schlier nach der Bedeutung von σῶμα im Epheser- und Kolosserbrief im Vergleich mit dem Römer- und dem Korintherbrief gestellt hat[84]. Percy kommt zum folgenden Schluß: Obwohl es einen Unterschied der Betonung gibt zwischen der uns im Kolosserbrief und Epheserbrief begegnenden Vorstellung von der Gemeinde als jenem Leib, dessen Haupt Christus ist, und dem Gedanken von der Gemeinde als Leib Christi in den paulinischen Hauptbriefen, ist die Übereinstimmung zwischen beiden Größen offensichtlich. "In beiden Fällen handelt es sich in erster Linie um Wesensgemeinschaft der Gläubigen mit Christus"[85]. Percys Verständnis vom σῶμα Χριστοῦ im Römer- und Korintherbrief steht in der Linie des orthodoxen Protestanten, der den objektiven Effekt der stellvertretenden Versöhnung, nämlich das extra nos des Heils, behauptet. Er versucht nachzuweisen, daß die Vorstellung von der Gemeinde als dem Leib Christi nicht durch den Gedanken der Einwohnung des Geistes bzw. Christi in den Gläubigen, sondern durch die beiden Worte ἐν Χριστῷ begründet wird. Die Gemeinschaft der Gläubigen mit Christus, die durch die Formel ἐν Χριστῷ ausgedrückt wird, bedeutet "reale Teilnahme an Tod und Auferstehung Jesu und damit auch an jenem neuen Leben, das er als Auferstandener lebt"[86]. Die Formel ἐν Χριστῷ zeigt jenen objektiven Zu-

---

81 AaO 29.
82 AaO 32.
83 Vgl. GUNDRY, aaO 225-226. Er begreift die zwei Elemente in Käsemanns Verständnis von σῶμα Χριστοῦ, die geschichtlich-physische Dimension und die kosmologisch-geistige Dimension, nicht als Harmonie, sondern als Widerspruch.
84 E. PERCY, Der Leib Christi in den paulinischen Homologumena und Antilegomena, LUA NF Aud. 1, Bd. 38, 1, 1942; H. SCHLIER, Christus und die Kirche im Epheserbrief, 1930.
85 E. PERCY, aaO 47.
86 AaO 32.

stand. Percy bestreitet die Interpretation von Käsemann und Schlier, weil die gnostische Erlöser-Spekulation nichts von der stellvertretenden Versöhnung beinhaltet. Dagegen wurzelt der paulinische Gedanke des Seins der Gläubigen in Christus letztlich in der stellvertretenden Selbsthingabe Christi um unsertwillen. Er sagt: "Dieser Gedanke ist das Zentrum der ganzen paulinischen Theologie, von dem aus erst sich diese recht verstehen läßt"[87]. In solcher Bedeutung existiert die Gemeinde als Leib Christi nur in Christus. "Sie ist in Christus als ihren Heilsmittler eingegliedert"[88].

Die Formel σῶμα Χριστοῦ wird hier nur ein bildhafter Ausdruck der anderen Formel ἐν Χριστῷ, die den geretteten Zustand des Menschen zeigt. Daher kommt Percy zum folgenden Schluß: "Die paulinische Ekklesiologie ist daher im Grunde nichts anderes als Christologie"[89]. Aber so kann er weder die inhaltliche Erklärung der Formel σῶμα Χριστοῦ noch die leibliche Beziehung der Gläubigen zu Christus erklären. Die Formel ἐν Χριστῷ soll durch die Formel σῶμα Χριστοῦ, nicht umgekehrt, interpretiert und verstanden werden. F. Neugebauer behauptet, wie Percy, vom schwierigen Ausdruck ἐν Χριστῷ oder εἰς Χριστόν, daß wir Christus nicht als ein himmlisches Gewand (so H. Schlier) oder als einen pneumatischen Leib (so H. Lietzmann) verstehen dürfen, sondern als den, der gestorben und auferstanden ist, und daß man an diesem Geschehen durch die Taufe teilhaben kann[90]. Er will nämlich die Formel nur aus der Christologie ohne Rücksicht auf die Ekklesiologie verstehen. E. Brandenburger kritisiert die Behauptung Neugebauers: "Nichts berechtigt aber dazu, beides, d.h. Gewandvorstellung und christologische Interpretation, derart alternativ gegeneinander zu stellen"[91].

V. Die Interpretation von σῶμα als leiblicher Solidarität

"The Body. A Study in Pauline Theology" von J. A. T. Robinson ist die erste Forschungsarbeit nach der Studie Käsemanns, in der die ganze Bedeutung des σῶμα bei Paulus behandelt wird[92]. Robinson betont in diesem Buch, daß das christliche Leben und die christliche Gemeinde nicht durch die Unabhängigkeit von anderen Christen, sondern durch die Solidarität mit ihnen gekennzeichnet werden sollen. Daher bezeichnet er σῶμα als Solidarität: "For the body is not simply evil: it is made by God and

87 AaO 43.
88 AaO 45.
89 AaO 45.
90 F. NEUGEBAUER, In Christus ἐν Χριστῷ. Eine Untersuchung zum Paulinischen Glaubensverständnis, 1961, 103. In seinem Buch können wir die Forschungsgeschichte des ἐν Χριστῷ überblikken. Seit A. DEIßMANN die Formelhaftigkeit der Wendung entdeckt hat, ist viel über sie geschrieben worden. Ist sie lokal, kausal oder instrumental zu verstehen, mystisch, ekklesiologisch, geschichtlich oder eschatologisch zu deuten, oder muß ein einheitliches Verständnis aufgegeben werden? F. Neugebauer hat versucht, die einheitliche Interpretation durch ihre Deutung als allgemeine "Umstandsbestimmung" zu retten.
91 E. BRANDENBURGER, Fleisch und Geist. Paulus und die dualistische Weisheit, 1968, 27.
92 J. A. T. ROBINSON, The Body. A Study in Pauline Theology, 1952.

for God. Solidarity is the divinely ordained structure in which personal life is to be lived"[93]. Er lehnt somit das griechische Verständnis der Vorstellung ab, das einen großen Einfluß auf die Exegese im 19. Jahrhundert ausgeübt hat. Für das hebräische Verständnis des σῶμα ist bezeichnend, daß das Alte Testament keinen Parallelbegriff zum griechischen Wort σῶμα hatte[94]. Das hebräische Denken hat Form und Materie, den Einen und die Vielen, Fleisch und Seele nicht als Gegensätze empfunden. Es hat keine Grenze zwischen den einzelnen gezogen. "The flesh-body was not what partitioned a man off from his neighbour; it was rather what bound him in the bundle of life with all men and nature, so that he could never make his unique answer to God as an isolated individual, apart from his relation to his neighbour"[95]. Nach seiner Meinung ist σῶμα ein wichtiges Wort in der paulinischen Theologie. Robinson unterscheidet die Wendung gemäß der Vorstellung von drei Teilen:

1. Der Leib des Fleisches (τὸ σῶμα τῆς σαρκός z.B. 1. Kor. 6,13-20; Kol. 2,11) bedeutet, daß der Mensch in der Solidarität mit den für Gott geschaffenen Geschöpfen ist[96].

2. Der Leib des Kreuzes Christi (z.B. Röm. 6,10; 1. Kor. 12,13) bedeutet, daß die Heilstat Christi im Fleisch-Leib Christi durch seinen gekreuzigten Leib und für den Leib der Christen durchgeführt wird[97].

3. Der Leib der Auferstehung (z.B. Röm. 7,4) bedeutet, daß das neue Leben der Christen die Gemeinschaft mit seinem auferstandenen Leib ist, und daß die Kirche die Ausdehnung des Leibes ist[98]. Es ist beachtlich, daß Robinson die physische Bedeutung der Anschauung des Paulus kühn übernommen hat. Er betont, die Einheit mit Christus sei "not corporate, but corporal"[99]. "It is almost impossible to exaggerate the materialism and crudity of Paul's doctrine of the church as literally now the resurrection Body of Christ"[100].

Dennoch ist es ihm mißlungen, seine Ansicht bei der Kategorisierung der verschiedenen Bedeutungen des Leibes klar zu machen. Z.B. nähert er sich wieder dem Verständnis Bultmanns in der vierten und fünften Kategorie des Begriffes σῶμα : σῶμα ist "the nearest equivalent to our word 'personality'"[101] und "simply a periphrasis for

---

93 AaO 8f.
94 AaO 11.
95 AaO 15.
96 AaO 31.
97 AaO 47.
98 AaO 49.
99 AaO 50.
100 AaO 51.
101 AaO 28.

the personal pronoun"[102]. Wir können ebenfalls mit Robinsons Behandlung der Herkunft des Begriffes nicht zufrieden sein, weil er eine ausführliche Untersuchung des Ursprungs von σῶμα nicht für notwendig hält und statt dessen sagt: "our concern here is with the doctrinal content which the term σῶμα was used to clothe and express"[103]. Einverstanden mit der Mutmaßung von Emile Mersch[104] behauptet er, daß die Aussage ., "die Kirche sei Leib Christi", aus der Erfahrung stamme, als Paulus in Damaskus vom auferstandenen Herrn die Antwort erhielt: ἐγὼ εἰμὶ Ἰησοῦς ὃν σὺ διώκεις, und von daher als ehemaliger Verfolger der Kirche den Leib-Christi-Gedanken entwickelte. Wir müssen die weitere Diskussion über diese Begründung in § 5 IV. führen. Aber es ist auf alle Fälle gefährlich, wenn Robinson diese Terminologie und ihren Inhalt künstlich auseinander hält, weil er so verhindert, das exegetisch zu verstehen, was der Autor wirklich gesagt hat. Wir sollen wissen, daß Form und Begriff eng zusammengehören. Obwohl Robinson die leibhafte Einheit zwischen dem Christus und der Kirche, an die Paulus dachte, klar dargestellt hat, konnte er uns keine Auskunft darüber geben, warum Paulus sie gebraucht und wie er sie gedacht hat[105]. Vor allem aber bleibt die Frage: warum redet der biblisch denkende Paulus vom Leib, wenn dieser Begriff im A.T. fehlt?

VI. Die Interpretation von σῶμα als metaphorisch-korporativer Persönlichkeit

Ernest Best versuchte in seiner Studie "One Body in Christ"[106] den paulinischen Begriff σῶμα als das Wort zu interpretieren, mit dem man zwei Fragen der gegenwärtigen Diskussion beantworten kann: 1) Die Frage nach dem Wesen der kirchlichen Einheit in der ökumenischen Bewegung; 2) Die Frage nach der Beziehung des Individuums zur Kirche. Das Ergebnis seiner Exegese lautet, daß der Ausdruck "Leib Christi" eine Metapher ist. Sie drückt die Vorstellung aus, daß die Christen eine korporative Persönlichkeit in Christus darstellen. Nach seiner Meinung hat Paulus viele Wendungen, z.B. "in Christus", "im Geist", "Christus in euch" und "Leib Christi" gebraucht, um die vielfachen Aspekte seiner grundlegenden Vorstellung auszudrücken. Aber diese einzelnen Wendungen schildern nicht erschöpfend genug die eigentliche Vorstellung, weil keine davon eine realistische oder ontologische Bedeutung hat. Daher lehnt Best die Meinung ab, die Kirche sei der tatsächliche Leib Christi. Was ist denn eigentlich die Vorstellung, die dem Begriff σῶμα Χριστοῦ zugrunde liegt? Es ist die

---

102 AaO 29. So kritisiert auch GUNDRY, aaO 229-244.

103 AaO 56.

104 E. MERSCH, The Whole Christ, 104.

105 R. JEWETT, aaO 222; W. D. STACEY, The Pauline View of Man in Relation to its Judaic and Hellenistic Backgrounds, 1956, folgt fast der Meinung Robinsons. Es gibt allerdings einen Unterschied. Während Robinson die Leiblichkeit des σῶμα zeigt, betont Stacey die korporative Einigung, die von der menschlichen Solidarität als dem hebräischen Gedanken kommt (aaO 193).

106 E. BEST, One Body in Christ. A Study in the Relationship of the Church to Christ in the Epistles of the Apostle Paul, 1955.

korporative Persönlichkeit, die man mit logischer Terminologie nicht völlig erklären könne[107]. Best erörtert weiterhin im Appendix A die Wendungen: "corporate personality and racial solidarity"[108]. Obwohl Paulus in Tarsus unter hellenistischem Einfluß aufgewachsen ist, hatten sein religiöser Hintergrund und seine Erziehung ihre Wurzeln im Alten Testament. Deshalb ist es möglich, die Beziehung der Christen zu Christus von der alttestamentlichen "korporativen Persönlichkeit" her zu bestimmen[109]. Dennoch erklärt Best den Inhalt der Vorstellung vom σῶμα Χριστοῦ nur unzureichend. Er zieht die Tatsache nicht in Betracht, daß die Hebräer das eigene Schicksal sich konkret in der Beziehung zur Nation oder zum Patriarchen vorgestellt haben. Wie die Geschichte des Achan (Josua 7,24-25) zeigt, war die korporative Schuld für die Israeliten mehr als eine Metapher. Aber Best übersieht den archaischen Aspekt der Vorstellung und bestimmt das Wesen der Kirche lediglich als eine Gemeinschaft (Kommunikation), mit einem Begriff, den moderne Menschen gut verstehen können[110]. Er sagt, "Christians, rather than the Church, are the means by which Christ works in the world ..."[111]. Aber wir können an der Auslegung des Textes 1. Kor. 6,13ff sehen, daß die paulinische Wendung des Begriffs σῶμα in die Kategorie Bests nicht hineinpaßt. Best interpretiert diesen Text folgendermaßen: "It is impossible to believe that for Paul fornication and harlot make up 'one physical body'; rather they form 'one personality' or 'one person' ..."[112]. Aber seine Aussage setzt das Vorurteil voraus, daß Paulus die von Best für unmöglich gehaltenen Gedanken nicht haben sollte und konnte. R. Jewett kritisiert ihn: Seine Behauptung habe die Neigung, den paulinischen Begriff σῶμα Χριστοῦ auf das ökumenische Motiv in der Mitte des 20. Jahrhunderts einzuschränken[113]. Dennoch müssen wir beim Einspruch gegen die Behauptung Bests auf die Frage antworten, ob der paulinische Begriff mit der römisch-katholischen Auffassung übereinstimmt, wonach die Kirche tatsächlich der Leib Christi ist. Wir werden das besonders in der Beziehung von Kirche und Heiligem Geist in Teil E erörtern[114]. Best sagt folgendermaßen: "Once again the body must be something more than the physical frame. This is true also of V. 19 (1. Kor. 6) where the body is called the 'temple of the Holy Ghost'; this can hardly mean that the physical frame is inhabited and controlled by the Holy Spirit or else man would be reduced to the worst kind of automation whose mind and spirit are of no account; rather the H. S. dwells in his whole being or personality. Likewise in V. 20 the believer is to glorify God not merely with his physical body but with his whole person"[115].

107 AaO 111.
108 AaO 203ff.
109 AaO 203f.
110 AaO 201, 207.
111 AaO 65.
112 AaO 75.
113 R. JEWETT, aaO 223.
114 Vgl. E. SCHWEIZER, ThWb VI, 416, 29ff; W. Klaiber, Rechtfertigung und Gemeinde. Eine Untersuchung zum paulinischen Kirchenverständnis, 1982, 108.
115 AaO 75.

M. E. Dahl hat die Vorstellung von der korporativen Persönlichkeit auf die Interpretation in 1. Kor. 15 verwandt. Abweichend von der Modernisierung dieses archaischen Gedankens, hat er ihn dennoch als eine Weltanschauung" perfectly capable of standing on its own without any extrabiblical philosophical buttresses" angenommen[116]. Aber solange Dahl, nach der Bestimmung des semitischen Gesamtheit-Gedankens und der Auferstehung des Leibes, sagt: "Body in St. Paul means the whole personality, and resurrection means the restoration - the final salvation - of that unified personality"[117], bedeutet der Begriff σῶμα die Persönlichkeit, die in der anerkannten Form wiederhergestellt werden soll. Obwohl Dahl beansprucht, daß somatische Kontinuität etwas mehr als bloß eine Fortsetzung der Persönlichkeit bedeute, kann er den Inhalt des Wortes "mehr" nicht erklären. Deshalb scheint es uns fraglich, ob der Gedanke der korporativen Persönlichkeit ein klares Licht auf die paulinische Wendung wirft[118].

VII. Die praktisch-metaphorische Interpretation

J. J. Meuzelaar hat in seinem neuen Werk "Der Leib des Messias" die These aufgestellt, Paulus habe die Metapher σῶμα Χριστοῦ mit der praktischen Absicht angewandt, die Einheit der christlichen Bewegung von Judenchristen und Heidenchristen zu fördern[119]. Auf Grund der Feststellung, die paulinische Terminologie sei wesentlich situationsbedingt, erörtert Meuzelaar anhand von 1. Kor. 10,16: Das Bild vom Leib Christi wurde als der Ausdruck der Einheit zwischen Juden und Griechen im Herrenmahl angewandt. Die Wendung κοινωνία τοῦ σώματος τοῦ Χριστοῦ bedeute nicht das Teilhaben am Brot, sondern die Gemeinschaft zwischen Juden und Heiden im Herrenmahl. Meuzelaar führt den Beweis dafür, daß Paulus sich dem Thema der Einheit der Heidengemeinde und der Jerusalemer Urgemeinde widmet. Er kommt zu folgendem Schluß: In der Ekklesia "handelt es sich nicht um den physischen oder erhöhten Leib Jesu, sondern um eine prinzipielle Einheit von Juden und Griechen, Sklaven und Freien in einem Leib (ἓν σῶμα in 1. Kor. 12,13. Vgl. 1. Kor. 10,17; 12,12), die sich praktisch auswirken soll in der Solidarität aller Glieder"[120]. Er sagt weiterhin: "Die Zusammenfassung 12,27 bestätigt unsere Hypothese, daß hier eine metaphorische Rede vorliegt: 'Ihr aber seid ein Leib (ohne Artikel!), der Christus gehört' (σῶμα Χριστοῦ). Weil von allen Stellen in den Paulusbriefen, wo von dem Leib die Rede ist, diese die einzige ist, in der Christus ohne Artikel vorkommt, könnte

---

116 M. E. DAHL, The Resurrection of the Body. A Study of 1 Corinthians 15, Studies in Biblical Theology XXXVIII, 1962, 10.

117 AaO 94.

118 R. JEWETT, aaO 224.

119 J. J. MEUZELAAR, Der Leib Messias. Eine exegetische Studie über den Gedanken vom Leib Christi in den Paulusbriefen, 1961.

120 AaO 40.

man diese Wendung sogar so übersetzen: 'Ihr aber seid ein messianischer Leib'"[121]. Auf diese Weise versucht Meuzelaar alle paulinischen Kategorien mit dem Einheitsgedanken von Juden und Griechen zu interpretieren. Er verneint durch die Exegese, daß der Begriff σῶμα einen "andersartigen 'Realismus' ... als einen Realismus-der-Praxis in der Ekklesia" ausdrückt[122]. Das zeigt sich auch klar in seiner Behandlung des Textes 1. Kor. 6,12-20. Er erwähnt nicht den schwierigen Ausdruck ὁ κύριος τῷ σώματι (1. Kor. 6,13) und versucht, die sonstigen Texte von dem auf Grund seiner Interpretation in Röm. 6,12 herangezogenen rabbinischen Gedanken zu verstehen, wonach der gute mit dem bösen Trieb um die Herrschaft über die Glieder des menschlichen Körpers streitet. In 1. Kor. 6,15: οὐκ οἴδατε ὅτι τὰ σώματα ὑμῶν μέλη Χριστοῦ ἐστιν geht es offenbar auch um die Frage nach der Herrschaft über die Glieder des Menschen. Daher behauptet er merkwürdigerweise, daß diese, vor der fleischlichen Einheit mit Dirne warnende Aussage des Apostels (besonders V. 15b; V. 16), nicht zum Verständnis des Gedankens vom Leib des Messias und seinen Gliedern angeführt werden kann. "Sie kann nur deutlich machen, daß der Begriff 'Glied' sich hier auf das praktische Tun der leiblichen, wirklichen Menschen bezieht"[123]. Er beendet zuletzt seine Interpretation des Textes mit der folgenden Behauptung: "Von einer 'ehelichen Verbindung' der Glieder mit ihrem Herrn ist niemals die Rede"[124].

Meuzelaars exegetische Methode, ein Interpretations-Schema voreilig zu verwenden, vermeidet die ausführliche Behandlung der Terminologie und ihre Diskussion. Wie oben erwähnt, wendet er das Schema der Einheit von Juden und Griechen, das er aus 1. Kor. 10,16 herausgezogen hat, durchgängig an. Zwar handelt es sich beim Herrenmahl tatsächlich um eine solche Einheit, aber es ist nicht gerechtfertigt, wenn er zum Schluß kommt, daß σῶμα Χριστοῦ in 1. Kor. 10,16 der Leib von Juden und Heiden in der Kirche sei. Die Parallele zwischen οὐχὶ κοινωνία ἐστὶν τοῦ αἵματος und οὐχὶ κοινωνία τοῦ σώματος entspricht dem ποτήριον und dem ἄρτος, so daß das Wort σῶμα offensichtlich das eucharistische Brot meint[125]. Meuzelaar versucht nachzuweisen, daß das Motiv der Einheit von Heiden und Juden für Paulus im Mittelpunkt steht: Das Wort "Mysterium" ist die apokalyptische Weisheit des Gottesplans, der die gemeinsame Anteilnahme von Juden und Heiden am messianischen Heil vorsieht. Die Erkenntnis des Geheimnisses (Kol. 2,12) bedeutet zugleich "die Einheit in Liebe"[126]. "Der neue Mensch" (Gal. 3,27f; Kol. 3,10f), der eng mit dem Leibgedanken verbunden ist, wird aus den Zweien, Juden und Heiden, die zum Maß der Reife der Vollkommenheit des Messias hinkommen, geschaffen. Die neue Ethik in den "Haustafeln" in Röm.

---

121 AaO 40.
122 AaO 40.
123 AaO 147.
124 AaO 148.
125 Vgl. E. KÄSEMANN, Anliegen und Eigenart der paulinischen Abendmahlslehre, 12; J. WEISS, Der Erste Korintherbrief, (1910), [10]1925, 259.
126 J. J. MEUZELAAR, aaO 46.

12 und anderswo nimmt das Proselytengesetz, das zur Aufnahme der neuen Glieder und zum Respekt vor den alten rät, zum Vorbild[127]. Das Kreuzesblut Christi in Röm. 3,25; Eph. 2,13 usw. ist von Paulus als der Ersatz für die Opferdarbringung dargestellt, die für die Reinigung des Proselyten und ihre Aufnahme in die Gemeinschaft Israels offenbar von entscheidender Bedeutung war. Die Wendung τὰ πάντα (1. Kor. 8,6; Kol. 1,16-20) enthält in Analogie zur jüdischen Angelologie, nämlich in der Vorstellung von einem unteren und oberen Kreis, das Bild des himmlischen Messias zusammen mit dem irdischen Gegenüber (Engel), das Juden und Nichtjuden verbindet[128]. Die "Mächte und Gewalten" (ἀρχαί, ἐξουσίαι) sind bei Paulus die Bezeichnungen für die Engelfürsten der Völker (Röm. 13,1; Tt. 3,1), die die Einheit des Leibes bedrohen[129]. Deshalb bedeutet die paulinische Aussage von den Dämonen (1. Kor. 10,20) nicht, daß der Apostel an das Sein der Dämonen glaubt, sondern daß das Opferfleisch dämonisch wird, wenn die Gemeinschaft am Tisch des Herrn dadurch gefährdet würde, daß die Juden sich dem Götzenopferfleisch der Heiden widersetzten[130]. Seine grundsätzliche Entscheidung rührt gerade von der Meinung her, daß es sich nicht um kosmologische Größen handelt, sondern um eine historische Aufgabe für die Ekklesia[131]. Auf Grund dieser Erkenntnis sagt Meuzelaar weiterhin: "Diese Aufgabe ist nur ... vom Apostel in einer ihm als Juden vertrauten haggadischen Form verkündigt worden. ... Das Heilsgeheimnis dieser von Gott von Anfang an gewollten Einheit war jahrhundertelang verborgen geblieben. Es ist aber seinen Gesandten und Zeugen jetzt im und durch den Messias Jesus offenbar geworden. Die Engelfürsten haben sich immer gegen diesen Frieden aufgelehnt. ... In Wirklichkeit aber hat der Friede Gottes die Feindschaft, repräsentiert in den Engelfürsten, überwunden. Die Ekklesia verkündigt in ihrem Dasein diesen Frieden, weil in ihr Juden und Griechen 'zu einem Leib getauft worden sind' (1. Kor. 12,13)"[132].

Meuzelaar hat das wichtige und zentrale Thema der paulinischen Theologie, nämlich die Einheit von Juden und Heiden in der Kirche, dargestellt[133]. Er versucht, uns von der engen Beziehung zwischen dem Thema und der Vorstellung vom σῶμα Χριστοῦ zu überzeugen[134]. Zwar können wir nicht leugnen, daß der Begriff σῶμα Χριστοῦ nur in der Paränese vorkommt[135], dennoch ist es problematisch zu meinen,

127 AaO 66-70.
128 AaO 98-111.
129 AaO 112-114.
130 AaO 24.
131 AaO 116.
132 AaO 116.
133 Das praktische Thema Meuzelaars nimmt auch O. J. SEITZ in seiner Studie an. "One Body and One Spirit". A Study of the church in the New Testament, 1960, 94-97.
134 AaO 172.
135 Vgl. KÄSEMANN, Das theologische Problem des Motivs vom Leibe Christi, in: Paulinische Perspektiven, 1972, 183; E. SCHWEIZER, ThWb VII, 1067ff; H. CONZELMANN, Grundriß der Theologie des Neuen Testamentes, ³1976, 286; H. KÜNG, Die Kirche, ÖF.E 1, ³1969 = Serie Piper 161, 1977, 272; W. KLAIBER, aaO 47. Darüber werden wir wieder in § 5 III diskutieren.

daß er deswegen die realistisch-leibhafte Dimension der paulinischen σῶμα Wendung unklar gemacht habe, und daß alle kosmisch-dämonischen Elemente bei Paulus auf einen bildlichen Ausdruck für die Notwendigkeit der praktischen Einheit in der Kirche zu reduzieren seien[136].

§ 5 Die Diskussion über den Ursprung des Begriffes σῶμα

Seitdem die idealistische Bestimmung von σῶμα in den 20er Jahren gescheitert ist, wurde die theologische Bedeutung des Begriffes σῶμα bzw. σῶμα Χριστοῦ von neuem intensiv erforscht. Gleichfalls haben fast alle Neutestamentler in den letzten dreißig Jahren die Notwendigkeit erkannt, das Problem des Ursprungs des Begriffes zu lösen. Wie wir in den oben vorgestellten Diskussionen dargestellt haben, müssen wir nicht nur die tatsächliche Wendung des Begriffes in den Paulusbriefen interpretieren, sondern auch dessen Ursprung, der seine zentrale Bedeutung und Inhalt bestimmen könnte, zu erforschen suchen. Während wir weiterhin die bisher vertretenen Meinungen beschreiben, wollen wir gerade auch diese Probleme darstellen und ihre Lösung versuchen.

I. Der Ursprung in der hellenistischen Popularphilosophie

T. Schmidt hat die Diskussion über den Ursprung des Begriffes σῶμα Χριστοῦ damit begonnen, Parallelen zur stoischen Metapher des Staates als eines aus zusammenhängenden Gliedern bestehenden Leibes zu betrachten[137]. Er behauptet aber, daß die theologische Voraussetzung bei Paulus, obwohl 1. Kor. 12 und Röm. 12 durch die Metapher dieses Organismus zwar beeinflußt wurden, von der Popularphilosophie abweiche. Vielmehr muß der Zusammenhang des Paulus mit dem Judentum und der Urgemeinde betrachtet werden[138]. Im Gegensatz zu Schmidt hat H. Schlier die Wichtigkeit des allgemeinen philosophischen Hintergrundes betont[139]. Er machte einen Unterschied zwischen den Deuteropaulinen, die ihre σῶμα - κεφαλή -Kategorie aus dem Gnostizismus aufgenommen haben, und den echten Paulinen, die nur durch die stoische Popularphilosophie beeinflußt wurden und damit keinen Gedanken von der Kirche als dem wirklichen Leib Christi enthalten haben. Sein Hauptaugenmerk liegt darauf, daß die Stellen im 1. Korintherbrief auf Grund des Textes Röm. 12,5 interpretiert

---

136 R. JEWETT, aaO 227. Die Kritik Gundrys: "for Paul the Body of Christ is ethical rather than physical." (aaO 232) ist berechtigt gegenüber der Überschätzung der Leibhaftigkeit. Dennoch sollen die beiden Aspekte nicht als alternativ betrachtet werden.

137 T. SCHMIDT, Der Leib Christi, 1919, 193-248.

138 AaO 247.

139 H. SCHLIER, Christus und die Kirche im Epheserbrief, 1930.

werden sollen. Z.B. übersetzt er 1. Kor. 12,27 folgendermaßen: "Ihr aber seid ein Leib, der Christus gehört, und im einzelnen Glieder"[140]. Das heißt, daß Paulus den Begriff σῶμα für den bloßen Vergleich der Einheit der menschlichen Glieder trotz aller Vielheit anwendet. Der Genitiv Χριστοῦ (1. Kor. 12,27) oder ἐν Χριστῷ (Röm. 12,5) drückt die Möglichkeit des Leibseins der Gemeinde nur in der Zugehörigkeit zu Christus aus. Für Paulus selbst kann nicht gesagt werden, daß die Gemeinde der Leib Christi ist. Dagegen kann vom Kolosser- und Epheserbrief gesagt werden, daß dort die Kirche der Leib Christi ist. Dabei wird nicht die gegenseitige Beziehung der Glieder, sondern die Beziehung der Glieder zu Christus als der κεφαλή betont[141]. Obwohl seine Übersetzung in 1. Kor. 12,27 grammatikalisch ein Problem ist, wie E. Percy gezeigt hat[142], hat Schmidt dazu beigetragen, den stoischen Hintergrund in 1. Kor. 12 und Röm. 12 darzulegen.

Wikenhauser hat den popularphilosophischen Hintergrund ausführlicher als Schlier erläutert. Obwohl er den Organismusgedanken in 1. Kor. 12 und Röm. 12 als Nebengedanken angesehen hat, hat seine Übersicht über den Ursprung des Bildes großen Wert[143]. Er schließt, daß, obwohl die paulinische Wendung in 1. Kor. 12 und Röm. 12 zweifellos durch die hellenistische Popularphilosophie beeinflußt wurde und das Wort σῶμα oft für die Gesellschaft in der vorchristlichen Zeit verwandt wurde, eine Gruppe tatsächlich erst dann als σωμα bezeichnet wurde, als Seneca einige Jahre nach dem Tod des Paulus das so formulierte. Er erwähnt dazu, daß bei Paulus die Ursache von der Einheit des Leibes in der eschatologischen Realität begründet ist, während sie bei der Popularphilosophie in der Natur wurzelt. Das bedeutet aber, daß der Begriff σῶμα Χριστοῦ nicht von der Popularphilosophie entliehen wurde, obwohl es einen philosophischen Hintergrund in 1. Kor. 12 und Röm. 12 gibt. Dennoch versteht Wikenhauser unter σῶμα Χριστοῦ immer noch ein Bild für die Einheit der Glieder mit Christus, nicht die Realität des Leibes Christi[144].

Dagegen versuchten andere Neutestamentler, vorchristliche Belege dafür zu finden, daß eine Gruppe oder eine Gesellschaft als σῶμα bezeichnet werden kann. Aber sie konnten das nicht genügend nachweisen, wie A. Oepke gezeigt hat[145]. Fast dreißig Jahre nach der Arbeit "Christus und die Kirche im Epheserbrief" hat Schlier dieselbe Ansicht wie Wikenhauser geäußert, die einige Änderungen gegenüber seiner früheren Meinung aufweist[146]. Er erwähnt, daß in der vorchristlichen Zeit keine Belege gefun-

---

140 AaO 41.
141 AaO 41-42.
142 E. PERCY, Der Leib Christi, 6.
143 AaO 129-143.
144 W. L. KNOX, A PARALLEL TO THE N.T. Use of Σῶμα, JThS, XXIX (1938), 243-246; G. D. KILPATRICK, A Parallel to the N. T. Use of Σῶμα, JThS, New Series XIII (1962), 117; T. W. MANSON, A Parallel to a N. T. Use of σῶμα, JThS, XXXVII (1936), 385.
145 A. OEPKE, Das Neue Gottesvolk, 1950, 225.
146 H. SCHLIER, Corpus Christi, RAC III, 444.

den werden können, die σῶμα mit einer zu einem bestimmten Menschen gehörigen Gesellschaft identifizieren. "Es gibt im Umkreis der griechisch-römischen Texte keine formale Analogie zu den Gleichungen: corpus (ecclesia) = Christus, caput = Christus und corpus + caput = Christus. Dieser Unterschied ist nicht nur sachlich von großer Bedeutung, sondern auch für die historische Frage nach der Herkunft der Vorstellung vom corpus Christi"[147]. Daher löst er die Frage aus, ob nicht Paulus auf Grund eines anderen als des bisher behandelten Vorverständnisses den Begriff σῶμα Χριστοῦ als Kirche gewann und ihn entfaltete. Diese Frage bedeutet, daß die Herleitung von der Popularphilosophie abgelehnt werden muß[148].

II. Der Ursprung in der gnostischen Erlöster-Erlöser-Mythologie

W. Bousset und R. Reitzenstein haben auf eine vorchristliche gnostische Mythologie, die eine Erklärung für den spezifischen σῶμα -Gedanken bei Paulus abgeben könnte, hingewiesen[149]. Der Hauptgedanke der Theorie Boussets und Reitzensteins wurde von einer Anzahl Theologen, besonders Neutestamentlern, als feststehende Tatsache übernommen und bildet zum Teil eine sehr wesentliche Voraussetzung in ihren Forschungen. B. Murmelstein hat einen Beitrag "Adam, ein Beitrag zur Messiaslehre" geschrieben, in dem er zu bestätigen versuchte, daß Adam und Messias als die Erlöster-Erlöser-Gestalt, deren riesiger Leib die Seelen der Verdammten und Erwählten einschließt, gedacht wurden[150]. In dieser These weist er eine Parallele zum Gedanken nach, daß Christus die Erlösten in seinem Leib einschließt. Es ist aber problematisch zu nennen, daß er diese Materialien unkritisch benützt und semitische Vorstellungen gnostisch interpretiert hat. Einige Jahre danach hat H. Schlier in seinem Buch "Christus und die Kirche im Epheserbrief" die gnostische Erklärung auf die κεφαλή-σῶμα-Kategorie in den Deuteropaulinen (Kolosser- und Epheserbrief) angewandt. Dazu meint er, daß die echten Paulinen nicht dadurch beeinflußt wurden, weil die κεφαλή-Idee fehlt, die vom Gnostizismus herkommt.

E. Käsemann dehnte die Theorie Schliers auch auf die echten Paulinen aus in seinem Buch "Leib und Leib Christi"[151], in dem er im Gegensatz zu Schlier gezeigt hat, daß das σῶμα-κεφαλή-Schema in der Gnosis keine wichtige Rolle gespielt hat. Er sagt, daß der Ursprung des paulinischen Begriffes σῶμα in der Gnosis gesucht werden

147 AaO 444.

148 Deshalb kann auch die Meinung Meuzelaars nicht angenommen werden, daß die paulinische Wendung bloß eine Variation des hellenistischen Organismus-Gedankens ist. Leib des Messias, 149ff.

149 W. BOUSSET, Hauptprobleme der Gnosis, Göttingen 1907; R. REITZENSTEIN, Daś iranische Erlösungsmysterium, 1921, 116ff; Studien zum antiken Synkretismus aus Iran und Griechenland, 1926.

150 B. MURMELSTEIN, Adam. Ein Beitrag zur Messiaslehre, Wiener Zeitschrift für die Kunde des Morgenlandes, XXXV 1928, 242ff; XXXVI 1929, 51ff.

151 E. KÄSEMANN, Leib und Leib Christi. Eine Untersuchung zur paulinischen Begrifflichkeit, 1933.

muß, weil dieser Begriff keine hebräische und griechische Tradition hat. Der von ihm vorgelegte Mythos ist folgender: Der Aion-Urmensch, der einen riesigen Körper hat, begab sich aus dem Lichtreich in die Welt der Finsternis hinab und wurde von den herrschenden Gewalten in der Materie festgehalten und am Wiederaufstieg gehindert. Nur einem Teil dieses "Menschen" gelang die Rückkehr in die himmlische Heimat. Er verlor Wesensteile von sich an die Materie. Der andere Teil aber wurde um so fester an die Materie gefesselt. Er befindet sich in viele kleine Stücke aufgespalten als Seele in den menschlichen Körpern. Die gefangenen Seelenkräfte als seine Wesensteile müssen sich an ihre himmlische Heimat erinnern, um von der Materie loszukommen. Die Erinnerung (= Kenntnis, γνῶσις) erfolgt durch himmlische Gesandte. Um auch den anderen Teil seiner ursprünglichen Gestalt zu retten, steigt der Urmensch schließlich noch einmal zur Welt der Finsternis herunter und teilt den Seelen der Menschen die erlösende Erkenntnis mit[152]. Durch den Prozeß der Erlösung wird der Urmensch in seiner Ganzheit wieder hergestellt. Nach diesem Mythos bilden der Erlöser und die Erlösten gewissermaßen einen Leib, und zwar auch schon vor der endgültigen Wiedervereinigung im Reiche des Lichtes. Für diesen rekonstruierten Mythos ist die Identität des göttlichen "Urmenschen" mit der "Aion"-Figur entscheidend. Käsemann glaubt daran wie Reitzenstein, daß diese zwei Elemente in der vorchristlichen Zeit in der Vorstellung vom iranischen Urmenschen "Gayomard" verbunden wurden, und daß die beiden Elemente in der frühen Gnosis zusammengekommen sind, als der Urmensch sich durch die Verbindung mit der συγγένεια (die Verwandtschafts-)Lehre mit dem Erlöser identifizierte. Die schon in der Stoa begegnende συγγένεια-Lehre wird gnostisierend von Philo gebraucht[153]. In den Thomasakten wird die Schar der Erlösten als die φύσις (Natur) des Christus bezeichnet, der zugleich Erlöser, Urmensch und die Gesamtheit der Seele ist[154]. Obwohl Käsemann diese Lehre bei Philo und in den Thomasakten gefunden hat[155], konnte er keine vorchristlichen Beispiele für ihre Verbindung zum gnostischen Urmensch-Bild darlegen. Aber

152 AaO 50ff.

153 Philo, de Opific. Mundi 146f.

154 AaO 148. Auch unter asiatischen Neutestamentlern wurde das Problem vom inneren Zusammenhang zwischen dem Christus-Bild in den Thomasakten und dem Gnostizismus erforscht. KIM, Yong-OK, Das Studium der Thomasakten (koreanisch), 1983; ARAI, Sasagu, Das Urchristentum und der Gnostizismus (japanisch), 1971, 240ff; DERS., Verborgener Jesus in den Thomasakten, 1983.

155 E. KÄSEMANN, aaO 66ff.

diese Theorie Käsemanns sowie Schliers, daß die "Erlöster-Erlöser"-Gestalt in vorchristlicher Zeit existierte und als ein Gigant gedacht wurde, dessen Leib die erlösten Personen enthält, hat in der neuesten Paulusforschung eine lebhafte Diskussion entfacht und teils Zustimmung, teils Ablehnung, erfahren. Übernommen worden ist die besagte Anschauung z.B. von H. Seesemann[156]. A. Wikenhauser[157], R. Bultmann[158], G. Bornkamm[159], F. W. Eltester[160]. Widersprochen wurde ihr z.B. von J. Moffat[161], B. S. Easton[162], G. Spicq[163], E. Mersch[164], W. Michaelis[165], J. Schneider[166]. In den folgenden Werken von Cerfaux[167], Deimel[168], Robinson[169], Best[170], Percy[171], Johannson[172], Hanson[173] und Goossens[174] wurde sie teilweise aus Zweifel am Alter der gnostischen Mythologie und teilweise wegen des Unterschiedes zwischen gnostischen und paulinischen Voraussetzungen abgelehnt.

Die Arbeit von W. Schmithals "Gnosis in Korinth" ist eine der letzten Studien, die die gnostische Erklärung unterstützen[175]. Nach seiner Auffassung waren die Gegner des Paulus in Korinth jüdische Gnostiker, die Jesus als eine Erlöster-Erlöser-Gestalt verstanden. Er folgerte einen dualistischen Erlöster-Erlöser-Mythos aus der Tatsache, daß die Korinther die Identifizierung von Christus mit dem Pneuma angenommen haben, die zur Verfluchung des irdischen Jesus, zur Ablehnung des Kreuzes und der leiblichen Auferstehung führten, weil σάρξ und σῶμα für die Existenz der Pneumatiker unwichtig sind[176]. Aber Schmithals hat keinen unmittelbaren Beweis für die gnostische Mythologie im Korintherbrief geboten. Vielmehr behauptet er, daß die Häresie in Korinth eine solche Mythologie von Paulus gefordert habe. Z.B. nach seiner Exegese des Textes 2. Kor. 13,3 bezweifelten die Gegner des Paulus in Korinth, daß

---

156 H. SEESEMANN, Rezension von Käsemann: Leib und Leib Christi, ThLZ (1934), 8.
157 A. WIKENHAUSER, Die Kirche als der mystische Leib Christi nach dem Apostel Paulus, 1949, 239.
158 R. BULTMANN, Theologie des Neuen Testaments, ⁸1980, 182.
159 G. BORNKAMM, Das Ende des Gesetzes, Paulusstudien, 1958, 142.
160 F. W. ELTESTER, Eikon im Neuen Testament, Beiheft ZNW 23 (1958), 113, 125ff.
161 J. MOFFATT, Hib J, XXXII 1933, 229.
162 B. S. EASTON, AThR, XVI 1934, 71.
163 G. SPICQ, RSPhTh, XXIII 1934, 124.
164 E. MERSCH, Nouvelle Revue Théologique, LXI 1934, 536ff.
165 W. MICHAELIS, Theologisches Literaturblatt, LIV (1933), 387ff.
166 J. SCHNEIDER, Rezension von Schlier: Christus u. d. Kirche, ThLZ (1932), 79-81.
167 L. CERFAUX, La Théologie de l'église suivant Saint Paul, Unam Sanctam 10, 1942, 276-282.
168 L. DEIMEL, Leib Christi. Sinn und Grenzen einer Deutung des innerkirchlichen Lebens, 1940, 130-140.
169 J. A. ROBINSON, St. Paul' Epistle to the Ephesians, 1904, 145ff, 256ff.
170 E. BEST, One Body in Christ. A Study in the Relationship of the Church to Christ in the Epistles of the Apostle Paul, 1955.
171 E. PERCY, Der Leib Christi (Σῶμα Χριστοῦ) in den paulinischen Homologumena und Antilegomena, 1942, 39-41, 50A, 93.
172 N. JOHANNSON, Det urkristna nattvardsfirandet-Dessreligionshistoriska bakgrund, dess ursprung och innebörd, 1944, 220.
173 S. HANSON, The Unity of the Church in the New Testament, 1946, 114-116.
174 W. GOOSSENS, L'Église Corps du Christ d'après Saint Paul, 1949, 90-98.
175 W. SCHMITHALS, Gnosis in Korinth. Eine Untersuchung zu den Korintherbriefen, (1956) ²1965.
176 AaO 45ff, 56ff, 70.

wirklich Christus in Paulus redet, und forderten den Gegenbeweis von ihm. "Uns interessiert nun vor allem die Forderung der Kor. nach einem Erweis des in Pls redenden Christus. Was ist damit gemeint? Die Terminologie, in der sich dieses Verlangen ausdrückt, ist rein gnostisch und setzt den gnostischen Christus = Mythus voraus ... Das im einzelnen Menschen wohnende Pneuma ist mit Christus identisch - ὁ κύριος τὸ πνεῦμά ἐστιν, 2. Kor. 3,17 - ein Erweis des im Menschen redenden Christus ist also der Nachweis des in ihm lebenden Pneuma"[177]. Es ist dabei vorausgesetzt, daß die Vorstellung von der Identifizierung von Christus mit dem Pneuma erst auf Grund der gnostischen Mythologie entstehen konnte. Diese Identität ist in Wirklichkeit die grundsätzliche Lehre bei Paulus. Und Paulus selbst hat sie entwickelt, um das verbreitete hellenistische Verständnis des Pneuma zu korrigieren[178].

Schmithals erklärt die Gestaltung der Erlöster-Erlöser-Mythologie folgendermaßen: Die Erlöster-Erlöser-Figur und die Urmensch-Lehre wurden unter dem Einfluß der altiranischen Aion-Vorstellung kombiniert. Die Gleichsetzung des Erlösers mit dem Urmenschen wurde dann am Ende des dritten vorchristlichen Jahrhunderts mit der jüdischen Vorstellung von Adam und dem Menschensohn verbunden. Deswegen enthalten das Buch Daniel und der äth. Henoch einen völlig entwickelten gnostischen Erlöser-Mythos, nach dem die einzelnen Erlösten in den Menschensohn aufgenommen werden[179]. Diese unsichere Hypothese wurde von anderen Forschern abgelehnt, von denen einige die gnostische Erklärung des Begriffes σῶμα unterstützten[180]. Aber ein Jahr, nachdem die Studie von Schmithals bekannt wurde, schloß H. Schlier, daß man die Wurzel der spezifisch paulinischen Leib-Christi-Vorstellung nicht aus dem griech.-jüdischen Hintergrund genügend ableiten konnte. Die Einheit zwischen Erlösten und Erlöser in einem Leib und die Identifizierung des Leibes durch den Namen des Erlösers könnten nur durch die oriental.-gnostische Urmensch-Erlösermythologie erklärt werden[181]. In den 60er Jahren folgten ihm noch einige Forscher. P. Pokorny hat geschrieben, daß Paulus die gnostische Wendung übernommen, sie aber auf Grund seiner christlichen Voraussetzung neu verwendet hat[182]. Er hat auf eine enge Parallele zwischen der Naassenerpredigt, die ein Dokument des entfalteten kleinasiatischen gnostischen Denkens ist, und der paulinischen Wendung hingewiesen, aber zugegeben,

177 AaO 183.

178 E. SCHWEIZER, ThWb VI, 434; E. Käsemann, RGG³ II, 1274.

179 W. SCHMITHALS, aaO 82ff, 100ff. Vgl. DERS., Neues Testament und Gnosis. Erträge der Forschung, Bd. 208, 1984, 57ff.

180 C. COLPE, Die religionsgeschichtliche Schule. Darstellung und Kritik ihres Bildes vom gnostischen Erlösermythos, 1961, 63ff; H. Martin SCHENKE, Der Gott "Mensch" in der Gnosis. Ein religionsgeschichtlicher Beitrag zur Diskussion über die paulinische Anschauung von der Kirche als Leib Christi, 1962, 28ff; E. BRANDENBURGER, Adam und Christus. Exegetisch-religionsgeschichtliche Untersuchung zu Römer 5, 12-21, 1962, 12, 73, 131.

181 H. SCHLIER, Corpus Christi, RAC III, 1957, 445.

182 P. POKORNY, σῶμα Χριστοῦ im Epheserbrief, EvTh. XX 1960, 456-464.

daß selbst der Begriff "Leib" tatsächlich nicht in dem Dokument erschien[183]. H. Hegermann hat in diesem Jahr in seinem Buch "Zur Ableitung der Leib-Christi-Vorstellung" geschrieben, daß den Gegnern des Paulus in Korinth, den Pneumatikern, schon eine Vorstellung von dem erlösten Erlöser, dessen gigantischer Leib die Erwählten einverleibt, bekannt war. Paulus hat aber die konsequente, kosmisch-pneumatische σῶμα -Χριστοῦ -Vorstellung, die die Pneumatiker in Korinth dachten, heilsgeschichtlich modifiziert[184]. Das heißt, daß der Apostel in der beweglichen Argumentation sein Ziel zu erreichen versuchte, indem er die heilsgeschichtlich-personhafte Vertiefung der σῶμα-Χριστοῦ-Vorstellung seinen Sorgenkindern in Korinth verständlich machte. In dieser Bedeutung wurden selbst die Paulusbriefe nicht unmittelbar durch die gnostische Mythologie beeinflußt, sondern vielmehr durch die semignostische Logos-Dynamis-Gestalt, wie sie vor allem von Philo als Repräsentanten des hellenistischen Judentums aufgewiesen wurde[185].

Die gnostische Interpretation wurde endgültig von E. Brandenburger geteilt. Nach ihm wurde die Adamspekulation in der vorchristlichen Zeit am Rande des "orthodoxeren" Judentums gebildet[186]. Sie ist in 1. Kor. 15,45-49 als die Vorstellung vom pneumatisch-himmlischen und dem ihm entgegengesetzten physisch-irdischen Adam-Anthropos vorausgesetzt[187]. Brandenburger glaubt, daß die Ableitung der Adamspekulation aus dem gnostisch-kosmologischen Mythos, der bei Philo und vielleicht vorher bereits vorlag, bemerkenswert ist[188]. Dennoch ist der Beleg für die Verbindung zwischen den beiden fragwürdig. Philo leitet seine Adamspekulation zu Gen. 1,27 nicht aus einer Vorstellung von einem Urmenschen ab, sondern aus einer Vorstellung vom Logos, dem himmlischen Nous[189]. Trotzdem ist Brandenburgers Vermutung bemerkenswert, daß die Adamspekulation eine ausreichende Erklärung für den paulinischen Begriff σῶμα bieten könne, weil nach seiner Hypothese die Vorstellung von dem εἶναι ἐν Ἀδάμ, von dem Tragen der Eikon (= Bild) Adams (Apok. Mos. 33.35), von dem Tragen des Adam-Gewandes (Apok. Mos. 20) usw. das Sein im Adam-Soma andeutet[190]. Dadurch hat er die in 1. Kor. 15 angedeutete Adamspekulation und damit den allgemeinen Hintergrund des Begriffes σῶμα klar gemacht. Dennoch liegt der einzige Schwachpunkt darin, daß Brandenburger keine konkreten Erwähnungen vom Eingehen in das Adam-Soma in der vorchristlichen Zeit nachweisen kann[191].

183 AaO 461.
184 H. HEGERMANN, Zur Ableitung der Leib-Christi-Vorstellung, TLZ, LXXXV 1960, 840-842.
185 AaO 841-842.
186 E. BRANDENBURGER, Adam und Christus, 138. Vgl. Bill. I, 19f; III, 247.
187 AaO 74.
188 AaO 131ff, 135ff, 142ff.
189 Vgl. H. M. SCHENKE, aaO 124.
190 E. BRANDENBURGER, aaO, 113, 152.
191 R. JEWETT, aaO 234. Wie Jewett zeigt, ist bemerkenswert die Änderung des Standpunktes Brandenburgers in seiner letzten Studie, Fleisch und Geist. Paulus und die dualistische Weisheit, 1968, 197ff. Sie weist die Anschauungen der paulinischen Weisheit in dem hellenistischen Judentum nach.

Die Debatte über den gnostischen Hintergrund des Begriffes σῶμα Χριστοῦ erlangte neuerdings einen Höhepunkt durch zwei wichtige Studien zum religionsgeschichtlichen Hintergrund. C. Colpe hat die gnostischen Texte geprüft, auf die die religionsgeschichtliche Schule (angefangen bei Bousset und Reitzenstein) ihre Hypothese gründete, und die immer wieder im Zentrum der Beweisführung lagen. Auf Grund dieser Prüfung folgerte er, daß die Mandäertexte keine Vorstellung von der Identität zwischen Erlöser und Erlösten in einem Leib bieten[192]. Colpe stellt die Frage nach dem Wesen der Gnosis und nach ihrem Verhältnis zur iranischen Religion auf Grund der Untersuchungen der Aion-Vorstellung. Er schließt, daß es in der frühen Zeit der christlichen Zeitrechnung keinen Zusammenhang zwischen der Aion-Vorstellung und dem Urmenschen gab[193], und daß in der gnostischen und iranischen Konstruktion der Mythos vom "Erlöster-Erlöser" einen vielfachen Sinn hat und damit keine prägnante Figur ist. "Die Formel 'Erlöster-Erlöser' trifft wohl richtig einen bestimmten Sachverhalt, ist aber im Grunde ein modernes Interpretament, das sich, wie wir schon ... feststellten, in den Quellen nicht findet"[194]. Daher wird es klar, daß dieser spezifische Mythos in der Gnosis keineswegs grundlegendes Element ist. Colpe bemerkt, daß die Gnosis nichts von einer personhaften Einheit von Erlöser und Erlösten, wie die heutige Interpretation der Mythen sie voraussetzt, wisse[195]. Die Erlöster-Erlöser-Gestalt erscheint tatsächlich erst in der manichäischen Literatur. Es ist nicht ratsam anzunehmen, daß sie bereits vor der Entstehung des Manichäismus existierte, wie Reitzenstein, Käsemann, Schmithals usw. behauptet haben[196].

Auf die Untersuchung Colpes folgte ein Buch, das das Schicksal der gnostischen Erklärung besiegelt. Das Buch "Der Gott 'Mensch' in der Gnosis" von H.-H. Schenke[197] zeigt durch die Analyse der einschlägigen gnostischen Materialien, daß die Vorstellung vom Gott "Mensch" unabhängig von der Gott-Aion-Vorstellung existierte und aus Gen. 1,26f gewonnen ist.

Da diese beiden Begriffe bis zur Entstehung des Manichäismus im dritten Jahrhundert miteinander nicht verbunden wurden, ist die Theorie vom vorchristlichen Urmensch-Aion bzw. dem erlösten Erlöser unhaltbar. Schenkes Analyse der bisher von Bousset und Reitzenstein konstruierten These zeigt, wie diese zu einem Fehlschluß gekommen sind. Bousset entdeckte den iranischen Mythos über den Urriesen, aus dessen Gliedern die Welt entsteht. Er verband aber fälschlicherweise diesen Urriesen mit Gayomard, der mit kosmischen Elementen (z.B. Erde, Wasser, Pflanzen und Feuer) und Planeten verbunden worden ist[198]. Der Hauptbeweis Reitzensteins zur Feststellung der ira-

192 C. COLPE, aaO 171.
193 AaO 140ff.
194 AaO 174.
195 AaO 186.
196 AaO 191.
197 H. M. SCHENKE, Der Gott "Mensch" in der Gnosis.
198 AaO 18-19.

nischen Urmenschlehre ist das sogenannte Zarathustrafragment vom Turfanfragment M7. Auf Grund des Zarathustrafragments, das er irrtümlich für einen vormanichäischen Text hielt, konstruierte er die vorchristliche Erlöster-Erlöser-Gestalt[199]. Daher beging er den Fehler, alle gnostischen Materialien in Beziehung zu diesem manichäischen Begriff zu interpretieren. Reitzenstein - ebenso wie G. Widengren[200] - behauptete weiterhin, daß man den geforderten Ursprung des erlösten Erlösers und des Urmenschen in den altiranischen, also vorchristlichen Vorstellungen, die nachher manichäisch interpretiert wurden, finden kann[201]. Dennoch fehlt es dieser Erörterung an der Einsicht in die Tatsache, daß die manichäische Gemeinde selbst ein Ausgangspunkt für eigene neue Mythenbildung sein konnte. Sie nimmt fälschlich an, daß die manichäische Verbindung zwischen dem kosmogonischen Gott und dem Urmenschen in allen anderen gnostischen Materialien gefunden wurde. Schenkes Analyse des gnostischen Gott-"Mensch"-Motivs deckt auf, daß es nicht der iranischen oder indischen Religion, sondern der spekulativen Auslegung der Schöpfungsgeschichte im Alten Testament entstammt. Er erwähnt, daß jedenfalls, wenn es sich um dieses Thema handelt, der Hintergrund Gen. 1,26f klar ist, und zeigt, wie die allegorische Exegese der alttestamentlichen Urgeschichte in die Gnosis eingeführt worden ist[202]. Im Verlauf seiner Untersuchung über die gnostische Gott-"Mensch"-Lehre unterschied er die folgenden drei Typen aus verschiedenen Materialien und Traditionen:

1. den Allgott (= Weltgott) oder Urriesen, aus dessen Leib ein Kosmos entsteht;
2. den Paradieseskönig, nämlich den ersten Menschen (= Urmenschen), der zur Erfüllung seiner Aufgabe, die paradiesische Erde zu beherrschen, mit göttlichen Herrschertugenden ausgestattet ist;
3. den gnostischen Gott "Mensch".

Die verschiedenen Typen sind gegeneinander abzugrenzen. Aber sie sind sekundär gelegentlich miteinander verbunden worden. Der erste wurde erst bei der Entstehung des Manichäismus im nachchristlichen dritten Jahr mit dem dritten verschmolzen. Gerade dadurch wurde die Erlöster-Erlöser-Figur gestaltet. Deshalb kommt aus chronologischen Gründen der Manichäismus als die Quelle der Leib-Christi-Vorstellung nicht in Betracht. Schenke kommt zum folgenden unvermeidlichen Schluß: "Damit heißt es, Abschied zu nehmen von den so interessanten Theorien Schliers und Käsemanns"[203].

---

199 AaO 21.
200 G. WIDENGREN, The Great Vohu Manah and the Apostle of God. Studies in Iranian and Manichaean Religion, UUÅ 1945. 5, 72; DERS., Der iranische Hintergrund der Gnosis, ZRGG 4. Jg. 1952, 97-114.
201 AaO 26-27.
202 AaO 72ff.
203 AaO 155. Vgl. W. SCHMITHALS, Neues Testament und Gnosis, 57ff.

Wie oben erwähnt, entstand wegen des Zusammenbruchs der gnostischen Erklärung für den paulinischen Begriff σῶμα Χριστοῦ, die bisher den paulinischen Gebrauch gut erklärt hat, eine große Lücke, die mit einer neuen Hypothese gefüllt werden muß. Aber sie muß den außerordentlichen Dimensionen dieses Begriffes entsprechen, welche die gnostische Debatte bisher erbracht hat.

III. Der Ursprung von der "corporate personality" in der hebräischen Vorstellung

Die im A.T. bzw. N.T. angedeutete korporative Existenz der Gläubigen kann durch die Terminologie "corporate personality" gut ausgedrückt werden. Diese Vorstellung ist grundlegend erst von H. W. Robinson begründet[204] und danach von vielen Alt- und Neutestamentlern in verschiedenen Ländern, auch auf der katholischen Seite, benützt worden[205]. Wir erkennen dennoch, daß es Unterschiede im inhaltlichen Verständnis dieser Terminologie gibt.

Einerseits behaupten z.B. C. H. Dodd[206] und E. Best[207], daß die Konzeption von der "corporate personality" nicht eine ontologische, sondern metaphorische Einheit bedeutet. Im Gegensatz dazu verstehen z.B. J. A. T. Robinson[208], P. Benoit[209], J. Pedersen[210], A. R. Johnson[211] und E. E. Ellis[212] sie als real und physisch gemeint.

---

204 H. W. ROBINSON, The Psychology and Metaphysic of "Thus saith Yahweh", ZATW (1923), 1-15; DERS., The Hebrew Conception of Corporate Personality, in: Werden und Wesen des Alten Testaments, ed. J. Hempel. BZAW 66 (1936), 49ff; DERS., Corporate personality, in: The Christian Doctrine of Man, (1911) ³1958, 27ff.

205 J. PEDERSEN, Israel, (1926) 1959, I-II, 263-269, 474-479; III-IV, 76-86; C. H. DODD, The Epistle of Paul to the Romans, MNTC (1932, ¹²1949), 50ff; J. A. T. ROBINSON, The Body, 1952, 50ff; E. BEST, One Body in Christ, 1955, 100; P. BENOIT, Corps, tête et plérôme dans les épîtres de la captivité, RB, LXIII 1956, 7ff; R. P. SHEDD, Man in Community. A Study of St. Paul's Application of Old Testament and Early Jewish Conception of Human Solidarity, 1958; A. R. JOHNSON, The One and the Many in the Israelite Conception of God, 1961, 1-13; J. FRAINE, Adam und seine Nachkommen. Der Begriff der "korporativen Persönlichkeit" in der Heiligen Schrift, 1962; H. G. REVENTLOW, Liturgie und prophetisches Ich bei Jeremia, 1963, 200-I; R. A. CARLSON, David the Chosen King, 1964, 24; G. W. ANDERSON, The History and Religion of Israel, 1966, 15-16; K. H. MISKOTTE, When the Gods are Silent, 1967, 176; C. F. D. MOULE, The Phenomenon of the New Testament, 1967, 43, er erwähnt das Hin- und Herschwingen im hebräischen Denken; R. SCHNACKENBURG, Die Adam-Christus-Typologie als Vorstellung für das Taufverständnis in Röm. 6,1-14, in: Battesimo e Giustizia in Rom 6 e 8, Ben.MS.BES 2, 1974, 37-55; E. E. ELLIS, How the New Testament Uses the Old, in: Prophecy and Hermeneutic in Early Christianity, WUNT 18 (1978), 147-172.

206 C. H. DODD, aaO.

207 E. BEST, aaO.

208 J. A. T. ROBINSON, aaO.

209 P. BENOIT, aaO.

210 J. PEDERSEN, aaO.

211 A. R. JOHNSON, aaO.

212 E. E. ELLIS, aaO: "It is not merely a metaphor, ... but an ontological statement about who and what man is". J. R. PORTER, The Legal Aspects of the Concept of "Corporate Personality" in the Old Testament, VT 15 (1965), 361ff, und J. W. ROGERSON, The Hebrew Conception of Corporate Personality, JThS NS 21 (1970), 1-16, sind kritisch gegenüber dieser atl. Vorausset-

Wir beabsichtigen nicht, die gesamte Bedeutung dieser Konzeption als solcher ohne Beziehung zur Vorstellung vom Leib Christi darzustellen. Zwar versuchen viele Forscher, die hinter der paulinischen Wendung σῶμα Χριστοῦ liegende Bedeutung aus der Konzeption von der "corporate personality" abzuleiten, aber unterlassen es, diese Konzeption zum Ursprung dieses Begriffes in Beziehung zu setzen. E. Schweizer gehört zu denen, die dessen Ursprung und Bedeutung aus der "corporate personality", also aus dem hebräisch-korporativen Stammvater-Gedanken zu verdeutlichen suchte. Deshalb wollen wir nun seine Meinung vorstellen und die damit zusammenhängenden Probleme behandeln[213].

Die Erklärung des Begriffes σῶμα Χριστοῦ auf Grund der alttestamentlichen Auffassung von der "corporate personality" wurde durch das Scheitern der gnostischen Herleitung notwendig. Nach dem Erscheinen des Buches von Colpe, "Die religionsgeschichtliche Schule", bewegte E. Schweizer sich sofort in eine neue Richtung, indem er behauptete, daß die Vorstellung vom Leib Christi auch in Texten, die nicht den geringsten Einfluß eines gnostischen Mythos zeigen, gefunden werden kann[214]. Ein kleiner Teil seine Argumentation gilt der Herkunft dieser Vorstellung, denn er vermutet, daß Paulus selbst sie vielleicht geschaffen hat, weil nur er und seine Schüler sie gebraucht haben[215]. E. Schweizer untersucht den allgemeinen Hintergrund dieser Vorstellung. Er findet die Wurzel der spezifisch paulinischen Vorstellung von der Identität des Erlösers mit den Erlösten in der jüdischen Adam-Spekulation, die die drei verschiedenen Typen anzunehmen schien: 1. Adam ist wie ein vollkommener himmlischer Engel, der auf dem Götterberg wandelt (z.B. Ez. 28,12ff, Sir. 49,16). 2. Adam ist aber zugleich im Besitz der Weisheit (z.B. Sap. 10,1f). 3. Endlich ist Adam der Stammvater, der das Schicksal aller folgenden Generationen bestimmt (z.B. Philo, Op. Mundi 136; Bar. 78,4; Apk Abr. 23,8)[216]. Schweizer meint, das Material für die dritte Gedankenlinie sei sehr viel umfangreicher, ferner habe diese dritte Spekulation sehr großen Einfluß auf die paulinische Vorstellung ausgeübt[217]. Die Gestalt Moses in Vit Mos. II 60 und die Gestalt Jakobs in Conf Ling. 146, Migr Abr. 38-40 und Mut Nom. 45 werden von Philo als himmlisch existierend dem Adam und dem λογος gegenüber geschildert, die Israel repräsentieren und retten.

---

zung. Die beiden wurden wiederum von E. E. ELLIS kritisiert, aaO 170: "... it is hardly responsible for the exegetical conclusion that has been established with considerable probability by (H. W.) Robinson, Pedersen and others. To set that aside one needs a more persuasive explanation of the texts, a task that Rogerson does not attempt."

213 E. SCHWEIZER, Die Kirche als Leib Christi in den paulinischen Homologumena, TLZ LXXXVI, März 1961, 161-174; DERS., Die Kirche als Leib Christi in den paulinischen Antilegomena, TLZ LXXXVI, April 1961, 241-256; DERS., σῶμα, κτλ, ThWb VII, 1024-1091.

214 E. SCHWEIZER, Die Kirche als Leib Christi, 161-174.

215 AaO 171.

216 Auf die Stammvatervorstellung weist schon E. PERCY, Die Probleme der Kolosser- und Epheserbriefe, 1946, 108ff, hin.

217 E. SCHWEIZER, die Kirche als Leib Christi. 167. 169.

Paulus hat sicher im Menschensohn den eschatologischen "Patriarchen" gesehen. Er verstand Christus als eschatologischen Adam (Röm. 5,12-21, 1. Kor. 15): "Nur denkt er nicht mehr national-israelitisch, sondern menschheitlich. Nicht von Jakob-Israel spricht er also, sondern von Adam. Das ist nur die universale Variante der national-israelitischen Konzeption ..."[218]. "Wie der Leib einer ist und doch viele Glieder hat, alle Glieder des Leibes aber, obwohl sie viele sind, doch ein Leib sind, so auch Christus" (1. Kor. 12,12). Die abgekürzte Redeweise "so auch Christus" liegt sehr nahe bei der Vorstellung, daß der Stamm im Schicksal und Weg des Stammvaters eingeschlossen ist. Diese Vorstellung steht im Hintergrund der Formulierung "Leib Christi" (1. Kor. 12,27), der für Paulus eine gegenwärtige Größe ist, wo immer die Gemeinde "in ihm", d.h. in dem davon ausgehenden Segen und der darin aufgerichteten Herrschaft lebt, also vom Opfertod des Gekreuzigten und unter der Herrschaft des Auferstandenen. (Jedoch gibt es auch einen Unterschied: Adam gehört der Vergangenheit an, Christus als der Erhöhte ist gleichzeitig.)

In der Aussage "Ihr seid der Leib Christi" (1. Kor. 12,27) bedeutet der Leib den Kreuzesleib Christi, und die Identität mit "ihm" zeigt, daß der Leib Christi für Paulus immer auch der am Kreuz hingerichtete geschichtliche Leib ist, und daß Paulus die geschichtliche Abhängigkeit der Gemeinde von diesem Ereignis meint, wenn er von der Gemeinde als dem Leibe Christi redet. Das unterscheidet ihn grundsätzlich von den griechischen Analogien, von denen er ausgeht[219]. Die Aussage "Leib Christi" drückt nicht die leibliche Identität der Gemeinde mit Christus aus, sondern die geschichtliche Abhängigkeit der Gemeinde von diesem Ereignis. In der letzten Analyse gleitet die "corporate personality"-Theorie in eine Metapher hinein[220]. Dieses Verständnis stimmt damit überein, daß 1. Kor. 12,27 als "bildliche Aussage" in Schweizers erschöpfendem Artikel σῶμα begriffen wird[221]. Aber sofern man nur mit Metaphern arbeiten will, kann die Frage gestellt werden, warum Paulus nicht etwa gesagt hat, daß die Gemeinde das Blut Christi sei, weil auch das Blut sich eng auf das Kreuzesereignis bezieht[222]. Schweizer antwortet auf diese Frage: "Die Wahl des Ausdrucks ist zunächst bedingt durch den allgemein hellenistischen, besonders stoischen, Sprachgebrauch, wo Leib die Einheit eines aus verschiedenen Gliedern bestehenden Ganzen meint"[223]. Paulus redet von diesem einen Leib nur innerhalb der Paränese, nie innerhalb der soteriologischen Abschnitte, weil σῶμα in der allgemein hellenistischen Philosophie weit verbreitet

218 AaO 169.
219 AaO 172.
220 Natürlich muß diese Vorstellung danach befragt werden, inwieweit sie metaphorisch oder real gemeint ist. Vgl. GUNDRY, Soma in Biblical Theology, 234ff.
221 E. SCHWEIZER, σῶμα, κτλ, ThWb VII, 1066.
222 E. SCHWEIZER, Die Kirche als Leib Christi, 172. Die Gemeinde könnte wohl sagen: "ihr seid eins im Blut Christi", nicht aber "ihr seid das Blut Christi". Vgl. Eph. 2,13: "ihr, die ihr ferne einst wart, seid nahe geworden im Blute Christi"; ferner Röm. 3,25; 5,9; 1. Kor. 11,25; Hb. 10,19; 13,20; Apk. 1,5; 5,9; 7,14.
223 AaO 172.

ethisch gebraucht wurde. Aber wie immer in seinen Briefen, steht das spezifisch Paulinische, nämlich die Begründung dieses Imperativs, wie ihn der Stoiker ebenso erheben könnte, im Indikativ. Zusammenfassend: Paulus leitet den Ausdruck aus dem stoischen Gedanken her, aber gebraucht ihn unter dem Einfluß des hebräischen korporativen Stammvater-Gedankens, um die absolute Abhängigkeit der Gemeinde von dem Kreuzesgeschehen Christi auszudrücken[224].

Zur Erörterung über den hebräischen Ursprung wollen wir noch einige Forscher vorstellen, obwohl ihre Bücher schon vor der oben genannten Studie Schweizers erschienen. W. D. Davies geht einen Schritt weiter als Schweizer. Er ist der Meinung, daß Paulus den Ausdruck σῶμα Χριστοῦ in der Analogie zum rabbinischen Ausdruck "Leib Adams" konstruierte. Da er kein unmittelbares Beispiel dieses Ausdrucks in der rabbinischen Literatur finden kann, versucht er stattdessen zu zeigen, daß die Spekulation über den gigantischen Leib Adams, der aus Staub der vier Ecken der Welt besteht, eine universale Einheit der ganzen Menschheit zum Ausdruck bringen will, die einen echten Präzedenzfall zur paulinischen Idee von der Einheit zwischen Juden und Griechen, Mann und Weib im Leib Christi, bietet. Er schreibt: "Paul accepted the traditional Rabbinic doctrine of the unity of mankind in Adam. That doctrine implied that the very constitution of the physical body of Adam and the method of its formation was symbolic of the real oneness of mankind. ... The 'body' of Adam included all mankind. Was it not natural, then, that Paul when he thought of the new humanity being incorporated 'in Christ' should have conceived of it as the 'body' of the Second Adam, where there was neither Jew nor Greek, male nor female, bond nor free?"[225]. Aber man muß sich fragen, ob es solche eine "traditionelle rabbinische Lehre von der Einheit der Menschheit in Adam" überhaupt gibt, und ob diese Hypothese nicht eher ein Produkt der liberalen Interpretation im neunzehnten Jahrhundert ist. Denn die Texte, M. Sanhedrin 4,5; b. Sanh. 38a; Gen R. 8; Ex R. 40,3 usw., die Davies zitiert, schließen keineswegs solche universale Bedeutung ein[226]. Sein einziger schlagkräftiger Beweis ist R. Simeon Ben Azzais Deduktion des Liebe-Prinzips aus Gen. 5,1, nach dem alle Menschen geliebt werden wollen, weil sie alle nach dem Bilde Gottes geschaffen wurden (Sifra 89)[227]. Seine Deduktion war dennoch die Meinung der Minderheit. Und auch sie hat den traditionellen Graben nicht aufgehoben, der zur Trennung von der Unreinheit der Heiden führte. Deshalb hat sie keinesfalls auf die von Davies hingewiesene "Einheit" gezielt. Zwar gab es eine allgemein überlieferte Tradition über die Wurzel des Menschen aus Adam, mit der Bedeutung, daß jeder das Bild Gottes trägt, so daß jeder gleichberechtigt und unantastbar ist. Aber sie enthält nicht die Bedeutung, daß Juden und Heiden in eine Einheit, nämlich in

224 Vgl. E. SCHWEIZER, ThWb VII, 1069ff.

225 W. D. DAVIES, Paul and Rabbinic Judaism, (1948) ³1970, 57.

226 AaO 53ff.

227 AaO 55. Vgl. Mishna Aboth 3,14.

eine beiderseitige Gemeinschaft gebracht werden sollen[228].

Wir können kurz gefaßt sagen: Schweizer und Davies kommen zu einem relativ negativen Resultat hinsichtlich der Frage, ob das Wort "Leib" im Judentum in gleicher Weise wie die paulinische Wendung gebraucht wurde. Trotzdem betonen die beiden die Wichtigkeit des hebräischen korporativen Denkens in der paulinischen Wendung.

Andere Forscher haben jedoch die Frage bejaht, ob die rabbinischen Lehrer das Wort "Leib" in bezug zur Adam-Spekulation so gebrauchten, daß sie eine enge Parallele zur paulinischen Wendung bietet. B. Murmelstein weist auf die Übereinstimmung zwischen Adam und Messias in der christlichen und rabbinischen Literatur hin und erwähnt, daß ein gnostischer Erlöster-Erlöser-Mythos in den beiden Traditionen aufgenommen wurde. Aus Ex R. 40,3, wonach der Gerechte aus den verschiedenen Abschnitten des gigantischen Adamsleibes entsteht, schließt er, daß Adam als eine "Sammelseele" gedacht wurde[229]. W. Staerk unterstützt diese Meinung auf Grund der paulinischen Beweisführung der Adam-Spekulation in Röm. 5,12ff und schließt: "Die Vorstellung vom Adam-Urmensch als einer Sammelseele ist also schon der älteren Haggada bekannt gewesen und gehört zu den mythischen Motiven, die aus der religiösen Umwelt aufgenommen und in den eschatologischen Glauben des Judentums als Formelelement eingebaut worden sind"[230]. Dazu erörterte Staerk: Diese Anschauung liegt in der Tradition, daß der König Messias nicht kommen wird, ehe die bei der Schöpfung erwählten Seelen aus dem Leib Adams herausgezogen sind. Er fand diese Tradition in Gen R. 24,4; Lev R. 15; Hag. 12b; Hen. 43,2-3 usw.[231].

Schoeps behauptet entsprechend der Meinung Staerks[232], daß die ebionitische Quellenschrift K. Π. (τῶν Πέτρου κηρυγμάτων)[233] die Vorstellung enthielt, daß die beiden, Adam und Christus, nicht nur als Vertreter der Menschheit, sondern auch als Anfänger der Menschheit "Seelenbehälter" (גּוּפִים) sind, die alle Seelen in sich tragen. "Diese altjüdische Guph-Vorstellung einer 'Weltseele' ... liegt in großkirchlicher Transposition in der paulinischen σῶμα-Vorstellung vor"[234]. Die sorgfältige Durchsicht seines Zitates macht jedoch deutlich, daß vom Leib und "Seelenbehälter" nicht deutlich geredet wird, obwohl in den K.Π. Adam sich mit Christus identifiziert. Als Konsequenz können wir sagen, daß keiner von diesen Forschern überzeugende Belege erbracht hat. Murmelstein und Staerk haben das gnostische Erlöster-Erlöser-

---

228 R. SCROGGS, The Last Adam. A Study in Pauline Anthropology, 1966, 49f. Die Idee von "the unity of all mankind in Adam" betont W. D. DAVIES auch in seinem Buch "Jewish and Pauline Studies", 1984, 207ff.

229 B. MURMELSTEIN, Adam. Ein Beitrag zur Messiaslehre, WZKM. XXXV 1928, 267.

230 W. STAERK, Die Erlösererwartung in den östlichen Religionen. Untersuchung zu den Ausdrucksformen der biblischen Christologie, Soter II, 1938, 126.

231 AaO 131.

232 H. J. SCHOEPS, Theologie und Geschichte des Judenchristentums, 1949, 45ff.

233 Über diese Quellenschrift vgl. aaO 45f.

234 AaO 99.

Motiv in heterogene Kontexte hineingebracht und die rabbinischen und christlichen Materialien ohne genügende Rücksicht auf die Chronologie untersucht[235]. An diesem Punkt können wir teilweise Brandenburgers Kritik zu dieser Diskussion anerkennen. Er widerspricht ihr mit der Feststellung, daß die Vorstellung vom Adam-soma erst in ziemlich späten Quellen erwähnt ist. Er schließt: "Die Vorstellung von einem dem eigentlichen Dasein vorausgehenden urzeitlichen Sein der Seelen im Adam-guf - von der spärlichen und späten Bezeugung einmal abgesehen - kann niemals den Hintergrund von 1. Kor. 15,22a erhellen, für den das gegenwärtige Sein in Adam ganz entscheidend ist"[236]. Eine genaue Erwägung darüber zeigt dennoch, daß Brandenburgers Kritik teilweise verbessert werden muß. Er selbst nähert sich im Gegensatz zu Schweizer wieder jener Lösung Käsemanns[237].

Wir können eine ekklesiologische Verwendung der Adam-Typologie bei Paulus nicht leugnen beim Vergleich von 1. Kor. 12,13 mit Kol. 3,9ff, wo die neue Einheit der Christen hier auf Christus als Ebenbild Gottes (Adam-Typologie) und dort auf das σῶμα Χριστοῦ zurückgeführt wird. Man könnte ferner den obengenannten rabbinischen Gedanken mit dem Sein der Glaubenden ἐν Χριστῷ vergleichen[238]. Dennoch ist der echt paulinische Gedanke von der Gemeinde als dem σῶμα Χριστοῦ von der Adam-Tradition her nicht ganz zu erklären. Denn Paulus denkt im Blick auf Adam streng geschichtlich und spricht nie von einem σῶμα Ἀδάμ als einer die Menschheit zusammenfassenden Größe[239]. O. Betz beschreibt den Charakter der Adam-Christus-Typologie mit dem folgenden Ausdruck: "Paulus hat die Wendung 'letzter Adam' nicht auf die ekklesiologische Gegenwart, sondern auf die eschatologische Zukunft der Auferstehung bezogen"[240].

Aus dem oben genannten Grund müssen wir eine neue Möglichkeit der Herkunft dieser Vorstellung in der hellenistisch-jüdischen Literatur, die in Teil B behandelt wird, zu finden versuchen. Wahrscheinlich ist σῶμα Χριστοῦ der Begriff, der am wenigsten direkt aus den Zeugnissen des apokalyptischen und hellenistischen Judentums abzuleiten ist, die sonst reichhaltige Parallelen zur paulinischen Begrifflichkeit liefern[241].

---

235 R. SCROGGS, The Last Adam, 49f; R. JEWETT, Paul's Anthropological Terms, 241.

236 E. BRANDENBURGER, Adam und Christus, 143.

237 Dennoch hat KÄSEMANN neuestens in seinem Kommentar "An die Römer", (1973) ⁴1980, 135f, wo er Selbstkritik an seiner früheren Arbeit "Leib und Leib Christi" geübt hat, geschrieben: "Der Rekonstruktion dieser Mythologie hat sich ein unübersehbar gewordenes Schrifttum gewidmet. dessen Problematik sich unvermeidlich mit der heftig umstrittenen Frage einer vorchristlichen Gnosis verband und dabei fast durchweg auf nachchristliches, widersprüchliches Material angewiesen war." (Vgl. auch aaO 325.)

238 Vgl. 2. Kor. 11,2f, wo Christus und die Gemeinde eine eschatologische Entsprechung zum ersten Menschenpaar sind.

239 O. BETZ, Art. Adam I, TRE I, 1977, 414-424, der ferner darstellt: "Die Gleichheit ἐν σαρκί und nicht die Einheit ἐν σώματι verbindet die Menschen mit Adam, dem aufgrund seines Todes die Gleichzeitigkeit des auferstandenen Christus mit den Seinen fehlt; nicht die Inkorporation, sondern die Abstammung entscheidet."

240 AaO 420. Vgl. W. KLAIBER, Rechtfertigung und Gemeinde, 113ff.

241 W. KLAIBER, aaO 47f.

IV. σῶμα Χριστοῦ - die paulinische Originalschöpfung

Nachdem es der religionsgeschichtlichen Forschung mißlungen ist, eine genaue Parallele zur σῶμα Χριστοῦ-Kategorie zu bieten, hat man auf die Forscher geblickt, die die These unterstützt haben, daß Paulus selbst diese Kategorie geschaffen hat. Den Ursprung bei Paulus haben wir zum Teil schon oben erwähnt. Wir wollen nun drei typische Varianten dieser These behandeln.

1. **Die Damaskuserlebnis-Theorie:** Diese Theorie wird durch die Identität zwischen Christus und der Gemeinde begründet, die in der Himmelsstimme dem Verfolger der Gemeinde angedeutet wurde: "Warum verfolgst du mich?" (Apg. 9,4; 22,7; 26,14). Augustinus hat bereits auf diesen Zusammenhang aufmerksam gemacht: "Non ait: quid sanctos meos, quid servos meos? sed: quid me persequeris, hoc est, quid membra mea? caput pro membris clamabat, et membra in se caput transfigurabat"[242]. Unter den neueren Forschern bekennen sich zu dieser Ableitung der paulinischen Somaekklesiologie E. Mersch, J. A. T. Robinson, F. Mussner, F. F. Bruce, H. G. Wood usw.[243]. Dennoch besteht Zweifel gegenüber der Echtheit der in der Apostelgeschichte wiederholt geschilderten Damaskus-Vision, denn im Unterschied zu der bereits ausgestalteten lukanischen Beschreibung spricht Paulus selbst von dieser entscheidenden Stunde seines Lebens nur mit wenigen Worten, und nie erwähnt er eine Audition (Gal. 1,15f; 1. Kor. 9,1; 15,9f). Das Ereignis, durch das er Christ wurde, erwähnt Paulus nur in einem - allerdings gewichtigen - Nebensatz[244]. Fast alle Neutestamentler erkennen diesen Unterschied an. Aber wer seinen Grund in der zurückhaltenden Haltung des Paulus über seine Erfahrung sucht, der hält den lukanischen Bericht dieses Berufungserlebnisses für eine Tatsache[245]. Andererseits behaupten wiederum M. Dibelius, G. Bornkamm, D. E. H. Whitely, teilweise R. H. Gundry, E. Lohse und E. Käsemann wegen der historischen Unklarheit des Damaskuserlebnisses, daß man den lukanischen Bericht nicht ins Zentrum der paulinischen Theologie stellen soll[246]. M. Dibelius hat in seinem Buch

242 Augustinus, En. in Ps. XXX, II 3 (PL 36, 231).

243 E. MERSCH, Le Corps Mystique du Christ, ³1949; J. A. T. ROBINSON, The Body, 58; F. MUSSNER, Christus, das All und die Kirche, 1968, 139; F. F. BRUCE, Romans. An Introduction and Commentary, 1969, 200f; H. G. WOOD, The Conversion of St. Paul. Its Nature, Antecedents and Consequences, NTS 1 (1954/55), 279 mit Anm.109.

244 E. LOHSE, Grundriß der neutestamentlichen Theologie, 1974, 52, 76f.

245 G. Lohfink, Paulus vor Damaskus 1966, 21; U. WILCKENS, Bekehrung des Paulus als religionsgeschichtliches Problem, Rechtfertigung als Freiheit, 1974, 98-104; W. GRUNDMANN, Paulus, aus dem Volke Israel, Apostel der Völker, NovT 4 (1960), 268f; J. JEREMIAS, Der Schlüssel zur Theologie des Apostels Paulus, 1971, 20ff; P. STUHLMACHER, Das Ende des Gesetzes, 1970, in: Versöhnung, Gesetz und Gerechtigkeit, 182; DERS., Die Gerechtigkeitsanschauung des Apostels Paulus, in: aaO 89f; S. KIM, The Origin of Paul's Gospel, 1981, 3ff; teilweise R. H. GUNDRY, Soma in Biblical Theology, 240f.

246 M. DIBELIUS, Die Reden der Apostelgeschichte und die antike Geschichtschreibung, 1949, 57ff; G. BORNKAMM, Paulus, (1969) ⁵1983, 39; D. E. H. WHITELY, The Theology of St Paul, 1964, 192f; E. LOHSE, Grundriß der neutestamentlichen Theologie, 52, 76f; E. KÄSEMANN, Eine paulinische

"Die Reden der Apostelgeschichte und die antike Geschichtsschreibung" behauptet, daß die Acta-Darstellung von der Bekehrung des Paulus, besonders im dritten Bericht (26,14f), von Lukas infolge Euripides fragmt. stilisiert ist, und daß Lukas ein griechisches Sprichwort in die Himmelsstimme eingeführt hat. Dazu muß man anmerken, daß ebenso Paulus wie die lukanische Gemeinde unter dem Eindruck der apokalyptischen Anschauungen glaubten, daß, wer die Kirche verfolgt, Christus als dem Träger des neuen Äons Widerstand leistet[247].

Dagegen versuchen Mussner und Kim nach den Aussagen des Paulus die geschichtliche Zuverlässigkeit wiederherzustellen, die ernsthaft von Dibelius abgelehnt wurde. Aber auch wenn wir die Geschichtlichkeit des lukanischen Bekehrungsberichts des Paulus anerkennen und daher sagen könnten, daß das Erlebnis einmalig und im ganzen Lebensschicksal des Apostels und in seinem Verständnis der Gemeinde sehr einschneidend war, kann das Damaskuserlebnis uns die Antwort auf die Herkunft dieser Vorstellung nicht geben[248]. Wie D. E. H. Whitely fragt R. H. Gundry sich: "But if the words Paul heard on the road to Damascus are the source for the concept of the Church as Christ's Body, why does that concept not appear very early in Pauline literature?"[249] Jedoch beruht seine folgende Antwort nicht auf konkreten Belegen: "May be the deduction was slow in coming. Even so, it is a long step from persecution of Christ in Christians to a sacramental literalism in which Christians are the physical body of Christ"[250]. Dagegen bietet S. Kim eine These auf Grund der Aufzählung der überzeugenden Literatur: "The Damascus vision could have contributed to his conception of the Church as the Body of Christ"[251]. Das Damaskuserlebnis nimmt für Kim eine zentrale Position in der paulinischen Theologie ein. Durch den Ausdruck "contributed" wird klar, daß er die Herkunft dieses paulinischen Begriffes nicht ausschließlich im Damaskuserlebnis sieht; vielmehr antwortet auch die dem Paulus überlieferte jüdische Tradition hinsichtlich der Herkunft des Begriffes σῶμα Χριστοῦ.

Variation des "amor fati", EVB II 223ff; er erwähnt in der Beziehung zur Interpretation des Textes 1. Kor. 9,16-17 (besonders ἀνάγκη γάρ μοι ἐπίκειται): "Die Erinnerung an Damaskus aber taugt als Illustration, jedoch nicht zur Interpretation, weil Paulus nicht einen Rückblick auf vergangenes Geschehen und dessen Auswirkungen wirft, sondern von der Gegenwart seines Dienstes spricht"; H. CONZELMANN, Der erste Brief an die Korinther, (1969) ¹²1981, 194, meint, daß ἀνάγκη (der Zwang) mit seiner Berufung, ja mit seiner Erwählung von Geburt an verbunden ist, Gal. 1,12ff; 1. Kor. 15,8ff. Hier erwähnt er nichts von der Christusbegegnung bei Damaskus.

247 Vgl. E. SCHWEIZER, Gemeinde und Gemeindeordnung im Neuen Testament, AThANT, 1959, 60-61.

248 R. JEWETT, Paul's Anthropological Terms. 246.

249 R. H. GUNDRY, Soma, 240.

250 J. JEREMIAS steht in derselben Linie, aaO 27; er weist darauf hin, daß der Spostel nach seiner Christusbegegnung bei Damaskus diese Einheit zwischen Christus und der Gemeinde allmählich im Bild vom Leib Christi ausgedrückt hat.

251 S. KIM, The Origin, 252.

2. Der Gottesvolkgedanke: A. Oepke gründete eine Hypothese auf den Gottesvolkgedanken: σῶμα sei nur ein alternativer Ausdruck für die paulinische Konzeption der Kirche als des wahren Gottesvolkes. Die Gemeinschaft, auf welche die Vorstellung vom Leib übertragen wird, sei die ἐκκλησία τοῦ θεοῦ oder - das Gottesvolk. Die Analyse des Begriffes führe zum Gottesvolkgedanken[252]. Paulus selbst schuf die Vorstellung von σῶμα Χριστοῦ aus den verschiedenen Komponenten der rabbinischen Adam-Spekulation und dem alttestamentlichen Gebrauch des zur Bezeichnung von Sippen- und Volkszusammenhängen dienenden בָּשָׂר. "Die verschiedenen Komponenten zu einer neuen Legierung zu verschmelzen ... wird die eigenste Tat des Paulus sein. Der Grund liegt in seiner persönlichen Erfahrung der Gegenwart des erhöhten Herrn in seiner Gemeinde. Diese Erfahrung aber hat der Apostel im Gliedverband des neuen Gottesvolkes gemacht"[253]. Oepke ist zu dem folgenden Ergebnis gekommen: "Die beiden im Thema stehenden Begriffe bilden im Sinn des Paulus keine Alternative, sondern sie stehen im Verhältnis der Synthese, so aber, daß der Gottesvolkgedanke Wurzel und Stamm, die Leib-Christi-Idee aber die Krone bildet"[254]. (Das Problem der paulinischen Ekklesiologie wird also gelöst im Sinne der Zuweisung der Christologie zur "Heilsgeschichte".) Dennoch liegt ein Problem dieser Hypothese darin, daß Oepke den Begriff λαὸς θεοῦ ins Zentrum der paulinischen Theologie stellt. Dieser Begriff steht bei Paulus nur in alttestamentlichen Zitaten (1. Kor. 10,7 = Ex 32,6; 1. Kor. 14,21 = Jes. 28,11f; 2. Kor. 6,16 = Lev. 26,11f; Röm. 9,25f = Hos. 2,25; 2,1; Röm. 10,21 = Jes. 65,2; Röm. 11,1f = Ps. 94,14)[255]. Ausnahme sind 2. Kor. 6,16, dessen paulinische Herkunft zweifelhaft ist, 1. Kor. 14,21 und Röm. 9,25f. Nur an der letztgenannten Stelle werden die Zitate (Hos. 2,1.25) zu expliziten ekklesiologischen Aussagen verwandt. Und gerade hier geht es nicht um die Kontinuität des Gottesvolkes, sondern um die Souveränität Gottes, mit der er aus den Heiden, dem Nichtvolk, sein Volk ruft. Paulus scheint den nationalen Aspekt des Begriffs so stark empfunden zu haben, daß er ihn sonst nicht für die Gemeinde verwendet[256]. Wenn man erkennt, daß der Begriff σῶμα Χριστοῦ das genuin paulinische Interpretament für eine Kirche ist, so ist allen jenen Exegeten zu widersprechen, welche um der Kontinuität der Heilsgeschichte willen Paulus in seinem Kirchengedanken primär vom Gottesvolkgedanken her verstehen und damit zugleich sagen wollen, der Leib-Christi-Begriff sei nur eine Spe-

---

252 A. OEPKE, Das neue Gottesvolk, 1950, 224. S.o. 8.

253 AaO 227.

254 A. OEPKE, Leib Christi oder Volk Gottes bei Paulus?, ThLZ 79, 1954, Sp. 368.

255 Vgl. STRATHMANN, λαός Thwb IV, 53-57.

256 E. SCHWEIZER, Gemeinde und Gemeindeordnung im N.T., Abhandlungen zur Theologie des Alten und Neuen Testaments 35, (1959) ²1962, 81; P. STUHLMACHER, Gerechtigkeit Gottes bei Paulus, 1966, 213, der dies in der Beziehung zur Rechtfertigung behauptet; W. KLAIBER, Rechtfertigung und Gemeinde, 28; R. SCHNACKENBURG, Mysterium Kirche, 89f, dessen Hypothese ähnlich der von Oepke ist, muß kritisiert werden.

zialversion des Gottesvolkgedankens[257]. Geht man also von der theologischen Prävalenz der Christologie bei Paulus vor der "Heilsgeschichte" aus[258], so erscheint es naheliegend, die Reihenfolge "Volk Gottes" und "Leib Christi" eher umzukehren. Als "Leib Christi" ist die Gemeinde "Volk Gottes" - nicht umgekehrt[259]. So jedenfalls sieht offensichtlich E. Käsemann die Dinge, wenn er im Zusammenhang seiner Analyse des "Motivs vom Leibe Christi" schließlich zu dem Ergebnis kommt: "Heilsgeschichtliche Interessen und Polemik lassen den Apostel am Leitbild judenchristlicher Ekklesiologie festhalten, obgleich das seiner Theologie und seinem Werk nicht mehr zutiefst entspricht"[260]. Die heilsgeschichtliche Bedeutung der christozentrischen Vorstellung vom Leib Christi in bezug auf "Volk Gottes" wollen wir jedoch später im Adam-Christus-Motiv bei Paulus verdeutlichen[261].

3. **Die sakramentale Hypothese:** Die sakramentale Hypothese wurde zuerst 1930 von A. E. D. Rawlinson aufgestellt. Rawlinson nimmt auf Grund von 1. Kor. 6,15: οὐκ οἴδατε ὅτι τὰ σώματα ὑμῶν μέλη Χριστοῦ ἐστιν an, daß die Gemeinde den Gedanken vom "Leibe" und seinen "Gliedern" kannte und meint, daß der Gedanke des Paulus von der Kirche als "Leib Christi" eine Folge seiner Auffassung vom Wesen der Eucharistie war[262]. Er sagt: "Vielleicht sind sowohl der Gedanke als auch der Ausdruck 'Leib Christi' zuerst von der Sprache des Abendmahls eingegeben worden"[263]. Für Paulus ist es klar, daß die Sakramente nicht magisch wirken, und daß Brot und Wein des Abendmahls geistliche "Speise und Trank" sind (1. Kor. 10,1-4). Zugleich ist es dennoch klar, daß die Kirche für Paulus nicht nur eine "geistige" Einheit, sondern auch eine "leibhafte" Einheit ist. Auf Grund des Textes 1. Kor. 12,13: "In einem Geiste seid ihr alle getauft zu einem Leibe" sagt er, daß die eine Taufe sowie das Herrenmahl, das unter anderem auch die Gabe des Heiligen Geistes mitteilt, für Paulus das wirksame Mittel der Einverleibung in den einen 'Leib' sind[264]. Er schließt, daß die Eucharistie eigentlich als das gemeinsame messianische Mahl mit dem auferstandenen und erhöhten Herrn gedacht wurde, daß aber Paulus der erste christliche Lehrer gewesen sein mag, der das messianische frohe Mahl auf die Worte und Taten des Herrn beim letzten Mahl

---

257 So z.B. N. A. DAHL, Das Volk Gottes. Eine Untersuchung zum Kirchenbewußtsein des Urchristentums, (1941) ²1963, 226; K. STENDAHL, Art. Kirche, ³RGG III, 1300f und Fr. NEUGEBAUER, In Christus ἐν Χριστῷ. Eine Untersuchung zum paulinischen Glaubensverständnis, 1961.

258 Vgl.P. STUHLMACHER, Theologische Probleme gegenwärtiger Paulusinterpretation, ThLZ 98, 1973, Sp. 721-732, bes. Sp. 731.

259 Gegen R. SCHNACKENBURG, Die Kirche im Neuen Testament, (1961) ³1966, 147: "Die Kirche ist "Volk Gottes" als "Leib Christi", und sie ist "Leib Christi" in einem vom Volk-Gottes-Gedanken her bestimmten oder grundgelegten Sinn.

260 E. KÄSEMANN, Das theologische Problem des Motivs vom Leibe Christi, in: Paulinische Perspektiven, 190. Vgl. H.-F. WEIß, "Volk Gottes" und "Leib Christi", ThLZ 102, 1977, Sp. 411-420.

261 S.u. 281, 295f.

262 A. E. J. RAWLINSON, Corpus Christi, in: Mysterium Christi, hrsg. von G. K. A. Bell und D. Adolf Deißmann, (London) 1930, (Berlin) 1931, 276-281.

263 AaO 286.

264 AaO 282.

auslegte und es in ein sakramentales Freundschaftsfest überführte. Dadurch, sagt er, erfaßte Paulus vollständig die Absicht Jesu, den Opfertod für sein Volk zu sterben. Rawlinsons Anspielung auf die Entwicklung der Eucharistie wurde von der späteren literarischen und formkritischen Forschung unterstützt, die beides in der Urgemeinde gefunden hat: Die Verteilung des Brotes mit dem erhöhten Herrn in ihrem Ruf Marana tha! ("Komm, Herr!")[265] und die ernste Verkündigung des Todes Jesu mit dem Wort der Einsetzung von Brot und Wein. Abgesehen von den zwei Fragen, ob die beiden Momente, nämlich die eschatologische Freude, verbunden mit der schon gegenwärtigen Tischgemeinschaft mit dem Erhöhten, bald Wiederkommenden, und die Verkündigung des Todes Jesu, verbunden mit dem Zuspruch der Heilsfrucht seines Sterbens, von Anfang an zusammengehört haben[266], oder ob sie eigentlich ganz getrennt waren[267], scheint seinem Verständnis gerecht zu werden, daß Paulus das Brot als ein Mittel für die Einheit in dem Leib Christi betont hat. Das weist darauf hin, daß das Anteilhaben am Leib Jesu beim Sakrament uns zum Christusleib der Gemeinde macht[268]. In seiner Behauptung fehlt es aber an konkreten Beweisen, die die auf das Brotwort Jesu bezogene ekklesiologische Christusleib-Vorstellung durch die religionsgeschichtliche Methode klarstellen können.

Diese sakramentale Erklärung wurde teilweise von O. Michel angenommen[269] und weiterhin von L. Cerfaux in Bezug zur Entfaltung der paulinischen Ekklesiologie eingeführt[270]. Cerfaux sagt, daß Paulus die Vorstellung von der leibhaften Einigkeit im sakramentalen Brot mit dem verbreiteten stoischen Gedanken verbunden und ihn erst in Korinth appliziert hat, um vor der ethischen Mißachtung der charismatischen Gabe zu warnen. Danach wurde die sakramentale Erklärung von J. Reuss in seinem Aufsatz über die Herkunft der Vorstellung angenommen[271]. Nicht selten leitet man die gesamte Konzeption vom Christusleib der Kirche aus diesen sakramentalen Ausführungen ab[272]. Dabei machen uns die neuesten Studien von

---

265 Vgl. Siegfried SCHULZ, Maranatha und Kyrios Jesus, ZNW, LIII (1962), 125-144.

266 Vgl. E. SCHWEIZER, Abendmahl im NT, ³RGG I, 16; er denkt, daß die beiden Momente jedenfalls schon früh in der palästinensischen Kirche zusammengewachsen sein müssen, wenn sie nicht von Anfang an zusammengehört haben.

267 Vgl. H. LIETZMANN, Messe und Herrenmahl, 1926; E. LOHMEYER, Vom urchristlichen Abendmahl, ThR IX (1937), 168ff, 273ff; ThR X (1938), 81ff. Lohmeyer fand zum einen den galiläischen Typus, der aus der Tischgemeinschaft des irdischen Jesus herausgewachsen war, zum anderen hingegen die jerusalemische Art der Herrenmahlfeier.

268 Vgl. KÄSEMANN, Anliegen und Eigenart der paulinischen Abendmahlslehre (1947/8), in: Exegetische Versuche und Besinnungen, ⁶1970, 12ff.

269 O. MICHEL, Das Zeugnis des Neuen Testamentes von der Gemeinde, 1941, 53, 56.

270 L. CERFAUX, The Church in the Theology of St. Paul. Ins Englische übersetzt von G. Webband u. A. Walker, ²1959, 265ff.

271 J. REUSS, Die Kirche als "Leib Christi" und die Herkunft dieser Vorstellung bei dem Apostel Paulus, BZ NF 2 (1958), 103-127, speziell 108, 118.

272 A. WIKENHAUSER, Die Kirche als der mystische Leib Christi, 112ff; J. A. T. ROBINSON, The Body, 47f; E. SCHWEIZER, ThWB VII, 1066, 1070; H. CONZELMANN, Grundriß der Theologie des Neuen Testaments, 1967, 287; R. SCHNACKENBURG, Die Kirche im Neuen Testament, QD 14 (1962), 155, der die Kirche den erweiterten Kreuzesleib nennt.

Käsemann und Gundry darauf aufmerksam, daß man den Christusleib der Gemeinde mit dem am Kreuz gestorbenen Leib des Herrn, der im Herrenmahl vergegenwärtigt wird, nicht identifizieren soll, weil für Paulus der Christusleib der Kirche durch den Christusgeist geschaffen und zusammengehalten wird, also erst nach Ostern und Pfingsten vorhanden ist[273]. Dennoch kann man beide Vorstellungen nicht völlig trennen. Der Leib-Christi-Gedanke zieht die Konsequenzen der theologia crucis für die Ekklesiologie, weil die Gemeinde den erhöhten Herrn irdisch nur so repräsentiert, daß sie mit ihm stirbt[274]. Paulus unterscheidet auch dort, wo er vom Mitsterben mit Christus spricht, sorgfältig zwischen dem einmaligen Ereignis des Todes Jesu und seiner sakramentalen Vergegenwärtigung in der Taufe.

Auf die sakramentale Hypothese macht uns eine Studie Neuenzeits über das Herrenmahl aufmerksam. Die Umstellung der eucharistischen Formel in 1. Kor. 10,16 läßt vermuten, "daß Paulus zwischen dem eucharistischen σῶμα und σῶμα der Gemeinde eine enge Parallele zieht. Folglich wird Paulus seine Soma-Ekklesiologie auf Grund der eucharistischen Formel von 10,16 entwickelt haben oder durch diese Formel angeregt worden sein. Nur beweisen läßt sich diese Vermutung nicht"[275]. Wie Neuenzeit zeigt, vermag das Verständnis vom eucharistischen Herrenleib in keiner Weise die ganze Fülle, den «doctrinal content»[276] der paulinischen Soma-Ekklesiologie zu fassen. Die Frage, ob der enge Zusammenhang zwischen dem Sakrament und dem Begriff σῶμα auch die Entstehung des σῶμα Χριστοῦ als Kirche σῶμα beweisen kann, muß in Teil E beantwortet werden.

In diesem Zusammenhang dürfen wir Klaibers Erwähnung aufnehmen, daß die Berührungen mit der Abendmahlsparadosis zwar eng sind, die eigentliche Wurzel des ekklesiologischen Leib-Christi-Gedankens jedoch in der Tauftheologie zu liegen (vgl. 1. Kor. 12,12f) scheint. Denn der Leib in 1. Kor. 12,13 wird nicht durch das Sakrament des Herrenmahl konstituiert, sondern die Taufe fügt die Täuflinge in den schon bestehenden Leib Christi ein[277]. Daher wird eine andere These dargestellt, daß Paulus nicht nur die Abendmahlsparadosis als vorgegebenes Motiv seiner

---

273 E. KÄSEMANN, Das theologische Problem des Motivs vom Leib Christi, in: Paulinische Perspektiven, (1969) ²1972, 191-194; R. H. GUNDRY, Soma, 273ff.

274 Vgl. W. SCHRAGE, Ist die Kirche das "Abbild des Todes?", in: Kirche. FS G. Bornkamm, 1980, 216; P. STUHLMACHER, 18 Thesen zur paulinischen Kreuzestheologie, in: Versöhnung, Gesetz und Gerechtigkeit, 192. W. KLAIBER, Rechtfertigung und Gemeinde, 106.

275 P. NEUENZEIT, Das Herrenmahl. Studien zur paulinischen Eucharistieauffassung, 1960, 207; H. LÖWE, Christus und die Christen. Untersuchungen zum Verständnis der Kirche in den großen Paulusbriefen und im Kolosser- und Epheserbrief. Diss. Heidelberg 1965 (masch.).

276 So J. A. T. ROBINSON, The Body, 56.

277 AaO 43, 46-47; E. LOHSE, Grundriß der neutestamentlichen Theologie, 102, interpretiert 1. Kor. 12,13 mit einem anderen Ausdruck: "Dabei ist nicht daran gedacht, daß erst durch die Zusammenfügung der einzelnen Glieder der Leib Christi entsteht. Sondern wir sind in den Bereich der Herrschaft Christi, die mit seinem Sterben und Auferstehen aufgerichtet ist, eingefügt worden"; W. E. KÜMMEL, Die Theologie des Neuen Testaments, (1969) ⁴1980, 187; P. STUHLMACHER, Gerechtigkeit Gottes bei Paulus, 213, sagt: "Die dem Paulus überkommene Abendmahlssprache fügt sich seiner Vorstellung vom Leibe Christi nur ein, ist aber keinesfalls ihr eigentlicher Ursprung".

Tradition kennt, sondern auch auf anderes, davon unabhängiges Material zurückgreift, das die Vorstellung von der Gemeinde als Leib des Erlösers enthielt[278]. Doch muß dies eine Vermutung bleiben. Auf dem Hintergrund der bisher von uns betrachteten religionsgeschichtlichen Analysen stellt sich hier noch einmal neu die Frage nach dem Verhältnis von Christus und der Gemeinde.

278 W. KLAIBER, aaO 47. Vgl. KÄSEMANN, Paulinische Perspektiven, 183ff.

B

DER ALTTESTAMENTLICHE UND JÜDISCH-HELLENISTISCHE HINTERGRUND DES σῶμα-GEBRAUCHS IM NEUEN TESTAMENT

§ 1 Die alttestamentlichen Entsprechungen zum σῶμα-Begriff

Unsere Untersuchung hat mit der Feststellung zu beginnen, daß das von griechischen Einflüssen noch freie Alte Testament keinen eigentlichen σῶμα-Begriff kennt. Natürlich hat die Septuaginta in einer großen Zahl von Stellen Entsprechungen zum σῶμα-Begriff gesehen. Aber sie gibt nicht weniger als elf (bzw. mit den Derivaten vierzehn) verschiedene Begriffe durch σῶμα wieder, ohne daß einer als wirklich adäquat für σῶμα bezeichnet werden könnte[1].

בָּשָׂר, im Vordergrund der alttestamentlichen Anthropologie stehend und am häufigsten nach der LXX mit σῶμα zusammenfallend, hat eine andere Tendenz und trifft nur gelegentlich den Sinn von σῶμα. Diese Tendenz eignet wesentlich allen hebräischen Begriffen, wie nun zu zeigen ist.

I. Die hebräischen Äquivalente zu σῶμα in der Septuaginta

Die Wiedergabe der Begriffe נֶפֶשׁ (Gen. 36,6) und חַיִל (Gen. 34,29) durch σῶμα in der LXX erklärt sich aus der gelegentlichen Verwendung von σῶμα für "Sklave" im Griechischen.

Die Verwendung von σῶμα für das griechische "Sklave" erscheint auch in den im hebräischen Kanon fehlenden Schriften (Tob. 10,10b; Mac. I 8,11; Bel. 32). Dort wird der Objektscharakter stark empfunden. Gen. 36,6 ist der einzige Ort in der LXX, wo נפש durch den "Sklave" bedeutenden Begriff = σῶμα übersetzt wurde[2]. Da נפש oft die "Person" bedeuten kann, hat K. Grobel die Wiedergabe durch σῶμα in Gen. 36,6 falsch verstanden und σῶμα als ganze Person gedeutet[3]. Gegen diesen Versuch Grobels möchte R. H. Gundry beweisen, daß die Septuaginta σῶμα nicht als "ganze Person", sondern nur als "physical object (body)" versteht[4].

---

1 E. KÄSEMANN, Leib und Leib Christi, 1; J. A. T. ROBINSON, The Body, 11f; H. CONZELMANN, Grundriss der Theologie des Neuen Testaments, ²1968, 198; E. SCHWEIZER, σῶμα, κτλ, ThWb VII, 1043.

2 E. SCHWEIZER, σῶμα, aaO 1043.

3 K. GROBEL, Σῶμα as "Self Person" in the LXX, Neutestamentliche Studien für R. Bultmann, BZNW 21 (1954), 55.

4 R. H. GUNDRY, Soma in Biblical Theology, 16-23.

Dem griechischen Sprachgebrauch gemäß, nach dem σῶμα auch Leichnam bedeuten kann, sind die Worte נְבֵלָה (Dt. 21,23; Jos. 8,29; 1. Kön. 13,22ff) und פֶּגֶר (Gen. 15,11; 2. Kön. 19,35; Jes. 37,36) zuweilen in der LXX durch σῶμα wiedergegeben anstatt durch θνησιμαῖον, πτῶσις, νεκρός. Das mit σῶμα übersetzte גּוּפָה (1. Chron. 10,12) hängt mit גַּף (Körper) zusammen. Dieses bezeichnet in Ex. 21,3f die Einzigartigkeit und Einmaligkeit der konkreten Person und beschränkt sie auf ihre Grenzen in der Leiblichkeit, so daß בְּגַפּוֹ geradezu: "er allein" bedeutet. Der גף und גופה gemeinsame Stamm vereint also in sich wie der griechische σῶμα-Begriff die Bedeutung des toten und die des lebenden Leibes. Das Gleiche gilt von dem Wort גְּוִיָּה, das bald wie גופה den Kadaver (Richt. 14,8f; 1. Sam. 31,10ff; Ps. 110,6; Nah. 3,3), bald wie גף den lebenden Leib (Gen. 47,18; Ez. 1,11.23; Dan. 10,6) umschreibt und darum von T. Schmidt das eigentliche hebräische Äquivalent zu σῶμα genannt wird[5]. Die Wörter גַּו und גֵּו werden in der LXX auch durch σῶμα wiedergegeben; doch meinen sie tatsächlich nur den Rücken. גַּו kehrt so überhaupt nur in der Formel הִשְׁלַכְתָּ אַחֲרֵי גַּוֶּךָ "hinter dich werfen" wieder[6], und ebenso steht in Jes. 38,17 das sonst ausdrücklich den Rücken bezeichnende Wort גֵּו (Prov. 10,13; 19,29; 26,3; Jes. 50,6; 51,23) in der Wendung אַחֲרֵי גֵוְךָ "hinter dich". In diesem Punkt kann Grobels Verständnis von אַחֲרֵי גַּוֶּךָ als "behind yourself" angenommen werden[7]. Jedoch können wir nicht akzeptieren, daß er σῶμα überall in der LXX als "Selbst, Person" interpretiert, um so die existentielle Interpretation Bultmanns, die er dem anthropologischen Begriff σωμα bei Paulus gibt, zu untermauern. Im Gegensatz dazu versucht Gundry auch גַּו und גֵּו in den obigen Texten (1. Kön. 14,9; Neh. 9,26; Ez. 23,35; Jes. 38,17) nur als ein Äquivalent zu גויה, nämlich als das physische Objekt, zu verstehen und dadurch die Definition von σῶμα als 'ganze Person' in der LXX auszuschließen, weil die LXX durch den hellenistischen Dualismus hinsichtlich sōma und psychē beeinflußt wurde[8]. Aber הִשְׁלַכְתָּ אַחֲרֵי גַּוֶּךָ ist nicht "a simple metaphor based on a physical action"[9]. σῶμα für גו bezeichnet hier nicht ein physisches Objekt, sondern die in der physischen Tat bzw. Objekt konkretisierte Person. Solche Bedeutung erscheint auch in der griechischen Wiedergabe des Begriffs בָּשָׂר[10]. Nicht nur durch die Übersetzung des Alten Testaments in die griechishe Sprache wurde der alttestamentliche Gedanke durch den Einfluß des Griechischen umgeprägt, auch nahmen manche griechischen Wörter auf Grund der ihnen entsprechenden hebräischen Ausdrücke einen neuen Gehalt an[11]. Da die neutestamentlichen Autoren fast durchweg das Alte Testament nach der Septua-

---

5 E. KÄSEMANN, aaO 5. Zu seinem Verständnis von σῶμα vgl. 11f. Die Wiedergabe dieser hebräischen Begriffe ist jedoch für den Leib-Gedanken des Alten Testaments belanglos.
6 1. Kön. 14,9: καὶ ἐμὲ ἔρριψας ὀπίσω σώματός σου. Auch Neh. 9,26; Ez. 23,35.
7 K. GROBEL, aaO 57.
8 R. H. GUNDRY, aaO 16-23.
9 AaO 19.
10 S.u. 52.
11 Vgl. E. BEST, One Body in Christ, 216; E. LOHSE, Grundrisse zum Neuen Testament, (1971) ⁶1983, 94.

ginta zitieren und erklären, ist der Einfluß des Septuaginta-Griechisch dann auch im Neuen Testament an vielen Stellen wirksam geworden. Deshalb können wir nicht der alternativen Interpretation des Begriffes bei Gundry versus Grobel zustimmen.

Das aramäische Wort גְּשֵׁם, in der LXX stets durch σῶμα wiedergegeben (Dan. 3,27f; 4,30; 5,21; 7,11), meint den Menschenleib als Erscheinungsweise des Menschen. Auch der Begriff עוֹר (Haut, Fell) bezieht sich auf die äußere Erscheinung (Lev. 13,2ff) und bedeutet also die Haut, wird von der LXX so auch durch δέρμα übersetzt[12]. Der Begriff scheint sich zu vertiefen in dem Sprichwort Hiob 2,4: "Haut für Haut". Aus dem parallelen Nachsatz "Der Mensch gibt alles für sein Leben" möchte man folgern, daß עוֹר hier das Leben überhaupt bezeichnet[13].

Der Begriff שְׁאֵר wird unter einem neuen Aspekt von der LXX durch σῶμα übersetzt. Dieses Wort zielt nun nicht mehr primär auf die Außenseite des Menschen, sondern auf das Innere eines Lebewesens. In Ps. 73,26 ist offenbar damit das Ganze der "Person" bezeichnet. In Prov. 11,17 sind ψυχὴ αὐτοῦ und αὐτοῦ σῶμα nicht als das Komplement[14], sondern als das Synonym nebeneinandergesetzt[15]; deshalb wird die Verbindung mit dem parallelen Begriff לב doch möglich. Und dieses Verständnis leitet weiter zu der gewöhnlichen Bedeutung von שאר als leiblicher Blutsverwandter (Lev. 18, 17). Wenn in diesem Zusammenhang öfters die Wendung שְׁאֵר בְּשָׂרוֹ steht (Lev. 18,6; 25,49; Num. 27,11), so liegt dem der Gedanke zugrunde, daß "Fleisch" nicht nur ein bestimmter Stoff, sondern Träger möglicher Gemeinschaft sei. Dies ist wichtig. E. Käsemann drückt diesen Charakter im folgenden aus: "Der Hebräer sieht nicht den Stoff an sich betrachtet, sondern ihn in einer Intentionalität"[16]. Die Septuaginta dürfte gerade um dieses letzteren Charakters willen die Übersetzung durch σῶμα der anderen möglichen Übersetzung durch σάρξ vorgezogen haben.

Bei den bisherigen Feststellungen hat keiner der behandelten Begriffe eigentlich terminologischen Charakter und insofern für die Anthropologie wirklich aufhellende Bedeutung. Positiv ergab sich doch nur dies, daß גַּף, גְּוִיָּה, גְּשֵׁם und עוֹר über die Kennzeichnung des Stofflichen und einer bestimmten Körperlichkeit hinaus als Erscheinungsformen des Lebens betrachtet werden können. שְׁאֵר konkretisiert das noch durch die Intention einer möglichen Verbindung mit anderem Leben[17].

---

12 Das Angesicht des Moses erglänzt seinem עוֹר nach, wenn er vom Sinai zurückkehrt (Ex. 34,29f). עוֹר ist auch das Fell des Opfertieres (Lev. 7,8; 11,32; 13,12 u.a.).

13 Vgl. Hiob 19,26.

14 So GUNDRY, aaO 20. Vgl. J. A. ZIESLER "ΣΩΜΑ in the LXX", in: Novum Testamentum XXV, 1983.

15 C. H. TOY, Proverbs, ICC (1959), 229; W. McKANE, Proverbs, SCM (1970), 433.

16 E. KÄSEMANN, Leib und Leib Christi, 3.

17 E. KÄSEMANN, aaO 4; E. SCHWEIZER, The Church as the Missionary Body of Christ, in: Neotestamentica, 1963, 321.

II. Der alttestamentliche Begriff בָּשָׂר

Der für die alttestamentliche Anthropologie entscheidende Begriff, von dem her Licht auf die übrigen anthropologischen Termini fallen muß, lautet בָּשָׂר. בשר wird in der LXX am häufigsten (145 mal) durch σάρξ, nur 23 mal durch σῶμα wiedergegeben[18]. Dieser Begriff meint zunächst die Mensch und Tier gemeinsame Fleischsubstanz. Aber das geschieht besonders da, wo weder die Hinfälligkeit des Menschen noch das Fleisch im Unterschied zu den Knochen, sondern der Mensch als körperlicher in seiner Ganzheit gesehen wird[19]. בָּשָׂר ist das äußerlich sichtbare Fleisch. So können בָּשָׂר und עוֹר in Verbindung treten. Die LXX übersetzt בָּשָׂר in dieser Bedeutung gewöhnlich durch χρώς (Ex. 28,42; Lev. 13,15f; 15,7), בְּעוֹר-בְּשָׂרוֹ (Lev. 13,2ff.11ff) sogar durch ἐν δέρματι χρωτὸς αὐτοῦ. Hier ist χρώς schon in die Bedeutung von "Leib" hinübergeglitten. Das wird in Lev. 16,4 besonders deutlich: Der Hohepriester soll Leinenkleider an seinem בָּשָׂר tragen und den בָּשָׂר waschen. LXX übersetzt dasselbe Wort einmal durch χρώς, dann durch σῶμα, weil der Grieche nicht sagt: sein "Fleisch", sondern: seinen "Leib" waschen (Lev. 14,9; 15,13; 16,4.24; 17,16; Num. 8,7; 19,7f). Er läßt Kleider an den "Leib" anziehen (Lev. 6,10). Der Grieche versteht den Menschen als ein compositum. σάρξ ist ihm ein Teil des äußeren Menschen, nämlich der Stoff, σῶμα dagegen der geformte Stoff. Aber der Hebräer scheint den בָּשָׂר-Begriff unter anderem Aspekt zu betrachten als unter dem von Form und Stoff, dem Ganzen und seinen Teilen. Er kann allerdings בָּשָׂר im Sinne von κρέας verstehen, und er kann "Fleisch" andererseits für ein reflexives Pronomen eintreten lassen wie in Lev. 19,28: "Ihr sollt um eines Toten willen בִּבְשַׂרְכֶם (an eurem Leib) kein Mal und בָּכֶם (an euch) keinen Buchstaben ritzen." Hier werden בִּבְשַׂרְכֶם und בָּכֶם in der gleichen Bedeutung gebraucht. Man hat also "Fleisch" so, daß man zugleich Fleisch ist: "Fleisch" wird zum Träger der Individualität, des persönlichen Lebens[20]. Das alte Judentum drückte diesen Gedanken nicht so abstrakt aus, wie z.B. aus der Tatsache der Zusammengehörigkeit von בָּשָׂר und דָּם (Jes. 49,26; Ez. 32,5; 39,17f; Ps. 50,13) hervorgeht. Nach Lev. 17,11 ist im Blut die "Seele"; und Lev. 17,14; Dt. 12,23 sowie die LXX-Übersetzung beweisen, daß man nach jüdischem Verständnis sogar identifizieren darf: Das Blut ist die Seele jeden Fleisches. Als solches hat Fleisch eine Seele = Lebenskraft; das gehört zu seinem Wesen (Gen. 9,15). Die gelegentliche Verbindung von בָּשָׂר und נֶפֶשׁ besagt, daß בָּשָׂר seinem Wesen nach "Leben" ist, und zwar konkretes Einzelleben. Nach dem Ausdruck Th. C. Vriezens können wir sagen: "Der Mensch ist nach israeli-

---

18 Weitere Begriffe sind κρέας (79 mal), χρώς (14 mal), ἄνθρωπος Gen. 6,13; πνεῦμα παντὸς ἀνθρώπου für רוּחַ כָּל־בְּשַׂר אִישׁ Hi. 12,10; βροτός Hi. 10,4; τὰ πίονα τῆς δόξης αὐτοῦ für מִשְׁמַן בְּשָׂרוֹ Jes. 17,4; μεγαλόσαρκος für גִּדְלֵ בָּשָׂר Ez. 16,26; σάρκινος Ez. 11,19; 36,26; 2. Chr. 32,8; ἀπὸ τῶν οἰκείων τοῦ σπέρματός σου für מִבְּשָׂרְךָ Jes. 58,7; πραΰθυμος ἀνὴρ für חַיֵּי בְשָׂרִים Prov. 14,30.

19 E. KÄSEMANN, aaO 4ff; J. A. T. ROBINSON, aaO 12; E. SCHWEIZER, σάρξ, κτλ, ThWb VII, 107; DERS., σῶμα, κτλ, ThWb VII, 1043; R. H. GUNDRY, aaO 118.

20 E. KÄSEMANN, aaO 5.

tischer Sicht ein beseelter oder, besser, ein lebendig gemachter Leib und nicht ... eine ewige Seele, die in den Leib eingeschlossen ist, also sozusagen eine 'verkörperte Seele'"[21]. K. Barth sagt: "Der Satz 'Der Mensch ist Seele' wäre sinnlos, wenn wir ihn nicht sofort ergänzten und erklärten: Seele eines und zwar seines Leibes. Er ist Seele, indem er ein Leib, und zwar dieser sein Leib ist. Er ist also nicht nur Seele, die einen Leib 'hat', den sie vielleicht auch nicht haben könnte, sondern er ist leibhafte Seele, ebenso wie er beseelter Leib ist[22]. Gundry definiert das Verhältnis von Leib und Seele mit der modernen Terminologie als "a psychophysical unity - but a unity, not a monad", oder als "psychosomatic unity, not atomic indivisibility"[23]. Dieses Seele-Leib-Verhältnis wird demnächst auch bei der Auslegung von Gen. 2,7 herausgestellt.

Weil "Fleisch" das konkrete Lebewesen meint, können כָּל־הַחַיָּה und כָּל־בָּשָׂר parallel sein[24]: "Alles Fleisch" ist "alles Leben". Auf den Menschen bezogen, konkretisiert sich die Bedeutung des Begriffes zu dem spezielleren von "Individualität", "Person"[25]. Durch diese Bedeutungsnuance verbindet sich בָּשָׂר mit לֵב (Ps. 16,9; Koh. 11,10; Prov. 14,50 u.a.), weil das "Herz" ja das Zentrum der Personalität ist. In Ps. 84,3 finden sich die Begriffe נֶפֶשׁ, לֵב und בָּשָׂר nicht scharf voneinander unterschieden, um gemeinsam das personalkonkrete Leben zu bezeichnen, das sich nach den Vorhöfen des Herrn sehnt und in dem lebendigen Gott sich freut[26]. J. Pedersen erklärt das Verhältnis zwischen Körper und Seele wie folgt: "But no distinction is made between them as two fundamental forms of existence. The flesh is the weaker, as the grass which withers and disappears, the soul is the stronger. The soul is more than the body, but the body is a perfectly valid manifestation of soul ... They are more than 'united': the body is the soul in its outward form."[27]. Auf Grund dieses Verständnisses können wir ferner sagen, daß der Hebräer hinter dem Atem, dem Herz, den Gebeinen, den Eingeweiden, aber auch hinter Haupt, Augen, Angesicht und dgl. immer die Seele erblickt, d.h. das Leben, das in ihnen lebt und sich manifestiert[28]. Das heißt, daß der Hebräer von den Teilen des Menschen nicht statisch, sondern dynamisch spricht. בָּשָׂר ist im Alten Testament nicht nur Substanz, sondern Lebensmöglichkeit, Lebewesen und auch konkrete Person[29]. Das ist das Ergebnis unserer bisherigen Untersuchung. H. W. Robinson sagt: "The personality [is] constituted of a number of bodily organs animated by a breath-soul and each possessing a diffused and distributed psychical and ethical

21 Th. C. VRIEZEN, Theologie des Alten Testaments in Grundzügen, 1956, 171.
22 K. BARTH, Kirchliche Dogmatik III/2, 1948, 421.
23 R. H. GUNDRY, aaO 121f.
24 Vgl. Gen. 8,17; 6,12.19; 7,16.21; Ez. 21,4.9f.
25 Vgl. Koh. 4,5; 5,5; Neh. 5,5. Hier übersetzt die LXX zumeist mit σῶμα.
26 Allerdings versteht das Alte Testament "Fleisch" auch als Stoff und Stofflichkeit. Aber dieser alttestamentliche Stoffgedanke tendiert nicht zum griechischen Korrelat des "Form"-Gedankens, sondern zum Verbundensein von Stoff und Leben.
27 J. PEDERSEN, Israel - It's Life and Culture, I-II, (1926) ⁴1959, 171ff.
28 J. PEDERSEN, aaO 176; E. KÄSEMANN, aaO 8.
29 Ps. 78,39, wo בָּשָׂר von רוּחַ aus verstanden wird.

quality. ... We may see it in the Pauline description of the church (1 Cor 12,12ff) as the 'Body of Christ'."[30]. Der hebräisch-korporative Gedanke ist sicher bedeutungsvoll für das paulinische σῶμα Χριστοῦ-Verständnis. Doch bleibt hier die Wendung des Begriffs בָּשָׂר im Bereich der Anthropologie. Dieser Begriff beinhaltet weder die Vorstellung von einer die Menschheit zusammenfassenden Größe, noch ist er die metaphorische Wendung für die Ganzheit einer Gemeinschaft[31].

Aus der dynamischen Intention des בָּשָׂר-Begriffes wird es verständlich, daß die enge Verbindung von בָּשָׂר und אֶרֶץ wie die Bestimmung des בָּשָׂר als Träger der Verwandtschaft entstand. Alles "Fleisch" stammt aus der Erde, lebt und bewegt sich auf ihr, so daß Erde und Fleisch auch im gleichen Schicksal verbunden sind (Gen.6,12.17;9,11. 16f; 7,21; Jes. 66,16). בָּשָׂר ist nicht etwas, was den Menschen von seinem Nachbarn unterscheidet ὁρισμός, sondern etwas, was ihn mit allen Menschen und der Natur in Verbindung bringt. Allerdings ist das Individuum im Fleisch vor Gott verantwortlich. Aber das Individuum als das verantwortliche Dasein hat keine Tendenz zum Individualismus[32]. "True individuality was seen to be grounded solely in the indivisible responsibility of each man to God." (Jer. 31,29f; Ez. 18; Dt. 24,16)[33]. J. A. T. Robinson sagt: "The basar continued, even in the age of greater religious individualism, to represent the fact that personality is essentially social."[34].

Die Verbindung des בָּשָׂר-Begriffes mit dem אֶרֶץ-Begriff weist zugleich darauf hin, daß das Fleisch verderblich ist: "Alles Fleisch ist Gras" (Jes. 40,6). Das Ende des בָּשָׂר ist der Tod, die Rückkehr in den Staub, aus dem das Fleisch auch kam (Hi. 34, 14). Die Schwäche des Fleisches stammt nicht aus der Sünde des Menschen, sondern bezeichnet den Charakter des verderblichen Geschöpfes. Sie "is rooted neither in the thought of man's sinfulness over ... nor in the opposition of the material to the spiritual - the antithese posited by Philo between the ψυχή or the νοῦς on the one hand, and the σῶμα, the 'dead nature of ours', on the other - but in the conception of man as a weak, dependent, and mortal creature."[35]. In Verbindung mit "Staub" kann das Fleisch, das sonst eine neutrale Bedeutung hat und die Materie bezeichnet, aus der der Mensch gemacht ist, im Alten Testament häufig die Bedeutung des Vergänglichen haben (Jes. 31,3; 40,6)[36]. In diesem Sinne bezeichnet בָּשָׂר einen negativen Charakter des Menschen.

---

30 H. W. ROBINSON, The Hebrew Conception of Corporate Personality, 52.
31 Zur Debatte darüber s.o. 36ff.
32 Vgl. Th. C. VRIEZEN, aaO 181.
33 J. A. T. ROBINSON, aaO 15; W. EICHRODT, Das Menschenverständnis des Alten Testaments, 1944, 27ff.
34 J. A. T. ROBINSON, The Body, 15.
35 E. G. HIRSCH, Art. Body in Jewish Theology, Jew Enc III (1902), 283.
36 Dies vor allem in der späteren Literatur, vgl. H. W. ROBINSON, The Christian Doctrine of Man, 25; W. D. DAVIES, Paul and Rabbinic Judaism, 18; Th. C. VRIEZEN, aaO 171.

Doch wird die dynamische Intention des Fleischbegriffes in der gelegentlichen Verbindung von בָּשָׂר und רוּחַ gezeigt. In dieser Verbindung der beiden Wörter können wir eine positive Bedeutung des בָּשָׂר-Begriffes finden. Das Fleisch hat eine רוּחַ-חַיִּים (Gen. 6,17; 7,15.22). רוּחַ kann mit נֶפֶשׁ oder נְשָׁמָה vertauscht werden (Gen. 7,22)[37]. Die Seele oder der Geist, der in enger Beziehung zu Gott steht, ist der das Fleisch beseelende und belebende Lebensodem: Gott ist der Gott der Geister (Num. 16,22; 27,16), der Herr über den Lebensodem in (Num. 16,22) allem Fleisch. Das heißt, daß בָּשָׂר als Einzelleben menschlicher oder tierischer Art nach dem Alten Testament nur in der Bezogenheit auf Gott leben und existieren kann. Wir sollen diesen positiven Sachverhalt nicht übersehen, damit wir beachten, daß die Begriffe "Fleisch" und "Gott" nunmehr von da aus bestimmt sind, daß Gott der "Gott alles Fleisches" (Jer. 32,27) ist, richtiger der Gott des Lebens in allem Fleisch.

Nun treffen beide Sachverhalte - nämlich der negative und der positive Charakter von בָּשָׂר - aufeinander: Gerade, wo Gott als Herr des Lebensodems in allem Fleisch gilt, gilt auch, daß Gott eben nicht Fleisch ist (Jes. 31,3; Job. 10,4). Daran versteht man die festgestellte Dialektik des alttestamentlichen Fleischbegriffes als Daseinsverständnis. Von dieser dynamischen Tendenz des בָּשָׂר-Begriffes aus wird die weitere Untersuchung ausgehen müssen.

Daß Gott für alles Fleisch ein Herr und Gott ist, wird nämlich im Alten Testament so verstanden, daß sich dies auf eine Geschichte des göttlichen Handelns mit dem Menschen bezieht. E. Käsemann sagt: "Was 'Fleisch' ist, geht nicht ohne weiteres aus seiner natürlich-stofflichen Vorfindlichkeit und ihren allgemein erkennbaren Attributen wie Sinnlichkeit, Endlichkeit, Schwäche hervor, sondern aus der Tatsache des göttlichen Handelns an ihm."[38]. In dem dem Jahwisten zugewiesenen Text Gen. 2,7[39] macht der handelnde Gott erst das Fleisch, nämlich einen 'Erdkloß' עָפָר, zu dem, was es in Wirklichkeit ist, zu einem Lebewesen. Das den בָּשָׂר konstituierende, ihn zu seinem eigentlichen Sein erhebende Moment, nämlich der Lebensodem, die Seele, der Geist, ist etwas Übernatürliches, Geheimnisvolles. Das Leben als Fleisch ist nicht selbstverständlich, sondern Wirkungsbereich göttlicher Macht, also das Schöp-

---

37 Zwischen den beiden Begriffen gibt es jedoch einen Unterschied der Nuance: Der Atem oder Geist regt sich in allem, was auf Erden lebt, auch in der Tierwelt laut Gen. 6,17, so daß man allgemein unter Atem oder Geist nicht die Seele als höheres, ewiges Prinzip verstehen darf. Freilich kann das Wort רוּחַ einen höheren Sinn haben; es kann damit die Gesamtheit der geistigen Empfindungen, die den Menschen erfüllen, gemeint sein. So kann auch der Begriff נֶפֶשׁ (meist mit "Seele" übersetzt) mehrfach im Sinne von Persönlichkeit, von Ichheit, aufgefaßt werden, G. PIDOUX, L'homme dans l'Ancien Testament, 1953, 17. Mit einem etwas anderen Ausdruck definiert BOUSSET: Im Alten Testament ist "Geist der göttliche Lebensodem im Menschen, der das Fleisch belebt ... Nephesch ist das beseelte Innenleben von einer etwas anderen Seite betrachtet, ...", W. BOUSSET-GREßMANN, Die Religion des Judentums im späthellenistischen Zeitalter, HNT 21, (1925) ⁴1966, 400.

38 E. KÄSEMANN, aaO 12.

39 Vgl. C. WESTERMANN, Genesis 1-11, Erträge der Forschung, 1976, 13ff.

pfungsleben[40]. Gen. 2,7 ist ein locus classicus der alttestamentlichen Anthropologie; diese unterscheidet hier aber nicht "Leib und Seele", sondern realistischen Leib und Leben. G. v. Rad sagt nach seiner Exegese des V.7: "Der sich mit dem Stofflichen verbindende göttliche Lebensodem (נְשָׁמָה) macht den Menschen zu einem 'Lebewesen' sowohl nach der Seite des Physischen wie des Psychischen hin."[41]. Der Mensch wird zur נֶפֶשׁ חַיָּה geschaffen, es wird nicht in seinen Körper eine "lebendige Seele" hineingegeben, weil der Mensch in seinem Lebendigsein anders als in dem von Philo in massiver Weise begründeten und bis in die Gegenwart nachwirkenden[42] griechischen Geistbegriff ganzheitlich verstanden ist. Ein Verständnis, nach dem der Mensch aus Leib und Seele bestünde, ist damit ausgeschlossen. Wie Westermann behauptet, bedeutet das Werden zur נֶפֶשׁ חַיָּה, daß "Adam nur in seinem Lebendigsein Mensch ist"[43]. Gleichfalls bedeutet auch וַיִּפַּח בְּאַפָּיו נִשְׁמַת חַיִּים für den Menschen nicht den Empfang einer göttlichen Seele oder eines göttlichen Geistes[44] im Sinn einer selbständigen Größe im Menschen, die ein ihr eigentümliches ewiges Leben hat. Der Gedanke, daß der Geist des Menschen etwas Göttliches ist, findet sich im Alten Testament nicht. Der Mensch bekommt nicht den Atem Gottes in sich, sondern Gott bläst ihm Lebensatem ein. H. Holzinger wendet sich mit Recht dagegen unter Verweis auf Gen. 7,22: Der Geist (רוּחַ) oder Atem kehrt wohl wieder zu Gott zurück, der ihn gegeben hat, weil das Leben selbst als Gottes Gabe gesehen wird (Vgl. Qoh. 12,7; Ps. 104,29a)[45].

Wie wir oben dargelegt haben, gibt es "Fleisch" für das Alte Testament nur im Horizont des Gotteshandelns. Aber es soll auch beachtet werden, daß das Fleisch auch selbst die Möglichkeit zum Handeln hat. כָּל-בָּשָׂר lebt in der Möglichkeit eines דֶּרֶךְ (Gen. 6,12). Aber man kann sich in doppelter Weise zu ihm verhalten, nämlich auf diesen Weg achten oder ihn "verderben". Nun wiederholt sich die Dialektik des lebendig geschaffenen und doch sterblich gewordenen Fleisches insofern, als nach dem Alten Testament der dem Fleisch gesetzte Weg durch das Fleisch verderbt wurde. Leben und Tod des Fleisches rücken nach alttestamentlicher Betrachtungsweise in den Horizont der Sachverhalte Schöpfung und Sünde. In der Erzählung vom Sündenfall in Gen. 3 wird dieser Sachverhalt bildhaft erklärt.

Gen. 3 lehrt, daß nach Gottes Willen dem Menschen im Anfang die Möglichkeit des ewigen Lebens durch die Frucht des Lebensbaums geschenkt war. Es geht übri-

---

40 Darum darf etwa mit dem Blute, d.h. der Seele verbundenes Fleisch nicht gegessen werden; es "lebt" noch, ist noch krafterfüllt; vgl. Gen. 9,4 u.a.

41 Gerhard von RAD, Das erste Buch Mose. Genesis, 1972, 53.

42 So z.B. A. DILLMANN, Die Genesis. Kurzgefaßtes exegetisches Handbuch zum AT, KeH, 1892, 54: "so folgt, daß in derselben der spezifische Vorzug des Menschen vor dem Tier ... bestehen soll, d.h., daß mit dieser, dem Menschen persönlich geltenden Einhauchung die Mitteilung nicht bloß der physischen, sondern zugleich der geistigen Lebenskraft des Menschen, des Geistes gemeint ist." Vgl. C. WESTERMANN, Genesis, Bd. I/1, 1974, 283.

43 C. WESTERMANN, aaO 283.

44 So z.B. H. GUNKEL, Genesis, HK (1910), 6: "ein tiefer Gedanke: der Mensch ist Gott verwandt, sein Odem eine Ausstrahlung des göttlichen ...".

45 H. HOLZINGER, Genesis, KHC, 1898, 25.

gens hier nicht um die Unsterblichkeit der Seele, sondern um ein Fortleben des Menschen auf der Erde, so wie er geschaffen ist, in seinem leiblichen Sein[46]. Diese Möglichkeit setzt die Freiheit der Entscheidung zwischen dem Gehorsam zum Leben und dem Ungehorsam zum Tod voraus. Aus dieser Freiheit entsteht die Verantwortlichkeit des Menschen vor Gott. Aber auf Grund der Sünde des Ungehorsams, der Eigenmächtigkeit, der Hybris, ist dem Menschen die Möglichkeit des Zugangs zum Lebensbaum genommen. Von daher geschah der Tod. Der Tod ist nicht ein natürliches Phänomen, sondern die Strafe Gottes für die Sünde des Menschen. Obwohl dieser nach seiner von der Erde genommenen leiblichen Substanz sterblich war, hatte er ursprünglich von Gott die Möglichkeit zu einem ewigen Leben auf Erden empfangen. Aber nun bringt die Sünde den Tod des Fleisches. "Fleisch" ist eigentlich nur abgeleitete Kraft, nämlich in der Bezogenheit auf die göttliche Schöpfung. Sünde bedeutet, das Moment dieser Abgeleitetheit zu übersehen, dem Fleisch direkt Kraft zuzuschreiben, es dadurch vom Schöpfer und seiner Schöpfung zu isolieren. Damit entzieht man in Wirklichkeit dem Fleisch seine Lebenskraft, weiht es dem Untergang, stellt es unter den Fluch. Dadurch, daß er aus Erdenstoff geschaffen ist, trägt der Mensch jedoch die Sterblichkeit schon in sich. Die Tatsache, daß er sterben *muß*, ist die Strafe Gottes für die Sünde. Von daher sagt Paulus im Neuen Testament mit Recht, daß der Tod der Sünde Sold ist. Man mag in diesem Menschenverständnis das Werk eines prophetischen Geistes sehen, der den altorientalischen Vorstellungen die rein jahwistischen entgegensetzte[47]. Diese Glaubenserkenntnis ist der tiefste Beitrag des Alten Testaments zur Anthropologie.

Dennoch gibt Gott sein gnädiges, lebensschaffendes Handeln an dem Fleisch nicht auf. Joel 2,28 u. 3,1 verkünden ausdrücklich, daß die Zukunft Gottes Handeln in der Vergangenheit wieder aufnehmen und Gott aufs neue seinen Geist über allem Fleisch ausgießen wird. Deuterojesaja behält ebenso ausdrücklich dem Fleisch die Möglichkeit vor, Gott dereinst als Herrn zu schauen (Jes. 49,26) und sein Heil wahrzunehmen (Jes. 40,5). Auf diese Zukunft weist die Tatsache hin, daß es so etwas wie ein auserwähltes Fleisch gibt, das Volk Israel, mit dem Gott seinen "Spezialbund" geschlossen hat (Gen. 17,3f).

Wir fassen zusammen: "Fleisch" ist im Alten Testament nicht scharf umrissen und einheitlich festgelegt. Was Fleisch ist, ergibt sich aus seiner jeweiligen konkret-geschichtlichen Bezogenheit. Darin besteht die dynamische Tendenz des alttestamentlichen Begriffes. Es wird nicht geleugnet, daß Fleisch Substanz ist. Aber es ist eben nicht nur das. Es kann darüber hinaus die individuelle Person bezeichnen. Es kann Träger der Verwandtschaft und Exponent der Erde werden. Es ist auch Erscheinungs-

46 Vgl. Th. C. VRIEZEN, aaO 174.
47 Vgl. auch Th. C. VRIEZEN, aaO 175.

form des Lebens. "Alles Fleisch" ist alles Leben. Doch ist das hinter dem alttestamentlichen Fleischbegriff stehende Daseinsverständnis nicht naturhafter, sondern rein geschichtlicher Art. Diesen Sachverhalt formuliert E. Käsemann im folgenden: "Lebendigkeit und Sterblichkeit sind doch nicht einfach zur 'Natur' des Fleisches gehörige Qualitäten, sondern geheimnisvolle Tatsachen, die aus der Begegnung des Fleisches mit Gott dem Schöpfer oder mit der Sünde, d.h. zugleich mit Gottes Zorn (Ps. 38,4; Thren. 3,4) resultieren und deren Tatsächlichkeit sich jeweils neu realisiert."[48].

Das in der engen Beziehung zu Gott beobachtete Verständnis des Menschen als Fleisch zeigt in der LXX eine Tendenz zum kosmischen Dualismus. In der LXX bahnt sich die Scheidung des Kosmos in zwei Sphären an, in die des Geistes und die des Fleisches. Der "Herr der Geister allen Fleisches" Nu. 16,22; 27,16 wird in der LXX zum "Herrn der Geister und alles Fleisches". Diese Differenz dringt als solche in die jüdisch-christliche Welt der griechischen Sprache ein[49]. Ez. 10,12 in der LXX meidet die Aussage vom "Fleisch der Cheruben" (וְכָל-בְּשָׂרָם)[50]. Dieser kosmische Dualismus ist nicht der griechische Kontrast zwischen göttlichem νοῦς und materiellem σῶμα[51]. Ihm liegen ja nicht die Vorstellungen zugrunde, daß der Mensch die beiden Sphären in sich vereine. Dieser semi-griechische und kosmische Dualismus findet sich auch in der Qumran-Literatur[52].

III. Leib und Glieder in der Septuaginta

Wenn man den alttestamentlichen und hellenistisch-jüdischen Hintergrund der christologischen Anthropologie und der in bezug darauf entwickelten Ekklesiologie bei Paulus durch den Begriff σῶμα beobachtet, muß man nicht nur die Beziehung zwischen Leib und Seele (bzw. Geist), die wir schon oben besonders an dem anthropologischen Begriff בָּשָׂר im Alten Testament deutlich gemacht haben, sondern auch die zwischen Leib und Gliedern untersuchen. Da Paulus das Bild von Leib und Gliedern sowohl individuell (anthropologisch) wie auch kollektiv (ekklesiologisch) gebraucht, wollen wir fragen, ob eine Tradition eines solchen Gebrauches sich in der alttestamentlichen und hellenistisch-jüdischen Literatur findet. Aber der Begriff "Glied" scheint im hebräischen Alten Testament ganz zu fehlen[53]. Wie wird das Wort μέλος in bezug zum Leib in der

48 E. KÄSEMANN, aaO 15; vgl. auch J. A. T. ROBINSON, aaO 15f.

49 Jüd.: Jub. 10,3; Philo Virt 58. S. AALEN, Die Begriffe Licht und Finsternis im AT, im Spätjudentum und im Rabbinismus, 1951, 96-102, zeigt, wie das räumliche Denken im Judentum immer stärker wird.

50 Hinweis von H. W. HUPPENBAUER, Basar "Fleisch" in den Texten von Qumran, ThZ 13 (1957), 298-300.

51 Daß die Zusammenstellung von σάρξ und πνεῦμα (Jes. 31,3) in der LXX zerstört wird, mag dies auch bestätigen.

52 S.u. 88ff.

53 Doch vgl. bei Ges.-Buhl sv בַּד II zu Hi. 18,13 und יְצֻרִים Hi. 17,7.

LXX gebraucht? In der LXX dient das Wort zur Wiedergabe für die Körperglieder von Menschen[54] und Tieren[55] wie auch für Lied und Melodie[56]. Vor allem wird es gebraucht zur Bezeichnung der Stücke, in die das zu opfernde Tier beim Opfer zerlegt wird[57].

Dazu dient auch das Verbum μελίζω (נָתַח in Stücke schneiden), das sich im Neuen Testament nicht findet: μελιοῦσιν αὐτὸ κατὰ μέλη Lev. 1,6[58]. In den Makkabäerbüchern ist häufiger von den Gliedern die Rede, wenn die Körper der Bekenner die Qualen des Martyriums dulden oder im Kampf verletzt und verstümmelt werden oder gar der Leichnam noch gliederweise zerteilt wird. Im Gebrauch der Glieder zeigt sich ja das Wirken des Menschen, das, was seine Person kennzeichnet. Die Gläubigen wollen sich gern für Gott die Glieder ihres Leibes verstümmeln lassen: ἡδέως ὑπὲρ τοῦ θεοῦ τὰ τοῦ σώματος μέλη ἀκρωτηριαζόμεθα 4. Makk. 10,20[59].

Es wird also im Sprachgebrauch der LXX nüchtern auf das konkrete Glied des Körpers geachtet[60]. Als ein Bild für das harmonische Ganze, zu dem sich die Glieder ordnen, tritt der Leib nicht in den Gesichtskreis, weil - wie die durch den בָּשָׂר -Begriff geführte alttestamentliche Anthropologie beweist - der Leib von Gott geschaffen ist und nur von ihm abhängig leben kann. Deshalb kann die Anthropologie des Alten Testaments ihn nie für sich aus der Abhängigkeit von Gott gelöst denken[61]. Jacob sagt mit Recht: "Nach der hebräischen Anthropologie besteht der Mensch nicht aus der Summe der Elemente, die den Leib bilden, die Gesamtheit kann sich vielmehr in einem Teil konzentrieren."[62]. Es ist in der Hauptsache die Funktion eines jeden einzelnen Gliedes, die Beachtung findet, nicht so sehr seine harmonische Eingliederung in das Ganze. Das Glied ist als wirksames Werkzeug des menschlichen Willens verstanden[63]. Die Israeliten haben die Neigung, das menschliche Leben in seiner

---

54 Z.B. Hi. 9,28 עַצֶּבֶת Schmerz.

55 Z.B. Ex. 29,17 נֵתַח Stück. In der Bedeutung "Glied" kommt μέλος nur für נֵתַח vor, das aber nicht Glied, sondern Stück, Fleischstück bedeutet. Diese Vokabel wird fast immer mit μέλος wiedergegeben, unmittelbar daneben hat die LXX in Ex. 29,17; Lv. 1,8; Ez. 24,4 dafür genauer διχοτόμημα.

56 Z.B. als Lustlied Sir. 32,6. Vgl. Sir. 40,21; 47,9; 50,18 und als Klagelied Ez. 2,10. Vgl. Mi. 2,4; 3. Makk. 5,25; 6,32. In dieser Bedeutung kommt μέλος im Neuen Testament nicht vor.

57 Ex. 29,17; Lev. 1,6.12; 8,19f; 9,13; Sir. 50,12; Ez. 24,6.

58 1. Βασ. 11,7; 3.Βασ. 18,23.33. Für menschliche Glieder Ri. 19,29; 20,6; Mi. 3,3.

59 Vgl. 2. Makk. 7,7; 4. Makk. 9,14.17; 2. Makk. 8,24.

60 Außer Ps. 24,4 (נְקִי כַפַּיִם וּבַר לֵבָב = LXX Ps. 23,4: ἀθῷος χερσὶν καὶ καθαρὸς τῇ καρδίᾳ), wo die Glieder in der ethischen Bedeutung gebraucht werden.

61 J. HORST, μέλος, κτλ, ThWb IV, 562; E. SCHWEIZER, σῶμα, κτλ, ThWb VII, 1028.

62 E. JACOB, ψυχή, ThWb IX, 621.

63 Z.B. ist das Haupt רֹאשׁ eine der Stellen, an denen sich das Leben konzentriert. Deshalb legt man beim Segen die Hände auf das Haupt, Gen. 48,14; Dt. 33,16; Prov. 10,6; 11,26. Außerdem heißt jemanden für ein begangenes Verbrechen bestrafen, "sein Blut über sein Haupt kommen lassen", Jos. 2,19; 2. Sam. 1,16; 3,29; Ez. 33,4; 1. Kö. 2,44. Nach dem Prinzip, daß der Ausdruck wichtiger als die Form ist, legt die hebräische Psychologie großen Wert auf das Gesicht. Die vielfältige Rolle des Gesichtes drückt der ausschließliche Gebrauch des Plurals פָּנִים aus. Die Verschiedenheit seiner Ausdrucksmöglichkeiten und Färbungen spiegelt sehr genau die Haltung des ganzen Lebewesens wieder (Jer. 30,6; Jes. 13,8; Jl. 2,6; Na. 2,11). Die Hand יָד, manchmal auch die Handfläche כַּף oder die Finger אֶצְבַּע, sind der Sitz der Macht. Der vergleich-

Dynamik zu sehen, das Leben, so wie es in Erscheinung tritt, anzuschauen und den Körper zusammen mit den Gliedern weniger in seiner Form als in seiner Bewegung zu betrachten[64].

§ 2 Die Entsprechungen zum σῶμα-Begriff im hellenistischen Judentum

I. In den Apokryphen und Pseudepigraphen

Die Apokryphen und Pseudepigraphen entstammen dem Zeitabschnitt vom 3. Jahrhundert v.Chr. bis einschließlich dem 1. Jahrhundert n.Chr.. Das war eine Periode, die durch Kriege, Revolten, geglückte oder niedergeschlagene Befreiungskämpfe, durch kleinliche Intrigen und durch Meuchelmord, durch Pochen auf das Gesetz des Mose und gerade dadurch heraufgeführte seelische Not, körperliche Drangsal und Vergewaltigung gekennzeichnet war. Das Eindringen des Hellenismus nicht nur nach seiner dem Menschen in seinem Denken neue Weiten eröffnenden Seite, sondern auch mit seiner Verachtung des Menschen und seinem rücksichtslosen Machthunger, war das Charakteristische dieser Zeit. Jene Schriften sind unter den Frommen entstanden, deren Hoffnung sich wegen der Verzweiflung an der von Wechselfällen, Kriegen und Notzeiten erfüllten Gegenwart nicht auf innergeschichtliche Ereignisse (die die Sadduzäer erwarteten) bezog, sondern auf die zukünftige Weltenwende, durch die alles verwandelt werden sollte[65]. Diese Schriften gehören zu der sogenannten apokalyptischen Literatur. Die in der schwierigen Lage des jüdischen Volkes im hellenistischen Zeitalter entstandene jüdische Apokalyptik[66] bildete, trotz starker Anleihen an den orientalisch-hellenistischen Vorstellungen, das jüdische, auf dem alttestamentlichen Geschichtsdenken gegründete Pendant zur hellenistischen Mystik und den Mysterienreligionen. M. Hengel bestimmt die apokalyptische Vorstellung so, daß das Geschichtsbild der Apokalyptik vor allem eine Frucht des jüdischen Kampfes um die geistig-religiöse Selbstbehauptung gegenüber dem Einbruch des hellenistischen Geistes in Jerusalem ist[67].

Das Judentum hat die dualistische Grundstruktur der Apokalyptik, in der der Gegensatz zwischen dem Ende der alten Welt durch das Gerichtsurteil und der neuen Welt (dem neuen Jerusalem) durch die Herrschaft Gottes geschildert ist, gebildet, in-

bare Ausdruck יֶשׁ־לְאֵל יָדִי Gen. 31,29; Dt. 28,32; Neh. 5,5; Prov. 3,27; Mi. 2,1 ist jedoch schwerlich eine Reminiszenz an einen göttlichen Geist אֵל, der die Hand belegt. (Die Macht der rechten Hand = Gen. 48,8-22; Qoh. 10,2. Segensübertragung = Nu. 27,18-20 usw.) Der Fuß רֶגֶל kann ebenfalls, allerdings weniger häufig als die Hand, Ausdruck der menschlichen Lebenskraft sein, 1. Sam. 23,22. So sucht Saul die Person seines Gegners David da, wo seine Füße stehen. Der auf den Nacken des Feindes gesetzte Fuß Jos. 10,24; vgl. 2. Sam. 22,39 gibt auch Zeugnis von der Kraft dieses Körperteils. Zu weiteren Belegen vgl. E. JACOB, ψυχή, 621f.

64 E. JACOB, aaO 621.

65 Z.B. äth. Hen. 48,7; 71,15; 1QS 3,13-4,26.

66 H. RINGGREN, ³RGG I, 464.

67 M. HENGEL, Judentum und Hellenismus, 1969, 357.

dem iranische Vorstellungen aufgenommen und mit dem Bekenntnis zum Gott Israels als dem Herrn der Welt verbunden wurden. Dadurch geht diese dualistische Grundstruktur weit über die alttestamentlich-jüdische Überlieferung hinaus, obschon in der Apokalytik in reichem Maße alttestamentliche Tradition verwendet worden ist. Das Gericht ergeht nicht nur über die heidnischen Völker, die an Israels Grenzen wohnen, es betrifft nicht nur die Juden, sondern wird als Weltgericht über die Lebenden und die Toten, die Gerechten und die Ungerechten gehalten. Im Zusammenhang mit der Erwartung des Weltgerichts wurde einerseits der Gedanke der Auferstehung des Leibes bald erweitert (syr. Bar. 30,2; 49-52). Andererseits begegnet uns eine messianische Rettergestalt[68]. Vom Himmel her wird der göttliche Gesandte erscheinen, um den neuen Äon einzuleiten, Not, Krankheit und Tod zu vertreiben, den Satan zu besiegen und die Wiederkehr des Paradieses zu bringen. Er wird in Dan. 7,13f.27 als der himmlische Menschensohn geschildert. Der Menschensohn wird im äth. Hen. 37-71 als dem Gottesvolk gegenübergestellt beschrieben. Bei der Schilderung des Menschensohnes ist der Begriff σῶμα nicht unmittelbar gebraucht. Aber weil die Menschensohn-Tradition für das Verständnis vom Hintergrund des kollektiven Leibes Christi als des Erlösers bei Paulus wichtig zu sein scheint[69], werden wir sie später im Zusammenhang mit der paulinischen Ekklesiologie behandeln[70].

Dieser vom Judentum ausgebildeten apokalyptischen Vorstellungen und Begriffe bediente sich vielfach die endzeitliche Erwartung der ersten Christen. Während das rabbinische Judentum, das nach den beiden mißlungenen Aufständen (der jüdische Krieg und der Aufstand unter Bar Kochba) die Synagogengemeinden wieder sammelte, die apokalyptischen Bücher abstieß, um sich von den Christen klar abgrenzen zu können, knüpften die Christen an die jüdisch-apokalyptischen Schriften an, lasen und deuteten die darin ausgesprochenen Verheißungen auf das in Christus offenbar gewordene Heil[71].

In diesem Zusammenhang wollen wir in den Apokryphen und Pseudepigraphen herausstellen, wie der Leib-Begriff in der Apokalyptik zur Zeit des Neuen Testaments aufgefaßt wurde und sich entwickelt hat.

---

68 Hingegen braucht in der Abfolge der endzeitlichen Ereignisse nach apokalyptischer Vorstellung eine messianische Gestalt nicht notwendigerweise aufzutreten, denn Gott und kein anderer hält das Gericht und führt die neue Welt herauf.

69 Vgl. T. W. MANSON, The Teaching of Jesus, (1931) [8]1955, 227-236; S. KIM, The Origin of Paul's Gospel, 1981, 254ff.

70 S.u. 149f; 185-187.

71 Vgl. E. LOHSE, Umwelt des Neuen Testaments, GNT 1, (1971) [6]1983, 37ff; L. ROST, Einleitung in die Alttestamentlichen Apokryphen und Pseudepigraphen, 1971, 24ff. Die umstrittene These KÄSEMANNS: "Die Apokalyptik ist - da man die Predigt Jesu nicht eigentlich als Theologie bezeichnen kann - die Mutter aller christlichen Theologie gewesen." Anfänge christlicher Theologie, in: Exegetische Versuche und Besinnungen, Bd. 2, (1964), [6]1970, 100, ist bemerkenswert, aber nicht zutreffend.

1. Leib

Man entfernt sich allmählich von dem mit dem alttestamentlichen בשר-Begriff verbundenen Daseinsverständnis. Von den spätjüdischen Schriften allein aus läßt sich nur schwer ein Zugang zu dem eigentümlichen israelitischen Fleisch-Gedanken finden, da nun der ins frühe Judentum eindringende griechische Einfluß zu spüren ist.

Die Verwendung von σῶμα für den anorganischen oder pflanzlichen Körper fehlt[72]; das Wort bezeichnet immer den menschlichen oder tierischen Leib. So steht es häufig für die menschliche Leiche (Ps. Sal. 2,27; Test. Ben. 12,3; Apk. Mos. 40; Apk. Eliae. II 1,4; Ass. Mos. 11,8; Vit. Ad. 46; Syr. Bar. 63,8). σῶμα kann auch einfach Zähleinheit werden oder den Menschen als reines Besitzobjekt charakterisieren (ep. Ar. 20. 22.24). Wo der lebendige Menschenleib erscheint, ist mit σῶμα der Mensch zunächst als der Schmerz empfindende, mit Krankheit geschlagene gekennzeichnet (äth. Hen. 67,8; Vit. Ad. 31.34; Test. Hiob 20(115,12f.22); 25(119,5f); 26 (119,8f); 31 (122,14); 47(134.20.24-135,1)[73]. Der Leib ist auch Objekt der Pflege (ep. Ar. 303), der selbsterwählten Kasteiung und der Hingabe an die Qualen (äth. Hen. 108,7f) oder der ewigen Strafe Gottes für die Wollust des Fleisches (äth. Hen. 67,8f). Angst wird sichtbar in seinem Zittern (Test. S. 4,8f; Joseph und Asenath 23: ... καὶ ἐτρόμησεν ὅλῳ τῷ σώματι). Seine Schönheit kann gepriesen werden (äth. Hen. 106,2). Als Menschenleib ist er für die Versuchung offen, daher von Gott bewahrt oder dem Teufel ausgeliefert (Apk. Abr. 13,11). Die sexuelle Funktion verbindet sich mit σῶμα stärker als mit σάρξ (vgl. Vit. Ad. 3; Jub. 16,5). Es wird um der ἡδονή willen zur πορνεία erhitzt (Test. Jud. 14,3, wo parallel die Verwirrung des νοῦς steht). Mit ihm begeht man Ehebruch, ihn kann man als Heiligtum des heiligen Geistes bewahren[74]. Die Engel haben ihre Leiber mit den Menschentöchtern verdorben (äth. Hen. 69,5). Das Kind entsprießt dem Leib. Die Vorstellung des menschlichen Leibes als eines Mikrokosmos wirkt in Apk. Sedrach 11 (134,9ff) so stark, daß er völlig in kosmischer Terminologie gepriesen wird.

2. Leib und Glieder

Der griechische Organismusgedanke, nach dem der Körper als einheitliches Ganzes verstanden ist[75], mag dahinter stehen, wenn dem Leib das Haupt (Apk. Abr.

---

72 E. SCHWEIZER, σῶμα, 1046-1048.

73 Zum griechischen Text, The Testament of Job according to the S.V.Text, ed. by R. A. KRAFT (Texts and Translations 5, Pseudepigrapha series 4), 1974.

74 Extracts from the Testament of Isaac, Folio 15 (146,11) u. 14 (144,14-17), in: The Testament of Abraham, ed. M. R. JAMES, 1892, ed. W. E. BARNES. Eine spätjüdische Schrift aus dem 9./10. Jahrhundert, deren Tradition bis zum 2. Jahrhundert n.Chr. zurückreicht.

75 Er kommt besonders deutlich zum Ausdruck in der berühmten Fabel des Menenius Agrippa, die in der stoischen Literatur wiederkehrt, Liv II 32: Dio Chrys. Or. 33,16. W. NESTLE, Die Fabel des Menenius Agrippa, Klio 21 (1927), 350-360, S.o. 5 . Plato kann sogar formulieren, daß die Komposition zur Einheit das für das σῶμα charakteristische sei, Phileb. 29b: εἰς ἓν συγκεῖσθαι. Plut. Praec. Coniug 34 (II 142e): σώματα ἐκ διεστωτῶν, wie z.B. eine Mannschaft oder ein Heer, vgl. E. SCHWEIZER, σῶμα, 1028,10ff.

18,6) als das ihn Bewegende Apk. Sedrach 11 (134,14))[76] oder auch die Glieder (4. Esr. 8,8; Apk. Mos. 8; Apk. Eliae 8,3) gegenüber stehen[77]. Der Organismusgedanke, der in der LXX fehlt, übt eine Wirkung auf die jüdische Anthropologie aus und führt zu einer Spekulation über Leib und Glieder. In Test. Rub. 3 wird gezeigt, daß die verschiedenen Sünden von verschiedenen Gliedern stammen und somit den ganzen Leib beherrschen[78]. In syr. Bar. 49,3 wird gefragt, ob "die Glieder, die jetzt in Sünden sind, und mit denen die Sünden vollführt werden", auch in der neuen Leiblichkeit im Eschaton weiterexistieren werden[79]. Diese Frage in syr. Bar. 49,3 setzt die Vorstellung voraus, daß die Sünde der Glieder den Leib tangiert. Doch bleibt diese Spekulation noch im Bereich der alttestamentlich-jüdischen Tradition, weil sie anders als die stark dualistische Anthropologie wie bei Plato ist, in der der Leib einschließlich der Glieder in eine weit größere Entfernung vom inwendigen Leben, also von der vom Leib unabhängigen Seele steht, und weil sie die Wichtigkeit der leiblichen Seinsweise vor Gott voraussetzt. Wenn Plato die Rede als ein gegliedertes Ganzes mit einem Leib, der Kopf und Glieder besitzt, vergleicht[80], so ist das σῶμα als das Sichtbare (σχῆμα die Gestalt) des Menschen gemeint. In diesem Sinn ist es auch Objekt erotischen Begehrens, unterschieden von den Lebensverhältnissen oder von der Seele des Geliebten (Phaedr. 232e; Symp. 181b). Der Leib macht nicht das Ganze der Person aus und ist im wesentlichen negativ bestimmt. Hingegen wird nun nach der Anthropologie der Pseudepigraphen das Glied zusammen mit dem Leib nicht als der Gegenstand der Beobachtung, sondern über die Vorstellung vom wirksamen Werkzeug des menschlichen Willens wie in der LXX hinaus als das Subjekt der Handlungen gedacht. Das Glied zusammen mit dem Leib wird der Träger sowohl des Lebens als auch der Sünde. Diese Sicht entspricht gerade der alttestamentlichen Tatsache, daß die Israeliten den Körper mehr in seiner Bewegung als in seiner Form gesehen haben, und daß die Körperteile oft als Sitz des Lebens schlechthin beurteilt werden. Bei dieser Vorstellung besteht ein positives Verhältnis zwischen Leib und Seele. Ep. Ar. 155 (vgl. 151) ist der aus

---

76 Ed. M. R. JAMES, Apocrypha Anecdota, TSt III 3, 1893.

77 Hingegen findet sich die auch im Griechischen fehlende Zusammenstellung von Leib und Blut z.B. in 5. Esr. 1,32. Fleisch und Blut steht als das Sterbliche und Vergängliche Gott gegenüber (Hen. 15,4), "alles Fleisch" oder "kein Fleisch" meint bald alle Lebewesen (Jub. 3,29; 5,4), bald nur die Menschen (Jub. 5,3; 25,22; 31,14; Hen. 14,21), oder nur die Gottlosen (Hen. 1,9; 84,6) bzw. das von Gott besonders auserwählte "Fleisch der Gerechtigkeit und Rechtschaffenheit" (Hen. 84,6). Trotz des griechischen Einflusses wirkt der alttestamentliche hier noch nach.

78 Vgl. auch Test. Naph. 2,8; Test. Gad 5,9f (vgl. Test. Sim. 2,4-7) verficht den Grundsatz von Sap. II, 16 "womit jemand sündigt, damit wird er bestraft" auch in bezug auf die Körperglieder. Vgl. noch Bill. I. 444. Ein Text, der stärker auf jüdische Tradition zurückgeht, ist Test. Abr., Rezension A 20 (Texts and Studies, ed. M. R. JAMES II, 2, 1892, 103,6f), der von "allen Gliedern meines Fleisches" (πάντα τὰ μέλη τῆς σαρκός μου) neben "meinem Geist"(τὸ πνεῦμά μου) spricht, ohne aber die Vorstellung von Sünde damit zu verbinden, vgl. auch Gen R. 14,9. Zu den rabbinischen Schriften für Leib und Glieder s.u. 111f.

79 Zur Frage syr. Bar. 49,3, in welcher Art Gestalt die Lebendigen weiterleben sollen, vgl. 1. Kor. 15,35.

80 Phaedr. 264c.

Gliedern bestehende Leib neben dem noch wunderbareren Geist als Hinweis auf Gott erwähnt: Gedenke des Herrn, deines Gottes, der an dir das Große und Wunderbare getan hat[81]. Denn bei der [näheren] Betrachtung erscheint groß und wunderbar erstens die Gestaltung des Leibes und die Aufnahme der Nahrung und die Bestimmung eines jeden Glieds; mehr noch zeigt die Einrichtung der Sinne, die Tätigkeit und unsichtbare Bewegung des Geistes, der schnelle Entschluß zu jeglicher Tat und die Erfindung der Künste unendliche Weisheit (vgl. 1QH 1).

3. Leib und Seele

Wichtiger ist das Verständnis von Leib und Seele. Beide gehören zusammen. (Test. S. 4,8f; Test. A. 4,4; Test. Sal. 1,4; Apk. Elias hbr. 22,6-23,3; vgl. 66,4-11 u. 22 A 11; 4. Esr. 64.) Mit beiden ist der Jude heilig (ep. Ar. 139), beide sind von Tapferkeit (Test. S. 2,5) oder Wut (Test. D. 3,2) beherrscht. Daneben kommen auch Herz und Leib als Paar vor (Test. Seb. 2,5). Nach Test. N. 2,2 gleicht der Schöpfer πνεῦμα und σῶμα aneinander an. Der Leib kommt in das Gericht (Apk. Sedrach 11(134,36)) und zur Auferstehung (Apk. Mose 13, πᾶσα σάρξ; Apk. Elias hbr. 22,6ff (nach Ez. 37); syr. Bar. 50)[82], wo der alttestamentliche Einfluß nachwirkt. In äth. Hen. 71,11 ist der zum Himmel gefahrene Patriarch mit Leib und Geist vorgestellt. Nach den Erwartungen in Apk. Abr. 31,4 brennen die Verdammten mit einem von Würmern erfüllten Leib in der Hölle und fliegen zugleich unaufhörlich durch die Lüfte. Aber der Tod wird immer stärker als Scheidung von Leib und Seele gedacht[83]. Im Tod verläßt der Mensch Test. Abr. B4 (108,25; 109,6)[84] bzw. seine Seele (ψυχή) Test. Abr. B8 (113, 5f); B9 (114,5f) den Leib[85]. Für die enge Pforte wäre der irdische Leib auch viel zu breit B9 (113,17). Der Fromme wird in den Himmel aufgenommen, während sein Leib auf Erden bleibt B7 (112,2). Vor seinem Tod aber wird Abraham auf seinen Wunsch hin noch σωματικῶς B7 (112,7f), ἐν σώματι B8 (112,15f.18) in den Himmel hinaufgenommen[86]. 1. Apk. Bar. 23,4 spricht von der Präexistenz und post-mortem Existenz der Seele[87]. Statt der Seele kann auch der Geist (πνεῦμα)genannt werden. (Pseud.-

81 Freie Wiedergabe von Dt. 7,18.19.

82 Zum Gericht über Leib und Seele vgl. b Sanh 91b. S.u. 99f.

83 Theodotus Fr., 4,7, in: Fragments from Graeco-Jewish Writers, ed. W. N. STEARNS, 1908, 104; dazu lat.: Pseudo-Philo (Antiquitates Biblicae, ed. G. KISCH, 1949, gegen Ende des 1. Jahrhunderts n.Chr.), 44,10 (43,7); Gott ist iudex inter animam et carnem 3,10.

84 Ὑποχώρησον ἐκ τοῦ σώματός σου καὶ ἔξελθε ἐκ τοῦ κόσμου· καλεῖ σε ὁ κύριος. Zum Text, The Testament of Abraham, The Greek Recensions, transl. by M. E. STONE (Texts and Translations 2, Pseudepigrapha series 2), 1972.

85 Ausdrücklich ist gesagt, daß dies noch mehr bedeutet als das Verlassen der Welt, weil der Leib noch in ganz anderer Weise sein eigener, sein Ich ist.

86 Vgl. auch Extracts from the Testament of Isaac, Folio 11 vo (140,5); 12 vo (141,36); 16 (147, 25f); Apk Esr 60.

87 Die Seele ist unsterblich in äth. Hen. 22,1-13, wo der älteste, jedoch schon voll entwickelte Bericht über die pharisäische bzw. chasidische Lehre von der Scheol vorliegt. R. H. CHARLES, The Apocrypha and Pseudepigrapha, 1913, Bd. II, 202f.

Phocylides 103-108 (99f)[88]; Apk. Mos. 32). Die Dreiheit Leib-Seele-Geist, in aufsteigender Hierarchie, findet sich in Apk. Abr. 6,3 . Beim Scheintod verläßt die Seele den Leib und kehrt wieder in ihn zurück (Paral Jerem 9,12-14: Μὴ κηδεύετε τὸν ἔτι ζῶντα, ὅτι ἡ ψυχὴ αὐτοῦ εἰσέρχεται εἰς τὸ σῶμα αὐτοῦ πάλιν. ... Μετὰ δὲ τρεῖς ἡμέρας εἰσῆλθεν ἡ ψυχὴ αὐτοῦ εἰς τὸ σῶμα αὐτοῦ καὶ ἐπῆρε)[89]. In den Reinigungsriten wird nur die Seele, nicht der Leib gereinigt (Pseud-Phocylides 228). Engel sind daher auch körperlose, reine Geister, den Kräften vergleichbar (Apk. Abr. 19,6; Test. Abr. Cod A3 (79,29).11(89,21); slav. Hen. 20,1)[90]. Die Vorstellung, daß der Leib ein Gewand ist, mit dem man sich bekleidet, tritt auf (syr. Bar. 49,3; slav. Hen. 22,8; Apk. Eliae II 13,4f(57); Apk. Abr. 13,15; 5. Esr. 2,45). Mit dem neuen Leib tritt man dabei in eine neue Seinsweise ein, wird unvergänglich oder versteht die Engelssprache.

4. Der korporative Leib

Man kann eine korporative Bedeutung von σῶμα in späteren Schriften finden[91]. Test. Abr. Cod. B8 (113,3-6): ὁ ἀνὴρ δὲ οὗτος ὁ καθήμενος ἐν μέσῳ αὐτῶν οὗτός ἐστιν ὁ Ἀδὰμ, ὁ πρῶτος ἄνθρωπος ὃν ἔπλασεν ὁ κύριος· καὶ ἔθηκεν αὐτὸν εἰς τὸν τόπον τοῦτον θεωρῆσαι πᾶσαν ψυχὴν ἐξερχομένην ἐκ τοῦ σώματος, ἐπειδὴ ἐξ αὐτοῦ εἰσὶν πάντες. In Test. Abr. Cod. A11 (89,21-23) ist gesagt, daß er die Welt (κόσμος) schaue, weil alle aus ihm gezeugt seien, ohne daß der Terminus σωμα auftaucht: εἶπεν δὲ ὁ ἀσώματος. Οὗτός ἐστιν ὁ πρωτόπλαστος Ἀδάμ, ὁ ἐν τοιαύτῃ δόξῃ, καὶ βλέπει τὸν κόσμον, καθότι πάντες ἐξ αὐτοῦ ἐγένοντο. L. Ginzberg will diese Spekulation im Vergleich zu 1. Kor. 15,22 und Röm. 5,14, wo die korporative Konzeption vorausgesetzt ist[92], sogar als christlich erklären[93].

Wie die rabbinischen Vorstellung vom גוף (Adams), aus dem alle Seelen stammen, so sind die Aussagen von Adams Riesenleib, der die Welt erfüllt und aus den Elementen der Welt und aus den vier Windrichtungen gestaltet ist, vielfach erst in späterer Zeit zu belegen[94]. Slav. Hen.[95] 25,1-3 zeigt, daß Adoel in seinem Leib einen großen Äon birgt, auseinanderbirst und ihn frei gibt, so daß alle Kreatur ihm entströmen

88 In: Sententiae 184 (Diehl II³105).

89 Ähnlich PREl 31. S.u. 84, 97f.

90 Zum Text, Die Bücher der Geheimnisse Henochs. Das sogenannte slavische Henochbuch, hrsg. v. G. Nathanael BONWETSCH. (Texte und Untersuchungen zur Geschichte der altchristlichen Literatur Bd. 44,2), 1922.

91 W. D. DAVIES, Paul and Rabbinic Judaism, 37-57; E. BRANDENBURGER, Adam und Christus, 139-151; S.o. 41; E. SCHWEIZER, σῶμα, 1048.

92 H. W. ROBINSON, The Hebrew Conception of Corporate Personality, 57.

93 L. GINZBERG, The Legends of the Jews, V, 1925, 75; vgl. R. Ph. SHEDD, Man in Community, 1958, 3-89.

94 Vgl. hbr. Hen. 43,3; Sib. 3,24-26; Bill. IV, 888, 946. Darüber s.u.105f.

95 Da Sirach, der äth. Henoch und die Weisheit Salomos schon dem Verfasser vorliegen, der Tempel aber noch steht (51.59.61.62.68), ist wohl die erste Hälfte des 1. Jahrhunderts n.Chr. für die Entstehung des slavischen Henochbuchs anzusetzen. Die letzte Gestalt erhielt dieses Buch dann durch eine christliche Überarbeitung im 7. Jahrhundert in der Ostkirche. Das Buch zeigt eine am Kult in Jerusalem interessierte Diasporafrömmigkeit mit besonderer Betonung der Mitmenschlichkeit.

kann[96]. Nach slav. Hen. 30,8 werden die Körperteile Adams aus kosmischen Elementen gebildet, sein Fleisch (oder Leib) aus der Erde, seine Seele aus Gottes Geist und dem Wind. In Vit. Ad. 42 und Test. Ad. 3,1-11 wird die christliche Erwartung so ausgedrückt, daß Christus den Leib Adams annimmt und dann mit ihm zusammen alle Leiber auferwecken wird (Vit. Ad. 42), oder ihn bei der allgemeinen Auferstehung in den Himmel aufnimmt und so Adam zu Gott macht, wie er es gewollt hat (Test. Ad. 3,1-11). Auch Jub. (109-105 v.Chr.) 22,13 denkt den ganzen Stamm als einen Leib, ohne daß dieser Begriff erscheint: "Der höchste Gott gebe dir (= Isaak) alle Segnungen, mit denen er mich gesegnet hat und mit denen er Noah und Adam gesegnet hat, daß sie ruhen auf dem heiligen Scheitel deines Samens für alle Geschlechter der Geschlechter und bis in Ewigkeit."[97]. Hier sind Adam, Noah und Isaak als die Stammväter, die Vertreter für alle Geschlechter gemeint[98]. In Test. Sim. 6,2 erwartet der Patriarch, daß seine Gebeine und sein Fleisch in seinem Stamm weiterblühen[99].

II. Im Diaspora-Judentum

Die Judenschaft, die in der hellenistischen Welt lebte, mußte sich auf ihre andersartige Umgebung einstellen. Auch in Palästina war seit der Zeit Alexanders d. Großen ein beträchtlicher Einfluß des Hellenismus wirksam geworden, der die Juden dazu veranlaßt hatte, von den Griechen zu lernen, aber auch ihnen gegenüber die Eigenart ihres Lebens nach dem Gesetz zu behaupten. In der Diaspora jedoch kam die Judenschaft in weit stärkerem Maße mit griechischer Kultur und Zivilisation in Berührung. Der Einfluß der griechischen Sprache und des griechischen Geistes, dem sich das Judentum in der Diaspora öffnete, bewirkte, daß Glauben und Leben der Juden nicht unverändert blieben. Während sich in Palästina die endzeitliche Hoffnung auf die Auferstehung der Toten richtete, schloß man sich in der Diaspora an den geläufigen griechischen Gedanken von der Unsterblichkeit der Seele an. Zwar kann man nicht ganz klar zwischen den beiden Auffassungen unterscheiden, weil sie gemeinsame Züge haben. In der Diaspora trat die Eschatologie und insbesondere die messianische Erwartung zurück. In der Lehre der Synagoge rückte die Ethik, die dem einzelnen Anweisungen für verantwortliches Leben und Handeln gibt, in den Vordergrund. Die kultischen und rituellen Vorschriften des Gesetzes deutete man vielfach mit Hilfe der allegorischen Auslegungsmethode in sittliche Gebote um, so daß das Gesetz Israels als

96 "Ich gebot, daß von dem Untersten hervorgehe Eines, von dem Unsichtbaren ein Sichtbares; und es ging hervor der überaus sehr große Adoel, und ich sah ihn, und siehe, er hatte im Leib einen großen Aeon. Und ich sprach zu ihm: Löse dich auf, Adoel, und es werde ein Sichtbares geboren aus dir. Und er löste sich auf, und es ging aus ihm hervor ein großer Aeon und so tragend alle Kreatur, die ich machen wollte, und ich sah, 'daß es gut war'."

97 Übersetzt von E. KAUTZSCH, Die Apokryphen und Pseudepigraphen des Alten Testaments II, 77.

98 Vgl. Gal. 3,8.

99 Vgl. eine Parallele zwischen Leib und Israel bei Philo, S.u. 77; vgl. auch E. SCHWEIZER, Homologumena, 164f.

eine Summe ethischer Regeln erklärt wurde[100]. Nun wollen wir durch die Lehren von Philo und Josephus als den Vertretern des Diaspora-Judentums herausstellen, wie der Leib-Begriff im Zusammenhang mit dem Menschen- und Gemeinschaftsverständnis und der messianischen Hoffnung im Diaspora-Judentum in der Zeit des Neuen Testaments erfaßt wurde und sich entwickelt hat.

1. Bei Philo von Alexandria

Als nach dem 2. Weltkrieg der Unterschied zwischen hellenistischem und palästinischem Judentum durch weitere Untersuchungen der verschiedenen gemeinsamen Traditionen nicht mehr klar gezeichnet werden konnte, wurde das Interesse für Philos Schriften und seinen Einfluß auf das hellenistische Judentum unter den Wissenschaftlern stärker als zur früheren Zeit. Philo von Alexandria (20/25 v.Chr. bis 42/45 n.Chr.), der eine große denkerische Kraft besaß, hat, ebenso wie die hellenistische Synagoge, in seinem Denken und Handeln sich darum bemüht, mit Hilfe philosophischer Überlegungen eine vernünftige Begründung für den Glauben und das Leben des Judentums zu gewinnen. Der größte Teil des von ihm überlieferten Schrifttums beschäftigt sich mit der Erklärung des Gesetzes, vornehmlich der Bücher Genesis und Exodus, zu denen ausführliche Erklärungen und Überlegungen dargeboten werden[101]. Für Philo gilt das Gesetz Israels als unantastbare Autorität, zugleich aber weiß er sich zutiefst dem Erbe der griechischen Philosophie verpflichtet und sucht dieses mit dem Gesetz des Mose in

---

100 E. LOHSE, Umwelt des Neuen Testaments, 88f.

101 Das Überwiegen seines Gebrauches des Pentateuchs spiegelt vielleicht die Lese-Praxis in der alexandrischen Synagoge wider, durch die die Juden die enge Beziehung zum palästinischen Judentum haben; Peder BORGEN, Philo of Alexandria. A Critical and Synthetical Survey of Research since World War II, ANRW 21.2, 1984, 121, der hier das Problem der Bibel Philos behandelt. Es gibt viele Parallelen zwischen Philos Werken und den rabbinischen Lehren. Die schon lange diskutierte Frage, ob Philo sich auf die palästinische Haggada und Halaka verließ, hängt von einer anderen Frage ab, nämlich, welche Beziehung zwischen dem alexandrinischen Judentum und dem palästinischen, besonders dem rabbinischen Judentum bestand. Gegen die Gelehrten, die den strengen Unterschied zwischen den beiden behaupten (Y. AMIR, Philo and the Bible, SP 2, 1973, 1-8; E. E. URBACH, The Sages, Bd. 1, 388-389; T. S. SANDMEL, Philo's Place in Judaism, 1956, Augmented Edition, 1971), argumentieren D. DAUBE, The New Testament and Rabbinic Judaism, 1956; E. M. SIDEBOTTOM, The Christ of the Fourth Gospel, 15-16; S. LIEBERMANN, Hellenism in Jewish Palestine, 1950; R. MEYER, Hellenistisches in der rabbinischen Anthropologie, 1937; M. HENGEL, Judentum und Hellenismus, 1969; V. A. TCHERIKOVER, Hellenistic Civilization and the Jews, 1959, 3rd impr 1966. Dazu beobachten die folgenden Wissenschaftler die Ähnlichkeit zwischen philonischer und midraschischer Exegese: P. BORGEN, Bread from Heaven, NT Suppl., 10, (1965) ²1981; DERS., Philo of Alexandria, CRJNT II:2; DERS., Philo of Alexandria, ANRW 21.1,98-154; W. MEEKS, The Prophet-King, NT Suppl., 14, 1967, 192-194; Y. MUFFS, Joy and Love as Metaphorical Expressions of Willingness and Spontaneity in Cuneiform, Ancient Hebrew, and Related Literatures, in: Christianity, Judaism and other Greco-Roman Cults, SJLA, 12, Part three, 1975, 1-36; G. ALON, Jews, Judaism and the Classical World, 1977, 89-137: "Philo ... follows the earlier Halaka that was observed in the Diaspora and in Eretz-Israel till near the time of the Destruction" (132); R. D. HECHT, Preliminary Issues in the Analysis of Philo's De Specialibus Legibus, Sp. 5, 1978, 1-55; H. A. WOLFSON, Philo, (1947) ⁴1968, 2, 201.

Einklang zu bringen. Sein platonisches Denken[102] erscheint auch im Verständnis des σῶμα, obwohl der alttestamentliche Einfluß noch nachwirkt. Bei der Erklärung des Pentateuch hält sich Philo an den griechischen Bibeltext und legt ihn weithin mit Hilfe der allegorischen Methode aus. Die allegorische Erklärung geht von der Voraussetzung aus, der Text meine seinem eigentlichen Gehalt nach etwas anderes als er zunächst auszusagen scheint, so daß sein vernünftiger Sinn nur durch eine Interpretation erhoben werden kann, die die eigentliche Bedeutung des Textes freilegt. So will auch Philo die Seele des Textes von der äußeren Gestalt seines Körpers unterscheiden[103]. Allegorische Auslegung des Alten Testaments ist gelegentlich auch von den Verfassern der neutestamentlichen Schriften angewendet worden, um auf diese Weise eine unmittelbare Beziehung zur christlichen Gemeinde zu gewinnen[104]. Wo allegorisches Verständnis der Schrift im Neuen Testament vorgetragen wird, bedient man sich einer Auslegungsmethode, die im hellenistischen Judentum weit verbreitet war und die insbesondere Philo sehr häufig gebraucht hat. Philos Gedanken übten starke Wirkung auf das frühe Christentum in Alexandria (z.B. Clemens von Alexandria; Origenes) aus, während sein Werk im Kreis der Synagogen keine weite Ausstrahlung hatte, da bald nach seiner Zeit auch das Diasporajudentum unter den Einfluß der Rabbinen kam[105]. Die Christen des 2. und 3. Jahrhunderts bedienten sich der von Philo ausgebildeten Begrifflichkeit und konnten insbesondere die Logosvorstellung aufnehmen, um sie für die Ausbildung der Christologie zu verwenden. So ist Philo für seinen Teil zu einem Wegbereiter christologischer Theologie geworden, die seine Schriften aufbewahrt und überliefert hat[106].

---

102 Die modernen Forscher sehen Philo im Kontext des "mittleren Platonismus" zwischen 50 Jahren v.Chr. und 200 Jahren n.Chr., dessen Vertreter Poseidonios, Antiochos von Askalon, Allinos und Gaius und seine Schule waren, die sich um das philosophische Mysterienverständnis zur Überzeugung von der einen Wahrheit bemühten, während man den Zeitraum nach 200 Jahren n.Chr. Neo-Platonismus nennt. Vgl. U. FRÜCHTEL, Die kosmologischen Vorstellungen bei Philo von Alexandrien, 1968, 129f. THEILER, Philo von Alexandria und der Beginn des kaiserzeitlichen Platonismus, in: Parusia. Festgabe für Johannes Hirschberger, 1965, 199-218; I. CHRISTIANSEN, Die Technik der allegorischen Auslegungswissenschaft bei Philon von Alexandrien, Beiträge zur Geschichte der biblischen Hermeneutuk 7, 1969; J. WHITTAKER, God, time, being, SO, Fasc. Suppl. 23, 1971, 48; J. DILLON, The Middle Platonists, 1977, 139-183, 159-161.

103 Philo, De migratione Abrahami § 93; Legum allegor. lib. §§ 5f, wo ein Abschnitt aus der allegorischen Auslegung Philos zu Gen. 2,18 aufgeführt ist. Vgl. I. CHRISTIANSEN, aaO 136, 148ff.

104 Z.B. Paulus, 1. Kor. 9,9f (Dt. 25,4); Gal. 4,21-31.

105 S. SANDMEL sagt - freilich zu unrecht -: "Philo ... is much more significant than the apocalyptic writings of the Pseudepigrapha and the Rabbinic Literature in grasping the great apostle (Paul)", Philo Judaeus, ANRW II, 21.1, 39).

106 Trotz der verschiedenen Debatten über die Herkunft der allegorischen Methode bei Philo (vgl. P. BORGEN, Philo of Alexandria, ANRW 21.1, 128ff) sucht Philo selbst, ebenso wie die Essener, sie sicherlich zur Überzeugung der erwählten Juden anzuwenden; vgl. W. FARMER, Essenes, IDB, 2, 143-149. Philo erwähnt, daß die Essener die allegorische Methode überwiegend gebraucht haben. Das können wir heutzutage aus den Schriftrollen vom Toten Meer feststellen, in denen die biblischen Texte für das Leben und die Geschichte der Qumrangemeinde ausgelegt werden; Hypothetica (Apologia pro Iudaeis) XI 1-18; Quod omnis probus liber sit XII-XIII, bes. XII, 82: εἶθ' εἷς μέν τις τὰς βίβλους ἀναγινώσκει λαβών, ἕτερος δὲ τῶν ἐμπειροτάτων ὅσα μὴ γνώριμα

a) Die Erschaffung des Menschen

Philos allegorische Interpretation findet sich in der auf der Logos-Idee beruhenden Erklärung des Genesis. Gott steht hoch über der Welt, denn er ist der Urheber aller Dinge, deren oberste Ursache (ὁ αἴτιος πάντων Abr. 268 u. Som. I. 161; ἕν αἴτιον τὸ ἀνωτάτω Virt. 216); und stellt durch Zwischenwesen bzw. Hypostasen die Verbindung mit den Menschen auf Erden her. Der Gedanke der platonischen Idee wird mit der jüdischen Vorstellung von Engelwesen verbunden, wenn es heißt, Gott habe vor der Gründung der Welt die Urbilder aller Dinge geschaffen. Durch die Kräfte, die aus Gott hervorgegangen sind, ist Gott in der Welt wirksam. Als solche werden σοφία (Fug. 109), νοῦς (Leg. All. III 84), die αγαθότης τοῦ δημιουργοῦ (Cher. 127)[107] und die Macht genannt, spezifisch aber ὁ λόγος als **εἰκὼν θεοῦ**, δι' οὗ σύμπας ὁ κόσμος ἐδημιουργεῖτο Spec. Leg. I, 81). Er ist die Idee, die alle anderen Ideen in sich begreift, weil er der Ort (τόπος) des ἐκ τῶν ἰδεῶν κόσμος ist (Op. Mundi 16-20; vgl. 24)[108]. Der Logos ist τὸ ῥῆμα τοῦ αἰτίου (Sacr. Ac. 8)[109], sein ὄργανον (Cher. 127: ὄργανον λόγος θεοῦ), durch das er die Welt geschafften hat (Fug. 95), erhält und regiert (Quaest in Gen. IV 110). Dieser Logos hat Gott zum Vater, die Weisheit zur Mutter. λόγος θεῖος hat nach Fug. 109 πατρὸς μὲν θεοῦ, ὅς καὶ τῶν συμπάντων ἐστί πατὴρ, μητρὸς δὲ σοφίας, δι' ἧς τὰ ὅλα ἦλθεν εἰς γένεσιν.

Bei der Behandlung der "Erschaffung des Menschen" bei Philo müssen wir beachten, daß eine intensive Debatte beim wissenschaftlichen Studium Philos und seiner Beziehung zum Gnostizismus gerade auf Grund seiner Interpretation von Gen. 1,26f und 2,7 entstand. Die Erschaffung des Menschen ging so vor sich, daß Gott zunächst den Idealmenschen (Urmenschen) schuf, der als Abbild (εἰκών) des wahren Seins nach dem unkörperlichen Bild Gottes gemacht wurde. Im Gegensatz zum Menschen ohne Artikel (ποιήσωμεν ἄνθρωπον Gen. 1,26), der aus vernünftiger und unvernünftiger Natur besteht, steht "der" Mensch (ἐποίησεν ὁ θεὸς **τὸν ἄνθρωπον** κατ' εἰκόνα θεοῦ... Gen. 1,27), der Mensch κατ' εξοχὴν der "wahre Mensch". Der wahre Mensch im Menschen ist κόρη ἐν ὀφθαλμῷ (der Pupille des Auges) ähnlich, die man auch ὀφθαλμοῦ ὀφθαλμός (Auge des Auges) nennen könnte (Op. Mundi 66). Um das Problem des Plurals (ποιήσωμεν) zu lösen, ließ sich Philo von Plato beeinflussen. In Tim. 41A wird vom Schöpfer des Alls berichtet, er habe die Erschaffung der weniger wertvollen Teile des Menschen Untergöttern überlassen. Die Exegese des Plurals hat natürlich auch die

παρελθὼν ἀναδιδάσκει· τὰ γὰρ πλεῖστα διὰ συμβόλων ἀρχαιοτρόπῳ ζηλώσει παρ' αὐτοῖς φιλοσοφεῖται; De vita contemplativa II, 11, wo Philo die den Essenern ähnliche Grupe der Therapeuten in Ägypten erwähnt.

107 Die Vorstellung, daß die Güte Gottes die Ursache der Weltschöpfung sei, hat Philo von Plato (Tim. 29e) aufgenommen.

108 L. WÄCHTER zeigt, wie hier die platonische Ideenlehre bei Philo auftaucht und später von den Rabbinen übernommen wurde. L. WÄCHTER, Der Einfluß platonischen Denkens auf die rabbinischen Schöpfungsspekulationen, Zeitschrift für Religions- und Geistesgeschichte 14, 1962, 36-56.

109 ἀλλὰ "διὰ ῥήματος" τοῦ αἰτίου μετανίσταται (Dt. 34,5) , δι' οὗ καὶ ὁ σύμπας κόσμος ἐδημιουργεῖτο.

Rabbinen beschäftigt. Jervell[110] hat gezeigt, daß man bei ihnen eine offizielle, für die Synagoge bestimmte Auslegung und die interne Rabbinendiskussion zu unterscheiden hat. Für Unterricht und Predigt in den Synagogen und für die Diskussion mit Nicht-Israeliten gab es eine "offizielle" Lehre, die keine Abweichungen duldete. Innerhalb der Gelehrtenkreise aber war es erlaubt, über das Thema zu diskutieren. Im ersten Fall legte man streng monotheistisch aus und verstand ποιήσωμεν als pluralis majestaticus, im zweiten Fall sah man eine Anspielung auf die Engel in Gottes Nähe.

Philo hat Platos Vorstellung vom androgynen Kugelmenschen auf seinen Idealmenschen übertragen[111]. Nach dem Gattungsmenschen als unkörperliche Idee, in welchem das männliche und weibliche Geschlecht vereinigt waren (Op. 76 πάνυ δὲ καλῶς τὸ γένος (die Gattung oder Idee) ἄνθρωπον εἰπὼν διέκρινε τὰ εἴδη φήσας ἄρρεν τε καὶ θῆλυ δεδημιουργῆσθαι, ...), wird die Sonderart Adam als Abbild des Urbildes gebildet[112]. Der himmlische unkörperliche Mensch war nach dem Bild Gottes geprägt worden (κατ' εἰκόνα τετυπῶσθαι θεοῦ), der irdische körperliche Mensch aber wurde geformt (πέπλασθαι)[113] Nach Spec. III, 83 ist der Mensch eines herrlichen Bildes herrlicher Abdruck, weil nach dem Vorbild der urbildlichen Vernunftidee geformt[114].

Wie versteht Philo Gen. 2,7 im Zusammenhang mit seiner Exegese von Gen. 1,26? Er beschäftigt sich besonders mit der Tatsache, daß der empirische Mensch aus erdhafter Substanz (οὐσία) und göttlichem Pneuma besteht, das ihm ins Antlitz geblasen wird. Im Gegensatz zu dem von uns im letzten Paragraphen verdeutlichten alttestamentlichen Verständnis hat die stoische Vorstellung, wonach die Seele ein warmer, göttlicher "Hauch" ist, ihm das Verständnis und die Ausdeutung der Stelle erleichtert[115]. Leg. All. III 161: τὸ μὲν οὖν σῶμα ἐκ γῆς δεδημιούργηται, ἡ δὲ ψυχὴ αἰθέρος ἐστίν, ἀπόσπασμα θεῖον· ἐνεφύσησε γὰρ εἰς τὸ πρόσωπον αὐτοῦ πνεῦμα ζωῆς ὁ θεός καὶ ἐγένετο ὁ ἄνθρωπος εἰς ψυχὴν ζῶσαν (Gen. 2,7). Ferner wird der erste erdgeborene Mensch in Virt. 203 erklärt: Er, der hinsichtlich edler Abkunft keinem Sterblichen vergleichbar ist, der durch die Hand Gottes mit höchster plastischer Kunst zur körperlichen Figur gestaltet war, der einer Seele gewürdigt wurde, die nicht von

---

110 J. JERVELL, Imago Dei, 1960, 72.

111 Vgl. Plato, Symposion 189E. Es sei dahingestellt, ob Plato selbst an einen Urmenschen aus historischer Zeit oder an eine Idee "Mensch" denkt; U. FRÜCHTEL, Die kosmologischen Vorstellungen bei Philo von Alexandrien, 1968, 30.

112 Alleg. II 13 πρὸ γὰρ τῶν εἰδῶν ἀποτελεῖ τὰ γένη, ὥσπερ καὶ ἐπὶ τοῦ ἀνθρώπου· προτυπώσας γὰρ τὸν γενικὸν ἄνθρωπον ἐν ᾧ τὸ ἄρρεν καὶ τὸ θῆλυ γένος φησὶν εἶναι ὕστερον τὸ εἶδος ἀπεργάζεται τὸν Ἀδάμ: "Vor den Arten schafft er die Gattungen; so auch bei dem Menschen; nachdem er den Gattungsmenschen geschaffen, in welchem das männliche und das weibliche Geschlecht vereinigt war, bildete er erst später die Sonderart, den Adam." Vgl. I, 92; Op. 134; vgl. auch H. SCHMIDT, Die Anthropologie Philons von Alexandria, 1933, 3-7.

113 Vgl. Leg. All. I § 31; Gen. 1,4.8; Ex. 2,46.52.54.

114 παγκάλης εἰκόνος πάγκαλον ἐκμαγεῖον ἀρχετύπου λογικῆς ἰδέας παραδείγματι τυπωθέν. Zum Gedanken vgl. Gen. 9,6: ὁ ἐκχέων αἷμα ἀνθρώπου ἀντὶ τοῦ αἵματος αὐτοῦ ἐκχυθήσεται, ὅτι ἐν εἰκόνι θεοῦ ἐποίησα τὸν ἄνθρωπον.

115 Vgl. Diog. Laert. VII, § 157.

einem geschaffenen Wesen stammt, sondern von Gott, der ihm von seiner eigenen Kraft einhauchte, soviel ein sterbliches Wesen aufzunehmen imstande war, ...[116]. Der so charakterisierte Protoplast (εἰκὼν εἰκόνος) besitzt eine partikulare Ebenbildlichkeit.

Der Mensch beging jedoch den Sündenfall und wurde aus dem Paradies vertrieben, der himmlische Mensch aber weilt als reine und vollkommene Idee des Menschen bei Gott. Nach Op. 134 ist der jetzt gebildete Mensch sinnlich wahrnehmbar, hat schon eine bestimmte Beschaffenheit, besteht aus Körper und Seele, ist Mann oder Weib und von Natur sterblich; dagegen ist der nach dem Bild gewordene Mensch Idee oder Gattungsbegriff, nur gedacht, unkörperlich, weder männlich noch weiblich und von Natur unvergänglich[117].

Von der obigen Beobachtung können wir wissen, daß der Prototyp (εἰκὼν), der zum Bereich des κόσμος νοητός gehört, und der Protoplast (εἰκὼν εἰκόνος), der zum κόσμος (αἰσθητός) gehört[118], nicht identisch sind[119]. Auf diese platonische Unterscheidung zwischen der Welt des Seins und der Welt des Werdens sollte auch in anderen, nichtphilonischen Texten geachtet werden, vor allem dort, wo man Bruchstücke des sogenannten Urmensch-Erlöser-Mythos zu finden glaubt[120]. Colpe hat in diesem Zusammenhang nachdrücklich die Forderung nach einer sauberen Scheidung und einem sachgemäßen Gebrauch der Begriffe erhoben[121]. Das Verhältnis des Prototypen oder Idealmenschen zum Logos ist noch nicht geklärt. Aber der Prototyp entspricht dem Logos, wodurch man die beiden miteinander identifizieren darf. Der Logos als Prototyp besitzt die Ebenbildlichkeit in ihrer Totalität, der empirische Mensch oder Protoplast nur partikular durch seinen Verstand. Eine Gleichung Urmensch = Offenbarer ist bei Philo nicht denkbar. Dabei stellt Philo fest, daß Gott kein anthropomorphes Aussehen und der Mensch keine gottähnliche Gestalt habe[122]. H. Jonas vermutet dagegen, Philos Ausdruck ἀθάνατος ἄνθρωπος θεοῦ (De Conf. Ling. 41; vgl. Leg. All. I, 32) stamme vom gnostischen Urmensch-Mythos[123]. Philo identifiziert doch hier und öfters

116 ὃς ἕνεκα εὐγενείας οὐδενὶ θνητῷ σύγκριτος χερσί, μὲν θείαις [εἰς] ἀνδριάντα τὸν σωματοειδῆ τυπωθεὶς ἀκρότητι τέχνης πλαστικῆς ψυχῆς δὲ ἀξιωθεὶς ἀπ' οὐδενὸς ἔτι τῶν εἰς γένεσιν ἡκόντων ἐμπνεύσαντος θεοῦ τῆς ἰδίας δυνάμεως ὅσαν ἐδύνατο δέξασθαι θνητὴ φύσις, ἆρ' οὐχ ὑπερβολή τις εὐγενείας μηδεμιᾷ τῶν ἄλλων ὅσαι διωνομάσθησαν εἰς σύγκρισιν ἐλθεῖν δυναμένη; τῶν μὲν γὰρ τὸ κλέος ἐκ προγόνων εὐτυχίας - .

117 ὁ μὲν γὰρ διαπλασθεὶς αἰσθητὸς ἤδη μετέχων ποιότητος, ἐκ σώματος καὶ ψυχῆς συνεστώς, ἀνὴρ ἢ γυνή, φύσει θνητός. ὁ δὲ κατὰ τὴν εἰκόνα ἰδέα τις ἢ γένος ἢ σφραγίς, νοητός, ἀσώματος, οὔτ' ἄρρεν οὔτε θῆλυ, ἄφθαρτος φύσει.

118 Vgl. Quis rer. div. heres. 231; Leg. All. I, 31ff und De conf. ling. & 62.

119 Dahinter steht das platonische Verständnis. Plato verwendet doch das Wort εἰκὼν nur für den αἰσθητὸς κόσμος, Tim. 92c.

120 U. FRÜCHTEL, aaO 31; S.o. 29-36.

121 C. COLPE, Die religionsgeschichtliche Schule, I, 194f.

122 Vgl. Op. Mundi 69.

123 Hans JONAS, Die mythologische Gnosis, (1934) ³1964, 211. L. SCHOTTROFF steht auf dem gleichen Standpunkt wie Jonas, Der Glaubende und die feindliche Welt: Beobachtung zum gnostischen Dualismus und seiner Bedeutung für Paulus und das Johannesevangelium, WMANT 37, 1970, 127-131.

den ἄνθρωπος θεοῦ mit "dem Logos" (vgl. De fuga et invent. § 71), nicht mit dem mythologischen Urmenschen[124]. Früchtel behauptet mit Recht: Es wäre vergeblich, hinter diesen aus der Philosophie des mittleren Platonismus und der Exegese des Alten Testaments ableitbaren Traditionen nach Bruchstücken eines Mythos vom Gott "Anthropos" zu suchen[125]. Früchtels Kritik wird auch auf die These Käsemanns gerichtet, daß in Hebr. 10,5ff, Kol. 1,15ff und Phil. 2,5ff die Lehre von der die Welt schaffenden εἰκών, die auf dem Einfluß der philonischen und in seiner Zeit überall überlieferten gnostischen Logoslehre beruht, ihre Fortsetzung im Schema des sich erniedrigenden Gottes-Menschen, also des gnostischen Anthropos findet[126]. Früchtel fragt, ob Käsemann tatsächlich übersehen hat, daß sich die Theorie vom Urmensch-Erlöser zumindest von Philo her nicht belegen läßt. Philo kennt keine Identität zwischen Prototyp (= Logos) und Protoplast oder zwischen Prototyp und Adam. Zwar gehört der Logos als Beteiligter an Gottes Schöpfung zum Bereich des Seins, der Mensch nicht, deshalb gab Philos Exegese zu Gen. 1,26f der Gnosis den Anlaß, sie später zur Vorstellung des Gott-Anthropos zu entwickeln[127], aber der göttliche Logos ist als ἔργον und ὄργανον des Schöpfers (Cher. 127) auch geschaffen. Zwischen beiden besteht ein Verhältnis Schöpfer - Geschöpf, nicht ein seinsmäßiger Zusammenhang[128].

Diese Vorstellung ermöglicht Philo eine Theorie von der Prophetie. D.h.: Die zeitlich noch nicht vorhandenen Körper sind als Ideen räumlich doch schon gegenwärtig und daher dem Propheten sichtbar (Op. Mundi 16-20). Der unkörperliche Ort dieser unkörperlichen Ideen ist Gott, der Vater des Alls und der Mann des Sophia (Cher. 49)[129].

b) Der Leib als Teil des Menschen neben Seele und Geist

σῶμα bezeichnet häufig den Leib des Tieres als Geschöpf (Op. Mundi 66.86; als den Leib des Opfertiers Spec. Leg. I 166: πάντα δ' ὁλόκληρα, περὶ μηδὲν μέρος κηραίνοντα τοῦ σώματος, ...; I 232: ἀπὸ κεφαλῆς ἄχρι ποδῶν τὸ ἄλλο σῶμα τοῦ μόσχου.)[130], meist

124 Durch den Hinweis auf Fragmente von der Haggadah kritisiert P. BORGEN die Meinung von H. JONAS, Bread from Heaven, NT Suppl. 10, (1965) ²1981, 99-121.

125 U. FRÜCHTEL, aaO 35.

126 E. KÄSEMANN, Das wandernde Gottesvolk. Eine Untersuchung zum Hebräerbrief, FRLANT 37, (²1957) ³1959, bes. 65ff und 133f.

127 A. J. M. WEDDERBURN, Philo's Heavenly Man, NT 15, 1973, 301-326; vgl. S. SANDMEL, Philo's Place in Judaism, (1956) ²1971, XVI; B. A. PEARSON, Philo and the Gnostics on Man and Salvation, Protocol of the Twenty-ninth Colloquy, ed. W. WUELLNER, 1977; R. M. WILSON, Philo of Alexandria and Gnosticism, Kairos, 14, 1972, 213-219.

128 U. FRÜCHTEL, aaO 35.

129 ὅτι ὁ θεὸς καί οἶκός ἐστιν, ἀσωμάτων ἰδέων ἀσώματος χώρα, καὶ τῶν συμπάντων πατὴρ ... καὶ σοφίας ἀνὴρ ... .

130 Hinsichtlich der Abendmahlsworte Jesu in 1. Kor. 11,25, wo Jesus von sich als Opfer redet, weist J. JEREMIAS darauf hin, daß auch in diesen Schriften bei Philo das Begriffspaar σῶμα - αἷμα in bezug auf das Opfertier in kultischer Bedeutung verwendet ist. Die Abendmahlsworte Jesu, ⁴1967, 213.

aber den des Menschen[131]. σῶμα bezeichnet auch die tierische (vit. Mos. I 105.100) oder menschliche Leiche (Spec. Leg. I 113; II 16; III 205; Leg. Gaj. 131; Vit. Mos. I 39; II 172.255; Jos. 25; Abr. 258). Der weitere Sprachgebrauch ist doch nicht einheitlich. Einerseits kann Philo dem Leib eine relativ positive Bedeutung zumessen; Som. I 123: παρὸ καὶ τὸ σῶμα τοῦ μαλθακωτέρου κόμματος ὁ τεχνίτης καὶ ποιητὴς αὐταῖς εἰργάζετο. Der Mensch besteht aus Leib und Seele (Leg. All. III 62; Char. 128; Det. Pot. Ins. 19; Agric. 46.152). Die beiden Größen müssen rein sein (Spec. Leg. I 102; II 6). Für beide ist der Sabbat nötig (Spec. Leg. II 260) oder Fasten nützlich (Sobr. 2). Seelenheil (ἡ ὑγιαινούση ψυχή) und leibliche Gesundheit (τὸ σῶμα ὑγείας) sind wichtig (Spec. Leg. I 222; Virt. 13). κατὰ σῶμα καὶ ψυχὴν soll man lieben (Vit. Cont. 61; Virt. 103) und bestraft werden (Virt. 182). So ist der Leib ψυχῆς οἶκος (Det. Pot. Ins. 33; Migr. Abr. 93), νεὼς ἱερὸς ψυχῆς λογικῆς (= heiliger Tempel für die vernünftige Seele, Op. Mundi 137; vgl. 1. Kor. 6,19) und ἀδελφὸς ψυχῆς (Ebr. 70). Daher ist auch die Herrlichkeit des ersten Menschen durchaus auf Seele und Leib zu beziehen (Op. Mundi 136.140f). Op Mundi 145: τοῦ μὲν οὖν πρώτου φύντος ἀνθρώπου τὸ καθ' ἑκάτερον ψυχὴν τε καὶ σῶμα κάλλος ...: auch Quaest. et Sol. in Gen. 1,21.32[132]. Obwohl Philo die animalische Seele für wichtiger als den Leib hält (Spec. Leg. I 289) und denkt, daß die Seele auch jung bleiben kann, wenn der Leib altert (Fug. 146), wirkt der alttestamentliche Einfluß noch bei ihm nach. Die Seele bewahrt den Leib vor Zerfall wie das Salz (Spec. Leg. I 289; vgl. Sanh. 91b).

Aber andererseits wird Philos Verständnis in der traditionellen Entgegensetzung von Leib und Seele des Platonismus deutlich [133]. Wenn der Begriff für die sexuelle Vereinigung verwendet wird (Abr. 100f; Congr. 12; Som. I 200; Decal. 124)[134], sieht Philo darin nicht das Wesentliche, weil die entscheidende Vereinigung die körperlose zwischen νοῦς oder ψυχή und ἀρετή ist, wogegen die körperliche Vereinigung von der ἡδονή geleitet ist. Aus dem Himmel kommt so die Seele in den Leib als in ein fremdes Land (Som. I 181: εἰς ξένην χώραν τὸ σῶμα) und wird in ihm wie in einem Flusse hingerissen (Som. I, 147: ὥσπερ ἐν ποταμῷ, τῷ σώματι, φορουμένην...). In Gig. 12-15 wird die Inkorporation als etwas Widergöttliches empfunden, das seinen

131 Vgl. H. SCHMIDT, Die Anthropologie Philos von Alexandria, Diss.Leipzig, 1933, 31-34.

132 E. R. GOODENOUGH meint, daß neben der positiven Wertung des vom νοῦς gemeisterten Leibes Philos Aussage über die Rettung des Leibes als das endgültige Ziel (Quaest. et Sol. 2,12ff) den paulinischen Ausdruck τὴν ἀπολύτρωσιν τοῦ σώματος in Röm. 8,23 verdeutlichen kann, By Light, Light, 1935, 134, 207. Aber wie wir unten im folgenden zeigen, ist die Verbindung der beiden schwach. Vielmehr ist die Entgegensetzung zwischen den beiden, anders als bei Paulus, von Philo beachtet.

133 B. A. PEARSON hält diese zwei verschiedenen, also positiven und negativen Auffassungen vom σωμα für einen "Widerspruch" in Philos Aussagen, Philo and Gnosticism. ANRW II, 12,1, 328.

134 Abr. 100f: σωμάτων κοινωνίαν ... ἐν ψυχαῖς σύνοδον; Congr. 12: τὰς σωμάτων πρὸς σώματα μίξεις καὶ ὁμιλίας ἡδονὴν ἐχούσας; Som. I 200: εὔπαις γὰρ ὁ γάμος οὗτος οὐ σώματα συμπλέκων, ἀλλ' εὐφυέσι ψυχαῖς τελείας ἀρετὰς ἁρμοζόμενος; Decal. 124: εἰ δεῖ τἀληθὲς εἰπεῖν ἡ ψυχὴ πρὸ τοῦ σώματος εἰς ἀλλοτρίωσιν ἐθίζεται ... .

Grund in der Begehrlichkeit der Seele hat. Gott wird also hiermit nicht in Beziehung gebracht[135]. Die Seele ist als ἀσώματος (Det. Pot. Ins. 159)[136] schon vor dem Leibe aus göttlichem Samen geschaffen (Migr. Abr. 200), während der Leib aus Menschlichem stammt (Vit. Mos. I 279). Wie bereits in der Untersuchung über die Erschaffung des Menschen erwähnt, ist auch der eigentliche Mensch, der erste der beiden nach Gen. 1 und 2 geschaffenen Menschen ἀσώματος , identisch mit dem göttlichen Bild, dem Namen Gottes, dem Logos (Quaest. in Gen. 2,56; Conf. Ling. 62-64.146). Auch Noah ist als Anfänger einer zweiten Menschheit unkörperlich; Quaest. in Gen. 2,56: κατὰ τὴν ἰδέαν καὶ τὴν εἰκόνα τοῦ ὄντως ἀσωμάτου Ὄντος. Deshalb hat die Seele sich zu entscheiden, ob sie sich an den Leib binden oder sich der Tugend zuwenden will (Poster. C 60). In diesem Sinne weist Sutcliffe mit Recht im Gegensatz zu Goodenough[137] darauf hin, daß die Verbindung der beiden "no true union" ist[138]; vielmehr tritt ein Gegensatz zwischen beiden auf (Som. I 135-141; Mig. Abr. 9; Gig. 6-16; Leg. All. III 69). Nach Virt. 203 hat Gott dem zur körperähnlichen Bildsäule gestalteten ersten erdgeborenen Menschen die Seele eingeblasen (vgl. Gen. 2,7). Diese kann den Leib dann auch wieder verlassen und sich reinigen (Migr. Abr. 2). Anders als wir in § 1 II das alttestamentliche Verständnis von der Beziehung der beiden gezeigt haben, wird das dualistische Verständnis auch aus der Lehre von der Erschaffung des Menschen, die wir schon behandelt haben, ersichtlich. Der Leib ist für die Seele δερμάτινος ὄγκος (Leg. All. III 69), Gefängnis und Grab (Rer. Div. Her. 85; Som. I 139; Migr. Abr. 9; Det. Pot. Ins. 158; Leg. All. I 108; Spec. Leg. IV 188; vgl. σωματικαὶ ἀνάγκαι Quaest. in Gen. 2,45).

Der Tod bringt eine Scheidung, denn der Leib ist sterblich und vergänglich (Spec. Leg. II 230). Op Mundi 135: διὸ καὶ κυρίως ἂν τις εἴποι τὸν ἄνθρωπον θνητῆς καὶ ἀθανάτου φύσεως εἶναι μεθόριον ἑκατέρας - ὅσον ἀναγκαῖόν ἐστι - μετέχοντα καὶ γεγενῆσθαι θνητὸν ὁμοῦ καὶ ἀθάνατον, θνητὸν μὲν κατὰ τὸ σῶμα, κατὰ δὲ τὴν διάνοιαν ἀθάνατον[139]. Im Tod verläßt nämlich die Seele den Leib, der wiederum zu Erde wird (Plant. 147; Abr. 258; Som. I 31)[140]. Der Mensch ist so nach dem Tod, in der παλιγγενεσία, nicht mehr mit den σώματα , sondern mit den ἀσώματα verbunden (Cher. 114). Aus der Zweiheit von Leib und Seele ist er in die Einheit zurückgekehrt (Vit. Mos. 288).

Darum ist dem Menschen die Aufgabe gestellt, seine Seele zu läutern, den Affekten und Begierden abzusagen und sich sittlich zu vervollkommnen (Som. II 273). Der θεῖος λόγος straft und ermahnt die für die Heilung empfängliche Seele, daß sie sich πρὸς τὴν ἡγεμονικὴν σοφίαν zurückbegibt (Quaest. in Gen. III 30). Aus eigener Kraft

135 R. MEYER, Hellenistisches in der rabbinischen Anthropologie, 1937, 59.
136 καὶ εἰς ἀσώματον τοῦδε τοῦ σώματος ψυχὴν ἀναδραμόντι.
137 S.o. 73 Anm.132.
138 E. F. SUTCLIFFE, Providence and Suffering in the Old and New Testament, 1953, 153.
139 Vgl. Virt. 9.
140 Vgl. GOODENOUGH, Light aaO 176 Anm.320.

wird er freilich nicht dazu imstande sein, dieses Ziel zu erreichen. Doch Gottes Hilfe kommt dem Strebenden entgegen und stärkt ihn, so daß er ein tugendhaftes Leben zu führen vermag (Praem. poen. 28-30)[141]. Man muß also über alles Nichtkörperliche hinwegschauen und hinwegschreiten und mit starker Einsicht und mit unbeugsamem, ganz festem Glauben in Gott Stütze und Halt finden[142]. Die Juden haben Gottes Hilfe, auf die sie vertrauen sollen, als die zu ihnen gegebene Offenbarung erkannt (Post. 11, Abr. 79f, Som. I 68).

c) Die einheitliche Gesamtheit von Seele, Welt (Kosmos) und Volk

Philo redet gelegentlich von τὰ σώματος μέρη καὶ μέλη (Deus Imm. 52)[143], die zur harmonischen Gemeinschaft des ganzen Leibes geschaffen sind (Op. Mundi 138)[144]. Nach Som. II 11b ist der Mensch μέρος τοῦ παντός, wie die einzelnen Güter nur Teile gegenüber dem vollkommenen Guten als einem Ganzen sind[144a]. Als μερος ist er aber nicht unmittelbar ein Ebenbild Gottes, sondern nur ein Ebenbild des göttlichen Logos (Op. Mundi 25). Aus anthropologischer Sicht findet sich die ethisch gedachte Vorstellung von "Gliedern" (μέλη) als dem Sitz der Sünde, wie in den Pseudepigraphen und Röm. 6,13.19; 7,23; Kol. 3,5, weder bei Philo noch im Hellenismus, wo das dualistische Verständnis von der Verwerflichkeit des ganzen Leibes klar scheint. Zwar können bei Philo Brust und Bauch, Magen und Unterleib im Unterschied zum Haupt als Sitz der Begierde und der Lüste bezeichnet werden (Leg. All. III 116; sacr. A.C. 33), aber der Begriff der "Glieder" im ethischen Sinne wurzelt nicht in dieser Tradition[145]. Wir wollen in Kapitel III untersuchen, ob die Begrifflichkeit dieser Bildsprache auch in der rabbinischen Literatur gefunden werden kann. Dieses Problem soll auch in Beziehung zu 1. Kor. 6,15, wo das ethische Verhältnis von Christus zu den Gläubigen als das vom Leib zu den Gliedern bezeichnet ist, erörtert werden.

Andererseits ist σῶμα nicht nur für die Anthropologie, sondern auch meist als Bild für die Welt (Kosmos) oder eine Gemeinschaft gebraucht. Die griechische Anschauung vom Kosmos als einem besselten Leib findet sich oft[146]. Die Welt ist der größte Körper, der die Fülle anderer Körper als seine eigenen Teile umfängt; Plant. 7: τὸν

---

141 Praem. poen. 30: ὅτῳ δ' ἐξεγένετο πάντα μὲν σώματα πάντα δ' ἀσώματα ὑπεριδεῖν καὶ ὑπερκῦψαι, μόνῳ δ' ἐπερείσασθαι καὶ στηρίσασθαι θεῷ μετ' ἰσχυρογνώμονος λογισμοῦ καὶ ἀκλινοῦς καὶ βεβαιοτάτης πίστεως, εὐδαίμων καὶ τρισμακάριος οὗτος ὡς ἀληθῶς.

142 Zum Glaubensbegriff Philos vgl. H. BRAUN, Wie man über Gott nicht denken soll. Dargelegt an Gedankengängen Philos von Alexandria, 1971, Kap. 9: Der Glaube, 79ff.

143 θεῷ δὲ οὔτε τὰ ψυχῆς ἄλογα πάθη οὔτε τὰ σώματος μέρη καὶ μέλη συνόλως ἐστὶν οἰκεῖα.

144 μέλος: Alleg. I, 12; Spec. I, 147. μέλος und μέρος zusammen: Op. 67; Flac. 176. μέρος : Op. 118, 138; Sacrif. 73; Fug. 112, 122; Spec. II, 67, 103; III, 28; IV, 83; Praem. 33,125: Aet. 69.

144a Vgl. hierzu Plat. Leg. X 903c. Nach Plato ist der einzelne, der als Teil eines Ganzen verstanden wird, um des Ganzen willen da, nicht umgekehrt das Ganze des Teiles wegen. Der Zweck alles einzelnen liegt im Wohl des Ganzen.

145 E. SCHWEIZER, Die Sünde in den Gliedern. In: Abraham unser Vater, 1963, 437ff.

146 Vgl. A.-J. FESTUGIÈRE, La Révélation d'Hermès Trismégiste, Bd. 2, Le Dieu Consmique, 1949.

δὲ δὴ κόσμον καὶ διαφερόντως, ὅτι τὸ μέγιστον σωμάτων ἐστὶ καὶ πλῆθος ἄλλων σωμάτων ὡς οἰκεῖα ἐγκεκόλπισται μέρη. Wie die kosmische Gesamtheit in Aet. Mund. 102 betont ist, so ist der κόσμος doch nach Migr. Abr. 200 ὁ μέγιστος καὶ τελειότατος ἄνθρωπος. Der Mensch sei eine kleine Welt und die Welt der größte und vollkommenste Mensch (Rer. Div. Her. 155: μὲν κόσμον τὸν ἄνθρωπον, μέγαν δὲ ἄνθρωπον ἔφασαν τὸν κόσμον εἶναι)[147]. Wie der Mensch, so besteht auch die Welt aus σῶμα und ψυχὴ λογική (Rer. Div. Her. 155). Gott weilt im Himmel und dieser in der Welt wie der νοῦς in der ψυχή und diese im Leib: (Abr. 272)[148]. Die Einheit des Himmels ist derjenigen der Glieder des Leibes gleich (Quaest. in Ex. 2,74). Die Parallele zwischen dem von der Seele geleiteten Leib und der von der Weltseele regierten Welt ist dabei selbstverständliche Voraussetzung. Wie oben (Teil A § 2 II 1) erwähnt, wird in Fug. 108-113 die Rolle des Logos besprochen, der die Welt als sein Gewand anzieht und alle seine Teile zusammenhält wie die Seele den Leib. Wohl findet sich also der Gedanke des Welt(Kosmos-)leibes und des alles in sich schließenden Gottes oder Logos, auch der der Weltseele, die den Leib durchdringt und so zusammenhält, nicht aber der des Urmenschen, aus dessen Teilen die Welt geschaffen wurde[149]. Auch hinter dem Hohepriester (ὁ ἀρχιερεύς), der das kosmische Gewand trägt ("ἐνδύσασθαι τὰ ἱμάτια", Som. II 188f; Fug. 108-112), steht trotz der einmaligen Schrift (Conf. Ling. 146) nur die Logosspekulation. Die Kleidung ist Hinweis auf ein Weltbild, in dem der Logos eine bestimmte Funktion erfüllt, aber Hinweis nicht auf einen kosmoshaften Allgott.

Der Leib wird endlich zum Bild einer Gemeinschaft gebraucht. Quaes. in Gen. 2,11 wird das Hausgemeinschaft-Familienvater-Verhältnis mit dem des Leibes zum νους verglichen: Eine gesamte Hausgemeinschaft wird als der Leib mit einem Familienvater als dem νοῦς gesetzt, wie ja auch ein Schiff oder eine Armee von einem einzigen abhängig ist. Der Leib wird zum Bild des Volkes, in dem alle Teile wie Glieder eines einzigen Leibes in eine κοινωνία gebracht sind, Spec. Leg. III 131 (vgl. auch Virt. 103): ἵνα πᾶσα ἡλικία καὶ πάντα μέρη τοῦ ἔθνους ὡς ἑνὸς σώματος εἰς μίαν καὶ τὴν αὐτὴν ἁρμόζηται κοινωνίαν εἰρήνης καὶ εὐνομίας ἐφιεμένα. Von dieser Aussage wird angedeutet, daß das Volk Israel, das im Streben nach Frieden und Gehorsam gegen das Gesetz zusammengeführt werden soll, mit dem Leib verglichen ist (vgl. 1. Kor. 12,12ff). Neben dem Bild vom Leib-Volk ist doch weiter der eine Mann, der über eine Stadt, die Stadt, die über ein Land, das Volk, das über andere Völker regiert, dem *Haupt* eines Leibes vergleichbar, der ganz von den im Haupt und darüber befindlichen Kräften das Leben erhält (Praem. Poen. 114)[150]. Nach Praem. Poen. 125 wird

---

147 Vgl. τελειότατον ζῷον Spec. Leg. I, 210f.

148 καὶ ψυχὴ μὲν ἐν σώματι, νοῦς δ' ἐν ψυχῇ, καὶ πάλιν οὐρανὸς μὲν ἐν κόσμῳ, θεὸς δ' ἐν οὐρανῷ.

149 Vgl. E. SCHWEIZER, σῶμα, ThWb VII, 1052. Dagegen behauptet Brandenburger fälschlich, daß der Anthropos-Logos bei Philo im Sinne der kosmologisch-soteriologischen Urmenschlehre verwendet werden kann, Adam und Christus, 152-153. Vgl. auch 39.

150 ἐὰν μὲν οὖν εἷς ἀνὴρ τυγχάνῃ τοιοῦτος ὢν ἐν πόλει, τῆς πόλεως ὑπεράνω φανεῖται, ἐὰν δὲ πόλις, τῆς ἐν κύκλῳ χώρας, ἐὰν δὲ ἔθνος, ἐπιβήσεται πᾶσιν ἔθνεσιν ὥσπερ κεφαλὴ σώματι τοῦ περιφαίνεσθαι χάριν, ...

das Haupt des Menschengeschlechts der weise Mann oder das weise Volk sein, alle anderen aber werden gleichsam nur Teile eines Körpers sein, die erst Leben und Seele erhalten durch die Kräfte in dem Haupt über ihnen (..., τὸν αὐτὸν τρόπον κεφαλὴν μὲν τοῦ ἀνθρωπείου γένους ἔσεσθαί φησι τὸν σπουδαῖον εἴτε ἄνδρα εἴτε λαόν, τοὺς δὲ ἄλλους ἅπαντας οἷον μέρη σώματος ψυχούμενα ταῖς ἐν κεφαλῇ καὶ ὑπεράνω δυνάμεσιν). Hier hat Philo sicher die auf Israel als "das auserwählte Volk" (λαὸς ἐξαίρετος Praem. Poem. 123) sich beziehenden Bibelworte Dt. 28,13 im Auge, wobei er sie im nicht immer konkreten, sondern vielmehr universalen Sinne verwendet. Von daher kann man so folgern, daß Israel gewissermaßen das Haupt des Weltleibes (vgl. Vit. Mos. II 30) und der Stamm der Seele (vgl. Praem. Poem. 124) ist[151]. Das bedeutet zugleich, daß Israel als das Haupt auch der Vertreter aller Völker ist, ebenso wie in Jub. 22,13 die Patriarchen (bzw. Stammväter) als die Vertreter für alle Geschlechter von Gott gesegnet wurden (s.o. 66).

d) Die frühjüdische Mystik bei Philo

Wir wollen hier kurz die frühjüdische Mystik bei Philo behandeln. Nach Dahls Verständnis ist das Verhältnis zwischen der himmlischen Gemeinde der Geweihten und dem irdischen Volk Israel für Philo dasselbe wie zwischem dem ersten, himmlischen Menschen und dem irdischen Protoplasten. Das heißt, daß für Philo das "Israel nach dem Fleisch" ein Abbild und eine Darstellung des "Israel nach dem Geist" ist. Darin sieht Dahl die Verwandtschaft zwischen den Anschauungen von "Israel" bei Philo und dem mystischen bzw. gnostischen Begriff "Israel". Dadurch versucht er zu vermitteln zwischen der konkreten jüdischen Nation und seiner universalen (mystischen) Konzeption des Wortes "Israel" (אִישׁ רָאָה אֵל oder יָשָׁר אֵל = "der Gott Sehende"). Nach seiner Meinung hat Philo deshalb die zwei Perspektiven des Nationalismus und des Universalismus[152]. Mit der Kritik an seinem Verständnis behauptet N. Messel doch, daß das mystische Verständnis von "Israel" zur Definition der konkreten (und treuen) jüdischen Nation einschließlich des Proselyten dient, so daß Philo nicht auf den Kompromiß zwischen den beiden zielt; "..., og for Philo må man si at centrum i hans tenkning, det er nettop jødefolkets enestående stilling som religionens folk, det 'prestelige folk', ahtså som 'Guds folk'" (das Zentrum des Gedankens Philos ist die besondere (einzige) Stellung als das Volk der Religion, das "priesterliche Volk", also als "Gottes Volk")[153]. Die jüdische Nation war sicherlich der Sitz im Leben für seine philosophischen und mystischen Vorstellungen[154].

151 Vgl. N.A. DAHL, Das Volk Gottes, (1941) ²1963, 114.

152 N. A. DAHL, aaO 108ff, 113.

153 N. MESSEL, 'Guds folk' som uttrykk for urkristendommens kirkebevissthet. Innlegg ved. cand. theol. Nils Alstrup Dahls disputas for doktorgraden; theologi, 12. Sept. 1941, NTT, 42, 1941, 231 (229-237).

154 Über die Frage der Einstellung und des Denkens Philos zwischen den beiden widersprüchlichen Meinungen siehe P. BORGEN, aaO 113ff.

Wir können vermuten, daß Philo diese Vorstellung aus der Tradition der frühjüdischen Apokalyptik (Mystik), die durch die Auseinandersetzung zwischen dem hellenistischen (platonisch-stoischen) Denken und dem palästinischen Judentum entstanden ist, abgeleitet hat. Wie Dahl in seinem anderen Aufsatz, The Johannine Church and History[155], erwähnt, zeigt die mit Dan. 7 und Ez. 1 verbundene Interpretation von Gen. 28,12 in der Haggadah (Gen. R. 68-69; Lev. R. 29,2; Tanch. Wayyese 38a; p. Targum zu Gen. 28,12; P. El. 35 [82a])[155a] eine Vorstellung des himmlischen Jakob, die ihren geistigen Grund in der auf dem Thron sitzenden "menschlichen Figur" hat. Eine Stelle in Philo, Conf. Ling. 146, wo der göttliche Logos mit ὁ ὁρῶν Ἰσραήλ und ἀρχάγγελος identisch ist, und die neugefundenen gnostischen Schriften von Nag Hammadi in Ägypten[156] stellen den Beleg für die jüdische Merkabah-Mystik dar. Gleichfalls entspricht die hinter Philos Aussage über Ex. 20,21; Mos. I 155-158 (bes. 158)[157] liegende Tradition der Aussage in B Tanh. IV, 51f (vgl. 53) im wesentlichen: "Siehe, ich habe dich zu Pharaoh, einem Gott gemacht."[158]. Dies beweist, daß Philo Moses Anteil an Gottes Königtum von der traditionellen jüdischen Exegese abgeleitet hat[159]. Diese jüdische exegetische Tradition und das in ihr vorhandene Element über himmlisches Aufsteigen und Königtum werden von Philo nicht nur aufgenommen, sondern auch durch die platonische Vorstellung vom Aufstieg der Seele und die stoische Vorstellung vom Leben gemäß göttlichem Gesetz[160] weiter interpretiert und

---

155 N. A. DAHL, The Johannine Church and History, in: Current Issues in New Testament, Essays in honour of O. A. PIPER, ed. W. Klassen and G. F. Snyder, 1962, 136-137, 286-287.

155a Bill. III, 49f; 976f. Vgl. S. KIM, "The 'Son of Man'" as the Son of God, 1983, 82-85.

156 Ein Internationales Colloquium, das im April 1966 in Messina, Italien, stattgefunden hat, erörtert den Ursprung und die Definition des Gnostizismus. Das Messina Colloquium kam über das Verhältnis zwischen Philo und dem Gnostizismus zu dem übereinstimmenden Schluß, daß Philo eine vorgnostische Stufe in der Entwicklung des Gnostizismus darstellt. Vgl. J. DORESSE, Les livres secrets des Gnostiques d'Égypte, 1958, übers. von P. MAIRET, The Secret Books of the Egyptian Gnostics, 1960.

157 158: ὠνομάσθη γὰρ ὅλου τοῦ ἔθνους θεὸς καὶ βασιλεύς· εἰς τε τὸν γνόφον, ἔνθα ἦν ὁ θεός, εἰσελθεῖν λέγεται: Er wurde ja des ganzen Volkes Gott und König genannt, und es heißt von ihm, daß er in das Gewölk, wo die Gottheit weilte, eingetreten sei, ...

158 W. A. MEEKS, The Prophet-King, NT Suppl., 1967, 192-196.

159 G. SCHOLEM, Die Jüdische Mystik in ihren Hauptströmungen, 1957, 15 (Der Titel der amerik. Ausgabe: Major Trends in Jewish Mysticism, (1941) ³1961): "Ebenso ist allen jüdischen Mystikern und Kabbalisten, der Gruppe jener Therapeuten, deren Lehren Philo von Alexandria beschrieben hat (Philo De vita contemplativa, ed. CONYBEARE, 119), bis zum spätesten Chassid gemeinsam die mystische Auffassung der Tora." Das Verhältnis der Mystik zur Offenbarung wird im folgenden erklärt (10): "Die ursprüngliche Offenbarung, die der Gemeinschaft zuteil wurde, etwa jene sozusagen öffentliche Offenbarung vom Sinai, erscheint dem Sinn des Mystikers als verhüllt und unentfaltet. Erst die geheime Offenbarung ist für ihn die eigentlich offene und entscheidende." (Vgl. noch 43-86). DERS., Gnosticism, Merkabah Mysticism and Talmudic tradition, 1960; J. DORESSE, aaO 176f; P. BORGEN, Bread from Heaven, NT Suppl., 10, (1965) ²1981, 177. Über das Problem der Beziehung zwischen der Merkabah-Mystik und Paulus s.u. 104ff.

160 Die stoischen Termini (z.B. der stoische Pneuma-Logos) finden sich mehrfach bei Philo, in der Regel gewiß direkt aus stoischen Vorlagen. Die stoischen Auffassungen konnte Philo immer aus original stoischen Schriften lernen, ebenso wie auch Antiochos von Askalon stoische Terminologie aufgenommen hat. Vgl. W. THEILER, Philo von Alexandria und der Beginn des kaiserzeitlichen Platonismus, 213; J. DILLON, Middle Platonists, 148f, 159, 180.

entfaltet[161].

Die mystische Vorstellung Philos und des Judentums von dem himmlischen, Gott sehenden Israel hat Anlaß für die Gestaltung des Gnostizismus, der in den gnostischen Nag Hammadi-Schriften erschien, gegeben[162]. Besonders bildet Philos stark platonisches σῶμα-Verständnis allmählich die später im Gnostizismus systematisch durchgeführte und fruchtbar gemachte Vorstellung aus, daß Leib und Seele zusammen den irdischen Menschen umschreiben, dem ein Drittes, völlig Transzendentes, Göttliches (= νοῦς) gegenüber steht, das zwar im Menschen wohnt, aber dennoch nicht mehr menschliche Fähigkeit und Möglichkeit ist[163]. Philo hat die Gnosis vorbereitet[164].

2. Josephus

F. Josephus, der aus dem palästinischen Judentum stammte, aber später in der Diaspora lebte, wollte durch seine Werke den hellenistischen Lesern eine Rechtfertigung des Judentums geben und für den Glauben Israels werben[165]. In seinen großen Werken Bellum Judaicum (75 - 79 n.Chr.); Antiquitates Judaicae (93/94 n.Chr.); Contra Apionem (frühestens in das Jahr 102 n.Chr.)[166] kommt auf der einen Seite palästinische Überlieferung zu Wort, die freilich erkennen läßt, daß auch in Palästina der Einfluß des Hellenismus deutlich spürbar war. Palästinische Überlieferung spiegelt sich auch in seinem σῶμα-Gebrauch in bezug auf Seele und Glieder wider. Josephus, der sich mehr für die politische Bewegung der jüdischen Religionsparteien als für ihre theologischen Beiträge interessiert, ist bei weitem kein so eigenständiger Denker wie Philo von Alexandria. Daher können seine Ausführungen über das zeitgenössische Judentum aber um so mehr als Ausdruck für verbreitete Vorstellungen und Anschauungen in Kreisen der Synagogen gelten. Auf der anderen Seite aber wird in hellenistischer Begrifflichkeit eine Darstellung des Judentums gegeben, die seinem Selbstverständnis in einer andersgläubigen Umwelt entspricht. Josephus möchte bei nichtjüdischen Lesern Verständnis für das Judentum wecken und es ihnen als vernünftige Lebensweise nahebringen[167]. Durch die Hellenisierung der religiösen Sprache

---

161 Vgl. O. BETZ, Was am Anfang geschah. Das jüdische Erbe in den neugefundenen koptisch-gnostischen Schriften, in: Abraham unser Vater, FS. O. Michel, 1963, 39.

162 O. BETZ, aaO 24-43; P. BORGEN, Philo of Alexandria, ANRW 21,1, 153-154.

163 Corpus Hermeticum 1, im sog. Poimandres, die Ausgabe von A. D. NOCK; vgl. H. M. SCHENKE, Der Gott "Mensch" in der Gnosis, 1962, 44-48; E. BRANDENBURGER, Adam und Christus, 1962, 93-95.

164 S. SANDMEL, Philo Judaeus, 44: "Philo may be considered as a witness to Gnosis, a phenomenon contemporary with him, and not to Gnosticism which is a later, Christian development from Gnosis." Zur weiteren Forschung über die Beziehung zwischen Philo und Gnostizismus vgl. P. BORGEN, aaO; A. PEARSON, Philo and Gnosticism, ANRW 21.1, 295-342.

165 Über den Lebensweg des Josephus siehe Iosephi vita 1-430; De Bello Judaico, griechisch und deutsch, Bd. I, hrsg. v. O. MICHEL und O. BAUERNFEIND, (1959) ³1982, XI-XXIX; Louis H. FELDMAN, Flavius Josephus Revisited: The Man, His Writings, and His Significance, ANRW II, 21.2, 1984, 779-787; R. LAQUEUR, Der Jüdische Historiker Flavius Josephus, 1970.

166 Wahrscheinlich später als die Abfassungszeit der Selbstbiographie.

167 Z.B. Das Wesen Gottes, der der Schöpfer der ganzen Welt ist, wird in Begriffen, die den Griechen geläufig sind, beschrieben, wenn er Werkmeister, Vater und Ursprung aller Dinge genannt wird.

kommt ein rationalistisches Element in die Erzählung alttestamentlicher Geschichten hinein[168]. Der alttestamentlich-jüdische Schöpfungsglaube wird also in griechischer Begrifflichkeit wiedergegeben, um in pantheistisch formulierten Aussagen das Bekenntnis zum einen Gott, der Herr aller Dinge ist, festzuhalten. Als der zelotische Messianismus durch die Niederlage des jüdisches Krieges zusammenbrach, wurde für Josephus auch die gemeinsame Hoffnung Israels auf die Weissagung Daniels umgedeutet und zur Flucht in die jenseitige Unsterblichkeit der Seele, die nur den einzelnen Frommen verheißen ist, gewendet. Im Blick auf die durch den Krieg geschaffenen Trümmer richtet sich die Hoffnung der Kämpfenden nicht mehr auf ein verklärtes Jerusalem und einen glänzenden Tempel, nicht mehr auf den Davidssohn und Menschensohn, sondern flüchet sich ins Jenseits und schaut zum Himmel empor[169]. Josephus - wie es weithin im hellenistischen Judentum geschah - verschweigt die Eschatologie soweit wie möglich (z.B. Ant. 10,210)[170].

a) Der unterschiedliche σῶμα-Gebrauch

Sehr oft heißt σῶμα als Objekt = Leiche (Bell. 1,673.325; 2,276.465; 4,437.541; 5,19.531.516; Ant. 18,236)[171], dann auch Sklave bzw. Gefangener (σώματα λαβόντες αἰχμάλωτα Ant. 12,28, auch 12,31.156). σῶμα als der ganze Leib wird von der σάρξ[172], dem muskulösen Teil, unterschieden (Bell. 3,274; vgl. Ant. 6,71; Bell. 5,540). Auch in Bell. 2,85.102.123.126.129.143 bezeichnet σῶμα den ganzen Leib des Menschen. Der menschliche Leib ist gebrechlich und der Mißhandlung ausgesetzt (Ap. 1,234.253. 256.273.281; 2,8.232.289). Die normale Fürsorge für ihn umfaßt Waschung und Speisung (Ant. 8,357). Wenn sich das männliche Relativ-Pronomen auf ἐλεύθερα σώματα bezieht, ist die Bedeutung "Person" schon sehr prägnant; Bell. 7,265: ἢ ποίας ὕβρεως ἐλευθέρων ἀπέσχετο σωμάτων οἵ τοῦτον ἀνέδειξαν τύραννον, ...[173]. Auch σῶμα in Bell. 6,350 bedeutet "sich selbst": ῥίψασι δὲ τὰ ὅπλα καὶ παραδοῦσι τὰ σώματα χαρίζομαι τὸ ζῆν. σῶμα bedeutet "Substanz" nur im Gegensatz zu σκια (Bell. 2,28). τὸ σῶμα τῆς ἱστορίας (Bell. 1,15) meint wohl eher die Form, "Gestalt" der Geschichtsschreibung als die Gesamtschau. Doch unterscheidet Ant. 3,140 das σῶμα des

---

168 Z.B. Ant. 6,9; 15,299.

169 A. SCHLATTER, Die Theologie des Judentums nach dem Bericht des Josephus, 1932, 258f; P. VOLZ, Die Eschatologie der jüdischen Gemeinde, 1934, 53, 132.

170 N. A. DAHL, Das Volk Gottes, 104. Über das Diaspora-Judentum vgl. E. LOHSE, Umwelt des Neuen Testaments, 105; C. THOMA, A Christian Theology of Judaism, transl. by H. CRONER, 1980, 83; W. C. von UNNIK, Flavius Josephus als historischer Schriftsteller, 1978, 66, der das Problem der Hellenisierung sowohl des Christentums als auch des Judentums sieht.

171 Flavii Josephi Opera, ed. Benedictus NIESE, Vol. III: Antiquitatum Judaicarum Libri XI-XV, 1892; F. JOSEPHUS, De Bello Judaico, der jüdische Krieg, Griechisch und Deutsch, Bd. I-III, hrsg. v. O. MICHEL und O. BAUERNFEIND, 1963.

172 σάρξ steht parallel zu σῶμα in Bell. 3,274, bezeichnet also den menschlichen Leib, und zwar unter dem Gesichtspunkt seiner stofflichen Zusammensetzung. In Bell. 6,55 liegt die Bedeutung von "Fleischesstoff"(neben χροιά) des Leibes vor. Somit ist σάρξ häufig Bestandteil des menschlichen Leibes.

173 Vgl. περὶ τὸ σῶμα Ant. 7, 110; οὔτε τοῦ σώματος ὄψεσθε φειδόμενον Bell. 4,192.

Tisches von den Füßen. Ferner erscheint in Bell. 5,451 eine andere Aussage von den Opfer-Leibern der Überläufer am Kreuz: καὶ διὰ τὸ πλῆθος χώρα τε ἐνέλειπε τοῖς σταυροῖς καὶ σταυροὶ τοῖς σώμασιν. Diese Aussage ist in bezug auf das Brotwort Jesu und den σῶμα-Begriff bemerkenswert.

b) Der metaphorische Gebrauch von Leib

Einheit und Ganzheit des σῶμα werden sichtbar im Bild von der Entzündung[174] eines sehr wichtigen Körpergliedes, die geheilt wird oder andere Glieder ansteckt und den ganzen Leib leiden läßt (Bell. 1,507; 2,264; 4,406 καθάπερ δὲ ἐν σώματι τοῦ κυριωτάτου φλεγμαίνοντος πάντα τὰ μέλη συνενόσει). In Bell. 4,406 gebraucht Josephus, anders als Philo, allerdings dieses Bild nur von der konkreten Beobachtung her, um zu zeigen, wie im jüdischen Aufstand alle übrigen Teile des Landes durch die Zustände in der Hauptstadt in Mitleidenschaft gezogen werden. Derselbe Gebrauch erscheint auch in Bell. 6,164: καθάπερ σηπομένου σώματος ἀπέκοπτον τὰ προειλημμένα μέλη φθάνοντες τὴν εἰς τὸ πρόσω νομήν[175]. Diese metaphorische Aussage über die Einheit der Glieder in einem Leib ist für den ekklesiologischen Gebrauch von σωμα bei Paulus aufschlußreich[176]. Dieser Sprachgebrauch von σωμα ist auch in der rabbinischen Literatur tradiert[177].

Ferner erscheint dieser Sprachgebrauch vom Leib auch in Bell. 5,27; 6,359 (wo das Volk mit einem großen Leib verglichen wird); Bell. 3,54 (wo Jerusalem als Hauptstadt des Landes mit dem Haupt des Leibes verglichen wird); Bell. 3,270 (wo die Phalanx mit einem einzigen Leibe verglichen wird). ἓν σῶμα wird ohne Vergleichspartikel gern verwendet; die verfeindeten Parteien werden ein einziger Leib (Bell. 5,279). David fügt der Oberstadt die Burg an und macht einen einzigen Leib (Ant. 7,66); das ganze Heer ist im Frieden ein κόσμος, in der Schlacht ein einziger Leib (Bell. 3,104)[178]. τὸ τῆς Ἀσίας σῶμα für die staatlich organisierte Provinz Asia in einem Dekret von Mark Anton (Ant. 14,312) ist vielleicht Latinismus.

c) Leib und Seele

Das Verhältnis von Leib und Seele bei Josephus ist am charakteristischsten. Sie können als die liebsten Freunde erscheinen (Bell. 3,362). Deshalb ist Selbstmord so verwerflich, und Selbstmördern, die die Seele vom Leib trennen, wird mit Recht dafür die rechte Hand abgetrennt (Bell. 3,378). So hatte auch Herodes einen zu seiner

---

174 Immer φλεγμαίνω, vgl. Hipp. Ref. V. 9,2.

175 Vgl. auch Bell. 4,25 ohne Vergleich, nur körperliches Organ: πολλοὶ δ' ὑποφεύγοντες μέρη τοῦ σώματος κατελαμβάνοντο.

176 Sonst μέλος: Bell. 1,656; Ant. 9,240.

177 S.u. 111ff.

178 Vgl. dazu die Rabbinen bei DAHL, aaO 226f. Die Einheit der Welt aber stellt sich Josephus in einem Tempel vor (Ap 2,193), vgl. Philo, Spec. Leg. I 66f.

Seele passenden Leib und zeigt seine seelische wie leibliche Kraft[179]. Zu den Vorzügen des Leibes und der Seele kommt hinzu, daß er immer Glück hat: τοῖς ψυχικοῖς καὶ τοῖς σωματικοῖς προτερήμασιν ἐχρήσατο καὶ δεξιᾷ τυχῇ. Umgekehrt wird die Seele mit dem Leib zusammen ermattet (Ant. 15,158, κεκακωμένοι καὶ τὰς ψυχὰς καὶ τὰ σώματα[180]. Während die Seele schon zuvor durch Gerechtigkeit gereinigt ist, wird durch die Taufe auch der Leib geheiligt; Ant. 18,117: ἀρετὴν ἐπασκοῦσιν καὶ τὰ πρὸς ἀλλήλους δικαιοσύνῃ καὶ πρὸς τὸν θεὸν εὐσεβείᾳ χρωμένοις βαπτισμῷ συνιέναι· ... ἀλλ' ἐφ' ἁγνείᾳ τοῦ σώματος, ἅτε δὴ καὶ τῆς ψυχῆς δικαιοσύνῃ προεκκεκαθαρμένης. Aber obwohl der Leib und die Seele in diesem Geschehen beieinander stehen, findet sich das dualistische Verständnis in diesem Satz, wonach die seelische Reinigung als wichtiger als die leibliche betrachtet ist (vgl. Bell. 2,377). Von daher kann man des öfteren eine dualistische Denkweise in seinen Schriften finden.

Nicht nur die Essener[181] behaupten, der Leib und seine ὕλη (Stoff, Materie) seien vergänglich, während die unsterblichen Seelen wie durch Zauber in ihn als in ein Gefängnis hineingebunden seien und ihn nach dem Tode auch wieder verließen (Bell. 2, 154f)[182], sondern Josephus selbst spricht auch von der Seele als dem Teil Gottes, dem göttlichen Depositum im Leib, das ihn im Tod verläßt und vom Himmel her dann wieder in einen neuen Leib eindringt (Bell. 3,372.374). Er sagt in Bell. 3,372: τὰ μέν γε σώματα θνητὰ πᾶσιν καὶ ἐκ φθαρτῆς ὕλης δεδημιούργηται, ψυχὴ δὲ ἀθάνατος ἀεὶ καὶ θεοῦ μοῖρα τοῖς σώμασιν ἐνοικίζεται[183]. R. Meyer hält hierauf die Inkorporation der Seele in den Leib nicht für eine bloß griechische und pessimistische Anschauung, sondern für die jüdisch klingende, weil Josephus im Gegensatz zu dem von Philo vertretenen Gedanken, die Einwohnung der Seele sei eine in der Begehrlichkeit des Geistwesens begründete sündige Handlung, steht und die Inkorporation positiv als den Ausdruck des Schöpferwillens Jahwes denkt[184]. Aber Josephus selbst steht schon bei dem hellenisierten, nicht genuin jüdischen Gedanken, den wir nachfolgend erörtern werden. Auf jeden Fall ist das dualistische Verhältnis zwischen σῶμα und ψυχή hier noch nicht negativ gemeint, weil Bell. 3,372 und die folgende Aussage in 374 im

179 Bell. 1,429f; vgl. auch Bell. 2,60: σώματος ἰσχὺς καὶ ψυχὴ θανάτου καταφρονοῦσα; 2,31.136.357.476.580.588; 3,102; 5,368; 6,81.233.

180 Vgl. Ant. 15,190; Bell. 7,451. Wie von Josephus beobachtet (Ant. 18,16), dachten die Sadduzäer, daß die Seele mit dem Körper zu Grunde geht.

181 Bellum Judaicum enthält die ausführlichste Erklärung über die Essener (Bell. 2,119-161). Auch Antiquitates Judaicae (18, II, 18-22) enthält wichtige Informationen darüber.

182 Josephus' Darstellung vom essenischen Menschenverständnis ist an dieser Stelle von platonischen und pythagoräischen Vorstellungen (Ant. 15,371) gefärbt, da Josephus die Lehre der Essener bewußt mit den seinen Lesern geläufigen griechischen Gedanken vergleichen will. Er nennt auch in Ant. 18,18 die Unsterblichkeit der Seele (ἀθανατίζουσι... τὰς ψυχὰς) ein Merkmal des essenischen Glaubens. Jedoch zeigt die Stelle im äth. Hen. 22,1-13, daß die Unsterblichkeit der Seele auch im Judentum dieser Zeit geglaubt wurde, S.o. 64 ff. Zur Form der essenischen Gemeinschaft und der Frage eines pythagoräischen Einflusses vgl. M. HENGEL, Juddentum und Hellenismus, 445ff. Hengel kommt zum Schluß: "Eine Bekanntschaft des Gründers der essenischen Gemeinde mit pythagoräischen Lehren wäre so theoretisch möglich. Dennoch ist eine direkte Abhängigkeit unwahrscheinlich." (449).

183 "Ein Teil Gottes" (θεοῦ μοῖρα) bedeutet hier "ein dem Menschen von Gott anvertrautes Teil".

184 R. MEYER, Hellenistisches in der rabbinischen Anthropologie, 60.

Kontext der Jotapatarede Bell. 3,362-378 stehen, in der Josephus den Selbstmord als ein gewaltsames Auseinanderreißen des freundlichen Verhältnisses von σώματα θνητά und ψυχὴ ἀθανάτη verbot[185]. Er schreibt in Bell. 3,374: καθαραὶ δὲ καὶ ἐπήκοοι μένουσιν αἱ ψυχαὶ, χῶρον οὐράνιον λαχοῦσαι τὸν ἁγιώτατον, ἔνθεν ἐκ περιτροπῆς αἰώνων ἁγνοῖς πάλιν ἀντενοικίζονται σώμασιν. Man kann feststellen, daß ein anderes Verständnis als in Bell. 3,372 zur Stelle Bell. 3,374 (ebenso wie Bell. 2,163) addiert ist. Bemerkenswert ist, daß trotz der Lehre von der Unsterblichkeit der Seele, die bei Josephus stark platonisch gefärbt ist, zugleich die Erwartung des Auferstehungsleibes, die sich vom alttestamentlich-jüdischen Gedanken ableitet[186], erwähnt ist[187]. Aus der Verknüpfung der alttestamentlich-jüdischen Tradition und der dualistischen Anthropologie resultiert ein eigenartiges Schwanken[188]. Jedoch scheint Josephus ebenso wie die Rabbinen diese Verknüpfung nicht unbedingt als widersprüchlich zu denken. Die Aussage in Ap. 2,218, daß denen, die das Gesetz treu befolgen und, wenn es sein muß, mit Freuden für dasselbe in den Tod gehen, von Gott immer wieder ein neues Dasein und ein besseres Leben beschert wird[189], weist im Zusammenhang mit Bell. 3,372.374 darauf hin, daß die Trennung der Seele vom Leib beim Tod keine Erlösung bedeutet, und daß der Tag der Erlösung der Tag der Auferstehung ist[190].

Josephus spricht nicht vom Geist (πνεῦμα), sondern von der Seele (ψυχή) gegenüber dem Leib. O. Betz erklärt diese seltene Aussage über den Geist Gottes damit, daß Josephus mit seiner Auffassung vom Geist Gottes noch näher bei der Anschauung der Rabbinen steht als etwa Philo: das πνεῦμα erscheint bei ihm nur selten, und als Geist der Weissagung ist es auf die prophetischen Gestalten des Alten Testaments beschränkt[191] (Ant. 4,119; vgl. dazu 2. Petr. 1,21).

Die folgende Anthropologie erweist sich klar als platonisch. In der großen Rede des Zelotenführeres Eleazar über die Unsterblichkeit der Seele (Bell. 7,341-388)[192]

185 U. FISCHER; Eschatologie und Jenseitserwartung im hellenistischen Diasporajudentum, ZNW (Beiheft) 44, 1978, 145.

186 Als das andere Beispiel die alttestamentlich Wendung Bell. 2,201 ψυχή im Sinne von "Leben"; Ant. 1,102, wo im Blut die ψυχή ist.

187 Vgl. H. BIETENHARD, Die himmlische Welt im Urchristentum und Spätjudentum, 1951, 179.

188 Vgl. U. FISCHER, aaO 145f.

189 ὅτι τοῖς τοὺς νόμους διαφυλάξασι κἂν εἰ δέοι θνῄσκειν ὑπὲρ αὐτῶν προθύμως ἀποθανεῖν ἔδωκεν ὁ θεὸς γενέσθαι τε πάλιν καὶ βίον ἀμείνω λαβεῖν ἐκ περιτροπῆς.

190 Nach dem Bericht des Josephus lehnen die Sadduzäer die Fortdauer der Seele und die Strafen und Belohnungen im Hades ab (Bell. 2,165). Sie leugnen nämlich das Dasein nach dem Tode. Zur Leugnung der Auferstehung der Toten durch die Sadduzäer vgl. Mt. 22,23; Mk. 12,18-27; Lk. 20,27 par., Apg. 23,6ff. Auch Aboth RN 5; Sanh. 90b. Sie vertreten die alttestamentliche Vergeltungslehre, wonach Lohn und Strafe in genauer Entsprechung zu dem Tun des Menschen in diesem Leben in Erscheinung treten; vgl. G. BAUMBACH, Der sadduzäische Konservativismus, 211, in: Literatur und Religion des Frühjudentums, 1973.

191 O. BETZ, Offenbarung und Schriftforschung in der Qumransekte, 1960, 153f.

192 Zu dem literarkritischen und exegetischen Problem über die beiden Eleazarreden in Bell. 7, 323-336, 341-388 vgl. O. BAUERNFEIND und O. MICHEL, Die beiden Eleazarreden in Jos. bell. 7,323-336; 7,342-388, ZNW 58 (1967), 267-272.

ist der Leib das Sterbliche, von dem es eigentlich zu dem Göttlichen, nämlich der Seele, keine Verbindung gibt. Das leibliche Leben ist eigentlich die Gefangenschaft der Seele (Bell. 7,344b), während der leibliche Tod die Rückkehr der Seele in eine gottähnliche Existenz bedeutet (Bell. 7,346). Obwohl Josephus sich bestimmt nicht mit dem Redner, einem politischen Gegner, identifiziert, sieht er aber offensichtlich in den Zeloten von Masada ein Beispiel der allgemeinen jüdischen Todesbereitschaft, und das bleibt ihm Grund zu einem gewissen nationalen Stolz auch auf sie (vgl. Bell. 2, 174.196-198)[193]. Zu erstreben ist die Lösung der Seele vom Körper, indem man den Leib dem reinigenden Feuer übergibt (Bell. 7,352-355). Nach Bell. 7,418 bewahrten die gefangenen Juden trotz des Zwangs standhaft ihre Gesinnung, so als ob der Körper im Erleiden der Folterung und des Feuers keinerlei Empfindung habe und die Seele sich beinahe erfreut zeige[194]. Dafür ist schon der Schlaf, in dem die Seelen mit Gott verkehren, Vorbild (Bell. 7,349)[195]. Der Römer zieht die Unsterblichkeit, die den auf dem Schlachtfeld Gefallenen zuteil wird, einem Sterben im Bette vor, wo die Seele mit dem Leib zusammen zum Grab verurteilt ist (Bell. 6,46; vgl. 1,650). Ant. 1,60 sagt von Kain, er habe nur seinem σῶμα ἡδονή verschafft, anstatt Buße zu tun. σῶμα wird hier mit körperlicher Lust verbunden[196]. Eine sexuelle Bedeutung liegt in Ant. 11,200 (die Leiber der Frauen) vor. So zeigt sich eine starke Neigung, im Leib das bloße Gehäuse der Seele, die allein das wahre Ich ist, zu sehen (Bell. 1,84; Ap. 203; vgl. Ant. 2,191).

d) Leib und Glieder

Für die obige Auffassung, daß die Seele unabhängig vom Leib vorhanden ist, war die alte Deutung des menschlichen Lebens unmöglich geworden, nach der die Tätigkeit des Menschen von seinen Sinnesorganen als den Gliedern besorgt wurden[197]. Früher sah das Auge, und das Ohr hörte; der Mund sprach, und das Herz dachte und wollte. Bei Josephus sind alle diese Formeln verschwunden. Denn der Leib ist in eine weit größere Entfernung vom inwendigen Leben gestellt, und dieses wird als ein ein-

---

193 Vgl. H. St. THACKERAY, Josephus, The Man and the Historian, 1929. Das Opfer Abrahams nach Gen. 22 stellt wohl das Urbild dieser jüdischen Grundhaltung dar, Ant. 1,231.

194 ... ὥσπερ ἀναισθὴ τοῖς σώμασι χαιρούσῃ μόνον οὐχὶ τῇ ψυχῇ τὰς βασάνους καὶ τὸ πῦρ δεχόμενοι. Derselbe Gebrauch liegt in Bell. 5,525-526 vor. Die Trennung von Leib und Seele (Bell. 5,525 τὰς ψυχὰς χωρίσαντες ἀπὸ τῶν σωμάτων) erscheint hier in positivem Sinn als ein Zustand, der das natürliche Menschsein weit hinter sich läßt. J. KLAUSNER versteht diese Schilderung so, daß Josephus die Zeloten anklagen will, ihnen aber wider seinen Willen höchstes Lob spendet: הִיסְטוֹרְיָה שֶׁל הַבַּיִת הַשֵּׁנִי (Geschichte des 2. Tempels, hebr.), Bd. 5, 1954, 250. Zum Hellenismus (Platonstelle, Phaidon 1a.c; 91e; 95c; 114b.c; Gesetze X 896b; Cratylos 399d) der zweiten Eleazarrede, mit dem Josephus oft sogar wörtliche Übereinstimmung zeigt, vgl. W. MOREL, Eine Rede bei Josephus, in: "Rheinisches Museum" NF 75 (1926), 106-114.

195 Vgl. Gen R. 14,11; Lev R. 34,3.

196 Vgl. ὕβρις oder ὥρα τοῦ σώματος für Unzucht Ant. 4,245.134; ἡδονὴ τοῦ σώματος Ant. 18,345.

197 Die Glieder werden bei den Palästinern zum Subjekt der Handlungen. Tanch. קרח 12,89 עֵינוֹ הֶטְעָתוֹ = ὁ ὀφθαλμὸς αὐτοῦ ἐπλανήσεν αὐτόν (den Kora).

heitlichen und selbständiger Vorgang empfunden, der sich jenseits des Leibes zuträgt. Deshalb kann man, wie bei Philo beobachtet, auch bei Josephus, der das dualistische Verständnis von der Verwerflichkeit des ganzen Leibes hat, keine Vorstellung von den "Gliedern" als dem Sitz der Sünde (Mt. 5,29-30; Röm. 6,13ff; 7,23; Jak. 4,1; vgl. noch Kol. 3,5), nämlich von der Personifikation der Glieder finden. "Das Herz" verlor für Josephus die Bedeutung, da er es vom seelischen Vorgang gänzlich trennt. Er braucht καρδία nur vom körperlichen Organ (auch Ant. 5,193). In Ant. 7,241 und Ant. 9,118 entnahm er καρδία aus dem Text. Ap. 2,85 ist keine Annäherung an die biblische Deutung des seelischen Lebens. Vgl. διακάρδιον ὀδύθην bei der plötzlichen Erkrankung Agrippas, Ant. 19,346. Nur in εὐκαρδίως: σφόδρα εὐκαρδίως ἐπὶ τὸν ἐλέφαντα ὁρμήσας, Ant. 12,373: φέρειν εὐκαρδίως τὸν θάνατον, Bell. 7,358 wird Seelisches, das "Beherztsein", auf den Zustand des Herzens zurückgeführt, und auch dies ist keine Parallele zur biblischen Psychologie, wie A. Schlatter nachweist[198]. An die Stelle des "Herzens" trat "das Denken", διάνοια. Solange Josephus vom "Herzen" sprach, empfand er das inwendige Leben mit seinem ganzen Wollen, Fühlen und Denken als Einheit. "Nun aber wurde das inwendige Leben auf den Denkvorgang reduziert."[199].

e) Die Verknüpfung zwischen der Unsterblichkeit und dem Auferstehungsleib

Von der obigen Untersuchung her kann man folgendes zusammenfassend sagen: Josephus denkt σῶμα (sowie σάρξ)[200] nicht als ein sündiges Prinzip, von dem der Mensch erst durch den Tod befreit werden könnte. Er weiß, daß der Mensch im Leib gerecht sein kann (Ant. 9,33; 7,208), und daß er nicht sündigt, wenn er das Gesetz befolgt (Bell. 4,146; Ant. 9,243 u.a.); denn für Josephus ist das Gesetz grundsätzlich erfüllbar (Ant. 7,153; 19.315). Besonders konnten die Kämpfenden unbedingt dem göttlichen Gebot gehorchen und um Gottes Willen als Märtyrer aus dem Leben fortgehen, solange sie nicht nur den Gedanken an den Nachruhm (Ant. 17,153), sondern auch die Überzeugung "des neuen Lebens" nach dem Tode, das mit "dem heiligen Leib" (Bell. 3,374) verbindet, gehegt haben[201]. Trotz des griechischen Dualismus hat

198 A. SCHLATTER, Die Theologie des Judentums nach dem Bericht des Josephus, 21 Anm.1; bei den Palästinern und ebenso bei Paulus schreibt Gott sein Gesetz dem Menschen in sein "Herz". Für Philo (Spec. 4,137.2,358) war dies ein rästelhaftes Wort. Für ihn ist die καρδία immer nur ein Symbol der βουλεύματα, Tugenden 183.2,406, der βουλαί in der Auslegung von Deut. 30,14 Jeder Gute frei 68.2,456.

199 A. SCHLATTER, aaO 21.

200 Zum σάρξ -Gebrauch bei Josephus vgl. A. SAND, Der Begriff "Fleisch" in den Paulinischen Hauptbriefen, 1967.

201 Vgl. Bill. II, 1189. E. SCHÜRER, Geschichte des jüdischen Volkes im Zeitalter Jesu Christi, II, 463, weist darauf hin, daß im Ganzen die Darstellung des Josephus hinsichtlich der Frage der Willensfreiheit des Menschen und des Daseins nach dem Tode zu schematisch ist und nicht die eigentliche Lehre dieser religiösen Gruppen (der Sadduzäer, Pharisäer und Essener) trifft (zu Ant. 13,171 werden die religiösen Richtungen der Juden als αἱρέσεις bezeichnet); das zeigen auch die Qumranschriften (1QS 3,13-4,26).

Josephus weder υλη noch σωμα mit gottwidrigen Eigenschaften und Kräften ausgestattet, woraus sonst die Sündhaftigkeit hergeleitet werden kann[202]. Wie wir oben erwähnt haben, nach Josephus die Verderbung des Leibes nicht zum letzten Wort seiner Theologie.

Der den Seelen gehörende Ort (χῶρον ἀπολάβῃ τὸν οἰκεῖον, Bell. 7,346), der heiligste himmlische Ort (χῶρον οὐράνιον τὸν ἁγιώτατον, Bell. 3,374) wird als der Ort der Vereinigung mit den Vätern, die nach dem Tode bei Gott sind, gedacht (Moses Aussage, Ant. 4,315; Jakobs Aussage, Gen R. 100,1; vgl. auch Tanch. ויחי 3). Diese Auslegung des οἰκεῖος χῶρος setzt vielleicht die Präexistenz der Seelen voraus; der Ort sei der ihrige, weil sie dort waren, ehe sie in den Leib hinuntersanken. Der οἰκεῖος χῶρος der Seelen kann mit "der Schatzkammer" der palästinischen Lehrer identisch sein, aus der die Seelen kommen und in die sie nach dem Tode wieder gehen[203]. Aber eine deutliche Aussage über die Präexistenz der Seelen enthalten die Schriften des Josephus nicht. Obwohl die Eschatologie durch die Niederlage des Jüdischen Krieges zur Seelenlehre wird und die Unsterblichkeit der Seele an die Stelle des Messianismus tritt (das war der Weg, den die Judenschaft der Christenheit wies), weswegen Josephus von der Auferstehung mit Vorsicht sprach und das Schicksal der Seele nicht fest mit dem des Leibes verknüpfte, erwähnt er "ein neues Dasein" (Ap. 2,218), "heilige Leiber" (Bell. 3,374) als die Verheißung nach dem Tod[204]. Es gibt eigentlich einen wesentlichen Unterschied zwischen dem alttestamentlich-jüdischen und dem griechisch-hellenistischen Menschenverständnis, wie unsere bisherigen Untersuchungen verdeutlicht haben. Jedoch kann man bei Josephus vielmehr *die Mischung* der beiden Traditionen finden. Es ist nicht richtig, wenn K. G. Kuhn behauptet, daß Josephus den Glauben an die Auferstehung in Sinne der griechischen Unsterblichkeitslehre *interpretiert*[205]. Vielmehr soll man mit Cavallin[206] und Hengel[207] sagen, daß Josephus zur hellenistischen Interpretation des jüdischen Auferstehungsglaubens *tendiert*. Somit wird die Frage gestellt, auf welcher Tradition die Verknüpfung dieser widersprüchlichen Gedanken fußte. Schlatter hat mit Recht die Antwort darauf im Pharisäismus, dem Josephus sich schließlich anschloß (Vita 2), im Gegensatz zum Sadduzäismus[208] gefunden[209]. Die pharisäische Vergeltungs- und Auferstehungslehre

---

202 A. SCHLATTER, aaO 157; A. SAND, aaO 285.

203 Sifre Dt. 344: נפשותיהן של צדיקים ניתנות עם ה׳ באוצר Tanch. ברכה 5.56: נשמותן של צדיקים שהן מונהות וגנוזות תחת כסא הכבוד; ebenso B. Schabbat, 152b. Die rabbinischen Schriften darüber s.u. 92 ff.

204 Vgl. b Sanh. 91b; Tanch. ויקרא 12,8.

205 K. G. KUHN, Essener, RGG³, 702.

206 H. C. C. CAVALLIN, Life after Death, 1974, 141-147.

207 M. HENGEL, Die Zeloten, 1976, 276.

208 Josephus vertritt in den Ant. eine scharfe antisadduzäische Tendenz, so weist H. RASP, Flavius Josephus und die jüdischen Religionsparteien, ZNW 23 (1924), 46f darauf hin.

209 A. SCHLATTER, aaO 262; vgl. E. E. URBACH, The Sages. Their Concepts and Beliefs. I, 1975, 653. J. NEUSNER rekonstruiert in seinem Aufsatz "Josephus" (in: EX ORBE RELIGIONUM, STUDIA GEO WIDENGREN, 1972, 224-244) die Gestalt des Pharisäismus, den Josephus in seinen Schriften dargestellt hat, und erörtert das Verhältnis zwischen Josephus und dem Pharisäismus. Er zieht jedoch das den Pharisäern eigentümliche Gedankengut über die Verheißung nach dem Tod nicht in Betracht.

verband die Unsterblichkeitshoffnung mit der Erwartung der kommenden Offenbarung Gottes. Nach der Lehre der Pharisäer wird dem Frommen die "Leichtigkeit wiederaufzuleben" (ῥαστώνη τοῦ ἀναβιοῦν, Ant. 18,14) gewährt. Josephus gebraucht das Verb αναβιοω, das dem Namen αναβιωσις (תחיה) in 2. Makk. 7,9 (εἰς αἰώνιον ἀναβίωσιν ζωῆς ἡμᾶς ἀναστήσει) entspricht, wo die Erwähnung der Auferstehung klar ist. Nach Bell. 2,163 glaubten die Pharisäer: ψυχὴν τε πᾶσαν μὲν ἄφθαρτον, μεταβαίνειν δὲ εἰς ἕτερον σῶμα τὴν τῶν ἀγαθῶν μόνην, τὰς δὲ τῶν φαύλων αἰδίῳ τιμωρίᾳ κολάζεσθαι. (Josephus interpretiert hier Dan. 12,2). L. H. Feldmann[210] kommentiert Bell. 2,163 folgendermaßen: "The statement (Bell. 2,163) that the Pharisees believe that after death the soul of the good man alone passes into another body, does seem a reference to metempsychosis, however." Auch U. Fischer[211] behauptet, daß Josephus hier die Auferstehungslehre der Pharisäer zu einer Seelenwanderungslehre umgestaltet hat. Doch scheint Josephus εἰς ἕτερον σῶμα in der Bedeutung des "neuen Lebens", der "heiligen Leiber" zu gebrauchen. Wie die entsprechenden rabbinischen Texte (z.B. Gen R. 14,5; Misch. Sanh. 10,1-3) erkennen lassen, handelt es sich hier nicht um eine Seelenwanderungslehre, sondern um die Verbindung der Lehre der Unsterblichkeit der Seele mit der Lehre von der leiblichen Auferstehung der Toten[212].

Der Pharisäismus ließ die Scheidung zwischen den Guten und den Bösen gleich nach dem Tod eintreten[213]. Den Ort, an den die beiden Gruppen der Toten kommen, dachten sich die Pharisäer nach dem Bericht des Josephus als unterirdisch. "Es gebe unter der Erde Bestrafungen und Ehren", δικαιώσεις τε καὶ τιμάς, Ant. 18,14[214]. Die Seele des Gerechten kommt im Unterschied zu der des Gottlosen in den Besitz eines neuen Leibes[215]. Der Kern dieses Glaubens ist auch nicht eine bloße philoso-

210 L. H. FELDMANN, Josephus and Modern Scholarship (1937-1980), 1984, 431.

211 U. FISCHER, aaO 154.

212 K. SCHUBERT, Der historische Jesus und der Christus unseres Glaubens, 1962, 71. U. FISCHER übersieht auch diese Verbindung, die in der dem Josephus überlieferten Literatur vorliegt, aaO 147-156.

213 Die Urteile des Josephus über die Pharisäer finden sich in Ant. 13,288.294.297f; 17,41; vgl. auch vita 12,191. In vita 2 sagt Josephus, die Pharisäer seien den Stoikern ähnlich.

214 Vgl. 1. Sam. 28: ἀνάγει, Ant. 6,330.

215 Josephus scheint eine Auferstehung der Gottlosen hiernach nicht angenommen zu haben. Aber diese Angabe des Josephus über den Auferstehungsglauben der Pharisäer ist nicht unbedingt richtig; er will seine eigene Meinung als die pharisäische Lehrmeinung ausgeben. Zwar mögen wohl einzelne von den pharisäisch ausgerichteten Gelehrten der älteren Zeit die Auferstehung auf die Gerechten beschränkt haben (siehe die Mahnreden des Buches Henoch 91,10; ferner die Ps. Sal. [1. Jahrhundert v.Chr.] 3,10-12), aber die Mehrzahl der Pharisäer hat sich im 1. Jahrhundert n.Chr. ohne Zweifel zur Auferstehung der Gottlosen, nämlich zur allgemeinen Auferstehung bekannt; das beweist die Kontroverse zwischen den Schulen Schammais und Hillels, denen doch die meisten Pharisäer angehörten, T Sanh. 13,3-5. (Aber zu dem Verhältnis der Gehinnom-Strafe vor der Auferstehung zu jener nach der Auferstehung gab es kaum eine deutliche Vorstellung.) Deshalb ist das Urteil S. S. COHENS nicht richtig: "though he gives no information regarding detailed Pharisaic decisions, his picture of Pharisaism is complete ..." (S. S. COHEN, Theology of Judaism according to Josephus, in: Jewish Quarterly Review, Bd. 26, 1935-36, 152-157). Erst als im 2. Jahrhundert n.Chr. die Lehre vom zwischenzeitlichen Gehinnomgericht aufkam, das einen Teil der Gottlosen völlig vernichten und einen anderen Teil

phische Schulmeinung zur Unsterblichkeit, sondern es hängt daran das direkt religiöse Interesse am persönlichen Heil jedes einzelnen. Dies erscheint nur garantiert unter der Voraussetzung der leiblichen Auferstehung (Dan. 12,2). Der Glaube daran war eine zentrale Lehre der Pharisäer[216]. Obwohl Josephus in der Eschatologie zu weit über die Pharisäer hinausgeht, indem er sie mehr auf die individuelle Hoffnung als auf die nationale beschränkt[217], bleibt er doch beim verdünnten Pharisäismus[218].

III. Das palästinische Judentum

1. Der Begriff בָּשָׂר in der Qumran Literatur

K. G. Kuhn bestimmt die Wendung des Begriffes בָּשָׂר in der Qumran-Literatur wie folgt: Fleisch als anthropologischer Begriff wurde im Rahmen des Dualismus von Qumran der Sphäre des Widergöttlichen zugewiesen[219].

In 1QH 15,16f besteht ein Gegensatz zwischen dem Gerechten oder Erwählten und dem Fleisch, über das er erhaben ist: "Und du hast weg vom Fleisch seine Herrlichkeit erhöht; aber die Frevler hast du geschaffen für die Zeiten deines Grimms" (ותרים מבשר כבודו ורשעים בראתה ל[קץ ח]ורנכה). In diesem Fall ist unter Fleisch der gottfeindliche Teil der Menschheit zu verstehen. Ferner enthält Fleisch in Damask. CD 1,2 eine negative Wertung: "Denn er (Gott) streitet mit allem Fleisch und hält Gericht über alle, die ihn verachten" (כי ריב לו עם כל בשר ומשפט יעשה בכל מנאציו); hier ist mit Fleisch offensichtlich die überhebliche Menschheit gemeint[220]. In ähnlicher Weise wird Fleisch in 1QM 4,3 verwendet, wonach die Standarte der gegen die Söhne der Finsternis kämpfenden Hundertschaften jeweils die Aufschrift tragen soll: "Von Gott her kommt der Kampf wider alles Fleisch des Frevels" (מאת אל מלחמה בכול בשר עול). Aber wie die folgenden anderen Wendungen des Wortes בשר erhellen, so findet sich der Gegensatz Fleisch-Geist, Leib-Seele in Qumran nur in schwächsten Ansätzen[221].

Wie im Alten Testament steht בָּשָׂר ganz neutral für das Fleisch der Opfer (1QS 9,4) oder für den mit Krankheit geschlagenen Körper גוית בשרו (1Qp Hab 9,2; vgl. Sir. 23,16). Dies kommt deutlich in 1QSa 2,5f zum Ausdruck, wo jeder, der an seinem

---

in seiner Pein auf ewig festhalten sollte, mußte für die rabbinischen Gelehrten, soweit sie jene Lehre vertraten (und das war gewiß die Mehrzahl von ihnen), naturgemäß die Auferstehung der Gottlosen mehr oder weniger in Wegfall kommen, bis dann endlich R. Abbahu (um 300) die letzte Konsequenz zog und die Auferstehung ausschließlich auf die Gerechten beschränkte; siehe Ta'an 7a, 2; vgl. Bill. II, 1189.

216 L. H. FELDMANN, aaO 431.

217 S. COHEN, Jewish Theology, 1971, 96.

218 S. COHEN, Theology of Judaism, 153.

219 K. G. KUHN, πειρασμός-ἁμαρτία-σάρξ im Neuen Testament und die damit zusammenhängenden Vorstellungen, ZThK 49 (1952), 200-222.

220 In Anlehnung an Gn. 7,22f.

221 K. G. KUHN, aaO 209f, scheint ihn zu überschätzen.

Fleische geschlagen (וכול מנוגע בבשרו) oder mit einem sichtbaren Leibesfehler versehen ist, von der Gemeindeversammlung ausgeschlossen wird.[222]

Der Leib des Menschen oder besser seine ganze Persönlichkeit, die gereinigt wird durch Besprengung mit Reinigungswasser, aber vor allem durch Beugung der נפש (Seele) unter alle Gebote Gottes, bedeutet בשר in 1QS 3,8f (יטהר בשרו)[223], und in gleichem Sinne ist wohl 4,20f aufzufassen, wo vom Menschen gesagt wird, daß bei der eschatologischen Reinigung aller Geist der Bosheit aus "dem Innern seines Fleisches getilgt" wird[224]. Der Geist steht hier nicht etwa im Gegensatz zum "Fleisch", sondern der "Geist der Bosheit" steht im Gegensatz zum "Geist der Heiligkeit"[225]. Mit Fleisch ist demnach der Mensch als ganzes Wesen gemeint, von dem der heilige Geist dereinst vollständig Besitz ergreifen soll. Die Vorstellung von der widergöttlichen Natur des Fleisches kann aus 1QS 4,20f nicht abgeleitet werden. בשר ist weiter der Mensch als schwaches geschöpfliches Einzelwesen gegenüber Gott[226]. Hierbei kann der Gedanke menschlicher Sündhaftigkeit aufklingen: "Was ist Fleisch im Vergleich dazu? Und was ist ein Lehmgebilde, um Wundertaten groß zu machen? Es ist in Sünde". (מי בשר כזאת ומה יצר חמר להגדיל פלאות והוא בעוון.) Besonders häufig begegnet das Motiv der menschlichen Ohnmacht gegenüber Gott, z.B. in 1QH 15,21: "Was ist denn auch das Fleisch, daß es verstehen sollte [...],Staub, wie sollte er seinen Schritt bestimmen können?" (ומה אף הוא בשר כי ישכיל [...] עפר איך יוכל להכין צעדו.) Dementsprechend sagt der Dichter auf Grund der ihm von Gott verliehenen Einsicht 1QH 15,12f, daß es nicht "in der Hand des Fleisches (ביד בשר) bzw. beim Menschen (אנוש, אדם) liege, den eigenen Lebensweg zu bestimmen und seinen Schritt zu festigen und daß das Streben jedes [Menschen]geistes (יצר כל רוח) in Gottes Hand liege". Wenn in QH 9,15f Fleisch, Mensch (אנוש), Mann (גבר), [Staub]gebilde (יצר [עפר]) und Geist (רוח) nebeneinander stehen, um auszudrücken, daß im Angesicht von Gottes Gerechtigkeit und Allmacht alle relativen Unterschiede der Menschen untereinander aufgehoben sind, liegen dabei Fleisch, Mensch und Geist völlig auf gleicher Ebene und können lediglich als Synonyma für das dem göttlichen Willen unterworfene menschliche Geschöpf gebraucht werden (vgl. R. Meyer, σαρξ Art.

222 Die priesterliche Vorschrift körperlicher Makellosigkeit wird in 1Q Sa 2,8f mit der Anwesenheit der "heiligen Engel" (מלאכי קודש) in der Gemeindeversammlung begründet; vgl. hierzu 1. Kor. 11,10.

223 Das Sündenbekenntnis und die Anerkennung der göttlichen Gebote sind die Voraussetzungen dafür, daß im sakralen Akt der Waschung die "Reinheit" und die "Heiligkeit" des ganzen Menschen wiederhergestellt werden. Dementsprechend kann Fleisch das eigene Ich bedeuten; 1QH 7,17 "fleischliche Zuflucht habe ich nicht" (ומחסי בשר אין לי) bedeutet "auf mich selbst kann ich mich nicht verlassen" (vgl. J. LICHT, The Thanksgiving Scroll, A Scroll from the Wilderness of Judaea. Text, Introduction, Commentary and Glossary (1957), 125.

224 Lies מִתְּכְמֵי; zur Wortbedeutung "Inneres, Eingeweide" Y. YADIN, A Note on DSS IV 20, JBL 74 (1955), 41f.

225 Dagegen ist J. FICHTNER, Fleisch und Geist, RGG² II, 975.

226 1QH 4,29f; vgl. Gen. 6,3; Jes. 31,3.

ThWb VII, 111). Schließlich steht es kollektiv, wie gleichfalls schon im Alten Testament, z.B. Gen. 6,12, für die Menschen, die (gesamte) Menschheit überhaupt[227]. In derselben Bedeutung findet sich die Formel alles Fleisch etwa in QSb 3,28: Es möge der Plan allen Fleisches durch deine Hand gesegnet werden (ועצת כול בשר בידכה יברך), sowie in 1Q 34fr.3 col 1,3: eine Schande für alles Fleisch (חרפה לכל בשר). In beiden Fällen ist alles Fleisch mit alle Menschen oder auch jedermann identisch. Da nun die Menschen besonders im Gebetsstil einschließlich des Betenden als Sünder gelten, ist "Kreis (Rotte) des sündigen Fleisches" סוד בשר עול gleichbedeutend mit "Menschen des Frevels" אדם רשעה (1QS 11,9). Als "Völker des Frevels" גויי רשעה (1QM, 14,7; 15,2) werden die Kriegsgegner der "Söhne des Lichtes" auch als "sündiges Fleisch" בשר עול (Fahnenaufschrift 1QM 4,19) und "schuldiges Fleisch" בשר אשמה bezeichnet, das vom Schwert Gottes gefressen werden soll (1QM 12,12 חרבכה תואכל בשר אשמה). בשר ist also gleichbedeutend mit "Leute". Daß das Fleisch an der Sünde seinen Anteil hat, wird nicht bestritten, aber es fehlen besondere Erörterungen darüber. An der einen Stelle 1QS 11,12 erscheint die Aussage "Straucheln durch die Schuld des Fleisches" (כשל בעוון בשר). Sie bedeutet jedenfalls nicht ein sexuelles Vergehen, sondern bezieht sich auf die sittliche Schwäche des Menschen überhaupt. Da Sündhaftigkeit und mangelnde Einsicht in die göttlichen Geheimnisse weithin identisch sind, kann von dem Menschen in seiner Kreatürlichkeit gesagt werden, er sei ein "fleischlicher Geist", 1QH 13,13f: "und nicht vermag der Geist des Fleisches alles dies zu verstehen" (ולוא רוח בשר להבין בכול אלה), und als fleischlicher Geist ist der Mensch zugleich Weibgeborener (ילוד אישה, 1QH 13,14; 18,12; 1QS 11,21), Staubgebilde (מבנה עפר 1QH 13,15; als "Lehmgebilde" יצר החמר 1QH 1,21b; 3,23, auch 4,29; 10,3ff; 1QS 11,22), Wassergebilde (מגבל מים 1QH 1,21; 3,24) und einer, über den "verkehrter Geist" (רוח נעוה 1QH 1,22; 13,15) regiert.

In 1QH 1,21-23 sind die Niedrigkeit und Geschöpflichkeit des Menschen in kunstvoller Weise vereinigt. Einerseits folgt man in 1QH 1,21 im wesentlichen dem biblischen Berichte[228]. Gen. 2,7: Gott hat den Adam aus Erdenstaub (עפר האדמה) "gebildet" (יצר), wird durch 1QH 1,21b als "Lehmgebilde" (יצר החמר) bestimmt. Damit will der Beter sagen, er sei vergänglich wie ein zerbrechliches, irdenes Gefäß. Mit Rücksicht auf das Bild vom Töpfer und Gefäß wird "Lehm" als die Substanz, aus welcher der Mensch "gebildet" ist, vorwiegend bezeichnet. (1QH 1,21; 3,23f; 4,29; 11,3; 12,26.32; 18,12; 1QS 11,22)[229]. Auch die Kennzeichnung des Menschen als eines

---

227 1QS 11,7, wo die außerhalb der Gemeinde stehenden Menschen als "Versammlung des Fleisches" סוד בשר bezeichnet werden.

228 O. BETZ, Offenbarung und Schriftforschung in der Qumransekte,1960, 122.

229 2. Kor. 4,7 "Schatz in tönernen Gefäßen" deutet die Selbstbezeichnung des frommen Beters der Qumran-Hymnen als "Staub" oder "Lehm" oder "Asche" an. Zwar entsprechen die Vokabeln hüben und drüben einander nicht genau (vgl. H. BRAUN, Qumran und das Neue Testament, Bd. I, 199), aber beide Seiten sprechen von der Hinfälligkeit des Menschen, vor der sich die wunderbare Heilsverleihung durch Gott um so deutlicher abhebt (s. auch zu Röm. 9,17). Ob Qumran nun, wie Paulus hier und in 2. Kor. 12,10, die Kraft ebenfalls dialektisch gerade "in" der Schwachheit finden würde, bleibt freilich zweifelhaft. (H. BRAUN, Römer 7,7-25 und das Selbstverständnis

"Gebäudes" (מבנה) ist wohl durch Genesis Kap. 2 bestimmt. Denn wie Gott den Adam "bildet" (Gen. 2,7) und ihn dadurch zu einem "Gebilde" macht, so "baut" (בנה) er auch dessen Weib (Gen. 2,22)[230]. Zum andern tritt in Z.22 das biologische Denken in den Vordergrund. Der Beter der Loblieder geht dort über die Darstellung von Gen. 2,7 hinaus, indem er neben dem Lehm auch das Wasser erwähnt, das zur Formung des irdenen Materials notwendig ist[231].

Allein durch die Güte Gottes wird der Mensch gerechtfertigt und gerettet, und der Geist, den Gott dem Erwählten bzw. dem Knecht eingibt, vermittelt die Erkenntnis, daß die göttlichen Werke richtig sind und sein Wort unwiderruflich feststeht. Dementsprechend ist der Angehörige der Gemeinde dankbar dafür, daß ihm Gott kein "*fleischliches Streben*" eingepflanzt hat, 1QH, 10,22f: "du hast nicht zugelassen, daß ich mich auf Gewinn stütze, und [nicht begehrt gewaltsam erworbenen] Reichtum mein [H]erz, und Streben des Fleisches hast du mir nicht zur Zuflucht gemacht"[232].

Obwohl die Qumran-Literatur eine Reihe von Belegen aufweist, in denen der Begriff Fleisch in besonders enger Beziehung zu Sünde und Hybris zu stehen scheint, ebenso wie der Ausdruck Fleisch an wenigen Stellen einen widergöttlichen Machtbereich bedeutet, dem der Engel der Finsternis mit seinem Anhang und eventuell die Männer des Verderbens angehören, ist der Gegensatz zwischen Geist und Leib nicht entwickelt[233]. Wahrscheinlich wirkt die alte Psychologie und Terminologie aus dem Alten Testament noch weiter, nach der בָּשָׂר ebenso wie נֶפֶשׁ für sich allein die ganze Person bezeichnen kann ohne die scharfe Unterscheidung von Körper und Geist, Leib und Seele (F. Nötscher, aaO 86). Noch weniger ist hier die hermetisch-gnostische Steigerung dieser Auffassung zu finden, nach der das Gute nur in Gott allein existiert, der Mensch aber böse ist, weil das Gute in einem materiellen Körper gar keinen Platz haben kann (Corp. Herm. VI 3). Für Gnostiker ist die Materie der Ekstase hinderlich, durch die man sich der Sphäre des Geistes und des Lichtes nähert. Der Begriff גוף = Leib fehlt in Qumran.

---

des Qumran-Frommen, Studien, 1962, 118f.) W. GROSSOUW (The Dead Sea Scrolls and the New Testament. A preliminary survey, StC 27 (1952), 3f) verweist zu Röm. 9,19-21 für das Verstummen des aus Lehm gebildeten Menschen vor Gottes Transzendenz auf 1QS 11,21f und 1QH 10,3-10: trotz der Herkunft der Paulus- und der Qumran-Stellen aus dem Alten Testament zeige die beiderseitige gleiche Wortwahl, beide Textgruppen hätten zum mindesten die gleiche geistliche Auffassung.

230 Im rab. Midrasch (Gen R. 18c zu 2,22) wird die Frau als Bauwerk verstanden, in dem Gott mehr Zellen eingerichtet hat als ein Mann, damit es auch den Embryo aufnehmen könne.

231 Vgl. 1QH 13,15. Über die weitere Analyse s. O. BETZ, aaO 122f. S.o. 69 ff; s.u. 92 ff.

232 ולא נתתה משענ׳ על בצע ובהון [חמס לא יאוה ל] בי ויצר בשר לא שמתה לי מעוז׳.

233 H. BRAUN; Qumran und das Neue Testament, I, 197.

2. Die Begriffe בָּשָׂר, גּוּף, גֹּלֶם in der rabbinischen Literatur

In der talmudisch-midraschischen Literatur wird der Begriff Fleisch (בָּשָׂר, בִּשְׂרָא, בִּסְרָא) wie in Qumran und in den Targumen auf den Menschen in seiner kollektiven und individuellen Existenz bezogen. Das 'Alenu-Gebet' sei als Beispiel für seine kollektive Funktion angeführt[234]: "Darum hoffen wir auf dich, ... daß ... die Welt durch die Königsherrschaft des Allmächtigen geordnet werden und alle Kinder des Fleisches וְכָל־בְּנֵי בָשָׂר = alle Menschen deinen Namen anrufen mögen"[235]. In der Bedeutung leibliches Ich[236] oder Person wird Fleisch in bBB 17a Bar aus Ps. 16,9 (אַף-בְּשָׂרִי יִשְׁכֹּן לָבֶטַח)übernommen. Damit soll darauf hingewiesen werden, daß auch David zu den Frommen gehört, über die "Wurm und Verwesung" nach dem Abscheiden keine Gewalt haben[237].

Es ist besonders charakteristisch, daß "Fleisch" im Sinne von Leib oder Person durch den Begriff גוף statt בָּשָׂר ersetzt wird[238]. Der Begriff גוף entwickelte sich einerseits zu der anthropologischen Spekulation hinsichtlich Leib und Seele, andererseits zu der mit der Messiaserwartung der Schöpfungsgeschichte (גלם statt גוף), den Nachkommen Adams (גֹּלֶם statt גוף) und der göttlichen Thronstätte verbundenen Adam-Spekulation als korporativer Größe. Von diesen zwei verschiedenen Gesichtspunkten her wollen wir den Begriff גוף bzw. גֹּלֶם beobachten.

a) Der גוף-Begriff in der Anthropologie

α) Die Erschaffung des menschlichen Lebens

In Verbindung mit dem Begriff גוף entwickelten sich die anthropologischen Spekulationen. Dabei wurde der Mensch entstanden aus dem verweslich riechenden Tropfen (טִפָּה סְרוּחָה) gedacht, worunter der männliche Same als Keimzelle des Leibes zu verstehen ist (Aboth). So spekuliert man über die Zusammensetzung des Menschen nach Leib und Seele etwa in der wahrscheinlich tannaitischen Haggada Jer. Kil. 8,3 (Krot. 31c 50-52) folgendermaßen: "Das Weiße stammt vom Manne; denn von ihm kommen das Gehirn, das Skelett und die Sehnen. Das Rote stammt von der Frau; denn von ihr kommen die Haut, das Fleisch und das Blut. Aber der Geist, der Odem

234 Zu diesem Gebet, das auf den Babylonier Rab (gest. 247 n.Chr.) zurückgeführt wird, vgl. Ismar ELBOGEN, Der jüdische Gottesdienst in seiner geschichtlichen Entwicklung, (1924), ⁴1962, 8f, 143; ferner G. DALMAN, Die Worte Jesu, I, 307; Bill. III, 331.

235 Vgl. Targ. Jes. 40,5; Targ. Ez. 21,4; Targ. Ps. 78,39; Targ. Jerusch I Dt. 5,23. Siddur Oṣar ha-Tefillot (1914), 435f.

236 Zum גוף-Verständnis als dem physischen Objekt vgl. R. H. GUNDRY, SŌMA in Biblical Theology, Cambridge 1976, 93ff.

237 Siddur Schaarē Teffillah סדור שערי תפלה (Gebetbuch für Synagoge, Schule und Haus, bearb. v. J. B. LEVY, 1934, 84); Bill. I. 755.

238 Für den rabbinischen Sprachgebrauch ist auch charakteristisch, daß der Mensch als "Fleisch und Blut" bezeichnet wird. Diese Bezeichnung wurzelt in der im Semitischen weit verbreiteten Tendenz, komplexe Erscheinungen durch zwei einander ergänzende Ausdrücke begrifflich zu erfassen; vgl. R. MEYER, σάρξ, ThWb VII, 115.

und die Seele kommen von dem Heiligen, gepriesen sei er. Alle drei sind an ihm beteiligt"[239]. Die Elemente, die hiernach notwendig sind, gliedern sich auf in einen irdischen Anteil, den die Eltern zu dem neuen Individuum beitragen[240], und den himmlischen und lebenspendenden Teil, der von Gott selbst hinzugegeben wird[241]. Wenn letzterer infolge der poetischen Form der Haggada dreigeteilt als "Geist, Odem und Seele" erscheint, so bedeutet dies nichts anderes als die personhaft vorgestellte Seele[242]. Die gleiche Trennung bei den Schöpfungsgewalten kommt ferner in einer zweiten Haggada, Nidda 31a + Qoh R. zu Qoh R. 5,10[243], zum Ausdruck: "Drei Gemeinschaften sind am Menschen beteiligt: der Heilige, gepriesen sei er, sein Vater und seine Mutter. ... Und kommt die Stunde seines Abscheidens, so nimmt der Heilige, gepriesen sei er, seinen Anteil und läßt den Anteil seines Vaters und seiner Mutter zurück[244]. - Aber sein Vater und seine Mutter weinen. Da spricht der Heilige, gepriesen sei er: Was ist euch, daß ihr weint? Habe ich etwas von dem genommen, was euch gehört? Ich habe doch nur das meinige genommen: ..."[245]. Während es dem Autor von Jer. Kil. VIII, 3 darauf ankommt, bei der Zeugung des Kindes den Eltern eine möglichst gleiche Bedeutung wie Jahwe zuzusprechen[246], bemüht sich der Autor dieser Haggada, die Überlegenheit Jahwes bei dem Entste-

239 הלובן מן 'איש.

240 Vgl. hierzu J. PREUß, Biblisch-Talmudische Medizin, 1911, 478ff, über "Unfruchtbarkeit", wo das Gebot über die Zeugung des Kindes erklärt wird; S. KRAUß, Talmudische Archäologie II, 3ff, wo der Rat über die Schwangerschaft gegeben wird.

241 Tos. Sanh. VIII, 7 (Zuckerm. 428) sagt mit dem Begriff שתף (sich beteiligen), daß Adam mit Jahwe an seiner Schöpfung nicht beteiligt sei: אדם נברא באחרונה ולמה נברא אדם באחרונה? שלא יהיו המינין אומרין: שותף היה עמו במעשהו

242 Daß es zwischen רוּחַ und נֶפֶשׁ im Alten Testament einen Unterschied der Nuance gibt, haben wir schon oben gezeigt (s.o. 55 f) Im Judentum dagegen verschwindet der feinere Unterschied zwischen Seele und Geist ganz, Nephesch und Ruach werden Begriffe, die ganz beliebig wechseln und füreinander eintreten; vgl. W. BOUSSET-GREßMANN, Die Religion des Judentums³, 400. Diese Vereinfachung der Anthropologie ist im Zusammenhang mit dem Eindringen des religiösen Individualismus und des Unsterblichkeitsglaubens vor sich gegangen. Vgl. R. MEYER, Hellenistisches, 16 Anm. 2.

243 WILNA 1887, 15a/16a.

244 Über die Scheidung **der Seele** vom **Körper** (הגוף) beim Tod siehe b Joma 20b.

245 ואביו ואמו בוכין אמר להם הקב״ה מה לכם בוכין כלום נטלתי משלכם לא נטלתי אלא שלי. Die Haggada ist in zwei Rezensionen überliefert: Nidda 31a und Qoh R. Nidda, die älteste Form, bietet nur den ersten Teil der Erzählung, der hauptsächlich von der Erschaffung berichtet.

246 Der Gedanke von "der gleichen Bedeutung" wird in der rabbinischen Literatur häufig verwendet, um das Gebot der Elternverehrung zu begründen. Qid. 30b; Pes. Rabbathi 23f (Friedm. 122b); Patriarch Jehuda I (vgl. W. BACHER, Agada d. Tannaïten II, 470); Sifra zu Lev. 19,3 (Venedig 1545, Kol. 174, 4-7) inhaltlich gleich wie Qid. 30b; jer. Pea I, 1 (Krot. 15c). Im Zusammenhang mit der stoischen Anschauung von der relativen Göttlichkeit der Eltern (vgl. I. HEINEMANN; Philo von Alexandria, Die Werke in deutscher Übersetzung, 1962) haben die Rabbinen, so wie bei Philo (De Spec. Leg. 2, 224), diese Vorstellung geäußert, die doch im Grunde die Majestät Jahwes beeinträchtigen muß. Eine Grenze hat die Gottähnlichkeit jedoch einmal an der eigenen Vergänglichkeit, vgl. R. MEYER, Hellenistisches, 22ff.

hungsakt darzustellen. Die Spekulation über die Grundstoffe des Leibes, wobei Fleisch und Blut zum weiblichen Anteil gehören, zieht sich von den Vorsokratikern an durch die griechische Philosophie[247].

Bei Philo begegnet die auf stoischen und pythagoräischen Einfluß zurückgehende Vorstellung, daß der Mensch ebenso wie der Kosmos aus vier Elementen (Feuer, Wasser, Luft und Erde)[248] bzw. fünf (das fünfte Element ist Äther, aus dem die Vernunft besteht)[249] zusammengesetzt sei. Die eigentlich den Menschenleib konstituierende irdische Zweiteilung, Erde und Wasser, die neben den oben genannten Vorstellungen besteht, vertritt Philo etwa De Spec. Leg. 1,264.266. Ebenso wie Philo kennt auch Josephus die Vorstellung von den vier Grundstoffen des Kosmos[250]. Ganz ähnlich verhält es sich in der rabbinischen Gedankenwelt. Neben der Bildung des menschlichen Leibes aus dem Mikrochaos, wie es der Tropfen darstellt, kennen die Rabbinen auch den Gedanken, daß der Leib aus den Elementen gebildet wird. - Ein erstes Element ist das Wasser. So heißt es in der Mekhilta zu Ex. 15,11[251]: "Ein Mensch kann keine Gestalt aus Wasser schaffen; aber der Heilige, gepriesen sei er, schafft eine Gestalt aus Wasser" מדת בשר ודם אינו יכול לצור צורה במים אבל הקב״ה צר צורה במים Dieser Gedanke erscheint auch in einer zweiten Haggada[252]. - Ein zweites Element, das im gleichen Zusammenhang erwähnt wird, ist der Erdenstaub. Diese Haggada stellt zu dem Ausspruch von der Gestaltung des Leibes aus Wasser das Gegenstück dar; beide zusammen ergeben die Elemente, die zum Aufbau des Leibes notwendig sind. Wäre der Gedanke von der Bildung des Leibes aus Erdenstaub allein lebendig, so könnte man meinen, hier sei noch die alte Anschauung vertreten, wie sie in Gen. 2,7 vorliegt. Da jedoch neben dem Erdenstaub auch das Wasser als ein den Leib konstituierendes Element genannt wird, ist anzunehmen, daß die angeführten Aussagen auf Vorstellungen beruhen, die den Menschen als ein Wesen betrachten, das aus den Bestandteilen des Kosmos zusammengesetzt ist. Damit aber verlassen die Tannaiten auch hier den Boden altjüdischer Vorstellungen und machen sich die griechische Lehre von den Elementen zu eigen, aus denen die Welt als Makrokosmos und der Mensch als Mikrokosmos bestehen. Man kann das Gleiche annehmen, wenn die Rabbinen in Num.

---

247 Schon die Vorsokratiker diskutieren das Wesen des Fleisches aus den vier Elementen, Empedoklesfragmente, 98, (H. Diels, Die Fragmente der Vorsokratiker, ³I 346. 23 ἐκ τῶν αἷμά τε γένετο καὶ ἄλλης εἴδεα σαρκός); vgl. Pseudo Heracl. C 1 (DIELS, I 185, 9) und Emped. A 78 (H. DIELS, aaO I 299, 5f) oder aus dem weiblichen Samen, während Knochen bzw. Seele und Empfindungsvermögen aus dem männlichen stammen, Hippon A 13 (DIELS, I 386, 41); ein anonymer Pythagoräer fr. 1a (DIELS, I 450, 4).

248 Über die Bildung des Kosmos s. De Plant. 120; Quod. Det. Pot. Insid. Sol. 8; De Spec. Leg. 1,208; Vita Mos. 2,148f. Über die Bildung des Menschen De Opif. Mundi 146; De Decalogo 31; Quis Rer. Divin. Heres 152f; Legum Alleg. Lib. 2,2.

249 Quis Rer. Divin. Heres 281ff; De Cherubim 28.

250 ὕλη und στοιχεῖα; Ant. III 7,7 (Niese 183); Bell. Jud. III 8,5 (372).

251 HOROVITZ-RABIN, 144.

252 Vgl. Jalqut I 250 (Chor. 77a) und II 83 (358c).

R. 14,12 (Wilna 1887,62d) die Opfer zum Weltaufbau, zu den vier Elementen (Erde, Wasser, Luft, Feuer), in Beziehung setzen[253]. Die Vorstellung von den Elementen ist auch Aqiba (gest. 135 n. Chr.) zu Lev. 11,29 geläufig. In Chullin 127a heißt es: "Wenn R. 'Aqiba zu diesem Verse kam, sprach er: Wie zahlreich sind deine Werke, o Herr (Ps. 104,24)! Du hast im Wasser gedeihende große Geschöpfe, und du hast auf dem Lande gedeihende große Geschöpfe ... Du hast große Geschöpfe, die im Feuer (Licht) leben, und du hast in der Luft gedeihende Geschöpfe": יש לך בריות גדלות בים ויש לך בריות גדלות ביבש ... יש לך בריות גדלות באור ויש לך בריות גדלתת באויר[254].
Wie die Natur aus vier Elementen erschaffen ist, so besteht auch der Mensch aus den vier Grundstoffen. So sagt R. Meïr, der der dritten Tannaitengeneration angehört[255], Sanh. 38b, der Staub (עפר), aus dem der erste Mensch gebildet wurde, sei aus der ganzen Welt (עולם) genommen worden[255a]. Das kann nur heißen, daß Meïr den altjüdischen Begriff vom Erdenstaub (עפר) weiter gefaßt und im Sinne der griechischen Vorstellung von der Materie (ὕλη) gedeutet hat[256].

β) Die Entstehung der Seele

Da das Spätjudentum grundsätzlich dichotomisch denkt, muß es entweder die ganze Seele von Jahwe her in den Körper hineingelangen lassen, oder aber die ganze Seele muß innerhalb des ganzen Bildungsprozesses der Glieder des Leibes entstehen[257]. Die letztere Vorstellung von der innenweltlichen Entstehung der Seele ist älter als etwa die von der Präexistenz der Seele, da sie dem genuinen Judentum[258] artgemäß ist. - Die Gelehrten der talmudisch-midraschischen Epoche haben versucht, über die Entstehung der Seele haggadische Aussagen zu formulieren. Die Amoräer Jochanan und Elasar, die der zweiten und dritten palästinischen Generation angehören, sagen Men. 99b (R. Johanan und R. Eleâzar sagten beide): "Das Gesetz ist in vierzig Tagen gegeben worden, und die Seele wird in vierzig Tagen gebildet; jeder, der sein Gesetz bewahrt, dessen Seele wird bewahrt, und jeder, der das Gesetz nicht bewahrt, dessen Seele wird nicht erhalten ..."[259].

Die Haggada vertritt die Anschauung, daß die Seele im Mutterleib die gleiche Zeit zu ihrer Bildung benötigt, wie die Gesetzgebung am Sinai gedauert hat. Damit

253 Zur Übersetzung siehe R. MEYER, Hellenistisches, 127 Anm. 1.

254 Vgl. ferner Sifra zu Lev. 11,29 (Venedig 1545, Kol. 104,7); Tanch. וישב § 3 (chor. 59b) und W. BACHER, Agada d. Tannaïten ²I, 334.

255 W. BACHER, Agada d. Tannaïten, II, 65.

255a אדם הראשון מכל העולם הוצבר עפרו.

256 Weiter ausgestaltet ist dieser Gedanke in der "Schatzhöhle", einem Werke aus der Schule des Syrers Efraim (gest. 373), das anscheinend auch unter griechischem Einfluß steht; C. BEZOLD, Die Schatzhöhle, 1883, Neudruck 1981, 3.

257 R. MEYER, Betrachtungen zu drei Felsen der Synagoge von Dura-Europos, ThLZ 74 (1949), 38.

258 Das ist nahe an der alttestamentlichen anthropologischen Vorstellung, daß der Mensch als Geschöpf Jahwes der Seele wie dem Leibe nach von seiner Hand stamme. Jedoch geht das alttestamentliche Verständnis dabei nicht von dem Gegensatz zwischen Materie und Geist aus.

259 (רבי יוחנן ורבי אלעזר דאמרי) תרוייהו תורה ניתנה בארבעים נשמה נוצרה בארבעים כל המשמר תורתו נשמתו משתמרת וכל שאינו משמר את התורה אין נשמתו משתמרת Vgl. auch Aboth R. Nathan 24 (Schechter, Rez. I, 39b.

wird vorausgesetzt, daß das Kind nicht von Anbeginn seiner Existenz an beseelt ist, sondern ursprünglich nur eine Existenz in Gestalt des noch ungegliederten Samens aufweist[260]. Auch Jochanan b. Zakkai sagt Gen. R. 32,5 (Theod. 292): "Sie haben die Gestalt, die in vierzig Tagen und vierzig Nächten gegeben wird, verdorben; darum [dauerte die große Flut]< vierzig Tage und vierzig Nächte > "[261]. Die obigen beiden Schriften haben die gleiche Anschauung, so ist anzunehmen, daß es innerhalb der religiösen Gedankenwelt der talmudisch-midraschischen Literatur derartige Vorstellungskomplexe gegeben hat. Allerdings ist diese Gedankenlinie in reiner Form relativ schwach in unserer Literatur belegt[262].

γ) Die Beziehung zwischen Leib und Seele

Die Variante der oben erwähnten älteren Vorstellung erscheint schon in der folgenden Literatur. Der Leib ist seinem Wesen nach von der Seele verschieden. Seele und Leib gehören ihrem Wesen nach zwei verschiedenen, einander entgegengesetzten Sphären an. In Sanh. 91b wird die Seele als selbständiges Wesen durch höhere Gewalt in den Körper hineingegeben[263]. Anders als in der griechischen Vorstellung schützt die Seele, wie das Salz, das Fleisch vor Verwesung[264].

Die Vorstellung, daß Seele und Leib ihrem Wesen nach zwei verschiedenen Sphären angehören, kommt besonders anschaulich in der Haggada Sifre Deut. 305 z 33,2[265] zum Ausdruck: "Alle Geschöpfe, die vom Himmel her geschaffen sind, stammen der Seele und dem Leibe nach vom Himmel, und alle Geschöpfe, die von der Erde her geschaffen sind, stammen der Seele und dem Leibe nach von der Erde. Hiervon ausgenommen ist der Mensch: denn seine Seele stammt vom Himmel, sein Leib stammt von der Erde. Tut darum der Mensch das Gesetz und den Willen seines Vaters im

---

260 Vgl. Ps. 139,16; J. PREUß, Biblisch-Talmudische Medizin, 448. Philo ist freilich nicht dieser Meinung, jedoch zeigt er, daß es Philosophen gegeben hat, die die ganze Seele ebenso wie den ganzen Körper von der Natur im Mutterleibe bilden lassen; De Opif. Mundi 67.

261 Die Haggada Jochanans begründet Gen. 7,4: הם קלקלו את הצורה שניתנה לארבעים יום, לפיכך: <ארבעים יום וארבעים לילה>. Vgl. Jalqut I 57 (chor. 15b).

262 Wie R. MEYER, aaO 48, Anm. 1, behauptet, war so das Ergebnis des Zusammenstoßes zwischen der Vorstellung von der innerweltlichen Entstehung der Seele und dem Gedanken von der Präexistenz der gesamten Menschenseele der Gedanke von der ideellen Präexistenz; z.B. Syr. Bar. 23,3f: "Wie du (Baruch) von den Menschen weißt, die gegenwärtig da sind, und von denen, die (bereits) vergangen sind, ebenso sind mir (Gott) auch die bewußt, die in Zukunft kommen werden. Denn als Adam gesündigt hatte und der Tod über die, die von ihm abstammen würden, verhängt worden war, damals wurde die große Zahl derer, die geboren werden sollten, abgezählt." (Übers. v. E. KAUTZSCH. Vgl. Bill. II, 341); Midrasch z. d. Ps. 3, 3 (Bub. 18b); ferner eine Aussage des Tannaïten El'asar aus Mode'im (gest. um 135 n.Chr.) in der Mekhilta zu Ex. 14,15 (Horov.-Rab., 99); Gen. R. 24, 4 par. (Theod. 233). Vgl. P. VOLZ, Die Eschatologie der jüdischen Gemeinde², 1934, 140; F. MOORE, Judaism II, 1932, 353 Anm. 3.

263 Vgl. W. BACHER, Agada der Tannaïten I, 458 Anm. 3. Um zu einem richtigen Verständnis der Vorstellung von der Einwohnung der Seele im Leibe zu kommen, soll das Passivum נִתְּנָה betont werden.

264 Zur positiven Beziehung der beiden vgl. auch Berakhot 10a; Midr. Tehillin zu Ps. 103,2 (auch zu Ps. 18.26). Die Vorstellung von dem starken Einfluß der Seele auf den Leib wurde später die Grundlage der Zoharischen Idee der Welt-Seele. J. Abelson, Jewish Mysticism, (1913) 1969, 156.

265 Vgl. eine tannaïtische Baraitha, b Ḥagiga 16a Bar.

Himmel, siehe, so ist er wie die oberen Geschöpfe ... Erfüllt er aber nicht das Gesetz und nicht den Willen seines Vaters im Himmel, siehe, so ist er wie die unteren Geschöpfe"[266]. Danach gehört der Mensch seinem Wesen nach sowohl zur oberen wie auch zur unteren Welt[267].

Der Amoräer Lewi (לוי um 300)[267a] ist stärker durch platonisches Gedankengut beeinflußt als der Tannaït Meïr in Ḥagiga 12b, der den Präexistenzgedanken religiös auszuwerten sucht: "Bei dem Könige aller Könige, dem Heiligen, gepriesen sei er, saßen die Seelen der Gerechten; denn mit ihnen beriet sich der Heilige, gepriesen sei er; darauf schuf er die Welt" עם המלך במלאכתו ישבו שם, עם מלך מלכי המלכים הקב ה ישבו נפשותיהם של צדיקים שבהם נמלך וברא העולם . Nach Lewis Aussage existieren die Seelen der Gerechten bereits vor der Entstehung der Welt und nehmen im Hofstaate Jahwes eine den Dienstengeln gleiche, beratende Stellung ein. Lewi kommt weiterhin Lev R. 4,1 (Wilna 1887,6d/7a) dem platonischen Gedanken vom Gefallen-Sein der Seele in den Leib außerordentlich nahe[268]. Wir haben oben[269] gesehen, wie sich schon Philo dem Einfluß des Platonismus geöffnet hat. Philo unterscheidet die göttlichen Diener, die vor der Entstehung der sichtbaren Welt erschaffen wurden (De Opif. Munde 27), im Grunde nicht von den reinen Seelen, die sich von der verunreinigenden Materie fernhielten bzw. so schnell wie möglich das Reich der Materie verließen, um sich dem Dienste der Gottheit zu widmen. Weiterhin kann die Vorstellung vom kosmischen Urmenschen, die ein Zeitgenosse Lewis, El'asar b. Pedath (um 270) in Gen R. 8,1 (Theod. 51) beschreibt, am ehesten zu Philos Idealmenschen in Beziehung gesetzt werden: Gott erschuf den ersten Menschen so, daß er die ganze Welt von Osten nach Westen, von Süden nach Norden und auch den Raum zwischen Himmel und Erde erfüllte[270]. Der Idealmensch konnte in seiner überragenden Größe in Palästina so dargestellt werden, daß man ihn die ganze Welt erfüllen ließ. Einen Platz hat dieses Motiv vom Urmenschen im Judentum insofern gefunden, als es die Adamspekulationen beeinflußt und die Figur des ersten Menschen ins Kosmische ausgeweitet hat. Der Gedanke vom kosmischen Urmenschen erscheint immer noch als ein Fremdkörper im jüdischen Vorstellungsbereich, ebenso wie Lewis Aussage aus dem Rahmen jüdischer Denkform herausfällt.

Damit entsteht ein ethischer Gegensatz zwischen der himmlischen reinen Seele und dem Leib, der auf Grund seines irdischen Charakters zur Gottlosigkeit neigt. Dem ethischen Leib-Seele-Dualismus, wie er in der hellenistisch-orientalischen Umwelt des Judentums weit verbreitet ist, entspricht auf der anderen Seite die Vorstellung, daß die Seele dem Menschen nachts neue Lebenskräfte von oben bringt (Gen R. 14,9): הנשמה הזו ממלאה את הגוף ובשעה שאדם ישן היא עולה ושואבת לו חיים מלמעלן

---

266 Zum Text: FRIEDMANN. Autor ist der Tannaït Simai (um 200 n.Chr.); vgl. W. BACHER, Agada der Tannaïten II, 544.

267 Dieser kosmische Dualismus ist nicht der griechische Kontrast zwischen göttlichem νοῦς und materiellem σῶμα

267a So auch Jalqut II 1076 (chor. 517b Zeile 15f); nach Gen. R. 8,7 (Wilna 1887, 22d) steht irrtümlich R. Schemuel ר'שמואל statt לוי als der Autor. Vgl. W. BACHER, Agada der palästinensischen Amoräer II (1896), 391ff.

268 Dt. R. 5,4, Wilna 1887, 110a führt Jizḥaq als Autor an; vgl. ferner Jalqut I 1046 (chor. 339c). Vgl. R. Meyer, Hellenistisches, 63ff.

269 S.o. 66ff.

270 Es bedarf nicht des Beweises, daß damit die Adamgeschichte völlig verlassen ist. In Gen. R. 8,1 (Theod. 55) wird der erste Mensch als Mannweib (ἀνδρόγυνος , אנדרוגינוס , wie der doppelgeschlechtliche Kugelmensch von Platos Symposion) geschildert.

("Diese Seele erfüllt den Leib, und in der Stunde, da der Mensch schläft, steigt sie empor und schöpft ihm Leben von oben")[271]. Desgleichen ist es nach dieser Auffassung die Seele, die dem Menschen im Traum Einsicht in künftige Ereignisse verschafft, indem sie nachts den Leib verläßt und in der Welt umherschweift. Wir haben bereits beobachtet, daß auch Josephus in Bell. 7,343ff dieselbe Meinung vertreten hat[272].

Doch darf man aus dem oben Gesagten nicht schließen, daß die unbestreitbare Aufnahme hellenistischer Vorstellungen im Rahmen der rabbinischen Anthropologie zu einem konsequenten Dualismus geführt hätte, wie dies in der alexandrischen Theologie der Fall ist, als deren Vertreter wir bereits Philo, der etwa 200 Jahre vor dem Tannaiten Simai lebte, behandelt haben[273]. Man sieht in Palästina die Lage des Menschen optimistischer, als dies Philo tut (De Confus. Ling., 176). Ein gespanntes Verhältnis zum Leib besteht nicht, da die Zurechnung zu den himmlischen Wesen lediglich von der Erfüllung des Gesetzes, in dem der Vater im Himmel seinen Willen niedergelegt hat, abhängt[274].

In der rabbinischen Spekulation wirkt offensichtlich das altüberkommene ganzheitliche Denken, wonach diese Welt der einzige Ort für die entscheidende Begegnung zwischen Gott und Menschen ist, entscheidend nach. Daß dem anthropologischen Dualismus nur ein begrenzter Raum im Rahmen der Gesamtanthropologie eingeräumt wurde, haben wir bereits bei Josephus festgestellt[275]. Weiterhin wird es auch in der von uns betrachteten pharisäischen Enderwartung gezeigt, die die Wiedervereinigung von Leib und Seele nach einer Zeit des Zwischenzustandes teils zum Heil, teils zu ewiger Verdammnis als letztes Ziel vor Augen hat[276]. Der anthropologische, in der

271 Autor ist R. Meïr um 150 n.Chr.; vgl. W. BACHER, Tannaïten II, 64.

272 S.o. 84.

273 Ob Philo selber die Tannaïten beeinflußt hat, ist nicht mit Sicherheit festzustellen, da Talmud und Midrasch sich über ihn ausschweigen. Vgl. R. MEYER, Hellenistisches, 31f, 145f.

274 Auch Josephus redet davon, s.o. 85.

275 S.o. 81ff.

276 Auf das Gericht unmittelbar nach dem Tode bezieht sich z.B. Ab. 3,1. Auch Ber. 28b, wo der große Jochanan Ben Zakkai auf seinem Sterbebett weinte, weil er den Tod fürchtet, dem unmittelbar das Gericht folgt, in dem endgültig über Paradies oder Gehenna entschieden wird. Doch an der gleichen Stelle, Ber. 28b, und auch an Mekh. Ex. 15,1 (Bill. IV, 1038) tauchen Gedanken über einen Zwischenzustand auf, bei dem die Seelen der Bösen und Gerechten vorläufig voneinander getrennt sind. An anderen Stellen gibt es die Vorstellungen, daß die Seele in der ersten Zeit nach dem Tode in der Nähe des Leibes bleibt; Jeb. 16,1 (15c): die Seele bleibt drei Tage lang nach dem Tod bei der Leiche. In b Shab. 152b bleibt die Seele zwölf Monate lang nach dem Tod bei der Leiche (vgl. auch Tos. Sanh. 13,4 <Par: b R. hasch. 17a>). Diejenigen Israeliten, die mit ihrem Leib sündigen, und diejenigen der Völker der Welt, die mit ihrem Leib sündigen, steigen zum Gehinnom hinab, wo sie zwölf Monate lang bestraft werden. Nach [diesen] zwölf Monaten hören ihre Seelen auf zu existieren, und ihr Leib wird verbrannt, Gehinnom speit sie aus, und sie werden zu Staub, der Wind verweht sie und streut sie unter die Fußsohlen der Gerechten; denn es heißt: "Ihr sollt auf die Ruchlosen treten; denn sie sollen zu Staub (unter den Fußsohlen der Gerechten werden an dem Tage, da ich handle, spricht JHWH, der Herr der Herrscher); vgl. Mal. 3,21. "Mit dem Leibe sündigen" kann kaum etwas

hellenistisch-orientalischen Welt wurzelnde und ausgesprochen volkstümliche Dualismus findet beispielhaft an der bildlichen Interpretation von Ez. 37 in der Synagoge von Dura-Europos (3. Jh. n. Chr.) seine Grenze[277]: Im Endgericht empfängt der Mensch sein Urteil als ganze Person, je nachdem, wie er gehandelt hat im irdischen Leben. Mag der Leib der unteren und die Seele der oberen Welt zugehören, mag die Seele bei ihrer Inkorporierung für das irdische Dasein und die Bewährungsprobe im Leben vor dem Verwesung ausströmenden "Tropfen" in ihrer Ureigenschaft als himmlisch-reines Wesen zurückschrecken[278], im Endgericht werden sich beide zusammen zu verantworten haben. So heißt es bei b Sanh. 91b als Abschluß eines Streitgespräches zwischen "Antonius" und dem Patriarchen Jehuda II (um 150 n. Chr.): "Der Heilige, gepriesen sei er, wird die Seele aus dem Himmel holen[279] und in den Leib stecken und dann beide zusammen richten" (אף הקדוש ברוך הוא מביא נשמה וזורקה בגוף ודן אותם כאחד שנאמר)[280]. Darauf bezieht sich ein bekanntes Gleichnis vom Blinden und Lahmen, die zusammen Äpfel stahlen als Leib und Seele. Die Trennung der Seele vom Leibe beim Tod bedeutet keine Erlösung, der Tag der Erlösung ist der Tag der Auferstehung, wo die Seele wieder mit dem Leibe vereinigt wird, und beide müssen zusammen vor Gottes Gericht treten, um nach seinem Urteil die ewige Seligkeit zu erhalten oder der endgültigen Verdammnis zu verfallen. Dieses Menschenverständnis ist auch in dem Wort Jesu (Mt. 10,28) spürbar[281].

b) Die Adam-Spekulation aufgrund der Begriffe גוף und גולם

Wir haben schon oben (im Teil A. § 5.III) im Zusammenhang mit der paulinischen σῶμα Χριστοῦ-Vorstellung die verschiedenen Diskussionen um die altjüdische גוף - Vorstellung der "Sammelseele" und ihre Probleme überblickt. Die Forscher betonen die Möglichkeit der Parallele zwischen dem hebräischen korporativen Denken und der paulinischen Wendung, doch hat bisher keiner von ihnen überzeugende Beweise erbracht. Nun versuchen wir dazu eine neue Möglichkeit vorzulegen, wobei das inhaltlich-chronologische Problem zu berücksichtigen sein wird, indem wir die vier Phasen, die man in der Tradition der Adam-Leib-Vorstellung erkennen kann, herausstel-

---

anderes als Unsittlichkeit bezeichnen; es ist ein allgemeiner Ausdruck, der nicht auf besondere sexuelle Vergehen bezogen ist.
Wir finden jedenfalls kaum eine systematische Darstellung des Zwischenzustandes und der doppelten endzeitlichen Auferstehung zum Heil oder zur Höllenstrafe (vgl. Bill. IV, 1028; H. C. CAVALLIN, Leben nach dem Tode im Spätjudentum, 320f).

277 R. MEYER, Betrachtungen zu drei Fresken der Synagoge von Dura-Europos, ThLZ 74 (1949), 35-38; The Excavations at Dura-Europos. Final Report VIII Part I: By C. H. KRAELING, The Synagogue (1956), 178-202. Zur frühjüdischen Interpretation vgl. die vielen Erklärungen über die Identität der Auferstandenen in Sanh. 92b und v. Qohelet III, 15,1.

278 Vgl. Tanch פקודי 3 (1927), 344ff Par; R. MEYER, aaO 88-93.

279 Tanch ויקרא 12,8 zu Ps. 50,4.

280 Zum Ganzen vgl. Bill. I 581.

281 S.u. 119ff. Nach der Meinung E. SCHWEIZERS bleibt es doch fraglich, ob in Mt. 10,28 die ausgeführte dogmatische Vorstellung, daß Gott die Seele wieder in den Leib einfügen und dann beide zusammen richten wird, schon vorauszusetzen ist; ThWb IX, 645 Anm. 176.

len[282]. Dabei müssen die Entstehungszeit der Tradition und die Spur ihrer Ausbreitung geprüft werden. Lediglich auf solcher Basis kann die Diskussion zwischen Brandenburger und Schoeps-Staerk-Murmelstein gerecht behandelt werden.

α) Adam-גוף im Zusammenhang mit der Messiaserwartung

Im Entwicklungsprozeß der jüdischen Anthropologie ist bedeutsam, daß der Begriff Fleisch - für sich allein gebraucht - hinter dem Ausdruck גוף zurücktritt, der als Derivat der Wurzel *gup* anzusehen ist, die im Arabischen begegnet und "hohl sein" bedeutet[283]. Im Alten Testament lediglich in 1. Chr. 10,12 als גופה "Leichnam" belegt[284], weist gūf mittelhebräisch und aramäisch einen außerordentlich großen Bedeutungsumfang auf; erwähnt seien Höhlung, hohler Raum, Körper und Leib. גוף heißt in b. Sanh. 99a ein "Behältnis" (דרופתקי) der Gesetzlehre: ..., was Raba sagte: Alle Körper sind Behältnisse; Heil dem, dem es beschieden ist, ein Behältnis der Gesetzeslehre zu sein (דאמר רבא כולהו גופי דרופתקי ניהו טוביה לדזכי דהוי דרוכתק דאורייתא). Andererseits von der Bedeutung des Wortes גוף als "hohler Raum, Körper" aus kann גוף "Person" bedeuten. Die שהיא חיבת הגוף ("... wobei die Person pflichtig ist")-Formel in b Qid. 37af. zeigt es. Wie נֶפֶשׁ und בָּשָׂר im Alten Testament, mittelhebräisch עֶצֶם "Knochen", kann auch גּוּף pronominal fungieren: גּוּפָהּ שֶׁל פְּתִילָה der Docht selbst j Schab. 2 (5a 23)[285].

Die Vorstellung von dem hohlen Raum im Sinne von griechisch κοιλία "Bauchhöhle, Mutterschoß" mag b Jeb. 62a, 63b zugrunde liegen, wonach die Seelen, präexistent geschaffen, in der himmlischen Kammer Guf auf ihre Inkorporierung warten[286]. In Jeb. 63b (אמר רבי אסי אין בן דוד בא עד שיכלו נשמות שבגוף שנאמר כי רוח מלפני יעטוף ונשמות אני עשיתי)[287] sagte R. Asi: Der Sohn Davids (= Messias) kommt nicht eher, als bis alle Seelen, die sich im Guf befinden, aufgebraucht sind[288], denn es heißt (Jes. 57,16): der Geist wird vor mir eingefüllt und die Seelen habe ich gemacht[289].

---

282 R. JEWETT, Paul's Anthropological Terms, 241ff, macht eine Andeutung darüber.

283 Vgl. arab. ǧauf Höhlung, Bauch; W. GES - F. BUHL, L. KÖHLER - W. BAUMG sv גּוּף, גּוּפָה.

284 1. Sam. 31,12; Ri. 14,8f; Ps. 110,6; Nah. 3,3 wird hier für גויה gebraucht. S.o. 49f . In Qumran ist גּוּף noch nicht belegt; vgl. K. G. KUHN, Rückläufiges Hebräisches Wörterbuch (1958) sv.

285 Zum Ganzen wie zu den zahlreich übertragenen Bedeutungen wie "Wesen, Hauptsache, Kapital, Hauptlehre und männliches Glied" vgl. J. LEVY, Wörterbuch I, sv.

286 G. H. DALMAN, Aramäisch-Neuhebräisches Handwörterbuch zu Targum, Talmud und Midrasch. ³1938, 74; J. LEVY, Wörterbuch I, 314; F. MOORE, Judaism II, 353; J. KLAUSNER, Die Messianischen Vorstellungen des jüdischen Volkes im Zeitalter der Tannaiten, 1904, 37f.

287 Der Text ist "der babylonische Talmud" 9. Bd., hrsg. v. Lazarus GOLDSCHMIDT.

288 Jeb. 62a: Der Sohn David kommt erst dann, wenn keine Seele mehr im Guph ist ...

289 Diese Schriftstelle spricht von der Erlösung. Das Wort יעטוף (eingehüllt) wird von עטף abgeleitet; die Geister (Seelen) werden aufgebraucht. Vgl. Lev. R. 15,1 "Der König Messias kommt nicht eher, als bis alle Seelen, die nach der [göttlichen] Absicht erschaffen werden sollten, auch wirklich ins Leben eingegangen sein werden."

Wie in b Jeb. 62a.63b (und b Aboda Zara 5a), so erscheint auch in Nidda 13b diese Vorstellung mit der Messiaserwartung. W. Bacher[289a] faßt גוף als Körper der noch zu inkorporierenden Seele auf und führt Tanch B. נצבי § 8 an[290]. Der Begriff גוף bedeutet nämlich an der Tanchumastelle den irdischen Leib, in den die Seele inkorporiert werden soll. Im Anschluß an Bacher meint Billerbeck (I, 601 u. II, 346f), daß נשמות שבגו in Nidda 13b die Seelen sind, die für den Körper, die Inkorporation bestimmt sind. Doch ist גוף(שב) hier als der Aufenthaltsort der präexistenten Seele gemeint. Deswegen ist es kaum möglich, mit Hilfe von Tanch. die Bedeutung von גוף in Nidda 13b zu ermitteln[291].

Dem Guf, in dem die Seelen vor ihrem Erdendasein existieren, entsprechen die himmlischen "Ruhekammern" (4. Esr. 4,35; 5,37; 7,23.80.95; syr. Bar. 21,23; 30,2 <vgl. 1. Thess. 4,13>; Ant Bibl. 32,13[292]), der "Beutel des Lebens" צרור החילם (b Shab. 152b im Anschluß an 1. Sam. 25,29) oder die "Ruhekammer" אוצר Qoh R. z 3,21 (ed Wilna.1887.12C), die die Seelen der Gerechten nach vollbrachtem Erdenleben vor der "nackten", leiblosen Existenz der Frevler bewahren, die als ruhelose Geister die Welt durchstreifen müssen. Die Zahl der gerechten Seelen ist in Bar. 30,2 (75,6) von Anfang an besonders bestimmt[293]; wie groß diese Zahl ist, wird in der jüdischen Literatur nirgends angegeben. Wenn nun die Zahl der Gerechten voll ist, dann kommt das Ende.

Die haggadische Tradition über diesen Gedanken aufgrund von Jes. 57,16, die auf die Zeit des R. Joses b. Ḥalaphta רבי יוסי בן חלפתא (T_3, der um die Mitte des 2. Jh. n. Chr. wirkte)[294] zurückdatiert werden kann, befindet sich im Kreis um Johanan b. Nappaḥa נפחא (A_2, 180-279 n. Chr.) und ist weiter von R. Asi רבי אסי (A_3, in der zweiten Hälfte des 3. Jh.) und R. Tanḥum b. Hijja רבי תנחום בן חיא (A_3, am Ende des 3. Jh.) überliefert[295]. Diese Tradition verbreitete sich in Gen R. 24,4 und Lev R.

289a Agada d. pal. Amoräer II, 172 Anm. 5.

290 (יב) לפי שכל הנפשות היו שם, והגוף עדיין לא נברא, (יג)לפיכך לא נאמר כאן עמידה "Weil alle Seelen dort waren, aber (ihr) Leib war noch nicht geschaffen. Deswegen wird nicht von einem Dastehen gesprochen."

291 Vgl. R. MEYER, Hellenistisches, 61; P. VOLZ, Die Eschatologie der jüdischen Gemeinde², 140; F. MOORE, Judaism II, 1932, 353 Anm. 3; J. KLAUSNER, Die Messianischen Vorstellungen des jüdischen Volkes im Zeitalter der Tannaiten, 1904, 38. Über die Seelenbehältnisse (promptuaria), die für die Zwischenzeit zwischen Tod und Auferstehung gedacht wurden, siehe E. SCHÜRER, Geschichte des jüdischen Volkes, 1898, II³, 548f. Nach 4. Esra 4,41 ist die promptuara animarum in inferno (Hades, Scheol).

292 Vgl. Bill. II, 268, 341f; P. VOLZ, Die Eschatologie der jüdischen Gemeinde im neutestamentlichen Zeitalter, ²1934, 140, 257, 264.

293 Vgl. Esr. 6,5.

294 Er war der bekannte ältere Amoräer und der Lehrer des R. Asi.

295 Über die wichtigen Schriftgelehrten vgl. W. BACHER, Die Agada der palästinensischen Amoräer, I-III, 1892-1899; M. H. FRIEDLÄNDER; Geschichtsbilder aus der Zeit der Tannaiten und Amoräer, 1879; L. STRACK, Einleitung in Talmud und Midrasch (bes. ab S.116), (1921) ⁶1976; Bill VI, 105ff; Encyclopaedia-Judaica (auf Deutsch). Das Judentum in Geschichte und Gegenwart, I-X, Verlin (1928-); Encyclopaedia Judaica (auf Englisch), I-XVI, Jerusalem 1971.

15,1 mit dem Schlußwort: "... diese Seelen sind eingetragen in das Buch Adams", wo das mit Adam als Individuum verbundene Buch seine Person bedeutet[296].

Die von R. Jose stammende Haggada scheint der Art von apokalyptischem Fieber gegenüberzustehen, das während des Bar Kochba = Krieges Palästina ergriff, weil sie jenseits der möglichen Berechnung die Ankunft des Messias erwähnt[297]. Weil die Vorstellung des Leibes Adams diejenige ist, auf der die messianische Interpretation gegründet wird, kann man vermuten, daß sie allgemein bekannt und um die Mitte des 2. Jh. n. Chr. aufgenommen war, und daß ihr Ursprung wahrscheinlich früher war[298].

β) Adam-גֹּלֶם im Zusammenhang mit der Schöpfungsgeschichte[299]

Die Vorstellung von einem gigantischen Golem Adams findet sich in einer Haggada aufgrund Ps. 139,16, die von vielen Rabbinen erwähnt wird: R. Banna'a (T_5, um 220); R. Eleazar (A_3, um 270); R. Jehuda bar Simon (A_4, um 320); R. Jehoschua b. Nehemja (A_4, um 350); R. Berekhja (A_5, um 340); und R. Tanḥuma (A_5, um 380). Sie kann auf R. Eleazar b. Azarja, der um das Ende des 1. Jh. n. Chr. als die zweite Generation der Tannaïm lehrte, zurückgehen (Gen R. 24,2)[300]. Pesiḳ R. 23 (115a); Gen R.8 (6a,17): (R. Tanḥuma hat im Namen des R. Benaja (Banna'a) und R. Berekhja im Namen des R. Eleazar gesagt:) In der Stunde, da Gott den ersten Menschen schuf, schuf er ihn als unfertige Masse (als bloßen Körper גוֹלֶם), und er lag da von einem Ende der Welt bis zum andern. Das ist es, was geschrieben steht: Meinen Golem sahen deine Augen usw. Ps. 139,16 (בשעה שברא הקדוש ברוח הוא את אדם הראשון גולם בראו והיה מוטל מסוף העולם ועד סופו, הה"ד גלמי ראו עיניך וגומר תהלים קלט). Hier wird diese Vorstellung unter den Rabbinen nicht kosmogonisch[301], sondern anthropogonisch verwertet[302]. Adam ist die Menschheit. Die geläufige Vorstellung vom Leib des Kosmos ist jüdisch auf die Menschheit bezogen worden. Die sehr häufige Übertragung hellenistischer Kosmogonie in jüdische Anthropologie wurde vollzogen, wobei natürlich die Vorstellung von Adam als dem Stammvater des Menschengeschlechtes entscheidendes Vorbild war. Die dialogische Form dieser Tradition erscheint in Gen R. 8 (6a,20); Gen R. 21,3; Midr. Teh. (aufgrund Ps. 139,16); Gen R. 24,2, wobei die ungeheure Größe Adams, von Ost nach West, von Nord nach

---

296 J. JERVELL, Imago Dei, 1960, 106.

297 Über die Eschatologie - die Messiaserwartung von R. Jose siehe W. BACHER, Die Agada der Tannaïten II, 1890, 162f, 185-189.

298 Vgl. R. JEWETT, aaO 243.

299 גֹּלֶם; גּוּלְמָא: mittelhebräisch meint ein noch nicht ganz fertiges Gefäß (Masse, Körper); syr. **galmā** unkultivierter Boden. גלמי: **Formloses**, Embryo. Vgl. G. SCHOLEM, Die Vorstellung vom Golem in ihren tellurischen und magischen Beziehungen, Eranos-Jahrbuch 22, 1953, 239-241, auch in: DERS., Zur Kabbala und ihrer Symbolik. Suhrkamp Taschenbuch Wissenschaft, (1960) 1973; Chaldäisches Wörterbuch über die Targumim von J. LEVY, I, ³1881; Hebräisches und aramäisches Lexikon zum A.T. von L. KÖHLER u. W. BAUMGARTNER, ³1967.

300 Bill. IV, 946f.

301 So G. SCHOLEM nach seiner Interpretation von Jalkut Schim'oni zu Gen. 34, aaO 241.

302 J. JERVELL, Imago Dei, 1960, 105.

Süd, aus Ps. 139,5 gefolgert wird. Diese Tradition über die horizontale Verbreitung des Leibes Adams entspricht genau der Tradition über seine vertikale Dimension in einer Haggada nach Dt. 4,32. Diese Tradition, die bis zur Zeit von R. Aḥa b Ḥanina (A_3, um 300), Rab Jehuda (A_2, gest. 299) und Rab (BA 1, gest. 247) überliefert ist, kann ebenso bis in die Zeit des R. Eleazar b. Azarja (Ende des 1. Jh. n. Chr.) reichen. Ḥag. 12: Der erste Mensch reichte von der Erde bis zum Firmament, denn es heißt: Seit der Zeit, wo Gott den Menschen auf der Erde erschaffen hat ...; als er aber gesündigt hatte, legte Gott seine Hand auf ihn und verkleinerte ihn ... (אדם הראשון מן הארץ עד לרקיע שנאמר למן היום אשר ברא אלהים אדם על הארץ כיון שסרח הניח הקדוש ברוך הוא ידיו עליו ומיעטו). Die Tradition befindet sich in Sanh. 38b und Pesiḳ R. 46 (187b)[303]. Wenn in Sanh. 38b hinsichtlich der Breite und Länge des Leibes Adams gesagt wird, daß beide Maße identisch חדא מידה היא sind, sind die obigen zwei Traditionen hier zueinander harmonisiert[304]. Daß die Tradition über den gigantischen Leib Adams allgemein aufgenommen wurde, können wir nicht nur aus den oben erwähnten Schriften erkennen, sondern auch aus den vielen Aussagen über die Abnahme der Gestalt Adams bis auf 100 Ellen nach dem Sündenfall: Gen R. 12,6[305]; Midr. HL 3,7 (107a)[306]; Gen R. 19,8; Num R. 13,2; Num R. 13,12; Pesiq R. 15 (68b). Denn diese Aussage setzt voraus, daß die Gestalt Adams eigentlich die ganze Welt erfüllt, aber jetzt daran angepaßt wurde, sich zwischen den Bäumen des Gartens zu verstecken[307].

γ) Adam-גֹּלֶם im Zusammenhang mit seinen Nachkommen

Daß die Nachkommen Adams in seinem gigantischen Golem eingeschlossen sind, wird in einer Haggada nach Ex. 31,2 und Hiob 38,4 gezeigt[308]. Ex R. 40,3 (Text, 1864): Als der erste Mensch als rohe Masse (גּוֹלֶם) dalag, zeigte ihm Gott jeden Gerechten, der von ihm erstehen würde. Der eine hing am Kopf Adams, ein anderer an seinem Haar, ein andrer an seiner Stirn, an seinen Augen, an seiner Nase, an seinem Mund, an seinem Ohr, an den Kinnladen[309]. Diese Tradition, die mit R. Simon b. Resch Laḳisch (A_2, um 250) verbunden ist, findet sich in Pesiḳ R. 23 (115a), 'Aboda

---

303 Text: Pesīqtā rabbātī, hrsg. v. FRIEDMANN, 1879/80.
304 Das Maß der Länge und Breite der Welt entspricht genau dem Maß der Entfernung zwischen Himmel und Erde.
305 Nach R. Abahu wurde die Statur (Höhe, Wuchs) des ersten Menschen sogar um 100 Ellen verkürzt: א״ר אבהו באותה השעה גזעה קומתו של אדם הראשון ונעשית של מאה אמה, Text: Sēfer
306 midrāš rabbōt, Venezia 1545, Leipzig 1864/65..
306 רבי איבו אמר באותה שעה גנגרע גובה קומתו של אדם ונעשית של מאה אמה, Text: Midrasch Tehillim, bearb. v. S. BUBER, 1891.
307 Vgl. Gen. R. 19 (13a); Midr. R. Gen. I übersetzt v. H. FREEDMANN, 1951, 91 Anm. 5.
308 Vgl. Bill. II, 174.
309 עד שאדם הראשון מוטל גולם הרא לו הקב״ה כל צדיק וצדיק שעתיד לעמוד ממנו יש שהוא תלוי בראשו של אדם ויש שהוא תלוי בשערו ויש שהוא תלוי במצחו ויש בעיניו ויש קחוטמו ויש בפיו ויש באזנו ויש במלתין זה מקום הנזם.

Zara 5a (= BM 85b) und Sanh. 38b[310]. Man kann in Pesiḳ R. 23 (115a) finden, daß die eine Adam-Golem-Tradition in bezug auf die Schöpfungsgeschichte und die andere Adam-Golem-Tradition in bezug auf die Nachkommen von einem und demselben Rabbi R. Laḳisch, im Namen von R. Eleazar b. Azarja verbunden sind: ר״ש בן לקיש בשם רבי אלעזר בן עזריה בשעה שברא הקב״ה את אדם הראשון גולם בראו והיה מוטל מסוף הערלם ועד סופו. והיה הקדוש ברוך הוא מעביר לפניו דור ודוה וצדיקיו [דור ודוד ורשעיו] דור ודור וחרשיו דור ודור ומגהיגיו[311]. Ebenso sind die beiden Traditionen in Gen R. 24,2 von R. Jehuda bar Simon (A , um 320) dargestellt. Die Vorstellung von den Nachkommen Adams im Golem wurde in Aboth RN 31 im Zusammenhang mit Ps. 139,16 von R. Jehoschua b. Ḳorḥah (um 150 n. Chr.) ausgesprochen[312]: Rohe Masse, die deine Augen sahen usw., das lehrt, daß Gott dem ersten Menschen zeigte jede Generation und ihre Vortragenden, jede Gen. und ihre Versorger, jede Gen. und ihre Führer, jede Gen. und ihre Propheten, jede Gen. und ihre Helden, jede Gen. und ihre Frevler, jede Gen. und ihre Frommen; in der und der Generation wird der und der König sein; der und der Gelehrte wird in der und der Generation sein[313]. Daher scheint sie weit und breit um die Mitte des 2. Jh. n. Chr. aufgenommen worden zu sein.

δ) Adam-גוף im Zusammenhang mit der Vorstellung der göttlichen Thronstätte

Nach der oben in α) herausgearbeiteten haggadischen Tradition hinsichtlich Adam-גוף im Zusammenhang mit der Messiaserwartung entsprachen dem Guf, in dem die Seelen vor ihrem Erdendasein existieren, die himmlischen "Ruhekammern", die die Seelen der Gerechten nach vollbrachtem Erdenleben vor der nackten Existenz der Frevler bewahren. Dementsprechend enthält die Adam- גוף-Vorstellung in früheren kabbalistischen Schriften die Bedeutung von himmlischen Ruhekammern in Verbindung mit der Thron-Spekulation. In dem unten folgenden Zitat von Heb. Henoch 43 enthält der Guf die Seelen der Gerechten und wird als die Ruhekammer in der Nähe vom herrlichen Thron gedacht (Heb. Hen. 43,1-3)[314].

---

310 Anonym Tanḥuma B ראשית §28 (11a) u. Midr. Ps. 139,27 (265b). Auch Tanḥuma ki tissa (כִּי תשא bedeutet, "wenn du feststellst") 2, wo das Wort בטנך (= Leib) statt גולם gebraucht wird. (Übers. v. H. BIETENHARD, Midrasch Tanḥuma B, Bd. I, 1980, 403.

311 Englische Übersetzung: "R. Simeon ben Laḳisch said in the name of R. Eleazar ben Azariah: At the time that the Holy One, blessed be He, was creating Adam, He had come to the stage in creating him when Adam had the form of a golem, an unarticulated embryo, which lay prone from one end of the world to the other. Then the Holy One, blessed be He, caused to pass before the golem each generation with its righteous men, each generation with its wicked men, each generation with its scholars, each generation with its leaders; and He asked: 'Golem, what have thine eyes seen?' Indeed, one might conjecture that these generations were shown to Adam even before he had reached the stage of being shaped into a golem."

312 Man kombiniert hier, ebenso wie Gen. 24,2, "Adams Buch", Gen. 5,1:ספר תולדות אדם, mit Adam als Individuum: Das Buch ist seine Person; auch Ex. R. 40,2.

313 Anonmym in Seder Olam R; vgl. Bill. II, 173.

314 אר״י אל מטטרון בוא ואראת נשמתן של צדיקי שנראו וחזרו ונשמתן של צדיקי שעדיין לא נבראו והעלני אצלו ותפשני בידו והוליכני אצל כסא הכברד והראני אותן הנשמות

Kapitel 43 Metatron zeigt Rabbi Ischma'el den Ort der ungeborenen Seelen und der Seelen der toten Gerechten

Rabbi Ischmaʾel sagte:
Metatron sagte zu mir:
1 Komm, und ich will dir zeigen, wo die Seele(n) der Gerechten sind, die geschaffen wurden und zurückgekehrt sind, und die Seele(n) der Gerechten, die noch nicht geschaffen wurden.
2 Und er hob mich hoch an seine Seite, ergriff mich mit seiner Hand und hob mich hoch neben den Thron der Herrlichkeit neben den Platz der Schekina, und er offenbarte mir den Thron der Herrlichkeit und zeigte mir jene Seelen, die geschaffen wurden und zurückgekehrt sind, die über dem Thron der Herrlichkeit flogen, vor dem Heiligen - gepriesen sei er.
3 Danach ging ich, legte diesen Bibelvers aus und fand, (entsprechend) weil gesagt ist (Jesaja 57,16): "Denn (ihr) Geist hüllt sich vor mir ein und die Seelen, die ich gemacht habe". Dies ("denn (ihr) Geist hüllt sich vor mir ein usw." meint) die Seelen, die geschaffen wurden im Guph (Aufenthaltsort der präexistenten Seelen) der Schöpfung(en) der Gerechten und die zurückgekehrt sind vor den Heiligen - gepriesen sei er. (Und die Worte:) "Und die Seelen, die ich gemacht habe", diese (beziehen sich auf) die Seelen der Gerechten, die noch nicht im Guph (Aufenthaltsort der präexistenten Seelen) geschaffen wurden.

Während der Ausdruck "(ihr) Geist hüllt sich vor mir ein" auf den schon geschaffenen und mit Leib bekleideten Geist weist, können "die Seelen die ich gemacht habe" als die von Gott zu gestaltenden und mit einem Leib zu bekleidenden, doch noch nicht geschaffenen Seelen interpretiert werden[315]. גוף bedeutet auch hier nicht den irdischen Leib, in den die Seele inkorporiert wird, sondern den Aufenthaltsort der präexistenten Seele[316].

In dieser kabbalistischen Schrift aus dem 3. Jahrhundert kann man eine weitere Entwicklung der גוף (oder גולם)-Spekulation finden, deren eigentümlicher Überrest von der rabbinischen Literatur destilliert wurde. Heb. Henoch erwähnt vielmals den gigantischen Guf des "mächtigen Königsohnes", dessen Gesicht die Schekinah (שְׁכִינָה, das Wohnen Gottes) ist, und dessen Höhe und Breite, beides, gleich wie die Entfernung von der Erde bis zum siebten Himmel (Heb. Hen. 22, 17-25) ist.

Die obige Vorstellung ist das Hauptthema des Schi'ur Qomah (שיעור קומה, die Messung des Körpers Gottes) als dem eigentlichen Kern der jüdischen Mystik[317].

שנרשו וחזרו להן שהם מ"מפורחות למעלה מכסא הכבוד לפני הב'ה ואח'כ הלכתי ודרשתי את הפסוק הזה ומצאתי בענין כי רוח מלפני יעטוף ונשמות אני עשיתי אלו נשמות של צדיקי שעדיין לא נבראו בגוף Heb. Text aus "Synopse zur Hekhalot-Literatur", TSAJ 2, 1981, 30 (§ 61) u. 291 (§ 927); ins Deutsche übers. v. H. HOFMANN, Das sogenannte hebräische Henochbuch <3 Henoch >, nach d. v. Hugo ODEBERG (3 Enoch or The Hebrew Book of Enoch, 1928, 132-135), 1984/85 (Bonner biblische Beiträge Bd. 58), 54.

315 Vgl. H. ODEBERG, aaO 134 Anm. 2.

316 Zohar 3,107 (Sefär ha-Zohar, Bd. 3, Jerusalem 1886), die von J. ABELSON, Jewish Mysticism, (166) erwähnt wird, könnte als ein Kommentar für Heb. Hen. 43,1f gebraucht worden sein: "When the souls are about to quit their heavenly abode each soul appears before the Holy One, blessed be He, clothed with an exalted pattern (or image or form) on which are engraven the features which it will bear here below.", translated by ABELSON.

317 שִׁיעוּר קוֹמָה bildet einen Bestandteil der מרכבה רבה in cod. h. München 22 und 40; vgl. A. JELLINEK, Bet ha-midrăs, 6 Bde., 1853-1878, rpt. 1967, Bd. 6, XXXXII Anm. 2; M. S. COHEN, The

Dieses kabbalistische Dokument, das anthropomorphisch die Größe des göttlichen Körpers und die Messung der Gliedmassen mit dem göttlichen Maß beschreibt, enthält die Lehre, daß es das endgültige Ziel ist, die Herrlichkeit Gottes, also den Leib der Schekina גוף הַשְּׁכִינָה, zu sehen. Diese Lehre wird den tannaitischen Autoritäten im 2. Jahrhundert, besonders R. Akiba und R. Ischmael, zugeschrieben[318]. Die ganze Lehre, die sich sowohl im Shi'ur Qomah-Stück als auch in dem in die Hekhalot-Literatur[319] hineingelegten kleinen Stück findet, verbindet sich mit der Beschreibung der Gestalt des Geliebten im Hohelied Salomos 5,11-16[320].

Wir kommen nun zu der Frage, ob diese Lehre ein früherer Bestandteil der jüdischen mystischen Lehre ist, die später etwa von christlich-gnostischen Kreisen aufgenommen wurde, oder ob sie eine Wiederbelebung des übertriebenen Anthropomorphismus ist, der in der Tradition der frührabbinischen Mystik im 1. und 2. Jahrhundert nicht bekannt ist. M. Gaster argumentierte so. Aus den zwei Gründen, 1) daß es eine bemerkenswerte Parallele gibt zwischen dem Shi'ur Qomah und der Beschreibung des Körpers der Weisheit (σῶμα τῆς ἀληθείας) in dem alphabetischen System des Valentin-Markus, das Irenaeus in Adversus Haereses I, 14,3 darstellte[321], 2) daß die derartige Spekulation sich seit der Zeit des R. Akiba und des R. Aquila wegen der antianthropomorphen Atmosphäre im Judaismus nicht entwickeln konnte, muß das Shi'ur Qomah in der früheren Zeit geschrieben worden sein[322]. Nach seiner Meinung muß das Shi'ur Qomah im Zusammenhang mit einem anderen mystischen Kreis betrachtet werden, zu welchem es notwendigerweise gehört[323]. Gaster meint, daß zu dieser Gruppe die Verfasser der Ascensio des Moses, des 2. Henoch, des Testaments Levis und der Ascensio Jesaiae, ebenso wie die Verfasser der anderen Hekhalot-Texte, ge-

---

Shi'ur Qomah: Texts and Recensions, TSAJ, 1985, 54. Moderne Wissenschaftler stimmen darin überein, daß das **Shi'ur Qomah** ein Produkt der innerjüdischen theologischen Entwicklung ist, und weder auf Valentinische Gnosis noch auf den islamischen Anthropomorphismus zurückgehen soll; vgl. A. JELLINEK, aaO Bd. 6, XXXXII - XXXXIII; M. GASTER, Das Shiur Komah, MGWJ Bd. 37, 1893, 182; M. S. COHEN, The Shi'ur Qomah, Liturgy and Theurgy in Pre-Kabbalistic Jewish Mysticism, 1983, 13.

318 Zwei parallele Lesarten des שעור קומה sind in מרכבה שלמה veröffentlicht: a) fol. 32a-33b (auch fol. 44a-b) im Namen des R. Akiba; b) fol. 34a-43a, im Namen des R. Ischmael. Ein großer Teil der letzten Fragmente sind Hymnen und Gebete, deren Bezug auf שעור קומה zweifelhaft ist, die aber zur Hekhalot-Literatur gehören. Ein paar Fragmente von der שעור קומה im namen des R. Akiba werden auch in היכלות זוטרתי gefunden. Die älteste Handschrift ist ein Geniza-Fragment in Oxford, Hebr. C 65, das aus einem teilweise beschädigten Blatt besteht, und das im 11. Jahrhundert geschrieben wurde; siehe ein neuediertes Buch, Geniza-Fragmente zur Hekhalot-Literatur, TSAJ 6, hrsg. v. M. HENGEL u. P. SCHÄFER, 1984; Synopse zur Hekhalot-Literatur, TSAJ 2, 1981; Merkavah Shelemah, Ed. S. MOSSAYEF, (Jerusalem) 1921, rpt. Jerusalem: Maqor 1972; M. S. COHEN, The Shi'ur Qomah: Texts and Recensions, TSAJ 9, 1985; eine erstmalige deutsche Übersetzung des **Shi'ur Qomah** mit hebräischem Text stammte von J. A. EISENMENGER, Entdecktes Judentum, 1700.

319 היכלות רבתי, Kap. 10; מרכבה שלמה, fol. 38a; היכלות זוטרתי, MS (Oxford) 1531, fol. 45a.

320 "Sein Haupt ist köstliches Feingold, seine Locken sind Dattelrispen und rabenschwarz, seine Augen wie Tauben an Wasserbächen ...". Gott wird in diesen Fragmenten Jedidiah genannt; z.B. ידידיה מרי עלמא (in היכלות רבתי), oder ידידות (in מרכבה שלמה, fol. 34b).

321 Irenaeus of Lyons Versus contemporary gnosticism: a selection from Books I and II of Adversus haereses comp. by J. T. NIELSEN, 1977; Des Irenäus ausgewählte Schriften (ins Deutsche übers. v. E. KLEBBA) Bd. 1, Bibliothek der Kirchenväter, Bd. 3, 1912: "Betrachte das Haupt oben, Alpha und Omega; den Hals, Beta und Psi; die Schultern mit den Händen, Gamma und Chi; die Brüste, Delta und Phi; das Zwerchfell, Ei und Ypsilon; den Rücken, Zeta und Tau; den Bauch, Eta und Sigma; die Schienbeine, Kappa und Omikron; die Knöchel, Lambda und Xi; die Füße, My und Ny. So beschreibt der Magier den Leib der Wahrheit, das ist die Gestalt des Urstoffes und der Charakter des Zeichens."

322 M. GASTER, aaO 179ff, 213ff.

323 AaO, 183.

hören. Daher schließt er: "Sein Ursprung jedoch geht auf die Weltanschauung zurück, die einerseits in dem System des Valentin-Markus, andererseits in den mystischen Apokalypsen und Pseudepigraphen der letzten Jahrhunderte vor, und der ersten Jahrhunderte nach der gew. Zeitrechnung ihren Ausdruck gefunden hat. Einer späteren Zeit kann eine Schrift, wie das Schiur Komah, unmöglich angehören" [324].

Zwar kann man überhaupt erkennen, daß diese Spekulation sich nicht in der Zeit der anti-anthropomorphen Atmosphäre entwickelte, doch muß man prüfen, ob es eine enge Parallele zwischen dem Shi'ur Qomah und dem System des Valentin-Markus gibt. Obwohl Scholem nicht der Zeitrechnung Gasters zustimmt, behauptet er, daß das Shi'ur Qomah die Quelle der Lehren der Valentin. Gnosis = Markus gewesen ist [325], die wahrscheinlich um 170-190 n. Chr. in Asia Minor blühte [326]. Das fordert die Festlegung auf die Datierung in spätestens das 2.Jahrhundert. Des Irenaeus weitere Aussage in Ad. Haer I. 14,3 [327], nach der die Wahrheit in der anthropomorphischen Gestalt geschildert wird, erinnert zwar an Gottes Kopf des Shi'ur Qomah. Doch ist es zweifelhaft, ob das Shi'ur Qomah die Grundlage der Lehren des Markus gewesen sei. Wie M. S. Cohen neuerdings durch einen präzisen Vergleich zwischen den beiden dargestellt hat [328], ist ἀλήθεια zunächst weder der oberste Kopf Gottes noch der Demiurg. Sodann zeigt die Schilderung ihres Leibes keinen Aspekt des Gigantismus. Die Namen ihrer Körperglieder sind Buchstaben, nicht üblich bekannte Namen. Und die Buchstaben werden gebraucht, um das spezifische Glied zeugender Kräfte vorzustellen. Diese Vorstellung fehlt völlig beim Shi'ur Qomah. Weiterhin fehlt auch der Gebrauch der Buchstaben, der mit der Verbindung zwischen den ersten und letzten Buchstaben beginnt, ganz dem Shi'ur Qomah. Wenn in Ad. Haer., I. 14,9 gesagt wird, daß τὸ σῶμα τῆς ἀληθείας aus den zwölf Gliedern komponiert wird, und daß jedes Glied aus zwei Buchstaben besteht [329], sind die Buchstaben keine realen Namen. Die Glieder werden nämlich von den Buchstaben nicht genannt, sondern komponiert. Deshalb werden diese Glieder gar nicht anthropomorph geschildert. Zuletzt identifiziert Scholem den von Markus erwähnten Ausdruck "den Leib der Wahrheit" falsch mit dem "treuen Gottesleib". Die ἀληθεία ist doch der reguläre Valentin-Äon und das Wesen der Wahrheit. Wenn man deshalb nur die einzige Ähnlichkeit der anthropomorphen Beschreibung zwischen dem Kopf Gottes im Shi'ur Qomah und der ἀληθεία aufnimmt, kann man dort nicht die Notwendigkeit erkennen, historisch diese zwei Texte durch diese Erklärung zu verbinden [330].

Ein wichtiger und letzter Beweis Scholems für die Datierung des Shi'ur Qomah ist ein Zeugnis des Origenes. Aufgrund dieses Zeugnisses, wonach Rabbinen im Zusammenhang mit der Guf-Spekulation das Hohelied erforscht, aber nicht die Schüler gelehrt hatten [331], argumentiert Scholem, daß Shi'ur Qomah spätestens im 2. oder 3. Jahrhundert n. Chr. existieren konnte [332]. Das Zitat des Origenes zeigt, daß die eso-

---

324 AaO, 230.

325 G. G. SCHOLEM, Jewish Gnosticism, Merkabah Mysticism, and Talmudic Tradition, 1960, 37f; vgl. M. GASTER, aaO 221.

326 S. SIOUVILLE, hrsg. u. übers., Hippolyte de Rome, Philosophumena ou Réfutation de toutes les Hérésies, 1928, 67 Anm. 1.

327 "Und diesen Urstoff nennt er Mensch (Anthropos). Hier ist die Quelle jedes Wortes, der Anfang jedes Lautes, die Aussprache des Unaussprechbaren jeder Art, der Mund der verschwiegenen Sige. Soviel über ihren Leib. Nun aber erhebe höher die Denkkraft deines Verstandes und höre das selbstzeugende und vaterschaffende Wort aus dem Munde der Wahrheit!"

328 M. S. COHEN, The Shi'ur Qomah, Liturgy and Theurgy in Pre-Kabbalistic Jewish Mysticism, 1983, 24f.

329 ἔτι τε τῆς Ἀληθείας σώματος δωδεκαμελοῦς, ἐκ δύο γραμμάτων συ.νεστῶτος.

330 M. S. COHEN, aaO 25.

331 Die Beschränkung hinsichtlich ihres Studiums wurde schon überhaupt in Mischna Ḥagigah 2,1 (Mishnayoth משניות by P. BLACKMANN, 1952, 494) kodifiziert.

332 G. G. SCHOLEM, Jewish Gnosticism, 38ff. Origenes sagt: Aiunt enim observari etiam apud Hebraeos quod, nisi quis ad aetatem perfectam maturamque pervenerit, libellum hunc nec in manibus quidem tenere permittatur. Sed et illud ab iis accepimus custodiri, quoniamquidem moris est apud eos omnes scripturas a doctoribus et sapientibus tradi pueris, simul et eas, quas

terischen Lehren sich mit den vier Texten (Genesis, Ezechiel prophetae principia, Ezechiel prophetae finis und Canticum Canticorum) verbunden haben. Wir wissen von der Mischna, daß die Schöpfungsgeschichte und das erste Kapitel Hesekiels die esoterischen Charakter tragenden Texte waren, so daß es verboten wurde, sie öffentlich zu lehren. Mit Erwähnung der letzten Kapitel Hesekiels wird angedeutet, daß diese Kapitel sich mit der apokalyptischen Spekulation verbunden haben könnten. Eine bessere Stelle als Scholems Hinweis in Origenes findet sich in Gen. Hom. I,13 (GCS VI, 15,17), wo Origenes erklärt: Ein paar Leute (Juden?) denken, Jes. 66,1 bedeutet, daß Gott körperlich sehr groß ist und sich im Himmel setzen und die Erde als einen Fußschemel benutzen kann. Diese Stelle dürfte darauf hinweisen, daß Origenes das Shi'ur Qomah kannte[333].

Das Buch des Hohenlieds wurde in der Synagoge als ein Gleichnis der Liebe zwischen Gott und der Gemeinde Israels bzw. allen Gruppen interpretiert. Das war tatsächlich ein wohl gewähltes Thema aus den überhaupt bekannten haggadischen Lehren der Rabbinen im 2. und 3. Jahrhundert. Scholem behauptet dazu: Das Hohelied, das ausführlich die Körperglieder des Geliebten (der mit Gott identifiziert wurde) schildert, wurde der grundlegende Text, an den sich die Lehre des Shi'ur Qomah lehnte. Dabei haben die Verfasser der Shi'ur Qomah-Stücke es über die allgemein angenommene allegorisch-midraschische Interpretation des Hohenlieds hinaus als einen genau esoterischen Text einschließlich der hoch mystischen Theophanie auf den Thron der Merkabah interpretiert[334]. Scholem kommt zum folgenden Schluß: "The Song of Songs, then, in order to have been included in Origen's list, must have been known in Palestine in his time, and even for some time before, as a text linked to esoteric teachings about the appearance of the Divinity ... if it is thus true that Origen's statement and our fragments of Shiur Qomah explain each other, there can no longer be any valid reason to assign a late date to the sources from which these fragments [of the Shiur Komah] derive"[335]. Daraus folgert Scholem, daß eben im 2. Jahrhunder dieser mystische Text mit den das Hohelied, das Origenes erwähnt, umgebenden esoterischen Traditionen identifiziert werden kann[336]. Er schließt aus den weiteren Argumenten: diese Spekulation entstand in der späteren Zeit des 1. Jahrhunderts oder der früheren Zeit des 2. Jahrhunderts, und wurde später von Christen und der heidnischen Gnostik aufgenommen[337].

Scholem hat sich jedoch in seinen späteren Aufsätzen, "Kabbalah, Historical Development"[338] und "Shi'ur Komah"[339], von der obigen Behauptung stark entfernt. Im Artikel "Kabbalah" erwähnt er von Origenes gar nichts, aber redet im Artikel "Shi'ur Komah" nur von der Tatsache, daß das Zeugnis des Origenes auf das Verbot der esoterischen Traditionen ebenso wie bei der mit dem Hohenlied verbundenen Shi'ur

---

δευτερώσεις appellant, ad ultimum quattuor ista reservari, id est principium Genesis, in qoud mundi creatura describitur, et Ezechiel prophetae principia, in quibus de Cherubin refertur, et finem, in quo templi aedificatio continetur et hunc, Cantici Canticorum librum. Origenis, Commentarius in Canticum Canticorum: Prologus, in: Origenes Werke, Bd. 8; Homilien zu Samuel I, zum Hohelied und zu den Propheten. Kommentar zum Hohelied in Rufins und Hieronymus' Übersetzung. Hrsg. v. W. A. BAEHRENS, GCS, 62.

333 Siehe N. de LANGE, Origen and the Jews, 1976, 44.

334 G. G. SCHOLEM, aaO 39.

335 G. G. SCHOLEM, aaO 40. Scholems Datierung für den Text (S. LIEBERMAN, Mischnat Shir Haschirim, in: G. G. SCHOLEM, Jewish Gnosticism, 123) aufnehmend, stellt S. LIEBERMAN weiterhin dar, daß die in b. Bekh. 44a gefundene Baraita (ברייתא) mit einem Stück des **Shi'ur Qomah** identisch ist; S. LIEBERMAN, Sheqi'in. 2. ed. Jerusalem: WAHRMANN 1970, 12; vgl. M. S. COHEN, aaO 26, 28. Während Lieberman andeutet, daß die beiden Schriften eine gemeinsame Quelle haben, behauptet Scholem, daß der Talmud das **Shi'ur Qomah** zitiert; S. LIEBERMAN, Sheqi'in, 12; G. G. SCHOLEM, Jewish Gnosticism, 41; siehe weiter M. S. COHEN, aaO 28f.

336 G. G. SCHOLEM, Die mystische Gestalt der Gottheit in der Kabbala, in: Eranos-Jahrbuch 1961, Bd. 29, 1961, 158; auch in: DERS., Von der mystischen Gestalt der Gottheit, 1962.

337 G. G. SCHOLEM, Jewish Gnosticism, 41-42; vgl. auch DERS., Major Trends, (1941) 1974, 28f.

338 Encyclopaedia Judaica (EJ), 1971, 495ff.

339 EJ, 1972, 1417f.

Qomah-Lehre ("like the Shi'ur Komah doctrine which were connected with it <Song of Songs>") [340] hinweist. Dies scheint eine klare Modifikation seiner früheren Behauptung zu sein. Es gibt allerdings die Möglichkeit, daß Origenes tatsächlich das Shi'ur Qomah erwähnte. Aber dabei erhebt sich die wichtige Frage, ob man das Shi'ur Qomah für einen Ertrag der inneren Entwicklung der midraschischen Interpretation des Hohenlieds halten kann. Jedoch ist der innere Zusammenhang zwischen dem Hohenlied und dem Shi'ur Qomah sehr schwach, wie wir im folgenden zeigen wollen. Dagegen hat A. Jellinek früher, als er Bet ha-midraš [341] herausgegeben hat, eingewandt, daß das Hohenlied der Ausgangspunkt des שיעור קומה ist. Er meint, daß das Hohenlied sich zum שיעור קומה entwickelte: Die Vermenschlichung Gottes im Hohenlied, in welchem Gott nach der im Judentum verbreiteten allegorischen Auffassung als Freund und Bräutigam Sulamits in menschlicher Gestalt mit menschlichen Gliedern geschildert wird, mußte unter strengen Monotheisten Bedenken erregen. Um sie zu paralysieren, gab man in einem unphilosophischen Zeitalter dem göttlichen Körper im Hohenlied solche Maße, daß sie sich jeder menschlichen Vorstellung und Abbildung entzog und daher die Bekenner des Judentums vor einem in das menschliche Auge fallenden vermenschlichten Bild von Gott schützte.

Im Gegensatz zur Behauptung Jellineks weist M. S. Cohen mit Recht darauf hin, daß man den liturgischen und theurgischen Charakter des Shi'ur Qomah erkennen sollte, und sagt: Trotz des entsprechenden Zitates aus dem Hohelied im Text des Shi'ur Qomah sind die Stücke des Hohenlieds vom Verfasser des Urtextes in den liturgischen und theurgischen Rahmen gefügt: Dabei zeigt der Verfasser des mystischen Textes kein besonderes Interesse an der Information aus dem Hohenlied. Vielmehr bezieht er sich an den anderen Stellen wohl auf Jesaja, das 1. und 2. Buch der Könige, Hesekiel usw. Deshalb hat die Beschreibung des göttlichen Leibes keine reale Verwandtschaft mit der Beschreibung des Bräutigams im Hohenlied [342]. Es ist sicherlich spürbar, daß die Zeilen 47-48 im Sefer Haqqomah (ספר הקומה) von 1. Kön. 22,19 (auch 2. Chr. 18,18) und die Zeilen 1 bis 3 [343] von Dt. 10,17, ohne die äußere Aussage zum biblischen Vers, anders als die midraschische Arbeit, aber als ein Teil des mystischen Textes abgeleitet sind. Der Verfasser des Textes scheint nicht das Bewußtsein zu haben, die Bibeltexte als die seine Texte begründende schöpferische Kraft zu benutzen. (Über weitere Parallelen zwischen dem Text des Sefer Haqqomah und dem Bibeltext S. M. S. Cohen, The Shi'ur Qomah, 113ff.)

Ferner muß man auf die Wendung der Verse vom Hohenlied in den Zeilen 115-116 achten, die etwa auf die midraschische Interpretation hinsichtlich des Hohenliedes, besonders hinsichtlich der Beschreibung des Geliebten im 5. Kapitel hinweisen, weil diese Wendung den ganzen Charakter des Shi'ur Qomah bestimmt. Z. (113) 114-116 (Sefer Haqqomah): (Die Krone auf seinem Haupt)(114) ist 500,000 auf 500,000: Israel ist sein Name. Und dem Edelstein, der zwischen seinen Hörnern ist, wird eingemeißelt(115) "Israel mein Volk; Israel, mein geliebtes Volk, ist meins". Mein Geliebter ist glänzend und rötlich(116), überragend unter den Zehntausenden. Sein Haupt ist das feinste Gold. Seine Augen sind wie Tauben an den Wasserbächen [344]. Während die Sefer Haqqomah-Manuskripte nur das HL. 5,10.11a.12 wiedergeben, bieten die meisten Manuskripte der anderen Texte (Siddur Rabbah. Z. 73ff; Merkavah Rabbah. Z. 98-99.174; Sefer Razi'el. Z. 185.187) alle bzw. teilweise Verse im HL. 5,10-13. Diese Verse, die hier keine Einleitung haben, sind nicht mit der Absicht widerspiegelt, sie zur biblischen Beweisführung für die Schilderung der Krone und des Edelsteins zwischen den Hörnern, wie bei der midraschischen Methode, zu verwenden. Cohen schließt: "These verses from the Song must be presumed to have a function other

---

340 Art. Shi'ur Komah, EJ, 1418.

341 A. JELLINEK, Bet ha-midraš, Bd. 6 (1877) ²1967, XXXXII.

342 M. S. COHEN, aaO 19, 123.

343 Z. 1 u. 2: eine liturgische Wendung "der große, mächtige und schreckliche Gott"; Z. 3: eine mystische Wendung "Gott der Götter und Herr der Herren". Vgl. auch die Zeilen 22 u. 102-103; siehe M. S. COHEN (Hrsg.), The Shi'ur Qomah: Texts and Recensions, 1985.

344 113 ... כתר שבראשו
114 חמש מאות אלף על חמש מאות אלמ ישראל שמו ואבן יקרה שבין
115 קרניו ישראל עמי לי חקוק עליה דודי צת ואדום
116 דגול מרבבה ראשו כתם פז עינין כיונים על אפיקי מים

than merely providing a hook upon which the Shi'ur Qomah might hang. They form part of the liturgical frame in which the theurgy of the text is cast,..."[345].

Durch die obigen Erörterungen wissen wir: Unsere Forschungen können uns nicht genügend überzeugen, daß die in der Shi'ur Qomah-Lehre kristallisierbare kabbalistische Literatur, in der die mit der Thron-Spekulation verbundene Guf-Vorstellung die himmlische Ruhekammer bedeutet, auf das 1. Jahrhundert zurückdatiert werden kann[346]. Jedoch verdeutlicht dieser Schluß vielmehr die Tatsache, daß die גוף (od. גולם)-Spekulation, deren originale jüdische Tradition im Zusammenhang mit der Messiaserwartung, mit der Schöpfungsgeschichte und mit Adams Nachkommen von uns destilliert wurde, sich in dem Bereich der apokalyptischen und kabbalistischen Literatur weiter entwickelte. Auch von der Tatsache, daß die post-Akiba-Tradition die kabbalistische Guf-Spekulation auszuschließen versuchte, können wir wissen, daß die übrigen zahlreichen Erwähnungen den bereits früher weit und breit aufgenommenen Glauben an den gigantischen Adam-Leib meinen, in dem die Seelen der Erwählten geschaffen wurden, und in den sie zurückkehren werden. Es bedeutet, daß die Behauptung E. Brandenburgers und E. Schweizers, nach der die Adam-Guf-Vorstellung nicht bis in die neutestamentliche Zeit zurückverfolgt werden kann[347], nicht angenommen werden kann. Trotz der Unsicherheit in der Zurückverfolgung des Shi'ur Qomah-Belegs in das 1. Jahrhundert, können die Adam-Guf(bzw. Golem)-Traditionen spätestens auf das Ende des 1. Jahrhunderts oder den Anfang des 2. Jahrhunderts n. Chr. zurückgehen. Die Tatsache, daß ihre einzelnen Motive von den Texten weder expliziert noch abgeleitet wurden, jedoch diese Vorstellung einfach als eine interpretierende Methode für die Lösung der andernfalls unzusammenhängenden haggadischen Fragen benützt wurde, erhellt sicher, daß sie damals allgemein bekannt und akzeptiert wurde, und daß ihr Ursprung erheblich früher liegt. Jedoch könnte man andererseits die Behauptung Brandenburgers annehmen, daß die Vorstellung von einem dem eigentlichen Dasein vorausgehenden urzeitlichen Sein der Seele im Adam-Guf ... niemals den Hintergrund von 1. Kor. 15,22a[348] erhellen kann, wofür das gegenwärtige Sein in Adam ganz entscheidend ist[349]. In dieser Bedeutung könnte man sagen, daß die jüdische Adam-Leib-Vorstellung uns keine genaue Parallele zu dem in 1. Kor. 15,22 angedeuteten paulinischen σῶμα Χριστοῦ Begriff gibt, obwohl ein ekklesiologi-

345 M. S. COHEN, aaO 112.

346 So R. Jewett, aaO 245, der von der Theorie Gasters abhängig ist; S. Kim ist von der שיעור קומה -Theorie Scholems abhängig, The Origin of Paul's Gospel, 1981, 254. Vgl. E. BRANDENBURGER, Adam und Christus, 78 Anm. 2.

347 S.o. 71 f, 77. E. BRANDENBURGER, Adam und Christus, 143; E. SCHWEIZER, Die Kirche als Leib Christi in den paulinischen Homologumena, TLZ LXXXVI, 165 Anm. 25.

348 ὥσπερ γὰρ ἐν τῷ Ἀδὰμ πάντες ἀποθνῄσκουσιν, οὕτως καὶ ἐν τῷ Χριστῷ πάντες ζῳοποιηθήσονται.

349 E. BRANDENBURGER, aaO 143.

scher Charakter der Adam-Christus-Typologie bei Paulus nicht geleugnet wird[350]. Es ist ferner nicht angemessen, daß man die jüdische Adam-Leib-Vorstellung, die relativ räumlich gekennzeichnet wird, direkt und bloß mit der geschichtlich gekennzeichneten Adam-Christus-Typologie vergleicht und eine Parallele zwischen den beiden sucht[351]. Die Tendenz, eine zeitliche Konzeption räumlich auszudrücken, wurde im Spätjudentum, das wir betrachtet haben, immer stärker, seit es vom Hellenismus beeinflußt wurde. Paulus denkt doch im Blick auf Adam (auch Röm. 5,12ff) geschichtlich und spricht nie von einem σῶμα Ἀδάμ als einer die Menschheit zusammenfassenden Größe. Paulus hat die Wendung "letzter Adam" von 1. Kor. 15,45 (vgl. auch 1. Kor. 15,22b) nicht auf die ekklesiologische Gegenwart, sondern auf die eschatologische Zukunft der Auferstehung bezogen[352]. Dies bedeutet, daß die jüdische Adam-Guf-Vorstellung besser in den Texten der ekklesiologischen Wendung von σωμα , als in den Texten der Adam-Christus-Typologie, ihre Parallele finden kann, obwohl die beiden Texte in der paulinischen Theologie nicht konkurrierend, sondern einander entsprechend gedacht werden sollen. Zu zwei Aspekten stellt die Adam-Leib-Vorstellung eine Parallele dar, die bisher nur der gnostische Erlöster-Erlöser-Mythos darstellen zu können schien: a) die Einschließung der individuellen Seelen bzw. Geister in den Riesenleib, der mit der Schöpfungs- und Erlösungslehre verbunden ist; b) Die Identifikation des Leibes mit dem Namen und dem Charakter einer Person (d.h. Adam oder Schekinah). Weil die Adam-Guf-Vorstellung eine enge Parallele zur paulinischen Wendung ist, die auf die seinen Briefen entsprechende Zeit zurückgehen kann, dürfte es sicher angemessen sein, wenn man schließt, daß sie wahrscheinlich den Apostel Paulus beeinflußte.

c) Das Leib-Glieder-Verhältnis

Um den alttestamentlichen und hellenistisch-jüdischen Hintergrund der paulinischen Anthropologie und Ekklesiologie durch den Begriff σῶμα mit dessen korporativer Bedeutung zu erkennen, mußten wir oben in § 1 und § 2 die Tradition der Vorstellung sowohl hinsichtlich des Leib-Glieder-Verhältnisses wie des Leib-Seele-Verhältnisses verdeutlichen. In § 2.III. wurden die verschiedenen Bedeutungen des "Leibes", die dichotomische Ansicht über den Menschen und das Leib-Seele-Verhältnis im palästinischen Judentum untersucht, wobei das Leib-Glieder-Verhältnis noch nicht behandelt wurde. Während die Qumran-Literatur ebenso wie das Alte Testament die Leib-Glieder-Vorstellung nicht besonders erwähnt, entwickelt sich diese Vorstellung aus individuellem und kollektivem Aspekt in den rabbinischen Schriften.

350 S.o. 41f; ferner s.u. 41f; 160ff; 203ff.
351 So R. JEWETT, aaO 245.
352 Vgl. O. BETZ, Adam, TRE I, 1977, 420.

Das Gleichnis vom Leib und den Gliedern findet sich in der rabbinischen Literatur. Tosefta Taanit 2,5 führte R. Jochanan b. Nuri (um 110) ein Gleichnis vom Kopf und dem Leib an, um die Tradition der Halakha zu bewahren. Er sprach: Ich sehe, daß nach dem Kopf der Leib sich richtet בתר רישא גופא אָזֵיל : solange Rabban Gamliël (um 90) am Leben war, war die Halakha üblich nach Maßgabe seiner Worte; jetzt, da er tot ist, wollt ihr[353] seine Worte beseitigen![354] In Mid. R. Ps. 14,1 wird mit dem Zitat von Jer. 17,10 und Num. 15,39 gesagt, daß Jahwe das Herz erforscht und die Nieren prüft. "Und ebenso richten sich die Ohren und (die sämtlichen) 248 Glieder nach dem Herzen, und das Herz vollbringt den Gedanken nach dem Rat der Nieren; deshalb erwähnt die Schrift in dem Verse nur Herz und Nieren". Man beachte, wie hier Herz und Nieren die Stelle des Kopfes vertreten. In Midr. Tehillim zu Ps. 39,2: "Ich will meine Wege hüten, daß ich nicht mit meiner Zunge sündige" wird ein interessantes Gleichnis bei der starken Erkrankung eines Perserkönigs angeführt. Sein Arzt sah einst in seinem Traumgesicht, wie seine Glieder miteinander stritten. Durch dieses Gleichnis wird jedoch nicht die Gleichstellung der Glieder und deren Einheit in einem Leib, wie das Gleichnis in 1. Kor. 12,14ff bzw. der Fabel des Menenius Agrippa zeigt, sondern die Herrschaft der Zunge über alle Glieder betont, damit man nicht mit seiner Zunge sündigt (Prov. 18,21; Jak. 3,6f, vgl. Ps. 39,4). So sieht man in dem Kopf, dem Herz, den Nieren und der Zunge die Glieder, nach denen die andern sich richten.

Wie Josephus die Gemeinsamkeit des Leidens unter den Gliedern eines Leibes, der mit einer Gesellschaft bzw. einer Nation, z.B. Israel, verglichen werden kann, dargestellt hat[355], so erscheint auch in der folgenden Literatur die Vorstellung, daß alle Glieder mitleiden, wenn nur ein Glied leidet (vgl. 1. Kor. 12,26). In Mekh Ex. 19,6[356] werden die Israeliten mit einem Lamm verglichen (Jer. 50,17): "Wie, wenn ein Lamm an einem seiner Glieder leidet, alle seine Glieder es fühlen, so fühlen es alle Israeliten, wenn einer von ihnen getötet wird, und empfinden Schmerz darüber; aber die Völker der Welt nicht also; sondern wenn einer von ihnen getötet wird, freuen sich alle über seinen Fall"[357].

Obwohl in diesem Text das Wort גוף fehlt, ist es klar, daß die Israeliten als einheitlicher Leib, dem alle Glieder angehören, gemeint sind. Gleichfalls hat in Lev R.

---

353 Der Vertreter ist R. Jehoschua (um 90), der nach dem Tod des Rabban Gamliël seine Worte zu beseitigen suchte.

354 Eine Parallele siehe Er. 41a; Pirqe REL 42(24a); Schab. 61a; Phil. Praem. Poen. 125.

355 S.o. 81f.

356 Hrsg. v. H. S. HOROVITZ, 209.

357 מה שה זו כשהיא לוקה מאחת מאבריה כל איבריה מרגישין כך ישראל אם נהרג אחד מהן כלן מרגישין ומצטערין, אבל אומות העולם אינן כן אלא אם נהרג אחד מהם כולם שמחים במפלתו Hier wird gezeigt, daß diese midraschische Vorstellung mit der Exklusivität des Alten Testaments, in der Israel als der gerechte Übriggebliebene erstehen wird, verbunden ist; vgl. R. Ph. SHEDD, Man in Community, 1958, 47. Über die Übriggebliebenen in Israel, vgl. Zephanja 3,13, Röm. 9,27; 11,1ff.

4,6 R. Chizqijja b. Chijja (um 240) gelehrt: Die Israeliten werden mit einem Lamm verglichen: wie, wenn ein Lamm auf seinen Kopf oder auf eins von seinen Gliedern מאבריו geschlagen wird, alle seine Glieder es fühlen, so fühlen es alle Israeliten, wenn einer von ihnen sündigt. Interessant ist b. Tânith 11a, wonach man die *Gemeinde* (= Israel) nicht verlassen, sondern mit ihr leiden soll, solange sie in Not ist. Dabei wird Jes. 22,13 zitiert: Nicht sage: "laß uns essen und trinken, denn morgen müssen wir sterben". In 1. Kor. 15,32 (vgl. Lk. 12,19) zitiert auch Paulus Jes. 22,13, damit die korinthische *Gemeinde* nicht in die Hoffnungslosigkeit auf die Auferstehung der Toten falle[358]. Nach R. Jose, dem Galiläer, (Tan. um 110) war die ganze Nation in der Gefahr der Vernichtung, bis der letzte Israelit sein Passa-Opfer erledigt hatte[359]. Das Bild von Leib und Gliedern wird hier auf die organische Einheit der Gemeinschaft Israel angewendet. Es wird sowohl kollektiv wie individuell gebraucht. Dessen individuelle und kollektive Wendung haben wir auch schon bei Philo gefunden[360]. Das Bild vom Leib, das zur metaphorischen Analogie für die Einheit der Israeliten gebraucht wird, ist jedoch hier nicht im psychologischen bzw. universalen Sinne wie bei Philo, sondern im Sinne der konkret-realen Einheitlichkeit der Israeliten verwendet. In den folgenden Schriften erscheint die Dimension des ethischen Verhältnisses zwischen Leib und Gliedern. Die Solidarität der Glieder mit dem Leib, wobei der Leib wegen der Sünde der Glieder bestraft wird, wird in Mischna, Soṭa 1,7 gezeigt: "Mit dem Maße, mit welchem ein Mensch mißt, mißt man (= Gott) ihn (בְּמִדָּה שֶׁאָדָם מוֹדֵד בָּהּ מוֹדְדִין לוֹ) ... Mit der Hüfte fing sie (die Ehebruchsverdächtige) zuerst bei der Sünde an und hinterher mit dem Bauch; deshalb wird die Hüfte zuerst geschlagen und hinterher der Bauch (vgl. Num. 5,27), und der ganze übrige Leib entgeht der Strafe nicht (וּשְׁאָר כָּל-הַגּוּף לֹא פָּלֵט)"[361]. Ebensowohl hat Abba b. Pappi (um 350) es in p Soṭa 1,17[a],51 bei einer Abschiedsrede verwendet: Wenn beim Maß der Strafe, das geringer ist (als das Maß der Güte), ein Glied leidet und alle übrigen Glieder es empfinden אבר אחד לוקה ושאר כל האיברים מרגישין, um wieviel mehr gilt das dann

---

358 S.u. 264f.

359 Mekilta de-Rabbi Ismael, Hrsg. v. J. Z. LAUTERBACH (1933) ²1949, Bd. II, 94. Über den Gebrauch des Bildes von einem Baum siehe A. FELDMANN, The Parables and Similes of the Rabbis, 1924, Kap. 3-5; vgl. Jes. 5,1-6; Ez. 17,3-10; 31,3-14; Dan. 4,10-12; Weisheit 4,4-5; 1QH 5,15-17; Joh. 15,1ff. Über das Gottesvolk als kosmischer Weinstock und die Menschensohnchristologie vgl. E. SCHWEIZER, Die Kirche als Leib Christi in den paulinischen Homologumena, TLZ 86 (1961), 168f.

360 S.o. 75-77.

361 Vgl. Ex. 21,24; "Auge um Auge, Zahn um Zahn"; (Jes. 27,7). Vgl. auch Sap. Sal. 11,16 u. Abot 2,6. Es ist möglich, daß Jesus in Mt. 7,2 ἐν ᾧ μέτρῳ μετρεῖτε μετρηθήσεται ὑμῖν ; vgl. Mk. 4,24 u. Lk. 6,38b) diese sprichwörtliche Wendung braucht, um jedes Richten abzulehnen. Vgl. H. BIETENHARD, Die Mischna, Soṭa-Text. Übers. u. Erklärung, 1956, 42 Anm. 3. Sein Verbot gilt absolut: μὴ κρίνετε "Der Grund, der zu diesem entgegengesetzten Gebrauch desselben Grundsatzes führte, liegt darin, daß Jesus in der die Vergeltung fordernden Norm nicht den einzigen und letzten Willen Gottes sah." (A. SCHLATTER, Der Evangelist Matthäus, 1929, 241). Die Kehrseite des κρίνειν ist die Vergebung, zu der Jesus im Blick auf Gottes Vergebungsbereitschaft seine Jünger anhält, siehe K. DEIßNER, Art. μέτρον THWb IV, 637.

beim Maß der Güte (daß alle übrigen Glieder es empfinden, wenn ein Glied Gutes erfährt)! Die Strafe setzt genau dort an, wo die Sünde begonnen hat[362], wenn der Priester die Wirkung des Fluchwassers beschreibt (z.B. Soṭa 1,8, vgl. 2. Sam. 16,21f; 18,15; auch 15,16). Allgemein formuliert Sifre Num. 18 zu Num. 5,27[363] den Grundsatz: >> Bei dem Glied, das mit der Sünde begonnen hatte, soll (auch) die Strafe beginnen <<[364]. Um die enge Beziehung zwischen Leib und Gliedern zu zeigen, definiert Eli'ezer Ben-Jehūdā[365] das Wort גוף (Körper, σωμα) als die Gesamtheit aller Glieder (אֵיבָרִים , μελη) eines jeden lebendigen Wesens: גוף ist כְּלַל כָּל הָאֵבָרִים שֶׁל כָּל בַּעַל חַי. Dieses talmudische Verständnis vom Begriff גוף , das sich nicht im Alten Testament, sondern in den Apokryphen und Pseudepigraphen fand, ist in bezug auf die paulinische Vorstellung von Christus als dem Leib und den Gläubigen als den Gliedern (1. Kor. 6,15; 12,12ff; Röm. 12,5) bedeutungsvoll. Der Einfluß des einzelnen Gliedes auf den ganzen Leib erscheint in Jesu Wort Mt. 6,22f (Par. Luk. 11,34-36) "Das Auge ist das Licht des Leibes. Wenn dein Auge lauter ist, so wird dein ganzer Leib licht sein. Wenn aber dein Auge böse ist, so wird dein ganzer Leib finster sein"[366]. Demgegenüber faßt jedoch das Wort Jesu in dem Logion Mt. 5,29f, das mit Jesu ἐγὼ δὲ λέγω ὑμῖν beginnt, die Wurzeln der Sünde ganz anders auf. Das Wort Jesu bedeutet nicht, daß trotz der Sünde des einen Gliedes der ganze Leib nicht verdirbt. Sondern es setzt die Vorstellung voraus, daß wegen der Sünde des einen Gliedes auch der ganze Leib bestraft (שְׁאָר כָּל-הַגּוּף לֹא פָּלֵט) und in die Hölle geworfen wird, so daß man die Wurzeln der Sünde verderben soll[367]. Diese radikale Ermahnung bekommt von dieser Mischna aus noch ganz besonders Gewicht. Weiterhin ist es die Vorstellung, daß die Glieder zum Subjekt der Handlungen[368], nämlich personifiziert werden. Eine ontologische Bedeutung wird hier der Tätigkeit des Gliedes gegeben. In der alle preisgebenden Tapferkeit, die Jesus für diesen Kampf verlangt, prägt sich der absolute Ernst aus, mit dem er die verpflichtende Kraft des Gebots und die unbedingte Notwendigkeit des Gerichts vertreten hat. Wo der Unterschied zwischen Jesus und den Rabbinen liegt, das müssen wir später behandeln.

---

362 Vgl. Num. 5,21, wo auch die Hüfte zuerst genannt ist.

363 Siehe K. G. KUHN, Der tannaitische Midrasch. Sifre zu Numeri - Übers. u. Erklärung, 1959, 62.

364 Die Anwendung eines allgemeinen Grundsatzes ist besonders zahlreich in Tosef. Soṭ. III. Vgl. dazu MOORE, Judaism, Bd. 2, 251. Dieselbe Haggada steht in Num. R. 9 zu Num. 5,27.

365 Eli'ezer Ben-Jehūdā, Millōn hal-lāšōn hā-ʿibrit haj-ješānāh wĕ-hā-ḥădāšāh. Bd. 1 (1908) - 16 (1959), Bd. 2, 725. W. BACHER, Tann. II, 417 u. Tann. I, 442, hält Eli'zer für identisch mit dem gleichnamigen Lehrer aus Bartota (Tann. um 110). Vgl. auch Bill. VI, 151.

366 Siehe darüber E. SJÖBERG, Das Licht in dir. Zur Deutung von Mt 6,22f Par., in: Studia Theologica 5, 1952, 89-105, wo er mehr das Problem der Lichtsymbolik als das Verhältnis zwischen Glied (Auge) und Leib behandelt.

367 Vgl. Mt. 18,8ff u. Mk. 9,43ff.

368 Auch Tanch. קרח 12,89: עינו הטעתו = ὁ ὀφθαλμὸς αὐτοῦ ἐπλάνησεν αὐτὸν (den Kora), A. SCHLATTER, aaO 177. Vgl. syr. Bar. 49,3: Ferner s.o. 62-64 . Die Frage, ob "die Glieder, die jetzt in Sünden sind, und mit denen die Sünden vollführt werden", auch in der neuen Leiblich-

Auch die Rabbinen lehrten die Weisheit der Herrschaft über die Begier der Glieder. R. Ami bar Abba (um 270) sagte in b Ned. 32b: "Es heißt Abram (Gen. 17,5) und es heißt Abraham. Zuerst setzte ihn der Heilige, gebenedeit sei er, zum König über 243 Glieder (אברים) ein (Zahlenwert von אברם), später (nach der Beschneidung) aber setzte er ihn zum König über 248 Glieder ein[369]; das sind die beiden Augen, die beiden Ohren und die Körperspitze"[370]. Danach folgt seine allegorische Interpretation von Qoh. (= Ecc.) 9,14f: "Eine kleine Stadt, und Menschen & c. Eine kleine Stadt, das ist der Körper (גּוּף); Menschen sind wenig darin, das sind die Glieder (אֵבָרִים); da kam gegen sie ein großer König und umringte sie, das ist der böse Trieb[371], und baute um sie Bollwerke und Netze, das sind die Sünden; es fand sich darin ein armer und weiser Mann, das ist der gute Trieb; und er rettete die Stadt durch seine Weisheit, das sind Buße und gute Werke; doch niemand gedachte jenes armen Mannes, zur Zeit des bösen Triebs gedenkt niemand des guten Triebs". Er zitiert Qoh. (= Ecc.) 7,19: "Die Weisheit gibt Schutz dem Weisen mehr als zehn Gewaltige ... die beiden Augen, die beiden Ohren, die beiden Hände, die beiden Füsse, die Körperspitze und der Mund". Nach der allegorischen Interpretation werden die Stadt, die Menschen, der König und der Arme mit dem Körper, den Gliedern, dem bösen Trieb und der Weisheit in einem Menschen verglichen. Im Gegensatz zu Mekh. Ex. 19,6; Lev R. 4 wird hier das innere Verhältnis einer Gemeinschaft auf die Anthropologie intensiviert, die die Beziehungen im Leib des Menschen zeigt. Jedoch wird das Bild von Leib und Gliedern auch hier sowie Mekh. Ex. 19,6; Lev R. 4 kollektiv und individuell gebraucht.

Wir haben schon deutlich gemacht: Die Vorstellung, daß die verschiedenen Sünden von verschiedenen Gliedern stammen und damit den ganzen Leib beherrschen, findet sich auch in den Apokryphen und Pseudepigraphen. Dieselbe Vorstellung wird außerhalb des oben zitierten Wortes Jesu auch in den paulinischen Briefen tradiert; Röm. 6,13.19; 7,5.23. Dieselbe Anthropologie wird in 1. Kor. 6,15 auf das leibhafte Verhältnis zwischen Christus und den Christen angewendet. Endlich ruft Kol. 3,5 die Leser sogar

---

keit im Eschaton weiterexistieren werden, soll ebenso wie das Wort Jesu in Mt. 5,28ff aufgefaßt werden.

369 Zur gleichen Erzählung Aboth d. R. Nathan 16 (5d). Vgl. Bill. III, 94 u. IV, 472; J. HORST μέλος, ThWb IV, 563, 15ff. Zahlenwert von אברהם = 248. Die rabb. Theologie hat darüber nachgedacht, wieviele Glieder der Mensch habe, und hat ihre Zahl zur Thora in ein Verhältnis gesetzt, s. j. Ber. 8b, 60ff. Man zählt in der Thora 248 Gebote, entsprechend den Gliedern eines Mannes, und 365 Verbote nach der Zahl der Tage eines Sonnenjahres, s. b. Mak. 23b: Bill. I, 901. In Gen. R. 69 (44b) sagten die Rabbinen: Wie meine Seele nach dir dürstet, so dürsten die 248 Glieder רמ״ח איברים, die an mir sind, nach dir. In B^ekhor. 45a zählte man am Körper der Frau 252 Glieder.

370 Das männliche Glied. Durch die Beschneidung kamen letztere hinzu.

371 יֵצֶר הָרַע In b. Shab. 105b hat R. ABIN gesagt, daß der böse Trieb als ein fremder Gott in Menschen nicht wohnen soll: (Ps. 81,10) לא יהיה בך אל זר ולא תשתחוה לאל נכר איוזהו אל זר שיש בגופו של אדם הוי אומר זה יצר הרע

dazu auf, "die Glieder auf Erden zu töten", und unterstreicht diese Aufforderung durch einen Lasterkatalog[372]. Jak. 4,1 spricht von den Lüsten, die in den Gliedern streiten, und gehört offensichtlich in dieselbe Tradition.

Während in der alttestamentlichen Anthropologie, in der die Betrachtung von Leib und Gliedern noch nicht erscheint, der beseelte Leib der Träger des Lebens bzw. der Sünde war, wurden in der spätjüdischen Anthropologie, die durch den griechischen Organismusgedanken beeinflußt wurde (wo der Leib auch als ein Bild für die harmonische Gemeinschaft verwendet wird), auch die Glieder sowie der Leib zum Träger des Lebens bzw. der Sünde. Obwohl die spätjüdische Anthropologie wegen des griechischen Organismusgedankens und Dualismus eine analytische und komponierende Auffassung vom Menschen hatte und diese vertiefte (weshalb sie sowohl über die den Leib komponierenden Glieder wie über das Verhältnis zwischen Leib und Seele spekulierte), bleibt sie noch fest im Bereich der alttestamentlich-jüdischen Tradition, nach welcher der Mensch als das Ganze der Person nicht der Gegenstand der Handlungen, sondern deren Subjekt ist. Später aber entwickelte sie sich weiter durch den Sprachgebrauch bzw. die Denkweise der heterogenen Kultur und Religion und setzte sich dabei der Gefahr aus, ihren eigentümlichen Gedankenkreis zu verlieren[373].

Wie b Ned. 32b und Aboth d R. Nathan 16 (5d) gezeigt haben, wird gefordert, daß alle Glieder durch den guten Trieb zur Gebotserfüllung beherrscht und somit der Leib gerettet werden soll. Daher wird trotz des dualistischen Denkens von Leib und Seele die Hoffnung auf die Auferstehung von den Toten in der pharisäischen Tradition festgehalten. Daß die Sünde die verschiedenen Glieder benützt oder auch in ihnen sitzt, ist für spätjüdisches Denken immer noch leichter aussagbar, als die stark hellenisierte These, die wir besonders bei Philo und Josephus betrachtet haben, von der Verwerflichkeit des ganzen Leibes[374].

Andererseits haben wir oben erkannt, daß das Bild von Leib und Gliedern nicht nur anthropologisch und individuell, sondern auch gemeinschaftlich-kollektiv gebraucht wurde. Der Schritt zur kollektiven Wendung des Bildes ist wirklich nicht ein Produkt der abstrakten Spekulation. Nachdem die Israeliten ihre Katastrophe und Zerstreuung durch das Exil erfuhren und damit der vom Hellenismus beeinflußte Individualismus entstand, versuchte eine Reaktion gegen diesen störenden Einfluß das gemeinsame Gefühl unter allen Kindern Abrahams zu festigen[375]. Ihrer Furcht, daß das Volk zerstreut wird und daß seine Mission, die Wahrheit des Monotheismus in der

---

372 In gewisser Nähe zu Kol. 3,5 steht Logion 123 des Philippusevangeliums (130, 29f), in welchem die Beschneidung dahingehend interpretiert wird, daß "das Fleisch (σάρξ) der Glieder (μέλος) der Welt (κόσμος) vernichtet" werden müsse. Vgl. M. DIBELIUS - H. GREEVEN, An die Kolosser, 1953, zu Kol. 3,5.

373 Z.B.: Die Lokalisierung des Trägers der Sünde bringt die Verschärfung des Gebotes; vgl. auch beim Wort Jesu Mt. 5,29f, s.u. 128ff.

374 E. SCHWEIZER, Die Sünde in den Gliedern. In: Abraham unser Vater, 1963, 437-439.

375 W. D. DAVIES, aaO 59ff.

Welt zu verkündigen, unterbrochen wird, wurde mit der eschatologischen Hoffnung auf die vollständige Wiederherstellung des Volkes und auf das Verderben alles Heidentums in der messianischen Zeit entgegengewirkt. Daß die individuelle Rettung und die endgültige Einheit des zerstreuten Gottesvolkes gemeinsam vollbracht wird[376], ist Inhalt des Bildes. Das endgültige Ziel für Israel wurde nicht in dem von der Gemeinschaft getrennten Selbst gefunden, sondern in der gemeinsamen Bemühung, das Volk auf das Kommen des Messias auszurichten[377]. Zwar geht diese Vorstellung noch nicht über den Rahmen des Nationalismus hinaus, wie wir im Teil A in der Kritik an der Behauptung von Davies erörtert haben[378]. Aber daß in dem obigen Hintergrund das Wort "Leib" für die Einheitlichkeit der Nachkommen Abrahams verwendet wurde, bietet sicherlich eine Parallele zur paulinischen Vorstellung von der fundamentalen Einheit (Gal. 3,38) der Gläubigen als "der" Nachkommen Abrahams (Gal. 3,29) in Christus als "dem" Nachkommen Abrahams (Gal. 3,16), auf den sie in einem einzigen Leib getauft wurden (Gal. 3,27 und 1. Kor. 12,13).

376 Vgl. G. F. MOORE, aaO II 312-322.
377 R. Ph. SHEDD, Man in Community, 1958, 44ff.
378 S.o. 39f.

C

DIE ÜBERWINDUNG DES JUDAISMUS IM WIRKEN JESU

Bisher haben wir die alttestamentlichen und jüdisch-hellenistischen Vorstellungen hinter dem individuell und kollektiv gebrauchten Begriff σῶμα bei Paulus untersucht. Bevor wir nun die paulinische Theologie behandeln, müssen wir die Vorstellungen in den Jesusworten, die in den synoptischen Evangelien tradiert sind, betrachten. Zwar ist das Bild Jesu im nachösterlichen Licht, nämlich im Rahmen des Kerygma der Synoptiker und der urchristlichen Gemeinden geschildert; doch hat die Vorstellung vom Menschenverständnis, dem Endgericht und der Auferstehungshoffnung hinsichtlich Seele und Leib sowie Leib und Gliedern, welche in den unter einem individuellen Aspekt gesprochenen Jesusworten erscheint, sowohl eine enge Parallele in den apokalyptischen und spätjüdischen Schriften als auch einen Unterschied. Während J. Wellhausen[1] und R. Bultmann[2] behauptet haben, daß Jesus als der rabbinische Lehrer des radikal verstandenen Gottesgebotes zum Spätjudentum gehörte und als Christus erst von der Urgemeinde erkannt und bekannt wurde, hat E. Käsemann mit Recht den Unterschied zwischen Jesus und dem zeitgenössischen Judentum in den Vordergrund gestellt. Er behauptet die einzigartige Souveränität Jesu, mit der dieser sich loslöste von den alttestamentlichen Buchstaben und der Autorität Moses, und die Barmherzigkeit Gottes, des Vaters und das Evangelium von der Freiheit der Kinder Gottes verkündigte[3]. Aber nach dem Urteil der Bultmann-Schüler muß das echte Jesuswort nicht nur vom Denken des zeitgenössischen Judentums, sondern auch von Geist und Ordnung der christlichen Gemeinde deutlich abgehoben sein. Diese religionsvergleichende Methode, die das »criterion of dissimilarity«[4] benutzt, darf als allgemein anerkannt gelten. Doch hat sie eine Schwäche: Sie arbeitet beim Vergleich der Worte Jesu mit der religiösen Gedankenwelt des palästinischen Judentums und der Urkirche einseitig mit dem Prinzip der Originalität und erfaßt infolgedessen die als altertümlich anzusprechenden Jesusworte nur zum Teil. Alle Fälle, in denen Jesus an vorgegebenes Material anknüpft, etwa an Gedanken der Apokalyptik oder an spätjüdische Sprichwörter oder an den Sprachgebrauch seiner Umwelt (Jesus war Jude und hat der Beschneidung gedient, Röm. 15,8), schlüpfen durch die Maschen,

---

1 Einleitung in die drei ersten Evangelien, (1905) ²1911, 102.

2 R. BULTMANN, Das Urchristentum im Rahmen der antiken Religionen, ³1963; DERS., Theologie des Neuen Testaments, (1954) ⁸1980, 36.

3 E. KÄSEMANN, Das Problem des historischen Jesus, ZTK 51 (1951), in: Exegetische Versuche und Besinnungen, 1960, 206-211.

4 Norman PERRIN, Rediscovering the Teaching of Jesus, SCM 1967, 39-43.

aber auch diejenigen Fälle, in denen die Urgemeinde Jesu Worte unverändert weitergab, wie z. B. die Gottesrede *'Abba*[5]. Wenn das >> Unähnlichkeitskriterium<< als Schibboleth benutzt wird, enthält diese Methode eine schwerwiegende Fehlerquelle und verkürzt den historischen Tatbestand, weil sie die Zusammenhänge zwischen Jesus und dem Judentum nicht in den Griff bekommt.

Um so wichtiger ist es, daß J. Jeremias neben der religionsvergleichenden Methode noch ein anderes Hilfsmittel zur Ermittlung der vorösterlichen Überlieferung, nämlich sprachlich-stilistische Tatbestände, geboten hat[6]. Um das >> innere Leben << einer historischen Persönlichkeit zu verstehen, muß man zugleich das >> Milieu << ihres Wirkens berücksichtigen. Bei der Behandlung des Problems des historischen Jesus und der Beurteilung des neutestamentlichen Schrifttums muß man das Denken in den spätjüdischen und apokalyptischen Schriften nachvollziehen, der besonders durch die Auslegung des Alten Testaments zur Zeit Jesu geschult ist; wobei das chronologische Problem zu berücksichtigen und nicht einfach den Gesetzen moderner Logik zu folgen ist[7]. Wenn die traditionsgeschichtliche Methode[8] zusammen mit der form- und redaktionsgeschichtlichen Methode vollständig gebraucht wird, kann man sich besser dem σῶμα-Verständnis des historischen Jesus nähern. Bei der Auslegung der jeweiligen Texte wird man nicht nur Ähnlichkeiten, sondern auch einen entscheidenden Unterschied zwischen den Jesusworten und den Aussagen im Spätjudentum hinsichtlich unseres Themas finden.

§ 1 Leib und Seele

I. Mt. 10,28 (par. Lk. 12,4f)

Mt. 10,28: καὶ μὴ φοβεῖσθε ἀπὸ τῶν ἀποκτεννόντων τὸ σῶμα, τὴν δὲ ψυχὴν μὴ δυναμένων ἀποκτεῖναι· φοβεῖσθε δὲ μᾶλλον τὸν δυνάμενον καὶ ψυχὴν καὶ σῶμα ἀπολέσαι ἐν γεέννῃ.

Das Wort selbst stimmt sinngemäß mit der Lukasfassung überein, ist aber im Wortlaut bei Matthäus einfacher und klarer. Matthäus scheidet deutlich zwischen

---

5 Die Tatsache, daß der formgeschichtliche Nachweis allein die einwandfreie Scheidung zwischen echtem Jesuswort und späterer Gemeindebildung nicht ermöglicht, ist vor allem damit zu erklären, daß der>>Sitz im Leben<<, die Situation, auf die ein solches Wort gemünzt war, in beiden Fällen recht ähnlich ist. Denn beide, Jesus und die ersten Christen, standen im Bann der Endzeiterwartung; beide predigten das Kommen Gottes, die Auferstehung von den Toten und das Jüngste Gericht. Und beide sahen das endzeitliche Handeln Gottes und die von ihm geforderte Buße des Menschen im Lichte der Botschaft des Alten Testaments; O. BETZ, Was wissen wir von Jesus?, 1965, 17.

6 J. JEREMIAS, Neutestamentliche Theologie, Erster Teil: Die Verkündigung Jesu, 1971.

7 O. BETZ, aaO 19.

8 O. BETZ, Wie verstehen wir das Neue Testament?, 1981, 15f, 17f.

Leib und Seele (ψυχή), während Lukas nur vom Töten des Leibes spricht und den Begriff ψυχή vermeidet[9]. Die Vermeidung des Begriffes ψυχή bei Lukas zeigt sich auch in Lk. 9,25, wo die Wendung ζημιωθῆναι τὴν ψυχὴν αὐτοῦ (Mk. 8,36) redaktionell abgeändert wird, wohl deshalb, weil sie als Bestrafung der Seele nach dem Tode mißverstanden werden könnte.

In formaler Hinsicht handelt es sich an dieser Stelle um folgendes. Daß Lukas den antithetischen Parallelismus 12,4f (diff. Mt. 10,28) durch Zusätze erweicht[10], läßt erkennen, daß er die semitische Redefigur als unschön empfand. Bei den Synoptikern kommt der antithetische Parallelismus in Worten Jesu einschließlich der Texte von Mt. 10,28 (als Gegensatz mit Negation); Mk. 8,35; Mt. 10,39 / Lk. 17,33 weit über hundertmal vor[11].

Wie b. Sanh. 91b, so unterscheidet Jesus unter dem Einfluß der hellenistischen Synagoge zwischen dem Leib als Erscheinungsform des Menschen und der Seele als Trägerin des personhaften Lebens, die Menschen nicht zu töten vermögen[12]. Dies ist

---

9 Lk. 12,5 ὑποδείξω δὲ ὑμῖν: Lukas fügt gerne kurze Interjektionen nach Diatribenweise in den Text (Lk. 3,7; 6,47; Apg. 9,16; 20,35). φοβηθῆτε / φοβήθητε: Zum Stufenparallelismus -> Lk. 10,16 Trad.; vgl. J. JEREMIAS; Die Sprache des Lukasevangeliums, KEK (Sonderband) 1980, 149, 212.

10 Auch an den Stellen 8,21 (diff. Mk. 3,33f); 18,27 (diff. Mk. 10,27) wird der antithetische Parallelismus zerstört und in 8,10 (diff. Mk. 4,11) durch Kürzung aufgelockert. In anderen Logien hat Lukas den antithetischen Parallelismus 6,47-49 (diff. Mt. 7,24-27), 10,6 (diff. Mt. 10,13) und 11,34 (diff. Mt. 6,22f) durch Kürzungen, Lk. 6,45 (diff. Mt. 12,35) und 17,33 (diff. Mt. 10,39) durch Zusätze und Kürzungen erweicht. J. JEREMIAS; Neutestamentliche Theologie, 1971, 27.

11 Bei Markus 30 mal; in den Matthäus-Lukas-Logion 34 mal; darüber hinaus nur bei Matthäus 44 mal; bei Lukas 30 mal, vgl. J. JEREMIAS, aaO 25f. C. F. BURNEY, The Poetry of our Lord, 1925, 83, behauptet, daß von den verschiedenen Arten des semitischen Parallelismus (synonymer, antithetischer, synthetischer und klimaktischer Parallelismus) der antithetische >> characterizes our Lord's teaching in all the Gospel-sources<<. Es gibt zwar noch keine umfassende Untersuchung des semitischen antithetischen Parallelismus, aber doch bezeugen die vier synoptischen Überlieferungsschichten (Mk, Q, Mt S, Lk S) übereinstimmend, daß Jesus den antithetischen Parallelismus häufig benutzt hat. Noch wichtiger ist, daß sich die Redefigur annähernd gleichmäßig auf die Jesusworte der vier Schichten verteilt. Nach der Untersuchung von J. JEREMIAS hat Matthäus nur 25 von den 30 antithetischen Parallelismen übernommen, die ihm Markus bot, doch hat er keine Neubildungen von antithetischen Parallelismen im Rahmen des Markusstoffes vorgenommen. Lukas fand in dem von ihm in Blöcken übernommenen Markusstoff 17 antithetische Parallelismen vor, von denen er aber nur 11 übernahm. Fragen wir, in welchem Ausmaß die Tradition neben dieser Redaktion an der Entstehung von antithetischen Parallelismen beteiligt war, so kann ihr in einem Falle die sekundäre Bildung eines antithetischen Parallelismus mit hoher Wahrscheinlichkeit zugeschrieben werden: Lk. 11,4 (auch Mt. 7,13 dürfte gegenüber Lk. 13,24 sekundär sein). Der Befund zeigt, daß keinesfalls die Redaktion und nur vereinzelt die Tradition für die große Zahl der antithetischen Parallelismen in den Worten Jesu verantwortlich gemacht werden können. Nach dem Befund von J. JEREMIAS werden die meisten Belege auf Jesus selbst zurückzuführen sein.

12 P. BRATSIOTIS, Das Menschenverständnis des NT, in: C. H. Dodd uam, Man in God's Design according to the New Testament, 1952, 23, verteidigt die Lehre von der Unsterblichkeit der Seele in Mt. 10,28 sogar im Hinblick auf Jesus, indem er erkennt, daß auch der Leib für Jesus in Mt. 4,23; 6,25.34; Lk. 4,18.19; Mk. 2,27 seinen relativen Wert hat. Daher zieht er die Übersetzung des Wortes ψυχη mit "Seele" anstatt mit "Leben" vor.

jedoch nicht einfach mit der platonischen Unterscheidung von Leib und Seele gleichzusetzen[13]. Das griechisch beeinflußte Wort ist in der aufgezeigten Entwicklung zu verstehen; es besagt, daß Menschen einzig das physische Leben beenden können, das sowieso durch das irdische σῶμα begrenzt ist und eben darum noch nicht im eigentlichen Sinn das Leben ist[14]. Dementsprechend bleibt ψυχή letztlich das Leben in seiner von Gott gemeinten Eigentlichkeit, das selbst in der Hölle noch leiblich gedacht werden muß. Dieses Verständnis der ψυχή in einer positiven Beziehung zum Leib wird auch in Mk. 8,35 gezeigt[14a]. Mehr als die Menschen ist der zu fürchten, der in der Hölle den Menschen als Person verderben kann, nämlich Gott. An sich könnte dies allerdings auch von einer satanischen Macht ausgesagt werden[15], aber der Zusatz ἐν γεέννῃ macht die Beziehung auf Gott notwendig[16]. Auch im Rabbinismus ist es nur Gott, der das Urteil zum Gehinnom ausspricht[17]. Von Menschenfurcht befreit die Furcht vor Gott, in dessen Hand das ewige Schicksal des Menschen liegt; sie ist der Anfang der Weisheit[18]. Die Rabbinen können darum davon reden, daß

---

13 Vgl. J. N. SEVENSTER, Die Anthropologie des NT, 172-175 mit Anm.158.

14 E. SCHWEIZER, ThWb IX, 645.

14a S.u.S. 122dd.

15 Zur Zerstörung des Leibes und der Seele durch satanische Mächte siehe Bill. IV. 1, 523-526: Zur altjüdischen Dämonologie Nr. 6, c-g; P. VOLZ, Die Eschatologie der jüdischen Gemeinde, 1934, 286f.

16 γέεννα (erstmals im Neuen Testament belegt, und zwar außer Jak. 3,6 nur in synoptischen Jesusworten) ist Gräzisierung vom aram. gehinnam (hebr. gehinnom). So hieß seit alters her das Tal westlich und südlich Jerusalems, das im Südosten der Stadt ins Kidrontal mündet (heute wādi er-rabābi). Aus dem Wehe, das schon die Propheten über das Tal ausgerufen hatten (Jer. 7,32 = 19,6; vgl. Jes. 31,9; 66,24), weil hier Molochopfer stattfanden (2. Kön. 16,3; 21,6), bildete sich im zweiten Jahrhundert v.Chr. die Vorstellung, daß das Hinnomtal die Stätte der Feuerhölle sein werde (äth. Hen. 26f; 90,26f). Nach der Meinung des R. Jose b. Ḥalaphta (T3) ist die Hölle (Gehinnom) am zweiten Schöpfungstage erschaffen worden. (Aufgrund Jes. 30,33. W. BACHER, Die Agada der Tannaïten II, 188.) Unterschieden vom ᾅδης (še'ol), der nach den Vorstellungen des antiken Judentums Strafort der Seelen der Gottlosen vor der Auferstehung ist, tritt die Gehenna erst nach der Auferstehung und dem Endgericht in Erscheinung, um nicht nur die Seelen, sondern Seele und Leib der Verurteilten für immer aufzunehmen. Vgl. J. JEREMIAS, ᾅδης, ThWb I (1933), 146-150; γέεννα, ebd., 655f); DERS., Neutestamentliche Theologie, 1971, 130f. Wenn die Evangelien von ihr reden, geschieht es mit bewußter Realistik, die die ganze Furchtbarkeit des Gerichts zum Ausdruck bringen soll. Sie ist ein Ort, ὅπου ὁ σκώληξ αὐτῶν οὐ τελευτᾷ καὶ τὸ πῦρ οὐ σβέννυται (Mk. 9,48 zit. Jes. 66,24). Sie ist präexistent, genauso wie die Basileia (Mt. 25,41), wird also unvermeidlich kommen. Sie erfaßt den ganzen Menschen (Mk. 9,43-48). Jesus kommt es nur darauf an, den furchtbaren Ernst des Gottesurteils zum Ausdruck zu bringen, gegen dessen Spruch es keine Berufung gibt. Bei ihm umschließt das Wort γέεννα ein Zweifaches: a) die γέεννα ist Finsternis (Mt. 8,12; 22,13; 25,30). Sie bedeutet also den Ausschluß vom Licht Gottes. b) In der γέεννα werden κλαυθμὸς καὶ βρυγμὸς τῶν ὀδόντων sein (Mt. 8,12 par. Lk. 13,28). Das bedeutet die Verzweiflung über das durch eigene Schuld verscherzte Heil. Das ist die Hölle.

17 Daß Gott Macht hat, in dem Hades hinein- und aus ihm herauszuführen, ist schon alttestamentliche Aussage; Deut. 32,39; 1. Sam. 2,6; Tob. 13,2; vgl. Jak. 4,12. In Weish. 16,13-15 wird diese Aussage damit verbunden, daß der Mensch nur den Leib töten kann, über das entfliehende πνεῦμα und die hinweggenommene ψυχή aber keine Gewalt mehr hat.

18 Die gleiche Anschauung begegnet deutlich in 4. Makk. 13,13-15 in dem Anruf, den nicht zu fürchten, der nur zu töten scheint; denn Gott ist der Geber von ψυχαί und σώματα, auf die Übeltäter wartet schwerer Kampf und Gefahr der ψυχή in ewiger Qual.

Gottes Töten (= Strafe) ewiges Töten ist, so Jochanaan ben Zakkai (um 80), b. Ber. 28b oder Mekh Ex. 17,14: Gott hat Amalek vertilgt aus diesem Leben und aus dem Leben des kommenden Äons[19].

Wie versteht Matthäus ἀπολέσαι ἐν γεέννῃ? Will Matthäus an die Ansicht der Schule Schammais[20] erinnern, daß ein Teil der Menschen nach dem Gericht in der Gehenna zwölf Monate verbleibt, worauf der Körper (גוף) zerstört und die Seele (נֶפֶשׁ) verbrannt wird? Aber wenn der Ausdruck ἀπολέσαι ἐν γεέννῃ die gleiche Bedeutung hat wie ἐμβαλεῖν εἰς τὴν γέενναν (Lk. 12,5) woraus die übliche Ansicht von der Ewigkeit der Strafe herausklingt, scheint es hier so gedacht zu werden, daß die Strafe der Frevler für ewig gilt[21]. Das Gegenüber σῶμα-ψυχή hier scheint dennoch der rabbinischen Vorstellung von גוף und נֶפֶשׁ zu entsprechen.

II. Mk. 8,35 (par. Mt. 16,25 / Lk. 9,24; die Q-Fassung Mt. 10,39 / Lk. 17,33 und Joh. 12,25)

Mk. 8,35: ὃς γὰρ ἐὰν θέλῃ τὴν ψυχὴν αὐτοῦ σῶσαι ἀπολέσει αὐτήν· ος δ' ἂν ἀπολέσει τὴν ψυχὴν αὐτοῦ ἕνεκεν ἐμοῦ καὶ τοῦ εὐαγγελίου σώσει αὐτήν.

Der paradox formulierte zweigliedrige Maschal wird zur Begründung (γάρ) des Nachfolgespruchs angefügt. Selbstverleugnung und Kreuztragen haben mit Rettung und Verderb des Lebens zu tun. Dies Logion wird in den unmittelbaren Zusammenhang der ersten Ankündigung vom Leiden des Menschensohnes (Mk. 8,31-33) eingeordnet. τὴν ψυχὴν αὐτοῦ[22] σῶσαι "sein Leben retten"[23] meint: sein Leben vor dem Tode bewahren, sich am Leben erhalten; ... ἀπολέσει τὴν ψυχὴν αὐτοῦ "sein Leben verderben" meint: sein Leben in den Tod bringen, es verlieren[24]. Die paradoxe Formulierung macht neben der Form des Wortes auf dessen Doppelsinnigkeit aufmerksam: Das Leben des Menschen, seine konkrete, ganzheitliche Existenz vor Gott wird neu bestimmt, und zwar im Blick auf die Zukunft des Gerichtes Gottes, die Verderben (ἀπώλεια , vgl. Mt. 7,13; Phil. 3,19) oder Rettung (σωτηρία , vgl. besonders bei Paulus) bringt. Wer sein Leben preisgibt, auch in den Tod, wird es im Endgericht bewahren, weil er sich ganz auf Gott als den Herrn über Leben und Tod, den "Gott

---

19 Auch Dt R. 10,4 zu 31,14 (Wünsche 106); A. SCHLATTER, Mt. z.St.

20 S.o. 87 , 97f, Tos. Sanh. 13,4 (Par. b. R. Hasch.17a).

21 Vgl. W. C. ALLEN, Gospel according to St. Matthew, ICC, 1922, 109; P. VOLZ, aaO 286f; E. KLOSTERMANN, Das Matthäusevangelium, HNT 1927, 91.

22 ἑαυτοῦ ψυχήν B 28; OrPt.

23 ψυχή wird von der Züricher Bibel, Luther und vielen Kommentatoren als "Leben" übersetzt bzw. verstanden; W. GRUNDMANN, Das Evangelium nach Markus, ThHK. II (1962) 1977, 226; E. KLOSTERMANN, Das Markusevangelium, HNT, (1926) 1950, 84; R. PESCH, Das Markusevangelium, HThK. II (1977) ²1980, 61; E. LOHMEYER, Das Evangelium des Markus, KEK 2 (1937) ¹⁷1967, 170f.

24 Vgl. G. DAUTZENBERG. Sein Leben bewahren: ψυχή in den Herrenworten der Evangelien, StANT 14, 1966.

der Lebenden" (12,27) verläßt (vgl. Lk. 12,19f). Jesus verstand hierbei die ψυχή als Leben aus Gottes Hand und nach Gottes Sinn. Daher kann man sagen, daß der Auferstehungsglaube Basis des Logions ist[25], das die Hoffnung nährt, daß Gott das Leben des Menschen "zu mehr als der stets durch den Tod begrenzten Spanne bestimmt hat"[26].

Nach der Meinung von Pesch ist Ἕνεκεν ἐμοῦ wohl eine urkirchliche, die Lebenshingabe und -rettung (Auferstehung) Jesu bereits voraussetzende und das Wort auf die Martyriumsbereitschaft der Zeugen Jesu hin orientierende (spätestens bei Bildung der Spruchkette VV 34-38 erfolgte) Interpolation, die (spätestens) Markus mit der Nennung des Evangeliums, der Botschaft Jesu von der Gottesherrschaft und der Botschaft von Jesu[27] verdeutlicht[28]. Dabei erkennt er an, daß die um die genannten Zusätze gekürzte markinische Fassung des Wortes[29] als authentisches Jesuswort gelten kann[30]. Wie wir anschließend argumentieren, ist das Wort καὶ τοῦ εὐαγγελίου sicher als die markinische Redaktion interpoliert. Aber es ist zweifelhaft, daß auch das Wort ἕνεκεν ἐμοῦ später bei der Bildung der Spruchkette VV 34-38 vom Evangelisten Markus interpoliert wurde. Vielmehr können wir nach der Untersuchung von J. Jeremias[31] folgern, daß das Wort ἕνεκεν ἐμοῦ (= aram. beginni) in V. 35 von Jesus gesprochen wurde. Mk. 8,35 als der paradox formulierte zweigliedrige Maschal gehört zu denjenigen antithetischen Parallelismen Jesu, zu denen wir in der Literatur des antiken Judentums einigermaßen genaue Parallelen haben; b. Tan . 66a (= 32a): "Er sprach zu ihnen: Wer ist reich? Sie erwiderten ihm: Reich ist, wer seines Loses froh ist. Er sprach zu ihnen: Was tue der Mensch, daß er lebe? Sie erwiderten ihm: Er töte sich[32]. Was tue der Mensch, daß er sterbe?—Er genieße das Leben". Mk. 8,35 hat ein Qina (= die Totenklage) - Metrum (= Rythmus), die Jesus für Aussagen starker innerer Bewegung (z. B. Klage, Warnung, Drohung, Mahnung, Aufruf ebenso wie Seligpreisung und Heilsbotschaft) gebraucht[33]: 3 + 2, mit gelegentlicher Variation 2 + 2 und 4 + 2.

---

25 Vgl. mit 12,18-27. Hinsichtlich der Auferstehungsvorstellung blieb auch Jesus in der pharisäischen Denkweise.
26 E. SCHWEIZER, ψυχή, κτλ. ThWb IX, 641.
27 Vgl. mit 1,1.14f.
28 Röm. 1,16 könnte einen vormarkinischen Zusammenhang belegen.
29 Zu den übrigen gegenüber Mk. weiterentwickelten Fassungen vgl. G. DAUTZENBERG, aaO 61-66; E. SCHWEIZER, ψυχή, κτλ. ThWb IX, 642f.
30 R. PESCH, aaO 62.
31 J. JEREMIAS, Neutestamentliche Theologie, 35f.
32 Nach den Kommentaren: er kasteie sich, um des zukünftigen Lebens teilhaftig zu werden.
33 Eine echte Qina ist Lk. 23,31.

man dibeʿá (1) leḥajja'á (2) napšéh	ὃς (γὰρ) ἐὰν θέλῃ τὴν ψυχὴν αὐτοῦ σῶσαι
mobéd jatáh	ἀπολέσει αὐτήν
uman demobéd napšéh beginní (3)	ὃς δ' ἂν ἀπολέσει τὴν ψυχὴν αὐτοῦ
meḥajjé jatáh	ἕνεκεν ἐμοῦ (καὶ τοῦ εὐαγγελίου)
	σώσει αὐτήν

(Mk. 8,35 par. Lk. 9,24; 17,33)

1) θέλῃ Mk. 8,35 par. und ζητήσῃ Lk. 17,33 sind Übersetzungsvarianten von beʿa[34].

2) σῶσαι Mk. 8,35 par. und περιποιήσασθαι / ζῳογονήσει Lk. 17,33 sind Übersetzungsarianten von ḥajja'á.

3) beginní (בְּגִינִי meinetwillen = ἕνεκεν ἐμοῦ.) und καὶ τοῦ εὐαγγελίου fehlt in allen Parallelen: Mt. 16,25 par. Lk. 9,24: Mt. 10,39 par. Lk. 17,33; Joh. 12,25 (In p^{45}, D, it, sy^s ist bei Mk. 8,35 demgegenüber ἐμοῦ καὶ gestrichen). Damit legt sich in der Tat die Vermutung nahe, daß Markus hier "um des Evangeliums willen" eingefügt hat. Als Grund dafür gibt Lohmeyer an, daß der Evangelist "so den Spruch aus einer einmaligen, für die Jünger verbindlichen Lage" heraushebt und ihn "stärker zur Regel für die Gemeinde" prägt, deren Ruf, unter dem sie litt und siegte, "Christus und das Evangelium" lautete[35]. G. Friedrich nimmt für 8,35 und 10,29[36] an, daß hier εὐαγγέλιον "im Urmarkus, also in der ältesten Schicht der Überlieferung" nicht gestanden habe, wie ein Vergleich mit den synoptischen Parallelen zeige[37]. W. Marxsen unterstützt mit Recht diese Vermutung[38]. Markus hat das Substantiv εὐαγγέλιον immer absolut (außer 1,1.14) in die synoptische Tradition hineingebracht. Wichtig ist, daß man die Redaktion scharf aus der Gegenwart des Evangelisten heraus versteht. Für ihn ist das Evangelium die gegenwärtige Größe, die den Herrn repräsentiert.

E. Schweizer hebt mit Recht hervor[39]: "Auferstehung ist die letzte Konkretion dessen, daß der Mensch sein Leben völlig als Geschenk aus Gottes Hand empfängt. Daß nur die Ausrichtung auf Jesus und nicht auf die Seele dazu führt, zeigt der Zusatz". Es erlaubt wichtige Rückschlüsse auf den Glauben und die Todesbereitschaft Jesu. Diese Ankündigung des Jüngerleidens (ferner 9,1 par.; 10,38f par.;

---

34 Vgl. M. BLACK, An Aramaic Approach to the Gospels and Acts³, 1967, 244.
35 E. LOHMEYER, aaO z.St.
36 Ferner auch für 1,15.
37 G. FRIEDRICH, εὐαγγέλιον, ThWb II, 724.
38 W. MARXSEN, Der Evangelist Markus, Studien zur Redaktionsgeschichte des Evangeliums, 1956, 79.
39 E. SCHWEIZER, ThWb IX, 642.

14,27f par.; Mt. 10,25.28 par. 34-36 par.; Lk. 22,35-38) ist zugleich die Ankündigung des Leidens Jesu, weil es sehr unwahrscheinlich ist, daß Jesus zwar seine Jünger zum Leiden gerüstet hätte, sich selbst aber ausgenommen haben sollte. (Was Jesus seinen Hörern zumutet: Glaube an Gottes unbegrenzte, den Tod überwindende, Schöpfermacht, Hoffnung auf Auferstehung und Preisgabe der Existenz in der Liebe, der Treue zu Gott <der sich als die Liebe offenbart>, - das bestimmt den "Mut" seines eigenen Lebens.) Es war äußerst unglücklich und völlig unberechtigt, daß die Forschung bei der Untersuchung der Frage, ob Jesus sein Leiden angekündigt haben könne, bis in die jüngste Zeit ihr Augenmerk fast ausschließlich den sogenannten drei Leidensweissagungen zugewandt hat und das übrige, wichtige Material, das die Synpotiker überliefern, kaum beachtet hat. Die drei Leidensweissagungen Mk. 8,31 par.; 9,31 par.; 10,33f par. bilden nur einen kleinen Ausschnitt aus einem umfangreichen Material an Logien, die ein künftiges Leiden Jesu zum Gegenstand haben (z. B. Mk. 10,45; 14,24; Lk. 12,49f usw.)[40]. Mit Recht hebt R. Pesch hervor: "Das Logion darf also bei der Erörterung des Todesverständnisses Jesu und der Entstehung des Glaubens an eine Auferweckung nicht außer acht bleiben"[41].

Daß entsprechend dem noch in der Tradition der alttestamentlich-jüdischen Denkweise bleibenden Gebrauch von ψυχή die leibliche Existenz des Menschen geachtet wird, wird in Mk. 10,6-8 beim leiblichen (sarkischen) Verhältnis des Ehepaars gezeigt.

§ 2 Die leibliche Einheit der Ehe in Mk. 10,6-9 (par. Mt. 19,4-6)

Mk. 10,6-9: (6) ἀπὸ δὲ ἀρχῆς κτίσεως ἄρσεν καὶ θῆλυ ἐποίησεν αὐτούς (7) ἕνεκεν τούτου καταλείψει ἄνθρωπος τὸν πατέρα αὐτοῦ καὶ τὴν μητέρα καὶ προσκολληθήσεται πρὸς τὴν γυναῖκα αὐτοῦ, (8) καὶ ἔσονται οἱ δύο εἰς σάρκα μίαν· ὥστε οὐκέτι εἰσὶν δύο ἀλλὰ μία σάρξ. (9) ὃ οὖν ὁ θεὸς συνέζευξεν ἄνθρωπος μὴ χωριζέτω.

Zur Begründung der christlichen Position wird mit Hilfe von Gen. 1,27; 2,24 LXX ein Schriftbeweis geführt, der mit der Schöpfungsordnung argumentiert, die nach jüdisch geläufiger Methode in den Schöpfungsberichten (besonders für Bestimmungen über die Ehe) abgelesen wird (ἀπὸ δὲ ἀρχῆς κτίσεως)[42]. Dadurch wird hier nicht die Autorität des Mose berührt, vielmehr ein Wort der Schrift gegen ein anderes der gleichen Schrift gesetzt und damit zwischen dem geschieden, was Gott zu dem

40 In formaler Hinsicht handelt es sich bei den Leidensankündigungen um Bildworte, Rätselworte, Weherufe, Zitate (Schriftzitate und das Weisheitswort Lk. 11,49) usw.. Über die Aufzählung des Inhaltes siehe J. JEREMIAS, aaO 269.

41 R. PESCH, aaO 62.

42 Zum Ausdruck siehe Mk. 13,19; Mt. 24,21; Röm. 1,20; 2. Pt. 3,4, auch Ps. 77,2; Ass. Mos. 1,14 und das verwandte ἀπὸ καταβολῆς κόσμου Mt. 13,35; Lk. 11,50.

"harten Herzen" des Volkes, und dem, was Gott aus seinem eigenen Willen heraus gesagt hat[43].

Bei der jüdischen Diskussion über die Ehe und die Ehescheidung ist es nicht üblich, die Schöpfungsordnung sowohl auf Nichtjuden als auf Juden anzuwenden[44]. Nach b. Sanh. 57b und j. Qid. 1,1 wird Gen. 2,24 von vielen bekannten Rabbinen für die gegenseitige Treue des noachitischen Ehepaars zitiert, wobei Perversität, homosexueller Verkehr und Verkehr mit Tieren verboten sind[45]. Doch erwähnt j. Qid 1,1 (= Gen R. 18,5) von der Ehescheidung, daß deren Recht nicht den Heiden bzw. allen Nationen, sondern aufgrund von Deut. 24,1 nur Israel gewährt sei. Das Gesetz über die Ehescheidung wurde nicht für den Noachiten und Heiden anerkannt. (Vgl. 1. Kor. 7,10 im Zusammenhang mit der hal. Tradition.) Die Rabbinen R. Yoḥanan b. Zipporis, R. Aḥa und R. Ḥinena sagten im Namen von R. Schemuel b. Naḥman: "Ich gab (das Recht der Ehescheidung) nur an Israel; ich gab die Ehescheidung nicht den Nationen der Welt." Allerdings gibt es bei der Interpretation von Deut. 24,1 einen Unterschied zwischen der Hillel-Schule und der Schammai-Schule. Während in der Hillel-Schule die Basis für die Ehescheidung der in der Frau gefundene Fehler ist, ist sie nach Meinung der Schammai-Schule nur die Unzucht ערות דבר (Mischnah Gittin 9,10; b. Gittin 90a; Num R. 9,30). In diesem Punkt vertritt das Wort Jesu μὴ ἐπὶ πορνείᾳ in Mt. 19,9 die Stellung der Schammai-Schule (dieser konditionale Nebensatz fehlt in Mk. 10,6f und Lk. 16,18). Doch anders als die Meinung der Schammai-Schule, nach der Gott der die Eheleute Zusammenfügende ist und eine Scheidung für den Fall des Ehebruchs der Frau erlaubt, zeigt Jesus auffällig die prä-Sinai-noachitische Stellung der Juden selbst[46], indem er das Scheidungsverbot mit Gen. 2,24 auch für die Juden anwendet. Wie wir später[47] zeigen werden, konnte Jesus wie die Prophetie in Mal. 2,15f die Verwerfung der Ehescheidung auf Gen. 2,24 gründen.

Die unter den Juden nicht übliche Interpretation[48] Jesu hat eine Paralle in CD 4,20.21: (20)הֵם נִיתְפָּשִׂים בִּשְׁתַּיִם בִּזְנוּת לָקַחַת (21)שְׁתֵּי נָשִׁים בְּחַיֵּיהֶם וִיסוֹד הַבְּרִיאָה זָכָר וּנְקֵבָה בָּרָא אוֹתָם. "(20) Sie sind durch zweierlei gefangen; in der Hurerei, daß sie (21) zwei Weiber zu ihren Lebzeiten[49] nahmen; aber die Grundlage der Schöpfung ist: Als Mann und Weib hat er sie erschaffen." (Gen. 1,27; Mt. 19,1-12 = Mk. 10, 1-12 entspricht CD 4,20-5,6.) Wenngleich CD 4,20-5,6 sich doch nicht gegen die

---

43 E. LOHMEYER, aaO 200.

44 W. L. LANE, The Gospel according to Mark, NLC, 1974, 356; M. LEHMANN, Gen. 2,24 as the Basis for Divorce in Halakhah and New Testament, ZAW 72 (N.F.31) 1960, 265ff).

45 Auch b. Gittin 57a mit dem Zitat von Gen. 2,24 הדר ערבינהו קרא.

46 M. LEHMANN, aaO 266.

47 S.o. 174f.

48 Über die eventuelle Scheidungserlaubnis der Heiden siehe Hilkhoth Melakhim 9,8.

49 Das heißt: zu Lebzeiten der Frauen. Es wird also eindeutig gegen die - an sich im Judentum durchaus erlaubte - Polygamie polemisiert. Vgl. E. LOHSE, Die Texte aus Qumran. Hebräisch und deutsch, 1964, 288 Anm.

Scheidung und darauffolgende Wiederverheiratung richtet, sondern gegen die Polygamie[50], kann man Burrows zugestehen, daß mit der verbotenen Zweitheirat nicht nur die Polygamie, sondern auch eine neue Heirat nach vorausgegangener Scheidung untersagt sei[51]. Freilich bezweifeln Bruce und Burrows wegen der Nur-Wörtlichkeit bzw. wegen der zu geringen Genauigkeit die Erheblichkeit dieser Analogie[52]. Doch sei auffällig genug die Verwendung des gleichen Gen. 1,27-Zitates mit einer vergleichbaren Entlastung von Vertretern der bisherigen Praxis. Der CD-Passus und die Jesustradition werden im Gegensatz zu dem jüdischen Überlieferten verbunden und damit hebt sich schließlich auch das Singuläre der Jesustradition heraus. Das Besondere bei Jesus tritt in der Verbindung von Gen. 1,27 und 2,24 zutage.

Die Verbindung der beiden Zitate Gen. 1,27 und 2,24 dient der Begründung der Einheit der Eheleute in Gottes Schöpfungstat und -willen selbst. Gen. 1,27 wird als Erschaffung eines Paares interpretiert: Gott hat <u>einen</u> Mann (ἄρσεν) und <u>eine</u> Frau (θῆλυ) erschaffen[53]. Gen. 2,24 LXX spricht ausdrücklich von οἱ δύο . Daß der Mensch - und zwar Mann und Frau, wie ἄνθρωπος in generischer Interpretation verstanden wird - Vater und Mutter verläßt und die beiden zu einem Fleisch werden, wird als gottgewollte Folge (ἕνεκεν τοῦτο)der Schöpfungstat Gottes hingestellt, der sie als Mann und Frau schuf (und nicht mehr wie im Zusammenhang mit Gen. 1,23f auf das vom Mann Genommensein der Frau bezogen). Die Einheit der beiden Eheleute wird als Konsequenz in Vorbereitung der ethischen Schlußfolgerung (V. 9) noch einmal betont hervorgehoben (V. 8b). Der Schriftbeweis, der auf der LXX basiert[54], will also zeigen, daß Gottes Schöpfung selbst schon auf die Einheit der Ehe abzielt. Blickt man von hierher auf die Erlaubnis des Mose (V. 4) zurück, so kann sie nur im Blick auf die Hartherzigkeit der Menschen hin gegeben sein. Gottes ursprünglicher Wille ist im Scheidungsverbot Jesu getroffen. Jesus stellt demnach seine Kenntnis und <u>seine Interpretation</u> des Willens Gottes <u>gegen</u> das Verständnis dieses Willens, wie es <u>die pharisäische Tradition</u> im Anschluß an die Heilige Schrift verrät: Schöpfungsordnung gegen Moses Notverordnung.

Der Ausdruck μία σάρξ (wie ἓν σῶμα in 1. Kor. 6,16)[55] kennzeichnet die enge Verbindung zwischen Mann und Frau nicht mehr wie im MT von Gen. 2,24 als Merkmal der Blutverwandtschaft, sondern als die durch den Geschlechtsverkehr hergestellte leibliche Einheit und Vollkommenheit des Menschen[56]. Was in dem Augenblick solcher

---

50 H. BRAUN, Qumran und das Neue Testament I, 1966, 40.

51 M. BURROWS, Mehr Klarheit über die Schriftrollen, 1958, 84.

52 F. F. BRUCE, Die Hauptschriften vom Toten Meer, 1957, 165f; vgl. auch H. BRAUN, Spätjüdisch-häretischer und frühchristlicher Radikalismus, II (1957), 109-113.

53 Zur Auslegungsgeschichte von Gen. 1,27 bis zum NT vgl. K. BERGER, Gesetzesauslegung I, 521-528; zu Gen. 2,24 ebd. 528-533.

54 Neuerdings bestritten von Dr. R. CATCHPOLE, The Trial of Jesus, StPB 18 1971, 108f, der auch das Streitgespräch auf Jesus zurückführen will.

55 Paulus verwendet das Zitat οἱ δύο εἰς σάρκα μίαν Gen. 2,24 LXX (מְקִים שְׁנֵיהֶם בְּשָׂר אֶחָד) für die fleischliche Begattung bei der Hurerei. Vgl. K. BERGER, aaO 551f; auch E. SCHWEIZER, σάρξ, ThWb VII, 106f.

56 Vgl. E. KLOSTERMANN, Das Markusevangelium, 112.

Verbindung geschieht, das ist, weil es Gottes Gebot ist, zum bleibenden Bunde, zu der fortwirkenden und fortwachsenden Ganzheit "Eines Leibes" gefestigt[57]. Diese Tradition ist ekklesiologisch in 2. Kor. 11,2f wieder aufgenommen, wo Christus und die Gemeinde eine eschatologische Entsprechung zum ersten Menschenpaar sind, ebenso in Eph. 5,32. Der Verfasser des Epheserbriefes gebraucht die leibliche Einheit zwischen Mann und Frau als eine geheimnisvolle Analogie zwischen Christus und der Kirche[58].

§ 3 Leib und Glieder in Mt. 5,29f; 18,8f (par. Mk. 9,43ff)

Mt. 5,29f: (29) εἰ δὲ ὁ ὀφθαλμός σου ὁ δεξιὸς σκανδαλίζει σε, ἔξελε αὐτὸν καὶ βάλε ἀπὸ σοῦ· συμφέρει γάρ σοι ἵνα ἀπόληται ἓν τῶν μελῶν σου καὶ μὴ ὅλον τὸ σῶμά σου βληθῇ εἰς γέενναν. (30) καὶ εἰ ἡ δεξιά σου χεὶρ σκανδαλίζει σε, ἔκκοψον αὐτὴν καὶ βάλε ἀπὸ σοῦ· συμφέρει γάρ σοι ἵνα ἀπόληται ἓν τῶν μελῶν σου καὶ μὴ ὅλον τὸ σῶμά σου εἰς γέενναν ἀπέλθῃ.

Mt. 18,8f: (8) Εἰ δὲ ἡ χείρ σου ἢ ὁ πούς σου σκανδαλίζει σε, ἔκκοψον αὐτὸν καὶ βάλε ἀπὸ σοῦ· καλόν σοί ἐστιν εἰσελθεῖν εἰς τὴν ζωὴν κυλλὸν ἢ χωλὸν ἢ δύο χεῖρας ἢ δύο πόδας ἔχοντα βληθῆναι εἰς τὸ πῦρ τὸ αἰώνιον. (9) καὶ εἰ ὁ ὀφθαλμός σου σκανδαλίζει σε, ἔξελε αὐτὸν καὶ βάλε ἀπὸ σοῦ· καλόν σοί ἐστιν μονόφθαλμον εἰς τὴν ζωὴν εἰσελθεῖν ἢ δύο ὀφθαλμοὺς ἔχοντα βληθῆναι εἰς τὴν γέενναν τοῦ πυρός.

Jesus stellt in dem Logion Mt. 5,29-30 ein einzelnes Glied ἓν τῶν μελῶν dem ganzen Leib gegenüber ὅλον τὸ σῶμα[59]. Auge und Hand nennt er als die Glieder, die die wichtigen Funktionen zu erfüllen haben[60], solche, die den Menschen konkret,

57 E. LOHMEYER, aaO 201.

58 Die Vorstellung vom ursprünglich androgynen Adam, die bei Philo (s.o. 70 f) und in den rabbinischen Schriften (Gen. R. 8,1, s.o. 97 Anm.270) erschien, ist nicht erkennbar; R. PESCH, Das Markusevangelium, 124. Dagegen erkennt W. GRUNDMANN, Das Evangelium nach Markus, ThHK. II, 204, die Möglichkeit an, daß diese unter den Rabbinen bekannte Vorstellung hier vorausgesetzt werden kann. Zur Deutung von Gen. 2,24 vgl. Jub. 3,6; Sir. 25,26; Vit Ad. 3.

59 Bei D sy[s] ist der 2. Satz (V.30) von der Hand weggefallen. Die Textvarianten , z.B. βληθῇ in 30 statt ἀπέλθῃ sind unerheblich.

60 In Mk. 9,43.47 = Mt. 18,8f auch noch den Fuß. R. BULTMANN, Die Geschichte der synoptischen Tradition, [8]1970, z.St.: "sekundäre Analogiebidlung". J. JEREMIAS, Jesus als Weltvollender, 1930, 21,1, meint freilich, daß die drei, nämlich Hand, Fuß und Auge, dem Stil Jesu entsprechen. In sonstigen Texten verweist auch BULTMANN, aaO 207, 342, auf die Verwendung der Dreierzahl in den Gleichnissen. Das Urteil, daß das Wort vom Fuß sekundäre Bildung sei, ist deshalb unsicher, weil es durchaus wahrscheinlich ist, daß im Zusammenhang mit Mt. 5,29f das Wort von der Hand Ergänzung ist. Vom eilenden Fuß wird das gleiche gesagt wie von der greifenden Hand. R. PESCH, Das Markungsevangelium, HThK. II, 116, meint, daß die konkrete Rede vom Verlust eines der Doppelglieder Hand, Fuß und Auge bzw. von "verkrüppelt, lahm und einäugig" ursprünglicher sein wird als die Gegenübersetzung des Verlustes eines der Glieder und des ganzen Leibes. Jesus nennt im voraufgehenden Vers bei Mt. 5,28 noch das Herz als Instrument des Sündigens, das zum Auge in Beziehung steht. Vgl. Raschi z Num. 15,39: das Auge sieht, das Herz

nicht abstrakt, kennzeichnen als einen, der erkennen und handeln will[61]. Nicht nur der Blick (mit den Augen), auch die Berührung mit der Hand, erweckt Begierde oder geschieht in begehrlicher Absicht, weshalb die Pharisäer nicht nur das Anschauen, sondern auch das Berühren der Frau vermieden. Rabbi Eliezer hat nach b. Nidda 13b Jes. 1,15 "Eure Hände sind voll Blutschuld" auf die gedeutet, "die Ehebruch treiben mit der Hand."[62]. Von daher werden die Glieder sogar zum handelnden Subjekt: εἰ δὲ ὁ ὀφθαλμός σου δεξιὸς (ἡ δεξιά σου χεὶρ) σκανδιλίζει σε. Infolge des oben betrachteten jüdischen Denkens wird auch in Logion Mt. 5,29f (u. par.), das zweifellos auf Jesus zurückgehen kann[63], das verführende Einzelglied abgehoben. Die Lokalisierung der Sünde bringt dann das radikal verschärfte Gebot, das dem durch die Schuld Gefährdeten sagt, was er tun solle. Trotz der besonders griechischen Vorstellung, daß der Leib das Ganze ist, dem die Einzelglieder gegenüberstehen, ist der Leib, entsprechend dem besonders im Begriff בָּשָׂר gekennzeichneten alttestamentlichen Denken als das verstanden, worin man sein eigentliches Leben hat, worin man sich bewährt und worin man einst Himmel oder Hölle erreicht. Der Leib ist das eigentliche Ich, von dem ein einzelnes Glied um des Heils des ganzen Menschen willen abgeschnitten werden, aber auch das Ganze beeinflussen oder offenbaren kann.

Worin besteht aber der Anstoß, das σκανδαλίζειν? Matthäus hat den Spruch in seinen Antithesen zur herrschenden Gesetzesfrömmigkeit eingefügt und versteht ihn im Anschluß an V. 27ff wohl vom ehebrecherischen Blick des Auges. Die Gefahr des σκάνδαλον kann sich selbstverständlich auch am Festhalten an einem ehebrecherischen Blick oder einer Tat entzünden. Ebenso wie Jesus bedingungslose Abkehr vom Besitz (Mk. 10,21ff par.), von der Familie und von den natürlichen Ordnungen fordert (Mt. 10,37ff; Lk. 14,26f), ja die Preisgabe des eigenen Lebens (Mk. 8,34ff par.), wenn diese Güter von der Nachfolge abhalten, so selbstverständlich ist auch die unbedingte Preisgabe der sündigen Tätigkeit der Glieder[64]. Die radikale Forderung Jesu kann man wohl erst beim Ruf zum Gottesreich verstehen. Dieses Verhältnis erscheint klar in dem gleichlautenden Spruch Mt. 18,8f = Mk. 9,43ff[65], der keinen besonderen Hinweis auf das 6. Gebot zeigt[66]. Das σκάνδαλον wird dann offenbar in der Frage nach der Entscheidung für die βασιλεία τοῦ θεοῦ, das heißt aber für

begehrt, der Leib vollbringt die Sünde. Der böse Trieb gewinnt Macht über den, dessen Augen sehen, vgl. Bill. I. 302. Im Unterschied zu Markus, der das eine verbleibende Glied den beiden Gliedern (Hand. Fuß, Auge) gegenüberstellt, wird hier eines der Glieder dem ganzen Leib, dem Ausdruck des Menschseins in seiner GAnzheit, gegenübergestellt.

61 Hi. 24,15; 31,1; Sir. 26,9; Ps. Sal. 4,4f. 1QS 1,6; Test. XII Issachar 7,2; Lev R. 23 (122b); Traktat Kalla I sprechen von "Augen der Unzucht"; vgl. Bill. I, 298-301. In Qumran ist man zur Ehelosigkeit übergegangen; vgl. H. Braun, Radikalismus, II, 9-10, 39-41, 62, 84-85, 131-133.

62 W. GRUNDMANN, Das Evangelium nach Matthäus, ThHK. I, 161.

63 W. G. KÜMMEL, Die Theologie des Neuen Testaments, (1969)⁴ 1980, 41.

64 Die Gläubigen der Makkabäerzeit lassen sich gern die Glieder im Martyrium für Gott verstümmeln, 4. Makk. 10,20.

65 Vgl. J. SCHNIEWIND, Das Evangelium nach Matthäus, NTD (⁴1950), zu Mt. 18,8.9.

66 Bill I, 302 B.

Jesus selbst, für den Glauben (τῶν πιστευόντων Mk. 9,42; τῶν πιστευόντων εἰς ἐμέ Mt. 18,6)[67].

Die Strafe der Amputation eines Gliedes wurde im Judentum anstelle der Todesstrafe (bei den Römern: durch Kreuzigung) für die genannten (und andere: Betrug, Aufstand) Vergehen verhängt (so. Ri. 1,6f; Ez. 23,25: Dt, 25,11f)[68]. Freilich kollidiert doch das zugespitzte Wort mit der Ächtung der Selbstverstümmelung im Judentum[69], "darin ist aber gewiß ein Hinweis auf seinen metaphorischen Charakter zu erkennen"[70]. ἀποκόπτω[71] und ἐκβάλλω[72] sind eschatologische Gerichtstermini. Man soll nicht meinen, daß Jesus eine wörtliche Erfüllung des ἔξελε (ἔκκοψον) καὶ βάλε ἀπὸ σοῦ verlange. Dieses Logion, das zur Aufmerksamkeit rufen will durch seine verblüffende, paradoxe Art, bedeutet, daß der Mensch in seiner Entschlossenheit gegen das ihn versuchende Böse radikal sein und auch das ihm Wertvollste drangeben soll. Diese Entschlossenheit wird an seinem Leib bewährt. Der Leib wird also gerade nicht als ein vollkommener, in sich geschlossener verstanden, sondern als der Leib, der im Dienste Gottes steht und daher lieber auf seine Ganzheit verzichtet als auf Gott. Gleichzeitig bedeutet dieses Logion sowohl in seiner Aussage Mt. 5,29f als auch 18,8f die κρίσις über jeden Menschen; dieser wird der γέεννα schuldig gesprochen. Demnach beginnt das Kommen des Reiches Gottes mit dem eschatologischen Gericht. Deshalb zeigt die Amputation der Glieder den unbedingten Ruf Jesu zur Umkehr, "zur Kompromißlosigkeit im guten Handeln, das dem guten Sein (das sich von allem Bösen trennen muß) entspringt"[73]. Jesus kann so radikal urteilen, weil die entschlossene μετάνοια für den Eintritt in Gottes Reich zugleich das σῴζεσθαι in sich schließt[74].

Das von Jesus wiederholt gebrauchte Wort εἰσέρχεσθαι (Mk. 9,43 par. 45.47 par.; 10,15 par. 23-25 par.; Mt. 5,20; 7,13f par. 21; 19,17; 23,13 par.; Joh. 3,5; 10,9) drückt die alttestamentliche Einzugsformel aus, welche die Bedingungen für den Zutritt zum Heiligtum, die sogenannten Eintrittstorot enthält. In der Einzugsliturgie Ps. 24, beim Einzug der Pilger in Jerusalem, wird die Frage gestellt: "Wer wird auf des Herrn Berg gehen, und wer stehen an seiner heiligen Stätte?" (V. 3), worauf die Antwort folgt (V. 4f): "Der unschuldige Hände hat[75] und reines Herzens

67 "Sprache der Gemeinde" nach J. SCHNIEWIND, aaO 198, zu Mt. 18,6. Der Ausdruck Glaube "an" Jesus wird bei den Synoptikern nur hier erwähnt. Mk. führt den positiven Begriff εἰσελθεῖν εἰς ζωήν ein oder am Schluß εἰς τὴν βασιλείαν τοῦ θεοῦ. Zum Eingehen in die Gottesherrschaft vgl. zu 10,15 - Zur Gleichsetzung mit ζωή (absolut gebraucht = das eigentliche, ewige Leben) vgl. R. BULTMANN, Art. ζάω, ThWb II, 865; W. GRUNDMANN, Das Evangelium nach Markus, 199.

68 G. STÄHLIN, κοπετός-αποκόπτω, κτλ, ThWb III, 852.

69 Ist doch nicht jedes Glied des von Gott geschaffenen Leibes, sondern sogar jedes Haar in Gottes Hand (Mt. 10,30).

70 R. PESCH, Das Markusevangelium, 115.

71 Vgl. G. STÄHLIN, aaO 852f, 857-860.

72 Vgl. F. HAUCK, ἐκβάλλω, κτλ ThWb I, 525f.

73 R. PESCH, aaO 116.

74 Die Seligpreisungen stehen auch über Mt. 5,29f, vgl. J. SCHNIEWIND, aaO 63; DERS., Das Evangelium nach Markus, NTD (⁹1960), 130f.

75 נקי כפים ובר לבב → Ps. 23,4 LXX, ἀθῷος χερσὶν καὶ καθαρὸς τῇ καρδίᾳ (Röm. 3,13). Nur hier im AT hat das Glied die ethische Bedeutung.

ist; nicht Lust hat zu loser Lehre und schwört nicht fälschlich: der wird den Segen vom Herrn empfangen und Gerechtigkeit von dem Gott seines Heils". Mt. 18,3 (Mk. 10,15 par.; Lk. 18,17) gehört zu diesen Worten Jesu, die die Bedingungen für den Einlaß in die Königsherrschaft nennen. Dabei schließt er sich der jüdischen Anschauung an: "Wenn die Israeliten umkehren, werden sie erlöst; wenn aber nicht, so werden sie nicht erlöst"[76]. Der Glaube, daß die Juden durch ihre Gesetzeserfüllung das Kommen der Gottesherrschaft beschleunigen könnten, stößt sich zweifellos mit Jesu Überzeugung, daß der Zeitpunkt des Kommens der Gottesherrschaft ganz allein von Gottes Willen abhängt und daß die Gottesherrschaft ohne jedes menschliche Zutun kommt (Mt. 24,44.50 par.; Mk. 13,32 par.; 4,26ff). Diese auf Jesus zurückgehende radikale Forderung schließt an ein anderes Wort Jesu (Mt. 5,20) an, wo Matthäus die Anschauung Jesu doch richtig zusammenfaßt, selbst wenn die Formulierung dieses Spruches von Matthäus stammen sollte: "Wenn eure Gerechtigkeit die der Schriftgelehrten und Pharisäer nicht übertrifft, werdet ihr nicht in die Himmelsherrschaft eingehen" (vgl. auch Matt 5,21f). Die Entscheidung zur Umkehr ist bei Jesus also gefordert angesichts des Menschen, der jetzt Gottes Willen in vollkommener Weise zu verkündigen den Auftrag hat und darum zu sofortiger Umkehr aufruft. Die Person Jesu ist von seinem Anspruch unablösbar[77]. Weiter ist zu beachten, daß Jesus ja nicht nur die Nähe der Gottesherrschaft verkündet hat, sondern ebenso den Anbruch dieser Herrschaft in seinem Wirken herbeigeführt hat; darum kann die Forderung Gottes bei Jesus gar nicht allein durch das Wissen um die Nähe der Gottesherrschaft bestimmt sein, sondern erhält ihren Charakter ebenso sehr durch das Heilsgeschehen der Gegenwart, das sich in Jesus vollzieht[78].

Denn bei dem unbedingten Ruf Jesu zur Umkehr aus dem selbst-zentrierten Leben handelt es sich ernsthaft um das ganze Sein des Menschen; deshalb kann Jesus in Mk. 8,35 (= Mt. 10,39; Lk. 17,33) über die Preisgabe nicht nur der Glieder, sondern auch der ψυχή als eigentlichem Leben im Unterschied zum bloß physischen sprechen[79]. Die meisten Kommentare deuten Mt. 18,8-9 als Aussage über die aus dem Einzelmenschen und seiner Veranlagung kommenden Ärgernisse. Doch mit der Frage von E. Klostermann[80]: "Oder denkt Mt hier an Gemeindeglieder, die σκάνδαλα sind und exkommuniziert werden sollen?"[81] erwägt W. Pesch[82] die Möglichkeit, unter Hand, Fuß und Auge nicht Glieder des menschlichen Leibes, sondern Personen,

76 R. MAYER, Der Babylonische Talmud. Ausgewählt, übersetzt und erklärt, Goldmanns Gelbe Taschenbücher, 1963, 1330-1332.
77 J. SCHNIEWIND zu den St. bei Mt. u. Mk., vgl. Mt. 11,6, ἐν ἐμοί; W. G. KÜMMEL, aaO 39, 66.
78 W. G. KÜMMEL, aaO 44.
79 Über Mk. 8,35 s.o. 122ff.
80 E. KLOSTERMANN, Das Matthäusevangelium, z. St.
81 Für das allegorische Verständnis treten ein Th. ZAHN, Das Evangelium des Matthäus, KNT ^{4}1922, 570; J. WEIß und W. BOUSSET, Die drei älteren Evangelien, Bd. 1, SNT ^{3}1917, 338: "Im Zusammenhang des Matthäus bedeuten Hand, Fuß, Auge vielleicht sündige und verführende Gemeindeglieder".
82 W. PESCH, Die sogenannte Gemeindeordnung Mt 18, in: Evangelienforschung, 1968, 181f.

d.h. Glieder des Leibes Christi, zu verstehen, die Ärgernis bereiten, also Verführer und Irrlehrer, die die Gemeinde aus ihrer Mitte entfernen muß "aus Selbsterhaltungswillen - denn es geht um ewiges Leben oder ewigen Tod". Weiterhin sagt er, "daß die Bildsprache von Leib und Gliedern zur Zeit des Mt bei der Beschreibung von Gemeinden nicht ungewöhnlich war"[83]. Dann muß man freilich ein unterschiedliches Verständnis von Mt. 5,29.30 in Kauf nehmen, wo von Gliedern des menschlichen Leibes gesprochen wird; das aber wiegt um so schwerer, als Matthäus anders als das Corpus Paulinum sonst nie eine Berührung zur Vorstellung der Kirche als des Leibes Christi erkennen läßt[84]. Bei Paulus ist die lokale Kirche als "der Christus" und als ein Leib "in Christus" gesehen, dessen Glieder Christi Glieder sind. Diese Vorstellung hängt damit zusammen, daß Paulus in Jesus Christus den zweiten und letzten Adam sieht (Röm. 5,12-21; 1. Kor. 15,20ff.44b bis 49) und daß er Adam im Sinne jüdischer Adamspekulation interpretiert, wie wir ausführlich in Teil D und E herausstellen werden.

Abschluß

Wir haben bisher die hinter der paulinischen Ekklesiologie als σῶμα Χριστοῦ liegenden Traditionen, die sich von dem Menschenverständnis als בָּשָׂר, σῶμα, גוּף im Alten Testament, in der LXX und dem hellenistischen Judentum entwickelten, von den drei Gesichtspunkten aus untersucht: a) Leib-Seele(bzw. Geist)-Verhältnis als das dichotomische Menschenverständnis, b) Leib-Glieder-Verhältnis, c) das kollektiv-kosmische Verständnis des Leibes. Diese drei Traditionen stehen allerdings in einer einander entsprechenden Beziehung. Wir haben zugleich durch die Exegese herausgestellt, wie diese Traditionen in den synoptischen Jesus-Worten angesprochen und von Jesus selbst durch den Ruf zum Gottesreich aufgehoben sind. Im folgenden müssen wir durch die Exegese der entsprechenden Texte des Paulus herausstellen, wie sie aufgrund der Christologie gebraucht und sowohl im Abendmahl-Verständnis wie in der Bildung des σῶμα Χριστοῦ-Begriffes endgültig umgeformt wurden. Wir dürfen zugleich auch eine von Paulus für den Leib Christi als die Gemeinde verwendete andere Vorstellung "Tempel Gottes" und die damit zusammenhängende Tradition des Menschensohn-Motivs behandeln. O. Michel[85] hat behauptet: "Jesus Christus als Menschensohn und Gott selbst (Phil. 2,6) war daher auch die Voraussetzung seiner Gemeinde"[86]. Andererseits ist die Anwendung des metaphorischen Begriffs "Tempel

83 AaO 182. Zu dieser vor allem im Corpus Paulinum (vgl. bes. 1. Kor. 6,15; 12,12-27; Röm. 12,4f) bezeugten Vorstellung vgl. H. SCHLIER, "Leib Christi in der Schrift", LThK VI ²(1961), 907-909: die Gemeinde am jeweiligen Ort ist der eine Leib aus vielen Gliedern, die zu gegenseitiger Fürsorge und Achtung gewiesen sind, die füreinander Verantwortung tragen und im Geiste Gottes zusammenhalten.

84 Vgl. W. GRUNDMANN, Das Evangelium nach Matthäus, 416.

85 O. MICHEL, Das Zeugnis des Neuen Testaments, (1941) ²1983, 126.

86 Vgl. o. 60f.

Gottes" im kollektiven Sinn (Joh. 2,21, Tempel, als Jesu Auferstehungsleib) bei Paulus die Voraussetzung für den individuellen Gebrauch (1. Kor. 6,19). Daher sagt O. Michel auch, daß traditionsgeschichtlich wir mit der Vorstellung vom "Leib Christi" als dem "Tempel des Heiligen Geistes" (Joh. 2,21) wohl eine bestimmte Urtradition, die nach Palästina zurückweist, vor uns haben[87]. Selbstverständlich müssen wir noch durch die Prüfung im folgenden Teil D ihren inneren Zusammenhang klären. Wie wir in den obigen Exegesen verdeutlicht haben, rühren Jesu Aussagen von σωμα in den synoptischen Evangelien nicht vom ekklesiologischen Aspekt, sondern nur von dem anthropologischen her. Aber gegenüber der soteriologisch-ekklesiologischen Wendung von σωμα bei Paulus können der Tempel-Begriff (in bezug auf die Qumran-Literaturen) und das Menschensohn- bzw. Adam-Motiv die zwei wichtigen Traditionen werden, die mit der Frage des historischen Jesu ekklesiologisch das synoptische sowie das johanneische Evangelium und die paulinischen Briefe verbinden könnten. Wenn man diese Traditionsgeschichte ausreichend verfolgen kann, läßt sich tatsächlich beweisen, daß das Christusbekenntnis der Gemeinde nicht nur auf das Osterereignis, sondern auch auf die Predigt Jesu sachgemäß geantwortet hat[88].

87 O. MICHEL, aaO 124.

88 E. KÄSEMANN, Das Problem des historischen Jesu, in: Exegetische Versuche und Besinnungen, (1960) 1970, 206-211; O. BETZ, Was wissen wir von Jesus?, 15.

D

DAS ADAM-CHRISTUS-MOTIV IN DER "LEIB CHRISTI"-VORSTELLUNG DES PAULUS

Wir wollen nun unsere Untersuchung mit der Frage weiterführen, was Paulus selbst mit dem Ausdruck σῶμα Χριστοῦ meint, und aus welchen Vorstellungen er ihn entwickelt. Wir interessieren uns dabei nicht nur für σωμα selbst, das man von verschiedenem Hintergrund her erklären könnte, sondern für den "qualifizierenden Genitiv" Χριστοῦ, in dem die Einzigartigkeit des Ausdrucks besteht. Der Leib der Kirche ist nicht τὸ σῶμα τῶν Χριστιανῶν, sondern τὸ σῶμα τοῦ Χριστοῦ [1]. Es geht um die Beziehung dieses σωμα zu Christus. Die Formulierung σῶμα Χριστοῦ als Gemeinde findet sich allerdings in den paulinischen Homologumena direkt nur 1. Kor. 12,27. Paulus spricht mehr von ἓν σῶμα (Röm. 12,4.5; 1. Kor. 10,17; 12,13), und darin kann man einen Einfluß der stoischen Organismus-Vorstellung von σωμα finden. Aber die real und heilsgeschichtlich gemeinte Aussage ἓν σῶμά ἐσμεν ἐν Χριστῷ (Röm. 12,5) bzw. πάντες εἰς ἓν σῶμα ἐβαπτίσθημεν (1. Kor. 12,13) läßt sich nicht mit dem volkstümlichen Bild vom Leib und den Gliedern erklären. Noch wesentlicher ist seine Idee, daß der gekreuzigte Leib Christi (διὰ τοῦ σώματος τοῦ Χριστοῦ, Röm. 7,4) in der Gemeinde gegenwärtig ist, die von der Hingabe Jesu am Kreuz (1. Kor. 10,16; 11,27) her lebt [2]. Der Leib-Gedanke als die Hingabe zum Dienst ist wahrscheinlich von der Entwicklung der Abendmahlsliturgie mitbeeinflußt, in der σῶμα parallel zu αἷμα immer stärker als der am Kreuz für die Menschen hingegebene Leib Jesu verstanden wurde [3].

Röm. 7,4: Vom Kontext her ist es willkürlich, σῶμα Χριστοῦ wie in 12,4; 1. Kor. 12,12ff auf den Leib des Erhöhten in der Kirche zu beziehen [4]. Vielmehr meint

---

1 T. W. MANSON, A Parallel to a New Testament Use of σῶμα, JTS. Vol. XXXVII (1936), 385; J.A.T. ROBINSON, The Body, 49f.

2 Die hebräische Zeit-Konzeption ist in einer erleuchtenden Weise von Th. BOMAN, Das hebräische Denken im Vergleich mit dem griechischen, (1956) [7] 1983, 104ff, bes. 118-126, behandelt; vgl. R. BULTMANN, BOMAN: Hebräisches und griechisches Denken, in: Gnomon 27 (1955), 556f.

3 Vgl. E. BEST, One Body of Christ, 1955, 52f, unter Hinweis auf Gal. 2,19f; 3,13; 4,4f. Auch Röm. 8,8f ist durch Röm. 8,3f begründet wie Röm. 7,5 durch 7,4 hinsichtlich σάρξ. Vgl. auch E. SCHWEIZER, Gemeinde und Gemeindeordnung im NT, 1959, 83 Anm. 357.

Paulus den gekreuzigten Leib Christi[5] als den in der Eucharistie (1. Kor. 10,16: "der Leib Christi", an dem wir alle im Herrenmahl teilhaben; 1. Kor. 11,24: es ist dieser "mein Leib für euch") und Taufe (Röm. 6,4; 1. Kor. 12,13: εἰς ἓν σῶμα ; 1. Kor. 12,27: ein Christi Leib, in dem wir getauft sind) *gegenwärtigen*. Paulus spricht nämlich vom Leib Christi durchweg nur in sakramentalem Kontext, wo man an der Sühnewirkung seines Todes leibhaft-konkret teil hat[6]. Nur im Blick auf diese gemeinsame sakramentale Teilhabe aller Christen am Leib des Gekreuzigten kann man einen ekklesiologischen Bezug sehen[7], obwohl in Röm. 7,4 der Gedanke, daß sie durch die Verbindung mit Christus ein Leib als Gemeinde werden und sind, nicht zum Tragen kommt[8] : als dem Gesetz durch die Taufe Getötete sind wir in den Leib Christi eingegangen (1. Kor. 12,13).

Der gekreuzigte und auferstandene Leib Christi ist für Paulus ein gegenwärtiger Raum, in den die Gemeinde hineingestellt wird[9]. Daß Paulus das umfassende Sein Jesu Christi, dessen Tod und Auferstehung für den Apostel und seine Gemeinde gegenwärtig und die vollgültig-allumfassende Realität ist, überhaupt ausdrücken konnte, ist eben durch die Vorstellung von "Christus als dem zweiten Adam" möglich. Paulus sieht Christus als den eschatologischen Adam, als den εἷς ἄνθρωπος [10], dessen Handeln und Schicksal eine ihm zugehörige ganze Menschheit bestimmt[11]. Er benützt

4 A. SCHWEITZER, Die Mystik des Apostels Paulus, 1930, 186 Anm. 1; C. H. DODD, The Epistle of Paul to the Romans, 1932, 101; W. G. KÜMMEL, Die Theologie des Neuen Testaments nach seinen Hauptzeugen, 1969, 190f; ablehnend O. KUSS, Der Römerbrief. 2. Lief., ²1963, 437; O. MICHEL, Der Brief an die Römer, 220; C. E. B. CRANFIELD, Romans. Vol. 1, 1975, 336; E. KÄSEMANN, An die Römer, ⁴1980, 181.

5 H. SCHLIER, Der Römerbrief, HThk VI (1977) ³1979, 217. Man könnte höchstens erwägen, ob mit der Formulierung "διὰ τοῦ αἵματος τοῦ Χριστοῦ " nicht der in der Taufe als ὁμοίωμα gegenwärtige Tod Christi, sondern der Tod Christi als solcher, d.h. auf Golgotha, gemeint ist (wie nur noch Eph. 2,16; Kol. 1,22).

6 "Durch die Taufe in seinen Tod" (Röm. 6,4) erklärt sich aus der paulinischen Deutung von Taufe und Abendmahl; vgl. U. WILCKENS, Eucharistie und Einheit der Kirche, KuD 25 (1979), 67-85, bes. 73-77).

7 C. K. BARRETT, aaO 136; J. A. T. ROBINSON, The Body, 47; U. WILCKENS, aaO 65.

8 Zur weiteren Diskussion s.u.

9 E. SCHWEIZER, ThWb VII 1066. 1069.

10 Vgl. Philo Praem Poen 23; Conf Ling 41.147 u. Apg. 17,26; Heb. 2,11; 11,12; 2. Kor. 5,14 ὑπὲρ πάντων; vgl. den Wechsel zwischen ὑπέρ und ἐν in 2. Kor. 5,21, auf den H. WINDISCH, Der zweite Korintherbrief, KEK VI (1924, Nachd. 1970), z. St., hinweist, wo Paulus zu der Idee der "Repräsentation" übergeht; wir kennen sie aus Röm. 5,12ff, vor allem aus dem Satz 1. Kor. 15,22. PERCY betont: "Der paulinische Gedanke des Seins der Gläubigen in Christus wurzelt also letzthin im Gedanken der stellvertretenden Selbsthingabe Christi um unsertwillen; dieser Gedanke ist das Zentrum der ganzen paulinischen Theologie, von dem aus erst sich diese recht verstehen lässt" (Der Leib Christi in den paul. Homologumena und Antilegomena, 1942, 43); Eph. 2,15; ferner M. D. HOOKER, Adam in Romans 1, NTSt 6 (1959/60), 297-306.

11 Auf die Stammvatervorstellung und vor allem auf Adam wies schon E. PERCY hin, aaO 40-44, wo er die Vorstellung aus der vom Adam-guf bzw. aus dem jüdischen Stammvatergedanken (vgl. R. SCHNACKENBURG, Heilsgeschehen bei der Taufe nach dem Apostel Paulus. Eine Studie zur paulinischen Theologie, 1950, 108f) herleitet. Dagegen E. BRANDENBURGER, Adam und Christus, 1962, 142f); DERS.; Die Probleme der Kolosser- und Epheserbriefe, 1964, 108f, 127; L. S. THORNTON, The Body of Christ, in: The Apostolic Ministry, ed. K. E. Kirk, 1946; E. BEST, One Body of Christ, 1955, 34-43; C. K. Barrett, From First Adam to Last, 1962, 6-21; E. BRANDENBURGER, Adam und Christus, 139-153; A. RICHARDSON, An Introduction to the Theology of the New Testament, 1958, 136-140.255 bestreitet zwar eine korporative Bedeutung des Menschensohntitels bei Jesus, sieht aber die Idee des Leibes Christi implizit schon darin enthalten.

die Adam-Christus-Typologie a) zum Erweis der Auferstehungsgewißheit 1. Kor. 15,22: ὥσπερ γὰρ ἐν τῷ 'Αδὰμ πάντες ἀποθνῄσκουσιν, οὕτως καὶ ἐν τῷ Χριστῷ πάντες ζωοποιηθήσονται[12], wo Christus nun nicht mehr auf Jakob-Israel eingeschränkt ist, sondern auf Adam, der das aus allen Völkern bestehende neue Gottesvolk in sich schließt und auf die ganze Menschheit universalistisch ausgeweitet ist[13]; b) zum Erweis der Gewißheit des pneumatischen Auferstehungsleibes 1. Kor. 15,44b-49: καθὼς ἐφορέσαμεν τὴν εἰκόνα τοῦ χοϊκοῦ, φορέσωμεν καὶ τὴν εἰκόνα τοῦ ἐπουρανίου (1. Kor. 15,49); c) zur Veranschaulichung der Universalität der Gnade Röm. 5,12-21: Adam, durch den Sünde und Tod über die Menschheit kam, ist τύπος τοῦ μέλλοντος (5,14), des εἷς ἄνθρωπος 'Ιησοῦς Χριστός (5,15), der der Menschheit Gnade und Leben brachte[14].

Bevor die ekklesiologische Formel σῶμα Χριστοῦ untersucht wird, müssen wir zunächst die von der Adam-Christus-Typologie handelnden Texte 1. Kor. 15,20ff 42ff - und nötigenfalls Röm. 5,12ff als Ergänzung bzw. zum Vergleich - exegetisch behandeln. Dabei soll zugleich auch die Bedeutung des anthropologischen Begriffes σῶμα (mit πνεῦμα/σάρξ) besonders im Verhältnis zur Auferstehungshoffnung exegetisch als Exkurs verdeutlicht werden.

§ 1 Die Adam-Christus-Typologie in 1. Kor. 15

I. 1. Kor. 15,20-22: Christus und Adam

Nachdem Paulus zuvor (V. 12-19.20) den unlöslichen Zusammenhang zwischen Jesu Auferstehung und der eschatologischen Totenauferstehung betont hat, arbeitet er nun heraus, daß dieser Zusammenhang nicht im Sinne einer unmittelbaren Auf-

---

12 S. F. B. BEDALE, The Theology of the Church, Studies in Ephesians, ed. F. L. Cross (1956), 72f. 1. Kor. 15,27 kehrt in Eph. 1,22 wieder. Auch H. SCHLIER, Der Brief an die Epheser, (1957) ³1962, 19f, sieht diesen Ansatz, meint aber, daß die Urmenschvorstellung erst in Kol. u. Eph. wirksam werde und sich dort von Röm. u. 1. Kor. unterscheide. Daß Adam, nicht Abraham, erscheint, beruht auf der universalistisch auf die gesamte Menschheit ausgerichteten Konzeption.

13 E. SCHWEIZER, Jesus Christus, (1968) ⁵1979, 113. Vgl. Gal. 3,16.26-29.

14 Vgl. E. BRANDENBURGER, aaO 158-266. U. WILCKENS, Christus, der 'letzte Adam', und der Menschensohn, hrsg. v. R. Pesch u. R. Schnackenburg, 1975, 387ff. Auf den Zusammenhang dieser Stelle mit dem Gedanken vom Zusammenwachsen mit Christus Röm. 6 weist A. NYGREN, Der Römerbrief, ³1959, 172, hin. Zum Zusammenhang der Tauflehre als des Grundes des neuen Lebens in Röm. 6 mit 1. Kor. 12,13 ("in einem Geist zu einem Leibe getauft") sagt er: "Das Wort 'zusammengewachsen' (V.5 σύμφυτος) ist gewählt in Gedanken daran, daß der Mensch vorher nicht ein Glied im Leibe Christi gewesen ist, durch die Taufe aber dem Leib 'einverleibt' und jetzt untrennbar zusammengehörig ist mit seinem Haupt" (172). Auch H. SCHMIDT, Der Brief des Paulus an die Römer, ThHZNT, 1966, 107.

einanderfolge von Jesu Auferweckung und der unsrigen verstanden werden darf. Die Endvollendung, bei der die Christen auferweckt werden, steht noch aus. Aus temporalen Aussagen im Abschnitt V. 23-28: "Erster" (V. 23), "bei seiner Ankunft" (V. 23), "Ende" (V. 24), "letzter" (V. 26); und dazu aus den eine Zeitbestimmung anzeigenden Partikeln: ἔπειτα (V. 23), εἶτα (V. 24), ὅταν (V. 24. 27. 28), ἄχρι οὗ (V. 25), τότε (V. 28) ist bereits zu erkennen, daß Paulus an einer zeitlichen Einordnung der Totenauferstehung gelegen ist, weil er damit eine enthusiastische Vorwegnahme der Auferstehung korrigiert.

Die Auseinandersetzung mit dem korinthischen Enthusiasmus: Die leibliche Auferstehung (σῶμα).

Neben 18 Stellen in den übrigen allgemein anerkannten Paulusbriefen findet sich σῶμα 56 mal in den beiden Korintherbriefen. Im 1. Thess. (5,23) ist nur die traditionelle Formel zu finden, im Gal. (6,17) eine Stelle, im Phil. drei (1,20; 3,21 2 mal), in dem in Korinth geschriebenen Röm. hingegen 13 Stellen (1,24; 4,19; 6,6.12; 7,4.24; 8,10.11.13.23; 12,1.4.5). Das macht schon deutlich, daß σῶμα sein Gewicht in der Auseinandersetzung mit den Gegnern in Korinth bekam. (Vgl. E. Schweizer, πνεῦμα, Thwb VI, 413f u. ders., σῶμα, Thwb VII, 1061.)

Die geistige Haltung der korinthischen Auferstehungsleugner, mit denen Paulus sich auseinandersetzte, ist verschieden bestimmt worden[15]. Gegen die Behauptung, daß die Grundlage ein etwa vom Epikureismus beeinflußter Jenseitspessimismus gewesen sei[16], hatten A. Schweitzer[17] und A. Schlatter[18] Auferstehungsleugnung und Parusieerwartung miteinander verbunden: Den Korinthern machte der messianische Reichtum, den sie durch ihr Anteilhaben an Christus erlangt hatten, eine Verheißung für die Toten überflüssig. "So setzte sich auch in der Eschatologie eine egoistische Beschränkung der Hoffnung auf das eigene Interesse durch, und der Zweck der Parusie wurde nur in die lebende Gemeinde gelegt[19]". Diese Sicht hat auch B. Spörlein erneuert: Das Erleben der Parusie sichert das Heil - die Toten sind verloren, weil man sich eine Wiederherstellung des zerfallenen irdischen Leibes nicht vorstellen konnte[20]. Bei dieser Art der Bestimmung des "Vollkommenheitsbewußtseins" der korinthischen Auferstehungsleugner werden jedoch die eschatologischen Vorbehalte, die das 15. Kapitel deutlich durchziehen, nicht berücksichtigt[21].

---

15 Siehe dazu B. SPÖRNER, Die Leugnung der Auferstehung. Eine historisch-kritische Untersuchung zu 1. Kor. 15, 1971, 1-29.

16 So J. J. WETTSTEIN, Novum Testamentum, 1751/52; M. W. L. de WETTE, Kurze Erklärung der Briefe an die Korinther, Kurzgefaßtes exeget. Handbuch 2,2 (1841) ²1845. Solch eine Anschauung war doch grundsätzlich für Christen nicht akzeptabel.

17 A. SCHWEITZER, Die Mystik des Apostels Paulus, (1930) Neudr. 1981, 93f.

18 A. SCHLATTER, Die korinthische Theologie, 1914, 28.65.

19 AaO 65.

20 B. SPÖRLEIN, aaO 190ff. Ähnlich auch W. F. ORR J. A. WALTHER, I Corinthians (AB 32), 1976, 319.340.

21 Nach C. WOLFF, Der Erste Brief des Paulus an die Korinther, THNT VII/2, 1982, 212, ist es nicht überzeugend, daß der Brauch der Vikariatstaufe (V.29, die sog. stellvertretende Taufe für die Toten), nicht von den Auferstehungsleugnern geübt wurde (so B. SPÖRLEIN, aaO 82f). Nach V.12 leugnen "einige" die Totenauferstehung, und nach V.29 lassen sich "einige" für die Toten taufen. Der Wortlaut zwingt zwar nicht dazu, die beiden gleichzusetzen, schließt aber ihre Identität, die große Wahrscheinlichkeit hat, nicht aus. Bei Spiritualisten, die in der Gabe des Geistes bei der Taufe die entscheidende Begründung eines neuen, unvergänglichen Lebens sehen und der Taufe eine magische Wirkung zumessen, ist die Vikariatstaufe durchaus sinn-

Die folgende Ansicht hat sich breiter durchgesetzt: Die Korinther waren von einem so starken enthusiastischen Vollendungsbewußtsein erfüllt, daß sie meinten, bereits Auferstandene zu sein[22]. Hatte J. Schniewind die Korinther bereits als Gnostiker charakterisiert, so ordnet W. Schmithals die Auferstehungsbestreitung konsequent in den Zusammenhang der Gnosis ein und sieht in der Parole von 1. Kor. 15,12 "die triumphierende Botschaft dessen, der auf alle *Hoffnung* verzichten kann, weil er von Natur sein Heil bereits besitzt"[23]. Spezifisch gnostische Züge in der korinthischen Theologie sind jedoch aus dem 1. Korintherbrief nicht zu ermitteln[24]. Hauptquelle zur Ermittlung der theologischen Position der Korinther sollten daher nicht spätere gnostische Texte, sondern die Ausführungen im 1. Korintherbrief selbst sein. Religiöser Enthusiasmus ist in bezeichnender Weise mit moralischen[25] und religiösen Mißständen (z.B. Erwartung der Abendmahlsfeier) verknüpft[26].

---

voll; durch den Geist ist man mit dem erhöhten Christus verbunden, deshalb geht mit dem Tode die vom göttlichen Pneuma erfüllte Seele endgültig in die himmlische Welt ein. So wird das "Auferstehungs"-Verständnis der Korinther ausgesehen haben. (Die Vorstellung von dem Besitz des göttlichen Geistes ist keineswegs genuin gnostisch, sondern vielmehr findet sich eine auffallende Parallele dazu in der Weisheit-Theologie des hellenistischen Judentums. Nach der Weisheit Salomos geht die mit dem Pneuma identische <1,6; 7,7.22; 9,17> göttliche Weisheit in die Seele des Frommen ein <10,16>, und von dieser gilt, daß sie nach dem Tode "in Gottes Hand" ist <3,1; vgl. auch 8,13.17>. Ähnlich wird nach Philon die Seele des Menschen durch die Einhauchung des Weisheitspneumas unvergänglich. S.o. 69ff; s.u. 234. Auf Grund dieser Parallelen könnte man in der korinthischen Theologie einen starken Einfluß hellenistisch-jüdischen Gedankenguts vermuten <K.-G. SANDELIN, Die Auseinandersetzung mit der Weisheit in 1. Korinther 15, MAAF 12 (1976), 35-37>, zumal sich auch von daher die Verbindung zwischen pneumatischem Enthusiasmus und Hochschätzung der σοφία in Korinth <vgl. bes. 1,17ff> gut verstehen ließe. Das ist auch die Grundthese von J. Ch. KIM, Der gekreuzigte Christus als geheimnisvolle Weisheit Gottes, Diss. theol. Tübingen 1987). Paulus, der die magische Wirkung der Sakramente ebenso ablehnt wie die Vorwegnahme der Totenauferstehung in der Taufe, heißt die korinthische Sitte weder gut noch tadelt er sie; er zieht sie lediglich als Beispiel heran, um den Widerspruch zwischen dieser Praxis und der Leugnung der Totenauferstehung aufzudecken.

22 W. LÜTGERT, Freiheitspredigt und Schwarmgeister in Korinth (BFchTh 12,3), 1908, 128-130; LIETZMANN/KÜMMEL, An die Korinther I/II, 192f; J. SCHNIEWIND, Die Leugner der Auferstehung in Korinth, in: DERS., Nachgelassene Reden und Aufsätze, 1952, 110-139.

23 W. SCHMITHALS, Die Gnosis in Korinth (Diss. 1954), FRLANT N.F. 48 (³1969), 149. Auch E. GÜTTGEMANNS, Der leidende Apostel und sein Herr, FRLANT 90 (1966), 63f: Das Heilsgeschehen bestehe für die Korinther "in der Erkenntnis der Identität mit dem Erlöser ..., die dann als Himmelfahrt der Seelen ins Reich der Vollkommenheit in mythologischen Formen objektiviert wird".

24 Vgl. S. ARAI, Die Gegner des Paulus im 1. Korintherbrief und das Problem der Gnosis, NTS 19 (1972/73), 430-437; M. YAMAUCHI, Die Auferstehung (Japanisch), 1979, 79-89.

25 Daß der den Leib verachtende, dualistische Gedanke einerseits im Libertinismus und andererseits in der strengen Askese erschien, wollen wir später in der Exegese von 1. Kor. 6,12ff auch in bezug auf 1. Kor. 7 erhellen.

26 H. CONZELMANN, Der erste Brief an die Korinther, 1981, 31ff.

V. 20: Alle vorherigen Erwägungen werden als hinfällig erwiesen, da deren Voraussetzung nicht stimmt; durch nochmaligen Rückgriff auf das Credo (V. 3ff) führt Paulus mit νυνὶ δέ auf den Boden der entscheidenden Wirklichkeit in der Welt zurück[27] und interpretiert ἐγήγερται mit dem Zusatz ἐκ νεκρῶν, wie V. 12. Während durch die Verbindung mit Präpositionen die Formel leicht entpersönlicht werden kann, zeigt νεκροί die Gesamtheit der Toten, nicht nur als Zahl, sondern auch als Bereich: Die Totenwelt, den Hades[28], (vgl. Mt. 14,2)[29]. Die zweite Vershälfte erläutert das enge Verhältnis zwischen Auferweckung Jesu und allgemeiner Totenauferweckung. Mit ἀπαρχή ist nicht allein das zeitliche Moment ausgesagt, sondern zugleich die konstitutive (bzw. kausale) Beziehung[30]: Weitere Auferweckte folgen. Die Bedeutung der Auferstehung Jesu wird darin gesehen, daß sie kein nur für Jesus bedeutsames, sondern ein die Glaubenden mitbetreffendes Geschehen und Anbruch der eschatologischen Totenauferstehung, ist (vgl. Röm. 8,29; auch Kol. 1,18; ferner Apk. 1,5)[31]. Damit steht die Auferweckung Jesu ebenso wie sein Kreuzestod unter dem Vorzeichen des ὑπὲρ ἡμῶν. Κεκοιμημένοι[32] sind auch hier (V. 18) die schlechthin verstorbenen Christen, nicht die Toten. Die Nichtchristen kommen aus theologischer Konsequenz bzw. wegen des Christus-Bekenntnisses nicht ins Blickfeld. Das Credo bietet nicht allgemeine weltanschauliche Thesen, sondern bestimmt die Existenz der Glaubenden und ihre Hoffnung[33]. Wenn Paulus Christus nicht als den "Ersten der Auferstandenen", sondern als den "Ersten der Entschlafenen" bezeichnet, so will er damit den Enthusiasmus der Korinther abwehren; an Christus hat sich bereits ereignet, was für die Glaubenden noch aussteht.

---

27 Röm. 3,21 stellt eine schlagende Parallele zu 1. Kor. 15,20 dar. Aber in dem νυνὶ δὲ von Röm. 3,21 überwiegt doch das zeitliche Moment; vgl. G. STÄHLIN, ThWB IV, 1102, 5ff.

28 S.o. 121 Anm. 16.

29 P. HOFFMANN, Die Toten in Christus, 1966, 180ff.

30 Vgl. πρωτότοκος ἐκ τῶν νεκρῶν Kol. 1,18 und den Doppelsinn von ἀρχηγός: der zeitlich Erste, Act 3,15 (vgl. 26,23) und: der Urheber, Hebr. 2,10: τῆς σωτηρίας. Vgl. auch W. STENGER, Beobachtungen zur Argumentationsstruktur von 1. Kor. 15, in: Linguistica Biblica 45, 1979, 91f; C. WOLFF, aaO 176.

31 1. Kor. 16,15; Röm. 16,5 bedeutet ἀπαρχή die Erstbekehrten einer Gemeinde (bzw. einer Landschaft). Röm. 8,23 gebraucht Paulus es als eschatologischen Terminus: Der Geist ist ἀπαρχή (ἀρραβών in 2. Kor. 1,22 ist gleichbedeutend).

32 Hier steht das Perfekt sinngemäß im Blick auf den jetzigen Zustand der Toten. V.18: Part.Aor. im Blick auf ihr Schicksal; vgl. 1. Thess. 4,14 (Part.Aor.); 1. Thess. 4,13 ist κεκοιμημένων (Part.Perf.) nach D (FG) ΨM (wie hier 1. Kor. 15,20) aber κοιμωμένων (part.Präs.) nach אAB 33.81.326.1175.1739 pc; Or. Der Gedanke der Auferstehung liegt aber nicht in den Tempora des Verbs κοιμάομαι , sondern im jeweiligen Kontext, wie R. E. BAILEY, Is "Sleep" the proper biblical term for the intermediate state?, ZNW 55 (1964), 161ff, erwiesen hat.

33 H. CONZELMANN, Der erste Brief an die Korinther, KEK, (1969) ²1981, 322; E. BRANDENBURGER, Alter und neuer Mensch, erster und letzter Adam-Anthropos, in: Vom alten zum neuen Adam, 1986, 201. Zur jüdischen Idee von der allgemeinen Totenauferstehung vor dem Endgericht, s.o. 87f.

<Exkurs 1> Röm. 8,23: Zur ἀπαρχή

Paulus spricht in Röm. 8,23 von der Erstlingsgabe des Geistes. Der Geistbesitz distanziert die Christen keineswegs von der Schöpfung, sondern führt sie vielmehr in die Solidarität mit ihr, eben weil ihre eigene Erlösung auch der Befreiung der gesamten Schöpfung von der Sklaverei der Vergänglichkeit dienen soll. Paulus meint mit ἡ ἀπολύτρωσις τοῦ σώματος nicht das der Sünde (Röm. 6,6) und dem Tod (Röm. 7,24) verfallene und dem selbst-süchtigen Fleisch verhaftete leibhaftige Dasein als solches[34]. Dieses ist ja in der Kraft des Geistes durch die Taufe im Glauben für die Christen überwunden und abgetan. Aber eines ist geblieben und bleibt auch für den, der den Geist hat: dieser Leib als versuchlicher und sterblicher, der immer von seiner Vergangenheit her in Gefahr ist, gegen den Geist und damit gegen die Gabe des von Gott gerechtfertigten und geheiligten Lebens sich zu erheben. Deshalb ist der Genitiv (= τοῦ σώματος) nicht ein gen. obj. oder ein gen. separationis[35]. Erlösung (ἀπολύτρωσις)[36] geschieht endgültig, wenn der Erdenleib abgestreift wird, umgekehrt jedoch in Verleihung neuer Leiblichkeit.

Auch die Christen, die den Geist haben, schauen aus nach der "Verwandlung" des leiblichen Daseins (1. Kor. 15,51f) und nach dem Verschlungenwerden des Sterblichen vom Leben (2. Kor. 5,4)[37]. Dieses leibliche und leibhaftige Dasein geht ein und geht auf, gelöst aus seiner Versuchlichkeit und Sterblichkeit[38], in die Freiheit der Herrlichkeit, die es dann mit Jesu Christi Glorie teilt. Für Paulus ist die neue Leiblichkeit nicht eine Unsterblichkeit oder die Auferstehung des Fleisches, sondern die "Daseinsweise"[39] in einer allein Gott gehörenden Welt. Dieses Leibes "Erlösung" erwarten die, die den Geist haben und nach der offenbaren und endgültigen Sohnschaft seufzen[40]. Röm. 8,19-23 ist die einzige Stelle, an der Paulus den Sinn dieser durchzuhaltenden Spannung andeutet. "Das Heil ist den Christen stellvertretend für die gesamte Schöpfung zugesagt, es hat von Gott, dem Schöpfer, her ein universales Ziel"[41]. Dieses Heilsverständnis entspricht eben der die Solidarität mit dem Geschöpf tragenden somatischen Existenz der Christen. In diesem Sinne bezieht sich das paulinische σῶμα-Verständnis auf den alttestamentlichen בָּשָׂר-Begriff, den wir in Teil B beobachtet haben.

V. 21 entfaltet das ἀπαρχή-Sein (V. 20) des Christus; seine Auferweckung ist die folgenreiche Überwindung des Todes. Der Akzent liegt auf ἄνθρωπος (εἷς fehlt; anders Röm. 5,12ff)[42]. Es geht um das volle Menschsein Christi; nur so ist der Tod, der durch einen Menschen wegen seiner Sünde verursacht wurde, zu besiegen.

---

34 Gegen J. A. T. ROBINSON, The Body, 30.

35 J. JERVELL, Imago Dei, 1960, 279, versteht V.23 ἀπολύτρωσις vom σῶμα τῆς ἁμαρτίας; ähnlich H. LIETZMANN, An die Römer, HNT 8 (⁴1933), 85.

36 Das Wort bedeutet eigentlich "Loskaufung" eines Gefangenen oder Sklaven, Freimachung, vgl. im NT Heb. 11,35. Allgemeine Befreiung und Erlösung schon Dn. 4,34 LXX; von der gegenwärtigen Erlösung im Taufkontext 1. Kor. 1,30; Röm. 3,24; Eph. 1,7; Kol. 1,14; Heb. 9,15, von der zukünftigen eschatologischen Erlösung Lk. 21,20 (durch die Ankunft des Menschensohnes = λύτρωσις Lk. 1,68; 2,38; vgl. 1. Hen. 51,2; Cant. 2,13; Eph. 1,14; 4,30 und unsere Stelle (Röm. 8,23).

37 Auch 1. Kor. 15,42ff: σῶμα πνευματικόν, dem Leib ἐν δόξῃ, ἐν δυνάμει, ἐν ἀφθαρσίᾳ ; Phil. 3,21ff. Diese Texte werden später exegetisch behandelt.

38 So auch Th. ZAHN, Der Brief des Paulus an die Römer, ThHK 6 (1962, ³1972), 149; C. E. Cranfield, The Epistle to the Romans. Vol.I, ICC (1975), 419.

39 E. KÄSEMANN, An die Römer, ⁴1980, 229.

40 O. MICHEL, Der Brief an die Römer, KEK (1955, ¹⁴1978), 270; E. KÄSEMANN, aaO 229; H. SCHLIER, aaO 266.

41 U. Wilckens, Der Brief an die Römer, EKK VI/2 (1980), 158.

42 H. CONZELMANN, aaO 327: Im Hintergrund der Adam-Christus-Idee steht die Idee der Entsprechung von Urzeit und Endzeit. Darüber argumentieren wir in der Exegese von V.45ff.

Wenn Paulus hier das Menschsein Christi so stark betont, dann ist das wohl aus Polemik gegen eine spiritualisierende Auferstehungsvorstellung zu erklären: Die Auferstehung des Gekreuzigten, nicht eines (etwa pneumatischen) Teils von ihm, geschah an dem Menschen Jesus. Damit ist an eine *somatische Existenz* des Auferstandenen gedacht. Paulus spricht von der bei den Korinthern abgelehnten (V. 12) "Totenauferstehung", nicht etwa absolut von "Auferstehung" oder von "Leben" (vgl. Röm. 6,4.5) als positiver Entsprechung zu "Tod". Dabei ist die kausale Verbindung (ἐπειδή-καί)[43] zu beachten: Weil die Existenz des irdischen Menschen ganz und gar durch den Tod bestimmt ist, kann es Rettung vom Tode nur durch Aufhebung des Todes - nicht als Herausgehen aus dem Tod - geben. So stehen sich ἄνθρωπος auf der einen Seite und ἄνθρωπος auf der anderen in äußerstem *Gegensatz* gegenüber: als Adam hier und als Messias dort (V. 22); und eben dieser Gegensatz ist die Bedingung der Möglichkeit von Erlösung.

V. 22: Es folgt im Parallelismus membrorum zu V. 21 eine Konkretisierung durch die Nennung der Namen Adam und Christus[44]. Hier handelt es sich um die Vorstellung vom universalen Anthropos, von dem die einzelnen Menschen umfangen sind[45]; denn ἐν (τῷ) Ἀδάμ ist Parallelbildung zu ἐν (τῷ) Χριστῷ [46]. Diese Wendung ist wohl lokal zu verstehen[47]. Tod und Zum-Leben-Kommen ereignen sich nicht vermittelt *durch* sie (διά c. gen.)[48], sondern räumlich *in* ihnen (ἐν τῷ Ἀδάμ - ἐν τῷ Χριστῷ). Das gegenwärtige, noch andauernde Todesgeschehen sowie das zukünftige Lebendiggemacht-Werden ereignen sich je an *allen* (beide Male steht πάντες). Durch die

43 ἐπειδή ("da ja"): "Es ist anerkannt"; 1,21-22. Vgl. L. SCHOTTROFF, Der Glaubende und die feindliche Welt, WMANT 37 (1970), 116.142.

44 Die Artikelsetzung, die besonders bei der ἐν Χριστῷ-Wendung befremdet, ist anaphorisch zu verstehen, wie C. WOLFF interpretiert, aaO 179.

45 J. WEIß, aaO 356: ἐν ist nicht mystisch, wie bei Deißmann, sondern repräsentativ oder komprehensiv zu fassen. Vgl. die entsprechenden religionsgeschichtlichen Parallelen bei E. BRANDENBURGER, Adam und Christus, 143ff.

46 H. CONZELMANN, Grundriß der Theologie des Neuen Testaments, 1967, 291; R. BULTMANN, Theologie des Neuen Testaments, 312, wo er die Neigung zeigt, die Formel ἐν Χριστῷ als >> im Leibe Christi << zu erklären, nach Analogie von >> in Adam << (1. Kor. 15,22); Eingefügtsein in das σῶμα Χριστοῦ. In diesem Vers wird die Frage gestellt, ob Paulus an einen bei den Korinthern geläufigen Adam-Christus-Vergleich anknüpfe und diesen korrigiere, so H. CONZELMANN, aaO 327f). O. COLPE, Art. ὁ υἱὸς τοῦ ἀνθρώπου, ThWb VIII (1969), 475, äußert sich skeptisch dagegen: "Solange wir nun von einem vorgegebenen Schema vom ersten und zweiten Adam kein sicheres Zeugnis haben, ist es leichter anzunehmen, daß die Antitypik in V.21: ἐπειδὴ γὰρ δι' ἀνθρώπου θάνατος,, καὶ δι' ἀνθρώπου ἀνάστασις νεκρῶν hier erst entsteht, als daß sie ein etwa vorgegebenes Schema füllt." Vgl. E. BRANDENBURGER, Adam und Christus, 72.239ff. Weiter s.u. 152 mit Anm. 128.

47 E. BRANDENBURGER, Alter und neuer Mensch, erster und letzter Adam-Anthropos, 199.

48 So C. WOLFF, z. St.

Verwendung der Präposition ἐν wird auch das Bestimmtsein der Menschen von Adam bzw. Christus her ausgesagt[49]. Von Adam sind sie so geprägt, daß sie sterben[50]. Weil Adam hier als umgreifende Macht ganz "konkret" gedacht ist, könnten wir die rabbinische Vorstellung, daß in Adam selbst alle Geschlechter der Erde potentiell vorhanden und in seinem Leib und seinen Gliedern vorgebildet waren, als den Hintergrund von V. 21-22 denken. Wenigstens würde dieser Vorstellungshintergrund unserer Deutung keineswegs widersprechen, obwohl es nicht klar zu ersehen ist, inwieweit Paulus in V. 22 vor dem Hintergrund solcher Vorstellungen steht[51]. Von dem auferweckten (V. 21a) Christus sind die Christen so geprägt, daß sie neues Leben erhalten werden; er ist ja das πνεῦμα ζωοποιοῦν (V. 45). Christus ist hier wie in Röm. 6,11 als derjenige verstanden, der auferweckt ist. Das entspräche einer Taufanschauung, wie sie in Röm. 6,13 (ὡσεὶ ἐκ νεκρῶν ζῶντας, vgl. V. 4c) jedenfalls vorausgesetzt ist[52]. Mit der futurischen Formulierung, die den Parallelismus membrorum durchbricht und die Aussagen von V. 21 interpretiert, korrigiert Paulus erneut den korinthischen Enthusiasmus ("Wir sind bereits auferstanden"): Die Glaubenden sind bereits "in Christus", aber die Endvollendung, zu der die Totenauferweckung endscheidend hinzugehört, steht noch aus[53]. πάντες hat in der ersten Vershälfte universale Bedeutung, bezeichnet in der zweiten Vershälfte jedoch die verstorbenen Christen; das zeigt die Fortsetzung in V. 23: οἱ τοῦ Χριστοῦ . Der jüdische Gedanke von der Erwartung einer *allgemeinen* Totenauferstehung[54] hat im Denken des Paulus infolge seiner Konzentration auf das soteriologische Auferstehungsverständnis keinen Platz[55]. Paulus versteht Auferstehung konsequent von der Auferstehung Jesu her als *Heilsgeschehen,* das man in einem zweigliedrigen Schema feststellen kann: 1) Der Auferstehung Jesu wird die Auferweckung der Christen folgen (6,14; 2. Kor. 4,14; 1. Thess. 4,14; Röm. 8,11). Auch die Christen sterben (V. 6). Aber weil sie mit Christus, dem Auferweckten, verbunden sind, sich also nicht nur im Machtbereich Adams befinden,

---

49 Vgl. F. NEUGEBAUER, In Christus, 1961, 44.88.

50 Rabbinische Belege bei Bill. III, 227f; E. BRANDENBURGER, Adam und Christus, 59f. Der Gedanke des Todesverhängnisses ist mit dem apokalyptischen Weltbild verknüpft: 4. Esr. 3,7; syr. Bar. 17,3; 23,4; 54,15; 56,6; daneben findet sich die Anschauung, daß der Tod die individuelle Strafe für die Sünden jedes einzelnen ist.

51 E. BRANDENBURGER, Adam und Christus, 141, warnt vor Überschätzung der Vorstellung von Adam als dem **guph** der Seelen, ebenso H. CONZELMANN, aaO 328f Anm. 56: Darüber s.o. 110f.

52 E. BRANDENBURGER, Alter und neuer Mensch, erster und letzter Adam-Anthropos, 202.

53 Die Konsequenz, mit der Paulus das Futurum in Röm. 6 durchhält, zeigt, daß er es auch an unserer Stelle bewußt setzt. Das hängt mit der Orientierung der Existenz an der Parusie zusammen.

54 S.o. 139 Anm. 33.

55 Weder die Erwartung des allgemeinen Gerichts noch die universale Ausrichtung des Christusereignisses (Röm. 5,12ff) können dafür ins Feld geführt werden. Vgl. F. Froitzheim, Christologie und Eschatologie, 1979, 151f; H.-A. WILCKE, Das Problem eines messianischen Zwischenreiches bei Paulus, 1967, 69-75, wo u.a. die Auslegungsgeschichte bis in die Gegenwart berücksichtigt wird. Zur Beziehung mit Dan. 7,13f s.u. 149f mit Anm. 103.

ist der Tod nichts Endgültiges für sie; der Auferstandene wird seinem Sieg über den Tod universale Geltung verschaffen (V. 25f). 2) Dies geschieht durch einen neuen, den eschatologischen Schöpfungsakt; in diesem Sinne ist ζωοποιεῖν hier zu verstehen; vgl. Röm. 4,17: ... ἐπίστευσεν θεοῦ τοῦ ζωοποιοῦντος τοὺς νεκροὺς καὶ καλοῦντος τὰ μὴ ὄντα ὡς ὄντα. καλεῖν (Schöpfungsaussage) und das dem ζωοποιεῖν (Auferweckungsaussage) zugrunde liegende ποιεῖν gelten im Judentum wie auch im Neuen Testament als typische Schöpfungstermini[56]. Unter Berücksichtigung von V. 45 wird man ἐν τῷ χριστῷ dann als Hinweis auf die eschatologische Schöpfungsmittlerschaft Christi verstehen können[57]. Der Gedanke ist also folgender: Gleichwie im Adam-Anthropos alle an der irdisch-vergänglichen Leiblichkeit sowie an der Todessphäre partizipieren, so auch im pneumatischen Christus-Anthropos am Leben. Das Futur ζωοποιηθήσονται wird in den folgenden Versen (bis V. 28) ausführlich begründet.

< Exkurs 2 > Röm. 8,10f: Der lebenschaffende Geist (σῶμα-πνεῦμα)

Der mit der Formel Χριστὸς ἐν ὑμῖν , die nach V. 9 zu ergänzen ist, angefangene V. 10 zeigt die Wirkung der "Einwohnung" Christi im Verhältnis des Christen zu sich selbst. Im Ausdruck τὸ σῶμα (ἔστιν) νεκρὸν διὰ ἁμαρτίαν handelt es sich um den Leib des Todes als Folge der Sünde (6,6.21-23); 7,24) bzw. um "Sündenfleisch" (8,3)[58]. Da nicht vom menschlichen Innenleben gesprochen wird, ist νεκρόν nicht psychologisierend gemeint; also weder im Sinne von "sterblich"[59], noch "an den Tod hingegeben"[60], noch "in Gottes Augen tot"[61]. Es kommt nur der in der Taufe (6,6-11) erfolgte Tod des Sündenleibes in Betracht[62]. Das Totsein des Leibes bedeutet: unsere Zugehörigkeit zum "Leib der Sünde" (6,6) ist aufgehoben; die Sünde hat ihre Kraft, uns in unserer leibhaftigen Todwirklichkeit zu bestimmen, verloren. διὰ ἁμαρτίαν heißt dann: auf Grund dessen, daß "Gott die Sünde im Fleisch verdammt hat" (V. 3); die tod-wirkende Kraft der Sünde hat sich an Christus statt an uns ausgewirkt, so daß wir von "dem Gesetz der Sünde und des Todes befreit" (V. 2)

56 καλεῖν: Syr.Bar. 48,8; Philo op.mund. 64; 1. Petr. 2,9. ποιεῖν: II Mak. 7,28; Sap. 16,24; Test.Napht. 2,2; 3,4; Mt. 19,4 (V.1); Lk. 11,40; Hebr. 1,2: ζωοποιεῖν (Übersetzung von חיה) s. 2. Esr. 19,6; vgl. auch syr.Bar. 85,15. Im A.T. vgl. Deut. 32,39 ζῆν ποιήσω, auch IV. Reg. 5,7 (LXX).

57 So J. WEIß, Der erste Korintherbrief, KEK (1910, Nachd. 1970), 375; C. WOLFF aaO z.St.; E. BRANDENBURGER, Alter und neuer Mensch, 208; dagegen E. SCHWEIZER, ThWB VI, 1959, 417f.

58 Die Wahl von σῶμα statt σάρξ erklärt sich vielleicht von 7,24 her. R. BULTMANN, Theol. 201; J. JERVELL, Imago Dei, 193f: K. A. BAUER, Leiblichkeit, 162f: E. KÄSEMANN, An die Römer, 216; U. WILCKENS, Der Brief an die Römer, EKK VI/2, 132.

59 T. ZAHN, Der Brief des Paulus an die Römer, (1910) [3]1925 (KNT), 389f.

60 W. GRUNDMANN, ἁμαρτάνω, ThWb I, 317; J. SICKENBERGER, Die Briefe des heiligen Paulus an die Korinther und Römer, [4]1932 (HSNT), 238: "Leib ist schon so gut wie tot"; A. JÜLICHER, in: SNT II (1907, [3]1917), 282: "dem Tod entgegengeht"; W. PFISTER, Das Leben im Geist nach Paulus, 1963, 46: "Νεκρόν meint das drohende Todesschicksal, nicht den eingetretenen Zustand".

61 O. MICHEL, Der Brief an die Römer, 254 Anm.12: "νεκρός ist vielleicht im Sinn von θνητός aufzufassen, ist allerdings noch stärker (Röm. 4,19; Heb. 11,12)"; "Dies Sterben nicht 'um der Sünde', sondern 'um der Gerechtigkeit willen'".

62 R. BULTMANN, νεκρός, ThWb IV, 898; C. K. BARRETT, A Commentary on the Epistle to the Romans, (1957) 1971 (BNTC), 159; O. KUSS, Auslegung und Verkündigung I: Auszüge zur Exegese des Neuen Testaments, 1963, 299; H. PAULSEN, Überlieferung und Auslegung in Röm. 8, (Diss. Mainz 1972) 1974, 71; E. KÄSEMANN, aaO 216; U. WILCKENS, aaO 132.

und so selbst "tot für die Sünde, lebend aber für Gott in Christus Jesus", sind (6,11). Dem entspricht die Fortführung des Satzes in 8,10: τὸ δὲ πνεῦμα ζωὴ διὰ δικαιοσύνην. (Über das Leben als die Folge der Gerechtigkeit vgl. 10,5.) Im Zusammenhang der Antithese (V. 10a - V. 10b) bezeichnet δικαιοσύνη nicht das Rechtfertigungsurteil[63], sondern vielmehr "die durch Sühnetod und Auferstehung Christi geschaffene, den *justificati impii* geschenkte Gerechtigkeit, deren Folge das Leben" ist[64]. Die darin wirksame Kraft aber ist τὸ πνεῦμα (V. 10b) als τὸ πνεῦμα τῆς ζωῆς ἐν Χριστῷ (8,2), also der Geist Christi in uns (V. 9)[65]. τὸ πνεῦμα hat doch hier wegen der Parallelität "Leib" - "Geist" *anthropologische Funktion*. Deshalb wäre der Sinn des Satzes: "Wenn Christi Geist in euch ist, so seid ihr allerdings des Lebens (V. 6) teilhaftig, aber freilich nur mit dem Geist, während der Leib dem Tod preisgegeben ist."[66]. Besonders Röm. 8,15f und 1. Kor. 2,11-13 spricht Paulus vom Geist des Christen unter Aufnahme des anthropologischen LXX-Terminus, den wir schon in Exkurs 1 betrachtet haben. Hinter dem paulinischen σωμα-πνεῦμα-Gebrauch steht allerdings keine dualistische Denkweise. Daraus ergibt sich folgendes Verständnis: πνεῦμα meint wohl das Selbst *des Christen*, das als solches eben durch die Einwohnung des Geistes *Christi* bestimmt ist, während σῶμα der von σάρξ bestimmte Körper, also das sündige "Ich" des Menschen ist[67].

Der in uns wohnende Geist *Christi* (V. 10b)[68] ist gegenwärtig, während der Tod des "der Sünde gehörenden Leibes" für uns vergangen ist. Doch ist nur Christus, nicht wir, bereits auferstanden. Wir sind auf dem Weg dorthin. Deshalb muß διὰ (δικαιοσύνην) final verstanden werden. Also gewinnt διὰ δικαιοσύνην (wie in Röm. 6,11f) zugleich mit der Rechtfertigungs- auch ethische Bedeutung: Propter iustitiam exercendam"[69].

V. 11 tritt mit δέ ein weiterer Aspekt der Gabe des Geistes hinzu: Der in uns wohnende Geist Christi ist der Geist Gottes, der Jesus von den Toten auferweckt hat. Die auf Gott bezogene Prädikation ὁ ἐγείρας τὸν Ἰησοῦν ἐκ νεκρῶν (wie Röm. 4,24), im beschreibenden und preisenden Stil, findet sich sowohl im Judentum als auch im Christentum[70]. Auch die Wiederholung der Prädikation (ὁ ἐγείρας ἐκ νεκρῶν, V. 11b[71]) gehört als Verstärkung zur feierlich hymnischen Redeweise. Wenn eine unmittelbare Anspielung auf das Bekenntnis Röm. 4,24f vorliegt, so wendet Röm. 8,11 dies Bekenntnis auf die zukünftige Heilstat Gottes an: ζωοποιήσει (fut.) καὶ τὰ θνητὰ σώματα. Paulus folgert in Gestalt eines Bedingungssatzes aus der *Wirklichkeit* der an Jesus geschehenen Auferweckung die zukünftige *Wirklichkeit* des entsprechenden endzeitlichen Handelns Gottes an uns als "denen, die in Christus Jesus sind" (V. 1). Auf Grund dessen, daß Gott in Tod und Auferweckung Christi *für uns* gehandelt und in der Taufe uns in unserer leiblichen Existenz mit Christus verbunden hat, realisiert die zukünftige Wirkung Christi das endzeitlich-

---

63 Gegen G. SCHRENK, δικαιοσύνη, ThWb II, 213.

64 U. WILCKENS, aaO 132.

65 O. MICHEL, Der Brief an die Römer, 254.

66 T. ZAHN, Der Brief des Paulus an die Römer, 389f: J. A. ZIESLER, The Meaning of Righteousness in Paul, 1972, 204 Anm.2.

67 R. BULTMANN, Theologie, 209; E. FUCHS, Christus und der Geist bei Paulus, UNT 23 (1932), 49; J. JERVELL, Imago Dei, 193 Anm.80.

68 Der Christus extra nos (Röm. 8,3) wird zum Christus in nobis (Röm. 8,10). K. BARTH, Der Römerbrief, (1919) ^{2}1922, 270ff, setzt den "Christus in uns" mit dem "göttlichen Wort an uns" gleich.

69 So H. LIETZMANN, aaO 80; E. KÄSEMANN, aaO 216; U. WILCKENS, aaO 133.

70 J. ELBOGEN, Der jüdische Gottesdienst in seiner geschichtlichen Entwicklung, ^{2}1924; A. OEPKE, ThWb II, 334.

71 Vgl. 10,9. In Sir. 48,5 ist ὁ ἐγείρας(המקים)νεκρὸν ἐκ θανάτου von Elia ausgesagt (s. 1. Kön. 17,21f); es folgen weitere aktivische (V.6.8.) und passivische (V.9f) Partizipialsätze, die Elia rühmen (vgl. V.4). In 48,5b wird noch hinzugefügt, daß das Erwecken nach dem Wohlgefallen (LXX ἐν λόγῳ) Gottes geschah.

schöpferische Leben an unseren sterblichen Leibern. Der Geist als die Auferwekkungskraft ist für uns das Unterpfand dafür, daß wir dem auferweckten Christus gleichgestaltet werden[72], und zwar in neuer Leiblichkeit als der Signatur einer nicht mehr der Anfechtung unterworfenen Schöpfung[73], weil die Kraft des Geistes in uns allen Kräften der σὰρξ ἁμαρτίας überlegen ist[74]. In diesem eschatologischen Sinn ist die Verheißung (ζωοποιήσει, vgl. 6,5) nicht ethisch bzw. nicht in bezug auf das gegenwärtige Leben zu verstehen[75]. καὶ meint nicht, daß nach unserem πνεῦμα dann auch unsere Leiber[76] lebendig gemacht werden, sondern, daß "durch den in euch wohnenden Geist" (διὰ τοῦ ἐνοικοῦντος ℵAC(*)81. 104.1506.2495 al f m sy^{h}), auch wir Christen auferweckt werden.[77]

Paulus ist nicht interessiert an einer physischen oder metaphysischen Substanz, sondern daran, daß Gottes Tat in Christus die Glaubenden bestimmt. Dies überbrückt die Zeit[78]. Nach der Formulierung F. Neugebauers kann man sagen: Im Begriff des Leibes sind also zugleich Geschick und Geschichte des Leibes mitgedacht[79]. Sie werden durch Leben und Tod (vgl. Röm. 4,19; 6,12; 7,24; 8,10) bezeichnet. Und auch Phil. 1,20 bestätigt, daß der paulinische Leibbegriff im Blick auf Leben und Tod eine zeitlich-geschichtliche Ganzheit beschreibt.

II. 1. Kor. 15,42-49: Leiblichkeit in der neuen Schöpfung

In seiner Überlegung greift der Apostel wieder auf die Adam-Christus-Typologie zurück und führt den Gedanken von V. 20 weiter. Hieß es dort, daß in Adam alle sterben und in Christus alle lebendig gemacht werden, so wird dies nun hier hinsichtlich der leiblichen Existenz des Menschen expliziert: In Adam sterben alle, weil sie wie er einen vergänglichen Leib haben; in Christus aber erfolgt die pneumatisch-leibliche Auferstehung, weil er lebendigmachender Geist ist (V. 45). Erneut wird unterstrichen, daß diese Auferstehung noch erwartet wird (V. 46-49).

---

72 H. ASMUSSEN, Der Römerbrief, 1952, 170f.

73 E. KÄSEMANN, aaO 216f.

74 Der uns in Christus geschenkte Geist ist auch der Lebensgeist, von dem Ezechiel redet: "Ich will meinen Geist in euch geben, daß ihr lebendig werdet" (37,14). ExR 48 (Bill. III, 241) folgert aus Ez. 37,14: "In dieser Welt hat mein Geist in euch Weisheit gegeben, aber in der Zukunft wird mein Geist euch wieder lebendig machen."

75 Gegen H. LIETZMANN, aaO 80; P. SIBER, Mit Christus leben, 1971, 125.127f; richtig E. SCHWEIZER, πνεῦμα, πνευματικός, ThWb VI, 419; K.-A. BAUER, Leiblichkeit, 165f: O. MICHEL, aaO 255.

76 Der Plural τὰ θνητὰ σώματα unterscheidet sich vom Singular τὸ σῶμα in V.10. Auch von daher ergibt sich, daß νεκρόν eine andere Bedeutung hat als θνητά, nämlich eine sakramentale.

77 Die locker angefügte Schlußwendung verbindet bei B und anderen beachtenswerten Lesarten (DFG al lat sy^{p}Ir^{lat}Or) διά mit dem Akkusativ (akzeptiert von E. SCHWEIZER, ThWb VI, 419 Anm.591). Wie H. LIETZMANN, aaO 80, feststellt, ist "die Neigung zum Gebrauch des Akkusativs statt anderer Casus nach Präpositionen" im Spätgriechischen, also zur Zeit der Abschreiber, gewachsen. Es handelt sich aber wahrscheinlich um keine inhaltliche Differenz. Die Logik des Satzes fordert in jedem Fall den Genitiv, vgl. C. E. B. CRANFIELD, The Epistle to the Romans I, 391f.

78 2. Kor. 4,14 formuliert, daß Gott Jesus auferweckte (Aor.) und uns mit ihm auferwecken wird (Fut). Nach Phil. 3,9f, worauf R. BULTMANN, Gnosis, JThSt 3 (1952), 12, hinweist, ist Paulus schon dem Sterben Jesu gleichgestaltet und wird in ihm erfunden werden bei der Auferstehung.

79 F. NEUGEBAUER, Die hermeneutischen Voraussetzungen R. BULTMANNS in ihrem Verhältnis zur paulinischen Theologie, KuD 5 (1959), 295. Vgl. E. SCHWEIZER, The Son of Man, 126; W. G. KÜMMEL, Besprechung von F. Neugebauer, In Christus, ZRGG 14 (1962), 380; E. SCHWEIZER, Die Kirche als Leib Christi in den paulinischen Homologumena, in: Neotestamentica, 1963, 285 Anm.51; DERS., ThWb VII, 1070. Ähnlich formuliert Heb. 7,4-10, daß alle zukünftigen levitischen Generationen schon in den Lenden Abrahams waren.

V. 42f: Seinen bisherigen Ausführungen entsprechend zeigt Paulus auch hier in Form eines anthithetischen Parallelismus das totale Anderssein des neuen σῶμα gegenüber dem alten σωμα. Mit σπείρειν bezeichnet Paulus wohl nicht das Begrabenwerden des Leichnams, wie Barrett meint[80], sondern die Schöpfung des Menschen, die sein gegenwärtiges irdisches Leben (vgl. V. 36-38) bestimmt[81] und von der im Vergleich zur eschatologischen Neuschöpfung nur eine negative Charakteristik gegeben werden kann; die Passivformen sind als *passiva divina* zu verstehen[82]. Dabei ist hier auf den Sündenfall ebensowenig angespielt wie hernach in V. 45. Grundlegend ist die erste Antithese: φθορά/ἀφθαρσία, die ein vom hellenistischen Geist empfundener Gegensatz ist. Paulus braucht das gegenüber φθορά antithetische Wort ἀφθαρσία (vgl. V. 53f), das im hellenistischen Judentum eine wichtige Rolle spielte[83]. Es folgt die zweite Antithese: ἀτιμία (ebenso 11,14f)/ δόξα (wie V. 40f)[84]. Aus der Gegenüberstellung mit dem Akzent der "Jämmerlichkeit, Kläglichkeit"[85] ergibt sich, daß δόξα auch hier "Glanz, Pracht" bedeutet. Der Schwachheit der irdischen Existenzweise wird die Kraft des Auferstehungsleibes gegenübergestellt. Die Antithese: ἀσθένεια/δύναμις erscheint 1,24f; 4,10; 2. Kor. 12,10; 13,3.9. Die unpersönliche Ausdrucksweise ("es" wird gesät) wird am Zielpunkt (V. 44) verlassen: "Gesät wird ein σῶμα ψυχικόν, auferweckt ein σῶμα πνευματικόν".

V. 44: Jetzt erfolgt die eigentliche Antwort auf die Frage von V. 35. Was ist ein σῶμα πνευματικόν bzw. ein σῶμα ψυχικόν? Wie W. Bauer[86] sagt, begegnet ψυχικός

80 C. K. BARRETT, From First Adam to Last, 1962, 73; DERS., A commentary on the First Epistle to the Corinthians, 372.

81 Biblische Redeweise liegt auch V.36-38 vor, eine Kombination nicht nur mit φθορά, sondern auch mit ἀτιμία, ἀσθένεια. Vgl. A. SCHLATTER, Paulus der Bote Jesu, 1962, 434f; K.-G. SANDELIN, Die Auseinandersetzung mit der Weisheit in 1 Korinther 15, 200f Anm.704; L. SCHOTTROFF, Der Glaubende und die feindliche Welt, WMANT 37 (1970, 137: γυμνὸς κόκκος (V.37) ist nicht der unbeseelte Leichnam, sondern der unerlöste Mensch, dessen Wesen durch φθορά, ἀτιμία, ἀσθένεια bestimmt ist.

82 C. WOLFF, aaO 199.

83 4. Makk. 9,22; 17,12; Philo Aet Mund 27; Som II 258; Sacr Ac 5; Conf Ling 41 ist ἄφθαρτος auch der ἄνθρωπος θεοῦ; Cher 6; Det Pot Ins 49; Aet Mund 51; Mut Nom 79; Leg All I 78; Plant 114. Nach Op Mund 82 kann die unvergängliche Welt summarisch mit τὰ ἄφθαρτα bezeichnet werden. Der Himmel aber gilt als ἀφθάρτων τελειότατος Praem Poen 1. Vgl. auch 4. Esr. 7,3-14.96; Apc Bar(syr) 51,3.

84 Dadurch, daß der Unterschied sowohl zwischen himmlischen und irdischen Leibern (V.40a) als auch zwischen der δόξα der Himmelskörper und der δόξα der irdischen Körper (V.40b) betont wird, wird das Wort δόξα hier relativiert und soll darum nicht von dem Schema σάρξ -δόξα her (so H. LIETZMANN, An die Korinther I/II (1949), 84, und H. CONZELMANN, aaO 334f hinsichtl. V.39-41) verstanden werden; vgl. C. WOLFF, aaO 197. δόξα nämlich bedeutet hier nicht die "Lichtherrlichkeit", die der irdischen Kreatur nicht eignet (Phil. 3,21), sondern "Glanz, Pracht" (wie Mt. 4,8, vgl. Lk. 4,6). A. SCHLATTER sagt mit Recht: Paulus "umfaßt mit δόξα alles, was die Kraft und den Wert eines Leibes ausmacht", aaO 434. Vgl. G. KITTEL, ThWb II, 240, 18-22.

85 Vgl. H. G. LIDDELL - R. SCOTT, A Greek-English Lexicon, (1843) ⁹1961, 270. s.v.II.

86 W. BAUER, Griechisch-Deutsches Wörterbuch, 1971, Sp. 1767, s.v. ψυχικός.

im N. T. "stets als Bezeichnung für *diese* Welt und das, was ihr angehört, im Gegensatz zu jener Welt, die durch das πνεῦμα gekennzeichnet ist". So kann Paulus in 2,13f und 3,1-3 ψυχικός und σαρκικός gleichsetzen, und ebenso in 15,46-49 ψυχικός gegen χοϊκός austauschen. Wie wir bei Philo in Teil B[87] gezeigt haben, entstand die antithetische Terminologie ψυχικός - πνευματικός aus der jüdisch-hellenistischen Exegese von Gen. 2,7; von der Exegese Philos wurden auch spätere gnostische Zeugnisse beeinflußt[88]. Aber anders als das alttestamentliche Verständnis von Gen. 1,26f; 2,7 sowie das des Paulus hier, denkt Philo relativ dualistisch an den Unterschied zwischen σῶμα und ψυχή als solchen und zielt auf die unkörperliche Existenz als das Wesentliche der Menschen, obwohl der alttestamentliche Einfluß schon noch bei ihm nachwirkt[89]. Die Verbindung zwischen σῶμα und ψυχή und die Inkorporation der Seele in einen (neuen) Leib, wie bei den Essenern, beurteilt Josephus dagegen relativ positiv[90]. Weil Josephus näher bei der Anschauung der Rabbinen als etwa Philo steht, spricht er selten vom Geist (πνεῦμα), sondern von der Seele (ψυχή) gegenüber dem Leib[91]. Die hier dargestellte Antithetik begegnet auch in jüdischer Weisheitslehre (Jak. 3,15). Der Gedanke der dualistischen Weisheit könnte den Verstehenshorizont für diesen paulinischen Text (auch 1. Kor. 2,6ff; 3,4) abgeben, auch wenn Paulus zum Beispiel nicht den spekulativen Entwurf Philos teilt, sondern glaubt, daß das göttliche Pneuma die ihm ausschließliche Heilsgabe ist[92]. πνευματικόν und ψυχικόν sollen nicht substanzhaft verstanden werden. σῶμα πνευματικόν ist nicht einfach ein aus πνεῦμα bestehender Leib[93], sondern ein dem Sein ἐν πνεύματι entsprechender Leib. Wie σῶμα ψυχικόν nicht einen Leib bezeichnet, der aus ψυχή, aus Seelenstoff, besteht, so kann auch σῶμα πνευματικόν unmöglich einen Leib bedeuten, der aus πνεῦμα, aus Geiststoff gebildet ist[94]. Der pneumatische Auferstehungsleib ist als lediglich vom göttlichen Geist beherrschte Daseinsweise nach V. 45 eine Schöpfung Christi, der "lebendig machender Geist" ist. Das Pneuma wirkt bereits jetzt im Menschen als Unterpfand auf die kommende Erlösung hin (2. Kor. 5,5; 1,22; Röm. 8,23); in *ihm* ist also das Auferstehungsleben des Menschen gegeben (vgl. 6,14.19; Röm. 8,11). Nach paulinischem Pneumaverständnis heißt das noch prä-

---

87 S.o. 69ff; 72-75. Der Gegensatz von ψυχικὸς ἄνθρωπος (bzw. σῶμα) und πνευματικός dürfte bei Philo der Sache nach vorhanden sein, obgleich die Terminologie selbst fehlt: Op. 135; Leg. All. 3,161; Her. 55ff; Det. 80ff; Plant. 18 usw. B. A. PEARSON, The Pneumatikos-Psychikos Terminology in 1 Corinthians, 1973, behauptet, daß die Gegner des Paulus in Korinth mit dieser Terminologie die Unsterblichkeit der Seele (ψυχή) durch den Anteil an göttlicher σοφία bzw. πνεῦμα verstanden haben.

88 S.o. 72. Dagegen plädiert M. WINTER, Pneumatiker und Psychiker in Korinth, 1975.

89 S.o. 73f.

90 S.o. 81ff.

91 S.o. 83f.

92 Vgl. E. BRANDENBURGER, Fleisch und Geist, 1968, 135.

93 E. SCHWEIZER, σωμα, ThWb VII, 1057ff.

94 K. DEIßNER, Auferstehungshoffnung und Pneumagedanke bei Paulus, 1912, 34.

ziser: Im Wirken des erhöhten Herrn, das die Glaubenden bereits jetzt erfahren. Diese Sicht haben auch die pneumatischen Enthusiastiker in Korinth gewiß geteilt, aber ohne den futurischen Aspekt und ohne den Gedanken der pneumatischen Leiblichkeit. Demgegenüber betont Paulus den letzteren hier sehr stark, indem er dreimal hintereinander das Wort σῶμα gebraucht und aus Gottes Schöpfermacht den Schluß zieht: Wenn es einen irdischen, vergänglichen Leib gibt, so gibt es auch einen himmlischen, pneumatischen Leib[95]. Die Überzeugung, daß auch vollendete menschliche Existenz für Paulus eine somatische ist, wird in den christologisch orientierten Ausführungen (V. 45) geäußert.

In V. 45-47 ist der Gedankengang wie folgt: V. 45 arbeitet die Antithetik von erstem und "letztem" Menschen auf Grund der Schrift aus. V. 46 bringt die begründende ontologische These. V. 47 erläutert die Antithese ψυχικόν - πνευματικόν als: irdisch-himmlisch[96].

V. 45: Paulus stützt die Aussage von V. 44b mit einem Schriftzitat (Gen. 2,7). Die in Beziehung zu V. 43 gezeigte Vergänglichkeit der ψυχή gilt auch Adam vor dem Sündenfall, während in Röm. 5,12 der Tod auf die Sünde zurückgeführt wird[97]. Wir haben schon in Teil B (בָּשָׂר im A. T.) darauf hingewiesen, daß auch im Alten Testament beide Sichtweisen nebeneinander begegnen. Wie die Exegese von V. 42f erhellt, wird eine die Unvollkommenheit ausdrückende Beschreibung wiederum gegeben von

95 Paulus stimmt stärker mit der in der Apokalyptik verbreiteten Erwartung einer himmlischen Leiblichkeit überein, im Unterschied zu der Haltung eines pneumatischen Enthusiasmus, die das σῶμα negiert oder einer stark realistischen Auferstehungserwartung (Gen R 28 zu 6,7; Pirke R. ELIESER 34). Zu der apokalyptischen Auferstehungserwartung s.o. 64f.

96 C. K. BARRETT, From First Adam to Last, 68ff.

97 Röm. 5,14 ist Adam τύπος τοῦ μέλλοντος (sc. Ἀδάμ). Dieser **zukünftige** Adam ist nach Person und Struktur der Vorstellung natürlich kein anderer als der **letzte** Adam von 1. Kor. 15, lediglich der Blickwinkel ist etwas unterschiedlich. Röm. 5,12ff ist Adam nicht im Blick auf Gen. 1,26 und Gen. 2,7, sondern im Blick auf Gen. 3 das beherrschende Thema, nicht die Teilhabe der Adamiten an Adams schöpfungsmäßiger Konstitution, sondern an seiner Sünde und ihren Folgen. Vgl. dazu das Material bei BRANDENBURGER, Adam und Christus, 13-67; ferner H. SCHLIER, Der Römerbrief, 183-186.

der eschatologischen Neuschöpfung her[98]. Dadurch, daß Paulus Gen. 2,7 (LXX) mit den entscheidenden Ergänzungen πρῶτος und Ἀδάμ anführt, lenkt er auf den Gegensatz zu Christus als dem letzten Adam hin. Das Prädikat (ἐγένετο) von V. 45a wird in V. 45b wiederaufgenommen[99]; dies ist ein Hinweis darauf, daß der erste Adam und der letzte gemeinsam in der Schöpfungskategorie betrachtet sind[100]. Aber im Gegensatz zu dem unter von christologischem Aspekt (mit den Ergänzungen) angeführten Schriftwort setzt in V. 45b die entscheidende Argumentation ein[101]. Wenn Christus als ἔσχατος Ἀδάμ bezeichnet und damit seine *eschatologische* Bedeutung unterstrichen wird, wird er als der endzeitliche Mensch im Kontrast zu dem urzeitlichen Menschen dargestellt. In V. 45-49, wo die Menschheit Christi betont wird, wirkt wahrscheinlich die urchristliche Menschensohn-Tradition ein[102]. Gerade kraft seiner Menschheit vermag Christus überaus reiche Gnade auf die Menschen zu leiten, da er im strengen und eigentlichen Sinn der Mittler für die Menschen ist[103]. Es kommt jetzt nicht etwa der menschgewordene Christus in den Blick - der Inkarnierte war nach Röm. 8,3 ἐν ὁμοιώματι σαρκὸς ἁμαρτίας -, sondern der Auferstandene. In

---

98 Im Unterschied zu 1. Kor. 15,45ff vermeidet Paulus in Röm. 5,15ff den Namen Adam und spricht von "dem Einen", in dem alle Menschen als Sünder repräsentiert sind. Wenn beide (Adam und Christus) dauernd durch εἷς herausgehoben werden, das also nicht aus der semitischen Verbindung εἷς - εἷς "der eine - der andere" zu verstehen ist (vgl. O. CULLMANN, Die Christologie des Neuen Testaments, 1957, 175), geht es um Adam als Ursprung der Sündengeschichte (U. WILCKENS, Der Brief an die Römer, EKK VI/1 (1978), 321) bzw. um die Einzigartigkeit von Adam gegenüber den "Vielen" (E. KÄSEMANN, An die Römer, 145), wie diejenige von Christus im Verhältnis zu den Glaubenden. Diese auf Dan. 12,3 Theo. verweisende, nachdrücklich in Jes. 53 gebrauchte Wendung οἱ πολλοί (הרבים) meint inklusiv zunächst die Menge, dann das Volk in seiner Gesamtheit (Bill. III, 229f; J. JEREMIAS, ThWb VI, πολλοί, 536ff. הרבים ist in der gesamten talmudischen Literatur stehende Redewendung für 'die Gesamtheit', z.B. P. Aboth V.18: Mose זכה את-הרבים, Jerobeam החטי את-הרבים ; R.H. I,6; III,8; IV,9; Tos. Sanh. XIII, 5 (434,23); Siphre Dt. 27 zu 3,24 und sehr oft) und wird hier, wie aus der Parallele mit πάντες in V.18 hervorgeht, universal ausgeweitet. Gegenüber den "Vielen" konzentriert sich Paulus auf den "Einen", in dem Paulus die Sünde aller 1,18-3,20 radikal interpretiert. Diese Konzentration setzt bei Paulus den christologischen Aspekt voraus; er hat von 5,6-11 her den Tod Christi als Versöhnung vor Augen. Ohne diesen bestimmenden christologischen Aspekt könnte die Geschichte der Menschheit niemals als jene Einheit erscheinen, die in Adam ein für allemal abschließend ihr eines "Gesicht" hat, worauf WILCKENS zurecht hinweist (U. WILCKENS, aaO 322). Siehe weiter unten 240f; 281f.

99 Vgl. ähnlich Röm. 10,5f O. MICHEL, zum Thema: Paulus und seine Bibel, 1973, 125.

100 Wohl wegen Parallelformulierung zu εἰς ψυχὴν ζῶσαν fehlt der Artikel vor πνεῦμα. Vgl. J. WEIß, aaO 374f; H. CONZELMANN, aaO 348.

101 U. LUZ, Das Geschichtsverständnis des Paulus, 1968, 56.59.132ff.193, sieht in der Typologie bei Paulus eine Spiegelung des vom Evangelium her verstandenen zweidimensionalen Schriftbezugs: Zunächst entlarve das Evangelium den verkehrten Weg des Gesetzes (antitypische Typologie), decke aber in dieser Kritik seine auf das Neue Testament hinweisende pneumatische Struktur auf (synthetische Typologie).

102 Vgl. O. BETZ, Jesus und das Danielbuch, 123.

103 Vgl. R. SCHNACKENBURG, Das Heilsgeschehen, 106-110; A. RICHARDSON, An Introduction to the theology of the New Testament, 1958, 139.

Kapitel 15 werden die Aussagen über die Auferstehung nur von dem Auferstandenen her gemacht. In der Formulierung (εἰς πνεῦμα ζῳοποιοῦν) wird erneut deutlich, daß von der Auferweckung Jesu nicht als von einem isolierten Geschehen gesprochen wird, sondern in ihrer Bedeutung für die Glaubenden. Diese besteht in dem *schöpferischen* Handeln des von Gott Auferweckten in seiner pneumatischen Existenz (Röm. 1,4; 2. Kor. 3,17). Darum ist Christus als "der eschatologische Schöpfungsmittler"[104], im Gegensatz zu Adam, dem Geschöpf, verstanden. Das Partizip Präsens zeigt die gegenwärtige Wirkung des Geistes des Herrn (2. Kor. 3,6.17f; 4,8-13; 5,17) für die kommende Herrlichkeit, also den Auferstehungsleib. Die Glaubenden haben bereits bei der Taufe die "Erstlingsgabe" des Geistes (Röm. 8,23) empfangen; ihnen wird Gott den geistlichen Auferstehungsleib schenken, der der eschatologischen Seinsweise entspricht. Diese Hoffnung auf die Auferstehung der Christen hat einen festen Anhalt an der Auferstehung der Gerechten im Buch Daniel (12,2). Von dort her erklärt sich die feste Verbindung zwischen Christus und den Christen, da sie dem Verhältnis des Menschensohns zu den Heiligen des Höchsten (vgl. 1. Kor. 1,2: Die "Geheiligten in Christus Jesus") in Dan. 7 und zu den Gerechten in Dan. 12,2 entspricht[105]. Aber im Gegensatz zu Daniel ist die Auferstehung sowohl des Christus als auch die der Christen ein der allgemeinen Auferstehung der Toten zeitlich vorangehendes Geschehen[106].

<Exkurs 3> 2. Kor. 4,10f.13: Zum σῶμα - σάρξ- πνεῦμα-Verhältnis

V. 10: Die eigenen Leiden, die Paulus auf seinen missionarischen Wanderungen im Dienst der Evangeliumsverkündigung auf sich nimmt, deutet er als Teilhabe am Kreuzesleiden Jesu (vgl. 1,5). Ganz konkret denkt er an körperliche Spuren, an Narben von Prügelstrafen oder Steinigungen, die ihm als sichtbarer Ausweis am Leib verblieben sind. So auch Gal. 6,17; Paulus sieht in den στίγματα τοῦ Ἰησοῦ schützende Zeichen, die ihn, den Sklaven Jesu, als Mandanten des Kyrios ausweisen. Die στίγματα τοῦ Ἰησοῦ, die Paulus "an seinem Leibe" trägt, bilden den Gegensatz zur Beschneidung, deren sich die judaistischen Gegner "an eurem Fleische" rühmen möchten (6,13)[107]. Seine Zugehörigkeit zu Jesus erweist sich schon hier an seinem Leibe. Sein Glauben vollzieht sich nicht in einer rein intellektuellen oder emotionalen Sphäre, sondern in seinem gesamten leiblichen Leben, zu dem auch Denken und Gefühl gehören. Lietzmann übersieht[108], daß das ἵνα καὶ ἡ ζωὴ τοῦ Ἰησοῦ nicht erst vom künftigen Auferstehungsleben, sondern von der Gegenwart gilt, wie schon V. 11 zeigt, und wie auch daraus hervorgeht, daß V. 10 den Sinn der Antithesen von V. 8f beschreibt: eben in dem οὐ στενοχωρούμενοι, οὐκ ἐξαπορούμενοι, οὐκ ἐγκαταλειπόμενοι, οὐκ ἀπολλύμενοι offenbart sich die ζωὴ τοῦ Ἰησοῦ[109]. Freilich ist das φανερωθῆναι der

104 C. WOLFF, aaO 201.

105 S.u. 185-187.

106 Auch 1. Kor. 15,23f ist auf dem Hintergrund von Dan. 7,13f zu verstehen. Vgl. dazu O. BETZ, Jesus und das Danielbuch, 121-134.

107 O. BETZ, στίγμα, ThWb VII, 663.

108 H. LIETZMANN, An die Korinther I/II, 116. Das ζωή-Verständnis als Auferstehungsleben in V. 10-12, anders als V.14, lehnt E. SCHWEIZER ab, σῶμα, 1061 Anm.392.

109 Vgl. R. BULTMANN, Der zweite Brief an die Korinther, KEK (1976), 121; H. J. KLAUCK, 2. Korintherbrief, 1986, 45f.

ζωὴ τοῦ Ἰησοῦ nicht auf die Gegenwart beschränkt, denn die ζωὴ τοῦ Ἰησοῦ ist das gesamte Auferstehungsleben.
V. 11 ist sachlich die gleiche Aussage wie V. 10, aber zugleich Begründung von V. 10, weil jetzt das περιφέρειν τὴν νέκρωσιν τοῦ Ἰησοῦ erläutert wird als παραδίδοσθαι εἰς θάνατον διὰ Ἰησοῦν. Mit παραδίδοσθαι wird ein zentrales Wort aus der Passionsüberlieferung (1. Kor. 11,23; vgl. Röm. 4,25; 8,32; Gal. 2,20) aufgenommen. Man braucht jedoch nicht zu denken, daß Paulus hier das Wort zur Betonung der Beziehung der apostolischen Bedrängnis auf das Leiden Christi gebraucht hat[110]. Das διὰ Ἰησοῦν[111] muß das παραδίδοναι εἰς θάνατον bestimmen als ein Geschehen, das den θάνατος als ein Teilhaben am Tode Jesu erfahren läßt. Die Apostelleiden sind wie die Leiden eines jeden Christen Nachvollzug der Leiden Jesu, und sie ergeben sich als Folge aus der Ausführung eines Auftrags. ἡμεῖς οἱ ζῶντες bedeutet natürliches Leibesleben, nicht die in Christus Lebendigen. Wir als solche werden in den Tod dahingegeben. In diesem Sinne ist der Tod "nicht als ein drohend bevorstehender, sondern als ein gegenwärtig wirkender in den Blick gefaßt"[112]. Diese positive Bedeutung des Todes muß auch in der nächsten Formulierung ἐν τῇ θνητῇ σαρκὶ ἡμῶν, die die Paradoxie der φανέρωσις noch stärker als V. 10 (ἐν τῷ σώματι ἡμῶν) zum Ausdruck bringt[113], betrachtet werden. Der gleiche Gedanke der Leidensgemeinschaft mit Jesus[114] wird in Röm. 6,8 in Beziehung auf die Taufe geäußert, in der der Christ in Jesu Tod hineingenommen wird, um Anteil an dessen unsterblichem Leben zu gewinnen. Diesen einmaligen Vorgang dehnt unser Text auf die ganze Strecke des christlichen Lebens aus, "dem so eine sakramentale Tiefendimension zugesprochen wird"[115]. Hier erfährt man die Bedeutung des μεταμορφεῖν in das Bild des Herrn (3,18). Lietzmann[116] meint: die φανέρωσις der ζωὴ τοῦ Ἰησοῦ vollziehe sich "als die Ersetzung der σάρξ durch ein pneumatisches σῶμα, dessen Kern der Christ ja bereits hier auf Erden ... trägt und das schließlich das sarkische σῶμα ganz vernichtet." Doch ist nach 5,1ff die Vorstellung von einem latent schon jetzt vorhandenen pneumatischen σῶμα offenbar nicht richtig. Weiterhin vollzieht sich die φανέρωσις nicht nur in einem geheimnisvollen Verwandlungsvorgang, sondern vor allem in dem μὴ στενοχωρεῖσθαι usw. von V. 8f und wie V. 12 zeigt, positiv im Wirken des Paulus: die in ihm offenbar werdende ζωή erweist sich in den Glaubenden; vgl. 6,4-10.
V. 13: Ἔχοντες δὲ **τὸ αὐτὸ πνεῦμα τῆς πίστεως** κατὰ τὸ γεγραμμένον· τὸ αὐτὸ bedeutet nicht "ebenso den Geist wie ihr Korinther habt"[117], sondern weist auf das folgende Psalmistenwort, mit dem Paulus sich eins fühlt[118]. Nach Bultmann ist der Genitiv von πνεῦμα τῆς πίστεως kein Gen. obj., wobei der Geist sich im Glauben auswirkt und dessen Wesen ausmacht, sondern ein Gen. subj., wobei der Gläubige den Geist empfängt. Das πνεῦμα, wie es dem Glauben eigen ist, bezeichne im Grunde die Art und Weise des Glaubens[119]. πνεῦμα sei die *Art* des Glaubens, bzw. "Glaubensgeist" (oder πίστις selbst), der zum Reden treibt, wie das Psalm-Wort (115,1)

---

110 Zur generellen Wendung LXX 2. Chr. 32,11; Mt. 10,21, par. Mk. 13,12; 1. Kor. 13,3. Vgl. H. WINDISCH, der Zweite Korintherbrief, KEK (⁹1924), 146.

111 δια ist kausal, gleich wie Röm. 8,36; Phil. 2,30; Gal. 6,12. Siehe W. SCHRAGE, Leid, Kreuz und Eschaton, 1974, 161f; V. F. FURNISH, II Corinthians, AncB 32A (1984), 257.

112 R. BULTMANN, aaO 121.

113 σάρξ kann für σῶμα stehen, wenn die Sterblickeit des Leibes betont werden soll; vgl. E. KÄSEMANN, Leib und Leib Christi, 123f und R. BULTMANN, Theologie, 200.233.

114 Vgl. 13,4; 1. Kor. 15,31; Phil. 3,10; Röm. 8,17.

115 H. J. KLAUCK, aaO 46.

116 H. LIETZMANN, aaO 116.

117 So A. SCHLATTER, Paulus, der Bote Jesu, 535; R. H. STRACHAN, The Second Epistle of Paul to the Corinthians, (1935) 1954, 96; N. BAUMERT, Täglich sterben und auferstehen, 1973, 83f.

118 H. WINDISCH, aaO 748; R. BULTMANN, aaO 123; C. K. BARRETT, Commentary on the Second Epistle to the Corinthians (BNTC), 1973, 142. καὶ ἡμεῖς 'auch ich' ebenso wie der Psalmist; vgl. H. LIETZMANN, aaO 116.

119 R. BULTMANN, aaO 123.

beschreibt[120]. Unter Einbeziehung der Wendung von 1. Kor. 4,21 und Gal. 6,1 (πνεῦμα πραΰτητος) versteht auch Hughes[121] πνεῦμα als die Art des Glaubens, also als "disposition" oder "impulse" des Glaubens. Doch muß man πνεῦμα als Hinweis auf den göttlichen Geist verstehen[122]. So wie Gal. 5,5 die Verbindung von Hoffnung mit Geist und Glaube zeigt, so zeigt πνεῦμα τῆς πίστεως die Wechselbeziehung zwischen Geist und Glaube, weil, wie Wendland richtig urteilt [123], der göttliche Geist im Menschen den Glauben wirkt (gen. obj.)[124]; der Glaubende empfängt den Geist; der Geist ist die neue Gemeinschaft mit Gott, die Gott selber wirkt (vgl. Röm. 8,15 "Geist der Kindschaft"). Aber dieser Glaube muß Zeugnis ablegen, er kann nicht schweigen. Bei der Lektüre stellen sich eine Fülle von Assoziationen zu den Leitworten Tod, Sterben, Not, Rettung, Leben, Gemeinde, Öffentlichkeit, Danksagung und Gnade ein. Paulus hat seine gesamte Situation im Licht des Psalms gedeutet und das in konzentrierter Weise an einem Halbvers festgemacht.

V. 46: Das einleitende Wort ἀλλ' bringt formal eine Korrektur zum Ausdruck, die nicht auf den vorangegangenen Vers bezogen werden kann, da dieser inhaltlich gerade bestätigt wird. Es geht dann eher um Abwehr eines korinthischen Gedankens. Bevor nach dem Hintergrund dieser paulinischen Polemik gefragt wird, muß die mit ἀλλ' eingeleitete Aussage von V. 46 selbst interpretiert werden. Man kann möglicherweise σῶμα (Neutrum) zu τὸ πνευματικόν bzw. zu τὸ ψυχικόν (Neutrum) ergänzen (V. 44)[125], so daß der Satz im Rahmen des paulinischen Interesses an der leiblichen Totenauferweckung den eschatologischen Vorbehalt einschärft: zuerst der psychische, der Versuchung und Vergänglichkeit ausgesetzte Leib, danach in der Auferweckung der Toten der vom Geist bestimmte Leib[126]. Es ist jedoch nicht sicher auszumachen, ob σωμα überhaupt zu ergänzen ist, da dieses in den nächsten Versen nicht mehr direkt begegnet. Aber wenn man V. 46 als Weiterführung von V. 45 (und nicht von V. 44) versteht[127], dann kann man durchaus erwägen, daß der Streitpunkt nicht nur in der Aussage von dem eschatologischen Auferstehungsleib besteht, den die Korinther verneint und das Pneumatische sich gerade nicht leiblich vorgestellt haben[128], sondern auch in der antithetischen Formulierung von "dem Pneumatischen" und "dem Psychi-

---

120 AaO 123.

121 P. E. HUGHES, Paul's Second Epistle to the Corinthians (NICNT), 1962, 147 Anm.15.

122 V. P. FURNISH, aaO 258.

123 H. D. WENDLAND, Die Briefe an die Korinther, NTD 7 (1968), 190.

124 C. K. BARRETT, The Second Epistle to the Corinthians, 142.

125 K.-A. BAUER, Leiblichkeit, 101; C. K. BARRETT, aaO 375; J. JEREMIAS, Αδαμ, ThWb I, 143; 17f; K. BARTH, Auferstehung der Toten, (1924) 1953, 117; E. SCHWEIZER, πνεῦμα, πνευματικός, ThWb VI, 418.

126 R. SCROGGS, The Last Adam, 85 Anm.27: "The σῶμα ψυχικόν is the distorted human existence of every man after the fall, even of the christian ...". So auch F. LANG, Die Briefe an die Korinther, NTD 7 (1986), 236.

127 Dagegen meint E. SCHWEIZER, aaO 418, V.46 beziehe sich auf V.44b.

128 SCHWEIZERs Exegese (πνεῦμα, πνευματικός 418), Paulus kämpfe gegen einen Glauben, "der das pneumatische σῶμα als Urdatum ansieht", als einen Leib also, "der schon unter dem psychischen Leib verborgen ist und nach dem Tod einfach weiterlebt" (ebd.), trifft kaum die korinthische Position. Vgl. K.-A. BAUER, aaO Anm.75.

schen" (V. 46) bzw. von "dem Irdischen" und "dem Himmlischen" (V. 47-49) liegt[129]. Dabei kritisiert Paulus eine Exegese, die vom Typ der philonischen Grundsätze angelegt ist[130]. Im Anschluß an die Behauptung Brandenburgers[131] und an die Zusammenstellung des Materials über die Urmensch-Idee bei H. Conzelmann[132] behauptet U. Wilckens, daß Paulus hier eine in Korinth zumindest als bekannt vorausgesetzte Lehre von Christus als dem "ersten Menschen" korrigiert[133]. Nach seiner Meinung ist diese Lehre eine christliche Version eines verbreiteten Vorstellungszusammenhangs vom himmlischen Urmenschen, die deutlich bereits bei Philon im hellenistisch-jüdischen Bereich[134] vorausgesetzt und in jüdischer bzw. jüdisch beeinflußter Gnosis in verschiedenen Ausgestaltungen breit bezeugt ist. Bei der Beschäftigung mit Philos Auslegung von Gen. 1,26 und 2,7 in Teil B[135], wurde die Lehre Philos deutlich, daß entsprechend der Reihenfolge der beiden biblischen Schöpfungsberichte der nach dem Bilde Gottes (κατ' εἰκόνα θεοῦ) geprägte (τετυπῶσθαι) himmlische Adam, ὁ πρῶτος ἄνθρωπος, der Idealmensch sei und daß der irdische, ὁ δεύτερος (V. 47), ein Gebilde (πλάσμα) des Schöpfers[136] sei. Philo begründet von dieser Auslegung her seine religiös-philosophische Tugendlehre (Op Mund 146); jeder Mensch hat entweder die Möglichkeit, seine Vernunftanlage als das Himmlische in einem tugendhaften Leben zur Wirkung zu bringen und so an himmlischer Unsterblichkeit teilzuhaben, oder aber sich in seinem Verhalten durch irdisch-körperliche Leidenschaften in die Sterblichkeit zu verstricken. Wenn Paulus nun V. 46 betont, daß der Adam nach

---

129 Vgl. G. HEINRICI, Der erste Brief an die Korinther, KEK 5 (1896), 497; J. WEIß, aaO 375f, sagt mit anderen: Zu ergänzen ist nicht σῶμα, sondern nur ἔστιν. So auch K.-G. SANDELIN, Die Auseinandersetzung mit der Weisheit in 1 Korinther 15,46; W. SCHMITHALS, Gnosis in Korinth, ³1969, 159; J. JERVELL, Image Dei, 1960, 260.

130 Unter dem Gesichtspunkt der Weisheitstradition, unter dem die Verse 45-49 von Paulus betrachtet sein könnten, hält K.-G. SANDELIN, aaO, 46, V.46, nicht für polemisch. Keine Aussage, zumindest in der Sapientia, nennt zu Adam eine wirkliche Gegenfigur, einen Antityp. Nirgends kommt hier neben dem **einen** Adam ein **zweiter** Adam anderen Wesens in den Blick.

131 E. BRANDENBURGER, Adam und Christus. Seit kurzem behauptet er platonischen Einfluß auf die Weisheitstradition, Alter und neuer Mensch, erster und letzter Adam-Anthropos, 206: Paulus kenne die dualistisch-weisheitliche (Sap. 2,22ff; 7,1f, vgl. aaO 184f.210) Anthroposlehre Alexandriens ..., aber er grenze sich in einer wichtigen, ja entscheidenden Hinsicht davon ab: "Die Menschwerdung des Menschen beginnt nicht mit der Erkenntnis, daß der wahre (innere) Mensch dem Himmel entstammt, jetzt in der Fremde irdischer Leiblichkeit weilt, Erlösung also in der Befreiung aus der Begrenzung und Gefangenschaft des irdischen Daseins besteht und daran der Wandel in der Welt auszurichten sei."

132 H. CONZELMANN, aaO 338-342. Vgl. auch H. SCHLIER, Art. Corpus Christi, RAC III, 444-447 (auch 179-189).

133 U. WILCKENS, Christus, der 'letzte Adam', und der Menschensohn, in: Jesus und der Menschensohn, hrsg. v. R. PESCH u. R. SCHNACKENBURG, 1975, 387ff; DERS., Der Brief an die Römer, VI/1, 308ff. Auch so C. K. BARRETT, A Commentary on the First Epistle to the Corinthians, 375.

134 Über die Materialien s. H. CONZELMANN, 1. Kor., 338ff.

135 S.o. 70ff.

136 Op Mund 134f; Leg All I 31f; vgl. 1. Kor. 15,48.

Gen. 2,7 der erste sei, während der von Gen. 1,26 der letzte Mensch sei, so würde darin eine schroffe Polemik gegen die philonische Lehre liegen. Wie wir bei der Untersuchung Philos[137] erwähnt haben, ist es nicht klar, ob Paulus Philons Schrifttum gelesen hat. Zwar ist es schwerlich auszumachen, ob Paulus die Lehre aus dem hellenistischen Judentum seiner Zeit kannte oder ob sie im hellenistischen Urchristentum christologisch rezipiert war[138], so daß es eine in Korinth vertretene Lehre gewesen ist, gegen die Paulus polemisierte; doch dürfte Paulus die philonische Auslegungstradition von Gen. 1,26; 2,7 im hellenistisch-jüdischen Bereich[138a] vorgefunden haben. Darum könnte man vermuten, daß diese Lehre in Korinth in dem Sinne aufgegriffen worden ist, daß der erhöhte Christus mit dem himmlischen Urmenschen identisch sei. Wilckens[139] sagt: "Dies ließ sich ja leicht mit der urchristlichen Liturgie vereinbaren, die den Erhöhten besang als den in seine Position der Präexistenz Zurückgekehrten (vgl. des. Kol. 1,15-20), so daß die Verbindung der Christen mit ihm Heilsbedeutung hat, als Teilhabe am himmlisch-göttlichen Ursprung". Sicher spricht auch Paulus von Christus als der εἰκὼν θεοῦ (2. Kor. 4,4) und von unserer Teilhabe an ihm als "Verwandlung" (2. Kor. 3,18; Röm. 8,29, vgl. 1. Kor. 8,6). Das kritisiert Wolff aber mit dem Hinweis darauf, daß in 1. Kor. 15,45ff jeder explizite Bezug zu Gen. 1,26 (sowie das εἰκών -Prädikat) fehlt[140]. Jedoch scheint der Grund dafür mit dem polemischen Duktus der Stelle, der durch einen eschatologischen Aspekt bestimmt ist, zusammenzuhängen: 1) Gegen jene christlich adaptierte jüdische Version des "ersten Menschen" von Gen. 1,26f will Paulus hier Christus nicht als den "ersten Menschen", sondern als den "letzten" sehen; unsere Teilhabe an ihm als Verwandlung ist ein *zukünftiges* Geschehen (V. 49-54). Also scheidet Paulus alle protologischen Momente aus dem Bild des Erhöhten aus und stellt allein seine eschatologische Funktion heraus[141]; 2) Paulus behält die soteriologische Bedeutung der εἰκών-Funktion Christus bei, betont sie allein in einem eschatologischen Kontext und interpretiert den Adam von Gen. 1 radikal von Gen. 2 her. Wilckens weist merkwürdigerweise auf den Zusammenhang zwischen 1. Kor. 15,49 und Gen. 1,26 hin[142]: Paulus nimmt "1. Kor. 15,49 eine höchst eigenwillige Umdeutung von Gen. 1,26 in Kauf", nach der "wir das Bild des irdischen (Menschen) getragen haben". Also vermittelt das "Bild" Adams nur irdisch-seelische, vom Himmlischen getrennte Existenz, während himmlische, pneumatische Existenz nur durch das "Bild" Christi

---

137 S.o. 69ff.

138 Dagegen E. KÄSEMANN, An die Römer, 134.

138a C. K. BARRETT, aaO 375; U. WILCKENS, Römer, z.St.

139 U. WILCKENS, Römer, 310.

140 C. WOLFF, aaO 202.

141 U. WILCKENS versucht in seinem Aufsatz "Christus, der 'letzte Adam', und der Menschensohn" zu zeigen, daß Paulus darin faktisch den Urmenschen der korinthischen Spekulation als den eschatologischen Menschensohn uminterpretiert.

142 U. WILCKENS, Christus, der 'letzte Adam', und der Menschensohn, 389.

in der endzeitlichen Totenauferweckung vermittelt wird. Allein Christus, nicht Adam, hat für Paulus nach 2. Kor. 3,18; 4,6 (vgl. *Phil.* 3,21) die Funktion des "Bildes Gottes", nämlich denen, die dieses Bild tragen werden (1. Kor. 15,49), an der himmlisch-pneumatischen Leiblichkeit Anteil zu geben. Theologisch kann man weiter sagen: Erlösung aus der gegenwärtigen, irdisch-seelischen Existenz nach Gen. 2,7 gibt es nicht im Rückgang auf die in der Konstitution des Menschen ursprünglich angelegte Teilhabe an dem pneumatisch-göttlichen Wesen - auch nicht, wenn dieser Rückgang nicht anthropologisch als "Erkenntnis", sondern mythologisch als Erlösung Adams durch den Urmenschen, sein himmlisches Gegenbild, dargestellt wird; Erlösung gibt es nur dadurch, daß wir an Christus, dem auferstandenen Gekreuzigten (1. Kor. 15,3f und 12-18), leibhaft teilhaben werden.

Wir haben nun oben die Versuchung, den Hintergrund der paulinischen Polemik im Kontext der philonischen Auslegung aufzufassen, herausgestellt. Man kann aber nicht den Beweis für diese Vermutung erbringen. Es ist vielmehr zweifelhaft, ob die Korinther daran gedacht haben, daß der protologisch dargestellte Urmensch Heilsfunktion habe, also der Erlöser sei, so daß er mit dem erhöhten Christus identisch wäre; denn eine Gleichung Urmensch = Offenbarer ist bei Philo nicht denkbar[143]. Philo selbst kennt keine Identität zwischen Prototyp (εἰκών) und Protoplast (εἰκὼν εἰκόνος als αἰσθητὸς κόσμος) oder zwischen Prototyp und Adam[143a], obwohl Philos Exegese zu Gen. 1,26f der Gnosis den Anlaß gab, sie später zur Vorstellung des Gott = Anthropos zu entwickeln[144]. In diesem Sinne weist Jervell richtig darauf hin: Bei Philo ist der erste Adam eine intelligible Größe, reine Idee, die Idee des Menschen schlechthin. Der Idee-Mensch ist Modell; er ist passiv, und er ist niemals - im Gegensatz zum Logos - Vermittler zwischen Gott und Mensch[145]. Obwohl Wilckens mit Recht den soteriologisch-eschatologischen Aspekt des Adam-Christus-Typus in 1. Kor. 15,45ff verdeutlicht, kann man nur schwer seine Meinung übernehmen: Philo nehme *eine ihm vorgegebene Urmensch-Adam-Spekulation* als Begründung seiner religiös-philosophischen Tugendlehre in Anspruch[146]. Auf Grund der Spärlichkeit außerphilonischer Zeugnisse und der Unsicherheit ihrer Datierung[147] ist es schwerlich auszumachen, ob eine mythologische Vorstellung zweier sich gegensätzlich gegenüberstehender Urmenschen in neutestamentlicher Zeit besonders unter den

---

143 S.o. 71f.

143a S.o. 72.

144 S.o. 72.

145 J. JERVELL, Imago Dei, 65. Aber er denkt mit der Kombination von Anthropos-Pneuma-Eikon bei Philo,daß Paulus hier auf einer jüdisch-gnostischen Auslegung von Gen. 1,26f und 2,7 fußt, die er selbständig umdeutet (268). Aber diese Kombination ist noch nicht an sich gnostisch. Sie kann es werden. Vgl. H. CONZELMANN, aaO 343 Anm.65.

146 U. WILCKENS, Römer, 309 Anm.1019 u. 1020 zeigt er die Belege dafür.

147 E. KÄSEMANN, Römer, 134. Auch K. USAMI, How are the dead raised (1. Kor. 15,35-58), Bib 57 (1976), 485f. Vgl. O. BETZ, Das Problem der Gnosis seit der Entdeckung der Texte von Nag Hammadi, VF 21 (1976), 46-80.

korinthischen Spiritualisten bekannt und verbreitet war[148]. Aus Philons Schrifttum läßt sich das jedenfalls kaum zwingend belegen. Paulus schuf wahrscheinlich diese Typologie unter dem Einfluß vom apokalyptischen Äonen-Verständnis[149], weil der neue Schritt zu dieser Typologie erst möglich wird, wenn die apokalyptische Anschauung von den Äonen mit ins Spiel kommt[150]. In dem möglicherweise *vorpaulinischen* Bekenntnis Phil. 2,6-11 wird der freiwillige Verzicht Jesu auf eine göttliche Gestalt[151] und gottgleiche Stellung, dazu sein Gehorsam bis zum Tod auf dem Hintergrund der Tradition von Adam gesehen, dessen Ungehorsam als Versuch gewertet wird, sich eigenmächtig Gott gleichzustellen (vgl. Gen. 3,22)[152]. Wie Gnilka zeigt[153], bestimmt zwar in Röm. 5,12ff die Zusammengehörigkeit von Adam-Anthropos und den übrigen Menschen den Gedankengang, während im Lied Phil. 2,6ff der Ausblick auf die Menschen ja nicht da ist; aber die christologische ὑπακοή-Passage Röm. 5,19 (διὰ τῆς παρακοῆς τοῦ ἑνός - διὰ τῆς ὑπακοῆς τοῦ ἑνός) (par. Phil. 2,8), in der die Verlorenheit der ganzen Menschheit als unentrinnbares Versklavtsein unter die Verderbensmächte deutlich expliziert ist, wird als begründender Kommentar zu Phil. 2,8 (vgl. Hebr. 5,8f) angesehen[154]. Jedenfalls mag es doch offen bleiben, ob man endgültig den korinthischen Gedanken rekonstruieren kann.

<Exkurs 4> Phil. 3,21: Zum σῶμα τῆς δόξης αὐτοῦ
Paulus überdenkt das christliche Leben im Licht des im Hymnus dargelegten Christusgeheimnisses (vgl. W. Egger, Galaterbrief, Philipperbrief, Philemonbrief, 1985, 69). Der Weg Christi aus der Erniedrigung zur Herrlichkeit wird so zum Grundgesetz und zum Modell christlicher Existenz. Während P. Siber, Mit Christus leben, 122ff behauptet, daß V. 20 und V. 21b als traditionelles Gut anzunehmen sind, doch V. 20a sachlich wohl von Paulus stammen könne (s.124), tritt dagegen J. Becher, Erwägungen zu Phil. 3,21, ThZ 27 (1971), bes. 25f, überzeugend für die von E. Güttgemanns, Der leidende Apostel und sein Herr, 240ff, und im Anschluß an diesen von G. Strecker, Redaktion und Tradition im Christushymnus Phil. 2,6-11, ZNW 55 (1964), 63ff.75ff, vertretene These ein, es handle sich in diesen Versen um einen vorpaulinischen Hymnus. Vgl. B. Mengel, Studien zum Philipperbrief, 1982, 271f Anm. 172. Schon E. Lohmeyer hatte die Auffassung vertreten, in diesen Versen liege ein - allerdings von Paulus selbst geschaffener - Hymnus vor (vgl. E. Lohmeyer, Die Briefe an die

---

148 E. KÄSEMANN, aaO 134ff. Darauf weist auch WOLFF, aaO 202f, mit Recht.

149 Vgl. E. KÄSEMANN, aaO 138.

150 Die Typologie gehört in die **Geschichte der Verheißung** als Ausdruck der apokalyptischen Äonenlehre: Sie arbeitet nach den Gesichtspunkten der Analogie und Antithese und dürfte ebenfalls auf den Schulbetrieb und die Didaktik hinweisen. Vgl. O. MICHEL, zum Thema: Paulus und seine Bibel, 121; L. GOPPELT, aaO 19.154.

151 "Gestalt" (μορφή) bedeutet in diesem Zusammenhang das gleiche wie εἰκών, vgl. H. RIDDERBOS, Paulus, 1970, 56; vgl. auch E. BRANDENBURGER, Adam und Christus, 147; vgl. auch G. HOWARD, Phil. 2,6-11 and the Human Christ, CBQ 40 (1978), 376f.

152 Vgl. O. BETZ, Adam, TRE I, 416: P. STUHLMACHER, Zur paulinischen Christologie, ZThk 74 (1977), 451.545, weist auf die Verbindung der Stelle Phil. 2,6-11 (vgl. 1. Kor. 8,6; Kol. 1,15-20) mit Jes. 45,23 (über alle Mächte), 53.

153 Der Brief an die Philipper, 1968, 123.

154 W. SCHENK, Die Philipperbriefe des Paulus, 1984, 197; U. WILCKENS, Der Brief an die Römer, EKK VI/I, 1978, 326.

Philipper, an die Kolosser und an Philemon, KEK ([13]1964), 156f. Aber Güttgemanns legt nun, aaO 241-247, sechs Gründe vor, aus denen der vorpaulinische Charakter wahrscheinlich wird.

σῶμα τῆς ταπεινώσεως ist identisch mit σωμα, dem von der Sünde bzw. dem Tod beherrschten Leib von Röm. 6,6; 7,24f, doch steht es hier von Christen im Sinne der "tönernen Gefäße" von 2. Kor. 4,7 (E. Brandenburger, Fleisch und Geist, 44 Anm. 6, sagt, der Hintergrund der dualistischen Weisheit sei deutlich mit der Kennzeichnung der beiden σώματα in 3,21 gegeben, 173f.). Was hier μετασχηματίζειν bezeichnet, drückt 2. Kor. 3,18 mit μεταμορφοῦσθαι oder 15,51f mit ἀλλάσσειν aus. Dabei hat 3,21 σύμμορφοι mit 3,10 das gleiche Stichwort gemeinsam. Gnilka formuliert diesen Zusammenhang: "Die Verwurzelung des Gedankens von der Umschaffung zur Neugestalt im Kontext ist vor allem dadurch gegeben, daß V. 21 in Antithese zu V. 10 συμμορφιζόμενος τῷ θανάτῳ αὐτοῦ steht"[155]. Wie das jetzt stattfindende Zerriebenwerden, so ist auch das zukünftige Geschick christologisch bestimmt: Eine christologische Zusage ist hier zu einem Gegenterminus gemacht: σῶμα τῆς δόξης αὐτοῦ. Wie Güttgemanns beweist[155a], ist es so die einzige Stelle, an der dadurch eine explizite Aussage vom σωμα des auferweckten Jesus entstanden ist (vgl. indirekt 1. Kor. 15,44[156]). V. 19 war δόξα als Gegnerstichwort ironisch umwertend aufgegriffen. Im Zusammenhang der bestimmenden Interaktion mit den Agitatoren impliziert die Zufügung des Possessivpronomens den personalen Akzent der Vollendung: Dadurch wird diese Verwandlung nicht zu einem unpersönlichen Schicksal, sondern sichert dem Gläubigen die persönliche Beziehung zu dem Herrn des Glaubenden ..., so daß es nun möglich ist, immerdar mit Christus zu sein"[157]. Mit αὐτοῦ ist also das συν - von σύμμορφον christologisch expliziert[158]. Im Blick auf die Gegenwart der Christen ist indessen das σῶμα τῆς ταπεινώσεως ἡμῶν durch Identität mit den θάνατος αὐτοῦ bzw. παθήματα αὐτοῦ modifiziert. Durch diese Modifikation muß zugleich das Zunichtewerden der Feindmächte gegeben sein, da es nicht nur um eine isolierte Verwandlung geht. D.h., daß es keine individuelle Eschatologie ohne eine kosmische gibt, sondern sie christologisch entworfen ist[159].

V. 47: Nachdem Paulus bei der korrigierenden Zwischenbemerkung (V. 46) betont, daß die volle Durchsetzung des eschatologischen Pneuma noch aussteht und das Psychische als das dem Pneuma Vorangehende noch nicht überwunden ist, sondern durch den Tod hindurch muß (V. 36), vertieft Paulus mit der variierenden Antithese χοϊκός/ἐξ οὐρανοῦ statt ψυχικός/πνευματικός einen Rückgriff auf die Schöpfungserzählung. ὁ πρῶτος ἄνθρωπος ist vergänglich, weil er aus Erde geschaffen wurde (vgl. Gen. 2,7). Ihm gegenüber steht der "zweite Mensch", Christus. Es gibt eigentlich nur zwei Menschen, die einen jeweiligen Menschen repräsentieren[160], den alten und den neuen. Es ist nicht festzustellen, daß das Motiv dieser Gegenüberstellung aus einer vermuteten mythologischen Vorstellung von zwei anfangs existierenden gegensätzlichen Menschen stammte. Die Gegenüberstellung ist vielmehr durch das paulinische Verständnis der Auferweckung als eines eschatologischen Schöpfungsakts

155 J. GNILKA, Der Philipperbrief, HThk (1968, [3]1980), 210. Vgl. Röm. 8,29.
155a E. GÜTTGEMANS, aaO 247ff.
156 AaO 264ff.
157 E. LOHMEYER, aaO 161.
158 W. SCHENK, aaO 325.
159 G. BAUMBACH, Die Zukunftserwartung nach dem Philipperbrief, in: FS H. SCHÜRMANN, 1977, 451.
160 H. CONZELMANN, aaO 342. Die Vorstellung wird durch Röm. 5,12ff erläutert.

Gottes noch klar dargestellt. δεύτερος ist Wechselbegriff zu ἔσχατος. Der zweite Adam ist "aus dem Himmel"; als der Auferweckte, Erhöhte hat er dort seinen Platz und wird von dort zur Parusie[161] erwartet. Ob die Rede vom himmlischen "Menschen" im Zusammenhang mit dem Menschensohn aus Dan. 7,13f steht, ist in der Forschung umstritten. Wie wir in der Exegese von 1. Kor. 15,22.45 gezeigt haben, hat Paulus die Menschensohnvorstellung von Dan. 7,13ff gekannt und in 1. Kor. 15,45-49 theologisch ausgewertet, wenn er auch den Begriff "Menschensohn" nicht direkt nennt[162].

V. 48: Dieser Vers zeigt: während der irdische Mensch Adam die vergängliche Art der irdischen Menschen bestimmt, prägt Christus, der Mensch, der himmlisch-pneumatisches Wesen hat, die unvergängliche Art der himmlischen Menschen. So greifen auch hier Entsprechung und Verschiedenheit ineinander. J. Weiß versteht dabei: "In οἱ ἐπουράνιοι liegt eine ungeheure Prolepse (wie im Grunde auch schon in οἱ χοϊκοί)[163]. Aber ἐπουράνιοι bezeichnet nicht die Christen in ihrem gegenwärtigen Sein, so daß Paulus proleptisch formulieren würde, sondern in ihrer zukünftigen Existenz[164]. Adam hat einen durch die Seele (נֶפֶשׁ, ψυχή) belebten Leib; so haben auch die Nachkommen Adams einen lebendigen, irdischen Leib. Christus ist in den Himmel erhöht und wirkt durch den Geist; so werden auch die zu ihm Gehörenden in der eschatologischen Auferstehung mit Leib und ganz und gar vom Geist Gottes und Christi geprägt sein.

V. 49: Die zukünftige Existenz der Christen wird in der Futurform (φορέσομεν[165]) gezeigt. Nämlich kann man in Bezug auf V. 48 sagen: wenn wir Christi Bild anlegen, werden wir erst dereinst zu himmlischen Menschen. Die Gegenwart auch des Christen ist noch, jedenfalls hinsichtlich des "Todesleibes", von Adam geprägt (vgl. V. 22); auch er bedarf der Auferweckung durch Gott. Die Existenz der von Adam geprägten Christen wird in der ersten Vershälfte ausgedrückt: ἐφορέσαμεν (Aor.) τὴν εἰκόνα τοῦ χοϊκοῦ. Wie ist der Aorist zu verstehen? Es gibt zwei Möglichkeiten zum Verständnis. 1) Die Existenz der Glaubenden wird als ein Zwischensein gedacht. Also die Christen sind bereits der Vergänglichkeit entnommen, mit der Adam seine Nachkommen prägte, während das Anlegen der εἰκών des Himmlischen aber noch aussteht[166]. 2) Paulus formuliert eher vom Standpunkt der Vollendung aus: Wie wir *bis*

---

161 Vgl. die Futurform V.49. Unter Hinweis auf V.45 (ἐγένετο) verneint H. Conzelmann die Beziehung zur Parusie (wie A. ROBERTSON/A. PLUMMER, A Critical and Exegetical Commentary on the First Epistle of St. Paul to the Corinthians, ICC [²1914], 374).

162 F. LANG, Die Briefe an die Korinther, 225.237.

163 J. WEIß, aaO 376.

164 H. CONZELMANN, aaO 203; C. WOLFF, aaO 203.

165 Das Futur φορέσομεν verdient trotz des nahezu allgemein bezeugten Konjunktivs (φορέσωμεν in V.49b den Vorzug; vgl. J. WEIß, aaO 377. Nicht eine Ermahnung (Kohortativ), sondern eine Verheißung haben wir hier. So auch SCHLATTER, Paulus der Bote Jesu, 441.

166 C. F. G. HEINRICI, aaO 501.

dahin das Bild Adams getragen haben, so werden wir dann das Bild Christi tragen[167]. Weil in den bisherigen Versen festgestellt wurde, daß das dem Pneuma Vorausgehende noch nicht überwunden ist, so daß die Glaubenden noch nicht endgültig der Vergänglichkeit entnommen sind, meinen wir, daß der Aorist vom eschatologischen Standpunkt zurückgeblickte Vergangenheit ist[168]. Paulus verbindet zwei Vorstellungen miteinander, die des Gewandes ("tragen") und die des Bildes. Diesen Zusammenhang formuliert Conzelmann folgendermaßen: Das Stichwort "tragen" erweckt zugleich die Gedankenassoziation an das mit der εἰκών ontologisch gleichwertige Gewand[169]. Zwar läßt sich die Verbreitung der Kombination zwischen der Wendung vom "Tragen der Eikon" und der Vorstellung vom "Tragen eines Gewandes" nachweisen[170]. εἰκών (vgl. 1. Kor. 11,7) bedeutet nicht die äußere Form; "vielmehr kommt in der Gestalt das Wesen selbst zum Ausdruck"[171], und wird εἰκών "auf etwas angewendet, was die Existenz bzw. das Handeln des Bekleideten bezeichnet"[172]. Diesen Gebrauch der Gewandvorstellung kann man in alttestamentlich-jüdischem Hintergrund, besonders in dem Sprachgebrauch der LXX finden. (Vgl. Jes. 51,9; 61,10: ἱμάτιον σωτήριον ; Ps. 35,26; 93,1; 2. Chron. 6,41: ἐνδύσαιντο σωτηρίαν ; Hiob 29,14; Sir. 27,8; Bar. 5,1; Aboth 6,1[173]; Apok. Hen. 62,15f; slav. Hen. 22,8; Luk. 24,49; Gal. 3,27; Apok. 3,4f.18 u.ö.)[174]. Dieser Vorstellungskreis ist von Paulus zur Interpretation des geschichtlich-futurischen Heilswerkes verwendet: "So *werden* wir auch das Bild des himmlischen (Menschen = Christus) tragen", nämlich in der eschatologischen Geistleiblichkeit. Die Menschen haben bislang das Bild Adams als das vergängliche Wesen getragen (vgl. Gen. 5,3; Sanh. 4,5; b. Baba Bathra 58a); aber die Glaubenden werden bei der Auferweckung vom Wesen (= Bild) des erhöhten Christus geprägt und mit dem σῶμα πνευματικόν[175] wie mit einem Gewand bekleidet[176].

167 C. K. BARRETT, aaO 49; K.-A. BAUER, aaO 102 Anm.85; J. JEREMIAS, Ἀδάμ, ThWb I, 142,20-26; G. KITTEL, εἰκών, ThWb II (1935, 1954), 395 Anm.99; E. SCHWEIZER, πνεῦμα, πνευματικός ; ThWb VI, 418 Anm.584.

168 C. WOLFF, aaO 203; F. LANG, aaO 237.

169 H. CONZELMANN, aaO 343.

170 E. BRANDENBURGER, Adam und Christus, 148f. Zur Affinität von "Bild" und "Gewand" bei Philo s. J. PASCHER, Η ΒΑΣΙΛΙΚΗ ΟΔΟΣ. Der Königsweg zu Wiedergeburt und Vergottung bei Philon von Alexandria, 1931, 51ff. S.o. 33. Thomasakten 36f (vgl. 78) erwähnt das Anziehen und Abziehen der Kleidung als der fleischlichen Existenz des Menschen.

171 F.-W. ELTESTER, Eikon im Neuen Testament, BZNW 23 (1958), 23; R. BULTMANN, Theol., 193f.

172 G. DELLING, Die Zueignung des Heils in der Taufe, 1961, 76.

173 "Die Tora bekleidet den, der sich mit ihr beschäftigt, mit dem Kleid der Demut und der Gottesfurcht."

174 S.o. 65. A. OEPKE, Der Brief des Paulus an die Galater, bearb. v. J. Rohde, ThHK IX (^{4}1979), 124f, erörtert die Möglichkeit des Verständnisses vom außerbiblisch profanen Sprachgebrauch her, sachgemäß ohne Ergebnis, der Gedanke der Prüfung der LXX kommt ihm offenbar nicht.

175 Vgl. H. LIETZMANN, aaO 86. In Rücksicht auf Phil. 3,21, Röm. 8,29 (σύμμορφος) versteht J. WEIß: "in φορεῖν liegt, daß diese Leiblichkeit, die wie ein Gewand "getragen" wird, nicht zum innersten Wesen der Persönlichkeit gehört, sondern gewechselt werden kann" (aaO 377).

176 Vgl. das viermalige ἐνδύσασθαι V.53 und insgesamt 2. Kor. 5,1-9. Vgl. auch E. BRANDENBURGER, Alter und neuer Mensch, 206.

III. Die ekklesiologische Verwendung der Adam-Christus-Typologie für die Leib-Christi-Vorstellung

Bisher haben wir auf Grund der Exegese von 1. Kor. 15,20ff.42ff (teilweise im Hinblick auf Röm. 5,12ff) das paulinische Verständnis von Christus als dem eschatologischen Adam betrachtet, damit es sich im menschheitlichen Horizont erhellt, daß der gekreuzigte und auferstandene Leib Christi in der Gemeinde gegenwärtig und die alles determinierende Realität ist. In diesen Texten findet sich allerdings nicht direkt die σῶμα Χριστοῦ- Vorstellung. Aber eine ekklesiologische Verwendung dieser Adam-Typologie, also eine Anspielung auf den Leib Christi als Adam, kann man aus dem Vergleich von 1. Kor. 12,23 mit Kol. 3,9ff erschließen: Die neue Einheit der Christen wird hier auf Christus als Ebenbild Gottes (Adam-Typologie) und dort auf das σῶμα Χριστοῦ zurückgeführt; es geht um das Leib-Verständnis entsprechend dem Christus als dem neuen Adam[177]. Auffallenderweise kommt die Leib-Christi-Vorstellung da vor, wo eine Adam-Christus-Vorstellung sich findet: 1. Kor. 6,15 (wo die Vorstellung des σῶμα Χριστοῦ als der Gemeinde vorausgesetzt ist) entsprechend 1. Kor. 6,16 (wo Christus in Analogie zu dem Genesiszitat 2,24 als Adam gemeint wäre; vgl. Eph. 5,25-33); 1. Kor. 12,12ff.27 entsprechend 1. Kor. 15,21ff. 45ff; Röm. 5,12-21 entsprechend Röm. 12,4f; vgl. auch Röm. 7,4-6[178]. Dazu ist es auch bemerkenswert, daß eine methodische Parallele sich zwischen den beiden Vorstellungen findet, also daß das Analogie-Prinzip fast mit dem symmetrischen Satzgefüge "(καθ) ὡς (bzw. ὥσπερ oder καθάπερ) - οὕτως " in ihnen angewendet ist: einerseits typologisch[179] "wie Adam - so Christus (Röm. 5,12ff; 1. Kor. 15,22.48ff.) In den beiden Texten wird nicht direkt an Eva gedacht, denn dadurch würde das typologische Schema gesprengt. Statt dessen soll jedoch die Beziehung "Einer - Viele (bzw. Alle - Gemeinde)" berücksichtigt werden bzw. "(wie) Mann/Frau - (so) Christus/die Gemeinde" (1. Kor. 6,15ff; vgl. Eph. 5,25 <u.29>: "wie Christus/die Gemeinde - so Mann/Frau"[180], wo der ein persönlich-leibhaftes Verhältnis bedeutende σῶμα -Begriff auftaucht), andererseits parabolisch "wie ein Leib - so die

177 K. ADAM, ThQs Bd. III, 441. A. RICHARDSON, Introduction to the Theology of the New Testament, 1958, 138f, sagt: die Christologie und die Ekklesiologie bei Paulus treffen sich auf der Konzeption "Christus als Ben Adam". Vgl. E. SCHWEIZER, The Son of Man, JBL 69 (1960), 128.

178 S.u. 256ff.

179 Paulinische Typologie ist keine hermeneutische Methode, welche nach bestimmten Regeln Deutungen ermittelt, sondern "eine pneumatische Betrachtungsweise, welche im Blick auf die Heilsvollendung von Fall zu Fall in der vorlaufenden Heilsgeschichte deren Typen erkennt", L. GOPPELT, Typos, (1939) 1966, 244.

180 Die Auslegung der beiden Texte muß demnächst präzise geprüft werden. Anders als Eph. 5,25f wird das Eheverständnis in 1. Kor. 6,15ff jedoch nicht in Analogie des Verhältnisses Gemeinde - Christus gesehen; vgl. D. J. DOUGHT, aaO 173. Also man kann 1. Kor. 6,15ff so wiedergeben: wie Mann/Frau - so Christus/die Gemeinde, nicht so: wie Christus/die Gemeinde - so Mann/Frau. S.u. 219 Anm. 113; 247.

Gemeinde (bzw. Christus)" (Röm. 12,4f; 1. Kor. 12,12: οὕτως καὶ ὁ Χριστός ; vgl. Eph. 5,22ff)[181]. Von dieser Beobachtung her könnte man den in Teil B und der Exegese (1. Kor. 15,22[182]) erwähnten Adam- גוף Gedanken, alle zukünftigen Geschlechter seien in Adam schon dagewesen (vgl. Heb. 7,4-10[183]), mit dem Sein der Glaubenden ἐν Χριστῷ bzw. mit ihrem Eingefügtsein in das σῶμα Χριστοῦ vergleichen[184]. Wenn Paulus schließlich in 2. Kor. 11,2f die Verführung Evas durch die Schlange erwähnt, so tut er dies im Blick auf die Tatsache, daß er die Gemeinde als eine reine Jungfrau Christus verloben will; demnach sind Christus und die Gemeinde eine eschatologische Entsprechung zum ersten Menschenpaar. Das gilt auch für Eph. 5,28-32, wonach Gen. 2,24 ("Sie werden ein Leib") im Verhältnis Christus-Gemeinde vollkommen erfüllt wird[185]. Dies deutet an, daß Gen. 2,21ff für die Entstehung der Kirche aus dem letzten Adam Christus ekklesiologisch verstanden sei[186]. In diesem Zusammenhang scheint auch die Stelle von 1. Kor. 11,2ff wichtig zu sein, wo der gewiß aufs Herausgehen Evas aus Adam bezogene κεφαλή -Begriff in der christologischen Struktur der Verse gebraucht wird. Weiter scheint für Paulus dieser Gedanke nunmehr eine wichtige Rolle in dem Abendmahl-Kontext (1. Kor. 10,16f; 11,23ff) zu spielen.

Um die Vorstellung vom Leib entsprechend dem eschatologischen Adam Christus zu erhellen, wollen wir zunächst mit der von vielen Neutestamentlern unberücksichtigten Idee von der Braut und Gattin Christi anfangen, die einen wichtigen Hinweis auf Entstehung und Gehalt des paulinischen Leib-Christi-Gedankens zu geben scheint[187]. Paulus bedient sich oft dieses Gedankens, um die Verbindung der Gläubigen mit dem Herrn und untereinander zum Ausdruck zu bringen. Dieser Gedanke tritt in den Vordergrund des ekklesiologischen Kontexts. Der Einfluß dieses Bildes ist in der Stelle Eph. 5,22-33 unleugbar gegeben, wo die leibliche Identität in der eheli-

181 Über οὕτως-ὡς-Formel in Eph. 5,28 siehe G. BOUWMAN, EPH, V.28 - Versuch einer Übersetzung, Miscellanea Neotestamentica (Supplements to Novum Testamentum), 1978, 179ff.

182 S.o. 142.

183 Ähnlich formuliert Heb. 7,4-10, daß alle zukünftigen levitischen Generationen schon in den Lenden Abrahams waren. Vgl. E. BRANDENBURGER, Adam und Christus, 141f. Das, was der Stammvater erleidet, symbolisiert nicht bloß das Geschick seiner Nachkommen, sondern beeinflußt und bedingt es. Vgl. E. RIGGENBACH, Der Brief an die Hebräer, (1922) ²1987, 192.

184 Vgl. H. CONZELMANN, Grundriß der Theologie des Neuen Testaments, 291.

185 O. BETZ, Adam, TRE I (1977), 420.

186 2. Clem. XIV, 1-2: "Ihr wißt wohl, wie ich meine, daß die lebendige Kirche der Leib Christi ist, denn die Schrift sagt: Gott schuf den Menschen als Mann und Weib. Der Mann ist Christus, das Weib die Kirche". Vgl. auch Ambr. in Lc. 2,85/7: Die Ekklesia ist das Weib des neuen Adam, das am Kreuz aus seiner Seite gebaut wird.

187 O. CASEL, In seiner Besprechung des Buches von E. Käsemann, Leib und Leib Christi, in: Jahrbuch f. Lit. Wiss. 13 (1933), 290: Ferner gehört ... zu der Lehre vom LC die vom Vf. (E. KÄSEMANN, Leib und Leib Christi) "gänzlich unberücksichtigte Idee von der Kirche als Braut und Gattin Christi. ..., daß neben dem gnost. Nebel die ntl. Gedankenwelt sich als klar umrissen und lichtvoll erweist."

chen Verbindung eine Verschiedenheit der Leiber selbst voraussetzt, ebenso wie es bei Paulus keine Gleichsetzung des Leibes Christi mit Christus gibt[188]. Ist dies ein Ausnahmefall oder müssen wir zugeben, daß auch in paulinischen Briefen das Bild der Kirche als Gattin Christi als eine wichtige Vorstellung im Ausdruck Leib Christi verborgen enthalten ist?

Jedoch blieb diese Auslegung bisher nicht nur vielfach unberücksichtigt, sondern wurde auch nicht günstig aufgenommen. Die Meinung von O. Casel[189], J. Gonsalez Ruiz[190], G. Martelet[191], C. Chavasse[192] und R. A. Batey[193], daß die Kirche Leib Christi wäre, wie die Frau Leib ihres Mannes, und daß die Kirche als Ehegattin Christi auch in Wahrheit sein Leib ist, wurde kritisiert von A. Wikenhauser[194], P. Benoît[195], E. Schweizer[196], E. Best[197] und T. A. Burkill[198]. Zwar soll der oben

188 E. SCHWEIZER, Gemeinde und Gemeindeordnung im NT (1959), 128-131, auch 123.

189 AaO 290f, und in seinem nachgelassenen Werk: Mysterium der Ekklesia, 1961, 65ff und passim, wo er einen tiefen Zusammenhang zwischen der Idee vom Leib Christi und der anderen Idee von der Ekklesia als dem Weibe Christi behauptet. Er sieht seine Auslegung, die eine katholische Ekklesiologie repräsentiert, aus kirchenväterlichem Aspekt.

190 San Pablo: Cartas de la Cantividad, in der Reihe: Christus Hodie, 1956. Der Autor betont besonders, daß die beiden Ehegatten ein einziges Lebensprinzip bilden (25-207).

191 Le mystère du Corps et de l'Esprit dans le Christ réssuscité et dans l'Église, Verbum Caro XII 45 (1958), 41-42.

192 The Bride of Christ, 1939.

193 The MIA SARX union of Christ and the Church, NTS 13 (1966-67), 270ff; vgl. DERS., Paul's Bride Image, Interpretation Vol. VIII (1963), 176-182; New Testament Nuptial Imagery, 1971.

194 Die Kirche als der mystische Leib Christi nach dem Apostel Paulus, (1937) ²1940, 231, wo er die Meinung Casels, daß der Ausdruck "Leib Christi" von der Vorstellung "Gattin Christi" abgeleitet ist, verwirft. Stattdessen behauptet er, daß zwei parallele Vorstellungsformen, "Leib Christi" und "Gattin Christi", für denselben Sachverhalt vorliegen (231).

195 Rev. Bibl. 64 (1957), 615f. Die zu allegorische Auslegung von Gonzales Ruiz, die Metapher ("Leib" Christi als die Kirche) wäre ausgehend von Eph. 5,22ff zu verstehen und die Kirche wäre der Leib Christi wie die Frau es von ihrem Mann ist, d.h. als Instrument/Werkzeug, das dem Mann erlaubt, seine schöpferische Kraft auszuüben und Kinder zu zeugen, bezeichnet Benoit "weniger glücklich", weil der Epheser-Text über die Hochzeit Christi und der Kirche ein Ergebnis darstellt, das nicht als Ausgangspunkt dienen kann auf Kosten von früheren Texten (616). Von daher denkt er, daß die so vorgeschlagene Vorstellung stark den wahren Wert des paulinischen Themas des "Leibes Christi" verkennt. Vgl. DERS., Rev. Bibl. 63 (1956), 25 Anm.1.2., wo er uns die genetische Bedeutung in 1. Kor. 11,3 wahrnehmen läßt. S.37 Anm.1 behauptet er hinsichtlich πλήρωμα von Kol. 1,19; 2,9f; Eph. 1,23, daß man nicht zu sehr die Schöpfungsordnung und die Ordnung der Neuschöpfung gegenüberstellen soll, sondern im Gegenteil ihre Kontinuität wahrnehmen soll, denn Gott erfüllt die Welt mit seiner schöpferischen Macht, indem er sie nach der Katastrophe der Sünde wieder in die Hand genommen hat; in der Gestalt Christi erfüllt er sie mit einem neuen Leben.

196 Gemeinde und Gemeindeordnung im N.T., 1959, 82 Anm.353, wo er Martelets Auslegung nicht genügend beachtet, weil sich darin ein reiner Formbegriff sehen läßt, der ein Inferioritätsverhältnis (Gemeinde = Sklavin des Christus) umschriebe.

197 One body in Christ, 1955, 169ff. Indem er die Idee von der Kirche als der neuen Eva in paul. Briefen verneint, kritisiert er die vier Thesen von Chavasse. Trotzdem behauptet er: The actual argument, however, runs this way: from the nuptial metaphor the author sees Christ and the Church as husband and wife, but the Church is also his Body, 180. Darüber handeln wir später.

198 Two into One: The Notion of Carnal Union in Mark. 10,8; 1. Kor. 6,16; Eph. 5,31, ZNW 62 (1971), 115-120. Die Aussage von R. BATEY: Jesus "considered the union of marriage to be the result and fulfilment of God's purposeful activity, which restores the original wholeness of

kritisierte Sachverhalt genügend geprüft werden, doch scheint es uns, daß sich die eheliche Schilderung des Verhältnisses der Gemeinde mit Christus und die Vorstellung von σῶμα Χριστοῦ als der Christusgemeinde in der Konzeption "Christus als der eschatologische Adam" miteinander verbinden können[199]. Wie weit diese Idee eine Relevanz für das der Adam-Christus-Typologie entsprechende σῶμα Χριστοῦ-Verständnis haben kann, müssen wir mit Konzentration auf Gen. 2,22-24 religions-/traditionsgeschichtlich und dann exegetisch von den Paulusbriefen her untersuchen.

§ 2 Die heilsgeschichtliche Bedeutung des Bauens Israels aus der Auslegung von Gen. 2,22-24 in der alttestamentlichen, hellenistisch-jüdischen und christlichen Tradition

I. אִשָּׁה-אִישׁ in Gen. 2,22-24

Schon der Autor des Abschnittes Genesis 2,4b-3,24, der Jahwist, setzt die Frau dem Leib Adams gleich. Um das nachzuweisen, ist es notwendig, uns einige Eigentümlichkeiten des hebräischen Sprachgebrauchs, die wir schon oben in Teil B, § 1 behandelt haben, in Erinnerung zu rufen. Die hebräischen Ausdrücke für "Gebein und Fleisch", "Fleisch und Blut" bedeuten das Mensch-Sein[200]. Auch das Wort בָּשָׂר wird gebraucht, um den Leib, oder sogar die menschliche Person unter dem Aspekt der Körperlichkeit[201] zu bezeichnen. "Alles Fleisch" bedeutet "alle Menschen" (Gen. 6,12; Jes. 40,5; 49,26; Jer. 25,31; Ex. 21,9; Joel 3,1)[202]. Zugleich begründet בָּשָׂר eher die Solidarität als die Vereinzelung, so daß die Verwandtschaftsbeziehung zu einem Menschen betont wird, indem der andere Leib mit dem eigenen Leib identifiziert wird[203]. Laban sagte zu seinem Neffen Jakob: "Wahrlich, du bist mein Gebein und

man and is permanent" (aaO 277) kritisiert BURKILL mit der Frage: "If this is so, why is there no record of Jesus' own marriage? Did St. Mark regard him as being innately androgynous?" (115). Weiterhin weist er auf das Problem seiner (Batey) Exegese von 1. Kor. 6,16ff hin (117f).

199 W. L. KNOX, St Paul and the Church of the Gentiles, 1961, 200 Anm.5, sagt: "The thought of the husband of the Church and the reference to Gen. 2,24 may be inspired by the Pauline association of Jesus with Adam, though this is not necessary." Vgl. G. LINDESKOG, Studien zum neutestamentlichen Schöpfungsgedanken, 1952, 194. Wir haben etwa einen Anhaltspunkt in den folgenden Forschungen gefunden, obwohl es ihnen an der traditionsgeschichtlichen Methode zur Exegese von den Paulusbriefen fehlt: C. CHAVASSE, aaO; E. BEST, aaO, S. F. B. BEDALE, The Theology of the Church, in: Studies in Ephesians, 1956, 64ff; DERS., The Meaning of κεφαλή in the Pauline Epistles, JThSt 5 (1954), 211-215; P. ANDRIESSEN, Die neue Eva als Leib des neuen Adam, in: Vom Christus zur Kirche (1966), 109ff; R. P. SHEDD, Man in Community, 1958, 157ff; E. STAUFER, γαμέω, ThWb I, 646-655; J. JEREMIAS, νύμφη, ThWb IV, 1092-1099; R. A. BATEY, New Testament, Nuptial Imagery; DERS., The MIA ΣΑΡΧ Union of Christ and the Church, NTS 13 (1966-67); vgl. auch DERS., Jewish Gnosticism and the 'Hieros Gamos' of Eph V 21-33, NTSt 10 (1963/64), 121-127; J. P. SAMPLEY, And the Two shall become one Flesh (1971); O. BETZ, Adam, TRE 1, 414-424. Prof. O. BETZ hat mich auf diese Idee aufmerksam gemacht.

200 S.o. 52ff.

201 Vgl. C. WESTERMANN, Genesis I/1, BK, 1974, 318.

202 S.o. 52ff.

203 אחינו בשרנו הוא er ist unser Bruder, unser Fleisch und Blut, Gen. 37,27. Im weiteren Sinn: בשרך dein Volksgenosse, Jes. 58,7.

mein Fleisch (= Leib)" (עַצְמִי וּבְשָׂרִי = mein Blutverwandter, Gen. 29,14), eine Wendung, die in diesem Sinn häufig im A.T. vorkommt (בָּשָׂר מִבְּשָׂרִי Gen. 2,23; 2. Sam. 19,13-14; vgl. Ri. 9,2; 2. Sam. 5,1; 1. Chr. 11,1; כִּבְשַׂר אַחֵינוּ בְּשָׂרֵנוּ Neh. 5,5; שְׁאֵר בְּשָׂרוֹ sein nächster Blutverwandter Lev. 18,6; 25,49)[204]. Das führt uns zum Bericht der Erschaffung der Eva als der Wurzel aller Blutsverwandtschaft zurück[205].

Die Gattin des Adam wird eingeführt als "eine Hilfe, die zu ihm passt" (עֵזֶר כְּנֶגְדּוֹ eine Hilfe wie sein Gegenüber, Gen. 2,18.20)[206] עזר hat den Sinn von Beistand oder Hilfe[207]. Mit der "Hilfe, die ihm entspricht" ist die Frau weder als Geschlechtswesen noch als Arbeitkraft zur Hilfe beim Ackerbau gemeint. כְּנֶגְדּוֹ bedeutet so viel wie "ihm vollwertig gegenüberstehen, ihm ganz entsprechend"[208], weil נֶגֶד wörtlich das Gegenüber, das Gegenbild ist[209]. In diesen beiden Bestimmungen ist in erstaunlicher Weise menschliche Gemeinschaft, primär die von Mann und Frau, so dargestellt, wie sie das Menschsein zu allen Zeiten bestimmt. Der Jahwist will zu einem neuen Verständnis des Menschseins führen: Gottes Geschöpf ist nicht schon der Mensch in seinem Vorhandensein, sondern erst der Mensch in der Gemeinschaft[210]. In der Vorstellung, daß Gott das Weib aus einer Rippe des Menschen "gebaut" (בָּנָה) hat, wird man ätiologischen Einzelzügen gegenüber, die in 21-22 vermutet werden, zurückhaltend sein[211]. Alle diese Erklärungen lenken von der Hauptlinie der Erzählung ab. Es soll nicht etwas an dem Menschen erklärt werden, sondern der Mensch selbst[212]. Das Hervorheben der Rippe (צֶלַע) hat, wie J. B. Pritchard zeigt[213], wahr-

---

204 Vgl. J. SKINNER, Genesis, ICC (1910) ²1963. S.o. 53f.

205 Vgl. P. Andrissen, Die neue Eva als Leib des neuen Adam, In: Vom Christus zur Kirche, 1966, 111. In Gen. 2,21ff liegt eine eigene, sehr alte Tradition von der Menschenschöpfung oder Darstellung der Menschenschöpfung zugrunde, die mit großer Kunst der Gesamtdarstellung eingefügt wurde; vgl. H. BAUMANN, Schöpfung und Urzeit des Menschen im Mythus der afrikanischen Völker, (1936) Neudr. 1964: "Der Afrikaner aller kulturellen Gliederungen kennt meist nur die gleichzeitige Entstehung eines Urpaares, sei es nun von Gott geschaffen, sei es der Erde, einem Baum, einer Höhle oder dergleichen entstiegen", 239, vgl. 205f; R. AMIRAN, Myths of Creation of Man and the Jericho Statues: BASOR 167, Oct. 1962, 23-25; F. DELITZSCH, Neuer Commentar über die Genesis, (sub voce) 1860, 93f.

206 "Wie sein Gegenüber": F. Delitzsch, Neuer Commentar über die Genesis, 1887, (sub voce), 156; G. v. RAD, Das erste Buch Mose, Genesis, ATD ²1968, 57.

207 In Jes. 30,5 für ein Volk, in Hos. 13,9 und Ps. 121,1 ist nach einem עֵזֶר gefragt; Gott ist עזר Ex. 18,4; Dt. 33,7; Ps. 20,3 u.ö. Das gebräuchliche Wort für Hilfe ist עֶזְרָה; hier ist absichtlich der neutralere Begriff עֵזֶר (masc.) gebraucht; d.h. der Mensch bedarf des gegenseitigen, nicht einseitigen Helfens. Dieses ist ein Wesensbestandteil seines Menschseins. Tob. 8.6: βοηθὸν στήριγμα.

208 J. SCHARBERT, Genesis 1-11, Die Neue Echter Bibel, 1983, 53.

209 L. KÖHLER, Theologie des AT, (1936) ⁴1966, 242 Anm.118; E. A. SPEISER, Genesis (Anchor Bible), 17; H. GUNKEL, Genesis übersetzt und erklärt, (1901) ⁵1922, 11; C. WESTERMANN, Genesis, 309f.

210 Vgl. C. WESTERMANN, Genesis 1-11, Erträge der Forschung, (1972) ²1976, 31f.

211 So G. v. RAD, aaO 59; O. PROCKSCH, Die Genesis übersetzt, A. die Jahwequelle, (1913) ²⁻³1924, 28.

212 C. WESTERMANN, aaO 314.

213 J. B. PRITCHARD, Man's Predicament in Eden: RvRel 13 (1948/1949), 15: "... in Sumerian there is established through a play upon words, a definite connection between the rib and the 'lady who makes live'".

scheinlich seinen Ursprung in einem sumerischen Wortspiel. In dem Ausdruck בנה[214] schimmert die alte Vorstellung von Gott als dem Weltbaumeister durch, dessen Schöpfungswirken als "bauen" bezeichnet wird[215]. בָּנָה als ein Schöpfungsterminus wurde in der Akkadischen Literatur (bānû = bauen) gebraucht, um die Schöpfung des Menschen von den Göttern zu schildern: "so, too, in Ugaric, one of the titles of the deity is the father of the gods and of man ('b'dn) is bny bnwt, that is, creator of creatures".[216] Auch in Am. 9,6 kommt בָּנָה als Schöpfungstätigkeit vor.

Nachträglich erhält die Gattin des Adam den Namen "אִשָּׁה", weil sie vom Manne "אִישׁ" genommen ist (V. 23)[217]. Der Mensch erkennt augenblicklich in höchster Freude das neue Geschöpf als das ganz zu ihm Gehörige. "Nun führt Gott selbst wie ein Brautführer das Weib dem Manne zu"[218]. Aber die Freude des Menschen weiß noch nichts von den "überirdischen Tatsachen (Eph. 5,23), die sich in diesem Mysterium der Ehe abschatten".[219] Für Adam ist Eva wie das Spiegelbild seiner selbst, in dem er sich wiedererkennt[220]. Daher sein Ausruf: "Diese ist endlich Bein von meinem Gebein und Fleisch von meinem Fleisch, Leib von meinem Leib!"[221] Hier erklingt ein Ton der jubelnden Liebeslust des Hohenliedes[222]. Das Weib ist Leib Adams, aus ihm hervorgezogen, und daher geeignet, mit ihm die denkbar innigste Einheit zu bilden; sie ist dem Mann so nah wie sein eigener Leib. Dies bedeutet das Gegenüberstehen des Wesensgleichen, aber geschlechtlich Verschiedenen[223]. (Es handelt sich nicht um die Vorstellung eines androgynen Adam, wie bei Philo, Opif Mundi 152). Aus diesem Grund wird der Mann seiner Frau anhängen und ἔσονται οἱ δύο εἰς σάρκα μίαν (LXX,

---

214 Ges.-BUHL: "Bildung einer menschl. Gestalt"; KÖHLER-BAUMGARTNER: "e. לְ ausbauen zu".

215 U. CASSUTO, From Adam to Noah, I Genesis 1,1-6, 1961, 135; PROKSCH, aaO, 29, findet, daß in diesem Ausdruck gegenüber dem יָצַר von V. 7 und 19 mehr an die "Entwicklung aus Organischem" gedacht sei, und übersetzt mit "ausbauen"; auch F. DELITZSCH, aaO 93f. Zweifellos ist Eva aus Organischem entstanden und nicht aus anorganischer Erde. Aber das ist nicht der Grund für die Verwendung von "bauen".

216 U. CASSUTO, aaO 134; W. H. SCHMIDT, Königtum Gottes in Ugarit und Israel, ²1966, 59. Zum Akkad. vgl. W. von SODEN, Akkadisches Handwörterbuch, 1959ff, 103.

217 Vgl. die sachliche Herleitung des אָדָם von der אֲדָמָה in Gen. 2,7; vgl. auch H. W. WOLFF, Anthropologie des ATs, (1933) ⁴1984, 143f, 252. W. H. GISPEN, Genesis I, 1-11, 26, 1976, 128, weist auf 1. Kor. 11,8.9; Eph. 5,28; 1. Tim. 2,13 hin. In der vorangehenden Erzählung wird immer von הָאָדָם gesprochen, nur V. 23 redet wegen des Wortspieles vom אִישׁ. V. 24 knüpft an dieses אישׁ an; von V. 25 ab steht wieder הָאָדָם.

218 G. v. RAD, Genesis, 59. בּוֹא Hiphil wird auch sonst für Brautführung gebraucht; vgl. Ri. 12,9. Gen. R. 18(3): Gott als Brautführer Adams. Vgl. W. BACHER, Agada d. Pal. Am. III, 413.

219 So F. DELITZSCH, aaO 95f: "Und auch die Schöpfung des Weibes ist typisch: Sicut dormiente Adamo fit Eva de latere, sic mortuo Christo lancea percutitur latus, ut profluant sacramenta, quibus formetur ecclesia".

220 F. DELITZSCH, aaO 92.

221 Der Verfasser benutzt die sogenannte 'Verwandtschaftsformel, s.o. 134f ; vgl. W. REISER, Die Verwandtschaftsformel in Genesis 2,23: ThZ 16 (1960), 1-4: "Der Jahwist hat die Formel stark körperlich-anschaulich gefärbt" (S.3). Blutsverwandte werden mit בָּשָׂר bezeichnet, auch in CD 7,1; 8,6 = 19,19; in Sir 23,17.

222 O. EISSFELDT, Kleine Schriften, I. 1962, 48.

223 N. P. BRATSIOTIS, אִישׁ, ThWAT I, 1973, Sp. 242.

Gen. 2,24) oder, wie Paulus später sagt, ἓν σῶμα (1. Kor. 6,1ba) sein. Das בשר in V. 24c entspricht nämlich der Verwandtschaftsformel in V. 23. Es bezeichnet ein leiblich-persönliches Zusammengehören[224], aufgrund dessen sich wieder "ein Fleisch" in der Nachkommenschaft verwirklicht. Es ist nicht richtig, wenn C. Westermann das "zu einem Fleisch" nur als "geistliche Einheit, allumfassendste persönliche Gemeinschaft" versteht[225], wodurch er ein leibliches Verhältnis ausschließt[226]. בָּשָׂר ist nicht nur notwendiges Medium "through which the whole personality communicates its varied emotions, longings, joys and fears" (vgl. Ps. 84,2)[227], sondern vielmehr die leibliche Persönlichkeit selbst. Daß damit der Sinn der hebräischen Ausdrucksweise richtig beurteilt ist, zeigt Sir. 25,26[228], wo die Entlassung der Frau bildlich als ein "Abschneiden vom eigenen Fleisch ἰδία σάρξ " des Mannes bezeichnet wird (Vgl. Dtn. 24,1; Eph. 5,31)[229]. Ebenso entspricht die Aufforderung in Eph. 5,28, die Frau wie das eigene Fleisch zu lieben, einem typisch hebräischen Gedanken.

Die Geschlechtlichkeit verbindet sich enger mit σῶμα als mit σάρξ (LXX Ex. 28,42;Lv. 15,2f.7.19 tritt χρώς oder σῶμα für בָּשָׂר ein, während nur Ez. 23,20, vgl. 16,26, wohl das Geschlechtsglied gemeint ist), obwohl die Formel, welche die Frau als ἰδία σάρξ des Mannes" bezeichnet in der LXX noch nicht mit σῶμα wiedergegeben ist. Wie in dieser Wendung (LXX), so zeigt sich auch in den Apokryphen und Pseudepigraphen zunächst keine negativ gefärbte Verbindung des Begriffes σάρξ mit der Sexualität oder den Genüssen des Magens. Die Frau ist das eigene Fleisch des Mannes Vit. Ad. 3 (Vgl. Jub. 3,6). Jub. 16,5 wird nur der verbotene Geschlechtsverkehr mit dem eigenen Fleisch verurteilt. Erst Apk. Mos. 25 wird vielleicht die Geschlechtsvereinigung überhaupt als ἁμαρτία τῆς σαρκός beurteilt.

Die Aussage, daß "darum ein Mann Vater und Mutter verlassen wird (Gen. 2,24)ist natürlich nicht Fortsetzung der Rede des ersten Menschen, weil das 'Verlassen von Vater und Mutter' für das Paar, das eben erst seine Zugehörigkeit entdeckt hat, nicht möglich ist[230], sondern ein vom Erzähler gesprochener kurzer Epilog nach beendetem Vorgang; so die meisten neueren Exegeten[231]. Die Aussage von Gen. 2,24 trägt durchaus ätiologischen Charakter, d.h. sie bezieht sich auf die Beantwortung einer ganz bestimmten Frage, die etwa so zu skizzieren ist: Woher kommt der urgewaltige Drang der Geschlechter zueinander, der nicht zur Ruhe findet, bis er in

---

224 Vgl. A. DILLMANN, Die Genesis, 69: F. DELITZSCH, aaO 95: "... innigster persönlicher geistleiblicher Gemeinschaft". S.o. 52f.

225 AaO 318.

226 Vgl. W. BRUEGGMANN, Of the same flesh and bone, CBQ 32 (1970), 533.

227 R. DAVIDSON, Genesis 1-11, 1973, 38.

228 Ca. 190 v.Chr.. Für die Festlegung des Abfassungszeitraumes von Sir. vgl. R. H. CHARLES, The Apokrypha and Pseudepigrapha of the O.T. Vol. 1, 42; Jesus Sirach, von G. SAUER, JShrZ, Bd. III, Lief. 5, 490.

229 Vgl. H. JUNKER, Genesis, EB I, 1949, 16f.

230 Gegen F. DELITZSCH, Die Genesis, 95.

231 Z.B. A. DILLMANN, Die Genesis, 1892, 69; G. v. RAD, aaO, 59; C. WESTERMANN, aaO 317. Mit V. 24 ist die Erzählung 2,4b-8.18-24, die zu dem Kreis der Erzählungen von der Erschaffung des Menschen gehört, abgeschlossen.

Kindern wieder zu einem Fleisch geworden ist?[232]; woher kommt diese Liebe, die stark ist wie der Tod (H.L. 8,6) und stärker als die Bindung an die leiblichen Eltern? Das kommt daher, weil Gott das Weib vom Manne genommen hat, weil sie ja eigentlich ursprünglich **ein** Leib waren; darum müssen sie wieder zusammenkommen und sind so schicksalhaft einander verfallen[233]. Das aktive Gemeinschaft stiftende Verhalten wird für den Erzähler zur Grundhaltung des menschlichen Verhaltens, das der Schöpfungsordnung entspricht.

II. Die theologische Bewertung des Bauens (בָּנָה) der אִשָּׁה aus dem Leib des איש und des Ehe-Bilds im Alten Testament und im hellenistischen Judentum

Theologisch relevant sind in erster Linie jene Stellen, in welchen vom Bauen Jahwes die Rede ist[234]. Die im Schöpfungskontext (Gen. 2,22) gezeigte Vorstellung von Gott als Subjekt einer בָּנָה-Tätigkeit ist dinglich-massiv. Das gilt auch in doxologischen Zusammenhängen, so etwa in Amos 9,6: das von JHWH in den Himmel gebaute Obergemach und das auf Erden gegründete Baugefüge (vgl. Ps. 104,2-3) und in heilstheologischen Aussagen, die schöpfungstheologisch konzipiert sind (Ps. 78,69 das von JHWH gebaute Heiligtum, das so festgründet ist wie die Himmelshöhen und wie die Grundfesten der Erde; Jes. 66,1-2; Ps. 89,3). Mit einem anthropomorphen Bild wird Jahwe als der Baumeister Jerusalems (bōnēh J^e^rûšālajim) und seines Heiligtums (Ps. 78,69; 147,2; vgl. auch Hb. 3,4: ὁ δὲ πάντα κατασκευάσας θεός) geschildert, selbst wenn Menschen die Bauausführung vorgenommen haben (Jer. 32,31; vgl. Jes. 28,16). In Kapitel II und III soll der theologisch bedeutsame Gebrauch von בָּנָה in Verbindung mit den Objekten "Bau, Haus, Tempel" im Alten Testament, der apokalyptisch-rabbinischen und der christlichen Literatur in Beziehung auf das Bild von אִשָּׁה-אִישׁ beobachtet werden. Denn die Tradition von der eschatologischen Schilderung des Ehe-Bildes gibt dem ekklesiologischen Gebrauch von οἰκοδομέω bzw. Tempelbau im Neuen Testament und besonders dem als Parallelbegriff zu Bau (bzw.

---

232 G. v. RAD, aaO 59; DERS., Theologie des ATs. I, 1969, 163.

233 Die beiden Verben "er verläßt" und "er hängt an" dürfen keinesfalls als Beschreibung von Institutionen verstanden werden; so auch H. GUNKEL, Genesis übersetzt und erklärt. Die Urgeschichte bei J:HK, (1901), ⁵1922, 13. Wie das Wort von dem Verlassen von Vater und Mutter sich nicht ganz mit dem altisrealitischen Patriarchat deckt, so kann man auch nicht vermuten, hier klinge eine Erinnerung an das Matriarchat nach (so W. R. SMITH, Kinship and Marriage in Early Arabia, ²1903), weil es in unserer Erzählung nicht um eine Rechtssitte, sondern um eine Naturgewalt geht (s. O. PROCKSCH, aaO 30), bei der es sich doch um den Mitmenschen handelt. Deshalb soll man noch nicht - wie später das ntl. Verhältnis (Mk 10,7f. par.; vgl. Jubiläen 3,6: "... Diese wird genannt werden **meine Frau**, denn von **ihrem Mann** ist sie genommen" gegen die bibl. Vorlage durch Possessivpronomina als Stiftung der Ehe gekennzeichnet, Das Buch der Jubiläen: JShrZ, Bd. II, Lief. 3, 1981, 333) nahelegen sollte - aus Gen. 2,24 irgendeine Institution der Einehe der Monogamie (so F. DELITZSCH, aaO 95; A. DILLMANN, aaO 69) begründen, weil es sich um urgeschichtliches Geschehen handelt.

234 A. R. HUBST, Art. בנה, THAT I, Sp. 326.

Gebäude) ekklesiologisch gebrauchten Begriff σῶμα (Χριστοῦ) bei Paulus (im Hinblick auf die Adam-Christus-Typologie) eine wichtige theologische Einsicht.

1. Die Vorstellung vom Bauen Israels in Beziehung zum Ehe-Bild im Alten Testament

In Gen. 2,22 ist der Ausdruck בָּנָה von dem Jahwisten wohl deshalb gewählt, weil er auch sonst mit צֵלָע (V. 21f), wo dieses Bausachen bezeichnet, sowie mit dem Weibe, welches "Nachkommenschaft erhalten" soll (16,2), verbunden wird[235]. Die hebräischen Ausdrücke für "Bauen" und "Nachkommenschaft erhalten" stammen aus demselben Verb בָּנָה. In der Erzählung (Gen. 16,1b.2.4-14), die keine Rückkehr der Hagar zu Abraham voraussetzt[236], sagte Sarai zu Abram (V. 2): אִבָּנֶה מִמֶּנָּה (eigentlich "ich kann von ihr her aufgebaut werden")[237]. Ich "komme durch sie zu einem Sohn" (d.h. "bekomme ein Kind") durch sie (Hagar); LXX: (ἵνα) τεκνοποιήσῃς ἐξ αὐτῆς[238]. Eben im gleichen Zusammenhang kann Gen. 30,3 (J) (Aussage der von Jakob geliebten Frau Rahel) aufgefaßt werden. (Hier geht auch die wörtlich gleiche Aufforderung voraus.) Dieser Satz in Gen. 16,2 (mit der Parallele Gen. 30,3) ist zwar "ein sprechender Ausdruck des Menschenverständnisses in der Väterzeit, das aber Jahrhunderte weiterwirkte"[239], also ein Ausdruck des untergeordneten Verhältnisses der Frau zum väterlichen Familienhaupt. Im Bestand der Großfamilie wohnen alle Söhne und Schwiegertöchter zusammen unter der Jurisdiktion des väterlichen Familienhauptes (vgl. Gen. 38,5: Tamargeschichte)[240], deshalb ist das Leben einer Frau nur ganzheitlich, wenn sie Glied einer Familie ist, in der sie dem Mann Kinder schenkt. (Nur von daher ist denn auch die Notlösung zu verstehen, zu der sich Sara bzw. Rahel entschließt.)[241] Trotzdem ist das Teilhaben des Weibes an der Erzeugung von der Nachkommenschaft Israels als "Bauen" bezeichnet. Das heißt: Der Sinn der Verbindung der Frau mit ihrem Mann wird durchaus nicht nur in der Geburt von Kindern, sondern in der Zeugung der Nachkommen und damit dem Aufbau des Gottes-Volkes Israel gesehen: Da Sara(i) nach Gen. 17,16 durch Gottes Segen einen Sohn,

---

235 A. DILLMANN, Die Genesis, 1892, 68.

236 W. ZIMMERLI, 1 Mose 12-25, ZBK 1976.

237 Das Verb ist als ni. von בָּנָה aufgefaßt worden; vgl. KÖHLER-BAUMGARNTER, בָּנָה, 134; E. A. SPEISER, Genesis, 1964, 117, sagt: אִבָּנֶה "is an obvious word play on ben 'son', alluding to 'I shall have a son', although this would not be grammatically correct". Es könnte sich um eine formelhafte Wendung handeln, vgl. C. WESTERMANN, aaO 284f.

238 Paulus deutet nach Gal. 4,25 Hagar allegorisch auf den Berg Sinai in Arabien. Das Genesis-Apokryphon aus Qumran (1Q Gen. Ap. XX 32) erwähnt Hagar als Ägypterin ausdrücklich im Zusammenhang mit der Abrahamsgeschichte in Ägypten. Zur Auslegung des schwierigen Textes von Gal. 4,25 vgl. H. GESE, τὸ δὲ Ἁγὰρ Σινὰ ὄρος ἐστὶν ἐν τῇ Ἀραβίᾳ (Gal. 4,25), in: Das ferne und nahe Wort, FS L. ROST, 1967, 81-94.

239 C. WESTERMANN, Genesis I/2, Gen. 12-36, 1981, 285; F. JOSEPHUS, Ap 2,201: Die jüdische Frau war "in allem dem Mann untergeordnet".

240 G. v. RAD, Das Fünfte Buch Mose, ^{2}1968, 111.

241 Vgl. C. WESTERMANN, Genesis I/2, 285.

Isaak, gebiert, stammen Völker und Könige nun auch aus ihr. In der Vätergeschichte bildet die Sohnverheißung an die Ahn-Frau ein sicherlich sehr altes Erzählmotiv (vgl. Gen. 25,21)[242]. Die gleiche Vorstellung von בנה ist bemerkenswerterweise in Ruth 4,11f[243], wo die zukünftige Urgroßmutter Davids (vgl. V.17.22)[244] mit den großen Gestalten aus der Väterzeit verglichen wird, in einer Glückwunschform[245] hervorgehoben: Wie Rahel und Lea das Haus Israel "gebaut" haben[246], so lasse Jahwe die Frau (הָאִשָּׁה)[247] Ruth sich am Bauen Israels beteiligen, wodurch das Haus des Boas werde wie das Haus des Perez, den Tamar (Gen. 38) dem Juda gebar, durch die Nachkommen, die Jahwe dem Boas geben wird von der jungen Frau Ruth (vgl. Deut. 25,9). Um den "Namen" des Toten (d.h. des Elimelechsohnes Mahlon) über seinem "Erbbesitz" weiterleben zu lassen (V. 5.10), soll Jahwe dem Boas das "Haus des Boas" und den "Samen" (= die Nachkommenschaft, vgl. 1. Sam. 24,22; 2. Sam. 14,7) geben. Nach dem ersten Glückwunsch möge Ruth den beiden Frauen Rahel und Lea gleichen, die (zusammen mit ihren Leibmägden, weil die Kinder Bilhas und Silpas von Rahel und Lea adoptiert wurden; vgl. Gen. 35,23-26) die Frauen "Israels" = Jakobs, des Stammvaters der 12 Stämme Israels, also die "Ahnfrauen" bzw. "Stammmütter"[248] wurden und so das ganze Haus Israel aufbauten. Die Ahn-Frau soll Mutter vieler Söhne, ja Stammutter eines ganzen Volkes werden. Glück und Segen in der Nachfolge Jakobs, des Stammvaters Israels, möge Jahwe in Fülle ausgießen über den, "der nach mitmenschlicher Güte entschieden hat"[249]. "Mittlerin" dieser Segensfülle soll die arme, aber mutige Ausländerin Ruth (ebenso wie Thamar)[250] sein! Mit der Wendung "Haus bauen" verbindet sich im alttestamentlichen Sprachgebrauch die Konnota-

---

242 C. WESTERMANN, Forschung am AT, 1964, 19ff; J. KÜHLEWEIN, אשה, THAT, Sp. 249.

243 E. F. CAMPBELL, Ruth (Anchor Bible, 1975), 153: E. BERTHEAU, Richter und Ruth, EHAT 1883, 313.

244 Die Perspektive von V. 11b-12 ist eben die von V. (17.)18-22.

245 Zwischen das bekräftigende Schlußwort der Rechtsversammlung V. 11a und die kurze Erzählung V. 13 über die Geburt des <Erbsohnes> hat der Bearbeiter, der die ursprüngliche Erzählung zur Vorgeschichte der Geburt Davids umgestaltet hat, eine Kette von Glückwünschen (V. 11b-12) eingeschoben; vgl. E. ZENGER, Das Buch Ruth, ZBK, 1986, 93.

246 Mit "wie" (כְּ) wird ein Vergleich aus der Anfangsgeschichte Israels bzw. Judas eingeleitet.

247 Nach dem Sündenfall (Gen. 3,12.20) werden אִישׁ und אִשָּׁה als Eigennamen gebraucht. Die von Adam und Eva (Chawwah: "Mutter der Lebenden", Gen. 3,20) gemeinsam begangene Übertretung des Gebotes (3,6f) führte zu einer Störung der ursprünglich heilen Gemeinschaft zwischen Mensch und Gott, Mann und Frau, Mensch und Tier. Aber die angedrohte Todesstrafe wird nicht vollstreckt. Die Fürsorge Gottes dauert an (3,21), und die Liebe der Frau ist stärker als ihre Furcht vor Leid und Schmerz (3,16.20); vgl. O. BETZ, Adam, TRE I, 1977, 415; C. WESTERMANN, Genesis I, BK, 357. Apk des Moses § 42: "Ich war mit ihm im Paradies und nach der Sünde ungetrennt zusammen. So scheide uns niemand" (μὴ ἀπαλλοτριώσῃς με ... οὕτως καὶ οὐδεὶς μὴ χωρίσῃ ἡμᾶς).

248 H. W. HERZBERG, Die Bücher Josua, Richter, Ruth, ATD (1954), 279; G. GERLEMAN, Ruth. Das Hohelied, BK (1965), 37; W. RUDOLPH, Das Buch Ruth. Das Hohe Lied. Die Klagelieder, KAT (1962), 68; E. ZENGER, aaO, 94. Vgl. Jer. 31,15: "Rahel weint um ihre Kinder".

249 E. ZENGER, aaO 94.

250 Thamar und Ruth sind übrigens zwei von den in der Jesus-Genealogie (Mt. 1,1-16) erwähnten vier Frauen, vgl. W. J. FUERST, Ruth, Esther, Ecclesiastes, The Son of Songs, Lamentations, CBC (1975), 27.

tion "eine Dynastie, ein Königshaus bauen" (vgl. besonders die chronistische Version der Nathanverheißung 2. Sam. 7,12.13.27 in 1. Chr. 17,10.25), womit die Perspektive angedeutet wird, die im letzten Wunsch (V. 12) weitergeführt und schließlich in Ruth 4,17-22 auf die davidische Dynastie hin konkretisiert wird[251]. Von daher ist es klar, daß der altertümliche Gebrauch von בָּנָה , nicht wie auf dem Boden der orientalischen Religionen, mythologisches bzw. rein geistiges Gepräge trägt, sondern in den Raum der Geschichte übertragen wird[252].

Wie oben verdeutlicht, sind diese Frauen als Stammütter gedacht. Den Stammvätern untergeordnet werden sie zu Trägerinnen des Heilshandelns Gottes in der Geschichte Israels gerufen. Hierzu führt I. Blythin das gleiche Bild auch in Jes. 49,16f an[253]. Die wiederkehrenden Zioniten (V. 18), vor denen sich die Zerstörer zurückziehen, erbauen Zion (בָּנָיִךְ deine (f.) Erbauer)[254], die wie eine Braut (כַּלָּה ; vgl. Jer. 2,32) sie (die Zioniten) umgürten soll, in ihren Kindern (vgl. V. 20.21, wo בָּנִים , nicht בֹּנִים vorausgesetzt sind). Gott beglückt und baut Zion (das Volk) in der Vereinigung mit ihnen auf. Es kommt dem Propheten darauf an, im Volk den Glauben an seine Zukunft zu stärken. Jes. 49,16f. macht darauf aufmerksam, daß Zion personifiziert und mit einer Braut verglichen wird, die dann an der Freude über die zukünftige Rettung durch Gott teilhat. Ferner sieht Köhler-Baumgartner den gleichen Gebrauch auch in Jer. 31,4 (אֶבְנֵךְ וְנִבְנֵית בְּתוּלַת יִשְׂרָאֵל) und 12,16 (וְנִבְנוּ בְּתוֹךְ עַמִּי), wo in einem eschatologischen Horizont gezeigt wird, daß nicht nur die Jungfrau (בְּתוּלָה) Israel, sondern heidnische Nachbarn, die Anteil an der israelitischen Jahwereligion haben, (in ihren Kindern) durch Gottes Heilstat "gebaut werden (= leben)"[255]. Der Ausdruck "Schmücken mit Pauken, Ausziehen im Reigen der Fröhlichen" (V. 4) zeigt die Freude an der endgültigen Erlösung Israels.

Von der obigen Beobachtung, über den sich auf Gen. 2,22 beziehenden בנה-Gebrauch her, können wir theologisch folgendes zusammenfassen: Im Kontext der mythologisch gefärbten Urgeschichte drückt der Jahwist den "Ausbau" der אִשָּׁה aus dem Leib des אִישׁ nach dem Gesichtspunkt der Entstehung der Nachkommenschaft des Menschen als der ganzen Menschheit aus. In den danach folgenden Texten wendet er das auf Gen. 2,22 gebrauchte Verb בנה auf die Gattin (אִשָּׁה) an, die auf die Entstehung der Nachkommenschaft nicht mehr der ganzen Menschheit, sondern des

---

251 Der in der dynastischen Kategorie gebrauchte Ausdruck בָּנָה findet sich außerdem in 1. Sam. 2,35; 1. Kön. 11,38; Ps. 89,5 [mit **zara**ʿ und **kissē**]; Anm. 9,11 (Wiederaufbau der zerfallenden **sukkat Dāwid.**

252 Vgl. H. POHLMANN; Art. Erbauung, RAC 5 (1962), Sp. 1045.

253 I. BLYTHIN, A Note Isaiah XLIX 16-17: VT 16 (1966), 229ff: "... a woman whose psychical integration is built by her children" (229).

254 Vgl. C. R. NORTH, The Second Isaiah, 1964, 194: "... The builders (Zion's children)". Nicht vor Bauleuten ziehen sich die Zerstörer zurück, weil die naheliegende Lesart בֹּנַיִךְ von Mass. mit Rücksicht auf V. 19.21 (wo בָּנִים, nicht בֹּנִים vorausgesetzt sind) vermieden ist; vgl. C. WESTERMANN, Das Buch Jesaja, ATD (1966), 430.

255 KÖHLER-BAUMGARTNER, Lexicon in Veteris Testamenti Libros, בָּנָה, 134.

Gottesvolkes Israel bezogen wurde. So hat Jahwe die Welt, aber auch Israel geschaffen (Jes. 43,1, 45,11)[256]. Daher kann man nicht behaupten, daß der Jahwist den בָּנָה-Gebrauch bei der Erschaffung des Menschen erst später auf die Vätergeschichte angewandt hat. Man kann also nicht sagen, daß aufgrund jenes Gedankens (= Schöpfungsglaube) die Heilsgeschichte für Israel (= Heilsglaube) konzipiert wurde. Vielmehr soll man umgekehrt sagen: Wie bei Deuterojesaja, der in der ältesten Bekenntnisformulierung den Schöpfungsglauben durch den auf geschichtliche Fakten gegründeten Heilsglauben bestimmt (Jes. 51,9ff, vgl. auch Ps. 77,17ff), so wollen die priesterschriftliche (1,1-2,4a) und die jahwistische Schöpfungsgeschichte (Gen. 2,4b-25) die Schöpfung als Vorgeschichte, als Anbahnung des göttlichen Heilswerkes in Israel verstanden wissen[257]. Der Jahwist hält Gottes "Bauen" als Schöpfungshandeln für eine Anbahnung seines "Bauens" als Heilshandeln (Gen. 16; 33.). Er schildert die Entstehung eines Urpaares aus einem über die altorientalische Vorstellung[258] hinausgehenden Aspekt. In diesem Sinn dient das Urbild von der wechselseitigen Beziehung אשה מֵאִישׁ wie auch von der Stellung der beiden Menschen im Text Gen. 2,22ff, den wir schon exegetisch erhellt haben, vielmehr dazu, das Heilshandeln Gottes so zu erhellen, daß Jahwe als Baumeister[259] durch die als σάρξ μία zu Männern (Stammvätern) gehörenden und doch in der gleichwertigen Gemeinschaft mit ihnen lebenden[260] Gattinnen (Stammüttern) das erwählte Volk Israel aufbaut. Mit Recht sagt J. Ebach: Wie die Spannung zwischen der vorfindlichen ökonomisch-sozialen Realität (= die eingeschränkte Stellung der Frau) und zugleich anthropologischen und theologischen Intentionen, die letztlich auf die Überwindung des Vorfindlichen zielen, sind auch die Aussagen über die Frau in der Urgeschichte zu verstehen[261]. Diese Vorstellung wird Ruth 4 in einer noch klareren Formel aufgenommen. In der prophetischen Literatur (Jer., Jes.) wurde aber der gleiche בָּנָה-Gebrauch nicht mehr für die einzelne Frau angewandt, sondern kollektiv für das ganze Israel: Als Jungfrau bzw. Braut enthält sie nun in sich sowohl alle Männer als auch alle Frauen, wobei die Wiederherstellung (בָּנָה) Israels als bēt Jiśrāēl oder b^e^tūlat Jiśrāēl , als geschichtliche Größe (Jer. 24,6; 31,4.28; 33,7; Am. 9,14-15), und die Wiedererrichtung der David-Dynastie (Am.

256 G. v. RAD, Das theologische Problem des atl. Schöpfungsglaubens, BZAW (1936), 138ff; R. RENDTORFF, Die theologische Stellung des Schöpfungsglaubens bei Deuterojesaja, ZThK (1954), 3ff, 8ff.

257 G. v. RAD, Theologie des A.Ts. I, 1969, 154.

258 S. o. 135 Anm. 6.

259 S. o. 140.

260 Vgl. C. WESTERMANN, Die theologische Bedeutung der Urgeschichte, 1971, in: Forschung am A.T. (1974), 102; DERS., Genesis, BK I, 357.

261 J. EBACH, Art. Frau, TRE XI (1983), 423. Das biblische von der prinzipiellen Gleichheit von Mann und Frau bestimmte Bild der Erschaffung Evas aus der Rippe des Adam wird in der haggadischen Literatur ausgeschmückt (vgl. Ber.R. 18,2 zu Gen. 2,22), wobei schon ein etwas negatives Bild der Frau erscheint (wegen der verführerischen Rolle der Frau in der Sündenfallgeschichte; vgl. auch Philo, Op. 55.59.60; (Kabbala) Zohar, B reshit 49b.

9,11) den Heilserwartungshorizont Israels bestimmen[262]. Diese Verwendung entspricht der Vorstellung, daß אִשָּׁה gelegentlich bildlich (auch wenn das Ehe-Bild ohne Verbindung mit dem בָּנָה-Begriff erscheint), für Israel bzw. Jerusalem steht: Hos. 2,4; Jer. 3,1.3.20; Jes. 54,6; Ez. 16,30.32; 23,2ff[263]. Um Gottes Eigenschaft gegenüber Israel hervorzuheben, wird Jahwe selbst als der der Ehefrau Israel (bzw. Jerusalem) entsprechende Ehemann (Ez. 16,8; Jes. 54,5 u.ö.) bezeichnet, obwohl Jahwe wesentlich nicht Mensch (als Geschöpf) ist: כִּי אֵל אָנֹכִי וְלֹא אִישׁ (Hos. 11,9) (vgl. Jer. 23,24; Jes. 29,13; 63,3; Num. 23,19; Hi. 9,32; 12,14; 32,13; Prov. 5,21); die wesentliche Zusammengehörigkeit zwischen Jahwe und Israel ist selbstverständlich undenkbar. Jes. 54,5: Denn dein Schöpfer ist dein Gemahl, "Herr der Heere" ist sein Name. Der Heilige Israels ist dein Erlöser, "Gott der ganzen Erde" wird er genannt.

In Israels Frühzeit wäre das Bild unmöglich gewesen, weil damit eine Vorstellung aus der kanaanäischen Baalsreligion mit ihrem Hieros Gamos und der kultischen Prostitution aufgenommen worden wäre. Hosea erst konnte es wagen, in umgekehrter Bedeutung, ein solches Bild zu verwenden[264]. In einem "Rechtsverfahren wegen ehelicher Untreue"[265] wird die treulose Frau (= Israel) des Ehebruchs angeklagt (Hos. 2,4.18.21f). Das Bild der Ehe, das Hosea der kanaanäischen Mythologie entnahm, dient dazu, Israels Neigung zu eben diesem kanaanäischen Baalskult[266] mit seiner kultischen Prostitution zu bekämpfen. Das Bild ist in der Anklage Jeremias (3,1.3.20) und Ezechiels (16,30.32; 23,44) wieder aufgenommen. In anderer Weise verarbeitet die Heilsbotschaft Deuterojesajas (Jes. 54,6; 61,10) das Bild: Israel ist die von Jahwe verlassene "Frau der Jugendzeit", die er wieder neu zu sich rufen wird. (Auch Jes. 49,15 zeigt das Heilshandeln Jahwes an Israel in lockerem Vergleich mit dem Tun einer Frau; Ps. 45,10 als eine Ehe des Königs mit seiner Gattin).

Mal. 2,14-16 faßt erstmals die Ehe als den Bund Jahwes mit Israel auf, der durch die Ehescheidung als Treulosigkeit und Gewalttat zerstört würde. Diese Stelle, die אשה als die κοινωνός (so LXX für חברת in Mal. 2,14) des אִישׁ und als אֵשֶׁת בְּרִית bezeichnet, weist wahrscheinlich auf Gen. 2,22 hin. V. 16a lautet dann: "Denn ich hasse die Scheidung". Mit dieser Darstellung konnte Jesus die Verwerfung der Ehescheidung in Mt. 19,4-6 begründen.

Maleachi 2,15f: V. 15a ist die große crux des Maleachibuchs. Die seit Hieronymus und Luther immer wieder vorgetragene Deutung des "Einen" (אֶחָד) auf Abraham (unter Hinweis auf Jes. 51,2) ist ein Irrtum, weil dieser ja nicht seine Frau, sondern

262 So ist im Grunde die Betätigung von בנה Ausdruck der von Gott gewollten Welt; vgl. Ph. VIELHAUER, Oikodome, (1940), 1979, 6f.
263 J. KÜHLEWEIN, אִשָּׁה, THAT, Sp. 249.
264 Vgl. J. KÜHLEWEIN, aaO Sp. 136.
265 H. W. WOLFF, Hosea, BK XIV/1 (1961), 37.
266 AaO 60.

die Hagar verstieß [267]. Der auf den Schluß der Schöpfungsgeschichte von Gen. 2 anspielende Vers 15a ist übersetzt: "Nicht einen Einzigen (allein), d.h. Adam, hat er geschaffen". Die Fortsetzung kann man nicht wiedergeben: "Indem ihm (noch) ein Rest von Lebensgeist übrig war" (so. H. Junker)[268], denn eine Schaffung des Gottesgeistes ist für das AT ein unmöglicher Gedanke, vielmehr (bei bloßer Vokaländerung): "sondern Fleisch (שְׁאֵר als Ergänzung - רֶוַח, eigentlich: "Erweiterung") für ihn" (so W. Rudolph)[269]: Es handelt sich um die, bei deren Anblick Adam ausrief: "Die ist Fleisch von meinem Fleisch" (Gen. 2,23) und die von Jahwe als "eine ihm entsprechende Hilfe" (Gen. 2,18.20) gedacht war[270]. Wie an Gn 2,23aα gedacht ist, so an Gn 2,24aβ. Das "darum wird der Mann ... seiner Frau anhangen, und sie werden zu **einem** Fleisch (εἰς σάρκα μίαν) werden" lautet hier: "Was sollte der Eine, also Adam, erstreben? Samen (nach dem Willen) Gottes"[271].

V. 16: שָׂנֵא ist Verbaladjektiv im Sinn eines Partizips; das Pronominalsubjekt ist hier wegen אָמַר יהוה- die 1. Person; אֲנִי ist zu ergänzen, cf. z. Sach. 9,12. שַׁלַּח ist Infinitiv pi. und ersetzt ein Substantiv. Ganz anders 𝔊𝔊𝔅 die כִּי nicht als "denn", sondern als "wenn" fassen und שַׁלַּח als Imperativ verstehen: "wenn hassend (d.h. wenn du hassest), so entlasse". Es ist klar, daß damit der Widerspruch zur gesetzlich erlaubten Scheidung (Dt. 24,1) beseitigt werden soll (speziell zu 𝔅; 𝔊 geht noch weiter und läßt wegen dieses Widerspruchs die drei ersten Worte ganz weg). Aber das verträgt sich nicht mit dem Kontext. Anders ist es bei der Auffassung von Junker[272] und Nötscher[273]: Die beiden nehmen ebenfalls כִּי als "wenn", punktieren aber שלח als Perf. שִׁלַּח und übersetzen:"Wenn ein Hassender entläßt (= wenn er aus Haß entläßt), so bedeckt er ... (d.h. so ist es, als ob er bedecken würde)". Diese Deutung paßt durchaus in den MT, wobei nichts zu ändern ist. Trotzdem bedeutet sie eine Abschwächung gegenüber dem scharfen "Ich hasse Scheidung" und ist deshalb nicht vorzuziehen[274].

וְכִסָּה (V. 16): Übersetzt man "ich hasse Scheidung", so müßte man den mit וְכִסָּה beginnenden Satz als zweites Objekt von "ich hasse" nehmen: "und daß man ... bedeckt" (so die Züricher Bibel). Dann entstünde aber der Schein, als ob hier von einem zweiten Vergehen die Rede wäre, das bisher nicht genannt war. Da in Wirklichkeit nur ein Vergleich vorliegt, ist mit E. Sellin[275] und A. Weiser[276] Inf. abs. mit vorgesetztem כ zu lesen: כְּכַסֵּה"<wie wenn jemand> sein Gewand mit Gewalttat bedeckt, ...". Hier will der Prophet die Ehescheidung auf dieselbe Stufe stellen mit der Tat des Mörders, der sein Gewand mit der blutigen Spur seiner Untat befleckt.

In 2,10-16 werden zwei Arten von ehelichen Mißverhältnissen behandelt: Mischehen (11f) und Ehescheidung (13-16), während V. 10 die gemeinsame Einleitung für beides bildet[277]. In V. 10: "Haben wir nicht alle **einen** Vater, und hat nicht **ein** Gott uns

267 אחד ist Objekt, nicht auf Jahwe zu beziehendes Subjekt; das Maqqef ist zu streichen.

268 H. JUNKER, Die zwölf kleinen Propheten, HSch AT (1938), 213.

269 W. RUDOLPH, Haggai - Sacharja 1-8 - Sacharja 9-14 - Maleachi, KAT (1976), 270.

270 Falls dieses bloße שְׁאֵר als Hinweis auf Eva ungenügend erscheint, kann man dahinter ein - leicht ausfallendes - מִשְּׁאֵרוֹ"aus seinem Fleisch" einfügen.

271 Der letztere komprimierte Ausdruck bedeutet: "Samen von Gott her", d.h. nach Gottes Willen, der das Zueinanderstreben von Mann und Frau als von ihm beabsichtigt erklärt. Es dient dem besseren Verständnis, wenn man hinter זֶרַע das leicht verlorengehende כְּרֵעַ (רעי Ps. 139,2.17) einschiebt: "nach dem Willen (Gottes)". Gegen diese Interpretation von RUDOLPH vgl. C. LOCHER (im Schluß auch S. SCHREINER, Mischehen - Ehebruch - Ehescheidung, ZAW 91<1979>), Altes und Neues zu Maleachi 2,10-16, in: Mélanges Dominique Barthélemy. Orbis Biblicus et Orientalis 38, 1981, 255f. Doch mit der Kritik an S. SCHREINER erweist W. RUDOLPH, Zu Mal 2,10-16, ZAW 93 (1981), 86f, wiederum die Beziehung zwischen Mal. 2,15 und Gen. 2,23f.

272 AaO 214.

273 F. NÖTSCHER, Zwölfprophetenbuch oder Kleine Propheten, Das Alte Testament, 1954, 181.

274 H. STEINER, Die Zwölf Kleinen Propheten, EH (1881), 425; C. F. KEIL, Die Zwölf Kleinen Propheten, BK (1888), 700ff; A. WEISER, Das Buch der Zwölf Kleinen Propheten II, ATD (1956), 200; W. RUDOLPH, aaO 270.

275 E. SELLIN, Das Zwölfprophetenbuch, KAT (1930), 604.

276 A. WEISER, aaO 200 Anm. 7.

277 Zur weiteren Debatte über Mal. 2,10-16 vgl. S. SCHREINER, Mischehen- Ehebruch - Ehescheidung, ZAW 91 (1979), 207-228; W. RUDOLPH, Zu Mal 2,10-16, ZAW 93, 1981, 85-90: C. LOCHER, Altes und Neues zu Maleachi 2,10-16, 246ff.

geschaffen[278]?" spricht Maleachi nicht den universalistischen Gedanken aus, daß alle Menschen Brüder sind - das hätte man ihm nicht abgenommen. Der Hinweis auf den Bund mit den Vätern (10b) verdeutlicht, daß hier nur an Israel gedacht ist (vgl. 1,6). "Hat nicht ein Gott uns geschaffen?" weist auf die einzigartige Erwählung Israels hin (vgl. Jes. 43,1.15; 45,9.11), die am Sinai besiegelt wurde ("Bund mit den Vätern"). Diese Zugehörigkeit aller zu dem einen Gott verlangt nun aber ein brüderliches Verhalten der einzelnen Glieder untereinander, und die aufrüttelnde Frage des Propheten ist, warum gegen dieses doch eigentlich selbstverständliche Postulat gefehlt und dadurch der Bund mit den Vätern entweiht wird. In 11a und bα wiederholt der Prophet die Tatsache der Treulosigkeit in Juda und Jerusalem, die er mit "Greuel" bezeichnet, und die eine Entweihung des "Heiligtums Jahwes" bewirkt. Die Tatsache, daß Juda "die Tochter eines fremden Gottes liebt und freit", beweisen die Mischehen, die Jahwe ein Greuel sind, weil sie die Gemeinschaft innerhalb des Gottesvolkes zerstören[279]. Gerade wenn die Ehescheidung nicht nur ein äußerer Akt ist, sondern eine **starke innere** Bindung der Kontrahenten voraussetzt oder bewirkt, bildet die fremde Frau nicht nur eine Gefahr für die Religion, sondern entfremdet den Mann auch seinen eigenen Volksgenossen[280]. Dieser Gedanke klingt sicherlich bei Paulus in 1. Kor. 6,12-20 an. Beim zweiten Teil des Abschnittes (V. 13-16) handelt es sich um Untreue gegen die eigene Frau, die, wie aus V. 16 hervorgeht, nicht etwa in Ehebruch besteht, sondern in der Ehescheidung zutage tritt. Sehr bedeutsam ist der geraffte Ausdruck "die Frau deines Bundes" (אֵשֶׁת בְּרִיתֶךָ, V. 14). Denn "dein Bund" oder genauer: "der Bund mit dir" ist nicht der Ehebund, weil die Ehe im AT nie so heißt[281], sondern ist der Bund Jahwes mit Israel (so auch Ez. 16,8 und Prov. 2,17), an dem der einzelne Israelit teilhat, also auch die Frau, die somit innerhalb des Gottesvolkes in der Stellung zu Jahwe mit dem Mann gleichberechtigt ist[282]. Wie wir oben behandelt haben, erläutert V. 15a den Begriff "Gefährtin" von V. 14b durch den Rückgriff auf die Schöpfungsgeschichte von Gen. 2,23f: Die Frau war im Schöpfungsplan ebenso vorgesehen wie der Mann, um ihn zu ergänzen, weil der Mensch zur Erfüllung seines Daseins stets eine "Ansprache" brauchte.

Nachdem der Prohphet auf diese Weise Klarheit geschaffen hat, fügt er die scharfe Verwarnung hinzu (15b): "So hütet euch, wenn euch euer Leben lieb ist" (auch 16b). Auch in dieser Verwarnung wird die Ehescheidung bereits unter Hinweis auf Gen. 2,24 verboten, weil die Ehescheidung einen Anschlag des Mannes auf sein eigenes Wesen bedeutet[283]. Mit diesem Urteil über Ehescheidung steht Maleachi im AT einzig da. Das zum Abschluß (16) Jahwe selbst gegebene Wort שָׂנֵא שַׁלַּח steht mit Deut. 24,1ff, wo die Entlassung des Weibes gestattet wird, nicht in Widerspruch, weil dort die Ehescheidung ja mit geringen Ausnahmen verboten wird (Dt. 2,19)[284]. Während die Rabbinen jedoch bei der Auslegung von Mal. 2,16a behaupten, daß wegen des "Israel" nur für Israel (nicht für Völker in der Welt) gestatteten Gesetzes der Ehescheidung (Dt. 24,1) der Widerspruch dazu hier beseitigt werden soll[285],

278 Hierbei bezeichnet ברא im AT das **wunderbare** Schaffen Jahwes.

279 Auch in Esr. 9,2 ist in diesem Zusammenhang von den "Greueln" der Völker und von der "Vermischung des heiligen Samens" mit ihnen die Rede.

280 A. WEISER, aaO 204; W. RUDOLPH, aaO 272; S. L. McKENZIE/H. N. WALLACE; Covenant Themes in Malachi, CBQ 45, No. 1 (1983), 552f.

281 Auch nicht Ez. 16,8; Prov. 2,17. Auch nicht "die Schutz- und Treueverpflichtung des Eheherrn gegenüber seiner Ehefrau" (so E. KUTSCH, Verheißung und Gesetz, 1973, 93f: auch S. SCHREINER, Mischehe, 216 Anm. 68), die nirgends belegt ist.

282 Vgl. E. SELLIN, aaO 604; W. RUDOLPH, aaO z.St.

283 Vgl. N. P. BRATSIOTIS, איש: TWAT, Sp. 244; K. BERGER, Die Gesetzesauslegung Jesu, I (1972), 529.

284 Über die jüdische Auslegung von עֶרְוַת דָּבָר in Dt. 24,1 s.o. 127.

285 J. Qiddushin 1,1 (zitiert in Gen. R. 18,5): כי שנא שלח וגו׳ עד את א׳ אלהי ישראל, etwas modifiziert von MT. s.o. 125. Mal. 2,16a ist auch in b. Gittin 90b in bezug auf die Scheidung in Israel gebraucht; ähnlich wie 𝔊𝔊 übersetzt R. JEHUDA: (כי שנא שלח) "Wenn sie von Gott

konnte Jesus mit der Darstellung der Propheten in Mal. 2,15f die Verwerfung der Ehescheidung in Mk. 10,11 (Mt. 19,4-6) begründen[286]; die Ehe sollte eigentlich nach dem **Willen** (Gen. 2,24) des Schöpfers [287] eine unzertrennliche Lebensgemeinschaft sein. Mit dieser scharfen Verwerfung der Ehescheidung faßt Jesus sowie der Prophet die Untreue Israels gegen Jahwe ins Auge. Daß das Besondere bei Jesus in der Verbindung von Gen. 1,27 und 2,24 zutage tritt, die die Einheit der Eheleute in Gottes Schöpfungstat und -willen selbst begründet, haben wir bei der Exegese von Mk. 10,9ff deutlich gemacht. Nämlich in Zusammenhang mit Mal. 2,15f hat Jesus Gottes Willen zur Einheit der Ehe aus Gen. 2,24 gefunden und es mit der Schöpfungstat Gottes (Gen. 1,27) verbunden. In diesem Sinne ist Maleachi ein Vorläufer Jesu.

In Israel waren offensichtlich Liebe und Treue (Prov. 22,22) die Grundlagen für eine Ehe. Deshalb konnte seit Hosea die Ehe Gleichnis für den Treuebund zwischen Gott und Israel sein (Hos. 1-3; Jer. 2,2; 3,1; Ez. 16,23)[288]. Diese eheliche "Bundesschließung wird durch Ehebruch und Verlassen seitens der אִשָּׁה gebrochen, so daß der אִישׁ (Gott) nunmehr die אִשָּׁה (das Volk) nicht mehr als seine Ehefrau anerkennt und sie verstößt. Bei ihrer Rückkehr zu ihrem langmütigen אִישׁ versichert er, daß er die so unterbrochene eheliche Beziehung durch einen neuen Bund wiederherstellen will. Diese drei Stadien, d.h. Ehe - Bruch - neuer Bund, treten besonders bei Hosea (2,4ff.9ff. 18ff) in Erscheinung. Es sei bemerkt, daß allein bei Hosea אִישׁ für Gott sogar als Selbstbezeichnung (Hos. 2,18: תִּקְרְאִי אִישִׁי; über Jes. 54,5 s.u.) sowie das Wort אשה für das Gottesvolk (Hos. 2,4b) erscheint, wohingegen die anderen Propheten nur אשה in der übertragenen Bedeutung (Ehefrau) benützen (Jes. 54,5f; Jer. 3,3; vgl. 3,1.20; Ez. 23,2, vgl. 16,32). Und in Hos. 2,21f wiederholt der אִישׁ (Gott), der nunmehr die אִשָּׁה (Volk) in der 2. Person anredet, dreimal die Verheißung "Ich will dich verloben" (אֵרַשׂ Hos. 2,21f), vgl. das dreimalige "ich richte meinen Bund mit dir (sc. Jerusalem) auf", Ez. 16,60ff.

2. Die aus der Rippe Adams geschaffene Gemeinde Israel in der jüdisch-apokalyptischen Literatur

Zion ist in 4. Esr. 10,39f.44 mit der Frau verglichen: "Diese Frau, die du gesehen hast, ist Zion, das du jetzt als erbaute Stadt schaust" (10,44)[289]. Besonders sind Philo Ant Bibl. XXXII und 4. Esr. VIf, wo die Stellung Israels in der Adam-Eva-Kategorie

---

gehaßt wird, so entlasse". Aber RASHI weist auf eine abwechselnde Lesart in der talmudischen Übertragung hin: "Wer die Entlassung gibt, wird von Gott gehaßt", die das Wort R. JEHUDAS von der gesetzlichen Debatte der Hillel- und Schammaischule herauslöst.

286 Vgl. H. STEINER, aaO 425; E. SELLIN, aaO 605; H. JUNKER, aaO 214; C. F. KEIL, aaO 702f; W. RUDOLPH, aaO 275; R. PESCH, Das Markusevangelium, II. Teil, HThK (1977), 134.

287 Über das Besondere bei Jesus s.o. 127.

288 Vgl. J. SCHARBERT, Ehe / Eherecht / Ehescheidung, TRE IX, 313.

289 Apokalypsen: Das 4. Esra, v. J. SCHREINER, JShrZ Bd V. Lief. 4 (1981). Zion ist andererseits auch mit der Mutter der Israeliten (4. Esr. 10,7: "Zion, unser aller Mutter") verglichen; vgl. syr. Bar. 3,1ff: "Unheil meiner Mutter" (= Jerusalem); Targ HL. 8,5; Jes. 50,1; Jer. 50,12; Gal. 4,26.

gemeint ist, im Hinblick auf die Lehre von der Kirche bei Paulus und im Epheserbrief bedeutsam.

a) Pseudo-Philos Liber Antiquitatum Biblicarum

"Ekklesiologisch" gedeutet wurde die Erschaffung der Frau aus der Rippe Adams von Pseudo-Philo, wenn er in Ant Bibl. 32,15 schreibt: "Freue dich, Erde, über die, die auf dir wohnen, weil da ist die Gemeinde des Herrn, die Weihrauch opfert auf dir. Nicht ungerechterweise nämlich hat Gott von dir (= Erde) die Rippe des Ersterschaffenen genommen, da er wußte, daß aus dessen Rippe Israel geboren würde. Es wird nämlich deine Erschaffung zum Zeugnis dienen (dafür), was der Herr seinem Volk tun wird"[290]. Non enim iniuste accepit Deus de te costam protoplasti, sciens quoniam de costa eius nasceretur Israel; für אִישׁ steht hier protoplastus (= Ersterschaffener, auch in 13,8; 26,6; 32,15; 37,3; Sap. 7,1; 10,1) wie bei Philo (Op. 69.134) gebraucht. Das Bild von der Erschaffung Evas aus der Rippe Adams (Gen. 2,21ff) ist hier übertragen auf die Erschaffung Adams aus der Erde (terra = אֲדָמָה, Gen. 2,7), und das Gegenüber Adam-Eva ist ersetzt durch das Gegenüber Adam-Israel. Gleichsam als eine Entwicklungsreihe ist eine unmittelbare Verbindung zwischen Erde (אֲדָמָה) - Adam (אָדָם) - Israel hergestellt. Der Verfasser erwähnt Abraham als Stammvater Israels hier nicht. Überblickt man den gesamten Hymnus, so zeigt sich, daß in ihm motivartig immer wieder als Gedanke anklingt, daß die Erwählung und das Heil Israels durch die Schöpfung selbst gewahrt und bestätigt wird. In 32,9f werden die Gestirne des Firmaments, die Erde und das Meer als die Zeugen für Israels Erwählung angerufen. Die vorliegenden Anspielungen auf Gen. 2 sind das letzte Glied in dieser Motivkette. In ihnen wird die Geschichte Israels unmittelbar mit der Geschichte der Schöpfung verwoben, ja aus ihr abgeleitet. Israel steht gleichsam am Ende der Schöpfung. Gott erschuf aus (der Rippe) der Erde Adam und aus der Rippe (= Leib) Adams Israel. Die Geschichte des Volkes Gottes ist hiernach mit der Schöpfung selbst verbunden. Die Geschichte der Erwählung Israels als Heilsgeschichte ist schöpfungsgeschichtlich begründet. Denn es wird in Ant Bibl. das dem jahwistischen Schöpfungsbericht zugrundeliegende heilsgeschichtliche Verständnis, das oben aufgrund des jahwistischen בָּנָה -Gebrauches verdeutlicht wurde, in einem direkten und noch klareren Ausdruck aufgenommen. Im Hintergrund dieser Verwendung von Gen. 2,22 steht unverkennbar eine typologische Auslegung der Schöpfungsgeschichte. Die Verbindung von Heils- und Schöpfungsgeschichte, wie sie in der anthropologischen Gegenüberstellung von Adam-Eva konzipiert wird, ist etwas später auch in der Apokalypse des Esra vorhanden[291]. Es ist auffällig, daß 4. Makk. 18,7 die Mutter der sieben makkabäischen Brüder von ihrem

---

290 Pseudo-Philo: Antiquitates Biblicae, v. C. DIETZFELBINGER, JShrZ Bd II. Lief. 2, 1979. Für den lateinischen Text vgl. G. KISCH, Pseudo-Philo's Liber Antiquitatum Biblicarum, 1949, 206f.

291 Daß diese Vorstellung auch in der halachischen Auslegung im Jubiläenbuch sowie vereinzelt in der Überlieferung des Talmud und Midrasch vorhanden ist, erhellt B. SCHALLER, Gen. 1.2. im antiken Judentum, Theol. Dissertation 1961, 63f, 122ff.

Leib als von der auferbauten Rippe sprechen kann, die sie immer unversehrt bewahrt hat: τὴν ᾠκοδομημένην πλευράν [292] (R. M. Charles, The Apocrypha and Pseudepigrapha, Vol. II, 684, fügt bei der Übersetzung sachgemäß zu: "the rib that was builded **into Eve**".) ist parallel zu Gen. 2,22: ᾠκοδόμησεν κύριος ὁ θεός τὴν πλευράν. Die rabbinische Literatur bietet uns an mehreren Stellen (Gn R. 18,126 zu 2,22f als die Aussage des R. Aibo (um 320) und des R. Chama b. Chanina (um 260) - vgl. Midr. Qoh. 7,2 (32a)-; Aboth RN 4 als die Aussage des R. J^e^huda b. El'ai um 150; Gn R 8 (6d) als die Aussage des R. Simlai um 250.) den Beweis dafür, wie sehr die Erschaffung der Eva aus der Rippe Adams dem Bewußtsein gegenwärtig war[293] (vgl. Bill. I, 503f), obwohl dabei der kollektive Gedanke von der Beziehung Jahwes zu Israel fehlt. In der Linie dieser traditionellen Erwähnung von Gen. 2,22 scheint wohl die theologisch bedeutsame kollektive Auslegung der Schrift entstanden zu sein.

Für die Auslegung von Gen. 2,22ff im Neuen Testament ist diese Stelle besonders bedeutsam, denn es handelt sich in ihr um eine weitgehende Parallele zur christologischen und ekklesiologischen Deutung von Gen. 2,23 in 1. Kor. 6,16; 10,16f; 11,2; 2. Kor. 11,2f sowie Eph. 5,31. Concio (קָהָל)[294] Domini (Gottes Gemeinde = Israel)[295] entspricht ἐκκλησία für die christliche Gemeinde[296].

Dies kann als Beleg zur ekklesiologischen Deutung von Gen. 2,22ff in dieser jüdischen Literatur gelten. Sie wurde nicht vom Christentum beeinflußt und entstand wahrscheinlich nicht später als das Neue Testament [297]. (Nach der Tempelzerstörung durch Titus blickt Pseudo-Philo zurück auf den Untergang des Priestertums und auf das Erlöschen des Kultes. An die Stelle des Kultes rückt er das Gesetz in seiner strafenden und verheißenden Funktion). Obwohl die Ant Bibl. in einer Zeit entstanden sind, in der das Gespräch zwischen Judentum und Christentum im palästinischen Raum bereits abgebrochen war, kann man allgemein sprachliche Analogien zwischen Ant Bibl. und NT finden, wie wir oben gezeigt haben. Daraus kann man schließen, daß die beiden Analogien auf einem gemeinsamen sprachlichen und geschichtlichen Hintergrund beruhen[298]. Von daher muß die recht umstrittene Frage nach der gnostischen "ἱερὸς γάμος"- Vorstellung von hier aus einer neuen Untersuchung unterzogen werden[299]. Diese Tradition zur ekklesiologischen Deutung ist seltsamerweise bisher völlig übersehen

---

292 R. H. CHARLES, The Apocrypha and Pseudepigrapha, Vol II, 684, fügt bei der Übersetzung sachgemäß zu: "the rib that was builded into Eve".

293 Vgl. Bill. I, 503f.

294 Wortwahl, Bildersprache und Syntax in der lateinischen Übersetzung von Pseudo-Philo weisen auf ein hebräisches Original, das durch Rückübersetzung herzustellen wäre; vgl. L. ROST, Einleitung in die alttestamentlichen Apokryphen und Pseudepigraphen einschließlich der großen Qumran-Handschriften, 1971, 146.

295 In Ant. Bibl wird Israel nur hier so genannt.

296 Zur Übersetzung קָהָל=εκκλησία s. K. L. SCHMIDT; Art. εκκλησία in TWNT III (1938), 530ff.

297 Vgl. E. SCHWEIZER, Art. The Son of Man: JBL 79 (1960), 125. Zu Entstehungszeit und Entstehungsort s. Pseudo-Philo: Antiquitates Biblicae: JShrZ, 95f; L. ROST, aaO 146ff.

298 Pseudo-Philo (erklärt v. C. DIETZFELBINGER), aaO 98f (auch Anm. 56).

299 B. Schaller, aaO, 102. Zur ἱερὸς-γάμος -Vorstellung s.u. 245 Anm. 281, 248 mit Anm. 296. Diese Stelle im Lib. Ant. Bibl. ist auch von H. SCHLIER, Der Brief an die Epheser, 1957, in seinem Exkurs "Hieros Gamos" (268-275) nicht berücksichtig worden.

worden. Weil der Syzygienvorstellung nicht in den vorchristlichen Stoffen nachgegangen wurde, auch wenn die sogenannte vorgnostisch orientierte Vorstellung allgemein in dem späten Hellenismus zur vorchristlichen Zeit gefunden werden kann[300], scheint diese Syzygienvorstellung eher aus der jüdischen und der christlichen Vorstellung her entwickelt zu sein[301].

b) Die Apokalypse des 4. Esra

Eine midraschartige Zusammenfassung der Schöpfungsgeschichte bietet die Apokalypse des 4. Esra. Sie ist in ein Gebet eingefügt, das der Apokalyptiker im Hinblick auf die Unterdrückung des Volkes Israel an Gott richtet: 4. Esr. 6,38-54[302].

Die gesamte Darstellung der Schöpfungsgeschichte endet in der Esra-Apokalypse mit einem Ausblick auf Israel, das als das auserwählte Volk von Adam abstammt. Der Beweggrund, der den Apokalyptiker veranlaßt hat, die Schöpfungsgeschichte in sein Gebet für das unterdrückte Volk aufzunehmen und gleichsam Gott an sein Schöpferhandeln zu erinnern, klingt hier an. Deutlich wird er in den abschließenden Bemerkungen ausgesprochen:

6,53: Am sechsten Tag hast du der Erde geboten, vor dir Vieh und wilde Tiere und Kriechtiere hervorzubringen

6,54: und überdies Adam, den du zum Anführer über alles, was du vorher gemacht hast, bestellt hast. Von ihm stammen wir alle ab, dein Volk, das du erwählt hast.

6,55: Das alles aber habe ich vor dir, Herr, ausgesprochen, weil du gesagt hast, daß du unseretwegen die erste Welt geschaffen hast.

6,59: Wenn aber die Welt unseretwegen geschaffen ist, warum besitzen wir unsere Welt nicht als Erbe? Wie lange soll das noch so sein?

Weil die ganze Schöpfungsgeschichte (Gen. 1) in 6,38-54a dargestellt ist, hängt die Rede von 6,53.54 natürlich zunächst nicht an Gen. 2,7.19, sondern an Gen. 1,24.26. Deshalb ist in 6,54 auch nicht direkt von der Erschaffung des Adam aus Erde die Rede. Sonst sagt jedoch der Verfasser so oft, daß die Erde auf Befehl des Schöpfers (6,53; vgl. Gen. 1,24) Adam hervorbrachte (3,(4.)5 praeterivit; 7,116 dare); diese Rede hängt von Gen. 2,7 ab. Weiter kann man den in 6,54a folgenden Ausdruck "das Abstammen Israels aus Adam", der Israels direkte Zugehörigkeit zu Adam (6,54b) zeigt, noch in 7,118, wo die Aussage von dem "Hervorbringen des Adam aus Erde"

---

300 Z.B. der ideale Typ (Gen. 1,27) und die Erschaffung des androgynen Adam (Gen. 2,7.24) bei Philos Auslegung (Opif Mundi 152), s.o. 70 f, 97 , 128 Anm. 58; vgl. P. WINTER, Zadokite Fragments IV 20, 21, ZAW 68 (1956), 82.

301 Vgl. F. MUSSNER, Der Brief an die Epheser, 1982, 159, 161.

302 Der Text dieses Zusammenhangs folgt im Aufriß und in den meisten Einzelheiten dem priesterlichen Schöpfungsbericht. Zum folgenden lateinischen Text vgl. B. VIOLET, Die Esra-Apokalypse (4. Esra), 1. Teil 1910; der lateinische Text der Apokalypse des Esra, hrsg. v. A. F. J. KLIGIN, TU 131, 1983.

(7,116) gemacht wird, als eine Parallele finden. Aus dieser Beobachtung erhellt, daß hier die enge Verbindung zwischen Erde-Adam-Israel gemeint ist. אָדָם herrscht über alle Tiere und er, sowie alle Tiere sind aus אֲדָמָה hervorgebracht (6,53 crearet, תּוֹצֵא Gen. 1,24; יָצַר Gen. 2,7: formavit bzw. Gen. 2,19: formatis); dann stammt Israel aus Adam ab.

6,54b: *Ex eo (Adam) educimur nos omnes, quem elegisti populum.* Stehend inmitten der Verbindung zwischen Erde und Israel wird Adam hervorgehoben. Hieraus ist abzuleiten, daß der Verfasser 6,53.54 anstatt der eigentlich genetischen Reihenfolge von חַוָּה-אָדָם-אֲדָמָה (Gen. 2,7.22f; 3,19f) eine neue von יִשְׂרָאֵל-אָדָם-אֲדָמָה angelegt hat. Daraus erhellt, daß das ganze Israel in der Gegenüberstellung zu Adam der Eva gleicht. Die Formel zeigt die Parallele zu Ant Bibl. 32,15.

Auf diese Weise ist die Heilsgeschichte von Israel mit der Schöpfungsgeschichte verknüpft. Diese Verknüpfung kann ferner aus dem Gebrauch von dem Verb educimur (יצא Hi. Herausführen, Ho. Geführtwerden) verdeutlicht werden. Die Wendung von *educimur ... populum* (auch 14,4) bezieht sich bestimmt auf die grundlegende Heilstat Jahwes, der Israel aus Ägypten herausgeführt hat: *educere populum ex Aegypto* Ex. 13,14; 16,6; 18,1; 32,11; Deut. 1,27; 6,12; 7,8.19; 9,12.26; 16,1[303]. Im Alten Testament wird יָצָא Hi. sehr häufig als Terminus technicus, der das Heilshandeln Gottes an seinem Volk zeigt, in Zusammenhang mit der Exodustradition gebracht; zur Befreiung "aus dem Sklavenhause" Ex. 13,3.14; 20,2; Deut. 5,6; 6,12; 7,8; 8,14; 13,6.11; Ri. 6,8; Jer. 34,13, u.ö.; יָצָא q. "ausziehen" wird mehrfach bei Deuterojesaja auf den neuen Exodus bezogen (Jes. 48,20; 52,11.12; 55,12)[304]. In den Qumranschriften steht יָצָא sowohl als militärischer Terminus (1 QM 1,13; 2,8; 3,1.7 u.ö.) wie auch für die Selbstbezeichnung der religiösen Gruppe, "die aus dem Lande Juda ausgezogen sind" (CD 4,3; 6,5; vgl. 20,22; Heb. 11,8).

Gerade auch in 4. Esr. 3,17; 14,4.28f erinnert der Verfasser sich an die Heilstat Gottes beim Exodus. 3,17: ... *cum educeres semen eius ex Aegypto,* et adduxisti eos super montem Sina, ... 14,4: Et misi eum et *eduxi populum meum de Aegypto,* et adduxi eum super montem Sinai. 14,28f: ... *in Aegypto et liberati sunt inde.* (Dieselbe Formel findet sich auch in 12,34: Nam residuum *populum meum liberabit* cum misericordia, ...).

Die 4. Esr. 6,54 folgende Aussage (6,55.59; 7,10f), daß die Welt um Israels willen geschaffen ist[305], wird nicht direkt im Alten Testament gemacht. Aber auf der einen Seite entspricht dieser Gedanke der jüdischen Deutung von verschiedenen Stellen des Alten Testaments. Er entspricht zunächst der jüdischen Erläuterung der Fürbitte

303 Vgl. GVILIELMI GESENII, THESAVRVS. LINGVAE HEBRAEAE ET CHALDEAE. VETERIS TESTAMENTI, LIPSIAE 1835, יָצָא, 615.
304 Vgl. E. JENNI, יָצָא: THAT, Sp. 758-761.
305 Syr. Bar. 14,18f; 15,7; 21,24; Ass Mos. 1,12.

der Gerechten für die Gottlosen in Gen. 18,25ff, wo Jahwe um der übriggebliebenen[306] Gerechten willen dem ganzen Ort Sodom vergeben würde. Auch in 4. Esr. 7,106 ist die Fürbitte Abrahams für Sodom angesprochen. Nach der rabbinischen Auslegung Gen. R. 49 (31c) von Gen. 18,25 ist es so gedacht, daß Jahwe um der Gerechtigkeit Abrahams willen, in bezug auf Ps. 45,8 ("Du liebst Gerechtigkeit und hassest die Gottlosigkeit") der Welt vergeben kann, obwohl die in die Sünde gefallene Welt eigentlich durch das Recht Gottes gerichtet werden muß. Das Schicksal der Welt hängt nun von der Gerechtigkeit sowohl Abrahams als auch der übriggebliebenen Gerechten ab[307]; dies bahnt einen Weg zu der Vorstellung, daß die Welt um der Gerechten willen geschaffen wurde. Die Vorstellung, daß die Welt um der Nachkommen Abrahams, also um Gottes Volk Israel willen geschaffen wurde (vgl. syr. Bar. 21,24), verbreitet sich im 1. Jh. n. Chr.[308]. Weiter wurde die direkte Aussage, daß Gott die ganze Welt um Israels willen erschuf, in der rabbinischen Deutung aus verschiedenen Stellen des Alten Testaments entnommen. Lv. R. 36 (133b): "Wegen des Erstlings schuf Gott Himmel und Erde" (Gen. 1,1, so der Midrasch), und mit "Erstling רֵאשִׁית " ist nur Israel gemeint, wie es heißt Jer. 2,3: Geheiligt ist Israel Jahwes, der "Erstling" seines Ertrages. Dieselbe Deutung von Gen. 1,1 erscheint auch in Tanch B בראשית § 3 (1b)[309]. Nach Midr HL. 7,3 (127a) ist Israel mit dem Getreide verglichen, anders als andere Völker wie Stroh, Spreu und Stoppeln; Ps. 2,12 steht: "Küsset das Getreide" (so Midrasch). Und beim Kommen des Gerichtstages (mit Zitat aus Jes. 41,16 und Mal. 3,19) wissen die Israeliten, daß die Welt ihretwegen erschaffen wurde (auch Ex. R 38). So galt das Volk Israel wie als *inceptio creaturae*, so auch gern als Zweck der Schöpfung[310].

Auf der anderen Seite spiegelt der obige Gedanke sich in der Schilderung der Exodusgeschichte im Alten Testament. Jes. 51,9f apostrophiert der Prophet die Weltschöpfung, aber redet zugleich von der Erlösung Israels aus Ägypten; denn kaum hat er in der Sprache des Mythos vom Chaosdrachenkampf von der Zurückdrängung der Wasser

---

306 Vgl. 4. Esr. 12,34: **residuum** populum meum liberabit.

307 Pesikta R. 200b. Vgl. Bill. III, 540; IV, 852f.

308 Vgl. R. H. CHARLES, aaO, II, 415 Anm. 12. Dieselbe Vorstellung erscheint auch in Pesikta R. 21,21 (108b), wo gesagt wird, daß die Welt durch und für das Gesetz, das dem Volk Israel gegeben wurde, erschaffen wurde (auch M. Aboth 5,1 par. Aboth RN 31; b. RH 32a; b. Meg. 21b; Pirke R. El. 3. Vgl. Bill. I 813, III, 671. Das wird in Bez. R. 17,1, als von R. Menahem b. Jose (um 180) erörtert, überliefert): Die zehn Worte (des Gesetzes) sind entsprechend zu den zehn Worten gesagt worden, durch die die Welt erschaffen wurde. Der Vergleich der Schöpfungsworte mit dem Gesetz zeigt, daß ein Geschehen aus der Zeit der Wüstenwanderung Israels dem Geschehen der Schöpfung gegenübergestellt ist. In diesem Zusammenhang kann man auch die Aussage in 4. Esr. 7,70 verstehen, daß am Anfang der Schöpfung Jahwe vorher das Gericht, und was zum Gericht gehört, bereitet hat.

309 Nach Gn R. 12 (8a) heißt Jes. 66,2: Und so sind diese אֵלֶּה alle (alle Dinge = Himmel und Erde) geworden; der Ausdruck אֵלֶּה bedeutet nach Ex. 1,1 "die Namen der Söhne Israels".

310 C. CLEMEN, Die Himmelfahrt Moses, in: Apokryphen und Pseudepigraphen des A.T., hrsg. v. G. KAUTSCH, II, 319 Anm. h.

gesprochen, so geht er auf das Schilfmeerwunder über, wo Jahwe wieder die Wasser zurückgehalten hat, "daß hindurchzögen die Erlösten". Hier fallen also Schöpfung und Erlösung fast zusammen. Ganz ähnlich verhält es sich mit Ps. 77,17ff, auch Ps. 74,12-17 (vgl. Ps. 89). Hier wird nicht nur das Heil Israels auf die Schöpfungsgeschichte zurückgeführt, sondern auch die Schöpfungsgeschichte soll umgekehrt an Gottes Heilstat in der Geschichte Israels teilnehmen. Dies war erst dann möglich, als eben die Schöpfung als ein Heilswerk Jahwes verstanden wurde[311]. Dasselbe Verständnis liegt im Hintergrund der Aussage, daß "Gott unseretwegen die Welt geschaffen hat" (4. Esr. 6,55.59; 7,11). Noch klarer kann diese aus der obigen jüdischen Auslegung von Gen. 18,25ff abgeleitete Vorstellung im Zusammenhang mit der Heilstat Gottes beim Exodus festgestellt werden. In der Exodustradition vereinigen die Vorstellung und die Credo-Formel *educere (populum)* sich miteinander. Deshalb kann man behaupten, daß der Verfasser zunächst das "Abstammen" Israels (der Eva) von Adam für das Heilswerk Gottes hält, wobei er dies zugleich schöpfungsgeschichtlich mit der Formel von der Erschaffung aus Adam begründet, ebenso wie der jahwistische בָּנָה -Gebrauch in Gen. 2,22 das Schöpfungs- und Heilshandeln Gottes bedeutet. Es ist wichtig, daß 6,54 die wechselseitige Verbindung von Heils- und Schöpfungsgeschichte vom Verfasser des 4. Esra in die Adam-Eva-Tradition hineinverlegt wird. In 7,118: *ex eo (Adam) advenimus*, ist nicht das Verb *educere* gebraucht, aber es kann auch das Verb advenire in der Linie von 6,54 verstanden werden. In diesem Zusammenhang scheint auch das neben dem Ausdruck "Abstammen Israels aus Adam" gebrauchte Verb "Hervorbringen" in 6,53 und 7,116 der Gottes Heilstat anzeigende terminus technicus zu sein.

Übrigens ist es angesichts der leidvollen Erfahrung der römischen Macht und Zerstörung ein Problem der Diastase von Lehre und Erfahrung: Die Schöpfungswelt, die zu Israel gehört, ist dem erwählten Volk vorenthalten, das in der Schöpfung so machtvoll manifestierte Wort Gottes ist für Israel leer geblieben[312]. Zwar liegt 6,54f unverkennbar wie in Ant. Bibl. eine heilsgeschichtliche Deutung von Gen. (1)2 zugrunde, in der die Geschichte Israels und seine Erwählung mit der Geschichte der Schöpfung selbst verknüpft sind. Weil die Erwählung Israels positiv in der Erschaffung des Adam begründet wird, ist das negative Adam-Bild wie in 4,30 und 7,11 noch nicht hier gemeint[313]. Obwohl die gesamte Menschheit von Adam abstammt (vgl. 3,7; 6,56; 7,70),

311 Vgl. G. v. RAD, Theologie des A.Ts. I, [9]1987, 151f.

312 C H. STECK, Die Aufnahme von Gen 1 in Jubiläen 2 und 4 und 4. Esra, JSt Jud 8 (1977), 179, 181f.

313 Dagegen Äth. Hen.: Und um seinetwillen werden wir **versenkt** (d.h. ins Unheil). In einer positiven Bedeutung enthält 8,44 eine Anspielung auf Gen. 1,26f (und Gen. 2,7): "Aber den Menschen, der von deinen Händen geschaffen ist und dein Ebenbild genannt wurde, weil er dir ähnlich gemacht ist, und um dessetwillen du alles geschaffen hast, stellst du dem Samen des Bauern gleich." Dieser Text steht im Zusammenhang mit der Bitte des Apokalyptikers um Erbarmen für das Volk Gottes (vgl. 8,15f). Esra bittet hier darum, daß die Gleichsetzung von Schicksal des gesäten Samens, von dem naturgemäß ein Teil zugrunde geht, und Geschick des Menschen aufgehoben werde. Er begründet diese Bitte mit dem Hinweis auf die Gottesebenbildlichkeit des

wird dennoch nur Israel in seiner Erwählung auf der Ebene der wunderbaren Schöpfungswerke Gottes gesehen[314]. Aber schon anders als im Kontext von Ant. Bibl. 32,15 stellt die Verfolgung des erwählten Volkes Israel die Erwählung sowie die Schöpfung in Frage (6,59). Daneben steht die Gerechtigkeit Gottes in Frage. Für Esra stellt sich das Theodizeeproblem. Die Antwort darauf ist in 7,113-115 gegeben: Im zukünftigen Weltgericht wird der Ungläubige vertilgt und die Gerechtigkeit und die Wahrheit werden auferstehen. Danach klagt und bekennt "Esra" (7,116-126): Die Erde hätte Adam nicht hervorbringen sollen (7,116), weil wegen der Sünde des Adam auch das von ihm stammende Israel zum Sturz gebracht wurde und sterbliche Werke getan hatte (7,118f).

7,116: "... Es wäre besser gewesen, die Erde hätte Adam nicht hervorgebracht oder, nachdem sie ihn schon hervorgebracht hatte, sie hätte ihn zur Ordnung gewiesen, so daß er nicht sündigte.

7,118: Ach, Adam, was hast du getan? Als du gesündigt hast, gereichte es ja nicht nur zum Sturz für dich allein, sondern auch für uns, die wir von dir abstammen.

7,119: Denn was nützt es uns, daß uns die unsterbliche Welt verheißen ist, wir aber sterbliche Werke getan haben?"

Wegen Adams Übertretung wurde auch die ganze Welt, die eigentlich für Israel erschaffen wurde, gerichtet (7,11). Das von Adam stammende Volk Israel ist zwar nicht direkt wörtlich bzw. bildlich als Eva geschildert. Aber man muß den sachlichen Zusammenhang ins Auge fassen. In der Sünde des Adam, die als eine das Geschick von allen Menschen determinierende Realität wie in dem Adam-גּוּף -Gedanken und Röm. 5,12f; 1. Kor. 15,21f zum Ausdruck gebracht wird (vgl. syr. Bar. 23,4; 48,42; 54,15f), werden die sterblichen Werke Israels begründet. Doch ist auch Israel selbst verantwortlich für die Sünde; die beiden Sünden werden als die gegenüberstehende gleiche Verfehlung dargestellt. Israel ist nun nicht einfach genealogisch als die vom Adam abstammende Nachkommenschaft (so wie 3,7ff), sondern vielmehr wie eine dem Adam entsprechende Person geschildert. Hier wird der Gedanke von einer Kontinuität zwischen Schöpfung und Geschichte stark beschränkt[315]. In 7,116 wird schon auch von der "Erde" (אֲדָמָה) wegen der Sünde des Adam personifiziert (vgl. 3,4f; 6,53; syr. Bar. 48,46) geredet. Eine unmittelbare Entstehungsreihenfolge von יִשְׂרָאֵל-אָדָם-אֲדָמָה (=חַוָּה) in Ant.

Menschen. Während das Zitat allgemein vom Menschen spricht, redet der Apokalyptiker nur von Israel. Die Gottesebenbildlichkeit ist vermutlich im Verständnis des Apokalyptikers nur auf Israel bezogen, weil in 8,47 Israel ganz allgemein als 'Schöpfung' bezeichnet wird und sich in den rabbinischen Auslegungen zu Gen. 1,26f (Debar. R. 11,3 zeigt, daß die Gottesebenbildlichkeit des Menschen in der Gestalt des Mose wieder vorhanden ist; ferner Ber. R. 8,12; 19,7; 23,6; 24,6; Schem. R. 23,15; 30,16; 41,3; vgl. J. B. SCHALLER, aaO 147-152) durchgehend eine Beschränkung der Gottesebenbildlichkeit auf Israel findet.

314 Vgl. O. H. STECK, aaO 179f.

315 W. HARNISCH, Verhängnis und Verheißung der Geschichte: FRLANT 97 (1969), 109.

Bibl. 32,15 wird auch hier (7,116ff) angenommen, wobei die Sünde Adams stark einwirkt. Aufgrund dieser direkten Motivkette kann man vermuten, daß der Verfasser, um die Frage der Heilsgeschichte Israels im Fall Adams (Gen. 3) zu begründen, das ganze Israel als die in direkter Gemeinschaft mit dem sündigen Adam stehende *kollektive Eva* auffaßt. Darin könnte der Grund dafür liegen, warum hier bemerkenswerterweise gar nichts von der verführenden Rolle Evas als *Individuum* (Gen. 3) und der mit ihr verbundenen Spekulation (wie Vita Adae 44; Sir. 25,24; Sap. 2,22ff; Apk. Mos. 14, äth. Hen. 69,6)[316] geredet wird.

Das erwählte Volk Israel hat nicht mehr die Verheißung, an einer gesegneten zukünftigen Welt (7,119-126; vgl. 9,36) teilnehmen zu können, ebenso wenig wie bei Paulus (Röm. 1,18-3,20; 5,12f). Nachdem der Herr jedoch Esra die Hoffnung verkündigt, daß Freude sein wird über diejenigen, welchen das Heil bestimmt ist, antwortet und bekennt Esra (7,132-139): Der barmherzige und gnadenreiche Herr ist den zu seinem Gesetz Bekehrten gnädig (7,133), gibt seine Güte für die Entlastung der Sünder von ihren Sünden (7,138), verzeiht denen, die durch sein Wort geschaffen sind, und tilgt die große Zahl der Übertretungen (7,139; vgl. Ex. 34,6; Jes. 43,25). In einer Zeit allgemein jüdischer Toraverschärfung kann diese Gnadenlehre natürlich nur zu einem radikalisierten Leben im Gesetz (vgl. 7,133) führen. In diesem Zusammenhang kann die Vorstellung so, daß im zukünftigen Weltgericht Heil und Segen den Wenigen gegeben werden, die Gottes Gesetz erfüllen, verstanden werden (7,47f.88ff.115; 8,1-3; 9,7f.22). Auffallend weist jedoch der Apokalyptiker mit dem Kommen der neuen Schöpfung (7,75) der endzeitlichen Welt (7,26.31ff.47.50.113) in menschheitlichen und kosmischem Aspekt auf das aus der Vergebung und der Gnade Gottes entstehende eschatologische Volk hin[317]. Trotz der Konzentration auf das gesetzliche Leben könnte auch 8,31-36 die Gerechtigkeit und die Güte Gottes als sein Erbarmen offenbaren, das allen sündigen Menschen[318] einschließlich Israel gewährt wird.

---

316 Zur mit Eva verbundenen Spekulation vgl. E. BRANDENBURGER, Adam und Christus, 49f. Eine Parallele mit 4. Esr. 7,116 kann man auch in syr. Bar. 48,42.46 (vgl. 23,4; 54,15.19) finden, wo sich aber die von dem aus der Erde genommenen Adam Entstandenen nicht auf das Volk Israel, sondern auf "alle" Menschen bzw. "jeden der Bewohner der Erde" (48,40), "diese ganze Menge" (48,43) beziehen anders als Ant. Bibl. sowie 4. Esra.

317 Zur Debatte über das christliche interpolierte Wort "mein Sohn, der Messias" in 7,28.29 vgl. J. BLOCH, Some Christological Interpolations in the Esra-Apocalypse: Harv ThR 51 (1958), 91ff; J. SCHREINER, Das 4. Buch Esra, 345f Anm. 28, 29; U. B. MÜLLER, Messias und Menschensohn in jüdischen Apokalypsen und in der Offenbarung des Johannes, 1972, 86ff.

318 Vgl. 4. Esr. 7,46-48.68.

Eben hier gibt es eine Spannung zwischen der Gnade und dem Gesetz Gottes. Das könnte einen Weg zu der Vorstellung bahnen, daß trotz der Konzentration des Verfassers auf die Verleihung des endzeitlichen Segens für das erwählte Volk Israel (außer 6,54f, siehe 7,106; 8,16.27.44f; 9,37; 14,11ff. Vgl. auch Anm. 305), die Teilhabe am Heil am Ende der Welt immer mehr über die Beschränkung auf israelitische Heilsgeschichte hinaus im menschlichen Horizont gemeint wäre, weil die Wende zum universalen Heilshandeln durch das Erkennen der Sünde Israels sowie durch die Ohnmacht des Gesetzes (3,4-27) und durch das Weltgericht Gottes[319] vertieft worden wäre (7,1-139). 7,127ff, besonders 7,131 ("..., wie Freude sein wird über das Leben derer, die geglaubt haben", Syr. Äth.), ist eben wichtig: "die Botschaft, die Theologie des apokalyptischen Verfassers gegenüber der skeptischen Infragestellung der Verantwortlichkeit des Menschen aufgrund des Verhängnisgedankens und des Zweifels gegenüber der heilschaffenden Kraft des Gesetzes im Blick auf das eschatologische Ergehen"[320]. Denn der Verfasser konzentriert sich darauf, daß Israel weg von den Nöten und Drangsalen der gegenwärtigen Welt auf die kommende Welt verwiesen wird, und nach dem Geschick der Frevler (Heiden) zu fragen, scheint für diese Vorstellung dadurch ausgeklammert zu sein. Dennoch veränderte sich das **Selbstverständnis** Israels. Es verstand sich nicht mehr in erster Linie als Gemeinschaft eines Volkes, sondern - wie in Qumran - vornehmlich als die Gemeinde der Auserwählten, die unter der Herrschaft Gottes steht, dessen Regiment aller Welt offen werden wird.

Die auf Israels Heil bezogene Schöpfungsabsicht Gottes kommt innergeschichtlich nicht zum Ziel. Sie erfüllt sich erst in einem *nach*geschichtlichen 'Zeitraum', dem zukünftigen Äon, der den geschichtlichen Äon endgültig ablösen wird (vgl. 7,13.16.31. 50). In diesem Denkprozeß zeigt sich als entscheidend 10,38ff, (wo der Engel Uriel den Sinn der dramatisch geschilderten Vision Esras <9,26-10,37> allegorisch erklärt, in der eine jetzt trauernde und demnächst verklärte Frau vor ihm erschien) daß die Frau Zion, die Stadt Jerusalem, nach ihrer Zerstörung zusammen mit dem Tempel (in der Zeit von 70 n. Chr.)[321], den Salomon früher erbaut hat (1. Kön. 6,1; 8,5; vgl. syr. Bar. 61,2), in Herrlichkeit neu erbaut werden wird; 10,42: apparuit tibi civitas aedificari[322]. Wenn die Aussagen von 9,43.45 ("Deine Magd war unfruchtbar und hatte nicht geboren, obwohl ich dreißig Jahre mit meinem Mann lebte ... ") und 10,17 in bezug auf 10,45f aufgefaßt werden, ist der der Frau Zion (= das Volk, vgl. 10,39) gegenüberstehende Mann mit Jahwe zu vergleichen (vgl. Jes. 54,1-6), ebenso wie in der prophetischen Literatur[323].

---

319 Daß die Vorstellung von der allgemeinen Totenauferstehung zum Endgericht (7,37) im Denken des Paulus keinen Platz hat, haben wir schon in der Exegese 1. Kor. 15,22 (s.o. 141 ff) verdeutlicht.

320 E. BRANDENBURGER, Die Verborgenheit Gottes in der Weltgeschichte, Das literarische und theologische Problem des 4. Esrabuches, 1981, 32 Anm. 35.

321 Die Zerstörung Jerusalems ist nicht die im Jahre 586 v.Chr., sondern wohl die Katastrophe des Jahres 70 n.Chr.; vgl. L. ROST, aaO 93.

322 Vgl. Heb. 11,10; syr. Bar. 32,4; 59,4.

323 R. H. CHARLES, aaO II, 607 Anm. 46, liest aus dieser Stelle, daß die himmlische Stadt Jerusalem die irdische Stadt Jerusalem als Sohn geboren hat.

Abschluß:

Die Vorstellung, daß in Ant. Bibl. das erwählte Volk Israel als die vom Leibe des Adam geborene Eva schöpfungsgeschichtlich und heilsgeschichtlich bestimmt ist, wird in 4. Esra wegen der Katastrophe des Jahres 70 n. Chr. mit der eschatologischen Hoffnung übernommen und so entwickelt, daß aufgrund von Gottes Gnade die Frau Israel trotz der Hoffnungslosigkeit wegen ihrer (seit Adams Fall begangenen) Sünde neu erbaut wird[324]. Die beiden Schriften stammen aus der gleichen Zeit und dem gleichen geistigen Klima[325].

Wie schon die Exegese von 1. Kor. 15,22[326].45f[327] gezeigt hat, hält Paulus die Auferstehung Jesu als Heilsgeschehen für den neuen, eschatologischen Schöpfungsakt, der den Auferstehungsleib hervorbringt. Christus ist nämlich der letzte Adam, der eschatologische "Schöpfungsmittler", im Gegensatz zum πρῶτος Ἀδάμ, dem Geschöpf. Die auch in 4. Esra erscheinende apokalyptische Entsprechung von erstem und letztem Äon wurde sicherlich der exegetische Ausgangspunkt des paulinischen Theologumenons von Christus als "letztem Adam". Allgemein gibt es aber natürlich einen Unterschied zwischen der jüdisch-apokalyptischen Vorstellung und der paulinischen Theologie sowie den Vorstellungen der frühchristlichen Gemeinden: Während in der jüdischen Apokalyptik die Wende vom alten zum neuen Äon vorgestellt werden kann, ohne daß eine messianische Gestalt dabei mitwirkt, ist für die endzeitliche Hoffnung der ersten Christen ihr Glaube an den gekreuzigten und auferstandenen Messias, den sie als den Kommenden und darum als Messias erwarten, schlechthin bestimmend[328].

Die apokalyptische Schilderung der Wende von diesem vergehenden Äon zu jener kommenden Welt Gottes kennt einen Messias entweder überhaupt nicht, oder spricht von dem Menschensohn, der schon bei Gott bereit steht, um am Ende der Tage auf den Wolken des Himmels herabzukommen, Gericht zu halten und die Gerechten zur Seligkeit zu führen (vgl. äth. Hen. 37-71; 46,1ff; Dan. 7,13.14.27)[329]. Hier ist der

324 Auch Pseudo-Philo sieht die gegenwärtige Sünde Israels. Das Gericht des Jahres 70, identifiziert mit dem des Jahres 587 v.Chr., ist Gericht wegen seiner Sünde. Aber dieses Gericht wird als dringender Aufruf zur Umkehr verstanden, indem wieder und wieder das Gesetz als der Weg zum Heil eingeprägt wird. Dieses Vertrauen auf das Gesetz als die Heilskraft fehlt dem Apokalyptiker "Esra"; s.o. 178.

325 Als eine Quelle von 4. Esr. betrachtete VIOLET, Die Apokalypsen des Esra und des Baruch in deutscher Gestalt, 1924, XLVII-XLIX, im Anschluß an M. R. JAMES (Salathiel qui et Esdras: JThSt 19, 1918, 347ff) die Ant. Bibl. des Pseudo-Philo wegen der "vielen Parallelen", die in beiden Büchern auftauchen und eine Benutzung des einen durch das andere Werk wahrscheinlich machen. Jedoch sind Berührungspunkte in Inhalt und Aussage, auch ohne daß eine Abhängigkeit vorliegen muß, zu erwarten. Vgl. J. SCHREINER, aaO 300.

326 S.o. 163f.

327 S.o. 167f.

328 E. LOHSE, Umwelt des Neuen Testaments: NTD, Ergänz. 1, (1971) [6]1983, 44.

329 Am Ende des Kapitels (Dan. 7,27) wird der Menschensohn auf das Volk der Heiligen des Höchsten gedeutet, dem das Reich, die Herrschaft und die Macht gegeben wird. Der Menschensohn als Individuum bildet korporativ das Gottesvolk der zukünftigen Heilszeit ab, das nicht wie alle diesseitigen Völker und Mächte vergehen wird. W. D. DAVIES, Paul and Rabbinic Judaism,

Retter nicht als eine irdische Erscheinung von hoheitsvoller Heiligkeit gedacht, wie eine messianische Gestalt in den pharisäischen Kreisen, die nach dem Vorbild Davids als König Israels auftreten wird (Ps. Sal. 17,1.4.27.45f), sondern als überirdische Gestalt, die aus der himmlischen Welt hervortreten wird[330].

4. Esr. 13 kann man dieses Menschensohn-Bild finden, nach dem der Menschensohn als der vom Meer aufgestiegene und mit den Wolken des Himmels fliegende Mensch geschildert wird (13,2.3. u.ö.)[331]. Nach einem letzten Ansturm der feindlichen Mächte richtet der Menschensohn über alle Menschen, damit die neue Welt Gottes anheben kann und die einen zum Leben, die anderen zum ewigen Tod eingehen. 13.26: Gott will durch einen Menschen (13,37: Gottes Sohn), den er lange Zeiten hindurch aufgespart hat, die Geschöpfe erlösen. Aus dem Vergleich mit Ps. Sal. 17 ergibt sich, daß der "Mensch" in 4. Esr. 13 Funktionen des Messias besitzt. Der nationale Zug der Messiaserwartung ist deutlich anzutreffen, die Vision des "Menschen" gipfelt in seiner Aufgabe der Sammlung des Volkes Israel. Allerdings weist die betonte Aufnahme von Motiven aus Theophanieschilderungen des Alten Testaments in 13,3f.10[332] über den gewohnten Rahmen des Bildes vom irdisch-nationalen Messias hinaus: Sie zeigt nicht mehr den menschlichen König des Heils, sondern eine Gestalt, die irdische Maßstäbe transzendiert. Die himmlische Gestalt כְּבַר אֱנָשׁ in Dan. 7; 4. Esr. 13; 1. Hen. 37-41 ist wahrscheinlich ein Produkt der Hypostasierung von der in דְּמוּת כְּמַרְאֵה אָדָם erscheinenden Herrlichkeit Jahwes כְּבוֹד יְהוָה (Ezech. 1,26ff; 8,2ff)[333]. Man hat daneben Mk. 13,26 (Par. Mt. 24,30f; Lk. 21,27; vgl. Mk. 8,38; 14,62) zu berücksichtigen, da diese Stelle sehr wahrscheinlich einer jüdischen Quelle zugehört, die von Mk. benutzt ist[334]. Wichtig ist sie, da sie als jüdischer Beleg dafür gelten darf, daß innerhalb der Menschensohnüberlieferung Dan. 7,13 bedeutungsvoll war[335]. Das neuerdings veröffentlichte Fragment 4. Qps. Dan. A (= 4 Q 243), das in bezug auf Gen. 49,10 von einem "Sohn Gottes" und "Sohn des Höchsten" genannten König spricht, verrät vielleicht, daß es

---

41ff, und E. SCHWEIZER, Art. The Son of Man, JBL 79 (1960), 127f, achten auf die paulinische Vorstellung von Christus als zweitem Adam im Kontext der Menschensohn-Vorstellung.

330 Die ältere Erwartung eines irdischen Messiaskönigs und die apokalytische Hoffnung, die sich auf die Wende der Äonen richtet, waren ursprünglich in keiner gegenseitigen Beziehung. Doch wo man später die Frage stellte, wie sich diese unterschiedlichen Vorstellungen zueinander verhalten, suchte man einen Ausgleich auf folgende Weise herzustellen: Zunächst wird der davidische Messias auftreten, Israel befreien und regieren, seine Herrschaft aber wird begrenzt sein und nur den Anfang der endzeitlichen Geschehnisse bilden. Auf diese Weise entstand die Vorstellung eines messianischen Zwischenreiches, das dem Ende dieser Welt und der kommenden Gottesherrschaft vorangehen soll. Über die messianische Zwischenzeit vgl. 4. Esr. 4,26ff; 14,34b. E. BRANDENBURGER, Die Verborgenheit Gottes im Weltgeschehen, 33 meint, 7,28f und 12,34 seien die Verklammerung der verschiedenartigen eschatologischen Traditionen durch den Verfasser; s.o. 183 Anm. 317. Nach 4. Esr. 7,28f stellt die Zeit des Messias auf Erden nur eine Vorstufe der Herrlichkeit dar, die nach dem Ende des alten Äons anbrechen wird. Hier wird der Messias nicht als der eschatologische Adam gedacht, obwohl in 4. Esra die Menschensohntradition auf ihn bezogen werden kann. Weiter wird es klar, daß die endzeitliche Erwartung sich nicht auf die Person des Messias richtet, sondern auf die messianische Zeit, die er bringen soll. Hier wird der Messias der Vollstrecker, nicht aber Grund, Sinn und Inhalt des Heils sein. Vgl. E. LOHSE, Umwelt des N.Ts., 141f; U. B. MÜLLER, Messias und Menschensohn in jüdischen Apokalypsen und in der Offenbarung des Johannes (StNT 6), 1972, 83-134. Aber der Leib-Christi-Begriff kann sich nicht von dem Messias-Begriff, sondern von dem Menschensohn (→ Adam-)Begriff bilden.

331 V. 2: "De mari ventus exsurgebat ut conturbaret omnes fluctus" klingt an Dan. 7,2 an. Die Schilderung von V. 3 ist etwas anderes als Dan. 7,3. Der Text: "convolabit ipse homo cum nubibus caeli" geht zurück auf Dan. 7,13.

332 Vgl. U. B. MÜLLER, aaO 110.

333 S. KIM, The 'Son of Man' as the Son of God, 1983, 18.

334 R. BULTMANN, Geschichte der synoptischen Tradition, (1931) [9]1979, 129; T. W. MANSON, The Son of Man in Daniel, Enoch and the Gospel, in: Studies in the Gospel and the Epistle; 1960, 143.

335 O. BETZ, Jesus und das Danielbuch, Bd. II: Die Menschensohnworte Jesu und die Zukunftserwartung des Paulus (Daniel 7,13-14), ANTJ, 1985, 73f.

schon eine messianische Interpretation von der himmlischen Gestalt in Dan. 7,13 gab[336]. Gleiches gilt von Apk. 14,14, wie diese Arbeit noch zu zeigen hat.

Während im 4. Esra der die messianische Funktion ausübende "Mensch" gar nicht mit dem Adam, von dem das Geschick Israels abhängt, identifiziert wird, ist es dem Paulus eigentümlich, daß er den "für unsere Sünde" (1. Kor. 15,3) gekreuzigten und auferstandenen Christus (Messias) als den eschatologischen Adam gegenüber dem ersten Adam bestimmt hat. Die paulinische Deutung des endzeitlichen Erlösers vom ersten Menschen her[337] ist im Judentum ebenso unbekannt wie die im Licht von Kreuz und Auferstehung erfolgende Beurteilung von Adams Erschaffung und Fall[338].

Trotz des obigen Unterschiedes hat Paulus in dem gleichen geistigen Milieu wie jener jüdisch-apokalyptischen Literatur jene neue Auslegung von der Schöpfungs- und Sündengeschichte christologisch übernommen, um die Entstehung der Gemeinde aus dem letzten Adam Christus zu erklären. In diesem Sinne kann man folgendes sagen: Gerade in der Linie von Ant. Bibl. und 4. Esra kann nun eine gemeinsame Auslegungstradition gefunden werden, die bei Paulus für die Konzeption der aus dem letzten Adam Christus-Leib her herausgenommenen, aber nicht einfach zukünftigen bzw. herbeigekommenen (so z.B. 4. Esr. 14,10), sondern bereits in Christus verwirklichten (2. Kor. 5,17; wie bei Qumran) Gemeinde (Eva) = σῶμα Χριστοῦ benützt wurde. Natürlich müssen wir später aufgrund der Exegese deutlich machen, daß Paulus die Herkunft und den soteriologischen Inhalt von σῶμα Χριστοῦ in dieser Kategorie konzipiert. Und man darf weiter behaupten, daß die Verfasser, die sich als Erben der altertümlichen Gesetze[339] bzw. Propheten[340] verstehen, so wie Paulus diese neue Auslegung eben aus dem Gedanken von der Erschaffung Adam-Evas (Gen. 2) entwickeln, desen Hintergrund das heilsgeschichtliche Verständnis des Jahwisten bildet.

---

336 O. BETZ, aaO 85f; S. KIM, aaO 25.

337 Man könnte das vorpaulinische Adam-Christus-Verständnis in Phil. 2,6-11 finden. S.o. 156.

338 O. BETZ, Adam, TRE I, 416.

339 Vgl. C. DIETZFELBINGER; Pseudo-Philo, 97f.

340 In 4. Esr. 14,18-48 zeigt sich, daß in den apokalyptischen Büchern entfaltet werden soll, was in den kanonischen Schriften (A.T.) jedermann als Gottes Wille und Gesetz mitgeteilt worden ist. Allerdings erscheint 4. Esr. auch ein anderer Gedanke als im Alten Testament. Denn die dualistische Grundstruktur hinsichtlich der Wende vom alten zum neuen Äon kann nicht allein aus der Fortführung alttestamentlich-jüdischer Überlieferung erklärt werden. E. LOHSE vermutet, daß das Judentum iranisch-dualistische Vorstellungen annahm, aaO 43.

III. Der Bau der Gemeinde als des endzeitlichen Tempels Gottes

1. Das Alte Testament und das jüdisch-apokalyptische und rabbinische Schrifttum

Wie wir oben in Kapitel II,1 ausgeführt haben, wurde die Einführung in das Gottesvolk, die Jungfrau Israel, und das Anteilbekommen an seinen Heilsgütern als "Ausgebautwerden" bezeichnet (vgl. auch Jer. 12,14-17)[341]. Die Wiederherstellung (בָּנָה) Israels ist in dem Heilserwartungshorizont betrachtet. Daher ist die Erbauung zukünftig, d.h. sie ist gesehen als Erfüllung der Zusage Jahwes. Jes. 54,11f; in Tob. 13,17 nimmt das künftig aufgebaute Jerusalem Züge der Himmelsstadt bzw. Himmelsburg an. Zum Geschehen der messianischen Zeit wird der Aufbau von Jerusalem und damit des Tempels. Der erbaute Tempel ist Zentrum der gesamten Kultgemeinde, Richtpunkt für die in der Ferne weilenden Glieder, nach dem sie beim Gottesdienst sich ausrichten (1. Kön. 8,44.48; 2. Chr. 6,34.38). Bei der Tempelweihe vollzieht sich eine Gotteserscheinung ('wie zu Gibeon'), während der Tempel geheiligt und als beständige Wohnstätte für Gottes Namen, Augen und Herz deklariert wird (1. Kön. 9,3; 2. Chr. 7,12.16). Deshalb besaß sowohl der Tempelbau (בָּנָה mit bajit, miqdaš, hekal) Salomos (1. Kön. 5,17; 6,1 u.ö.) als auch der zweite Tempelbau nach dem Exil (Jes. 44,28; 58,12; 60,10; Ez. 40; Sach. 6,12-13, wo die theologische Bedeutung dieses zweiten Tempels von Sacharja stark unterstrichen wird) eine hervorragende theologische Bedeutung. Obwohl überlieferungsgeschichtlich wie auch sachlich die Zusammenhänge der sog. Nathansweissagung (2. Sam. 7,5.7.11.13) schwer zu erhellen sind, ist doch deutlich, daß dieser Komplex und vielleicht die gesamte Überlieferung vom salomonischen Tempelbau von der Doppelsinnigkeit des zu erbauenden בָּנָה ('Tempel' und 'Nachkommenschaft' d.h. Dynastie) leben[342].

In der jüdisch-apokalyptischen Literatur wird der zukünftige Aufbau Israels mannigfaltig mit einem räumlichen und konkreten Bild bezeichnet als himmlischer Tempel (Haus) (äth. Hen. 90,28f; vgl. Ex. 25,9.40; 2. Kor. 5,1f; Apk. 3,21)[343], der offenbare Bau (= Paradies bzw. die Stadt, syr. Bar. 4,3f), den der Herr dem Adam, Abraham und Mose zeigt, und Zions Bau (4. Esr. 13,26; syr. Bar. 32,2-4: neugebaut von Zions Bau in die Ewigkeit). Das eschatologische Jerusalem und das Paradies sind mehrfach zusammen genannt (4. Esr. 7,26; syr. Bar. 4,3-6; Apk. 22,2)[344]. Trotz aller apokalyptischen Ausdrücke handelt es sich dabei weder um einen Vergleich noch um eine Übertragung ins Geistige und Unirdische, sondern um den sichtbaren Wiederaufbau der heiligen Stadt und der gottesdienstlichen Stätten in der neuen Weltzeit, weil die

---

341 Ph. VIELHAUER, Oikodome, (1940) 1979, 6f.

342 W. WAGNER, Art. בָּנָה: ThWAT (1973), 701.

343 Ferner zum eschatologischen Jerusalem (und dem Tempel in dieser Stadt) 4. Esr. 7,26; 8,52; 10,51.54; Test. XII Dan. 5,12; syr Bar. 6,9; IQH 6,24ff; Sib. 5,250ff; vgl. Jes. 54,11ff; Hag. 2,7 u.ö.; vgl. auch Gal. 4,26; Heb. 12,22; Apk. 3,12; 21,2.10; Herm. Vis. 3; Herm. Simil. 9.

344 G. JEREMIAS, Der Lehrer der Gerechtigkeit, 1963, 245ff.

apokalyptische Erwartung in ihrer Verwirklichung nicht jenseitig, sondern diesseitig ist.

Daß in der rabbinischen Literatur der Gebrauch von Erbauung und Erbauen sehr mannigfaltig[345] ist, haben wir teils bei der Beobachtung des palästinischen Gebrauches des Begriffes בָּשָׂר bewiesen[346]. Die eigentliche Bedeutung taucht als Wiederaufbau Jerusalems und des Tempels in der messianischen Zeit[347] auf. Auch hier wiederholt sich, ähnlich wie im apokalyptischen Schrifttum, der Gedanke, daß das neue Jerusalem vom Himmel herniederkommt[348]. Aber der Sinn ist auch hier weder mythologisch noch überweltlich. Vielmehr kommt darin auch hier der Gegensatz zu dem alten Jerusalem zum Ausdruck, das zerstört worden ist. Charakteristisch und neu ist aber etwas anderes, nämlich die mannigfache Verbindung des Bildes vom Bauen und Erbauen mit der Tora[349].

Das Spätjudentum knüpft an die von den Exilspropheten betonte Ausweitung des Gottesgedankens vom Nationalgott zum Weltgott an. Gott hat nicht nur sein Volk Israel, sondern die Weltschöpfung auf dem Fundament der Tora errichtet. Gott als Baumeister hat auf Abraham als 'Felsen' die Welt gebaut und gegründet (vgl. Jes. 51,1f)[350]. Aus diesem Felsen ist Israel 'gehauen'. Das bedeutet, Israel habe eine besondere Bedeutung für die Welt. Israel ist das Fundament der Welt, ihr Bestand und ihr Sinn.

2. Die Qumranschriften: Mensch und Gemeinde in Beziehung zum מִבְנֶה-Begriff[351]

In der Qumran-Gemeinde ist der sichtbare Wiederaufbau der heiligen Stadt nicht einfach als zukünftiges, sondern schon als gegenwärtiges Geschehen gedacht. In 1 QS 8,8ff werden der Tempel und sein Allerheiligstes (vgl. 1QS 9,3-6) so beschrieben, daß sie die Gemeinde selbst darstellen. Diese verwirklicht den Ort, an dem Gott wahrhaftig verehrt wird und den er mit seiner Anwesenheit heiligt[352]. In 1QH 6,24ff

---

345 Ph. VIELHAUER, aaO 11ff.

346 S.o. 92.

347 Schemone 'Eśre 14 (paläst. Rezension); ferner 14. u. 17. Benediktion (babylon. Rezension); Pes5aBar aus der Schule des R. Jischma'el (+ um 135): Den Bau des Heiligtums u. den Namen des Messias. Bill. 1, 1004f; IV, 883f.

348 Bill. III, 796.

349 Die Bedeutung der Tora wird besonders deutlich durch das Gleichnis vom Bauherrn u. Hausbau: Wer viele gute Werke hat und viel Tora gelernt hat, der gleicht einem Bauherrn, der sein Haus auf festen Steinen erbaut, im Unterschied zu jenem Menschen, der das nicht tut und deshalb einem Bauherrn gleicht, der auf weichen Steinen aufbaut. Aboth RN 24: Wort von Elischa'b. Abuja um 120; Aboth 3,17: Wort von R. El'azar b.'Azarja (um 100) mit Zitat Jer. 17,6.8. Vgl. mit Mt. 7,24ff, Bill. I, 469.

350 GnR 66(42b); GnR 14(10c); Jalqut 1 § 766. Vgl. mit Mt. 16,18, Bill. I, 733.

351 Zu den Qumrantexten: "Die Texte aus Qumran", hrsg. v. E. Lohse, 1971.

352 H. W. KUHN, Enderwartung und gegenwärtiges Heil in den Gemeindegliedern von Qumran, (Diss. 1963) 1966, 168ff. Der eschatologische Charakter der Erkenntnis wird in 1QS 8,9 daran deutlich, daß auf Jer. 31,34 angespielt wird: **alle** haben die Erkenntnis. Das Motiv der

wird dasselbe Bild über 1QS 8 hinaus weiter ausgeführt. Für die Gemeinde war nicht nur die letzte Zeit schon angebrochen, sie lebte auch in der Gewißheit, zukünftiger Heilsgüter schon teilhaftig zu sein. Die Stadt bietet bereits jetzt allen, die in sie hineingehen (1QH 6,27: וְכוֹל בָּאֶיהָ), ebenso wie dem Beter, der in sie eintreten durfte (כְּבָא), letzte Sicherheit. Dabei ist nun von besonderer Bedeutung, daß בוֹא terminus technicus für den *Eintritt in die Gemeinde* ist[353]. Das heißt: der Bau ist bereits verwirklicht in der Gemeinde, die Gott erbaut hat, die nach seinem Willen ist und in der er sein Heil erscheinen läßt. Die Gemeinde ist das himmlische Jerusalem[354], die gleiche Gemeinde, von der dieser Beter spricht.

Der Erbauer der himmlischen Stadt ist hier natürlich Gott. Aber wenn man die Stelle 4Qp Ps. 37 3,14ff auf 1Qp Hab. 2,8 und CD 1,11 bezieht, kommt man zu dem bedeutsamen Ergebnis, daß der Lehrer der Gerechtigkeit der Gründer der Q.-Gemeinde war.

4Qp Ps. 37 3,15f: ...(15) Seine Deutung bezieht sich auf den Priester, den Lehrer der (Gerechtigkeit, dem) (16) Gott befohlen hat aufzutreten und (den) er bestellt hat (הכינו), **um ihm zu erbauen** die Gemeinde (...) (לבנות לו עדת).

1Qp Hab. 2,(7)8f: (7)... aus dem Munde (8) des Priesters[355], in (dessen Herz) Gott (Einsicht) gegeben hat, um zu deuten alle (9) Worte seiner Knechte, der Propheten ... (7) ..מפי (8) הכוהן אשר נתן אל בלבו בינה לפשור את כול (9) דברי עבדיו הנביאים..)

CD 1,11: (11) Und er (Gott) erweckte ihnen den Lehrer der Gerechtigkeit, um sie auf den Weg seines Herzens zu führen ... (11) ויקם להם מורה צדק להדריכם בדרך לבו.

Wenn der Nebensatz "(הכינו) לבנות לו" in 4Qp Ps. 37 3,16 als mit 1Qp Hab 2,8 und CD 1,11 zusammenhängend aufgefaßt wird, dann teilt er uns klar mit, daß der Lehrer der **Gründer** der Gemeinde ist, denn nur der Gründer kann von Gott den Auftrag erhalten, er solle ihm eine Gemeinde bauen[356].

Die Stelle 4Qp Ps. 37 3,16 bietet die einzige wörtliche Parallele zu den synoptischen und johanneischen Jesuslogien vom Bauen der Gemeinde[357]. Wie in 4Qp Ps. 37 der Lehrer der Gerechtigkeit im Auftrage Gottes seine Gemeinde 'baut', so ist Jesus Subjekt des Bauens. Damit haben wir einen neuen Beleg dafür, daß diese Jesusaussagen im palästinischen Raum entstanden sind. Allerdings ist auch der Unterschied zwischen den beiden nicht zu übersehen. Während der "Lehrer" seine Zukunftsschau und seine

---

eschatologischen Erkennntnis aller begegnet auch Jub 1,27; äth Hen. 90,35, an beiden Stellen außerdem mit der Vorstellung vom eschatologischen Heiligtum (Jub. 1,28) bzw. "Haus" (äth Hen. 90,35) und äth Hen. 90,34 (vgl. 1QS 8,10) verbunden. Vielleicht aber dachte man nicht nur bei der Erkenntnis, sondern auch bei "Bund" und "ewigen Gesetzen" (8,8.10) an Jer. 31, 31ff (vgl. 31,36).

353 O. BETZ, Felsenmann und Felsengemeinde, ZNW 48 (1957), 63.

354 Inhaltlich verwandt ist das Bild in Mt. 5,14, wo die eschatologische Jüngergemeinde mit der allen sichtbaren Stadt auf dem Berg verglichen wird.

355 Der Priester ist hier ebenso wie 4QpPs 37 3,15f mit dem Lehrer der Gerechtigkeit gleichgesetzt.

356 Vgl. G. JEREMIAS, aaO 148.

357 S.u. 194. Über den Bau der Gemeinde des Lügenmanns vgl. 1QpHab 10,6-10, wo "Stadt" und "Gemeinde" parallel verwendet sind.

Stellung zu den Personen seiner Gegenwart in den von Gott autorisierten Propheten der Vergangenheit findet, verkündet Jesus seine "Lehre" in eigener Machtvollkommentheit, die sich auch in seinen Wundern manifestiert.

Die eschatologische Vorstellung von Stadt und Tempel stand im Gegensatz zum befleckten Jerusalemer Tempel, dessen Gottlosigkeit wegen der grundsätzlichen Hochschätzung des Kultes als Not empfunden wurde. Auffallenderweise enthalten die Qumranschriften unter allen ihren Regeln keine Bestimmung für den Opferkult. Die Gemeinde selbst ist der wahre Tempel (außer 1QS 8,8ff; 9,3-6 siehe 1QS 5,6; 8,5; 11,8), und der vollkommene Wandel in der Gemeinde ist das Opfer, das Gott wohlgefällt (1QS 9,5; vgl. 9,3; 8,3.10)[358].

Das Bild vom Bau wird auch anthropologisch verwendet. Wie wir oben[359] festgestellt haben, ist in 1QH (1,21f; 13,15) der Mensch ein Gebäude der Sünde bzw. ein Staubgebäude. Auch 1QH. 7,4 und 1QS (4,20f: מִבְנֵי אִישׁ erscheint zusammen mit מתכמי בשרו)[360] haben die Niedrigkeit und Geschöpflichkeit des Menschen in kunstvoller Weise vereinigt. Von daher ist es klar, daß der anthropologische Begriff בשר der Parallelbegriff zu Bau bzw. Gebäude ist[361]. Die Kennzeichnung des Menschen als eines "Gebäudes" (מִבְנֶה bzw. מִבְנֵי. Vgl. Ez. 40,2: כְּמִבְנֵה עִיר)[362] scheint Auslegung von Gen. 2,7 zu sein: Gott hat den Adam aus Erdenstaub "gebildet", יָצַר; vgl. Gen. 2,19 mit 1QH 1,21b f[363], wie Gott auch dessen Weib "gebaut" (יָצַר, Gen. 2,22) hat. Das zu 1QH 1,21 Gesagte gilt grundsätzlich auch für 1QH 7,4.9.

> 1QH 7,4: Und es krachten alle Fundamente meines Baus[364], und meine Gebeine fielen auseinander, und meine Glieder waren an mir wie ein Schiff im wilden Sturm.

---

358 Die Damaskusschrift weiß allerdings auch von realen Opfern (CD 11,17-21); wie beim Tempel, so hat man auch bei den Opfern reale und geistliche Auffassung nebeneinander; vgl. Prov. 15,8. In den Qumrantexten ist "Haus" sowie "Tempel" eine eschatologische Gemeindebezeichnung; vgl. G. KLINZING, Die Umdeutung des Kultes in der Qumrangemeinde und im NT, 1971, (Diss. 1967), 186f. O. BETZ (aaO 53) nennt den Tempel, den die Gemeinde darstellt, den "lebendigen Tempel der Endzeit". Vgl. Y. Yadin, The Temple Scroll (Hebrew Edition) III Bde. Jerusalem, 1977; J. Milgrom, The Temple Scroll, BA 4 1/4 (1978), 105-120; ders., Studies in The Temple Scroll, JBL 9 (1978), 501-523.

359 S.o. 90f.

360 Vgl. Y. YADIN, A Note on DSS IV 20, JBL 74 (1955), 40-43.

361 Vgl. G. JEREMIAS, aaO 239 Anm.2; J. HEMPEL, Die Texte von Qumran in der heutigen Forschung, 1962, 369 Anm.2; S. SCHULZ, Zur Rechtfertigung aus Gnaden in Qumran u. bei Paulus, ZThK 56 (1959), 160f.

362 Die Form מִבְנֵי anstelle von מִבְנֶה ist der übliche Gebrauch in den Qumranschriften; vgl. Y. YADIN, aaO 43 Anm. 26. Das Verb בָּנָה ist oft im mischnaischen Hebräisch in bezug auf die Struktur des Menschenleibes gebraucht; vgl. Bab. Sota 42b: ויצא איש הבינים ... מאי בינים ? אמר רב שמבונה מכול מום i.e. that his (Goliath's) body was built without blemish, LIEBERMANN, 32.

363 1QH 1,21bf: (21) ... Aber ich bin ein Gebilde von Lehm und mit Wasser geknetet, (22) ... ein Ausbund von Schande ... ein Schmelzofen der Schuld und Gebäude der Sünde. (ואני יצר ... החמר ומגבל המים (22) סוד הערוה ... כור העוון ומבנה החטאה (21).) Vgl. 1QH 3,23; 4,29 (neben בשר): יצר חמר ein Lehmgebilde.

364 מבניתי = meines Leibes. Daß hier 'Gebäude' (מבנית, fem.) wohl ein Bild für den Körper ist, legt sich nahe durch den parallelen Begriff עצמי (Gebeine). Vgl. G. JEREMIAS, aaO 239 Anm. 2; J. HEMPEL, Die Texte von Qumran in der heutigen Forschung, 1962, 369 Anm. 2; Y. YADIN, aaO 41 Anm. 11.

Jedoch kann der Beter den Herrn preisen, weil der Herr durch seine Kraft und seinen heiligen Geist (7,6) das verderbliche Sein des Beters vor dem Ansturm des Frevels bewahrt (7,7) und es wie einen starken Turm, wie eine hohe Mauer hinstellt (7,8).

1QH 7,8-10:(8) ... Du ... gründetest auf Felsen(9) meinen Bau[365], und ewige Fundamente dienen mir als Grund (סוד), und alle meine Wände als bewährte *Mauer*, die nicht erschüttert wird.(10) Aber du, mein Gott, hast mich gegeben ins Astwerk, in die heilige Gemeinde[366], und be(lehrtest mich)in deinem Bund, ...

Sein "Bau" gleicht - im Gegensatz zu der auf den Staub gegründeten Lehmhütte des natürlichen Menschen (Hiob 4,19) - einer Festung, die Gott selbst auf einem Felsen aufgeführt und mit Turm und Mauer bewehrt hat. Im Hinblick auf Jes. 28,16 ("... ich lege in Zion einen Grundstein, einen bewährten Stein, einen kostbaren Eckstein, der fest gegründet ist. Wer glaubt, der flieht nicht.") beziehen sich die Aussagen, die der Beter macht, nicht auf subjektive Erfahrungen, sondern auf den Bau der ganzen Gemeinde[367]. Eine gleiche Parallele zu Jes. 28,16 findet sich auch 1QH 6,25-27[368], wo der Bau mit Sicherheit die Gemeinde bedeutet (vgl. 1QS 8,7)[369]. Von daher wird klar, daß die Vorstellung vom menschlichen Leib als einem Gebäude (מִבְנֶה) in 1QH 7,4.9 nicht nur individuell, sondern auch kollektiv auf den Bau der endzeitlichen Gemeinde angewendet ist, die auf die Gemeinde von Qumran zurückgeführt wird[370]. Deshalb ist auch das "Ich" der Hymnen nicht immer streng individuell aufzufassen[371]: "What the 'I' says applies both to him and to the community as a whole".

Für unser Thema kommt ferner folgende Beobachtung zu dem bedeutsamen Ergebnis, daß die Gemeinde als Tempel angesehen wird, wie O. Betz zeigt[372]. Zunächst hat der Begriff סוד (Kreis bzw. Gemeinde) in dem Kontext von 1QH 6,26; 7,9; 1QS 8,5[373]; 1QS 11,8 (auch 1QH 1,22) über den hb. Sprachgebrauch hinaus die Bedeutung von יְסוֹד (Fundament)[374]. Dieses auf die Gemeinde angewendete "Felsenfunda-

365 מבניתי

366 Die Gemeinde ist die heilige Pflanzung; vgl. 1QH 6,15. Zur Kombination der zwei Vorstellungen "Bau" und "Pflanzung" siehe Jer. 1,10; 18,9; 24,6; 31,28; 45,4.

367 B. GÄRTNER, The Temple and the Community in Qumran and the New Testament, 1965, 135.

368 "(25) ... denn du (26) legst ein Fundament auf Fels und einen Querbalken nach rechtem Maß und re(chter) Setzwaage, (um zu prüfen) die bewährten Steine, zu ba(uen eine) starke (Mauer), (27) die nicht erschüttert wird ...".

369 Hier findet sich eine Parallele zu Mt. 16,18; vgl. O. BETZ, aaO 59f.

370 Vgl. J. MAIER, aaO II, 94 Anm. 26.

371 J. MAIER, aaO II, 93 Anm. 26a.

372 O. BETZ, aaO 59f; vgl. auch G. FRIEDRICH, Beobachtung zur messianischen Hohepriestererwartung in den Synoptikern, ZTHK 53 (1956), 292f.

373 Der Handschrift nach könnte 8,5 statt יְסוֹד auch יְסוֹד gelesen werden.

374 G. JEREMIAS, aaO 181 Anm. 4. Dagegen H. W. KUHN, aaO 172 mit Anm. 1; O. BETZ, aaO 57ff, aber er bemerkt in seinem Buch "Offenbarung und Schriftordnung in der Qumransekte, 1960, 122 Anm.

ment" ist ja nach den Stellen von 1QS 5,5f, 1QS 8,5 (נכונה עצת היחד באמת למטעת עולם בית קודש לישראל וסוד קודש : ... dann ist der Rat der Gemeinschaft fest gegründet in der Wahrheit für die ewige Pflanzung <Jes. 60,21>, ein heiliges Haus für Israel und eine Gründung des Allerheiligsten.")[375] und 1QS 11,8 (...חבר סודם לעצת יחד וסוד מבנית קודש למטעת עולם עם כול : ... er hat ihre Versammlung verbunden zu einem Rat der Gemeinschaft und Fundament des heiligen Gebäudes, zu ewiger Pflanzung für alle ...)[376] das *des Tempels* 1QS 8,5 sind "Fundament" und "Haus" als parallele Begriffe nebeneinandergestellt. Denn die zwei Wendungen in den Finalsätzen 1QS 5,5-6, "ein Fundament der Wahrheit für Israel" (‹‹ליסד› מוסד אמת לישראל) und "dem Haus der Wahrheit in Israel" (ולבית האמת לישראל), bilden zueinander eine enge Parallele. Von daher wird es eindeutig, daß die Gründung der Gemeinde auf den Bau des wahren Tempels hinweist[377], so daß der Begriff יסד eine mit der Tempelbau-Vorstellung verbundene geistige Bedeutung hat. Das "Fundament" wird nämlich dann geschaffen, wenn eine Reihe von grundsätzlichen Geboten vorangeht und damit der Bund von der Gemeinde bewahrt wird[378]. Aber die Qumransekte hat wahrscheinlich, wie das apokalyptische Judentum, für die Endzeit nicht nur an ein geistliches Haus Gottes gedacht, sondern auch an ein reales Heiligtum, an einen neuen Tempel im Neuen Jerusalem. Das kann man aus den aramäischen Fragmenten der Beschreibung des Neuen Jerusalem schließen, wo in Fragment 8 die Maße des Tempels gegeben werden[379]. Die Bilder vom Felsenfundament gingen eigentlich vom heiligen Felsen im Tempel aus[380]. Daß die Hochschätzung des großen Felsens, der das Allerheiligste des Jerusalemer Tempels trug, sich besonders in der rabbinischen geistigen Interpretation zeigt, haben wir oben gezeigt.

Wenn ferner 1QH 7,8.9 gesagt ist, daß die Fundamente (אוּשַׁי) des סֶלַע, auf die "mein Bau" (מבניתי = Leib) gegründet wird, eine Rolle der "Gründung" (סוֹד , die Be-

---

1, daß 1QH 1,22; 7.9 der Begriff סוֹד in der Bedeutung von יְסוֹד "Fundament" gebraucht ist. Auf der anderen Seite gibt es Belege, in denen יְסוֹד die Bedeutung von סוֹד hat. Vgl. G. JEREMIAS, aaO 181 Anm. 4. In den Qumrantexten werden beide Begriffe häufig für beide Bedeutungen verwendet (s. J. MAIER, aaO II, 93 Anm. 26a), weil beide Begriffe auf die Gemeinde angewendet werden, womit man einen in Verbindung stehenden formelhaften Sprachgebrauch ansieht; vgl. G. KLINZING, aaO 51 Anm. 3.

375 Vgl. Jes. 64,10: בֵית קדשנו; 1Chr. 29,3: בית אלהי ... לבית הקדש . Tempel und Pflanzung werden (1QS 8,5; 11,8) dargestellte von der **einen** Gemeinde, die aus irdischen Erwählten und **Engeln** besteht; auch 4QF 1,4. Auch Eph. 2,19ff sind Engelgemeinschaft und Tempel (als Gemeinde) verbunden. Vgl. G. KLINZING, aaO 186.

376 Nach O. BETZ, aaO 58, J. MAIER, aaO I, 44; F. NÖTSCHER, Heiligkeit in den Qumranschriften, RQ 2 (1960), 175; E. LOHSE, aaO 41 hat das Wort סוֹד den Sinn von יְסוֹד "Kreis", "Gemeinschaft", anstatt der Bedeutung von יְסוֹד "Fundament".

377 B. GÄRTNER, aaO 68; R. SCHNACKENBURG, Die Kirche im Neuen Testament, 1961, 88.

378 Nach 9,3 wird das "Fundament" dadurch geschaffen, daß die "Bestimmungen" (9,3) erfüllt werden durch den Sühne und Reinigung wirkenden "heiligen Geist", den "Geist der Rechtschaffenheit und Demut" (3,8), der mit dem Gesetzesgehorsam gleichzusetzen ist.

379 D. BARTHÉLEMY/J. T. MILIK, Qumran Cave I, 1955, 152.

380 So J. JEREMIAS, Golgatha. Angelos Beiheft 1, 1926, 74f.

deutung von יסוד "Fundament") spielen, können אוּשׁ und סוֹד synonym sein. Deshalb kann man auch den gleichen, zu 1QH 7,8-9 parallelen Gebrauch אושי מבניתי in 1QH 7,4 synonym als **סוד מבניתי** auffassen. Daher kann die Wendung "Fundament *meines Baus*" (= Leib) 1QH 7,4.8-9, wo der Bau der ganzen Gemeinde gemeint ist, auf das andere "Fundament *des heiligen Baus*" (= Tempel) (סוד מבנית קודש) 1QS 11,8 bezogen werden.

Von der obigen Beobachtung kann man zu dem noch bedeutsameren Ergebnis kommen, daß dieser den menschlichen Leib kennzeichnende מִבְנֶה-Begriff auf den Bau der Gemeinde *als des endzeitlichen Tempels Gottes* (1QS 9,6; 4. QFlor 1,6[381]) angewendet wird. Diese Vorstellung scheint sich sowohl in Joh. 2,21 und 1. Kor. 6,19, wo der Leib auf die Tempel-Vorstellung bezogen wird[382], widerzuspiegeln, als auch in der Aussage Jesu vom Bau eines Tempels ohne Erwähnung des Leib-Begriffes (Mk. 14,58; 15,29f; Mt. 26,61; 27,40; Apg. 6,14[383]; 7,48)[384]. An diesen Stellen kann man den nicht mit Händen gemachten Tempel als lebendiges Bauwerk und damit als die endzeitliche Heilsgemeinde verstehen, die jetzt schon durch einen Kreis von Menschen vorgebildet ist. Unsere Qumranstelle zeigt also, daß die Spiritualisierung des Tempelbegriffes im Neuen Testament nicht von hellenistischen Voraussetzungen her erklärt werden muß, sondern daß das palästinische Urchristentum, wie auch Jesus selbst, sehr wohl den Gedanken von der Gemeinde als endzeitlichem Tempel gehabt haben kann. Deshalb ist die Behauptung von H. Wenschkewitz jetzt nicht mehr haltbar, daß die Vorstellung von der Gemeinde als Tempel erst seit Paulus bekannt und von stoischen Gedanken beeinflußt sei, und daß im palästinischen Urchristentum und bei Jesus diese Vorstellung nicht anzutreffen sei[385]. Paulus setzt im Ausdruck "οὐκ οἴδατε ὅτι ... (1. Kor. 3,16; 6,19) voraus, daß die Korinther eigentlich die Erkenntnis von der Gemeinde als endzeitlichem Tempel Gottes, in dem (bzw. im Leibe des einzelnen Menschen) der Geist Gottes wohne (auch noch 2. Kor. 6,16f)[386], haben müßten. Und man kann mit O. Michel annehmen, daß Paulus mit dem Bild von der Gemeinde als dem Tempel Gottes "die Weissagung Jesu in einer Mk. 14,58 verwandten Form[387] katechetisch auswertet"[388]. Auch 2. Kor. 5,1 steht wahrscheinlich in der gleichen Tradition wie die von Mk. 14,58. Das οἴδαμεν (2. Kor. 5,1) setzt voraus, daß diese apokalyptische Lehre

---

381 Im Zusammenhang mit der Interpretation von 2. Sam. 7,10ff. Hier wird der durch Nathan verkündigte Gottesspruch auf den Messias und die Frommen der Endzeit bezogen.

382 Vgl. G. JEREMIAS, aaO 239. 1. Kor. 6,19 ist das 1. Kor. 3,16f für die ganze Gemeinde Gesagte unmittelbar auf ihre einzelnen Glieder angewendet.

383 Der Schlag gegen die Stephanusgruppe ist bedingt durch ihre Ablehnung von Tempel und Gesetz. Hier wird nur der erste Teil des Logions zitiert, der vom Einreißen des Tempels spricht.

384 H.-J. KLAUCK, Kultische Symbolsprache bei Paulus, in: Freude am Gottesdienst, FS J. G. PLÖGER, hrsg. v. J. Schreiner, 1983, 108.

385 H. WENSCHKEWITZ, Die Spiritualisierung der Kultusbegriffe Tempel, Priester und Opfer im Neuen Testament, Angelos Beiheft 4(1932), 100.178.

386 Dagegen wendet sich H.-H. KLAUCK, aaO 108 Anm.4.

387 Die außerordentlich auffällige Terminologie von Mk. 14,58: καταλύειν, οἰκοδομεῖν, ἀχειροποίητος.

388 O. MICHEL, Art. ναός, ThWb IV, 890. Vgl. H.-J.KLAUCK, aaO 108.

von 2. Kor. 5,1 nicht bloß paulinisches Geheimnis ist, sondern ein dem Apostel und der Gemeinde vertrauter Glaubenssatz, auf den er sich berufen kann[389]. Der irdische Leib ist ein "Zelthaus" (οἰκία τοῦ σκήνους), das abgebrochen werden kann (ἐὰν ... καταλυθῇ ...); dann aber haben wir ein "Haus von Gott" (οἰκοδομὴ ἐκ θεοῦ), das nicht mit Händen gemacht ist (ἀχειροποίητος), das ewig ist und im Himmel bereit ist (αἰώνιος ἐν τοῖς οὐρανοῖς). Die individuell auf die Leiblichkeit des Menschen weisende οἰκοδομή bietet eine Parallele zu "מִבְנֶה" in 1QH[390].

3. Der Leib Jesu als der Tempel in Joh. 2,19-22

Im Blick auf die neue heilsgeschichtliche Situation ist die Tempelbautradition wahrscheinlich im synoptischen (Mk. 13,2. par.; 15,29 par.; Apg. 6,14, auch Mt. 26,60f u. Mk.14,57f) und johanneischen Jesuslogion überliefert, wie wir oben beobachtet haben[391]. In Joh. 2,19 ist möglicherweise der messianische Tempel mit dem Leib des Auferstandenen und dieser vielleicht auch mit der Ekklesia in eins gesehen. (Wenn wir mit diesen Logion Mt. 16,18 zusammen sehen, fällt in der Tat die künftige Erbauung des messianischen Tempels mit der der künftigen Ekklesia zusammen.) Die Aufforderung, den Tempel zu zerstören, erinnert an Am. 4,4; Jes. 7,10-14; 8,9f[392]. Die Tempelzerstörung bedeutet für die Juden als die notorischen Gegner Jesu das Gericht. Insofern die im apokalyptischen Judentum erwartete Errichtung eines neuen und glanzvollen Tempels an diese bedrohliche Bedingung geknüpft ist, verändert sie diese Erwartung. Der Verfasser führt das Verständnis noch weiter, indem er Niederreißen und Aufrichten des Tempels auf Jesu Tod und Auferstehung bezieht (vgl. Joh. 10,18). Dadurch schafft er das erste "Mißverständnis" als Ausdruck des Unglaubens, wie es wenig später in einem anderen Fall Nikodemus äußert (3,4). Die Juden bleiben aber in ihrem Denken am Tempel haften, für dessen Bau 46 Jahre benötigt wurden, und vermögen die eigentliche Bedeutung von Jesu Wort, daß durch seinen Tod und seine Auferstehung der alte Tempel abgelöst werden wird, nicht zu fassen[393].

---

389 Vgl. O. MICHEL, Art. οἰκοδομέω, ThWb V, 149.

390 A. FEUILLET, 'La demeure céleste et la destinée des chrétiens', RSR XLIV (1956), 361ff, weist richtig auf die wörtliche Gemeinsamkeit zwischen Mk. 14,58, Joh. 2,19-21 und 2. Kor. 5,1f hin. Er behauptet mit J. A. T. ROBINSON, The Body, 31.76f Anm.1, daß οἰκοδομή 2. Kor. 5,1 mit der Kirche als Leib Christi identisch ist. Dagegen vgl. E. BEST, One Body in Christ, 161; W. LILLIE, An approach to II Corinthians 5.1-10, SJTh 40 (1977), 66.

391 Vgl. H. SCHLIER, Art. Erbauung, LThK² 3 (1959), Sp.960.

392 R. BULTMANN, Das Evangelium des Johannes, KEK 2 (1941, ¹⁸1968), 88; J. BECKER, Das Evangelium des Johannes. Kap. 1-10, ÖTK 4/1 (1979), 124f; J. GNILKA, Johannesevangelium, NEB (²1985), 25.

393 Herodes begann den Tempelbau im Jahre 20 bzw. 19 v.Chr.. Aber der Bau ging ständig weiter; erst im Jahre 64 n.Chr. war er ganz fertiggestellt; vgl. Josephus Ant XX 219. E. SCHÜRER, Geschichte des jüdischen Volkes im Zeitalter Jesu Christi, I (1901), 369f; C. K. BARRETT, The Gospel according to St. John, 1965, 167; R. SCHNACKENBURG, Das Johannesevangelium, HThK IV/1, 366. Jedoch hat die Zahl 46 symbolische Bedeutung für die Chronologie des Johannes-Evangeliums (vgl. J. SCHNEIDER, Das Evangelium nach Johannes, ThHK Sonderband <1976, ²1978>, 87; R. SCHNACKENBURG, aaO 366), die sich nicht mehr sicher ermitteln läßt.

Die johanneische Form des Wortes Jesu von der Tempelzerstörung und dem Tempelbau in der Heilszeit stellt wohl das auf alte palästinische Tradition weisende älteste Stadium dar[394]. Die Erinnerung der Jünger an das Wort Jesu deutet jedoch auf die spätere Gemeindereflexion. Der Leser denkt an die nachösterliche Parakletenfunktion, Jesustradition zu pflegen (14,16f.26; 7,39). Solche geistliche Erinnerung sorgt für eine fortdauernde Auslegung. V. 19 hat folgenden Sinn: Jesus kündigt den Juden an, sie werden den Tempel, der Jesu Leib ist, zerstören; aber er wird ihn drei Tage später aufbauen (vgl. 20,9; 1. Kor. 15,4; Lk. 24,25-27). So führt die Erinnerung zum Glauben an die Schrift und das Wort Jesu (V. 22)[395]. Der Leib des Auferstandenen hat in der "Zeit des Parakleten" eine Funktion, die der des alttestamentlichen Tempels vergleichbar ist bzw. sie ablöst und vollendet. Die Pflege der Schriftauslegung sowie die Bewahrung und Deutung von Jesusgut war sicher im johanneischen Gemeindeverband nicht jedermanns Sache. Hier liegt es näher, an eine Schule zu denken, der auch der Verfasser angehörte und die ihre Autorität mit Hilfe der Paraklet-Vorstellung begründete.

Die direkte Handhabe für die Umdeutung (V. 21) ἐκεῖνος δὲ ἔλεγεν περὶ τοῦ ναοῦ τοῦ σώματος αὐτοῦ (Gen. epexegeticus) bot das Wort ἐγερῶ V. 19, das man als "auferwecken" verstand[396]. Weil V. 21 ohne Einschränkung sagt, daß Jesus vom Tempel seines Leibes gesprochen habe, wird man annehmen müssen, daß für den Evangelisten schon die erste Hälfte von V. 19 (λύσατε ...) auf den Leib Jesu bezogen ist. Denn trotz des vorhergehenden eindeutigen Hinweises auf den steinernen Tempel kann der Evangelist den Satz nur so auf den Leib Jesu beziehen. Dieser Leib wird als der neue, wahre Tempel dem Tempel des Alten Bundes gegenübergestellt. Die Zerstörung des Leibes Jesu in der Kreuzigung und die spätere Zerstörung des Tempels von Jerusalem könnten auch im Sinne des Johannesevangeliums in einem inneren Zusammenhang stehen; und die Wiedererrichtung des "Tempels des Leibes Jesu" - die Auferstehung - ist das Gegenüber zu beiden.

Anders als bei Philo[397] und in der Stoa[398] spricht der Verfasser von dem menschlichen Leib Jesu, der der Ort für die Manifestation Gottes ist[399], um an dieser Stelle

---

394 Der Imperativ ("reißt diesen Tempel ab") geht wohl auf die ältere Tradition zurück. O. CULLMANN, Von Jesus zum Stephanuskreis und zum Johannesevangelium, in: Jesus und Paulus, FS W. G. KÜMMEL, 1975, 49; so auch R. BULTMANN; aaO 88.

395 O. BETZ, Der Paraklet, 1963, 184.

396 Vgl. R. BULTMANN, aaO z.St.

397 Op. 137 hinsichtlich der Auslegung von Gen. 2,7. Übrigens ist ψυχή selbst das Haus Gottes (Som. 1,149), und σῶμα ist das Gefängnis der Seele (Ebr. 101).

398 Der Leib als die kaum rühmliche Wohnung des Göttlichen: ... ἔχεις τι ἐν σεαυτῷ μέρος ἐκείνου (d.h. τοῦ θεοῦ) ... θεὸν τρέφεις, θεὸν γυμνάζεις, θεὸν περιφέρεις ... (Epictetus II, viii, 11f).

399 C. K. BARRETT, aaO 167; H. STRATHMANN, Das Evangelium nach Johannes, NTD 4 (1951), 63.

(gleich wie Joh. 1,14; 19,34,39f; 20,2-10.24-29) die antidoketische Christologie zu erhellen[400]. Alle diese Aussagen sind gegen die gnostischen Doketen gerichtet, die das wahre Menschsein und die wirkliche Leiblichkeit des vom Himmel herabkommenden Christus leugnen[401]. Damit bringt er zugleich zum Ausdruck, daß in der messianischen Heilszeit nicht ein Ort, sondern eine Person der Tempel Gottes sein wird: Die Stätte der Offenbarung und Gegenwart Gottes ist zunächst der irdische Leib des Sohnes Gottes; dann aber in letzter Vollendung der verklärte Leib des auferstandenen und erhöhten Christus. Jesus wird das wahre "Haus Gottes" (vgl. 1,51); mit ihm und in ihm bricht die Zeit der Gottesverehrung "in Geist und Wahrheit" an (4,23)[402]. Sein Leib ist der Quell der Lebensströme (19,34; vgl. 7,38f)[403], seine Person der Weinstock[404], aus dessen Lebenskraft die Jünger wirken und Früchte bringen (15,4-8). Daran wird sichtbar, daß es sich hier um eine spezifisch johanneische Deutung handelt, die in ihrer Verbindung mit dem Tempelwort einzigartig ist.

Man kann das johanneische Motiv der Freiheit des Gottesdienstes von der Bindung an einen bestimmten Ort (4,21ff[405] ; vgl. Apg. 7) schon im Prolog finden: Die Herr-

---

400 G. RICHTER, Studium zum Johannesevangelium, 1977, 409.

401 G. RICHTER, aaO 130; vgl. E. SCHWEIZER, Das johanneische Zeugnis vom Herrenmahl, in: DERS., Neotestamentica, 1963, 383; W. WILCKENS, Zeichen und Werke, 1969, 169; J. GNILKA, Johannesevangelium, 9.

402 Vgl. die neue Art der Gottesverehrung, die faktisch mit dem Bekenntnis des Thomas in 20, 28 gegeben ist. Indem Thomas Jesus als Gott bekennt (und zwar gerade angesichts des Auferstehungsleibes!), ehrt er den Vater, der "in Jesus" ist (vgl. 14,10).

403 Die Verherrlichung Jesu, von der in Joh. 7,39 gesprochen wird, muß die Auferstehung einschließen, wie die Parallele in 12,16 und damit auch 2,22 zeigt. Anschließend tritt also die κοιλία Jesu wirklich an die Stelle des Tempels der Ezechiel-Vision, von dem das lebendige Waser ausgeht. Wenn der Leib Jesu in 7,38 entsprechend 2,21f im eigentlichen Sinne der Leib des Auferstandenen ist, und wenn andererseits 19,34 das "Bild" für das Hervorströmen des Geistes aus dem Leib Jesu ist, dann ist wiederum auch für 19,34 die Konsequenz zu ziehen, daß auch diese Aussage schon der Auferstehung zugeordnet ist - am Leibe des Gekreuzigten zeigt sich schon, was der Leib des Auferstandenen und zum Vater Gegangenen sein wird.

404 Der israelitischen und jüdischen Literatur ist das Bild des Weinstocks geläufig: für das Volk Israel Hos. 10,1; Jer. 2,21 (ἄμπελον ἀληθινήν); Ez. 15,1ff; 19,10ff; Ps. 80,9ff; b Chul. 92a; Lv R 36 zu 26,42 (Bill, II, 495.563). Zu dem Weinstock als Messias-Bild siehe II Baruch 36-40, zu dem als der Weisheit siehe Sirach 24,17. Auch Pseudo Philo 12,8f, verbunden mit dem auch im NT 1. Kor. 3,9; Kol. 2,7 parallel stehenden Bild vom Bau oder Tempel Gottes und verknüpft mit der Frage, ob Gott nicht anstelle des abgefallenen Israel einen Weinstock pflanzen könnte; vgl. auch Pseudo Philo 18,10f; 23,12; 28,4; 30,4; 39,7; auch die Qumrangemeinde versteht sich selbst als kosmische Pflanzung und Bau 1QH 6,15f, wie wir teils bei der Untersuchung des מִבְנֶה -Begriffes in den Qumranschriften bemerkt haben. Weiteres bei F. MUSSNER, Beiträge aus Qumran zum Verständnis des Epheserbriefes, in: Neutestamentliche Aufsätze für J. SCHNIEWIND (FS), 1963, 191; Riesengröße als Bild für kosmische Bedeutung auch Philo Det Pot Ins 84f von νοῦς des Menschen. Die joh. Gemeinde formulierte freilich in Anlehnung an das atl.-jüdische Material. Vgl. J. BECKER, aaO 481.

405 Joh. 4,23f liegt auch im koptischen Philippusevangelium aus Codex II von Nag Hammadi vor (Sprüche 76 = 117,25.36): (25) ... Du kannst nichts finden, was ihm (gleicht. Die es empfangen), (30) sind die, die (in Geist und Wahrheit) anbeten. (Sie beten nicht in) Jerusalem (an. Es gibt Leute in) Jerusalem, ... Vgl. O. HOFIUS, Der Vorhang vor dem Thron Gottes, 1972, 33. Zur jüngeren Debatte vgl. O. BETZ, To Worship in Spirit and in Truth: Reflections on John 4,20-26, 1981, in: Jesus, der Messias Israels. 1987. 433.

lichkeit, die δοξα, die "Schekinah", die für die Juden an den Tempel gebunden war[406], hat sich von dort losgelöst und ist von nun an "unter uns" in der Person Christi sichtbar[407]. Das Ende des ersten Kapitels, V. 51, spielt direkt auf die Geschichte vom Jakobstraum zu Bethel an (Gen. 28). Aber von nun an steht die Leiter, auf der die Engel zwischen Himmel und Erde auf- und absteigen, nicht mehr an einem bestimmten Ort, sondern das Auf und Ab hat den Menschensohn zum Stützpunkt. Er ist es, der von nun an die Brücke zwischen Himmel und Erde bildet und die Gegenwart Gottes manifestiert. Es ist nicht mehr der Stein von Bethel. Wie wir exegesiert haben, ist es in der Erzählung von der Tempelreinigung in Kap. 2 wiederum die Person Christi, die im Zusammenhang mit dem auf seinen Leib bezogenen Wort vom Abbrechen und Wiederaufrichten des Tempels an die Stelle des Tempels tritt[408]. Das Wesentliche ist jedoch auch hier wie in Kap. 1 wieder, daß im Gegensatz zum jüdischen Tempelgottesdienst aller christlicher Gottesdienst auf **Christi Tod und Auferstehung** gegründet ist und diese Ereignisse zur Gegenwart werden läßt.

Das Johannesevangelium begreift so diesen geistigen Tempel streng als das Ergebnis von Tod und Auferstehung Jesu und sieht ihn dargestellt im Auferstehungsleib Christi. Die Ekklesiologie ist bei ihm ganz auf die Christologie gegründet. Ohne überzeugenden Beleg kann man zwar nicht feststellen, daß Johannes hier an die paulinische Vorstellung von der Kirche als Leib Christi denkt, wie Barrett das behauptet[409]. Aber man soll doch im Blick auf die vorhergehende Untersuchung den "Leib" Jesu nicht streng individuell auslegen[410]. Die Bedeutsamkeit der Verklammerung von Christologie und Ekklesiologie wird in den Aussagen vom "Fruchtbringen" in Joh. 12,24; 15,5 sichtbar[411]. Jesus will durch die Jünger Frucht bringen - der Weinstock bringt

---

406 Siehe A. M. GOLDBERG, Untersuchungen über die Vorstellung von der Schekinah in der frühen rabbinischen Literatur, 1969. Über die gigantische Guf-Schekinah-Vorstellung in Heb. Hen. 22,24ff, s.o. 105.

407 Nach der Johannesoffenbarung Kap. 21,22 gibt es in der zukünftigen Himmelsstadt keinen Tempel, weil "Gott und das Lamm ihr Tempel ist", und in Apk. 21,3 gesagt ist, daß die σκηνή Gottes unter den Menschen sein wird und er unter ihnen "zelten" wird. Vgl. Apg. 7,43.44 (σκηνή); 46 (σκήνωμα) in der Stephanusrede. Von daher vermutet H. H. SCHÄDER, Studien zum antiken Synkretismus aus Iran und Griechenland (mit R. REITZENSTEIN), 1926, 318, daß in Joh. 1,14 das Wort ἐσκήνωσεν (שכינתיה) wohl auf die Schekinah hinweist, die göttliche δόξα, die jetzt im Fleischgewordenen geschaut wird. Vgl. auch J. C. MEAGHER, John 1,14 and the New Temple, JBL 88 (1969), 57ff. In diesem Zusammenhang behauptet O. CULLMANN, aaO 53, daß das joh. Evangelium aufs engste mit dem Stephanuskreis verbunden ist; "Noch offenkundiger ist das der Stephanusgruppe und dem Johannesevangelium gemeinsame Interesse für Samarien". Dadurch versucht er eine konkrete These zu bieten, die ersten joh. Gemeinden seien Missionsgründungen des Stephanuskreises. Aber hier sind Rückschlüsse aus dem Joh., über etwa zwei Generationen hinweg von besonders vielen hypothetischen Faktoren abhängig.

408 Vgl. O. BETZ, aaO 433.

409 C. K. BARRETT, aaO 167f.

410 Vgl. J. ROLOFF, Apostolat - Verkündigung - Kirche, 1965, 106f. Gegen R. SCHNACKENBURG, Das Johannesevangelium, Teil I, 367.

411 In 12,24 findet sich das Logion: "Wahrlich, wahrlich, ich sage euch: Wenn das Weizenkorn nicht in die Erde fällt und erstirbt, bleibt es allein; wenn es aber erstirbt, trägt es viel Frucht." Dieses Wort bezieht sich nicht nur auf das Sterben Jesu (V.23.27ff), sondern auch auf die notwendige Neuwerdung der Jünger, weil in V.25f diesem Wort sofort auch die Nachfolge der Jünger an die Seite gestellt wird. Die Christologie wird also sogleich mit der Ekklesiologie verklammert, und diese ist nicht abgesehen von jener zu interpretieren; vgl. W. THÜSING, Erhöhung und Verherrlichung Jesu im Johannesevangelium, NTA 21,1/2. Heft (1960), 104. Vor der

Frucht, indem seine Zweige Frucht bringen. Und wieder wird bezeichnenderweise im weiteren Kontext ein Wort vom Sterben eingebracht, nämlich 15,13: "Größere Liebe hat niemand als die, daß einer sein Leben hingibt für seine Freunde". Bedingung für dieses "Fruchtbringen" der Jünger ist ihr Bleiben am Weinstock, das Bleiben an dem Wort Jesu, das Halten seiner Gebote, das Bleiben in seiner Liebe. In Kap. 17 endlich werden Christologie und Ekklesiologie unter dem Aspekt des Einheitsgedankens miteinander verklammert (17,11,21ff). Der gesamte Text konzentriert sich ausschließlich auf die Gemeinde, ihr Verhältnis zu Jesus und untereinander. Der johanneische Dualismus ist nicht der Antagonismus zwischen oben und unten, sondern zwischen Kirche und Welt. Es handelt sich also um einen "verkirchlichten Dualismus"[412]. Aber gerade wegen des verkirchlichten *Dualismus* tritt die heilsgeschichtliche Ausrichtung im alttestamentlich-jüdischen Bereich über den Weinstock hier nicht in den Vordergrund. Die Jüngergemeinschaft Jesu ist in der Bruderliebe verbunden (13,34f; 15,12ff) und von der Welt radikal geschieden (15,18ff; vgl. 1. Joh. 2,15). Jesu Scheiden von der Welt vollendet sich in der Scheidung der Jünger von der Welt (17,10), wie E. Schweizer[413] und E. Käsemann[414] betonen. Weil aber diese den Anstoß des Kreuzes Jesu in sich tragende Scheidung von der Welt *christologisch* in einem erheblichen Sendungsbewußtsein (17,21.23) begründet ist, kann weder die Christologie noch die Ekklesiologie doketisch-gnostisch interpretiert werden[415].

Wie wir schon gezeigt haben, ist der Leib des Getöteten und Auferstandenen in 2,19ff nicht nur auf die Stellen zu beziehen (12,24; 15,13), in denen gesagt wird, daß das "Sterben" Jesu das "Fruchtbringen" der Jünger bewirken will (12,25f; 15,5)[416], sondern auch auf das Tempelwort Mk. 14,58, wo sicher an die Benutzung eines von

---

gleichen Verklammerung stehen wir auch in der Bildrede vom Weinstock und den Reben 15,1ff, wo Jesus Christus selbst der Weinstock ist, der alle Reben in sich schließt und von dem sie alle leben. Das erhält noch weit schärfere Konturen, wenn man erkennt, daß diese Anschauung aus Ps 80,16 erwachsen ist, wo der Menschensohn mit dem von Gott gepflanzten Weinstock Israel gleichgesetzt wird. (Wie S. SCHULZ, Untersuchungen zur Menschensohnchristologie im Johannesevangelium, 1957, 96ff, zeigt, wird der Ursprung dieser Aussage in dem Kreis der Menschensohn-Vorstellung zu suchen sein.) Also ist nicht das Volk Israel, auch nicht ein treuer Rest in ihm der "wahre Weinstock" Gottes. Das ist alles noch viel zu wenig radikal gedacht **Jesus Christus selbst** ist es. Jedoch schließt er freilich seine Jünger mit sich als Ranken zusammen, die "ohne ihn nichts tun können" (15,5). Was hier israelitisch gedacht ist, erscheint in der Adam-Christus-Typologie bei Paulus menschheitlich. Vgl. E. SCHWEIZER, Gemeinde und Gemeindeordnung im N.T:, 106; DERS., The Son of Man, 126.

412 J. BECKER, aaO 151 (ÖTK 4/1); 481 (ÖTK 4/2).

413 E. SCHWEIZER, Kirchenbegriff im Evangelium und in den Briefen des Johannes (1959), in: Neotestamentica, 375.

414 E. KÄSEMANN, Jesu letzter Wille nach Johannes 17, 1966, 106.

415 Gegen E. KÄSEMANN, aaO 109f. Vgl. W. WILKENS, Zeichen und Werke, Ein Beitrag zur Theologie des 4. Evangeliums in Erzählungs- und Redestoff, 1966, 162f.

416 V. TAYLOR, Jesus and his sacrifice, 1943, 235: "... the main interest of the saying is the further light it throws on the Evangelist's theology; it would imply the belief that the death of Jesus is the seed of the Church". W. WILCKENS, Zeichen und Werke, 161, sagt: Für Christologie und Ekklesiologie ist das "Ersterben" konstitutiv.

Markus auf die Gemeinde gedeuteten Jesuslogions durch die falschen Zeugen gedacht ist[417]. Der Evangelist sieht hier im Lichte des Ostergeschehens diesen "Leib" Jesu als den neuen Tempel in tieferem Zusammenhang mit der Jüngergemeinschaft. Es ist unwahrscheinlich, daß die Jünger von "dem Tempel seines Leibes" (2,21) reden konnten, ohne daß der Evangelist an die Gemeinde als das geistige Haus wie Eph. 2,21; 1. Petr. 2,5; 1. Tim. 3,15 bzw. den geistigen Tempel wie 1. Kor. 3,16f; (1. Kor. 6,19); 2. Kor. 6,16[418] dachte[419]. Während in den paulinischen und postpaulinischen Briefen die Vorstellung vom Tempel als der *Gemeinde* im Vordergrund steht - weshalb sich dort nicht die unmittelbare Gleichsetzung Jesu mit dem neuen Tempel findet-,[420], ist in Joh., wie auch in den Synoptikern, offensichtlich die sich von *der Person Jesu* , des Messias, her verwirklichende Umdeutung des Tempels betont. Aber man braucht diesen Unterschied nicht für eine Kontroverse zu halten, wie B. Gärtner behauptet[421], weil einerseits nach dem Gedanken des Paulus die Gemeinde als der neue Tempel Gottes nur auf den Tod und die Auferstehung Christi gegründet ist (und der gekreuzigte und auferstandene Leib Christi für ihn ein gegenwärtiger Raum ist, in den die Gemeinde hineingestellt wird), andererseits in Joh. Jesu als historisch zu wertendes Wort vom Tempelbau auch nach den oben erwähnten anderen Jesusworten ursprünglich die endzeitliche Jüngergemeinschaft als Heilsgemeinschaft mit ins Auge faßte[422].

Im Hinblick auf die Bedeutung des Leibes Jesu an anderen Stellen des Evangeliums (Joh. 7,38f; 19,34) verneint W. Thüsing eine Beziehung des "Leibes" Jesu in 2,21 zur Jüngergemeinschaft und versteht "Leib" hier rein christologisch: "... daß das Bild vom Leib Jesu als dem neuen Tempel analog dem Bild der "Erhöhung" nur die Ansatzstelle der Lebenspendung aufzeigen will"[423]. Er übersieht aber das wichtige Thema "Gottesdienst", wie es in Joh. 1,14.51 und 4,23 anklingt[424]. Auch nach der Geschichte von der Tempelreinigung wird der Gottesdienst, in dem der Gekreuzigte und Auferstandene die ganz zentrale Stelle einnimmt, die dem Tempel im jüdischen Gottesdienst zukommt[425], den Tempeldienst ersetzen. Das in Tod und Aufstehung Christi bestehende σημεῖον (V. 18, vgl. Mt. 12,38-45) ist in Verbindung mit der Erzählung von der Tempelreinigung auf die Frage des rechten Gottesdienstes bezogen. Die Aktion gegen den Jerusalemer Tempel hat also ihren eigentlichen Grund im Gegensatz zwischen dem

---

417 Vgl. E. LOHMEYER, Das Evangelium des Markus, KEK I/2 ([10]1937, [17]1967), 327.

418 Über die Parallele zu einem speziell qumranischen Theologumenon in 2. Kor. 6,14-7,1 vgl. J. A. FITZMYER, Qumran and the interpolated paragraph in 2 Cor 6,14-7,1, C.B.Q. 23 (1961); H. BRAUN, Qumran und das Neue Testament, I, 202.

419 J. H. BERNARD, Gospel according to St. John, ICC (1928), 97; V. TAYLOR, aaO 235; L. GASTON, No stone on another, 1970, 211f.

420 J. H. BERNARD, aaO 97.

421 B. GÄRTNER, aaO 122.

422 O. CULLMANN, Der johanneische Kreis, 1975, 94; DERS., Von Jesus zum Stephanuskreis und zum Johannesevangelium, 50.

423 W. THÜSING, aaO 282 Anm.18.

424 S.o.197f. Vgl. O. BETZ, Wie verstehen wir das Neue Testament, 1981, 105.

425 E. C. HOSKINS, The Fourth Gospel, 1947, 197f.

jüdischen und dem christlichen Gottesdienst (vgl. damit 4,21-23)[426]. Hier im Johannesevangelium ist das Wesentliche, daß der Gottesdienst der gegenwärtigen Gemeinde Christi im Gekreuzigten und Auferstandenen seinen Mittelpunkt hat[427], so daß die Gemeinde im Gottesdienst als Leib des gekreuzigten und auferstandenen Christus zur Darstellung kommt[428]. O. Cullmann behauptet zwar richtig: Da die von Jesus vorausgesetzte Gleichung Tempel = Gemeinde wahrscheinlich dem Verfasser des Johannesevangeliums bekannt war, konnte eine andere Gleichung Tempel = Leib Christi immerhin an jene anknüpfen[429]. Aber auf die Frage, von welchem Hintergrund her der 4. Evangelist das individuelle sowie *kollektive* Verständnis vom "Leib" Jesu in Verbindung mit dem Tempelwort aufnehmen konnte, gibt er keine Antwort. Dafür scheint aber die Qumranvorstellung von מִבְנָה einen wichtigen Anhaltspunkt bieten zu können. Anstelle der Behauptung Bultmanns[430] und Schliers[431], daß der mandäische Sprachgebrauch von "Bau", "Palast", "Haus" für den menschlichen Körper parallel zur Bedeutung des Wortes Joh. 2,21 sei, soll diese Qumranvorstellung nun vorgeschlagen werden[432]. Die Stelle Joh. 2,19, die einen wichtigen Beleg dafür bietet, wie die frühchristliche Gemeinde den "neuen" Tempel mit dem Leib Jesu verbinden konnte[433], zeigt eine enge Parallele zum מִבְנָה-Begriff von Qumran, der nicht nur den persönlichen Leib des Beters kennzeichnet, sondern auch auf den Bau der Gemeinde als endzeitlichen Tempel Gottes angewendet wird. Während jedoch in den Qumranschriften - abgesehen von einer Parallelität zwischen מִבְנֶה bzw. יֵצֶר und בָּשָׂר (1QS 4,20f; 1QH 4,29)[434] - das Wort בָּשָׂר (σῶμα) nicht unmittelbar mit מִבְנֶה bei 1QH 7,4.8f verknüpft ist, wendet der johanneische Verfasser das Wort σῶμα auf den Leib Jesu als den Tempel an, um die Ekklesiologie konsequent im Horizont der antijüdischen und antidoketischen Christologie zu interpretieren. Das läßt auf die Situation der johanneischen Gemeinde schließen. Nach Apg. 4,11 (vgl. Mk. 12,10 par; Lk. 20,17. Vgl. Ps. 118,22), wo Christus als der Schlußstein gemeint ist, auf den das ganze Bauwerk zustrebt, war das Bild des heiligen Baues bereits Teil des ältesten christologischen Kerygmas[435]. Durch seine Auferweckung ist Jesus zum "Schlußstein" eines ekklesiologischen Neubaus geworden, eben der Urgemeinde, mit deren Repräsentanten die "Bauleute" Israels nun konfrontiert

---

426 E. HAENCHEN, Das Johannesevangelium, Ein Kommentar, 1980, 205.203.
427 S. SCHULZ, Das Evangelium nach Johannes, NTD 4 (1972 , [4]1983), 50.
428 O. BETZ, aaO 105.
429 O. CULLMANN, Von Jesus zum Stephanuskreis und zum Johannesevangelium, 50.
430 R. BULTMANN, Das Evangelium des Johannes, 90 Anm.5.
431 H. SCHLIER, Christus und die Kirche im Epheserbrief, 1930, 50.
432 BULTMANN, der die Hypothese von einem gnostischen Grundmythos des erlösten Erlösers aufstellte, suchte vom Mandäismus fast alle charakteristischen Motive und Gedanken des johanneischen Dualismus einheitlich abzuleiten. Aber seinem Schematismus, der seit C. COLPE und H. M. SCHENKE grundsätzlich widerlegt ist, kann man heute nicht mehr folgen. S.o. 29ff. Vgl. auch T. ONUKI, Gemeinde und Welt im Johannesevangelium, 1984, 25.
433 B. GÄRTNER, aaO 119f.140f.
434 S.o. 190f.
435 J. ROLOFF, aaO 106.

sind[436]. Die Abwandlungen, in denen das Bild des heiligen Baues in der Überlieferung begegnet, beweisen nur, daß es für die Urgemeinde bereits von großer Bedeutung war. Die johanneische Gemeinde sowie die frühchristliche Gemeinde hat nämlich diese Qumranvorstellung übernommen[437] und sie auf die Kirche bezogen.

Von daher kann man jedoch nicht schließen, daß der paulinische Leib-Christi-Gedanke aus der Tempeltradition begründet werden kann[438]. Das ergibt sich erst aus der Exegese von 1. Kor. 6,12ff.

Übrigens wird von den Qumranparallelen her nicht nur gefolgert, daß diese Qumranvorstellung später von der frühchristlichen Gemeinde christologisch aufgenommen wurde, sondern auch, daß Jesus sich - wie der Stifter der Qumrangemeinde - als den Erbauer einer eschatologischen Gemeinde betrachtete[439]. Zur gleichen Zeit und im gleichen Raum hat Jesus den Kreis von Männern, die das Joch seiner Lehre trugen (Mt. 11,29; vgl. 1QH 5,24), als Material für den Bau des endzeitlichen, lebendigen Heiligtums Gottes angesehen[440]. Die Qumrangemeinde und Jesus, welche stark von alttestamentlichen, prophetischen Traditionen bestimmt wurden, wollten mit der scharfen Kritik am Jerusalemer Tempel und dessen Kult die neue Gemeinde als Gottes Heiligtum der Endzeit bauen. Aber im Gegensatz zu der strengen Bindung wenigstens des Kerns der "Einung" an die nach außen abgeschlossene Gemeinde mit ihrer gesteigerten Tora-Exegese, zog die Jüngerschar Jesu heimatlos mit der ihr von ihrem Meister gegebenen Freiheit von gewissen Bestimmungen der Tora umher, die dieser in noch höherem Maße für sich selbst in Anspruch nahm[441]. Dadurch, daß Jesus seine Jünger aussandte, um auch den Zöllnern und den Sündern die Frohbotschaft zu verkünden (Mt. 10,5ff par.), wollte Jesus sicherlich die Heilsgemeinde als endzeitlichen Tempel bauen, obwohl sich die Frage nach der Echtheit von Joh. 2,21 trotz der Parallele zum מִבְנֶה-Begriff in Qumran nicht sicher beantworten läßt.

---

436 R. PESCH, Die Apostelgeschichte (Apg. 1-12), EKK V/1 (1986), 167.

437 Für das JE sind kennzeichnend verschiedene Auseinandersetzungen mit der Synagoge, mit dem Täuferkreis, mit der Gnosis (vgl. J. BECKER, aaO 52f). Innerhalb des frühen Christentums bildet die Paulus-Schule die nächste Verwandte, mit der heute gleichfalls viele Forscher rechnen. Das JE, das den Synagogenausschluß (in den 80er Jahren) der Judenchristen voraussetzt (vgl. zu 9,22), hat Ignatius von Antiocheia (+ ca. 119) sehr wahrscheinlich schon gekannt. Wegen der geistigen Verwandtschaft mit Ignatius und den in Syrien entstandenen Oden Salomos könnte man (wie J. GNILKA, Johannesevangelium, 8, behauptet) das EV in Syrien lokalisieren. Von daher wird es klar, daß die joh. Tradition ihren Wurzelboden nicht allein im Judentum, sondern auch in außerjüdischen Quellen (dem jüd. Hellenismus, dem heterodoxen Judentum, der Hermetik und der Gnosis) hat. Von diesen her ist der Bezug zum heterodoxen Judentum offensichtlich, wie er uns durch die Täufersekten schon länger bekannt ist und in einem verwandten Zweig durch die Handschriften von Qumran bekannt wurde. Es gibt, wenn auch nicht übermäßig viele überzeugende, so doch sicher einige Berührungen mit Qumran. So berührt sich der joh. Dualismus mit dem von Qumran, wie Y. YADIN, Die Tempelrolle, 1985, 268ff, neulich wieder meint: "Diese Ähnlichkeit findet sich vor allem im Johannesevangelium und dem johanneischen Schrifttum sowie in den Briefen des Paulus" (268).

438 Anders O. CULLMANN, Urchristentum und Gottesdienst, 1962, 72; C. H. DODD, Interpretation of the Forth Gospel, 1958, 302 mit Anm.2.

439 Vgl. O. CULLMANN, Von Jesus zum Stephanuskreis und zum Johannesevangelium, 48f.

440 O. BETZ, Felsenmann und Felsengemeinde, 76.

441 J. HEMPEL, aaO 370.

E

DIE GEMEINDE ALS LEIB CHRISTI IN BEZIEHUNG ZUR ADAM-CHRISTUS-TYPOLOGIE BEI PAULUS

§ 1 Die Analogie zwischen "Christus-Gemeinde" und Ehe

I. 1. Kor. 6,12-20

1. Das literarische Problem

Es ist umstritten, ob der erste Korintherbrief einheitlich ist oder ob er von einem späteren Redaktor aus verschiedenen Briefen zusammengesetzt wurde. Da der 2. Brief heute von den meisten Auslegern als Briefkomposition beurteilt wird, ist diese Möglichkeit auch beim 1. Brief nicht grundsätzlich auszuschließen. Innerhalb des Corpus Paulinum hat die Literarkritik sich mit besonderer Vorliebe der beiden Korintherbriefe angenommen (vgl. nur 1. Kor. 5,9; 2. Kor. 2,3f.9). Nicht wenige Autoren, die einer Aufteilung des 2. Kor. meinten beistimmen zu können, hielten weiterhin an der Einheitlichkeit von 1. Kor. fest[1].

Nach J. Weiß, der die Spannung innerhalb der Kapitel 1. Kor. 5 und 6 sieht, weichen "Stimmung und Gedankenform" von 6,12-20 "erheblich" von 5,1-6,11 ab[2]. Schließlich stellt Weiß eine Reihe von Beziehungen zwischen 6,12 und 10,1-22 fest, so daß er 6,12-20 nach 10,1-22 einordnen und dem Brief A zurechnen möchte. Diese "klassische" Hypothese wurde in der Folge öfter wiederholt, meist mit der Umstellung von 6,12-20 vor 9,24-10,22[3]. Wenn aber 8,1-11,1 einen kohärenten Text bildet[4], ist es ausgeschlossen, daß 6,12-20 zwischen 10,1-22 und 9,24-27 (Weiß)

---

1 H. CONZELMANN, Der erste Brief an die Korinther, KEK V ²1981, 15-17; W. MARXSEN, Einleitung in das Neue Testament, ³1964, 67f.72-85; E. LOHSE, Die Entstehung des Neuen Testaments, ThW 4 1972, 40f.44f; H. KÖSTER, Einführung in das Neue Testament, GLB 1980, 485f. Vgl. C. K. BARRETT, A Commentary on the First Epistle to the Corinthians, BNTC (1968) 1983, 15; A. WIKENHAUSER - J. SCHMID, Einleitung in das Neue Testament, (1961) ⁶1973, 428-432.439-448; mit der Eliminierung von 1. Kor. 11,2-34 auch Ph. VIELHAUER, Geschichte der urchristlichen Literatur, GLB 1975, 140f.150-155; H. MERKLEIN, Die Einheitlichkeit des ersten Korintherbriefes, ZNW 75 1985, 153-183, vgl. auch F. LANG, Die Briefe an die Korinther, NTD 7 1986, 6f.

2. J. WEIß, Der erste Korintherbrief, KEK V 1970 (Neudruck der Aufl. 1910), 156.

3. Vgl. E. DINKLER, Art. Korintherbriefe, in: RGG ³IV 1960, 17-23; H.-M. SCHENKE - K. M. FISCHER, Einleitung in die Schriften des Neuen Testaments I. Die Briefe des Paulus und Schriften des Paulinismus, 1978, 90-123.

4 Vgl. H. MERKLEIN, aaO 164-167.

oder vor 9,24-10,22 (Schmithals[5], Dinkler, Fischer-Schenke) oder danach (Schenk[6]) gestanden habe. Andererseits ist es nicht zu bestreiten, daß die thematische Kohärenz von 5,1-13 und 6,1-11 relativ gering ist. Weiter liefert 6,12-20 keinen passenden Bezugstext für den sogenannten Vorbrief 5,9f. Denn das allgemeine Verbot, sich mit Unzüchtigen einzulassen, wird von 6,12-20, wo es speziell um die Unzucht mit Dirnen geht, nicht gedeckt[7]. Aus 6,12-20 läßt sich kaum das 5,9f vorausgesetzte Mißverständnis ableiten[8]. Daß sich 5,1-13 kaum an 6,12-20 angeschlossen haben kann, hat bereits Schmithals betont[9]. Dennoch spricht der Themawechsel im konkreten Fall von 5,1-13; 6,1-11 und unter Berücksichtigung des Folgetextes 6,12-20 eher gegen eine literarkritische Operation. Es kann in Brieftexten durchaus unvermittelte Themaübergänge geben (vgl. 1. Kor. 7-16). Die festgestellte Differenz zwischen 6,12-20 und 5,1-6,11 (in "Stimmung und Gedankenform") resultiert aus der Unterschiedlichkeit der Themen. Während in 5,1-13 und 6,1-11 Paulus bestimmte konkrete casus (pragmatische Kohärenz) behandelt, weswegen er eine dekretierende Sprache (vgl. 5,9-11; 6,9f) spricht, geht es in 6,12-20 um ein grundsätzliches Verhalten. Mit dem Schlagwort πάντα μοι ἔξεστιν hatte eine Gruppe in Korinth den Verkehr mit Dirnen als grundsätzlich indifferent dargestellt. Einem solchen "Prinzip" gegenüber hilft kein Dekretieren[10]. Wie Merklein[11] aufweist, muß Paulus hier so argumentieren, zumal das Schlagwort auch die traditionelle "Kirchenzucht"[12] in Form von Lasterkatalogen (vgl. 5,10f; 6,9f) insofern unterlaufen würde, als seine Anhänger ihren Verkehr mit Dirnen wohl kaum als "Unzucht" im Sinne der Lasterkataloge bewertet haben würden.

Deshalb lassen sich triftige Gründe für die von Weiß postulierte Abtrennung von 6,12-20 bzw. für ein Ausscheiden der Kap. 5 und 6 aus 1. Kor. nicht angeben. Die Verbindung der beiden Kapitel mit dem übrigen Brief ist locker. Doch dürfte dies im wesentlichen durch die unterschiedlichen Themen bzw. Probleme bedingt sein.

---

5 W. SCHMITHALS, Die Korintherbriefe als Briefsammlung, ZNW 64, 1973, 263-288. Seinem früheren Buch, Die Gnosis in Korinth. Eine Untersuchung zu den Korintherbriefen, FRLANT 66 (1956) ³1969, 81-106, folgt R. JEWETT, Paul's Anthropological Terms, AGJU 10,1971, 23-26.

6 W. SCHENK, Der 1. Korintherbrief als Briefsammlung, ZNW 60 1969, 219-243.

7 Vgl. J. WEIß, aaO 138f, zu 5,9.

8 Zur Klärung des in 5,9f erwähnten "Vorbriefs" tragen 6,1-11 (W. Schenk, aaO, 229f; mit G. BORNKAMM, Die Vorgeschichte des sogenannten zweiten Korintherbriefes, in: DERS., Geschichte und Glaube, Tl. II, BEvTh 53 1971, 189 Anm.131; W. SCHMITHALS, Kor., 279f) und 5,1-8 (A. SUHL, Paulus und seine Briefe. Ein Beitrag zur paulinischen Chronologie, StNT 11 1970, 210 Anm.38) kaum etwas bei(vgl. H. MERKLEIN, aaO 180f). Nahezu mit Sicherheit als Bezugstext für 5,9f auszuschließen ist 2. Kor. 6,14-7,1, speziell 6,17, weil 2. Kor. 6,17 unmißverständlich vom Umgang mit Nichtchristen handelt. Wie G. FRIEDRICH, Christus, Einheit und Norm der Christen. Das Grundmotiv des 1. Korintherbriefs, KuD 9 1963, 235, mit Recht bemerkt, sagt Paulus dagegen in 1. Kor. 5,9, er habe an das Zusammenleben mit Sündern in der Gemeinde gedacht. So töricht können die Korinther nicht gewesen sein, daß sie die eindeutigen Worte von 2. Kor. 6,14ff mißverstanden hätten.

9 W. SCHMITHALS, Die Korintherbriefe als Briefsammlung, 272 Anm.31 (gegen Schenk).

10 F. LANG, Die Briefe an die Korinther, 81.

11 H. MERKLEIN, aaO 183.

12 J. WEIß, aaO 156.

2. Exegese von 1. Kor. 6,12-20

V. 12-20: Der Abschnitt führt über den vorhergehenden Abschnitt (5,1-13) hinaus, in dem es sich um einen extremen Sonderfall handelt, da Paulus das alte Thema πορνεία nun auf Grund eines allgemeinen Prinzips im Sinne der theologia crucis bespricht[13]. Dabei beginnt er mit einer wohl als Parole aufzufassenden Aussage der Korinther: πάντα μοι ἔξεστιν (auch V. 12b; 10,23). Strittig war in Korinth die Frage, wie sich die christliche Freiheit zum außerehelichen Geschlechtsverkehr und speziell zum Verkehr mit der Dirne verhält. Im Gegensatz zu den alttestamentlichen Verboten wurde beides in der heidnischen Welt nicht als moralisch anstößig und verwerflich empfunden[14]. Der "Pneumatiker" in der korinthischen Gemeinde hält offenbar alle Dinge der σάρξ für gleichgültig oder unwichtig, weshalb der Geschlechtsverkehr nur den Leib berühre, aber den Geist nicht betreffe. Ein dahinter stehender griechischer Dualismus von Körper und Geist ist der alttestamentlichen Tradition vom Schöpfungsgedanken her fremd. Das korinthische Verständnis der Freiheit ist jedoch nicht nur als Rückfall in griechische Denkweise bzw. in heidnische Gewohnheiten zu beurteilen, sondern auch als Auswirkung des Verständnisses der christlichen Freiheit. Wie wir schon oben[15] beim Pneumatiker in der korinthischen Gemeinde erwähnt haben, verstand man in Korinth den heiligen Geist, der durch den Glauben an Christus und in der Taufe geschenkt wird, als feinste, gegenwärtige und unvergängliche *Substanz* und nicht wie in der Theologie des Paulus als die Erstlingsgabe bzw. das Angeld der eschatologischen Vollendung. Deshalb konnte ein solches Geistverständnis sowohl zur Zügellosigkeit in sexuellen Fragen (Kap. 6) als auch zur völligen Geschlechtsaskese (Kap. 7) führen. Die Korinther haben die von Paulus gepredigte Freiheit des Glaubens mißverstanden als individualistische Willkür und als

---

13 C. K. BARRETT, A Commentary on the First Epistle to the Corinthians, BNTC 1968, 144; K.-A. BAUER, Leiblichkeit - das Ende aller Werke Gottes, 1971, 72; H. CONZELMANN, aaO 138; F. LANG, Die Briefe an die Korinther, 81.

14 Die Kyniker hielten das Essen und Trinken und die damit zusammenhängende Geschlechtslust für etwas Alltägliches. So behauptet Diogenes (Lives of eminent philosophers / Diogenes Laertius, LCL 184,1925 u. 1979): εἰώθει πάντα ποιεῖν ἐν τῷ μέσῳ καὶ τὰ Δήμητρος καὶ τὰ Ἀφροδίτης, Diog. Laert. VI 69. Man bedenke, daß Diogenes sich "meist im Kraneion, einem Gymnasium vor Korinth, aufhielt und dort seine Schüler um sich zu versammeln pflegte", Diog. Laert. VI 77f. Daß am gleichen Tag, da Diogenes in Korinth starb, in Babylon Alexander der Große gestorben sei, berichtet Diogenes Laertius VI 79. Ist um 275 n.Chr. noch so viel Überlieferung über Diogenes gegenwärtig, so wird die Vermutung nicht zu kühn sein, daß zur Zeit des Paulus solche Tradition unter ehemaligen Heidenchristen noch lebendig war und als verwendbares Geistesgut in die christliche Gemeinde mit eingebracht wurde. ἐξουσία ist stoischer Terminus. Epiktet unterscheidet die äußeren Dinge, über die andere Macht haben, von der inneren Haltung, über die wir Macht haben: εἶναι γὰρ τὴν ἐλευθερίαν ἐξουσίαν αὐτοπραγίας, Diog. Laert. VII 121. Epict III 24,70: τίς οὖν ἔτι ἔχει μου ἐξουσίαν.

15 S.o. 137f.

schrankenlose Verfügungsgewalt gegenüber den materiellen Dingen dieser Welt[16]. Zwar beginnt der Apostel selbst mit der aus kynisch-stoischer Popularphilosophie stammenden Parole (πάντα μοι ἔξεστιν) wie 3,22 (πάντα γὰρ ὑμῶν ἐστιν) ohne die Einschränkung, aber diese Aussage ist bei ihm in eine neue Beziehung gestellt durch die Bindung der Glaubenden an Christus und Gott (3,22f: πάντα ὑμῶν - ὑμεῖς δὲ Χριστοῦ, Χριστὸς δὲ θεοῦ). Der Apostel korrigiert alsbald die Losung seiner Gegner zweifach. Einmal schränkt er das παντα ein, um mit dem συμφέρει ("es ist förderlich", wie 12,7) die vermeintliche Exousia durch den Hinweis auf ihre Auswirkung in ihre Grenze zu weisen, gleich wie 10,23, wo der Hinweis auf die Auferbauung (οἰκοδομεῖν) der Gemeinde kommt, wodurch der Individualismus als Heilsfaktor destruiert wird[17]. Dieser Gesichtspunkt erschließt die Argumentation von V. 13ff. ἔξεστιν heißt hier nicht: "es ist möglich", sondern: "es ist erlaubt"[18]. Und die "Erlaubnis" ist, was fördert; sie ist nicht, was gefällt, denn die auf alles Beliebige bezogene "Erlaubnis" ist auf das "Fleisch" bezogen. So wird sie demonstriert als sexuelle Freiheit und als Freiheit zur Teilnahme an heidnischen Kultmahlzeiten (vgl. V. 13). Deshalb, wie Conzelmann mit Recht betont, bestimmt diese Parole den gesamten Inhalt der Kap. 6-10[19]. Zum anderen macht Paulus mit "einer eleganten Paronomasie" (V. 12b)[20] auf die Gefahr aufmerksam, daß die vermeintliche "Gewalt über alles" in die "Überwältigung durch etwas" umschlagen kann. (ὑπό) τινος ist hier Neutrum und bezieht sich auf πάντα. Es wird also das Paradoxon aufgestellt, daß schrankenlose Freiheit beim ersten Versuch praktischer Verwirklichung in δουλεία umschlägt. Eine Willkürfreiheit, die immer tiefer in den Verlust der eigenen Freiheit und Verantwortlichkeit hineinführt, kann schwerlich die wahre Art der Freiheit sein. Man kann nur ein "Freier" sein, wenn man zuvor ein "Sklave Jesu Christi" geworden ist, oder wenn man die Freiheit von der Gliedschaft im Leib Christi her auslegt und sie zum Aufbau der Gemeinde braucht[21]. Die im Dienst Christi der Welt gegenüber gewonnene Freiheit (Gal. 5,1; Joh. 8,36) ist aber auch nicht eine stoische, "innere" Freiheit, die man im Rückzug von der Welt gewinnt, um sie dann nach außen zu demonstrieren.

---

16 In diesem Punkt sind die korinthischen Enthusiasten verschieden von dem stoischen Verständnis von der innerlichen Freiheit, die man durch den Rückzug aus den Dingen gewinnt.

17 Während Ph. VIELHAUER, Oikodome (1939), 95 (unveränd. Neudruck 1979, 91) und W. FOERSTER, ThWb II, 567, das συμφέρει subjektiv verstehen, denkt J. WEIß, 1. Kor., 158f mit Anm.1 (mit stoischen Parallelen) an die geistige und sittliche Förderung; A. SCHLATTER, Paulus der Bote Jesu, 1962, 200, an die öffentliche Moral.

18 Die Frage nach dem Erlaubten und Möglichen gehört in der Umwelt zu den Grundanliegen einer auf praktische Lebensgestaltung zielenden Philosophie, spielt aber auch eine wichtige Rolle in den Debatten und der Geltung des jüdischen Gesetzes (vgl. Mk. 2,24; 10,2).

19 H. CONZELMANN, aaO 139.

20 Vgl. J. WEIß, 1. Kor., 159.

21 Vgl. H. D. WENDLAND, Die Briefe an die Korinther, NTD 7 (1936) [12]1968, 50; F. LANG, aaO 82.

V. 13: Hier wendet Paulus den in V. 12 genannten Grundsatz auf zwei konkrete Fälle an, auf das Essen von Speisen und auf den Verkehr mit Prostituierten[22], offenbar wieder im Anschluß[23] an einen korinthischen Slogan: τὰ βρώματα τῇ κοιλίᾳ. Die beiden Fälle vollziehen sich für die Korinther im gleichen Bereich der κοιλία, von welchem die des Vollkommenen Teilhaftigen in ihrem eigentlichen Sein nicht mehr tangiert werden (so die stoische Auffassung von den ἀδιάφορα)[24]. Auch Paulus rechnet im Gefolge Jesu (Mk. 7,15-19) die zum natürlichen Verbrauch bestimmten Speisen zu den von Gott freigegebenen Dingen. Aber mit 13b (δέ) setzt ein scharfer Gegensatz ein, weil in den Augen Gottes βρώματα und κοιλία als belanglos der Vernichtung anheimfallen müssen, während das σῶμα dem Herrn angehört und mit ihm verbunden ist; gegenüber den Korinthern unterscheidet Paulus zwischen κοιλία und σῶμα. Die von der paulinischen Eschatologie bestimmte Wendung von καταργήσει deutet auf den Gerichtstag Gottes, der allem "Fleisch" ein Ende macht[25]. Die κοιλία ist nicht nur kreatürliches und vergängliches Organ zur Erhaltung des irdischen Lebens[26], sondern gehört auch zu den ἄρχοντες καταργούμενοι (1. Kor. 2,6[27]); das gilt gerade, wenn der Apostel (Phil. 3,19) sagt, daß die κοιλία mancher Menschen Gott sei[28], gleich wie der Ausdruck von ἐξουσιασθήσομαι ὑπό τινος (v. 12b) dämonische Mächtigkeit der Dinge andeutet. Mit dem Endgericht wird dieser ganze Irrtum offenbar werden, da nach V. 10 und 15,50 die Trunkenbolde bzw. Fleisch und Blut ohnehin das Gottesreich nicht "erben" können. Dagegen gehört das σῶμα unaufgebbar und ausschließlich dem Kyrios wie umgekehrt der Kyrios dem Leibe, so daß der Leib nicht der Unzucht preisgegeben werden kann. Das σῶμα ist als funktionierendes Ganzes mehr als die Summe von physischen Bestandteilen[29]. Wie wir oben mehrfach klar gemacht haben, ist der Leib das von Gott geschaffene Organ des Wirkens und der Kommunikation für den verantwortlich denkenden und handelnden Menschen[30].

---

22 Daß die korinthischen Libertiner auf die Parallele des Essens zur πορνεία verfallen, könnte kynische Tradition sein, Diog. Laert. VI, 69; vgl. J. WEIß, aaO 159. Weiterhin werden in der hellenistischen Tradition (z.B. bei EPICUR) Essen und Trinken häufig mit dem Geschlechtsakt zusammen gesehen; vgl. E. SCHWEIZER, Art. σάρξ, ThWb VII,103,27ff; 121,21f; DERS., σῶμα, ThWb VII, 1060. Paulus sieht doch wahrscheinlich ihren Verfall in Parallele zu der in 1. Kor. 10,7f geschilderten Begierde Israels in der Sinaigeschichte (φαγεῖν-πεῖν – .. πορνεύειν).

23 Darin stimmen die meisten Kommentatoren überein; vgl. z.B. J. WEIß, 1. Kor., 159; K.-A. BAUER, aaO 74; H. CONZELMANN, aaO 140; C. K. BARRETT, aaO 146; F. LANG, aaO 82.

24 Vgl. H. CONZELMANN, aaO 140f.

25 K.-A. BAUER, aaO 152.

26 J. BEHM, Art. κοιλία, ThWb III, 788; J. HORST, Art. μέλος; ThWb IV, 569.

27 Das καταργήσει gehört in die apokalyptische Gesamtkonzeption von 15,24f. Schon in 2,6 ist deutlich bei der Unterscheidung von irdischer und göttlicher Weisheit gesagt, daß die Weisheit dieses Äons samt ihren ἄρχοντες vergehen muß, d.h. alles jetzt noch Sichtbare und Erweisbare, das man für "wirklich" zu halten geneigt ist.

28 Vgl. Röm. 1,21ff. E. FASCHER, aaO 175f.

29 C. K. BARRETT, aaO 147.

30 A. SCHLATTER, Bote Jesu, 202.

Vor allem: Anders als "Fleisch und Blut" (15,50) werden die Glaubenden in der Auferstehung ebenfalls ein von Gott geschaffenes neues σῶμα πνευματικόν (15,44)[31] haben, das eine Kontinuität zum alten abweist. Der Leib ist eine auch im Eschaton bleibende ontologische Struktur des Menschseins, die den Menschen und den Kyrios einander zuordnet[32]. Als ganzheitliche Person mit Leib, Seele und Geist (1. Thess. 5,23) ist der Christ Eigentum des Herrn und ein Glied am Leibe Christi geworden; deshalb darf der Leib nicht in die Willkür des Menschen gestellt werden: τὸ δὲ σῶμα οὐ τῇ πορνείᾳ ἀλλὰ τῷ κυρίῳ ; in diesem Sinne ist auch für die πόρνη derjenige, der körperlich mit ihr verkehrt, kein dinghaft-neutrales Wesen. Die dementsprechende umgekehrte Aussage "καὶ ὁ κύριος τῷ σώματι" bedeutet nicht Reziprozität zwischen σωμα und κυριος, sondern, wie das jeweils verschiedene Tempus deutlich macht, das einseitige Herrschaftsverhältnis (womit die Freiheit gesetzt und begrenzt ist) und "die schenkende Fürsorge Gottes für den Leib in der alten und neuen Schöpfung"[33]. Dahinter steht schon der Gedanke, daß sich der κύριος leiblich für den Menschen hingegeben hat, wodurch Gott sich den Leib wieder zum Eigentum erkauft hat (V. 19f; vgl. 1. Petr. 2,24)[34]. Entscheidend ist jedoch die Umkehrung der Relation von σῶμα und κύριος , die diese Relation als ontologische Struktur qualifiziert. Weil es sich um eine ontologische Relation handelt, sollte man nicht zu schnell von einer 'leiblich' gedachten Zusammengehörigkeit zwischen Christus und den Glaubenden sprechen[35]. Denn diese Beschreibung ist zu sehr an der empirischen Seite der Relation orientiert: Im σῶμα hat der Kyrios also das Objekt und den Ort seiner Herrschaft[36], so daß sich dort keine andere Macht niederlassen kann. Die fundamentale Relation von Kyrios und σῶμα hat C. K. Barrett mit Recht so ausgedrückt: "the Lord has given himself for the body, ... the two should be permanently united, both in the weakness and suffering which the believer shares with Christ in this age (2 Cor. VI.10; XII.9f) and in the glorious state into which he will be transformed (XV.51; 2 Cor. V. 1-5; Phil. III.21)"[37].

Diese konstitutive wechselseitige Relation von κύριος und σῶμα begründet und entfaltet der Apostel nun im folgenden.

V. 14: Weil der Herr, dem unser Leib gehört, auferweckt wurde, werden auch wir auferweckt werden. J. Weiß macht mit Recht darauf aufmerksam, daß in καί - καί

---

31 S.o. 146f.

32 F. GÜTTGEMANNS, Der leidende Apostel und sein Herr, 1966, 230.

33 F. LANG, aaO 83.

34 E. SCHWEIZER, σῶμα, 1062.

35 So E. SCHWEIZER, aaO 1062,29ff.

36 Vgl. A. SCHLATTER, Bote Jesu, 202: "Das Sein Christi greift nicht nur nach den Gedanken der Menschen, sondern nach ihrem Leib und bestimmt, da er aus ihrem Leib seine Glieder macht, ihre Tat". Vgl. E. SCHWEIZER, aaO 1062,16ff: σῶμα meint das Besitzverhältnis, "in das hinein der Mensch seinen Leib gibt".

37 C. K. BARRETT, aaO 148.

"nicht eine logische Schlußfolgerung angedeutet" liegt, sondern die in V. 13b genannte wechselseitige Relation von Kyrios und σωμα vorausgesetzt wird[38]. Jesu Auferweckung ist kein singuläres Ereignis, sondern ein Hinweis darauf, daß uns zuteil werden soll, was unserem Herrn als dem zeitlichen und sachlichen "Erstling" (ἀπαρχὴ) der Entschlafenen und Auferstandenen, als zweitem Adam (1. Kor. 15,20ff)[39], widerfahren ist. Dieser kausale Zusammenhang begründet die jetzige Zusammengehörigkeit der Christen in ihrer Leiblichkeit mit dem Herrn[40]. Die Formulierung ergibt sich aus der Anlehnung an das tradierte Credo, das sofort ausgewertet wird[41]. Die künftige Auferweckung des Leibes (ἐξεγερεῖ)[42] als Norm des Verhältnisses zum Leib[43] steht gegen die korinthische, schwärmerische Vorwegnahme der Auferstehung und ihre Konsequenz daraus, gegen die Abwertung des Leibes zum irdischen Ding, die sie demonstrieren. Darin liegt die Bedeutung der Setzung "ἡμᾶς" statt τὰ σώματα ἡμῶν, weil der Leib wesentlich anders als bei der platonischen Unsterblichkeitsvorstellung zum Personsein des Menschen hinzugehört[44]. Daher stehen Essen (- κοιλία) und Geschlechtsverkehr (- σῶμα) mit der Dirne nicht auf derselben Stufe. Daß Gottes Auferwecken kein natürlicher Entwicklungsprozeß, sondern schöpferisches Handeln ist, wird durch den Zusatz διὰ τῆς δυνάμεως αὐτοῦ unterstrichen (vgl. 2. Kor. 13,4; Mk. 12,24)[44a]. In der Aussage, daß der mit dem Herrn verbundene und zur Auferstehung bestimmte Leib nicht der Dirne hingegeben werden darf, trägt Paulus den Korinthern den theologischen Zusammenhang von Anthropologie, Christologie, Eschatologie und Ethik[45] vor. Hier hängen Christologie und Anthropologie so eng zusammen, daß die Christologie die Anthropologie begründet.

---

38 J. WEIß, aaO 161.

39 J. BECKER, Auferstehung der Toten im Urchristentum, SBS 82 1976, 81f. Wahrscheinlich wurde der erhöhte Christus in Korinth als zweiter Adam angesehen, in dem das Auferstehungsleben bereits erschienen und für die Gläubigen im Geistbesitz zugänglich ist. Paulus greift diese Christologie auf: "Erstling" drückt die eschatologische Distanz aus, mit Beibehaltung des Zusammenhangs der Auferstehung Christi und der Christen.

40 Vgl. P. SIBER, Mit Christus leben, 1971, 77.

41 Traditionell ist auch die Beziehung Gottes als des Erweckers, 15,15; vgl. 15,20; Röm. 8,11; 2. Kor. 4,14; Gal. 1,1. δύναμις: 2. Kor. 13,4; Mk. 12,24. Röm. 8,11 steht dafür πνεῦμα. Die Auferweckungsformel in V.14 zeigt die Parallelität auch zu Röm. 10,9: Gott als Subjekt, die Auferweckungsaussage im Indikativ Aorist. Als Objekt erscheint diesmal κύριος, was durch den Gebrauch dieses Titels in V.13 veranlaßt sein dürfte. Vgl. K. WENGST, Christologische Formeln und Lieder des Urchristentumss, (1972) ²1973 (Diss. 1976), 29.

42 Das Futur ἐξεγερεῖ verdient von der Textüberlieferung her den Vorrang vor dem Aor. (ἐξήγειρεν) und dem Präs. (ἐξεγείρει); vgl. P. BACHMANN, Der erste Brief des Paulus an die Korinther, KNT VII, 1910, 245; J. WEIß, 1. Kor., 162 Anm.1; G. ZUNTZ, The Text of the Epistles, 1953, 256f; C. K. BARRETT, aaO 148.

43 Vgl. C. K. BARRETT, aaO 148, in bezug auf 2. Kor. 4,14.

44 H. LIETZMANN, aaO 28.

44a Vgl. H. SCHLIER, Über die Auferstehung Jesu Christi, 17f; I. HERMANN, Kyrios und Pneuma: Studien zur Christologie der paulinischen Hauptbriefe, StANT 2 1961, 121, der die Parallelität von δύναμις und πνεῦμα (Röm. 8,11; 1. Kor. 15,43f; Röm. 15,19) sieht.

45 Auch pneumatologisch: Der Leib ist ein Tempel des heiligen Geistes, V.19.

V. 15: Die bleibende, den Korinthern bekannte Zueinanderordnung wird nun in einem neuen Gedankengang durchgeführt. Mit οὐκ οἴδατε erinnert Paulus an eine christliche Grundthese, daß die σώματα der Christen zu μέλη Χριστοῦ geworden sind. Es ist derselbe Gedanke und derselbe Wechsel zwischen σώματα und ὑμεῖς wie in 12,27: ὑμεῖς δὲ ἐστε σῶμα Χριστοῦ καὶ μέλη ἐκ μέρους (vgl. Röm. 12,4f; 1. Kor. 12,12). σῶμα, μέλη und Personalpronomen können miteinander (Röm. 6,12f.16.19) wechseln. Obwohl eine direkte Aussage von der Taufe fehlt, ist auch hier selbstverständlich vorausgesetzt, daß die leibliche Christusgliedschaft in der Taufe verwirklicht wird (vgl. 1. Kor. 12,12f; Gal. 3,27; Röm. 6,3ff)[46]. Deshalb ist μελη nicht nur Bild, sondern bedeutet reale Verbindung; unsere Leiber sind als Glieder wirklich dem Leibe Christi[47] eingeleibt. Der Realismus dieser Vorstellung ist die Voraussetzung der Schlüssigkeit der Folgerung: ἄρας[48] ... ποιήσω κτλ . μὴ γένοιτο[49]. In Form einer verneinten rhetorischen Frage (οὐκ οἴδατε)[50] lehnt Paulus in aller Schärfe die Umfunktionierung der Glieder Christi in Hurenglieder durch sittenloses Verhalten ab. Mit dem "fast blasphemischen Oxymoron"[51] μέλη Χριστοῦ πόρνης (μέλη) macht Paulus klar, daß sich Christusgliederschaft und Dirnengliederschaft schlechterdings ausschließen. Die durch die Treue des Christus geschaffene leiblich-personale Gemeinschaft wird in ihrem Wesen zerbrochen, wenn sich der Mensch in eine Gemeinschaft hineinbegibt, die von vornherein auf Untreue ausgerichtet ist. Wer als Christ käufliche Liebe in Anspruch nimmt[52], macht ein Glied Christi (sich selbst) zum Glied einer Dirne und schändet so im eigenen Leib den Leib Christi.

Wir haben schon in Teil B das alttestamentliche und hell.-jüdische Verständnis des Bildes von σῶμα - μέλη beobachtet, um die hinter dem individuellen (anthropologisch) und kollektiven (ekklesiologisch) Gebrauch bei Paulus liegende Tradition klarzustellen. Wo der Mensch als das Ganze der Person (wie beim alttestamentlich-jüdi-

---

46 Gegen E. GÜTTGEMANNS, aaO, 232 Anm.41. Vgl. A. WIKENHAUSER, Die Kirche als der mystische Leib Christi nach dem Apostel Paulus, 1937, 103; K.-A. BAUER, aaO 75; H. CONZELMANN, aaO 141 Anm.21; H.-T. KLAUCK, 1. Korintherbrief, 1984, 47.

47 Die meisten Kommentatoren stimmen darin überein.

48 Die Lesart ἄρα ist offenkundige Erleichterung für das schwierige, aber besser bezeugte ἄρας, das wahrscheinlich eine pleonastische Wendung der Vulgärsprache ist (wie z.B. Lk. 5,25 ἄρας ἐφ᾽ὃ κατέκειτο ; Lk. 15,18 ἀναστάς; Mt. 13,31; 14,19 λαβών ; Mt. 25,16 πορευθείς); vgl. J. WEIß, aaO 163; P. BACHMANN, aaO 246.

49 μὴ γένοιτο kommt in den Korintherbriefen nur hier vor, um so öfter in Röm. (3,4.6.31; 6,2.15; 7,7.13; 9,14; 11,1.11) und Gal. (2,17.21; 6,14). Das ist eine häufige dialogische Wendung in der Diatribe.

50 Die rhetorische Frage bedeutet, daß es in Korinth Christen gegeben hat, die glaubten, der Umgang mit der Dirne bewirke nicht die Trennung der Glieder von Christus; vgl. C. K. BARRETT, aaO 149; E. FASCHER, aaO 177.

51 J. WEIß, aaO 163.

52 Eine Behandlung der Dirne als käufliche "Sache" entwürdigt die Partnerin in ihrem Personcharakter; sie läßt den Christen als Glied am Leibe Christi nicht nur gegen einen Mitmenschen, sondern zugleich auch gegen den Herrn verstoßen.

schen Verständnis) nicht der Gegenstand der Handlungen, sondern deren Subjekt ist, da wurden die Glieder sowie der Leib *wegen und trotz* des Einflusses des griechischen Organismusgedankens und Dualismus zum Träger des Lebens bzw. der Sünde, wie in den Apokryphen-Pseudepigraphen und in der spätjüdischen Literatur erwiesen[53]. Diese Vorstellung, in der eine ontologische Bedeutung der Tätigkeit des Gliedes gegeben wird, ist offenbar sowohl anthropologisch auf das Wort Jesu im Logion Mt. 5,29f (par. Lk. 11,34-36)[54] sowie Röm. 6,13.19; 7,5.23; Kol. 3,5; Jak. 4,1 als auch ekklesiologisch auf 1. Kor. 6,15; 12,12ff; Röm. 12,5 (möglicherweise auch Mt. 5,29f) bezogen.

Wie das Israel, das Katastrophe und Zerstreuung durch das Exil erfuhr, über den Einfluß des hellenistischen Individualismus hinaus in der gemeinsamen Bemühung, das Volk auf das Kommen des Messias auszurichten, das endgültige Ziel gefunden hat, wofür das Bild von Leib und Glieder gebraucht wurde[55], so zeigt Paulus mit demselben Bild[56], daß die leibliche Existenz des Menschen stets in der Notwendigkeit und Wirklichkeit der Kommunikation entweder mit Christus oder mit einer Dirne eingesetzt ist. P. Benoît bemerkt mit Recht, daß das Thema des Leibes Christi dem Geist des Apostels bereits gegenwärtig war, als er den einzelnen Gläubigen als Glied Christi bezeichnete[57]. Aber mit μέλη Χριστοῦ wird Christus nicht einfach als die innere Einheit seiner Glieder verstanden. Es wird also nicht von einer Vielheit her auf die sie zusammenhaltende Einheit geblickt[58]. Mit der schlechthin christologischen Formel μέλη Χριστοῦ verwendet Paulus das hell.-jüdische Verständnis nicht einfach für die *Einheit* der Glieder in einem Leib, sondern für die Eingliederung der Glaubenden in die *Christusherrschaft*. Dadurch, daß unsere Leiber durch das Sakrament der Taufe Glieder seiner Herrschaft werden, 1. Kor. 12,13, erweist der Erhöhte zugleich den Bereich seiner irdischen Herrschaft als einen Leib. In diesem Sinne kann die Vorstellung des Christusleibes als Bereich seiner Herrschaft nicht mehr genügend durch das hell.-jüdische σῶμα-μέλη-Verständnis erklärt werden, obwohl dieses hier sicherlich von Paulus ekklesiologisch gebraucht ist. Wie bei Röm. 12,4f und 1. Kor. 12,12 (angesichts der in folgenden Versen sakramental begründeten Aussage), wird auch hier eben konstatiert, daß die Kirche nicht einfach ein Leib sei, sondern "in Christus" Leib sei. Es verhält sich mit Christus selber, wie mit

53 S.o. 58ff,62ff, 84ff, 107ff.

54 S.o. 114f, 128.

55 S.o. 112ff, 116f.

56 Trotz des Fehlens der Aussage zu dem μέλη entsprechenden σῶμα setzt μέλη hier klar σῶμα voraus.

57 P. BENOIT, Corps, tête et plérome dans les épîtres de la captivité, in: Rev. Bibl. 1956, 13 Anm.5. Vgl. auch R. H. GUNDRY, SOMA in Biblical Theology, 1976, 61.

58 Gegen die Grundthese von MEUZELAAR, s.o. 24-27 ; aber auch T. W. MANSON, On Paul and John, 1963, 69. Das Problem ist scharf durch J. A. T. ROBINSON, The Body, 58ff, gestellt. Wenn aber ROBINSON, aaO 51f, formuliert "not ... a supra-personal collective, but ... a specific personal organism", ist diese Gefahr noch nicht gebannt.

dem Leibe. Deshalb muß man noch mehr von der christologischen Orientierung her die ekklesiologische Bedeutung und den Inhalt vom Christusleib verdeutlichen. Wir wollen das von weiteren Exegesen her zu erhellen versuchen.

V. 16: V. 16 setzt mit οὐκ οἴδατε[59] neu ein und bringt ein weiteres Argument dafür, daß die Zugehörigkeit zum Leib Christi durch den außerehelichen Geschlechtsverkehr entzweigerissen wird. Das κολλᾶσθαι mit der Dirne stiftet nicht nur eine einen "Teil" des Menschen betreffende, sondern eine ihn vielmehr intensiv und darum exklusiv ungeteilt prägende Abhängigkeit[60], die aus beiden einen Leib als ganze Person[61] macht. Mit dem φησίν[62] als Schriftbeweis eingeführten Zitat aus Gen. 2,24 unterbaut der Apostel seine Argumentation, weil es sich hier nicht um eine allgemeine menschliche Beobachtung handelt, sondern um eine aus der Schrift gewonnene Beurteilung des geschlechtlichen Verkehrs[63]. μία σάρξ in Gen. 2,24 gilt auch von der Verbindung mit der Dirne. σάρξ, das in V. 17 die Bedeutung wechselt, ist hier nicht an sich widergöttlich, sondern zunächst anthropologisch-neutral gebraucht[64]; deshalb ist für Paulus nicht der Geschlechtsverkehr an sich sündig[65]. Weil σαρξ bei Paulus auch das irdische Dasein des Menschen in seiner Ganzheit ohne abwertenden Akzent beschreiben kann[66], ist die folgende Exegese von H. Schwantes[67] wenig wahrscheinlich: "Offenbar hat Paulus sein eigenes Verständnis von σάρξ in das Genesiszitat hineingelesen, so daß mit diesem Schriftwort nun auch gleichzeitig ein Urteil über die <Unzucht> ausgesprochen ist". Daß Paulus V. 16 "Fleisch" statt des erwarteten "Leib" schreibt, ist durch den Wortlaut der Schriftstelle bedingt, wie H. D. Wendland richtig sieht[68]. Darum setzt Paulus die Gleichsetzung der σάρξ mit σῶμα voraus[69], gleich wie 2. Kor. 4,10f[70]. Obwohl anderswo der Unterschied zwischen

59 Das V.16 einleitende ἤ fehlt des öfteren, auch in abendländischer Überlieferung. Es entspricht doch dem Zusammenhang und dürfte ursprünglich sein; vgl. P. BACHMANN, 1. Kor., 246f Anm.1. Vgl. 1. Kor. 6,9.

60 K. L. SCHMIDT, Art. κολλάω, ThWb III, 822. Das Verbum bezeichnet in der LXX sowohl die geschlechtliche Gemeinschaft von Mann und Frau, Gen. 2,24 (προσκολλᾶσθαι, דָּבַק ; vgl. Mt. 19,5; Sir. 19,2) als die enge Verbindung mit Gott, z.B. Dtn. 6,13; 10,20; Ps. 72,28, entsprechend 1. Kor. 6,17.

61 Für Paulus sind der Leib und die Person untrennbar, wie der בָּשָׂר im A.T. Paulus sieht das sexuelle Geschehen als die innigste Form der leiblich-personalen Gemeinschaft. J. WEIß, 1. Kor., 163f, modernisiert die Vereinigung der σώματα falsch zur Einigung der geistigen Persönlichkeiten.

62 Zu φησίν ergänze: ἡ γραφή; die Heilige Schrift.

63 J. WEIß, 1. Kor., 163.

64 Paulus sieht die Verfallenheit des Menschen nicht in der Bindung an den materiellen Körper und seine Funktion, sondern im Ungehorsam gegen den Willen Gottes.

65 Gegen G. DELLING, Paulus' Stellung zu Frau und Ehe, 1931, 62.

66 E. SCHWEIZER, Art. σάρξ, ThWb VII, 125.

67 H. SCHWANTES, Schöpfung der Endzeit, (1961) AzTh 12 1963, 11.

68 H. D. WENDLAND, Die Briefe an die Korinther, (1936) ^{12}1968, 51; vgl. H.-J. KLAUCK, 1. Kor., 48; vgl. auch W. BOUSSET, Der erste Brief an die Korinther, SNT 2 ^{3}1917, 85.

69 H. CONZELMANN, 1. Kor., 142.

70 S.o. 150f.

den beiden Termini bei Paulus von großer Bedeutung ist, können sie oft ausgetauscht werden, worauf J. A. T. Robinson hinweist[71]. In bezug auf V. 17 macht W. Schrage uns darauf aufmerksam: "tertium comparationis ist hier (scil. in der Anwendung des Zitates) gerade die Ganzheit und Ausschließlichkeit der Gemeinschaft miteinander"[72]. Nämlich wie das ἓν σῶμα V. 16a und ἓν πνεῦμα V. 17 zeigen, liegt der Akzent auf dem μίαν im Zitat, womit erneut die "tiefgreifende, ja totale Gemeinschaft"[73], welche der Verkehr mit der Dirne schafft, herausgestellt wird. Aber eben die totale Gemeinschaft mit der Dirne, die Gott, im Gegensatz zu der von ihm zusammengefügten (ὁ θεὸς συνέζευξεν, Mk. 10,9) Ehe, nicht gestiftet hat, zerstört sowohl die Zugehörigkeit zum Leib Christi, ebenso wie die Unzucht nach Lev. 19,29; 20,10 u.ö. gegen die Heiligkeit des Gottesvolkes verstößt, als auch gegen die göttliche Schöpfungsordnung der Ehe und die Personwürde der Frau[74]. Das Wesen der πορνεια besteht darin, daß sie weder die Verpflichtung zur lebenslänglichen Dauer noch die Verhaftung an eine einzige Person kennt; womit sie doch a limine auf Untreue aufbaut. Die geschlechtliche Begegnung eines Mannes mit einer Frau ist dagegen unter allen Umständen ein Einssein, ein Gegenseitig-übereinander-Verfügen[75]. Wie die Verbindung mit Christus, so ist auch die in der personalen und verantwortlichen Begegnung begründete Ehe[76] auf Dauer angelegt, ohne Konkurrenz zur Christusgemeinschaft[77].

Hinblick auf 1. Kor. 7,2ff: Wo die Gabe der Enthaltsamkeit nicht gegeben ist (7,7), rät Paulus ausdrücklich zum Vollzug der ehelichen Gemeinschaft, um der Unzucht keinen Raum zu geben (7,2-5; vgl. 7,36)[78]. Wer nicht von Gott das besondere Charisma der Ehelosigkeit erhält, hat in der Ordnung der Ehe (τὴν ἑαυτοῦ, τὸν ἴδιον ; ἐχέτω, V.2[79]) zu leben, auch wenn Paulus in 7.1,32ff die Gefahr gesehen hätte, daß das ehelich-somatische Verhältnis zur Frau (V. 4) in den Konflikt mit der Christusgemeinschaft gerät[80]. Das bedeutet keinen Umschlag einer "überstiegenen Ideal-

---

71 J. A. T. ROBINSON, The Body, 31f; E. BEST, One Body in Christ, 1955, 177. בָּשָׂר kann als σῶμα bzw. σάρξ übertragen werden. Darüber s.o. 49ff.

72 W. SCHRAGE, Die konkreten Einzelgebote, 50.218f.

73 AaO 218.

74 S.o. 142 Anm. 52.

75 Vgl. K. BARTH, Kirchliche Dogmatik III, 2, 1948, 370, in der hilfreichen Auslegung von 1. Kor. 6, 12-20 (368-372).

76 Gegen die Gleichstellung des Geschlechtsverkehrs mit Essen und Trinken bei den korinthischen Schwärmern.

77 Vgl. H.-J. KLAUCK, 1. Kor., 48; F. LANG, aaO, 83.

78 Lit. zur positiven Bewertung der Ehe bei Paulus, W. SCHRAGE, Die konkreten Einzelgebote in der paulinischen Paränese, 1961, 219 Anm.150. Zur Ehe als "Gegenmittel" gegen die Unzucht (7,2) vgl. W. SCHRAGE, aaO 220f.

79 ἑαυτοῦ vom Mann: Eph. 5,28.33; ἴδιος von der Frau: 14,35; Eph. 5,22; Tit. 2,5; 1. Petr. 3,1.5. Das ἔχειν, das die ganze Lebensgemeinschaft der Ehe umfaßt, bezieht sich primär auf die Geschlechtsgemeinschaft. Die Frage des Eheschlusses von Unverheirateten und Witwen wird erst ab V.8 besprochen.

80 Nach H. v. CAMPENHAUSEN, Die Begründung kirchlicher Entscheidungen beim Apostel Paulus, 1957, 17, würde es für Paulus eigentlich grundsätzlich keine Gleichzeitigkeit von somatischer Verbindung und Christuseigentum geben können; vgl. auch W. WREDE, Paulus, 1904, 19. Dazu fragt

forderung" in eine "naturalistische Wertung der realen Lebensverhältnisse"[81], sondern das Wissen um die frei schenkende Gnade Gottes (v. 7: χάρισμα) und die Verlorenheit des Menschen außerhalb der bewahrenden Ordnungen Gottes. (Deshalb haben für Paulus weder die Ehelosigkeit noch die eheliche Geschlechtsgemeinschaft als solche eine soteriologische Bedeutung; die beiden sind kein Heilsweg.)

Auf die schriftliche Frage der asketischen Gruppe (7,1), die aus der gleichen Wurzel wie Libertinismus (6,12f) erwächst[82], antwortet Paulus in 7,1ff: Ehelosigkeit verdient zwar den Vorzug (V. 1), ist eine Gnadengabe besonderer Art (V. 7); sie ist zu empfehlen nicht aus Ablehnung der durch die Schöpfung gesetzten Ordnung, sondern im Blick auf die besondere Beanspruchung durch die kommende eschatologische Notzeit (V. 26.29.31) und hat ihren Sinn in der freien Beweglichkeit im ungeteilten Dienste an Christus (v. 32-34). Paulus selbst hat die Gabe der Enthaltsamkeit (V. 7) und ist infolgedessen unverheiratet[83]. In der die Gemeinde bedrängenden Frage der Abwehr des Libertinismus geht Paulus nun aber nicht von seiner eigenen Zurückhaltung gegenüber der Ehe aus, sondern einzig und entscheidend vom Wesen der Ehe selbst. Dies wird sichtbar an dem stark betonten δὲ in V. 2, durch welches der Übergang von der persönlichen Meinung des Paulus zu dem hier grundsätzlich wichtigen Ausgangspunkt scharf bezeichnet wird. Im Kampf gegen die Promiskuität der Geschlechter setzt die Bestimmung auf das Wesen der Ehe ein: διὰ δὲ τὰς πορνείας (um der Fälle von Unzucht willen) (und gegen das κολλᾶσθαι τῇ πόρνῃ 1. Kor. 6,16) soll an der Exklusivität der **Einehe** festgehalten werden (V. 2), und diese Exklusivität setzt zugleich die Intensität des ehelichen Zusammenlebens voraus (V. 5). Damit werden diese zwei Punkte als Grundlage der Ehe erklärt, von welchen aus

---

auch E. SCHWEIZER, Art. σῶμα, ThWb VII, 1068 Anm.439, ob für Paulus nicht eine enge leibliche Gemeinschaft bei der Ehe innerhalb der 'leiblichen' Christusgemeinschaft unmöglich ist. Aber in 1. Kor. 6,17 bezeichnet Paulus die Verbindung der Gläubigen mit Christus nicht unmittelbar als ἓν σῶμα, womit sie in Konkurrenz zur ehelich-leiblichen Verbindung gestellt würde, sondern als ἓν πνεῦμα. S.u. 149ff.

81 Gegen J. WEIß, 1. Kor., 172.

82 Von 7,1 an geht Paulus auf schriftliche Anfragen der Korinther ein, in denen sich die Meinungsverschiedenheiten innerhalb der Gemeinde widerspiegeln. Während Kap. 6,12ff zeigt, daß korinthische Pneumatiker aus dem Geistbesitz und der christlichen Freiheit das Recht zum Verkehr mit der Dirne abgeleitet haben, wird von Kap. 7 dargestellt, daß in Korinth auch eine gegensätzliche Richtung vertreten war, die jeden Geschlechtsverkehr innerhalb der Ehe bzw. Heiraten selbst prinzipiell verwarf (V.1). (Wahrscheinlich hat Paulus hier wie in 6,12; 8,1.4 ein Schlagwort der korinthischen Schwärmer aufgenommen, es aber in V.2 von seiner Sicht aus korrigiert und neu ausgelegt; vgl. W. SCHRAGE, Zur Frontstellung der paulinischen Ehebewertung in 1 Kor 7,1-7, ZNW 67 1976, 214ff. Gegen die Behauptung von SCHMITHALS, Die Gnosis in Korinth, 222, daß aus 7,1 keine asketische Richtung in Korinth zu erschließen ist.) Beide Haltungen, die libertinistische und die asketische, erwachsen aus derselben Wurzel, nämlich aus einem enthusiastischen, dualistischen Geistverständnis, das sich mit einer triumphalistischen Erhöhungschristologie und einer präsentischen Eschatologie verbunden hat. Aus dem Dualismus von Leib und Geist kann eine doppelte Folgerung für den praktischen Umgang mit dem Leib und seinen Funktionen gezogen werden: entweder die Überlegenheit des Geistes über die Materie wird durch Zügellosigkeit demonstriert, oder der geistliche Mensch hat jeden Kontakt mit den "unreinen" Funktionen des Leibes zu meiden (Sexualaskese), vgl. W. SCHRAGE, ZNW 67, 220. Verzicht auf die Ehe wird von den Essenern berichtet (Jos. Bell II 120; Ant XVIII 21; vgl. A. STEINER, Warum lebten die Essener asketisch?, BZ 15, 1971, 1-28). Die Qumrantexte bieten kein einheitlich aufgefaßtes Bild, wie auf der einen Seite die Sektenregel zeigt, wo vielleicht eine ehelose Gemeinschaft vorausgesetzt wird (vgl. auch 1QSal, 9ff), auf der anderen Seite die Damaskusschrift, die eine Ehehalacha aufweist; vgl. z.B. 19,2ff und H. BRAUN, Spätjüdisch-häretischer und frühchristlicher Radikalismus I, 1957, 39-41.131-133.

83 Vgl. G. FRIEDRICH, Christus, Einheit und Norm der Christen, 1963, 248.

Paulus mitten zwischen Askese und Libertinismus hindurch einen völlig anderen Weg geht. Dabei sind die Aussagen des Paulus selbstverständlich situations- und traditionsgebunden[84]. Besonders in V. 2 beruft er sich nicht direkt auf Jesus und die Schriftstellen 1. Mose 1,27 und 2,24, sondern sein Urteil beruht vorwiegend auf der alttestamentlichen Tradition, wie sie Jesus ausgelegt hat[85].

1. Kor. 7,2ff ist die positive Auslegung des Zitates, welches 6,16 zur Kennzeichnung des pervertierten Verhältnisses zur Dirne verwendet wurde. Die Interpretation von Gen 2,24 durch 1. Kor. 7,2-4 geht[86] in ihren entscheidenden Grundzügen nicht auf jüdische Tradition, sondern auf Jesus selbst zurück. Wie 1. Kor. 7,10f (... ὁ κύριος, γυναῖκα ἀπὸ ἀνδρὸς μὴ χωρισθῆναι)[87] beweist, kennt Paulus das Verbot der Ehescheidung und der Wiederverheiratung einer Geschiedenen, welches Jesus mit Gen. 2,24 begründet (Mk. 10,7-9 par; Mt. 5,32; Lk. 16,18) und wendet die Norm dieses Herrngebots auf den **Casus** an[88]. Er bezieht sich 1. Kor. 7,10f sowohl auf Mk. 10,9 ὃ οὖν ὁ θεὸς συνέζευξεν ἄνθρωπος μὴ χωριζέτω, wo ἄνθρωπος bereits auf Mann und Frau bezogen ist (= der Mensch)[89], als auch auf Mk. 10,12 καὶ ἐὰν αὐτὴ ἀπολύσασα τὸν ἄνδρα αὐτῆς γαμήσῃ ἄλλον μοιχᾶται, wo die Anwendung der Stellungnahme Jesu hinsichtlich der Frau, die im griechisch-römischen Rechtsbereich auch Scheidungsinitiative üben kann, ausdrücklich vollzogen ist[90]. Hinter μὴ χωρισθῆναι liegt eine dem Judentum entgegenstehende radikale und neue Deutung des μία σάρξ vor. Das bisher nicht vorhandene radikalisierte Scheidungsverbot begründet unauflöslich die ethische Aufgabe (Mk. 10,9)[91], ein gemeinsames Leben als μία σάρξ auch unter den schwersten Spannungen durchzuhalten und sich somit in eine die ganze Person umfassende gegenseitige Bindung hineinzustellen. Diese gegenüber Dritten ausschließliche, vollumfassende und intensive Zusammengehörigkeit fordert das Verhältnis nur **eines** Mannes mit **einer** Frau. Deshalb geht Jesus wie bei Maleachi[92] und in den Qumranschriften (CD 4,20-5,6)[93] überhaupt nicht auf die im Judentum

---

84 Zur ehelichen Pflicht als Gebot (V.3) im Judentum vgl. Mekh Ex 21,10 (85a); Jeb. 6,6; zur befristeten Enthaltung um des Gebetes willen (V.5) besonders Test. Napht. 8: "Denn es gibt eine Zeit des Zusammenlebens mit der Frau und eine Zeit der Enthaltung für sein Gebet": Es fehlt aber die jüdische Begründung des Geschlechtsverkehrs (Kinderzeugung). Denn es ist wegen der Nähe des Endes besser, keine Kinder zu haben. Zu den hellenistischen und besonders stoischen Parallelen vgl. H. LIETZMANN/G. KÜMMEL, An die Korinther, [4]1949, 29 und Beilage 1,91. Anders als in der Stoa wird jedoch von Paulus kein geistiges Training zur Beherrschung der Leidenschaft vorgeschlagen.

85 Vgl. F. LANG, aaO 89.

86 Vgl. Chr. MAURER, Ehe und Unzucht nach 1. Korinther 6,12-7,7, WuD NF 6 1959, 162. Dagegen W. SCHRAGE, ZNW 67, 230f interpretiert V.3f als die Ethik der Agape chr. Ehegatten.

87 Der christologische Titel κύριος kennzeichnet hier "die Autorität dessen, der Gottes Gebote und Weisungen verkündet" (K. BERGER, Zum traditionsgeschichtlichen Hintergrund christologischer Hoheitstitel, NTS 17 (1970/71), 421).

88 R. PESCH, Paulinische "Kasuistik". Zum Verständnis von 1. Kor. 7,10-11, in: Homenaje a Juan Prado (1975), 441. Die Debatte über die Ehescheidung (Mk. 10,9.11f) wird am ehesten aus einer judenchristlich-hellenistischen Gemeinde stammen, die mit jüdischer Schriftauslegung vertraut ist, dem von den Pharisäern repräsentierten Judentum aber bereits sehr distanziert gegenübertritt. Sofern Paulus in 1. Kor. 7,10 auf Mk. 10,9.11ff anspielt, könnte er die Debatte samt der Jüngerbelehrung in Antiochien kennengelernt haben. Mit dem Urteil über die Hartherzigkeit Israels steht die Gemeinde in jesuanischer Tradition, die sie apologetisch wahrnimmt. Vgl. R. PESCH, Freie Treue. Die Christen und die Ehescheidung, 1972, 10ff.

89 Vgl. K. BERGER, Die Gesetzesauslegung Jesu, 1972, 547ff.

90 R. PESCH, Paulinische "Kasuistik", 440.

91 Vgl. o. 127.

92 S.u.Anm.93.

93 Mit dem Gen. 1,27-Zitat werden der CD-Passus (CD 4,20-5,6) und die Jesustradition (Mk. 10,6-8) im Gegensatz zu dem jüdisch Überlieferten verbunden. Wie wir schon oben in Teil C (127) erwähnt haben, tritt Gen. 1,27 und 2,24 zutage, die der Begründung der Einheit der Eheleute in

vorhandene gleichzeitige Polygamie (Mk. 10,11 par) ein. Auch Paulus spricht dieses Einehe-Verständnis Jesu positiv als die Forderung der Monogamie aus (1. Kor. 7,2). In diesem Verständnis der Ehe liegt die Anthropologie Jesu, die nicht mit den 10 Geboten, sondern mit der Schöpfungsgeschichte begründet ist: Gerade dadurch, daß zwei Menschen, die in ihrer Leiblichkeit aufeinander angewiesen sind (wie 1. Kor. 7,4), sich ihre gegenseitige Treue bewahren, bezeugen sie sich ihre von Gott gegebene menschliche Bestimmung. Indem Jesus dies als Inhalt des "Ein-Fleisch-Seins" erklärt, weist er dem Menschen den von Gott her bestimmten Platz und die von Gott her bestimmte Aufgabe in seiner Leiblichkeit und Geschlechtlichkeit zu.

Es war schon davon die Rede, daß und warum es nicht Pflicht ist, zu heiraten. Wo aber Paulus auf die seelsorgerlichen Fragengruppen - betreffend das Verhalten in der Ehe (V. 2-5), den Weg aus der Ehe heraus (V. 12ff) und in die Ehe (V. 36 - 38) - wenn auch unter großer Zurückhaltung in V. 32 - 35[94] antwortet, da geschieht es dauernd in der Ausrichtung auf die doppelte Bestimmtheit der Ehe als exklusive und intensive Einrichtung.

Das folgende ist nicht zu übersehen: Hinter der scharfen Ablehnung der Prostitution steht in Israel der harte Kampf der Propheten gegen die Baalisierung des Jahweglaubens und gegen die kultische Prostitution (als einen Verstoß gegen das erste Gebot)[95], wie das Verbum κολλάω dem LXX-Leser bereits in dem doppelten Sinne, in dem geschlechtlichen und religiösen, geläufig ist[96]. Paulus sieht hier nicht in dem ἓν σῶμα zweier Menschen als solchem, sondern in dem durch die πορνεία disqualifizierten ἓν σῶμα das Zerbrechen der Relation zum Kyrios gegeben. Um zu bezeichnen, daß das κολλασθαι mit der Dirne unmittelbar die Gliedschaft am σῶμα Χριστοῦ zerbricht, gebraucht er zunächst nicht μία σάρξ, sondern das auf die alternative Zugehörigkeit zu **σῶμα** Χριστοῦ hinweisende Wort ἓν **σῶμα**, und zitiert dann Gen. 2,24 (μία σάρξ) für die alttestamentliche Begründung seiner Argumentation. Insofern bezieht sich der Ausdruck ἓν σῶμα sowie μία σάρξ zugleich auf die theologisch qualifzierte Argumentation. (Der Leib Christi heißt sonst bei Paulus nie σάρξ;

Gottes Schöpfungstat und -willen selbst dienen; also Gottes Schöpfung selbst zielt schon auf die Einheit der Ehe ab. In Vorbereitung der ethischen Schlußfolgerung (Mk. 10,9), die im Gegensatz zu der bisherigen jüdischen Praxis steht, wird μία σάρξ der beiden Eheleute betont hervorgehoben. Diese intensive und exklusive Verbindung der Ehe in μία σάρξ hat Jesus gewiß von Mal. 2,15 aufgenommen.

94 Diese Zurückhaltung ist begründet nicht in der asketischen Verachtung des Leibes, sondern in dem intensiven Verhältnis zum Dienst an dem exklusiven Kyrios (V.32-35), dessen Kommen das Gefüge dieser Welt lockert (V.26.29-31), darum auch die Einrichtung der Ehe relativiert. Damit berührt Paulus sich wieder mit den Aussagen der Synoptiker, wonach es im kommenden Reiche Gottes kein Freien und Gefreitwerden mehr gibt (Mk. 12,25) und Menschen sich selbst um des Reiches Gottes willen zu Eunuchen machen (Mt.19,12). Aber so sehr Paulus die Ehe von der Eschatologie her eingrenzt, so wenig werden Argumente zur Auflösung einer bestehenden Ehe geboten! Neben dem Dienst der Ehelosen am exklusiven Kyrios und der Warnung vor dem Eintreten in die Ehe ist es eine ebenso gute Gelegenheit, die in Christus begründete Bestimmung des Menschen zu der durch die Treue gehaltenen Ehegemeinschaft darzustellen und somit den Willen des Kyrios im Gehorsam zu bezeugen.

95 Vgl. F. LANG, aaO 85.

96 S.o. 143 Anm. 60; vgl. auch J. WEIß, 1. Kor., 164.

vgl. Eph. 5,31f, wo der Verfasser δύο εἰς σάρκα μίαν auf die Verbindung von Christus und Kirche bezieht[97].) Deshalb ist Gen. 2,24 hier über die anthropologisch-neutrale Dimension hinaus auf christologischer und ekklesiologischer Ebene betrachtet[98]. Paulus beabsichtigt also, daß μία σάρξ gleich wie ἓν σῶμα die Gemeinschaft der vom Willen Gottes gegründeten (συζεύγνυμι, Mk. 10,9) Ehe eigentlich eine intensive und exklusive Beziehung der Gemeinde zu Christus bezeugen soll[99]; ebenso wie bei Maleachi sowie Jesus die Einheit der Ehe auf Grund Gen. 2,24 nicht nur neutral-anthropologisch ist, sondern vielmehr zur Treue Israels an Jahwe, die in sich den Kampf gegen fremde Götter (Mal. 2,11f) schließt, gemahnt.

Die eheliche Gemeinschaft *unterstützt* dabei die Gemeinschaft mit dem Kyrios *nicht*, weil Paulus der Ehe keine Funktion im Heilsgeschehen gibt[100]. Sie soll vielmehr *unter der Herrschaft* des erhöhten Herrn geschehen, um der Gemeinschaft mit Christus zu dienen[101]. Hier muß man jedoch bemerken: Hier zielt der Apostel nicht darauf, die christologisch begründete *Eheparanäse* zu erwähnen (anders als Eph. 5,25.29), sondern betrachtet das Verhältnis Christi zu der ganzen Gemeinde, der die einzelnen als Gemeindeglieder (μέλη) angehörten, in Analogie zur Ehe[102]. Dieses Verhältnis, das durch das alttestamentliche und jüdisch-apokalyptische Bild von der Ehe bestimmt werden kann, geschieht beispielsweise 2. Kor. 11,2f, wenn die Ehe zwischen der Gemeinde (Eva) und Christus (Adam) nicht nur dem Gesichtspunkt der Zusammengehörigkeit nach, sondern gerade auch unter dem Gesichtspunkt der exklusiven Eifersucht dargestellt wird, ebenso wie Hosea mit dem Ehe-Bild die Verheißung eines neuen Bundes zwischen Gott und Israel verkündigt (Hos. 2,21f u.ö.)[103]. Wie κολλᾶσθαι in 1. Kor. 6,17 ebenfalls mit der Übereignung an Christus identisch ist, die zugleich als pneumatische Verbundenheit erkennbar ist, so handelt es sich ohne Zweifel um die Übereignung (παραστῆσαι , vgl. Röm. 6,13.19; 12,1) an Christus, wie immer man das "Verloben" und "Zur-Verfügung-Stellen" auch näher bestimmen mag. Wenn Paulus die mit der analogen Auslegungsweise wie Maleachi zitierte Stelle Gen. 2,24, die zunächst in der Dimension der Ehe eine totale Abhängigkeit von der

---

97 Gegen E. SCHWEIZER, ThWb VII, 137. Er übersieht die Parallelität dieses σάρξ -Gebrauches zwischen 1. Kor. 6,16 und Eph. 5,28ff, wenn er im folgenden sagt: Die Anwendung des σάρξ-Begriffes auf die Kirche als den Leib (σῶμα) Christi (Eph. 5,31f) ist unpaulinisch. Vgl. R. GUNDRY, SOMA in Biblical Theology, 62. S.u. 246 Anm. 282.

98 Gegen H. CONZELMANN, aaO 142 Anm.28; D. J. DOUGHTY, aaO 173; W. SCHRAGE, aaO 230f Anm.65.

99 Vgl. R. P. SHEDD, Man in Community, 1958, 160.

100 Gegen Ph.-H. MENOUD, Mariage et Célibat Selon Saint Paul, RThPh III, 1 (1951), 28. Zur Sakramentalität der Ehe nach der Auffassung der katholischen Theologie vgl. R. RATZINGER, Zur Theologie der Ehe, in: H. GREEVEN u.a., Theologie der Ehe, 1969, 81ff.

101 G. FRIEDRICH, Christus, Einheit und Norm der Christen. Das Grundmotiv des 1. Korintherbriefes, KuD 9 (1963), 249f. Jedoch kann man zugleich umgekehrt sagen: Die Geschöpflichkeit des Christen wird für Paulus durch die Erlösung nicht gestört, sie wird aber unter die Herrschaft des erhöhten Herrn gestellt, so daß sie nicht gegen die Erlösungsordnung streitet (249).

102 E. SCHWEIZER, ThWb VII, 1077; J. REUSS, Die Kirche als "Leib Christi" und die Herkunft bei dem Apostel, BZ II (1958), 106. S.o. 160 Anm. 180.

103 S.o. 147f, 240f.

Dirne verdeutlicht, paradoxerweise auch für die ekklesiologische (nicht geschlechtliche) Verbindung der Gemeinde mit Christus in Betracht zieht, so denkt er daran, daß Christus als letzter Adam (Röm. 5,12ff; 1. Kor. 15,20ff42ff) und die eschatologische Gemeinde (Eva) ein pneumatisches (V. 17) ἓν σῶμα (Χριστοῦ) bilden[104]. Diese Deutung von Gen. 2,24 wird offensichtlich von dem Verfasser des Epheserbriefes 5,22ff dargelegt. Für die Frage, ob auch Paulus von solcher Auslegung von Gen. 2 her denkt, sowohl an die Gestaltung des einen Leibes zwischen Christus und der Gemeinde als auch dahinter an die Setzung der Gemeinde *aus* Christus selbst *heraus* (wie Gen. 2,21ff), bieten 1. Kor. 11,2-12 und 1. Tim. 2,13 einen wichtigen Hinweis an. Denn in den beiden Stellen beruft sich Paulus klar auf die Tatsache der Erschaffung Evas aus der Rippe Adams. Das ist wichtig für das Verstehen von 1. Kor. 11,7f, wo Paulus ebenfalls von Gen. 2 her argumentiert. Es handelt sich um die Frage der Kopfbedeckung der Frau im Gottesdienst[105] und den Vorrang des Mannes[106]. Zwar überträgt der Apostel diesen Sachverhalt nicht unmittelbar auf die Gemeinde. Aber wie von der folgenden kurzen Exegese her erwiesen wird, liegt doch auch 1. Kor. 11,3ff die ekklesiologische Verwendung von Gen. 2,18ff zugrunde. V. 17: Nach dem Zitat aus Gen. 2,24, das auf die Gläubigen angewandt wird, erwartet man eigentlich: ὁ κολλώμενος ... (V. 17) ist mit dem Herrn ein Leib (nach V. 15). Wenn aber statt dessen das Wort "ἓν πνεῦμα" vorkommt, erklärt das nun, welcher Art dieser eine Leib ist[107]. Wenn die Verbindung der Gläubigen mit dem Herrn einfach als ἓν σῶμα bezeichnet würde, womit sie in genauer Parallele zur somatischen Verbindung zwischen Mann und Frau stünde, gäbe es dabei keinen Platz für die christliche Ehe; dies könnte Paulus mit den Asketen verbinden[108]. Es ist

---

104 Vgl. G. LINDESKOG, Studien zum neutestamentlichen Schöpfungsgedanken, 1952, 194; S. BEDALE, The Meaning of κεφαλή in The Pauline Epistles, JThSt 1954, 215.

105 Im Hinblick auf das jüdische Verständnis (äth Hen 15,12) und das der Qumranschriften (1QSa II,3ff; 1QM VII, 4ff) handelt es sich hier darum, daß Paulus von der Gegenwart der **guten** Engel im Gottesdienst her argumentiert. Vgl. C. WOLFF, Der erste Brief des Paulus an die Korinther, ThHK 7/II 1982, 74; F. LANG, aaO 142f.

106 Die Frau ist "Abglanz" des Mannes. Die Aussage, daß die Frau "Bild" des Mannes sei, vermeidet Paulus wohl wegen Gen. 5,3. In diesem Verständnis von Gen. 1,27 folgt Paulus der jüdischen Exegese seiner Zeit, in der Gen. 1,27a.b. allein auf Adam bezogen wurde, weil dort von einem Menschen die Rede ist.

107 H. CONZELMANN, aaO 142. I. HERRMANN, Kyrios und Pneuma, 1961, 63f mit Anm.35: Vorausgesetzt ist der Gedanke von 2. Kor. 3,17 (ὁ δὲ κύριος τὸ πνεῦμά ἐστιν), die Identität von κύριος und πνεῦμα. Aber das "ist" hat hier Deutungsfunktion, es identifiziert nicht Herr und Geist, so sehr sie zusammengehören. Gott öffnet denen, die an Christus glauben, durch den Geist das Herz für den wahren Sinn der Schrift und die Herrlichkeit Christi (4,6). In V.17b (οὗ δὲ τὸ πνεῦμα κυρίου, ἐλευθερία) ist mit dem "Geist des Herrn" der Geist Christi gemeint. Der Empfang des Geistes in der Taufe ist im Christusgeschehen begründet. Gott und Christus sind als Personen unterschieden; sie wirken aber als Einheit durch den Geist, so daß in Röm. 8,9 der Geist Gottes und der Geist Christi synonym gebraucht werden. Paulus identifiziert Herr und Geist nicht direkt, bindet aber die Wirksamkeit des Geistes an die Verbundenheit mit Christus im Glauben. Der Geist Christi ist die Quelle der Freiheit des Glaubens (vgl. Gal. 4,6; 5,1).

108 K. E. BAILEY, Paul's Theological Foundation of Human Sexuality: 1 Cor. 6:9-20 in the Light of Rhetorical Criticism, in: Theological Review (The Near East School of Theology) III/1, 1980, 38.

ferner zu beachten, daß der einzelne Christ stets nur ein Glied am Leib Christi ist, nie mit Christus einen Leib bildet, sondern pneumatisch in den bestehenden Leib eingefügt wird (vgl. 1. Kor. 6,11; 12,12f: Taufe). Die Gemeinde, nicht der einzelne, bildet den Leib. Darum spricht Paulus nicht von einem Leib, sondern von dem einen Geist[109], während die Einheit der menschlichen Beziehung zwischen Mann und Frau, wie der von einer Parallele zwischen V. 16 und V. 17 *neu aufgenommene* Gegensatz σάρξ/πνεῦμα[110] zeigt[111], einfach fleischlich (wie ἓν σῶμα ψυχικόν , 1. Kor. 15,44) ist[112]. Ἓν πνεῦμα geschieht nicht in der völlig anderen Sphäre. Wenn die Teilnahme am Geist als der konkreten Dimension, in welcher sich der Kyrios zu erfahren gibt, ohne die somatische Sphäre betont wird, gerät man mit Hermann in die gnostische Paulus-Interpretation; infolge der Interpretation Hermanns wird das Christus und den Christen gemeinsame Pneuma freilich als Möglichkeit der Relation zur ontologischen Bedingung gemacht und das gnostische "Motiv der Konsubstantialität" kommt erneut in seiner Paulus-Exegese zum Zuge[113]. Aber gerade das σῶμα ist der 'Ort' der Präsenz und Epiphanie des πνεῦμα[114]. Im Geist als dem Zeit-Raum seiner Präsenz wendet sich der Kyrios uns leiblich zu und beansprucht uns zugleich leiblich, wie V. 13b und V. 15a unübersehbar dartun[115]. Weil diese im Geist gewährte Verbundenheit mit dem Kyrios bis in die Leiblichkeit hineinreicht, schließt sie die Unzucht aus. Daher bedeutet das ἓν πνεῦμα -Sein mit dem Herrn weder mystische Identität noch organisch-naturhafte Verbundenheit[116], sondern das Eingegliedert-Sein in den pneumatischen Christusleib der Gemeinde.

"Geist" und "Leib Christi" stehen nicht im Gegensatz zueinander[117]. Clemens Alex.[118] wendet das Wort vom pneumatischen Leib des Einzelmenschen (1. Kor. 15,44) auf die Ekklesia an; unter Hinweis auf 1. Kor. 6,16f zeigt er: Wie das *eine* Lebensprinzip alle Glieder des Leibes zu einer Einheit macht, wie die Liebeskraft

109 G. FRIEDRICH, Sexualität und Ehe, 1977, 37.

110 Vgl. Röm. 8,9: Ὑμεῖς δὲ οὐκ ἐστὲ ἐν σαρκὶ ἀλλὰ ἐν πνεύματι, εἴπερ πνεῦμα θεοῦ οἰκεῖ ἐν ὑμῖν. Der Geist Gottes ist die zukünftige Wirkung des Geistes Christi, die das endzeitlich-schöpferische Leben an unseren sterblichen Leibern realisiert (V.11).

111 H. LIETZMANN, An die Korinther I/II (1949), HNT, 28; H. CONZELMANN, aaO 142.

112 S.o. 145f. F. LANG, aaO 83. Gegen C. MAURER, aaO 169, der meint, daß σάρξ in V.17 das von der Sünde beherrschte Fleisch ist.

113 I. HERMANN, aaO 64f: "Das Pneuma ist das, worin der Erhöhte erreichbar, **erfahrbar** wird. Wenn der Mensch dem Pneuma begegnet, trifft er in dieser Begegnung auf die Person des Herrn. Denn der Herr ist das Pneuma". Zu seinem Fehler der Identität von κύριος und πνεῦμα, s.o. 152, Anm.124. Zur Kritik an der Interpretation Herrmanns vgl. E. GÜTTGEMANNS, aaO 236; K.-A. BAUER, Leiblichkeit, 1971, 77.

114 E. KÄSEMANN, Exeget. Versuche, Bd. II ^{3}1970, 278.

115 Im Blick auf V.17 wird die "leibliche Selbstmitteilung Christi im Sakrament" (E. KÄSEMANN, Exeget. Versuche, Bd. I (1960) ^{6}1970, 33) zu bedenken sein.

116 W. SCHRAGE, Die konkreten Einzelgebote in der paulinischen Paränese, 84.

117 E. GÜTTGEMANNS, aaO 237.

118 Stromata VII 87, 3-88,2.

Mann und Weib zu einem σῶμα zusammenschließt, so gestaltet das *eine* Pneuma Christi (vgl. 2. Kor. 3,17[119]; Röm. 8,9) den *einen* Leib der Ekklesia. Aber das Wirken des Geistes ist "charismatisch" und nicht organisch-naturhaft[120]. Weil eine vom Geist bestimmte Gemeinschaft durch Christi Initiative bis in das σῶμα -Sein realisiert wird, ist die Analogie des ehelichen Leibes, der von Christus mit der Kirche gebildet wird, nicht nur Bild, sondern bedeutet reale Verbindung, wie sie der Realismus der Vorstellung von τὰ σώματα ὑμῶν μέλη Χριστοῦ (V. 15) darstellt. Christus als letzter Adam realisiert in der von ihm durch Gott hervorgerufenen eschatologischen Gemeinde den einen pneumatischen Leib.

V. 18: Vom klaren Gegensatz von κολλώμενος τῷ κυρίῳ und κολλώμενος τῇ πόρνῃ her tritt V. 18a mit einer grundsätzlichen Warnung vor der Hurerei auf: Flieht die Stätte und Gelegenheit solcher Gefährdung![121]. Wie Conzelmann zeigt, wirkt die folgende Argumentation V. 18f als Einschub, als rationale Begründung zwischen der pneumatologischen in V. 17 und V. 19: Hurerei ist eine Sünde gegen den eigenen Leib, die anderen Sünden geschehen "außerhalb des Leibes". Diese These ist ad hoc formuliert[122]. Paulus will nicht bestreiten, daß etwa Trunksucht, Völlerei und andere Laster den Leib des Menschen auch ruinieren können; trotzdem bleibt wahr, daß der Leib von der Hurerei in besonderer Weise betroffen ist. Während jede andere Sünde[123] "außerhalb des Leibes" bleibt, (d.h. das zum Leib Christi gehörende σῶμα nicht entfremdet, weil sie nicht bis in die von Christus gesetzte und offengehaltene extensive und intensive Ganzheit leiblichen Seins hineinreicht, richtet sich die πορνεία gegen τὸ ἴδιον σῶμα , das doch zugleich nach V. 13b dem Kyrios zugehört[124] und mit dem σῶμα der Hure sich zu einem σωμα verbindet. Nach der Exegese von J. Weiß von V. 18c meine Paulus "nur die den Körper als Organ benutzende Persönlichkeit". Es liegt "hier der stoische Gedanke zugrunde, daß durch die Unzucht die Persönlichkeit des πορνεύων selber geschädigt werde"[125]. Aber Paulus empfindet die Unzuchtsünde so schwer, nicht weil er an den Adel der Persönlichkeit, der der menschlichen Natur innewohnt, glaubt, wie die Stoa, sondern weil er den Leib berufen weiß zur Christus-Gliederschaft und Auferweckung. Dies ist ein völlig anderer "Persönlichkeits-

---

119 S.o. 152, Anm.124.

120 Vgl. K. STALDER, Das Werk des Geistes in der Heiligung bei Paulus, 1962, 433 Anm.32.

121 Zum paränetischen Stichwort φεύγειν vgl. 10,14; 1. Tim. 6,11 usw.; Epict. I 7,25; Ditt Syll 1268 I,3; 4. Makk. 8,19; Test Rub. 5,5; Sir. 21,2.

122 Vgl. zur Interpretation als komparatives Urteil H. CONZELMANN, aaO 142; C. K. BARRETT, aaO 150f; R. JEWETT, Paul's Anthropological Terms, 261; R. H. GUNDRY, SŌMA in Biblical Theology, 1976, 71f.

123 Mit der Formulierung πᾶν ἁμάρτημα wird die Sünde als konkrete einzelne Tat akzentuiert; vgl. W. SCHRAGE, Die konkreten Einzelgebote, 66.

124 Zu dieser Interpretation von V.18 vgl. W. BOUSSET, Der erste Brief an die Korinther, SNT II/I 1917, 101; H. D. WENDLAND, Die Briefe an die Korinther, NTD 7 (1936) ¹²1968, 51; E. GÜTTGEMANNS, aaO 237f; R. JEWETT, aaO 261.

125 J. WEIß, 1. Kor., 165 mit Anm.1 (stoischer Beleg: Musonius) sowie W. G. KÜMMEL bei H. LIETZMANN, An die Korinther, 175 zu 28,21.

gedanke" als der antike. Paulus lehnt sich vielmehr an eine rabbinische Redeweise an[126], welche die Unzucht als die schlimmste Sünde (vgl. Prov. 6,25ff) nicht nur "am eigenen Leib", sondern zugleich "gegen Jahwe" bezeichnet: חָטָא בְגוּף , RH17a; Sanh 109a mit Zitat Gen. 13,13; 39,9[127]. Dahinter steht Num. 25: Die Hurerei führt zum Abfall an den Baal-Peor; sie war als kultische Prostitution mit dem Götzendienst verbunden[128]. Diese Hurerei spielt sich nicht ἐκτὸς τοῦ σώματος , d.h. außerhalb der Ganzheit des menschlichen Leibes ab, der über die empirische 'Leiblichkeit' hinaus in Existenzrelation zum Kyrios steht. Deshalb ist die Hurerei von anderen Sünden zu unterscheiden. Der Anschluß von V. 19 an V. 18 weist darauf hin, daß das "in Christus" gestiftete Sein des Leibes die Voraussetzung für das in V. 18 gemachte Argument ist. Die Hurerei ist ein ἁμάρτημα gegen den Kyrios und den von ihm gegebenen Geist, denn das σωμα des Christen ist nicht nur ein privates τὸ ἴδιον σῶμα, sondern ναὸς τοῦ ἁγίου πνεύματος ein Tempel (beth qodäsh der ruah qodäsh). Diese Aussage über den einzelnen Christen steht in engem Bezug zur Ekklesiologie, weil der dem Christen einwohnende Geist ja der Geist des Leibes Christi, der Kirche, ist. Das σῶμα des Christen ist nicht ἴδιον σῶμα , sondern ein Tempel des heiligen Geistes.

V. 19: Was in 3,16 von der Gemeinde gesagt wurde, daß sie der Tempel Gottes ist, daß der Geist Gottes in ihr wohnt, das wird hier auf den einzelnen übertragen. Der Gedanke des Leibes Christi hebt die Individualität nicht auf. Jeder hat seine Gabe, sein Maß des Glaubens (Röm. 12,3); jeder trägt seine Verantwortung für Gott und den Menschen und hat ein gewisses Maß an individueller Freiheit. Er kann über sein ἴδιον σῶμα verfügen. Die von Lietzmann befürwortete Trennung zwischen ἴδιον σῶμα (V. 18) und οὐκ ἐστὲ ἑαυτῶν[129] ist nicht richtig[130]. Man kann auch umgekehrt sagen: Die kühne Übertragung von der ekklesiologischen Aussage 6,19 ist nicht individualistisch gemeint. "Wie und weil der Christusleib der Bereich des Christusgeistes ist, muß es auch der Leib des einzelnen Christen sein. Denn der letztere ist Glied des ersteren"[131].

Wenn nicht wie in der Stoa die Seele als Haus oder Tempel Gottes[132], sondern der Leib als Tempel des Geistes bezeichnet, betont vorgestellt wird, so zeigt

---

126 H. CONZELMANN, 1. Kor., 143.

127 Vgl. dazu P. BILLERBECK III, 366f. Das Hebräisch גוף bedeutet fast "die ganze Person", s.o. 100. Der schematische Gegensatz GÜTTGEMANNS, aaO 237f mit Anm. 88, zwischen dem in V. 18 dargelegten paulinischen σῶμα-Verständnis, das die menschliche Existenzrelation zum Kyrios zeigt, und dem in der rabbinischen Redensart gezeigten גוף-Verständnis, das er nur für körperlich-empirisch hält, ist falsch.

128 Vgl. auch o. 144f, 149f.

129 Vgl. Röm. 14,7f οὐκ ἐστὲ ἑαυτῶν ist die Voraussetzung des πάντα ἔξεστιν.

130 H. LIETZMANN/W. G. KÜMMEL, An die Korinther I/II HNT 9, ⁵1969, 28.

131 E. KÄSEMANN; Exeget. Versuche, Bd. I, 278.

132 Vgl. die Parallelen bei WEIß, 1. Kor., 166 Anm.1 und bei MICHEL, ThWB IV, 891 mit Anm.25.

sich darin, daß Gott "sich nicht mit unserer Innerlichkeit begnügt"[133], sondern sich im Geist den Leib als Tempel erwählt und ihn zum Ort seiner stetigen Präsenz und zum Raum seiner Anwesenheit auf Erden macht. Wie οὗ ἔχετε ἀπὸ θεοῦ zeigt, ist das πνεῦμα nicht das eigene Pneuma des Enthusiasten[134], sondern dieser hat das πνεῦμα von *Gott* gerade für diesen 'Ort' verliehen bekommen, damit das σωμα dem Kyrios gehöre (καὶ οὐκ ἐστὲ ἑαυτῶν)[135]. Der heilige Geist, den die Glaubenden in der Taufe empfangen haben, und der sie in die Einheit des Christusleibes eingegliedert hat (1. Kor. 12,13: ἐν ἑνὶ πνεύματι ἡμεῖς πάντες εἰς ἓν σῶμα ἐβαπτίσθημεν – wie Christus selber vor unserem Glauben und Taufen da ist), wohnt nun in ihnen (Röm. 8,9) und regiert ihre Herzen, so daß ihr Leib zu einem Werkzeug des Geistes Gottes, ihre Glieder zu "Waffen der Gerechtigkeit" (Röm. 6,13) und "des Lichts" (Röm. 13,12) werden können[136]. In diesem Zusammenhang macht J.A.T. Robinson darauf aufmerksam, daß die Bilder vom Bau und Tempel in den paulinischen Briefen "never describe the Christian's relationship to Christ but always to God or the Spirit"[137]. Die von der urchristlichen Gemeinde übernommene Tempel-Tradition, welche die Erbauung der Gemeinde Christi als des eschatologischen Tempels Gottes zum Ausdruck bringen soll, schiebt Paulus hier in die Leib-Christi-Vorstellung ein, in der durchweg die soteriologische und pneumatische Beziehung zwischen der Gemeinde und Christus konzipiert ist. Dahinter steht sicherlich die paulinische Vorstellung, die Kirche sei als das wahre Israel herauszustellen, an dem sich die alttestamentlichen Verheißungen erfüllen und in welches sich apokalyptisch auch das Israel nach dem Fleisch unter dem Zeichen der Rechtfertigung der Gottlosen eingliedern muß, Röm. 9 (V. 4)[138]-11; Gal. 6,16; Phil. 3,3.

---

133 E. KÄSEMANN, aaO 278; vgl. auch SCHLATTER, Paulus, der Bote Jesu, 202. Nach dem philonischen Dualismus ist der Leib ψυχῆς οἶκος (Det Pot Ins 33; Migr Abr 93), νεὼς ἱερὸς ψυχῆς λογικῆς (Op Mund 137) und ἀδελφὸς ψυχῆς (Ebr 70). S.o. 77f.

134 Es kommt nicht zu einer organischen Vereinigung zwischen Geist und Mensch, so wenig wie es zwischen dem Tempel und Gott zu einer organischen Vereinigung kam. Das meinte die falsche Sicherheit Israels, gegen die die Propheten kämpfen mußten.

135 Daß der Geist als Präsenz des Auferstandenen verstanden ist, zeigt der Zusammenhang. Zu den Textvarianten in V. 19 vgl. P. BACHMANN, Der erste Brief des Paulus an die Korinther, 251 Anm.1 und J. WEIß, 1. Kor., 168.

136 Die Einwohnung des Geistes im Leib als dem Tempel ist nicht eine enthusiastische Begleiterscheinung der Urgemeinde, sondern ein Gegenstand der Verkündigung und des Glaubens wie Kreuz und Auferstehung Jesu Christi und die darin eingeschlossene Rechtfertigung. Deshalb verweist Paulus in οὐκ οἴδατε ὅτι nicht nur auf "katechetische Unterweisung" (die Formel οὐκ οἴδατε - gleich wie 3,16 - gehört der gläubigen, pädagogischen Wendung des Diatribenstils an, vgl. bes. Epiktet I 4,16; 12,12; II 5,26; 8,12 u.ö., vgl. C. F. G. HEINRICI, Der erste Brief an die Korinther, KEK, 1896, 131), wie MICHEL sieht (O. MICHEL, ThWb IV, 890 u. V. 138,13.19. S.o.188f)bzw. auf die Besorgnis (E. FASCHER, Der erste Brief des Paulus an die Korinther, 138), sondern auf die feierliche Verkündigung des Evangeliums. Vgl. K. STALDER, aaO 432f.

137 J. A. T. ROBINSON, The Body, 1952, 64.

138 "Israel" und "Kinder Gottes" als Bezeichnung des Gottesvolkes (VV.6.8). Für Volk Gottes = Kinder Gottes s.z.B. Weish. 9,7; 12,19.

Auf die entscheidende Frage, wie das Bild vom Tempel Gottes, in dem der Geist Gottes wohnt, bei Paulus sowohl auf die Gemeinde (3,16f, als Leib Christi) wie auch auf den einzelnen Leib der Christen bezogen werden konnte, kann man im folgenden antworten, wie wir schon oben ausgeführt haben: Paulus hat die Bezeichnung der Gemeinde als Gottes Tempel in der Endzeit (Mk. 14,58) von der judenchristlichen Kirche übernommen, wie Jesus sich wie der Stifter der Qumransekte, sein Gegenspieler, als den Erbauer einer eschatologischen Gemeinde betrachtete und die Heilsgemeinde als den endzeitlichen Tempel bauen wollte. Wie die johanneische Gemeinde und die urchristliche Gemeinde, so hat auch Paulus gewiß die Qumran-Vorstellung von מִבְנֶה aufgenommen und sie auf die Kirche bezogen. Denn der individuell einen Menschenleib kennzeichnenden מִבְנֶה -Begriff wurde auf den Beter zum Bau der Qumrangemeinde als dem endzeitlichen Tempel Gottes angewandt und gehört dazu; der verderbliche Bau (מִבְנֶה) wird durch den heiligen Geist gefestigt (1QH 7,8f)[139].

Aber die ekklesiologische Vorstellung "Leib Christi" bei Paulus, in der die Heilsbeziehung zwischen zweitem Adam Christus und dem ihm entsprechenden Leib als der Gemeinde vorliegt (deshalb findet sich diese Vorstellung nirgendwo im Johannesevangelium), kann man nicht mit der מִבְנֶה-Metapher bzw. Tempelmetaphorik begründen, geschweige denn in ihr deren Ursprung finden[140]. Weder die Polemik gegen den Opferdienst (die für Paulus vor dem Jahre 70 prinzipiell möglich gewesen wäre) noch die Kritik am Tempel selbst, welche Paulus nahe gelegen hätte, wenn er als junger Mensch Zeuge der Vorgänge um Stephanus gewesen wäre (Apg. 7,58; 22,20)[141], haben im Zentrum der paulinischen Ekklesiologie irgendwo Platz. Diesen Aspekt drückt E.S. Fiorenza richtig aus: "The transference of the temple notion to the community, however, is in this Pauline tradition not linked with the theological motif of the atonement and expiation of sins. The following short survey of the Pauline temple-tradition indicates that the concrete situation leading to the transference of cultic language to the Christian community differs from that of the Qumran tradition"[142]. Also kann man das *kollektive Verständnis selbst* von dem "Leib" Jesu als dem Tempel (Joh. 2,21) sachlich nicht unmittelbar mit dem "Leib

---

139 S.o. 191f, 201f.

140 Gegen W. HAHN, Gottesdienst und Opfer Christi, 1951, 51-73, der den Ursprung der Leib-Christi-Idee in Jesu Wort vom Abbruch und Neubau des Tempels sieht (55); C. KEARNS, The Church the Body of Christ according to St Paul, Irish Ecclesiastical Record 90, 1958, 90,5, wobei aber die Abendmahlstellen entscheidend waren für die Weiterentwicklung.

141 Der Form nach ähnlich wie in Berufungstexten, bringt Paulus Einwände vor; vgl. O. BETZ, Die Vision des Paulus im Tempel von Jerusalem (Apg. 22,17-21 als Beitrag zur Deutung des Damaskuserlebnisses), in: Verborum Veritas, FS. für G. STÄHLIN, 1970, 118f. Der bemerkenswerte Sprachgebrauch, daß Paulus (V.15) und Stephanus (V.20) als **Zeugen** bezeichnet werden, hat zwar vorwiegend das Zeugnis ihrer Verkündigung im Blick. Vgl. A. WEISER, Apostelgeschichte, ÖTK 5/1 (1981), 74f. Exkurs 2.6; DERS., aaO, ÖTK 5/2 (1985), 611.

142 E. S. FIORENZA,Cultic Language in Qumran and in the NT, CBQ XXXVIII 1976, 171.

Christi"-Gedanken in der paulinischen Ekklesiologie identifizieren. Trotzdem wurde die Verbindung der beiden Vorstellungen erst bei Paulus möglich. Denn die in der Adam-Christus-Typologie begründete "Leib-Christi"-Formel stammt unserer Meinung nach aus der heilsgeschichtlichen Auslegung von Gen. 2,21f, wo die Entstehung Evas aus Adam mit dem heilsgeschichtlich (und ekklesiologisch bei Paulus) bedeutsamen Begriff בָּנָה (οἰκοδομέω) dargestellt ist. Daraus darf man folgern, daß Paulus ohne Schwierigkeit den Gedanken von der Erbauung der Gemeinde Christi als des eschatologischen Tempels in den Bereich seiner "Leib Christi"-Vorstellung einordnen konnte, obwohl der Tempel - streng genommen - als Bild nicht zum "Leib" paßt. Diesen Zusammenhang hat unsere Exegese (V. 19) klargestellt[143]. Als Tempel des Heiligen Geistes werden wir gerade zu leiblichem Dienst für die Aufbauung der Gemeinde berufen, und das auf der Basis und im Horizont des Christusleibes, der primär der Tempel des Heiligen Geistes ist[144]. Die Verbindung des Geistes mit der Gemeinde und jedem ihrer Glieder ist jedoch immer eine kritische Verbindung, in der der Geist seine Freiheit behält, ja gerade zur Geltung bringt und ebenso den Menschen nicht allein läßt, sondern ihn mit der gnadenvollen Gegenwart Gottes beschenkt.

Wenn Paulus in 1. Kor. 3,9 sagt: θεοῦ γεώργιον, θεοῦ οἰκοδομή ἐστε [145], bezieht er das Bild οἰκοδομή als nomen actionis[146], dessen Verwendung im Judentum (1QS 8,5ff; CD 3,19) ausgebildet ist, in erster Linie auf die Gemeinde (wie 2. Kor. 10,8 mit dem Gegenbegriff καθαιρεῖν 2. Kor. 10,4; 2. Kor. 12,19 ὑπὲρ τῆς ὑμῶν οἰκοδομῆς) als Leib Christi, nicht auf den Einzelnen (vgl. 12-14).

In 1. Kor. 14, wo die Begriffe οἰκοδομή und οἰκοδομεῖν nicht weniger als siebenmal (οἰκοδομή 14,3-5.12.26, οἰκοδομεῖν 14,4(2 mal).17) gebraucht sind, macht Paulus die "Erbauung" der Gemeinde zum Kriterium der Geistesgaben im Gottesdienst[147] und weist ihnen damit erst ihre Funktion als Charismen im Gesamtgefüge

---

143 Auch an der Abendmahlstelle (1. Kor. 10,16f), wo das eucharistische und ekklesiologische Verständnis vom Leib Christi zusammenhängend vorliegt (G. BORNKAMM, Paulus, ⁴1979, 199), und bei der Aussage von der organischen Gemeinde als Leib Christi (1. Kor. 12,12ff) setzt Paulus seine eigentliche Konzeption über den Gehalt der ekklesiologischen Formel "Leib Christi" voraus, wie das aus der späteren Exegese erhellt.

144 E. KÄSEMANN, Exeget. Versuche, Bd. I, 278.

145 Die Verbindung der beiden Bilder von Pflanzung und Bau ist traditionell, im AT (Jer. 1,10; 24,6 in bezug auf Gottes Volk), Judentum (Philo Cher 100ff; Rer Div Her 116; Execr 139; 1QS 11,8), Griechentum (Dio Chrys Or 52(69), 3; 54(71); 4f; Plut An virtus doceri pot 439a), in der Gnosis (Mand Lit 190).

146 Röm. 14,19; 15,2; 1. Kor. 14,3.5.12.16.26; 2. Kor. 12,19. Vgl. VIELHAUER, Oikodome, 1939, 79ff; J. PFAMMATTER, Die Kirche als Bau, An Greg 110, 1960, 19ff.

147 Dadurch, daß die Begriffe in der Antithese von προφητεύειν und γλωσσολαλεῖν gebraucht werden, wird οἰκοδομή in seinem negativen und positiven Sinn deutlich; hierzu vgl. Ph. VIELHAUER, Oikodome, 91f: sie besagt die "Ablehnung der selbstgenügsamen Hypertrophie des religiösen Individualismus und Egoismus, der sich darin erschöpft, in der Produktion pneumatischer Phänomene um sich selbst zu kreisen", positiv: die Förderung des andern, und zwar nicht in seiner bloßen Individualität, sondern als Glied der ἐκκλησία (14,4f.12), so wird die Gemeinde nicht anders erbaut als durch das an den verstehenden andern adressierte Wort,

des Leibes Christi zu [148]. Der Begriff der οἰκοδομή als nomen actionis, zeigt die Tatsache, daß die Gemeinde der Tempel Gottes *ist* (1. Kor. 3,16f). Aufgrund dessen könnte man weiter "die οἰκοδομή τῆς ἐκκλησίας die immer neu zu vollziehende, sich vollziehende Konstitution, die creatio continua der Kirche nennen" [149] . Das geschieht im praktischen Verhalten der Glaubenden untereinander (vgl. 1. Kor. 8-10 und Röm. 14f), wie im Gottesdienst, der für Paulus in keiner Weise eine auf bestimmte kultische Verrichtungen beschränkte Veranstaltung ist, sondern das ganze Leben der Glaubenden umfaßt, wie in Röm. 12,1 gesagt ist [150].

Wenn Paulus in dieser Weise das ekklesiologisch wichtige Oikodome-Motiv in die Nähe des Christusleib-Gedankens legt[151], denkt er dabei gewiß an die neue Auslegung von Gen. 2,22, so wie die individuelle (4. Makk. 18,7; Gn r 18 u.ä.) und kollektive (Ant Bibl 32,15; 4. Esr. 6,54ff; 7,116ff) Auslegung der Schrift die Erschaffung bzw. den *Ausbau* Evas aus dem Leib (= Rippe) Adams erwähnt hat.

V. 20: V. 20 begründet den Satz οὐκ ἐστὲ ἑαυτῶν (19b): Ihr seid gegen Bezahlung erworben[152]. In diesem Vers, welcher zugleich die Bedingung für V. 13 andeutet[153], fehlt die Angabe von "(Ver)Käufer" und "Kaufpreis". Deshalb denkt F. Büchsel mit Lietzmann/Kümmel und Conzelmann, es gehe hier gar nicht um die Höhe des Preises; der Ton liege auf dem "Daß" des Erkauftseins[154]. Dann könnte die Übersetzung "ihr seid bar/gegen *Barzahlung* erkauft" vorgeschlagen werden[155]. Aber Gal. 3,13;4,5 (mit ἐξαγοράζω [156]; vgl. 1. Petr. 1,18f mit Jes. 52,3) zeigen, daß zumindest der Preis hoch war: die Selbsthingabe Jesu in den Fluch des Gesetzes, mag auch von Gal. bis 1. Kor. (auch 7,23) eine gewisse Verschiebung in Bild und Gedanke vor

---

die ihm geltende Ermahnung und Tröstung (14,3). Dieser andere ist schon Glied der Gemeinde oder soll es doch werden, wie 14,16.23f zeigen. Diese Einbeziehung auch der ἰδιῶται und ἄπιστοι in die Erörterung und damit ihre prinzipielle Gleichstellung mit dem anderen in der Gemeinde zeigt, daß Paulus die missionarische Funktion des Wortes auch für das gottesdienstliche Wort festhält.

148 Vg. G. BORNKAMM, Zum Verständnis des Gottesdienstes bei Paulus, A) Die Erbauung der Gemeinde als Leib Christi, in: Das Ende des Gesetzes, (1952) ³1961, 117.

149 Ph. VIELHAUER, aaO 92.

150 Paulus bezeichnet mit Bauen und Weiterbauen auch sein eigenes Gemeindegründen sowie das Wirken und die Tätigkeit seiner Nachfolger (1. Kor. 3,5ff; 2. Kor. 10,8; 12,19; 13,10). Dasselbe ist aber auch einer dem anderen in der Gemeinde schuldig (1. Thess. 5,11; 1. Kor. 8,11-12; 1. Kor. 14; Röm. 14,19; 15,2) nach dem Maß und Beispiel Christi, der auch für den anderen gestorben ist (1. Kor. 8,11f; Röm. 14,15) und alle angenommen hat (Röm. 15,7). Hingabe und Dienst im Verzicht auf das eigene Recht ist nun das Gesetz der "Erbauung" der Gemeinde (vgl. 1. Kor. 9,21).

151 Vgl. auch Röm. 12,5 und 6ff (s.u. 240f); 1. Kor. 10,16; 12,27.28ff. Vgl. H. POHLMANN, Erbauung, RAC 5 1962, pp 1054. Zur Vermischung des Baubildes mit dem menschlichen Leib 2. Kor. 5,1. Die dahinter stehende Überlieferung οἰκοδομή. EWNT II, 1981, aaO pp 1214.

152 W. BAUER, Griech.-deutsches Wörterbuch, 1952, 22.

153 E. SCHWEIZER, ThWb VII, 1062.

154 F. BÜCHSEL, Art. ἀγοράζω-ἐξαγοράζω, ThWb I, 126.

155 LIETZMANN/KÜMMEL, An die Korinther I/II HNT 9, 28f; H. CONZELMANN, 1. Kor., 144.

156 F. BÜCHSEL, aaO 126,32f, gibt zu, daß Gal. 3 u. 4 die Vorstellung in bestimmter Hinsicht dem damaligen Brauch der sakralen Sklavenbefreiung entspricht.

sich gegangen sein. Insofern dürfte τιμῆς mit *teuer* (wie Luthers Übersetzung, ebenso Züricher Bibel, ähnlich Einheitsübersetzung) nicht falsch übersetzt sein[157]. Das ist in der Sache die Erlösung durch das Blut Jesu Christi (ἀπολύτρωσις 1. Kor. 1,30; Röm. 3,24; vgl. Eph. 1,7; 1. Petr. 1,18f) aus der Knechtschaft von Sünde, Gesetz und Tod. Die Herkunft des Motivs vom Loskauf ist in der Forschung noch umstritten[158]. Aber der entscheidende Hintergrund dieser Vorstellung ist für Paulus doch wohl das grundlegende Motiv der Erlösung des Volkes Israel durch seinen Gott aus der Knechtschaft in Ägypten[159] (Jes. 52,3: כִּי כֹה אָמַר יְהוָה חִנָּם נִמְכַּרְתֶּם וְלֹא בְכֶסֶף תִּגָּאֵלוּ ; vgl. Jes. 43,3f: (3)... קְדוֹשׁ יִשְׂרָאֵל מוֹשִׁיעֶךָ נָתַתִּי כָפְרְךָ מִצְרַיִם ... (4)מֵאֲשֶׁר יָקַרְתָּ בְעֵינַי נִכְבַּדְתָּ וַאֲנִי אֲהַבְתִּיךָ) Jes. 52,3a: die Israeliten sind umsonst "erkauft" (נִמְכַּרְתֶּם), ist ein etwas paradoxer Ausdruck, der auf der dem Deuteromisten geläufigen Redensart: in die Hand eines Feindes verkauft werden, beruht (Jd. 2,14; 3,8; 4,2; 10,7)[160]. Ohne Entgelt[161] hatte Gott sein Volk dem Feinde ausgeliefert; ohne Entgelt wird es darum nur aufgrund des freien göttlichen Ratschlusses erlöst[162]. גָּאַל hier wie Jes. 43,1b[163] bedeutet, als Sklaven verkaufte Kinder usw. oder Gefangene einzulösen. Jes. 43,1ff ist gesagt: Der Erlöser (V. 1b גְאַלְתִּיךָ) Jahwe, welcher zugleich der Schöpfer Israels (V. 1a: בֹּרַאֲךָ יַעֲקֹב ; vgl. V. 15, יֹצֶרְךָ יִשְׂרָאֵל ; vgl. V. 21) ist[164] (womit das erlösende Handeln Gottes mit dem schöpferischen zusammengehört[165], ebenso wie bei dem קָנָה-Begriff[166], Ant Bibl 32,15 und 4. Esr. 6,38ff; 7,116ff[167]), gibt reichlich Lösegeld (כֹּפֶר)[168]: für das kleine Israel das große Ägypten, des wei-

---

157 H. HÜBNER, Art. τιμη, EWNT III 1983, 858f.

158 Für den **sakralen** Sklavenfreikauf A. DEIßMANN, Licht vom Osten, ⁴1923, 271ff. Daran lehnt sich H. HÜBNER an, aaO 859. Dagegen behauptet F. BÖMER "auf dem Markt kaufen", Untersuchungen II: Die sog. sakrale Freilassung in Griechenland und die (δοῦλοι) ἱεροί, A A Mainz, 1960(1), 133ff. Dafür auch H. CONZELMANN, aaO 144. Für die Vorstellung der Auslösung von Kriegsgefangenen W. ELERT, ThLZ 72 1947, 265ff.

159 C. K. BARRETT, aaO 152; F. LANG, aaO 84; W. GRIMM, Die Heimkehr der Jakobskinder (Jes. 43,1-7), 1985, 85, versteht 1. Kor. 6,20 und 7,23 im Zusammenhang mit Jes. 43,4.

160 Vgl. B. Duhm, Das Buch Jesaia, HK 1922, 390.

161 "Nicht um Silber" ist gleichfalls wie 45,13b verheißen.

162 E. KALT, Das Buch der Weisheit. Das Buch Isaias, HBK VIII 1938, 366; G. FOHRER, Das Buch Jesaja, 3. Bd. ZBK 1964, 154f.

163 R. N. WHYBRAY, Isaiah 40-66, NCeB 1975, 165.

164 Zur Bedeutung von בָּרָא (vgl. Gen. 1,1.21.27; 2,3) und יָצַר (vgl. Gen. 2,7.8.19) in Deuterojesaja vgl. P. STUHLMACHER, Creative Redemption in Deutero-Isaiah, AnBib 1970, 209-216.

165 Daß Gott Israel dann erlöst, wird damit begründet, daß er der Schöpfer ist, auch derjenige Israels. Vgl. B. DUHM, Das Buch Jesaia, HK 1922, 321; G. FOHRER, aaO 60; A. S. HERBERT, Isaiah, CBC Chp. 40-66, 1975, 49.

166 S.o. 163ff.

167 S.o. 167ff.

168 כפר ist das, was für den Preis des Lebens eintritt, für mein Leben einstehen kann. Für die Wurzel כפר ist die Grundbedeutung "abwischen", "abschälen" anzunehmen, so im Akkadischen, dort im Intensivstamm dann "ausroden" und "reinigen" im kultischen Sinn. Letzteres ist die Basis für das hebräische, auch im Intensivstamm erscheinende "Sühnen". Von einer Grundbedeutung "bedecken" kann man nicht ausgehen, auch wenn zufällig **kippär** in Jer. 18,23 einem **kissā** ("zudecken") in Neh. 3,37 entspricht. Das hebräische vom Intensivstamm gebildete Nomen **kǎpporät**, das das auf der Lade angebrachte Sühnmal bezeichnet, heißt nicht "Deckel", sondern eben "Sühngerät", Sühnmal", ἱλαστήριον. Gegen K. ELLIGER, Deuterojesaja, 1. Teil. BK 1978, 297. Vgl. H. GESE, Zur biblischen Theologie, 1977, 91.

teren Kusch und Seba (V. 3). Als das Lösegeld gibt er nicht nur diese Weltgegend, sondern auch Menschen und Völker (אָדָם) für das Leben Israels (V. 4b), weil er Israel liebt (אֲהַבְתִּיךָ), und weil Israel teuer (יָקַרְתָּ , ἔντιμος LXX[169]) ist in Gottes Augen, wertgeachtet (נִכְבַּדְתָּ Ni. v. כָּבֵד) (V. 4a). Israel hat seinen Wert nicht in sich selber, wohl aber in Jahwes Augen; es hat seine Ehre (כבד) und Wertschätzung nicht von sich selbst, sondern von einem anderen, also von Jahwe empfangen. Diesen Tatbestand macht der letzte mit נִכְבַּדְתִּי gekoppelte Satz von 4a "Ich liebe dich" (vgl. Hos. 11,1; Jer. 31,20) vollends deutlich. Liebe beruht hier nicht auf Gegenseitigkeit. Mit dem Subjekt "ich" (אֲנִי) wird die unzerstörbare Liebe Jahwes ausgedrückt, trotz aller Treulosigkeiten. Diese Heilszusage war der feste, große Trost für die angefochtene Exilsgemeinde. Dieser Heilszusage folgt eine Ankündigung (V. 5b-6), die ganz deutlich die Heimkehr der Zerstreuten aus dem Exil verheißt. Wie V. 1 so hier[170] und V. 7[171] ist das Wirken des Schöpfers und Herrn der Geschichte in eins gesehen. Besonders zeigt V. 7 das Ziel des Erlösungswerks: Nicht die Erlösung Israels ist das letzte Ziel des Geschehens, sondern die Ehre Gottes (לִכְבוֹדִי). Von daher kann man gut verstehen, warum Paulus hier an V. 20a unmittelbar die Wendung von δόξασατε (כַּבֵּד) τὸν θεὸν ἐν τῷ σώματι ὑμῶν anschließen konnte[172]. Aufgrund der Tatsache, daß die Christen durch das große Opfer Christi "teuer (τιμῆς - genitivus pretii) erkauft" sind, ermahnt er sie, daß sie mit ihrem Leib Gott verherrlichen (vgl. Phil. 1,20; Röm. 12,1), d.h. ihren Leib als Tempel des heiligen Geistes rein erhalten und ihm nicht durch Rückfall in heidnische Laster schänden. Der Leib ist der Ort, an dem vor allem der Übergang vom Indikativ zum Imperativ erfolgt. (Auch Röm. 12,1; 6,11ff). Nochmals in 1. Kor. 7,23, wo von der Dialektik von Freiheit in der Dienstbarkeit gesprochen wird, erinnert Paulus die Korinther mit dem gleichen Ausdruck τιμῆς ἠγοράσθητε wie hier an ihre Erlösung durch den stellvertretenden

---

169 Es gibt im Hbr. kein genaues Äquivalent für τιμάω, τιμή. τιμή steht für 12 hbr. Wörter, meint כבוד, ערך, יקר, יקר , bedeutet **Geldzahlung** Hi 31,39, **Geldpreis, Kaufpreis** Gen. 44,2, **Sühnegeld, Entschädigungssumme** Gen. 20,16. Weiter vgl. J. SCHNEIDER, Art. τιμή , ThWb VIII 1969, 173.

170 Wie der Schöpfer den Winden als seinen Dienern gebietet (Ps. 104,4), so gebietet Gott den vier Himmelsrichtungen, herauszugeben und zurückzubringen; gemeint sind die politischen Mächte, die die Zerstreuten Israels an der Heimkehr hindern.

171 ולכבודי בראתיו יצרתיו אף-עשיתיו.., die ich zu meiner Ehre geschaffen und zubereitet und gemacht habe.

172 Die Zusammenstellung von τιμή und δόξα "Ehre und Herrlichkeit" findet sich gelegentlich in LXX (für Gott z.B. Ps. 28,1; 95,7; vgl. 34,19; für Aaron Ex. 28,2 oder den Menschen schlechthin Ps. 8,6). In Hi. 40,10 wird Hiob aufgefordert, in göttlicher Majestät aufzutreten und sich in Herrlichkeit und Pracht (δόξᾳ καὶ τιμῇ) zu kleiden. Das trifft auch für das NT zu, vor allem in doxologischen und hymnischen Texten zum Lobe Gottes (1. Tim. 1,17; vgl. 6,16 neben κράτος αἰώνιον statt δόξα; Apk. 4,11 <s. auch V.9>; 5,13; 7,12) oder des "Lammes" (Apk. 5,12.13). Während Hebr. 2,7.9 im weiteren Kontext von Ps. 2,7 steht, ist 2. Petr. 1,17 der Empfang von "Ehre und Herrlichkeit" durch die Verklärung und die Himmelsstimme gemäß Ps. 2,7 begründet. Röm. 2,7.10; 1. Petr. 1,7 ist τιμή neben δόξα im eschatologischen Sinn gebraucht.

Sühnetod Jesu am Kreuz[173]. Auch dort liegt der Akzent ganz auf dem befreienden, erlösenden Handeln Gottes im Kreuz Jesu Christi, durch das die Korinther rechtmäßig erworbenes Eigentum ihres neuen Herrn geworden sind; dabei wird weder der Preis des Loskaufs noch der Empfänger des Kaufpreises näher bestimmt. Im Blick auf 1. Kor. 8,11f und 12,23.24 kann man weiter bemerken, daß die τιμή (Wert, Ehre) in dem nicht bloß doxologischen, sondern vielmehr ekklesiologischen Kontext gebraucht ist: Den Christen, denen kein in die Augen fallendes χάρισμα geschenkt ist, soll eine besondere Wertschätzung (τιμή 2 mal) im Gesamtorganismus des Leibes als der Gemeinde zuteil werden (1. Kor. 12,23.24). Weil die τιμή dadurch den Schwachen erwiesen wurde, daß Christus für sie gestorben ist (1. Kor. 8,11f), werden sie den anderen Gemeindegliedern gleichgestellt.

Es wäre noch bedeutsamer, wenn Paulus die durch Jesus neu qualifizierten Loskaufvorstellung nicht direkt aus der Stelle Jes. 43,3f herausgezogen, sondern vielmehr in der Linie der jüdisch-christlichen Exegese von Jes. 43,1-7 entwickelt hätte. Auffällig ist, daß die Lösegeldvorstellung in Mk. 10,45 als der Sühnetod des "Menschensohnes" (בַּר אָדָם) interpretiert wird, der wie in Joh. 11,50 und 1 Qs-a in singularischer Deutung des Adam (אָדָם) (Jes. 43,4) begründet wird. Bei dieser intensiven Exegese scheint es recht gut möglich, daß Paulus bei der Aussage in V. 20 an den Sühnetod des "Menschensohnes" bzw. des Adam Christus gedacht hat[174]; Paulus begreift ihn in Röm. 5,12f (vgl. Phil. 2,6ff) als den *Gehorsam* des zweiten Adam = Kreuz.

Nach Jes. 43,3f gibt Gott zur Bewahrung des Lebens Israels ein "Lösegeld" (כֹּפֶר), die zu Jahwe findenden Heiden, deren götzendienerische Existenz damit aufhört (vgl. 45,14-17), so daß sich Israel am Ende durch das Gericht hindurch als gerechtfertigt und lebendig erweist[175]. Die Vorstellung von dem Lösegeld als dem Sühne schaffenden stellvertretenden Strafleiden erscheint auch b.BQ 40a.41b und b.Mak. 2b. Welche große Bedeutung das Heilsorakel Jes. 43,1-7 für das Israel z.Z. Jesu hatte, kann man 4. Makk. 18,10-18 entnehmen[176].

In diesem Zusammenhang erhellt Grimm die Lösegeld-Theologie in der jüdisch-christlichen Exegese von Jes. 43,1-7[177]: Wo im Judentum (Mekh. 21,30[178]; Ex.r.ll

---

173 F. LANG, aaO 98. Abgesehen vom Motiv des Loskaufs liegen die stoischen Parallelen (Stob III 2,38, vgl. J. WEIß, aaO 191) näher. Doch bleiben sie formal, da ihnen die Dialektik von Freiheit in der Dienstbarkeit fremd ist.

174 Dan. 7,14 wurde τιμή mit ἀρχή und ἡ βασιλεία dem Menschensohn gegeben.

175 Auch ohne kultische Zusammenhänge als wichtige Metapher für theologische Aussagen ist hier der allgemeine Begriff der Sühne, der stellvertretenden Totalhingabe, gebraucht. Vgl. H. GESE, aaO 104 Anm.14.

176 Vgl. noch Pesikta Rabbati 11,5; Ps. Sal. 9.

177 W. GRIMM, Weil Ich dich liebe. Die Verkündigung Jesu und Deuterojesaja, ANTI, Bd. I 1976 (Diss. 1973/74), 242ff. Vgl. J. JEREMIAS, Theologie, 277ff; P. STUHLMACHER, Existenzstellvertretung für die Vielen: Mk. 10,45 (Mt. 20,28), in: Werden und Wirken des Alten Testaments, FS K. WESTERMANN, 1980, 420-423, zeigt, daß die Echtheit des Logions nicht nur möglich, sondern vom Stand unserer Kenntnis her sogar historisch wahrscheinlich ist. Gegen R. PESCH, HThK Mk, II,162.167, der Mk 10,45 für eine "sekundäre Bildung" aus dem "hellenistischen Judenchristentum" (164) hält. Vgl. auch M. HENGEL, Atonement, 1981, 58; K. Th. KLEINKNECHT, 1984, 171-174; S. KIM, "The 'Son of Man'" as the Son of God, WUNT 30 (1983), 52-73, etwas anders (58f). Zur

zu 8,19; vgl. noch äth Hen. 98,10; S. Dt. 329 zu 32,39; 4. Esr. 7,102ff) vom Lösegeld zur Rettung im Endgericht die Rede ist[179], argumentiert man mit Ps. 49,8f und mit Jes. 43,3f. Diese jüdische Lösegeldvorstellung ist von höchster Bedeutung für die Auslegung von Mk. 10,45 und Mk. 8,37. Während Ps. 49,8f (LXX 48,8f)[180] eine negative Feststellung (- ihr entspricht Jesus in Mk. 8,37) provoziert, gibt Jes. 43,3f eine positive (- ihr entspricht Jesus in Mk. 10,45). Da Jesus in Mk. 8,37 dieselbe alttestamentliche Stelle aufnimmt wie das Rabbinat, ist es von vornherein wahrscheinlich, daß er das auch in Mk. 10,45 tut.

Die Dienstaussage in Mk. 10,45b ist ein echtes Jesuswort über den Tod Jesu als stellvertretend-sühnender Lebenshingabe, die gewiß unter dem Einfluß der Abendmahlstradition und der christologischen Rezeption der durch Jesus neu qualifizierten Sühnevorstellung von Jes. 53,10-12 im frühen hellenistischen Judenchristentum steht. Das hebräische Äquivalent für den z.Z. Jesu üblichen Sprachgebrauch δοῦναι τὴν ψυχὴν αὐτοῦ[181] ist נָתַן נַפְשׁוֹ, das Jes. 53,10 nicht vorliegt[182], sondern das sachgemäße Deutung des אֶתֵּן von Jes. 43,4 ist. Daß das Subjekt des δοῦναι in Jes. 43,3f Jahwe, in Mk. 10,45 aber der Menschensohn ist, hängt mit einem Wesensmerkmal der ἦλθον - Worte zusammen, die das Gesandtsein Jesu von Jahwe nach Jes. 61,6f bedeuten. Weiter deckt sich die Wendung λύτρον ἀντί wörtlich mit dem תַּחַת ... כֹּפֶר von Jes. 43,3f. Dabei kommt nur der hebräische Text als Hintergrund in Frage, da כֹּפֶר und תחת in Jes. 43,3f von keiner griechischen Übersetzung mit λύτρον und ἀντί wiedergegeben werden. Doch ist λύτρον mit der Idee der Äquivalenz und der Substitution gewiß an כפר orientiert[183]. Die Wendung ἀντὶ πολλῶν (diff ὑπὲρ πολλῶν Mk. 14,24), die allerdings gewiß nicht an Jes. 53 und Mk. 14,24 vorbei formuliert ist, schließt sich an die Verwendung von λύτρον an[184]. In der Wendung πολλῶν hat Jesus Jes. 53,10ff und Jes. 43,3ff zusammengeschaut, weil die 'Vielen' (= Jes. 53,10-12) und die 'Leute' aus den verschiedenen Himmelsrichtungen und vom Ende der Erde (=Jes. 43,5f) schon in Mt. 8,11 ("sie werden kommen aus Ost und West") miteinander identisch sind. Jesus konnte sie aus einem sachlichen und sprachlichen Grund miteinander identifizieren: Der Menschensohn gibt sein Leben als sühnende Ersatzgabe *anstelle* der Vielen hin (deren Leben ohne seine stellvertretende, ersatzweise Lebenshingabe im Endgericht dem Tod verfallen wäre)[185].

Beziehung des ἱλαστήριον (Röm. 3,25) mit der priesterschriftlichen כַּפֹּרֶת-Tradition vgl. B. JANOWSKI, Sühne als Heilsgeschehen, Diss. Tübingen, 1979, 242-254.

178 J. LAUTERBACH (Hrsg.) Mekilta deRabbi Ishmael. A critical edition, 1933 (n. Neudr. 1949).

179 Das Lösegeld von Jes. 43,3f bedeutet für die rabbinische Theologie eine Art ἀποκατάστασις Israels: Die Heidenvölker werden im Endgericht an Israels Statt in die Hölle geworfen, damit die eschatologische Rettung nicht nur eine begrenzte Zahl frommer Israeliten erfaßt, sondern Israel gerade in seiner Ganzheit unversehrt beläßt.

180 Hier ist τιμή auf Lösegeld (כֹּפֶר u. פִּדְיוֹן) angewandt; (8).. כפרו:(9) ויקר פדיון נפשם (LXX)(8).. ἐξίλασμα αὐτοῦ καὶ τὴν τιμὴν τῆς λυτρώσεως τῆς ψυχῆς αὐτοῦ.

181 Sir. 29,15; 1. Makk. 2,5 u.ö. für den Einsatz des Lebens; 2. Makk. 7,37 für die Lebenshingabe des Märtyrers.

182 Dort ist שִׂים benutzt, dessen Anwendungsbereich sich mit נָתַן freilich weit überschneidet.

183 C. K. BARRETT, 'The Background of Mark 10:45', New Testament Essays for T. W. Manson (Manchester 1959), pp.1-18. R. PESCH, Das Markusevangelium, II. Teil, HThK 1977, 164; J. GNILKA, Das Evangelium nach Markus, EKK II/2 1979, 104.

184 Vgl. F. BÜCHSEL, in: ThWb I, 373; IV, 341.344. λύτρον ist nicht äquivalent zu אָשָׁם (Jes. 53,10); D. HILL, Greek Words and Hebrew Meanings. Studies in the Semantics of Soteriological Terms, SNTS 1967, 78: λύτρον und ἀντὶ πολλῶν "give to the term a definite substitutionary content". Zur engen Beziehung zwischen Mk. 10,45 und Jes. 53,10 vgl. G. DAUTZENBERG, Sein Leben bewahren: ψυχή in den Herrenworten der Evangelien, 1966, 101.

185 Zur theologischen Bedeutung der Lebenshingabe des Menschensohnes (V.45) vgl. K. Barth, Dogmatik III/2, 257. IV/1, 253; W. PANNENBERG, Grundzüge der Christologie, ³1969, 265. Vgl. J. GNILKA, Das Evangelium nach Markus, EKK II/2, 106f.

Der Grund, warum in Mk. 10,45 der "Menschensohn" als Lösegeld hingegeben wird (nicht wie in Jes. 43,3f die Heidenvölker), liegt in der uneinheitlichen Interpretation von אָדָם in der jüdisch-christlichen Exegese[186]. Von daher scheint es gut möglich, daß Jesus entweder בַּר אָדָם gelesen oder אָדָם auf diese Weise interpretiert hat. Man kann zwar nicht mit Bestimmtheit sagen, wie Jesus dann V. 3b verstanden hat. Jedoch scheint es möglich, wie W. Grimm beweist[187], daß er V. 3b im Sinne des Perfekts und der jüdischen Urzeit-Endzeit-Vorstellung auf die Urerlösung Israels bezog.

Die Worte, die Paulus in einer nächtlichen Audition in Korinth vernimmt (Apg. 18,9f), klingen deutlich an Jes. 41,10 und 43,2.5 an[188]. Eine auffällige Exegese von Jes. 43,4ff liegt in Apk. 3,9f vor. Apk. 3,9 deutet Jes. 43,3ff formal wie die rabbinische Exegese auf die Erwählung Israels neu: nicht mit den Juden der Synagoge, sondern mit der christlichen Gemeinde ist es identisch[189]. Ganz nahe an Mk. 10,45 kommt die Deutung von Jes. 43,4ff in Joh. 11,49-52. Von den Stellen 1,29; 10,11. 15.17; 11,51f her ist deutlich, daß der vierte Evangelist die vor allem vorpaulinische Aussage vom Sühnetod Jesu gekannt und auch vereinzelt in seinem Evangelium zur Sprache gebracht hat, obwohl er keine ausgesprochene Kreuzestheologie entwikkelt[190]. Der Zug von Jes. 43,4b, daß אָדָם als Lösegeld (in den Tod) gegeben wird, spiegelt sich in dem Ausdruck εἷς ἄνθρωπος (Joh. 11,50), der innerhalb der Argumentation des Kaiphas besagt: *nur* einer, im Hinblick auf die Weissagung Jes. 43,4 eine betont singularische Deutung des אָדָם[191] vertritt (anders LXX: πολλοὺς ἀνθρώπους). Schließlich ist auf das Motiv der Sammlung der Zerstreuten hinzuweisen. Sprachlich berühren sich Joh. 11,52: τὰ τέκνα τοῦ θεοῦ mit Jes. 43,6: ... בָּנַי ... וּבְנוֹתַי LXX τοὺς υἱούς μου Gottes ... τὰς θυγατέρας Gottes und Joh. 11,52: συναγάγῃ mit Jes. 43,5b: אֲקַבֵּץ LXX συνάξω. In der johanneischen Auslegung von Jes. 43,4f wird also אָדָם auf Jesus Christus, כָּפְרְךָ ... תַּחְתֶּיךָ auf Jesu Sterben für das Volk Israel und der in Jes. 43,5ff geschilderte Vorgang auf die Sammlung der Heiden gedeutet, die gleichfalls als Frucht des stellvertretenden Leidens Jesu Christi begriffen wird. Der Mensch Jesus stirbt demnach für Israel und die Heidenvölker - nach Jes. 43,4ff.

3. Abschluß

In dem Abschnitt 6,12-20 argumentiert der Apostel anthropologisch-christologisch (der Leib gehört dem Herrn V. 13 und 15), ekklesiologisch (die Leiber sind Glieder Christi, die ihre Aufgabe in der Kirche als dem Leib Christi haben V. 15), pneumatologisch (der Leib ist ein Tempel des heiligen Geistes V. 19) und eschatologisch (Gott wird unsere Leiber auferwecken durch seine Macht V. 14). Die Schlußdoxologie

186 S.u.Anm.191.

187 W. GRIMM, aaO 254.

188 "Fürchte dich nicht, ... ich bin mit dir"- Jes. 41,10; 43,5. "Niemand wird dich antasten, um dir Böses zuzufügen" - Jes. 41,10; 43,2. Die Begründung "denn ich habe ein großes Volk in dieser Stadt" - Jes. 43,5b-7.

189 U. B. MÜLLER, Die Offenbarung des Johannes, ÖTK 19 1984, 131. Zu dem Nachweis der sprachlichen und inhaltlichen Berührungen beider Stellen vgl. G. WERNER, aaO 250f.

190 Vgl. S. SCHULZ, Das Evangelium nach Johannes, NTD 4, 162.237.

191 So auch 1QIs-a, das den Artikel הַ vor אָדָם einfügt. Die Interpretation des אָדָם ist in der jüdischen Exegese alles andere als einheitlich. In Mekh. 21,30, wo אָדָם parallel zu "Völker" steht, hat man es offenbar als kollektiven Singular אָדָם verstanden, so wie Apk. 3,9 (אָדָם = die Leute aus der Synagoge des Satans). S. Dt. 333 zu 32,43, 4. Makk. 18,10-18 und Berakh. 62b lesen oder interpretieren אֱדוֹם. Dabei wird אָדָם in die Reihe der V.3b genannten Heidenvölker gestellt. Ein rabbinischer Kommentar aus dem 17. Jhdt. (Mezudat David) erklärt אָדָם als בְּנֵי אָדָם. Tg. Jes. 43,4 ersetzt den Parallelismus לְאֻמִּים-אָדָם durch "die Völker". Vgl. K. ELLIGER, Deuterojesaja, 1978, 274. Vgl. auch W. GRIMM, Die Preisgabe eines Menschen zur Rettung des Volkes, in: Josephus-Studien, FS O. MICHEL, hrsg. v. O. Betz u.a., 1974, 133-146.

besteht nicht in Worten zum Nachsprechen, sondern fordert den ganzen Lebensvollzug heraus. Der Abwertung des Leibes und dem bedenkenlosen Sündigen mit dem Leib erteilt Paulus so die klarste und tiefste Absage. In der "leiblichen" Doxologie hebt schon jetzt Gottes neue Schöpfung an (vgl. 2. Kor. 4,6; Röm. 3,23). Der Leib gehört nicht nur zum alten, vergehenden Äon, sondern auch zur neuen Schöpfung in Christus und zur eschatologischen Vollendung. Die Einordnung des Leibes in das Heilshandeln Gottes in Jesus Christus ist der Grund dafür, daß Paulus nicht allein von den anthropologischen Begriffen her interpretiert werden darf, sondern von der Christologie aus verstanden werden muß.

Weiter dürfen wir folgendes nicht übersehen. Das Motiv des Christus der Kirche, das einerseits am anthropologischen Begriff des Leibes bei Paulus orientiert bleibt[192], läßt sich nicht von der charakteristisch paulinischen Christologie vom neuen Adam isolieren, wie Käsemann mit Recht erwähnt[193]. Nur von der konsequenten Bezogenheit der Christologie auf den einzigen, neuen Anthropos-Christus her, dessen Heilstat für alle Menschen vollgültig und allumfassend ist, entsteht seine ekklesiologische Vorstellung des Christusleibes. Dieser Zusammenhang von dem anthropologisch-christologisch-ekklesiologischen Motiv "des Leibes Christi als Adam" hat sich durch die obige Exegese etwas erhellt und wird aus weiteren Exegesen im verschiedenen Kontext noch mehr verdeutlicht werden: Wenn die Stelle Gen. 2,24 da zitiert wird, wo die Stellung des Paulus zu Leiblichkeit und Sexualität gerade in enger Beziehung zu dem "μέλη Χριστοῦ" (- σῶμα Χριστοῦ)-Gedanken dargelegt wird, weist sie über ihre anthropologische Dimension hinaus auf die Bildung des pneumatischen ἓν σῶμα hin. Die ekklesiologische Formel "Christusleib", mit welcher sich die hellenistische Christenheit zur Weltmission anschickte, begegnet zwar bei Paulus und fügt sich seiner Theologie reibungslos ein. Es ist doch aber höchst problematisch zu sagen, daß Paulus selber diese von Gen. 2,22ff her abgeleitete ekklesiologische Formel erst bildete. Denn eine entscheidende genaue Parallele dazu findet sich in der apokalyptisch-jüdischen Literatur, also Ant Bibl 32,15 und 4. Esr. 6,54f; 7,116f, wie wir oben erwähnt haben. Erst aus dieser gemeinsam zugrundeliegenden neuen Auslegungstradition erklärt sich am besten auch gerade jene Parallelität zwischen der Anschauung des Seins "in Christus" und der des Christusleibes, weil der Leib als die Ekklesia seinen Ursprung nur *in* ihm hat. Diesem Gedanken entspricht eben auch jene jüdische Vorstellung von גוף.

---

192 Die Aussage über das Sein in Christus läuft der andern von der Eingliederung in seinen Leib parallel. Beide Motive vereinen sich, wenn etwa in Gal. 3,27f vom Anziehen des Christus und der dadurch gewonnenen Solidarität die Rede ist. Der sakramentale Kontext schaltet das Adam-Motiv nicht aus, sondern setzt es voraus. Vgl. E. KÄSEMANN, Paulinische Perspektiven, (1969) ²1972, 194, 197.

193 E. KÄSEMANN, aaO 194f.

Dieser ein neues Gegenüber schaffende *Christusleib*, in dessen Formel der Ton auf dem Genitiv liegt, so wie der einzelne Leib des Menschen, haben keine isolierbare Existenz, sondern leben in der Notwendigkeit und Wirklichkeit der Kommunikation. Das bildet den Grund dafür, daß die Glaubenden der vom Geist bestimmten Christusherrschaft eingegliedert werden können, und zwar nicht nur für sich selbst, geschweige denn bloß als Seele oder in unserer Innerlichkeit, sondern mit all ihren möglichen und wirklichen Relationen zu dieser Welt. Im Christusleib bleibt Christus im Geist als Schöpfungsmittler und Richter das Gegenüber zu seinen Gliedern, weil er sich nicht in die Kirche auflöst; die Kirche ist nicht "the continuation" bzw. "the extension" Christi[194]. Das läßt sich von der Vorstellung des Organismus oder der corporate personality her nicht aussagen, sondern erklärt sich am besten in der Verbindung der Motive vom Christusleib und vom eschatologischen Adam.

II. 1. Kor. 11,3-12

Paulus gebraucht κεφαλή in verschiedenem Sinn. Im übertragenen Sinn (V. 3) wird ein Gefüge von Über- und Unterordnung beschrieben, im eigentlichen Wortsinn (V. 4 und 5) bezeichnet sie den Kopf. Wenn das hebräische Wort ראשׁ (im Wortsinn κεφαλή) im Alten Testament den Anführer (bzw. die Herrschaft) einer Gemeinschaft (bzw. alles dessen, was im Himmel und auf Erden ist - 1. Chr. 29,11) bezeichnet, wenn es das zeitliche oder sachliche Frühere bedeutet (Prov. 8,22f, in bezug auf die Weisheit; Jes. 40,21), wird es in dieser Bedeutung in LXX als ἀρχή übertragen[194a]. ἀρχή ist auch die Übersetzung von רֵאשִׁית. Das Femininum רֵאשִׁית bedeutet "Anfang" oder "erst-"[195], nicht "das Haupt" im Wortsinn, und wird durch ἀρχή (LXX) übertragen[196]. Also κεφαλή und ἀρχή, die beide im klassischen Griechisch nichts gemeinsam haben, wurden im biblischen Griechisch wegen ihrer gemeinsamen Verbindung mit ראשׁ miteinander eng verbunden. Dieser κεφαλή-Gebrauch hellt eine theologisch wichtige Bedeutung von 1. Kor. 11,3-9 auf. Paulus sagt nicht, der Mann sei der Herr (κύριος) der Frau, sondern er sagt, der Mann sei der Ursprung ihrer Existenz[197]. Da die Frau nach Gen. 2,18-23 später als Adam und als "Gehilfin" für

194 Gegen R. P. SHEDD, Man in Community, 163; C. CHAVASSE; The Bride of Christ, 1939, 70.

194a Auch Jes. 9,14f. Im Griechischen bezeichnet κεφαλή die bestimmende, andern überlegene Größe und auch den Ursprung. Orph Fragment (21a): Ζεὺς κεφαλή, Ζεὺς μέσσα, Διὸς δ' ἐκ πάντα τελεῖται. Vgl. C. K. BARRETT, The first Epistle to the Corinthians, 1968, 248.

195 Mi. 1,13; Spr. 1,7; Gen. 1,1. Nur geleg. "Chef", Amos 6,1.

196 S. BEDALE, The Meaning of κεφαλή in Pauline Epistle, JThS NS 5 (1954), 211f. J. JERVELL, Imago Dei, 302f. Er verdeutlicht die beiden Bedeutungen von κεφαλή in Blick auf πρόσωπον (2. Kor. 3,7).

197 H. SCHLIER, Art. κεφαλή, ThWb III, 678, 29ff.

ihn geschaffen wurde (γυνὴ ἐξ ἀνδρός), ist in dieser Hinsicht der Mann als "Erster" (רֵאשִׁית) das Haupt der Frau: κεφαλὴ (רֹאשׁ) δὲ γυναικὸς ὁ ἀνήρ . Die Korrelation אִישָּׁה - אִישׁ entspricht der von רֹאשׁ - רֵאשִׁית . Wir haben es mit einer paulinischen "Wortspielaufführung" zu tun[198].

Die patriarchalisch aufgefaßte Naturordnung (creatio originalis)[199], daß im Sinn der ἀρχή der Mann der Frau gegenüber κεφαλή sei (vgl. Eph. 5,23), macht Paulus doch nicht zur Heilsordnung (creatio nova). V. 11 sagt er vielmehr, daß seitdem der Mann "von der Frau" (= seiner Mutter) geboren wird[200]. Denn im Herrschaftsbereich Jesu Christi gibt es keine einseitige Unterordnung der Frau mehr, sondern die Unterordnung von Mann und Frau unter Gott und Christus, ihren Herrn (V. 11f). Die Gleichberechtigung von Mann und Frau wird hier ähnlich ausgedrückt wie in der grundlegenden, vielleicht von Paulus schon übernommenen Aussage von Gal. 3,28 (vgl. 1. Kor. 12,13). Die Weltordnung wird durch die Heilsordnung nicht aufgehoben, deshalb kann Paulus hier von der Zugehörigkeit der Gläubigen zu der ersten Schöpfung Gottes reden. Aber es lehrt der Satz: "Hier ist nicht Mann noch Frau" die *eschatologische* , "in Christus", in seinem Leib geschehene Aufhebung der Unterschiede hinsichtlich des Heils[201].

Das an der Christologie orientierte Argument über die Beziehung der Frau zum Mann zeigt sich weiter in dem εἰκών-Gebrauch bei Paulus. Der Mann ist zwar εἰκὼν καὶ δόξα θεοῦ (vgl. Weish. 7,26) und soll sich deshalb nicht verhüllen und so Gott die Ehre geben. Die Frau ist jedoch wegen ihrer Herkunft aus dem Mann (Gen. 2,22; 3,16) δόξα ἀνδρός (V. 7) und soll als "Abglanz" des Mannes zugleich ihrem "Haupt" (V. 3) zur Ehre gereichen[202]. Aber, wie bei Philo εἰκών den Ausblick auf die künftige Vollendung in sich enthalten kann[203], so kommt nach Paulus der ursprüngliche Sinn von Gen. 1,27 erst in Christus als Ebenbild Gottes (2. Kor. 4,4; Kol. 1,15) zur Erfüllung, der als Kyrios im Gottesdienst angerufen wird[204]. Denn "alle haben gesündigt und die Herrlichkeit Gottes verloren" (Röm. 3,23f). Der Christ verkörpert jetzt noch ἐν σαρκί das Bild des irdischen Adam, wird aber durch die Auferstehung

---

198 Vgl. LIETZMANN/KÜMMEL, An die Korinther I/II, HNT 9 (^{5}1969), 53.183.

199 Jos Contra Apionem 2,201: "Die Frau steht in jeder Beziehung unter dem Mann".

200 Vgl. Gen R 22 (14d): Der erste Adam wurde aus Staub, und Eva aus Adam geschaffen. Alle weiteren Geschlechter aber werden בְּצַלְמֵינוּ וּכִדְמוּתֵינוּ geschaffen, der Mann nicht ohne die Frau, die Frau nicht ohne den Mann, beide nicht ohne die Schekina.

201 R. BULTMANN, Glauben und Verstehen, Ges. Aufsätze I (1933) ^{8}1980, 48f; K. BARTH, Die Auferstehung der Toten, (1924) ^{4}1953), 31f; DERS., Die kirchliche Dogmatik III/2 (1948), 370f. Zur Hülle auf dem Kopf der Frau, vgl. G. Theißen, Psychologische Aspekte paulinischer Theologie, 1983, 161-180.

202 Die εἰκών-Reihe ohne das Glied Christus steht der Bibelstelle näher; vgl. F.-W. ELTESTER, aaO 154. Der Grund des Fehlens des Zwischengliedes Christus liegt darin, daß Paulus eine jüdische Vorstellung aufgreift. S.o. 218.

203 Leg All II,4: Der κατ' εἰκόνα ἄνθρωπος = der Mensch als Abbild des Logos strebt über sich hinaus zur εἰκών. Zu seinem εἰκών-Verständnis bei der Erschaffung des Menschen, s.o. 69ff.

das des himmlischen Menschen erhalten. Die εἰκὼν τοῦ θεοῦ (2. Kor. 4,4) wird auch die Christen Jesu Herrlichkeitsleib gleichmachen (Phil. 3,21). Die Wendung "Im Herrn" (V. 11), nach der der Mann keinen Vorrang hat, entspricht der Motivierung "Christus als dem Haupt (Überordnung)" in V. 3, und paßt gut zu der Aussage von Christus als Gottes Eikon, weil diese gerade mit der Vorstellung von der Aufhebung religiöser und geschlechtlicher Unterschiede verbunden war. Das ist es gerade, was Paulus hier (V. 11f) ergänzt wissen will[205]. Was in 1. Kor. 15,49b und Röm. 8,29[206] von der Zukunft erwartet wird, ist in 2. Kor. 3,18 bereits ein Geschehen in der Gegenwart durch das Wirken des Geistes des Herrn (κύριου πνεύματος); die Verwandlung in die Eikon Christi ist jetzt schon geschehen und dennoch etwas Zukünftiges[207].

Wichtig ist es, daß im Hintergrund der εἰκών-Christologie die jüdische εἰκών / σοφία-Tradition steht. Sap Sal. 7,22-26 wird die Weisheit die εἰκὼν τῆς ἀγαθότητος αὐτοῦ (sc. τοῦ θεοῦ) genannt, die die Güte Gottes offenbar macht[208]. Sie ist nach äth Hen. 42,1f; 49,1-3 nicht nur Mittlerin der Schöpfung, sondern auch des Heils im Eschaton. Bei Philo (Leg. All. I,43) nennt sich die Weisheit ἀρχὴν καὶ εἰκόνα καὶ ὅρασιν θεοῦ (vgl. De Conf. Ling. 146: auch der λόγος heißt Gottes πρωτόγονος , ἀρχή und εἰκών). Die jüdische Auffassung von der Weisheit Gottes als der Mittlerin der Weltschöpfung (Prov. 8,27.30; Weish. 7,12; 9,9; Sir. 1,4-9) wird schon in 1. Kor. 8,6 aufgenommen[209]. Die Einheit von Schöpfung und Erlösung ist nun im Heilshandeln

204 Vgl. C. K. BARRETT, aaO 252.

205 Vgl. J. JERVELL, aaO 297f.303.

206 Hier handelt es sich um die Mitgestaltung mit dem "Bilde des Sohnes Gottes", die ja eschatologisch ist. An Christus als dem Bild (= Wesenserscheinung) Gottes hat die Gemeinde wesensmäßig teil. Vgl. U. WILCKENS, Der Brief an die Römer, EKK VI/2, 162. Weiter s.u. 235.

207 G. KITTEL, εἰκών, ThWb II, 391,11ff; F.-W. ELTESTER, aaO 165f; J. JERVELL, aaO 296-298. Zur rabbinischen Sicht, daß die Herrlichkeit der Gottesebenbildlichkeit mit dem Sündenfall verloren ging, durch die Beschäftigung mit der Tora aber wiedererlangt werden kann, vgl. J. JERVELL, Imago Dei, 112-119. Vgl. auch H.-M. SCHENKE, Der Gott "Mensch" in der Gnosis, 1962, 127-130; S. KIM, The Origin of Paul's Gospel, 1981, 260ff.

208 Zu Sap. 18,15 s. A. ADAM, Die Psalmen des Thomas u. das Perlenlied, 1959, 31ff (allerdings mit unhaltbarer regionsgeschichtlicher Zuordnung der Sapientia zur frühen Gnosis).

209 Das jüdische Bekenntnis εἷς θεός wird weiterentwickelt zur Doppelaussage: εἷς θεός - εἷς κύριος, weil die Offenbarung des **einen** Gottes in dem "Herrn" Jesus exklusiv ist. In der zweiteiligen, auf Gott und Christus bezogenen Bekenntnisformel wird die Einheit von Schöpfung und Erlösung im Heilshandeln Gottes in Christus bezeugt. Mit Gott als Ursprung und Ziel sind "ἐξ" und "εἰς" verbunden, mit Christus "διά": Christus ist der Mittler der alten und neuen Schöpfung. (O. CULLMANN, Christologie des Neuen Testaments, 1957, 2, 253, 336f; DERS., Christus und die Zeit, 1962, 110, versteht mit Recht, daß der Vater und der Sohn hier verschieden sind, nicht in der Sphäre der Funktion <Schöpfung und Erlösung>, wie im späteren Credo, sondern im Gebrauch der Präposition, ἐξ und εἰς von Gott, διά von Christus.) Durch ihn sind alle Dinge geschaffen, und durch ihn ist der Gemeinde (ἡμεῖς) der Weg des Lebens und des Heils eröffnet. Seine Präexistenz ist also vorausgesetzt; vgl. Joh. 1,1ff; Kol. 1,15ff. Das ist die einzige Stelle in den authentischen Paulusbriefen, wo neben der Präexistenz auch die Schöpfungsmittlerschaft angesprochen wird. Daß die Präexistenz-Christologie schon vor Paulus entwickelt ist, zeigt auch Phil. 2,6ff; E. SCHWEIZER, Zur Herkunft der Präexistenzvorstellung bei Paulus, in: Neotestamentica, 105ff. Hinter der Vorstellung von der Präexistenz Jesu Christi steht die jüdische Auffassung von der Weisheit Gottes als der Mittlerin der Weltschöpfung (Prov. 8,27.30; Weish. 7,12; 9,9; Sir. 1,4-9).

Gottes in Christus konzipiert; neben der Präexistenz Christi wird auch seine Schöpfungsmittlerschaft angesprochen (vgl. Joh. 1,1ff; Kol. 1,15ff)[210]. Von daher ist klar, daß Paulus sowie die christliche Gemeinde diesen hellenistisch-jüdischen εἰκών - Gebrauch auf Christus anwendet, um seine Präexistenz und seine Schöpfungsmittlerschaft zu bezeichnen (wie 2. Kor. 4,4; Heb. 1,3)[211]. In 1. Kor. 15,49[212] verbindet Paulus weiter die Eikon-Vorstellung mit Christus als dem neuen Adam, mit dem die Menschlichkeit Christi beschrieben wird, gegenüber der Eikon des ersten Adam (Gen. 1,27). Daß "der zweite Adam" nach Paulus erst für den Anbruch der Heilszeit durch die Auferweckung Jesu gegeben wird (vgl. 1. Kor. 15,20ff[213]), bedeutet, daß die Heilstat Gottes in Christus eine neue Schöpfung zur Gottebenbildlichkeit darstellt, die der ersten Schöpfung voraus ist[214].

Wie die rabbinische Theologie den Exodus und die sinaitische Gesetzgebung als eine neue Schöpfung und als die Wiederherstellung der ersten Herrlichkeit dachte und dabei einen Gegensatz zwischen Mose und Adam betonte[215], ergibt sich aus der rabbinischen Deutung von Deut. 11,3, wonach die von Adam verlorene göttliche Herrlichkeit und das göttliche Ebenbild durch Mose am Sinai wiederhergestellt wurden (vgl. Mek. Bachodesch 9,75ff; Num R. 16,24; Ex R. 32,1). Aber wegen der nachfolgenden Sünde mit dem goldenen Kalb verloren die Israeliten sie wieder und dazu auch die Unsterblichkeit (Mek. Baschallah 7,78ff; B Moed Q 15b). Deshalb erwarteten sie von der messianischen Zeit die endgültige Wiederherstellung alles dessen, was Adam verloren hatte[216]. 1QS 4,23; CD 3,20; 1QH 17,15 beweisen eine glühende Erwartung der Qumrangemeinde hinsichtlich der Wiederherstellung der Herrlichkeit Adams (כבוד אדם) zum Gottebenbild. In demselben Milieu hat Paulus nun den εἰκών -Begriff auf den letzten Adam Christus angewandt. Für Paulus wird die εἰκών -Christologie also sowohl mit der Gottheit Christi (dem Schöpfungsmittler, dem Präexistenten) als auch mit der Menschlichkeit Christi (Adam für die neue Menschheit) verbunden[217]. Ihrer beider Bedeutung zeigt sich in Röm. 8,29 und vielleicht auch in Kol. 1,15ff. Christus als Manifestation der eschatologischen Gottebenbildlichkeit ist hier (Röm. 8,29) einerseits die göttliche Eikon, also der Schöpfungsmittler von Kol. 1,15 und das Urbild aller

---

210 Daß die Präexistenz-Christologie schon vor Paulus entwickelt ist, zeigt auch Phil. 2,6ff. Die Motive "Präexistenz, Inkarnation, Menschenwerdung" könnten eine Parallelität zu dem Weisheitsgedanken im äth Hen. 42,1f; 49,1.3 darstellen. Nach Sir. 24,7.11 fand die Weisheit in Israel, dem Volk des Gesetzes, ihren Platz.

211 Vgl. E. LOHSE, Die Briefe an die Kolosser und an Philemon, KEK IX (1968), 86f; H.-F. WEISS, Untersuchungen zur Kosmologie des hellenistischen und palästinischen Judentums, 1966, 313.

212 S.o. 157ff.

213 S.o. 138ff.

214 Von hier fällt Licht auf 1. Kor. 1,18ff. Vgl. Röm. 5,15: πολλῷ μᾶλλον.

215 Vgl. J. JERVELL, Imago Dei, 114ff.

216 Bill. IV, 887ff; J. JERVELL, aaO 116f.

217 S. KIM, The Origin of Paul's Gospel, 1981, 266. Nach seiner Behauptung finden bei Paulus die Adam-Christus-Typologie sowie die Vorstellung von Christus als Gottes Bild ihren Ursprung in der Damaskus-Christophanie (262-265).

Kreatur. Wir werden jener Geburt gleichgestaltet (συμμόρφους); von ihr redet Gal. 4,19 in der Taufsprache; nach Phil. 3,10 führt sie zur Teilnahme an seinem Leiden (vgl. Heb. 2,11f).

Die christologische Orientierung der mit dem κεφαλή -Begriff eingeleiteten Mann-Frau-Beziehung kommt schon in der Reihe des Hauptes (V. 3) zum Ausdruck[218]. Eine kosmologische Stufenfolge war zwar in der hellenistischen Philosophie und bei Philo in verschiedener Durchführung üblich. Z.B.: Corp Herm. VIII 2.5 kennt die Stufenfolge Gott-Kosmos-Mensch, deren Glieder auch durch den Terminus εἰκών zueinander in Beziehung gesetzt werden konnten[219]. Philo kennt ebenfalls solche Stufenfolgen und wendet dabei in bezug auf Gen. 1,27 den Terminus Eikon an: Der Logos ist die Eikon Gottes, und der Mensch ist die Eikon des Logos (z.B. Leg.ALL. III 96, I 134, 20-25; Plant 18ff; Opif Mund 25)[220]. Hat Paulus nach der Stufenfolge in V. 3 "Gott-Christus-Mensch (Mann-Weib)" diese hellenistisch-jüdische Stufenfolge gekannt und dabei Christus mit dem Kosmos bzw. Logos verglichen[221]? Aber die oben mit dem Begriff κεφαλή bezeichnete Vorstellung, daß die Frau seinsmäßig vom Manne als ihrem Ursprung abhängig ist, findet sich nicht in der hellenistischen Kosmologie; sie geht auf Gen. 2,21ff zurück und ist wohl jüdischen Ursprungs[222]. Weiter ist die Reihe bei Paulus weder aufsteigend (Frau-Mann-Christus-Gott) noch in umgekehrter Folge absteigend glatt durchgeführt, sondern von Christus her umgestaltet. Für das Verständnis von V. 3 ist vor allem die christologische Rahmung der Satzfolge zu beachten[223]. Christus steht als das Haupt des Mannes (παντὸς ἀνδρὸς ἡ κεφαλὴ ὁ Χριστὸς ἐστιν) am Anfang und Gott als das Haupt Christi (κεφαλὴ τοῦ Χριστοῦ ὁ θεός) am Ende der Reihe. Dabei werden Mann und Frau formal insofern gleichgestellt, als beide ein Haupt über sich haben, der Mann Christus und die Frau den Mann; als solche werden sie beide auf Christus ausgerichtet, der ebenfalls Gott, den Vater, als Haupt hat (8,6). Der Sohn ist dem Vater in Gehorsam untertan (Phil. 2,8; vgl. 1. Kor. 3,23; 15,27f). An dem durch Liebe und Gehorsam bestimmten Verhältnis Christi zu Gott sollen Mann und Frau Liebe und Gehorsam in ihrem gegenseitigen Verhalten lernen. Nämlich vom ersten Satz her ergibt sich, daß die Beziehung der Frau zum Mann von dessen Verantwortung vor Christus bestimmt ist[224]. Wenn das Wort κεφαλή anstelle des üblichen εἰκών-Begriffs, den Paulus auch kennt (V. 7), gebraucht wird, scheint der Begriff κεφαλή im ersten Satz durch Paulus selbst in die Christologie eingeführt worden zu sein[225]. Im Kolosser- und Epheserbrief ist der Begriff in Verbindung mit

---

218 A. V. ROON; The Authenticity of Ephesians, 1974, 292f.
219 Vgl. F.-W. ELTESTER, aaO 70.
220 Vgl. aaO 50f, 154. S.o. 69ff.
221 J. WEIß, Der erste Korintherbrief, KEK V (1910), 270.
222 F.-W. ELTESTER, aaO 154.
223 Siehe dazu G. FRIEDRICH, Christus, 1978, 163f; E. KÄHLER, Die Frau in den paulinischen Briefen, 1960, 223 Anm.193.
224 C. WOLFF, aaO 70.
225 H. CONZELMANN, 1. Kor., 223 Anm.20. Ph. BACHMANN, J. WEIß und C. WOLFF vermuten, daß Paulus

dem Begriff des σῶμα Χριστοῦ aufgenommen; Kol. 2,19 und Eph. 4,15f ist Christus als der "Ursprung" (ἐξ οὗ) des Wachstums des Leibes bezeichnet. Wenn aber in 1. Kor. 11,3ff Mann und Frau beide Christus als Haupt in seiner christologischen Bedeutung haben, wie ist Christus gedacht? Dazu ist zuerst anzumerken, daß Christus am Ende der Reihe als derjenige gedacht ist, der Gott zum Haupt hat. Das heißt: Wie die Vorstellung, daß die Frau den Ursprung ihrer Existenz in dem Mann hat (γυνὴ ἐξ ἀνδρός) (was in " κεφαλὴ γυναικὸς ὁ ἀνήρ " ausgedrückt wird), so ergibt sich aus dem Ausdruck " κεφαλὴ τοῦ Χριστοῦ ὁ θεός ", daß Christus den Ursprung seiner Existenz in Gott hat. In dieser Formel ist die schon 1. Kor. 8,6 dargelegte Idee von der Subordination[226], der Präexistenz und der Schöpfungsmittlerschaft Christi vorausgesetzt[227]; die Idee kann nicht einfach aus der primär kosmologisch-anthropologischen Spekulation abgeleitet werden. In der κεφαλή-Formel ist dennoch mehr die Über- und Unterordnung im Christus-Gott-Verhältnis als 1. Kor. 8,6 betont. Die formale Gleichsetzung der κεφαλή - Verwendung sowohl für die Frau als auch für Christus kann zwar nicht eine wesenhafte Gleichsetzung bedeuten, weil anders als bei der Frau Christus gegenüber allen Geschaffenen als Schöpfungsmittler erscheint. Doch ist diese Idee eben mit der εἰκών -Christologie vereinbar, wie im Hintergrund von 1. Kor. 8,6 die hellenistisch-jüdische εἰκών/σοφία -Tradition steht[228]. Deshalb behauptet Thüsing mit Recht, daß Christus Gott insofern als sein "Haupt" hat, als er selbst εἰκών Gottes ist[229].

Wenn wir κεφαλὴ τοῦ Χριστοῦ ὁ θεός so verstehen, können wir auch den ersten Satz παντὸς ἀνδρὸς ἡ κεφαλὴ ὁ Χριστός gewiß aufgrund der Vorstellung von der Schöpfungsmittlerschaft Christi auffassen: Jeder Mann hat den Ursprung seiner Existenz in Christus als dem Schöpfungsmittler. Von daher könnte man folgern: Weil der Mann des Schöpfungsberichtes Adam ist, könnte Paulus alle Männer als solche in dem Mann, dem ersten Stammvater geschaut haben, wobei ἀνήρ kollektiv gedacht wäre; Christus war an der Erschaffung des ersten Menschen (Adam) beteiligt, darum ist er dessen "Haupt"[230]. Es ist jedoch problematisch zu nennen, daß man mit der Bestimmung

---

den Begriff κεφαλή zur Korrektur einer These der Korintherinnen braucht, wonach die Frau ebenso wie der Mann kein "Haupt" über sich habe. Sie übersehen aber die christologische κεφαλή-Wendung im ersten Satz (V.3).

226 1. Kor. 8,6 ist die Subordination auch im Vatertitel Gottes und im κύριος -Titel Jesu ausgedrückt.

227 Vgl. H. CONZELMANN, aaO 223 Anm.19; C. K. BARRETT, aaO 131.

228 Die Vokabeln κεφαλή/σῶμα /εἰκών bezeichnen auf dieser Spätstufe einen seinsmäßigen Zusammenhang. Vgl. H. SCHLIER, κεφαλή, ThWb III, 675ff; E. KÄSEMANN, Leib und Leib Christi, 71ff; H. CONZELMANN, aaO 228f.

229 W. THÜSING, Per Christum in Deum, 1965, 28. Vgl. auch F.-W. ELTESTER, aaO 156. Auf die Vorstellung von Christus als Gottes Eikon haben wir oben auch im Verhältnis zwischen "Christus als dem Haupt" (in der ersten Stufenreihe, V.3) und "ἐν κυρίῳ" (V.11) hingewiesen.

230 So J. WEIß, aaO 270; C. K. BARRETT, aaO 249; J. LEIPOLDT, Die Frau in der antiken Welt und im Urchristentum, ³1965, 174f: J. P. MEIER, On the Veiling of Hermeneutics (1 Cor 11:2-16) CBQ 40 (1978), 217f; W. THÜSING, aaO 28, aber mit hypothetischem Charakter.

Christi als des Schöpfungsmittlers die ganze Stufenfolge (Frau-Mann-Christus-Gott) zu einer glatten Schöpfungsordnung bringt. Der erste Grund dagegen: Die Mittlerschaft Christi in der Schöpfungsordnung ergibt sich nicht unmittelbar aus dem Ausdruck πᾶς ἀνήρ (V. 4); πᾶς ἀνήρ ist nicht im Hinblick auf Christen und Nichtchristen, sondern auf Frauen gesagt, wobei Paulus von Mann und Frau als Gliedern der Christusgemeinde beim Gottesdienst spricht[231]. Dies hindert nicht daran, daß er von der Zugehörigkeit der Gläubigen zu der ersten Schöpfung Gottes redet, wie wir oben erwähnt haben. Ein einheitlicher Zug in diesem Abschnitt (V. 2-16) kann offenbar von V. 16 (... οὐκ ἔχομεν οὐδὲ αἱ ἐκκλησίαι τοῦ θεοῦ ; vgl. 1. Kor. 1,2) her erkannt werden, wo Paulus an die Einheit der christlichen Kirche appeliert (vgl. auch 11,22: ἐκκλησία τοῦ θεοῦ), die er als die Einheit des Leibes Christi versteht[232]. Denn hier steckt das eigentliche Argument des Paulus, nämlich das kirchliche, das (in verdeckter Gedankenführung) schon in V. 11 sichtbar wird. Der zweite Grund: Man meint die Schöpfungsmittlerschaft Christi protologisch; dann wird die Reihe (V. 3) als solche zeitlos-metaphysisch ausgebaut. Aber Christus ist nach dem Apostel nur mit der Eschatologie und nicht mit der Protologie verbunden[233]. Paulus entwickelt hier keine Theologie der Schöpfungsordnung. Wir haben also bei Paulus die verschiedensten Gesichtspunkte, wenn er von dem Verhältnis zwischen Urzeit und Endzeit spricht. Dies zeigt doch, daß die Verkündigung von Urzeit und Endzeit für ihn mehr formal als theologisch zu beurteilen ist. Für ihn ist entscheidend, daß die Schöpfung in Christus da ist, und daß Gott erst im Wirken des durch Christus vermittelten Geistes die Menschen gottebenbildlich schafft[234], das heißt, durch Verkündigung und Taufe[235]. Die "christologische" Aufnahme der σοφία/εἰκών-Tradition, von der die Vorstellung der Präexistenz und der Schöpfungsmittlerschaft Christi formal abgeleitet wurde, setzt als solche die Erkenntnis vom heilsgeschichtlichen Handeln Gottes in Christus voraus. Die Bestimmung der ganzen Stufenfolge (V. 3) aus der creatio originalis zeigt den Gegensatz zu V. 11. Wenn die Schöpfungsmittlerschaft Christi darum nicht protologisch, sondern eschatologisch (wie 1. Kor. 15,45 - der letzte Adam) aufgefaßt wird, darf παντὸς ἀνδρὸς ἡ κεφαλὴ ὁ Χριστός so verstanden werden, daß der Mann und die von ihm abhängige Frau als Glieder der gottesdienstlichen Gemeinde Christi den Ursprung ihrer *eschatologischen, neuschöpferischen* Existenz in Christus (2. Kor. 5,17) haben[236].

---

231 H. CONZELMANN, aaO 225, behauptet richtig, daß hier nicht Ehe- (vgl. 1. Kor. 14,35), sondern Gemeindefragen zur Diskussion stehen.

232 F. LANG, aaO 144. Vgl. auch H. CONZELMANN, aaO 233. Paulus kämpft nicht für eine neue Sitte, sondern für die Beibehaltung der alten. Die Kirche ist eine Einheit, und in diesem Falle auch die Sitte (= Kopfbedeckung). Er betrachtet im Kampf mit einer schwärmerischen Verfälschung der Freiheit des Glaubens die Verletzung der Schicklichkeit im Gemeindegottesdienst als ein Verhalten, das gegen die Liebe als die erste Frucht des Geistes verstößt.

233 S.o. 61. Vgl. E. KÄSEMANN, An die Römer, 324,23ff.

234 Vgl. C. WOLFF, aaO 72,12ff, im anderen Kontext (V.7-9).

235 Vgl.o. 235f.

236 Vgl. A. OEPKE, Art. γυνή, ThWb I, 785 mit Anm.35.

Trotz der formalen Gleichsetzung der Korrelation רֵאשִׁית-רֹאשׁ ist die Beziehung der Gemeinde (ἐκκλησία, V. 16) zu Christus als dem Haupt nicht mehr als die creatio originalis, sondern als die creatio nova qualifiziert[237]. Die eschatologische Schöpfungsmittlerschaft Christi verwirklicht sich im Gehorsam (ὑπακοή) der vollkommenen Liebe des Sohnes zum Liebeswillen des Vaters (Phil. 2,8; Röm. 5,19)[238], im Gegensatz zum ersten Adam (Röm. 5,19, παρακοή). Sie paßt gut zur Eikon-Christologie, in der die Gottheit Christi mit seiner Menschlichkeit verbunden ist. Der präexistente Christus, der göttliche Gestalt (Phil. 2,6 μορφή) besaß, wird erst mit der Auferstehung von dem Kreuzestode als Akt des Gehorsams soteriologisch bedeutsam. Aufgrund von Gottes Heilstat, die durch eine von Paulus hier ausgesprochene Unterordnung (Subordination) Christi (wie in 1. Kor. 3,23) vollendet wurde, können und sollen Mann und Frau als Glieder der Gemeinde gemeinsam dem Christus als dem Bild Gottes sowie als ihrem Vorbild (in Verantwortung und Lernen)[239] angehören, weil sich in ihrem gegenseitigen Liebes- und Gehorsamsverhältnis gehorsame Existenz vor Gott verwirklicht. Diese Betrachtung entspricht genau der oben aus einigen Aspekten erhellten christologischen Struktur in V. 3ff, etwa so:

Vater-/Sohnschaft - - - - - -> *Heilsordnung* - - - - - - - - - - -> *Schöpfungsordnung*

Gott <——┴—— Christus <——┴—— Gemeinde (Mann <——┴—— Frau)

κεφαλή (-ἀρχή)   κεφαλή (-ἀρχή)   κεφαλή (-ἀρχή)

Daraus geht hervor, daß sich die Voraussetzung von Christus als dem *Haupt* (die Überordnung, der Ursprung) im Gottesdienst gerade für die Gemeinde angeboten hat[240]. Wegen der grundsätzlichen Begründung des speziellen Problems von der Kopfbedeckung der Frauen im Gottesdienst behandelt der Apostel sie doch nicht als ausreichende Ekklesiologie.

Im Hinblick auf die paulinische "Wortspielaufführung" רֵאשִׁית-רֹאשׁ kann man sich weiterhin fragen, ob auch der Begriff des "Leibes" Christi hierbei vorhanden ist[241] - nicht weil man bildlich und organisch leicht ein κεφαλή entsprechendes σῶμα vermuten kann, sondern weil eine andere Bedeutung von κεφαλή, also ἀρχή, auf eine bestimmte zeitliche bzw. kausale Beziehung der einen Existenz zur anderen weist[242]. (Die Vorstellung vom Herausgehen/Zusammengefügtsein des ganzen Leibes der Kirche von dem

---

237 Auch H.-J. KLAUCK, Der erste Korintherbrief, die neue Echter-Bibel 7, 1984, 78.

238 Vgl. C. K. BARRETT, aaO 98.

239 S.o. 236. Auch C. WOLFF, aaO 70, als "Verantwortung"; F. LANG, aaO 139, als "Lernen". Vgl. O. BETZ, Adam, TRE I, 419: Der heilsökonomische ordo.

240 Auch H. SCHLIER will die κεφαλή -Vorstellung in V.3 auf einer Linie mit der ekklesiologischen Ausformung dieses Gedankens verstehen, so wie wir diesen in Eph. 4,15; 5,23; 1,23; 1,22; Kol. 2,10 etc. finden; Art. κεφαλή, ThWb III, 678. Zu dem Begriff im allgemeinen DERS., Christus und die Kirche, 45ff. Vgl. auch H. RIDDERBOS, Paulus. Ein Entwurf seiner Theologie, 1970, 272.

241 So fragt auch H. CONZELMANN, aaO 223 Anm.23.

242 E. PERCY, Der Leib Christi, 50-53; E. STAUFFER, Art. γαμέω, ThWb I, 654.

Haupt Christus verdeutlicht der Verfasser des Kolosserbriefes in 2,19: ... τὴν κεφαλήν, ἐξ οὗ πᾶν τὸ σῶμα διὰ τῶν ἁφῶν καὶ συνδέσμων ἐπιχορηγούμενον καὶ συμβιβαζόμενον ...; hier wird der Leib der Kirche im Verhältnis zum Kosmos betrachtet[243]. Vgl. auch Eph. 4,15f: ὅς ἐστιν ἡ κεφαλή, Χριστός, ἐξ οὗ πᾶν τὸ σῶμα συναρμολογούμενον. Diese κεφαλή-σῶμα Vorstellung erklärt sich wohl unter Hinweis auf die Erschaffung Evas aus Adam (V. 8). Dagegen ist Jervell mit Eltester der Meinung, daß in 1. Kor. 11,3 vielleicht gar nicht an ein Gegenüber von κεφαλή und σῶμα gedacht ist, sondern κεφαλή an Stelle von ἀρχή steht und einfach "Ursprung" bedeutet[244]. Thornton meint, daß die Vorstellung von κεφαλή in Eph. 5 aus 1. Kor. 11,3 herzuleiten sei, daß jedoch die Vorstellung in 1. Kor. 11 nicht mit dem ekklesiologischen Somagedanken in demselben Briefe verknüpft ist (1. Kor. 12,12ff)[245]. Mit dem Hinblick auf die vier aufeinanderfolgenden, glatten Stufen übersehen sie jedoch gemeinsam die christologisch-ekklesiologische Struktur. Ein anderer Grund dafür, daß sie die vielleicht im Hintergrund des κεφαλή-Gebrauches (V. 3ff) stehende κεφαλή -σῶμα -Korrelation verneinen, besteht darin, daß sie Gehalt und Ursprung der ekklesiologischen Leib-Vorstellung bei Paulus woanders (z.B. 1. Kor. 12,12: Organischer Leib, so wie J. Weiß[246]), und nicht in der Andeutung von 1. Kor. 11,3ff zu finden versuchen; dadurch können sie leicht den in der Adam-Eva-Metapher liegenden theologisch reflektierten Sachverhalt der heilsgeschichtlich-soteriologischen Beziehung Christi zu seiner Gemeinde übersehen. Jedoch ist der paulinische Gedanke von Christus als dem zweiten Adam, der als der Auferstandene der "Erstgeborene" der endzeitlichen Heilswelt ist (1. Kor. 15,45-47) und eine neue Heilsgemeinde aus "vielen Brüdern" um sich versammelt (Röm. 8,29)[247], schon auch im Ausdruck "κεφαλὴ τοῦ Χριστοῦ ὁ θεός" (im Hinblick auf die Eikon-Christologie) vorausgesetzt. Wenn Mann und Frau als die gottesdienstlichen Gemeindeglieder darum Christus ("das Bild Gottes") zum Haupt haben, darf man ohne Schwierigkeit annehmen, daß sie einem *aus* ihm, dem letzten Adam, *her* (wie ἐξ ἀνδρός) durch den Geist geschaffenen eschatologischen Leib angehören, weil die Gemeinde den Ursprung ihrer geschaffenen Existenz (Leib) *in* Christus hat; es handelt sich nicht um τὸ σῶμα τῶν Χριστιανῶν, sondern um τὸ σῶμα τοῦ Χριστοῦ. Die auf Gen. 2-3 bezogene Entsprechung "wie (Adam) ... so (Christus)" Röm. 5,19 (vgl. 1. Kor. 15,22f, 45ff), wo ein Kontrast gebildet wird zwischen dem Verderben,

243 Vgl. R. SCHNACKENBURG, Gottes Herrschaft und Reich, 1959, 216; E. LOHSE, Die Einheit des Neuen Testaments, 1973, 262ff. S.u. 251 Anm. 308; 304 Anm. 622.

244 J. JERVELL, aaO 302f; F.-W. ELTESTER, aaO 155f; nach seiner Meinung wird die Korrelation κεφαλή-σῶμα nur für das Verhältnis von Logos (Philo Quaest in Ex II, 117) bzw. Christus (Kol. 1,18) und Kosmos, nicht dagegen für Stufenreihen angewandt. Mit dem Genitiv τῆς ἐκκλησίας schränkt doch der Autor ad Colossenses den kosmologischen Leibgedanken auf die Kirche (vgl. 1,24c) ein. Dadurch erweist er sich als echter Pauliner.

245 L. S. THORNTON, Common Life in the Body of Christ, 222.

246 J. WEIß, aaO 269.

247 S.o. 235f: Parallele zu Röm. 5,15-19; 12,5. Daß es "viele Brüder" sind, die der Auferstandene um sich versammelt, deutet die große Zahl derer an, die (durch die Weltmission, vgl. 15,15-21!) für den Glauben an Christus gewonnen und zum neuen Gottesvolk werden sollen.

das sich menschheitlich (οἱ πολλοί) durch den Ungehorsam des einen Mannes (τοῦ ἑνὸς ἀνθρώπου, Adam) zutrug, und der Erlösung (die Rechtfertigung)[248], die sich menschheitlich (οἱ πολλοί) durch den Gehorsam des Einen (τοῦ ἑνὸς, Christus) als Gehorsam gegenüber der rechtfertigenden *Gnade Gottes*[249] ergab[250]. Wenn der semitische Ausdruck " οἱ πολλοί "[251], der für die Adam-Christus-Parallele gebraucht (Röm. 5,18f) wird, in Röm. 12,5 auf das Prädikat des ἓν σῶμά (ἐσμεν) ἐν Χριστῷ angewandt wird, weist dies eindeutig darauf hin, daß die Christusgemeinde als die zu Christus gehörende Menschheit (= οἱ πολλοί - deren Glieder verschiedene Charismen füreinander haben und zum "Aufbau" der Kirche[252] beitragen sollen) im zweiten Adam Christus (dem Regnum Christi) einen Leib bildet[253].

Den Gedanken, daß der Gehorsam Christi als des letzten Adam 'die Vielen' (הָרַבִּים) von der Sünde zur Gerechtigkeit führt, bezieht Paulus gerade aus Jes. 53,11 (vgl. Aboth 5,18). Das in Röm. 5,15.18.19 genannte Objekt des heilsgeschichtlichen Handelns, nämlich οἱ πολλοί (bzw. πάντες), zeigt deutlich, daß der Apostel von Jesus als messianischem Gottesknecht sprach (vgl. Dan. 12,3). Durch seinen stellvertretenden Tod hat er ihnen das Leben und die künftige Herrschaft über diese Mächte gesichert (Röm. 5,17f). Wie der Gottesknecht nach Jes. 53,12 endlich mit den *Mächtigen* (עֲצוּמִים, wie עֶצֶם מֵעֲצָמַי *Gebein*, Gen. 2,23!) die Beute teilt (יְחַלֵּק, LXX μεριεῖ), so teilt (ἐμέρισεν, Röm. 12,3) Christus nun an dem einen Leib die Charismen (Röm. 12,3.6)[254] mit den *vielen Gliedern* (Röm. 12,3ff). Die kreative Wirksamkeit Christi als den *Mehrwert* der Gnade (wie Tg Jes. 53,5: Heil 'wird viel sein') hat Paulus vielleicht durch ein Wortspiel "Teilen mit den עֲצוּמִים (Mächtigen, Jes. 53,12) - אֵבָרִים (Glieder, Röm. 12,4f. In bezug auf הָרַבִּים "die Vielen") als עֲצָמִים (Gebeine, pl. von Gen. 2,23) aus Adam" auf die Vorstellung "ein

248 Paulus interpretiert ein ὑπακοή-Motiv aus hymnischer Tradition soteriologisch als Rechtfertigung.

249 Christi Gehorsam ist hier nicht sozusagen das Gegenbeispiel zum Ungehorsam Adams, wenn auch das einzige gegenüber dem Ungehorsam **aller**, sondern Übereinstimmung mit der **Gnade Gottes** und darum Tat **für** die "Vielen", so daß durch seinen Gehorsam nicht endlich wieder ein Beispiel für Gerechtigkeit und also eine Möglichkeit zur Gerechtigkeit für die Vielen gegeben, sondern Rechtfertigung für die Vielen als Sünder geschaffen ist: δίκαιοι κατασταθήσονται οἱ πολλοί.

250 Vgl. F. B. BEDALE, The Theology of the Church, in: Studies in Ephesians, 1956, 72-75.

251 S.o. 148 Anm. 95.

252 Die voran stehende charismatische Gabe ist die Prophetie (V.6) zu inspirierter Predigt, deren Inhalt Paulus in 1. Kor. 14,3 als οἰκοδομή, παράκλησις und παραμυθία umschreibt. Über οἰκοδομή in 1. Kor. 14 s.o. 224f.

253 Gegen U. WILCKENS, Der Brief an die Römer, EKK VI/3, 13, wo er diesen Zusammenhang nicht sieht. Vgl. J. JEREMIAS, Die Abendmahlsworte Jesu, (1935) 1967, 172.

254 χάρισμα (κατὰ τὴν χάριν V.6) ist konkreter Ausdruck der Gnade (χάρις auch V.3). Wenn Paulus V.3 sagt: ὁ θεὸς ἐμέρισεν μέτρον πίστεως, umfaßt der Begriff des "Maßes" (μέτρον-מִדָּה) die Verschiedenheit und Mannigfaltigkeit der Gnadengaben (E. KÄSEMANN, An die Römer, 320). "μέτρον πίστεως ist ebenso zu verstehen wie μέτρον χάριτος" (O. MICHEL, Der Brief an die Römer <1987>, 375 mit Anm.10). Alle Charismen entstammen dem lebendigen Wort und dem Hören auf dessen Verkündigung, **eben wie Jes. 55,3f:** "Neigt eure Ohren her und kommt her zu mir! Höret, so werdet ihr leben! ..., euch die beständige Gnade (הנאמנים) Davids zu geben".

Leib - viele Glieder in Christus" bezogen, ebenso wie 1. Kor. 12,11-13.27 (s. o. S. 118f).

Wenn Paulus schließlich in 2. Kor. 11,2f die Verführung (ἐξαπατάω, gleich wie 1. Tim. 2,14) Evas durch die Schlange erwähnt, so tut er dies im Blick auf die Tatsache, daß er die Gemeinde als eine reine Jungfrau mit Christus verloben will; demnach sind Christus und die Gemeinde eine eschatologische Entsprechung zum ersten Menschenpaar. Wie Gott mit Eifer über der Bundestreue seines Volkes (gegen Baale) wacht (Ex. 20,5f), so tritt Paulus mit heiligem Eifer für den rechten Glauben der Korinther ein. Er beschreibt hier seinen Dienst an der Gemeinde mit dem alttestamentlichen Bild von der Verlobung und Hochzeit. Durch die Berufung zum Glauben hat er die Gemeinde als Braut Christi dem Bräutigam zugeführt und will sie ihm bis zur Parusie als reine Jungfrau bewahren. Hinter dieser Aussage steht das Bild von der Ehe Jahwes mit Israel (Hos. 1-3; Jes. 50,1-6; 62,5) und der apokalyptische Vergleich der Heilszeit mit den Freuden des eschatologischen Festmahls (Jes. 25,6)[255]. Dieses Bild war dem rabbinischen Judentum[256] durch die allegorische Deutung des Hohenliedes vertraut[257]. Das antike Judentum kannte noch nicht den Vergleich des Messias mit dem Bräutigam (Mk. 2,19), obwohl sich dieser bereits von Jes. 61,10 her nahelegte. Der Messias-Bräutigam ist in Pesiq 149a vorhanden, wo Jes. 61,10 zitiert wird[258]. Einzelne synoptische Gleichnisse, die das Reich Gottes mit einer hochzeitlichen Feier vergleichen, sind in Parallele zu sehen mit der jüdischen Gepflogenheit, nach der die messianische Zeit mit einer Hochzeit verglichen werden kann (Mk. 2,19f; Mt. 22,1-14; 25,1-13; vgl. Joh. 2,7ff; 3,29). Jesus bewegt sich ganz in dem Vorstellungskreis seiner Volksgenossen[259]. Bemerkenswert ist, daß in der Apokalyptik (Apk. 19,7f; vgl. 21,2.9f; 22,17)[260] die Erlösung als eine Hochzeit der Gemeinde mit Gott bzw. dem Messias dargestellt wird[261]. Die eindeutige Beschreibung des Verhältnis Christus-Gemeinde mit dem Bild von Bräutigam und Braut wird in Eph. 5,22-33, wie wir später exegetisch behandeln werden, breit ausgeführt[262].

Nach der rabbinischen Allegorie über die Sinaigeschichte wurde Israel zur Braut Jahwes, nachdem es das Gesetz empfangen hatte. Moses fungierte als Brautfüh-

---

255 S.o. 168-175.

256 Ex R 15,30 zu Jes. 54,5: "In dieser Welt waren sie (die Israeliten) Verlobte ..., in den Messiastagen werden sie Vermählte sein", J. JEREMIAS, ThWb IV, 1094f. Ferner Lv R 11 zu 9,1 und j Schebi 35 c 25. Vgl. Bill. I, 517.

257 Mekh Ex 15,2, als die Deutung des R. Aqiba, Midr HL 4,10 (115a) - par. Dt R 2 (199d); Pesiq 147b. Vgl. Bill. III, 822. Die allegorische Deutung des Hohen Liedes findet sich schon im 1. Jhdt. n.Chr.: MEx z 19,1 und Par-Stellen (R Jochanan b Zakkai, um 40-80). Vgl. Raschi zu Ket. 67a, s.v. אם לא תדעי לך; Sifre zu Deut. Piska 305 Ende; 4. Esr. 5,2.4.26.

258 Vgl. J. JEREMIAS, Die Gleichnisse Jesu, 1965, 49 Anm.2; J. GNILKA, "Bräutigam" - spätjüdisches Messiasprädikat?, in: TrThZ 69 (1960), 298-301: keine Anwendung der Bräutigamsallegorie auf den Messias in 1QIsa.

259 Daß das alte Apophthegma mit dem semitisierenden Bildwort für die messianische Heilszeit (Mk. 2,18-19a) auf guter historischer Grundlage beruht, steht außer Zweifel. Vgl. R. PESCH, Das Markusevangelium, HThK II/1 (1976), 174; J. GNILKA, Das Evangelium nach Markus, EKK II/1 (1978), 114.

260 Vgl. 4. Esr. 10,40ff.25ff mit der umgekehrten Ausgestaltung dieser Tradition; die Hochzeit eines satanischen Verführers mit der Hure.

261 Ph. VIELHAUER, Oikodome, (1939) 1979, 66ff; J. SCHABERT, Ehe/Eherecht/Ehescheidung, TRE 9, 324.

262 Vgl. besonders H. WINDISCH, Der zweite Korintherbrief, KEK VI (1924, 1970), z.St., mit der langen Erklärung über die Kirche als Braut Christi; vgl. auch LIETZMANN/KÜMMEL, An die Kor. I/II, 144f; D. WENDLAND, Die Briefe an die Korinther, NTD 7 (1968), 233f; C. K. BARRETT, A Commentary to the Second Epistle to the Corinthians, BNTC (1973), 271ff; J. GNILKA, Der Epheserbrief, HThK X/2 (1971, ²1977), 292f; F. LANG, Die Briefe an die Korinther, NTD 7 (1986), 335. S.u. 244ff.

rer[263]. Mekh Ex 19,17 (72b): R. Jose (ca. 150) hat gesagt: "Jahwe kam vom Sinai" Dt 33,2, um Israel zu empfangen, wie ein Bräutigam, der der Braut entgegengeht שהא יוצא לקראת כלה. Vor allem scheint dabei die Schöpfungsgeschichte (Gen. 2,22f) mit der Brautallegorie verbunden worden zu sein. Wie bei dem midraschähnlichen Text von 1. Kor. 10,1ff deutet Paulus es bereits an, wenn er im unmittelbaren Anschluß an die Verlobung der Gemeinde mit Christus in 2. Kor. 11,3 von der Arglist der Schlange spricht, durch die Eva betrogen wurde.

Der Ausdruck ἑνὶ ἀνδρί, der mit τοῦ ἑνὸς ἄνθρωπος (Röm. 5,19) in Verbindung zu bringen ist, deutet an, daß Paulus an Adam denkt[264], und die Jungfrau, die den Verführungskünsten der Paradiesesschlange ausgesetzt ist.

Wenn in 1. Kor. 11,3ff der Apostel am Anfang der grundsätzlichen Begründung des speziellen Problems spricht: θέλω δὲ ὑμᾶς εἰδέναι (vgl. 10,1; Kol. 2,1), hat er Stil und Umfang dieser Begründung nicht einfach ad hoc formuliert, sondern vielmehr tief in den Schatz seines Wissens gegriffen. Wahrscheinlich fand er schon einen Anhalt für die Beziehung der Schöpfungsgeschichte auf die geschichtliche Person Christi in der jüdisch-apokalyptischen Fassung seiner Schultradition, nämlich in einem heilsgeschichtlichen Faktor aus der Bibelauslegung von Gen. 2,18ff, entsprechend den Anhaltspunkten, die 10,1ff bieten. Wie in 10,1ff die jüdische, typologische Deutung ganz auf das Kollektiv Gottesvolk[265], die Kirche als das wahre Israel[266] eingestellt ist, und Paulus im V. 4 von einer jüdisch-haggadischen Tradition aus[267] die typologische Deutung des Felsens auf Christus (als den realen Präexistenten[268]) bringt, so verwendet Paulus wahrscheinlich, von der gemeinsamen Tradition der jüdisch-apokalyptischen Auslegung von Gen. 2,18ff her, die Geschichte der Erschaffung Evas aus Adam für die Entstehung der eschatologischen, neu geschaffenen Gemeinde aus Christus, dem letzten Adam (für die neue Menschheit). Das Beweismaterial für die gemeinsame, neue Bibelauslegung, die im Hintergrund der Stellen 1. Kor. 6,12ff; 11,3ff; 2. Kor. 11,2f besteht, haben wir oben gerade in Ant Bibl. 32,15 und 4. Esr. 6,53f; 7,116f gefunden[269]. In Ant Bibl. 32,15 ist die unmittelbare Entstehung der Gottesgemeinde (concio Domini = Israel) aus der Rippe Adams erzählt[270]; concio Domini entspricht eben εκκλησια als der christlichen Gemeinde. ἐκκλησία τοῦ θεοῦ in 1. Kor. 11,22 wird mit dem Wort σωμα V. 29, das sich auch auf den ekklesiologischen Leib Christi bezieht, aufgenommen, wie später exegetisch klar gemacht

263 Dt R 3 (200d); Pirke R Eliez 4f (zu Mt. 25,6); Mekh Ex zu 19,17. Vgl. Bill. I, 969f; II, 393.

264 L. CERFAUX, Le Christ dans la théologie de saint Paul, in: Lectio divina VI, 1961, 263 Anm.2. Vgl. P. ANDRIESSEN, Die neue Eva als Leib des neuen Adam, 1966, 155. Vgl. auch R. Ph. SHEDD, Man in community, 1958, 162 gegen E. BEST, One Body in Christ, 1955, 171.

265 Der Ton in V.1 liegt auf πάντες (ἡμῶν), vgl. die Wiederholung in V.2.3.4.

266 Röm. 9-11; Gal. 6,16; Phil. 3,3.

267 Zur Wanderung des Felsens T Sukka III, 11ff (196). Zur Wanderung des Felsenbrunnens. Ant Bibl. 10,7. O. CULLMANN, ThWb VI, 96f; Bill. III, 406ff.

268 Das ergibt sich aus der Anlehnung an die jüdische Tradition, die den Felsen auf die präexistente Weisheit deutet; Philo Leg All. II, 86.

269 S.o. 176-187.

270 S.o. 176f.

wird[271]. Das darin bestehende wechselseitige Verhältnis von Heils- und Schöpfungsgeschichte an Israel wird auch beim Verfasser 4. Esr. in der Adam-Eva-Kategorie konzipiert, in der die Credo-Formel "educere populum" in Verbindung mit der Exodustradition gebraucht ist[272]. Wie wir später erwähnen werden[273], sind sich am nächsten die beiden Konzeptionen Gottesvolk und Leib Christi in Gal. 3,16.27-29, wo erst Christus als *der* Same Abrahams und dann die Gemeinde als "Einer" (eine Person) bezeichnet wird. Das ist genau der Gedanke des "Leibes Christi" als Einheit all derer, die in Christus das Volk Gottes und der wahre Same Abrahams sind. Paulus gibt dieser kollektiven Einheit des Gottesvolkes eine universale Ausweitung, indem er nicht nur die Heiden miteinbezieht, sondern auch über Abraham hinaus auf Adam zurückgeht, Christus als zweiten Adam und die Gemeinde als "neuen Menschen", "neue Schöpfung" (Gal. 6,15: "Weder Beschneidung ist etwas, noch Unbeschnittenheit, sondern allein die neue Schöpfung") bezeichnet. Obwohl in Ant Bibl. und 4. Esr. der Adam, von dem das Geschick Israels abhängt, keine Heilsfunktion hat, hat Paulus den "für unsere Sünde" (1. Kor. 15,3) gekreuzigten und auferstandenen Christus als den eschatologischen Adam gegenüber dem ersten Adam bestimmt und konzipiert im Gefolge jener gemeinsamen Auslegung das Volk Gottes in Christus als die vom Leib des letzten Adam heraus entstandene Gemeinde (Eva) = σωμα Χριστου. Milieumäßige Anknüpfungstradition für diese Deutung ist freilich die jener verbreiteten, alttestamentlichen, jüdisch-rabbinischen und neutestamentlichen Vorstellung vom ehelichen Verhältnis zwischen Jahwe (bzw. Messias) und Israel (bzw. der Christusgemeinde).

In diesem zusammenhängenden Hinblick weist 1. Kor. 11,3ff gerade in die Richtung zur ekklesiologischen Verwendung der Stelle Gen. 2,18ff hin, obwohl die ekklesiologische κεφαλή -Verwendung noch nicht im Vordergrund steht[274]. Die bisher behauptete These werden wir später entscheidend im Kontext des Abendmahls (1. Kor. 10,16f) stützen.

III. Anhang: Eph. 5,22-33

Die in 1. Kor. 11,3ff zugrundeliegende Gedankenreihe von κεφαλή -σῶμα-ἐκκλησία ist in den deuteropaulinischen Briefen entwickelt, so in Eph. 5,22ff (in der für die Ehe gedachten Haustafel, vgl. Kol. 3,18f)[275] und in Kol. 1,15ff.18 (aber modifiziert

271 S.u. 298f.
272 S.o. 179.
273 S.u. 251-256.
274 κεφαλή fehlt da, wo der reale "Christus-Leib" in 1. Kor. 12,13 auftaucht. Vgl. H. SCHLIER, Art. κεφαλή, ThWb III, 672ff.
275 A. V. ROON, aaO 293; C. T. CRAIG, Soma Christou, in:The Joy of Study, ed. S. E. JOHNSON, 1951, 79.

durch kosmische Ausrichtung)[276] übernommen[277]. In Eph. 5,22-33 ist die Kirche als die Braut Christi dargestellt, und Christus, der als das Haupt[278] der Erlöser des Leibes ist (V. 23), ist es auch, der durch seine Hingabe in den Tod die Gemeinde durch die Taufe reinigt, um sie in herrlicher Gestalt vor sich hinzustellen (V. 23, vgl. V. 26f). Das natürliche Verhältnis von Adam und Eva wird als das Realsymbol für die Verbindung Christi mit der Kirche verwendet. Die Kirche ist die Eva des zweiten Adam - 'Bein von seinem Bein und Fleisch von seinem Fleisch'. So ist Christus κεφαλή in Relation zur Kirche wie Adam in Relation zu Eva[279]: Wie die Kirche gänzlich ihrem Haupt Christus untergeordnet ist, so V. 24 auch die Frau "in allem" ihrem Mann, was zwar in der Paränese des folgenden Verses, der den Ehemännern gilt, keine Einschränkung erfährt, wohl aber durch deren Liebe "aufgehoben" wird, die sich selbst an nichts Geringerem als an der Liebe Christi zur Kirche und seiner Totalhingabe für sie zu orientieren hat.

Die Idee eines bräutlichen Verhältnisses zwischen Christus und der Kirche (V. 27), wobei Christus der Brautführer und die Kirche seine Braut ist, ist bei Paulus schon in 2. Kor. 11,2 (nur kommt an dieser Stelle noch hinzu, daß der Apostel dabei die Rolle des Brautwerbers spielt) vorhanden, mit zwei Unterschieden: An der 2. Kor.-Stelle ist an eine Einzelgemeinde und beim "Zuführen" an die Parusie gedacht; an der Eph.-Stelle - der ekklesiologischen Tendenz des Briefes entsprechend - an die Gesamtkirche und beim "Zuführen" an die Gegenwart[280]. Jetzt bereits führt Christus sich selbst die Kirche als herrliche, junge Braut zu (V. 26f). Theologisch beachtlich ist vor allem, daß der Verfasser die Haupt-Leib-Ekklesiologie mit der Bräutigam-Braut-Ekklesiologie organisch verbunden hat; dadurch wird die Eheparänese bezeichnet[281].

---

276 Weiter Eph. 4,15; 1,22; Kol. 2,10.

277 H. V. SODEN, aaO 29; L. S. THORNTON, Common Life in the Body of Christ, 222 Anm.1+3; H. RIDDERBOS, Paulus, 272.

278 Angeregt vom Ausdruck "Haupt der Kirche", der sich zunächst als "Oberhaupt" deuten läßt, aber schon in 1,22f mit "Leib" verbunden wird (dann auch 4,15), setzt er in diesem singulären Syntagma "Leib" für Kirche ein.

279 Vgl. S. BEDALE, The Meaning of κεφαλή in the Pauline Epistles, JThSt 5, 215; DERS., The Theology of the Church, in: Studies in Ephesians, 71ff.

280 J. GNILKA, Der Epheserbrief, 292.

281 Ob man diese ekklesiologischen Bilder auf den gnostischen Erlösungsmythos zurückführen kann, bleibt trotz des reichen Materials für die "heilige Hochzeit" zweifelhaft. Vgl. E. STAUFFER, γαμέω, ThWb I (1932/33), 654f; L. CERFAUX, La théologie de l'église suivant St. Paul (1948), 262f; H. SCHLIER, Christus und die Kirche im Eph. (1930), 65f; DERS., Der Brief an die Epheser, 1957, 268-275. In diesem Buch bespricht er 2. Clem. 14; verschiedene Stellen in Herm; Ign Eph. 17,1; Sm 8,2; Pol 5,1; Ep Ap 43; das valentinianische, ophitische und simonianische gnostische System. Doch ist es bezeichnend, daß sich die klare Ausbildung der Syzygienlehre, charakterisiert durch 1.) die himmlische und irdische Syzygie des Erlösers, 2.) die Rettung der Sophia durch den Soter, 3.) die Nachahmung dieses himmlischen Vorgangs auf Erden durch den Gläubigen, erst in den ausgebildeten späteren gnostischen Systemen nachweisen läßt. In 2. Clem. seien die Ausführungen "unbeholfen und schwierig" (269), in Herm seien die zur Sprache kommenden Vorstellungen "noch verdeckter und unverständlicher" als in 2. Clem. (269); Ign Pol. 5,1 ist m.E. von Eph. 5,25 abhängig. Also ist Abhängigkeit des Eph. von einem ausgebildeten gnostischen System abzulehnen. Die Kirche ist in Eph. 5 nicht als präexistende

Im V. 28 liegt der Ton auf "οὕτως", das ein anwendendes "ebenso" ist: Entsprechend dem, was Christus der Kirche gegenüber tut, so sollen (also Imperativ) die Männer ihre Frauen lieben als ihre eigenen Leiber. Die Partikel ὡς im Urtext hat hier selbstverständlich begründenden Sinn: *Weil* die Frauen ihre eigenen Leiber sind. Es wirkt also bereits der folgende Gedankengang, inspiriert durch das Schriftzitat aus Gen. 2,24 in V. 31, in den Argumentationsgang herein. Der Verfasser kann andererseits mit dem Wort "σώματα" auf den ekklesiologischen "Leib" (der Kirche) anspielen, den er schon im V. 23 eingeführt hat und den er nochmals im V. 29 bringen wird. Der Satz V. 28b: ὁ ἀγαπῶν τὴν ἑαυτοῦ γυναῖκα ἑαυτὸν ἀγαπᾷ, hat nichts mit dem Gebot der Nächstenliebe (Lev. 19,18) zu tun, sondern ist auch schon formuliert mit Blick auf die folgenden Gedankengänge, besonders V. 29a, in dem der Verfasser nun schon mit dem aus dem Schriftzitat stammenden Terminus "σάρξ" operiert[282]: "Denn niemand hat je sein eigenes Fleisch gehaßt, vielmehr ernährt und pflegt er es" (dies ist die alltägliche Fürsorge des Mannes für seine Frau), "wie (καθὼς)[283] auch Christus die Kirche" (V. 29b entspricht V. 25b), mit der Begründung (ὅτι), daß wir, die Getauften, ja Glieder seines Leibes sind, formuliert in Wiederaufnahme des paulinischen Theologumenons von den Getauften als den Gliedern am Leib Christi (vgl. vor allem Röm. 12,5; 1. Kor. 12,27; Kol. 3,15). Zu ergänzen sind im "καθώς" Satz des V. 29b die Zeitwörter ἐκτρέφω und θάλπω, und gedacht ist dabei gewiß an Wort und Sakrament, mit denen Christus die Kirche ernährt und pflegt[284].

Das asyndetisch eingeführte Schriftzitat (Gen. 2,24) im Vers 31, auf das der Verfasser schon in V. 29a gedanklich vorausgreift, hat begründende Funktion: "Und es werden sein die zwei ein einziges Fleisch", nämlich Mann und Frau in der Ehe, weshalb der Mann, wenn er seine Frau liebt und sie pflegt und ernährt, sein eigenes Fleisch liebt und pflegt und ernährt. Diese Rede vom Fleisch in der ehelichen Beziehung entspricht genau dem בָּשָׂר-Gebrauch (Gen. 2,24) sowie der Stellung der Frau als ἰδία σάρξ des Mannes (Sir. 25,26)[285]. Es ist doch überraschend, daß der Verfasser in V. 32 eine unerwartete These mit dem Satz bringt: "Dieses Geheimnis ist groß, ich aber beziehe es auf Christus und die Kirche." Welches Geheimnis ist

---

Größe gedacht. Vgl. E. BEST, One Body, 172-179; E. PERCY, Die Probleme der Kolosser- und Epheserbriefe (Lund 1946), 328f. S.u. 248 Anm. 296.

282 Der Verfasser setzt an die Stelle des Reflexivpronomens das Wort σάρξ. Dieses ersetzt zwar jenes, ersetzt auch σῶμα, leitet aber zur μία σάρξ des Bibelzitats über. Ohne das folgende Bibelzitat hätte der Verf. den Begriff σάρξ gewiß nicht ins Spiel gebracht; ἐκκλησία ist σῶμα Χριστοῦ, nicht σάρξ Χριστοῦ. Vgl. J. GNILKA, aaO 284, ebenso wie bei 1. Kor. 6,16. S.o. 217. Das umschreibt also nicht mehr das Blutsband oder gar Besitzrecht wie die traditionelle Formel von der Frau als dem "eigenen Fleisch" des Mannes (Sir. 25,26; Vit Ad3), sondern ein volles Einssein.

283 καθώς ist hier vergleichend und nicht begründend.

284 Vgl. H. SCHLIER-V. WARNACH, Die Kirche im Epheserbrief, 1949, 27; F. MUSSNER, Christus, das Allund die Kirche, (1955) ²1968, 154; H. SCHLIER, Der Brief an die Epheser, 160; DERS., aaO 261; R. SCHNACKENBURG, aaO 259.

285 S.o. 166.

groß? Das demonstrative "dieses" (τοῦτο) (Geheimnis) weist auf das unmittelbar vorausgehende Schriftzitat aus Gen. 2,24, nicht auf die christliche Ehe, wie die Ausleger gewöhnlich sagen[286]. Das heißt: Das Geheimnis, das in dieser Schriftstelle ausgesprochen ist, ist deshalb so "groß", weil diese Stelle im Verständnis des Verfassers[287] prophetisch schon von dem engen, bräutlichen Verhältnis Christi zu seiner Kirche spricht. Also das Geheimnis meint nicht das der Schriftstelle als solcher, sondern den in der Schriftstelle angedeuteten Vorgang, der ja ein Typos auf Christus und die Ekklesia ist[288]. Der Verfasser legt ebenso wie schon Paulus (1. Kor. 6,16) das Schriftzitat nicht einfach anthropologisch-neutral, sondern christologisch-ekklesiologisch aus. Während Paulus aber in 1. Kor. 6,16 das Verhältnis der Gemeinde zu Christus in Analogie zur Ehe stellt, wird das Eheverhältnis bei Eph. umgekehrt in Analogie zum Verhältnis Christus-Kirche gestellt, um die Eheparänese auf der Heilstatsache zu gründen; die Ehe wird im Licht der Einheit von Christus und Kirche gesehen. Die Beziehung zwischen Christus und der Kirche wird *Prototyp* für das Verhältnis zwischen Mann und Frau[289], und dieses ist *Abbild* jener, und daraus erwachsen die Mahnungen an beide Ehepartner[290]. Jene Beziehung stellt das Vorbild und den Begründungsrahmen für das Verhältnis zwischen Mann und Frau dar, weil in 5,25-28a die Liebesforderung vom Christusgeschehen her begründet wird. Die christlichen Eheleute, die als Glieder zum Leib Christi (V. 30) zugehören, bleiben zwar noch als Mann oder Frau in der Schöpfungsordnung (gleich wie in 1. Kor. 6,12ff; 11,8), die nicht das Verhältnis Christus-Kirche als Heilsordnung unterstützen kann. Deshalb ist nicht zugesagt, daß der Ehe die Heiligkeit verliehen wurde, die man "Sakrament" (im späteren Sinn)[291] nennen kann[292]. Insofern ist die Ehe nicht ein "wirklichkeitser-

286 DIBELIUS-GREEVEN, An die Kolosser, Epheser, an Philemon, HTD 12 (^{3}1953), 95; R. SCHNACKENBURG, Der Brief an die Epheser, EKK X (1982), 261.

287 Mit dem herausgestellten "ἐγώ" scheint der Verfasser das Unerwartete seiner These im V.32 ins Bewußtsein der Leser zu rufen. δέ enthält hier keinen Gegensatz, sondern hebt das Gewicht hervor, das der folgenden erläuternden Aussage zukommt (vgl. Röm. 3,22; 1. Kor. 10,11; Phil. 2,8). A. di MARCO, "Mysterium hoc magnum est ..." (Ef 5,32), Laur. 14 (1973), 43-80, will εἰς final verstehen: "Dieses Geheimnis ist groß, ich sage es aber, sofern es Christus und die Kirche zum Ziel hat." Die Ehe trete in dieses Geheimnis ein (67, 79). Aber diese Interpretation, die εἰς κτλ. unmittelbar mit μυστήριον verbindet (69), bleibt schwierig.

288 H. SCHLIER, Der Brief an die Epheser, (1957) ^{3}1962, 262; G. BORNKAMM, μυστήριον, ThWb IV, 829; ähnlich J. GNILKA, Der Epheserbrief, 287f. Die Berührungspunkte mit der "Mysterienlehre" der Qumranschriften sind mannigfaltig. 1QpHab 7,5, wo Gott dem Lehrer der Gerechtigkeit alle Geheimnisse (כּוֹל רָזֵי) der Worte seiner Knechte, der Propheten kundgetan hat; auch 1QpHab 7,8. Vgl. F. MUSSNER, Beiträge aus Qumran zum Verständnis des Epheserbriefes, in: Neutestamentliche Aufsätze, FS J. SCHMID, 1963, 186-188.

289 J. GNILKA, Der Epheserbrief, 285.

290 R. SCHNACKENBURG, Der Brief an die Epheser, 261; F. MUSSNER, Der Brief an die Epheser, 160.

291 μυστήριον ist in einem Teil der Vetus Latina und in der Vulgata (während ein verbreiteter Texttypus der VL mysterium beibehält) als **sacramentum** übersetzt.

292 So M. SCHMAUS; Katholische Dogmatik IV/1, 1952, 622: "Die Ehe ist gewissermaßen Epiphanie des Bundes zwischen Christus und der Kirche. Die Gemeinschaft Christi mit der Kirche wirkt sich aus in der Gemeinschaft zwischen Mann und Frau. Diese ist erfüllt von dem Leben, das zwischen Christus und der Kirche ausgetauscht wird ...". Weiter H. SCHLIER, aaO 263 Anm.1; J.

fülltes"[293] Abbild der Gemeinschaft zwischen Christus und Kirche. Die christlichen Eheleute wurden aber durch das Vorbild Christi und seiner Kirche sowie durch ihre Zugehörigkeit zum Leib Christi zu einem wahrhaft christlichen Lebensvollzug gerufen[294]. Der Sachverhalt dieser Analogie zwischen dem Verhältnis Christus-Gemeinde und der ehelichen Verbindung entspricht einerseits der paradoxen Aussage in 1. Kor. 6,12ff mit Hinblick auf 1. Kor. 7, andererseits der christologisch-ekklesiologischen Struktur zusammen mit der κεφαλή -Beziehung in 1. Kor. 11,3ff[295], jedoch mit dem Unterschied, daß in dieser Stelle die Lebenshingabe Christi begründet wird, während sie in Eph. 5 als solche zum Vorbild der Hingabe des Mannes an seine Frau wird.

Wir müssen noch einen Schritt weiter gehen. Der Verfasser vertieft das paulinische Theologumenon von der Kirche als der Braut Christi (2. Kor. 11,2) von der Schrift her außerordentlich. Woher hat er die Anstöße zu seiner neuen Auslegung von Gen. 2,24 bekommen? Gnostiker könnten dann das folgende Schriftzitat im Sinn ihres Mythus so lesen: Der Anthropos-Christus verläßt seine Heimat und hängt seinem Weib, d.h. seinen im Kosmos verlorengegangenen Gliedern, an und vereinigt sich wieder mit ihnen, um sie zu retten. Ob die angeführten Textzeugen an so etwas dachten, ist zu bezweifeln. In der Syzygienlehre von der koptisch-gnostischen Schrift "Exegese der Seele"[296] wird die Seele (= die Sophia) als präexistente Größe gesehen,

---

RATZINGER, Zur Theologie der Ehe, in: H. Greeven u.a., Theologie der Ehe, 1969, 81-115, besonders 85-88; J. GNILKA, aaO 289. Die Behauptung von Bo REICKE, Art. Eheleben, TRE 9 (1982), 321: Die Liebe im Rahmen der Ehe bedeutet eine **Fortsetzung** der Liebe zur Kirche (Eph. 5,22-33), ist nicht richtig.

293 So M. SCHMAUS, aaO 622.

294 H. BALTENSWEILER, Die Ehe im N.T., 1967, 234f; H.-D. WENDLAND, Zur Theologie der Sexualität und der Ehe, in: Theologie der Ehe, 117-142, bes. 136-138; R. SCHNACKENBURG, der Brief an die Epheser, 262.

295 S.o. 233ff.

296 S.o. 245. Daß der mannweibliche Adam in der hell.-jüdischen Spekulation weit verbreitet war, haben wir in den letzten Teilen durch Philo usw. gezeigt. Zu anderen Fragmenten außer Philo und den späten spezifisch gnostischen Systemen siehe H. SCHLIER, Christus und Kirche im Epheserbrief (1930), 67 Anm.1; DERS., Der Brief an die Epheser, 264-276. R. A. BATEY, Jewish Gnosticism and the 'Hieros Gamos' of Eph. 5,21-23, NTSt 10 (1963/1964), 121-127. Enthalten ist diese Spekulation auch im Baruch Buch, das Justin erwähnt.
Bei Paulus scheint uns nirgends eine Auseinandersetzung mit dieser Form der Kosmogonie vorzuliegen. Das Baruch-Buch gehört in das System der ophitischen Gnosis (vgl. H. LEISEGANG, Die Gnosis, 156ff). Zur Vorstellung von Haupt, Leib und Gliedern in gnostischen Texten vgl. K. M. FISCHER; Tendenz und Absicht des Epheserbriefes, 1973, 58ff. "Die Verwendung der Begriffe 'Haupt, Leib und Glieder' ist in gnostischen Texten uneinheitlich. Dadurch ist es ausgeschlossen, daß diese Terminologie ihren Ursprung in einem gnostischen Mythus hat". Gegen P. POKORNY, Σῶμα Χριστοῦ im Epheserbrief, EvTh(1960), 456-465: "Bei der Bildung des Soma-Gedankens hat der Verfasser des Eph. unter Anknüpfung an Paulus den gnostischen Gedanken des himmlischen Leibes durch die Applikation an die konkrete Kirche ekklesiologisch umgestaltet", ... (464). Die Vorstellung des Syzygienpaares Christus und die Kirche steht in 2. Clem. 14 im Vordergrund, 14, 1-2: "Ihr wisset wohl, wie ich meine, daß die lebendige Kirche der Leib Christi ist; denn die Schrift sagt: Gott schuf den Menschen als Mann und Weib. Der Mann ist Christus, das Weib die Kirche". Zur jüd. (christl.-gnostisch.) Legende von Joseph und Aseneth (ed. P. BATIFFOL, Studia Patristica 1, 1889) vgl. E. STAUFFER, γαμέω . ThWb I (1932/1933), 654f; L. CERFAUX, La théologie de l'église suivant St. Paul, 1948, 263. U. FISCHER, Eschatologie und Jenseitserwartung im hellenistischen Diasporajudentum, 1978, 106-123.

die sich nach dem himmlischen Bräutigam, mit dem sie ursprünglich beim Vater geeint war, sehnt und mit dem sie sich im Brautgemach wieder vereinigt[297]. Im Epheserbrief soll die Stelle (Gen. 2,24) nun die Einheit von Christus und Kirche begründen (die beiden *ein* Fleisch), eine *Wieder*vereinigung findet nicht statt[298].

Einige Textzeugen zu V. 31 dachten an die paulinische "Adam-Christus-Parallele", da sie V. 30 mit der Erweiterung lesen: "denn Glieder seines Leibes sind wir aus seinem Fleisch und seinem Gebein" (Gen. 2,23: ἐκ τῆς σαρκὸς αὐτοῦ καὶ ἐκ τῶν οστέων αὐτοῦ)[299]. Es scheint uns eher eine aus Gen. 2,23 LXX gewonnene frühe Glosse zu sein, die aber ganz im Sinn des Autors ist[300]. Denn die V. 28a und V. 29a wiederholt betonte Identifizierung des eigenen Leibes mit dem der Frau spielt auch an Gen. 2,22.23 an, wie beim Ausdruck μία σάρξ (Gen. 2,24) für Mann und Frau, deren Entstehung aus dem Leib des Adam vorausgesetzt ist[301]. Der entscheidende Sinn des Autors liegt also im folgenden Wortspiel: Mann und Frau sind "Glieder" אֲבָרִים (als "die Vielen" הָרַבִּים aus Jes. 53,11) des Leibes (= Kirche) des zweiten Adam (= Christus), eben entsprechend dazu, daß Eva als "Gebein" (עֶצֶם, pl. ist עֲצָמִים) (als "die Mächtigen" עֲצוּמִים aus Jes. 53,12) und Fleisch (בָּשָׂר) aus Adam entstand. Nun hat das Wort Jesu (Mk. 10,7f; Mt. 19,5), das möglicherweise mit der maleachischen Auslegung (Mal. 2,11f) von Gen. 2,22f zusammenhängt, prophetisch die Deutung des μία σάρξ für das radikale Scheidungsverbot ausgewertet, zugleich in der Analogie zum

297 "Exegese der Seele" 133 im Anschluß an Gen. 2,24: "Sie waren ja im Anfang beim Vater vereinigt, bevor die Frau den Mann verließ, der ihr Bruder ist. Diese Hochzeit hat sie wieder miteinander vereinigt."

298 Der erste Teil des Zitats, daß der Mensch Vater und Mutter verläßt, verträgt keine allegorische Auslegung, wie immer Vater und Mutter gedeutet werden. Der Verfasser ist bei seiner ganzen Auslegung letztlich nur an der am Schluß stehenden Aussage des alttestamentlichen Textes interessiert, an der Verheißung der "Einheit" des Fleisches.

299 So אDG PΨ88 104 181 u.a., Vulg, syr p.h., arm, Irenäus, Ambrosiaster, Victorinus, Romanus, Chrysostomus, Theodor, Theodoret, Johannes Damascenus. Eine Reihe von neueren Auslegern halten das mit den älteren für den ursprünglichen Text, z.B. Bengel, Holzhausen, Harless, Bisping, Hofmann, Klöpper, Wohlenberg, Haupt. Von der textlichen Überlieferung aus läßt sich jedoch kein sicheres Urteil über die Ursprünglichkeit dieses Textes fällen. Irenäus erwähnt ihn in einem Zusammenhang, in dem er sich mit gnostischen Bestreiteren der fleischlich-realen Existenz Christi und der leiblichen Auferstehung von den Toten auseinandersetzt (vgl. Iren., Adv. haer. 5,2,3). Vgl. H. SCHLIER, Der Brief an die Epheser, 261. Man könnte folgendes behaupten: Weil antidoketische Polemik ein ausreichendes Motiv für die Schaffung des erweiterten Textes abgibt, der zusätzlich durch V.31 (= Gen. 2,24) sich nahelegte, ist seine Ursprünglichkeit abzulehnen (so J. GNILKA, aaO 286; auch M. BARTH, Ephesians, 1974, 638). Dagegen vertrat A. KLÖPPER, Der Brief an die Epheser, 1891, 183, die umgekehrte Auffassung, daß man am derben Realismus der Worte Anstoß genommen und sie darum gestrichen hätte. Mit seiner Realistik könnte er noch die Analogiestruktur des Abschnitts stören. Man könnte doch feststellen, daß auch an unserem Brief (mit Begriff σάρξ) der spätere Kampf der Großkirche mit der Gnosis sich entzündete. Aber der entscheidende Grund für die Erweiterung liegt darin, daß der Autor "Die Glieder" אֲבָרִים auf "die Vielen" הָרַבִּים aus Jes. 53,11 (nach V.12 teilt der Gottesknecht endlich die Beute mit den "Mächtigen" עֲצוּמִים aus), Leib (בָּשָׂר) auf die Worte "Gebeine" עֲצָמִים (pl.), Fleisch (בָּשָׂר) auf Gen. 2,23 bezieht.

300 M. DIBELIUS, An die Kolosser, Epheser, an Philemon, neu bearb. v. H. GREEVEN, HNT 12 (³1953); M. BARTH, Ephesians, 638; F. MUSSNER, aaO 161.

301 S.o. 163ff.

ehebildlichen Verhältnis zwischen Jahwe und Israel. Dadurch wird die Treue Israels Jahwe gegenüber beim Kampf gegen fremde Götter gefordert. Ebenso ist an die frühere Aussage des Paulus 1. Kor. 6,15f, auch in bezug auf 1. Kor. 7,2ff[302] zu denken, sowie an den paulinischen Christusleib-Gedanken, der wahrscheinlich in demselben geistigen Milieu wie die in der jüdisch-apokalyptischen Literatur (Ant Bibl. 32,15; 4. Esr. 6,54ff; 7,116ff) entstandene neue Deutung von Gen. 2,22ff ist: Die Erschaffung Evas aus der Rippe Adams bedeutet die Erwählung Israels durch Gott. Deshalb brauchen wir eine Erklärung vom gnostischen Hintergrund her nicht. Diese schöpfungs-/heilsgeschichtlich begriffene typologische Auslegung in Ant Bibl. 32,15[303] wurde in 4. Esr. 6,54ff; 7,116ff anläßlich der Verfolgung Israels mit der endzeitlichen Hoffnung entfaltet aufgenommen, und zwar so, daß durch Gottes Gnade die Frau Israel trotz der Hoffnungslosigkeit wegen ihrer seit Adams Fall begangenen Sünde neu *erbaut* wird. Die auf das Verhältnis Israels zu Jahwe bezogene kollektive Auslegung von Gen. 2,22ff, welche Maleachi und die Verfasser von Ant Bibl. und 4. Esr. gemeinsam haben, stammt offensichtlich milieumäßig aus der alttestamentlichen (bes. prophetisch) und apokalyptisch (einschl. Apk. 19,7f; vgl. 21,2.9f; 22,17)-rabbinischen "Ehebild"-Vorstellung für das Verhältnis von Gott und Israel. Wie oben erwähnt, bewegte Jesus sich ganz in diesem Vorstellungskreis seiner Volksgenossen (Mk. 2,19f; Mt. 22,1-14; 25,1-13)[304]. In diesem Betracht wird gefolgert, daß die vom Verfasser des Epheserbriefes für die Eheparänese verwendete ekklesiologische Auslegung der Schrift nichts anderes als *eine besondere Herleitung der paulinischen Auslegungstradition ist, die zum Teil auf Jesus selbst zurückgehen kann*[305]. Wenn nun infolge solcher Auslegungstradition das Genesiswort auf Christus und die Gemeinde angewendet wird, handelt es sich dabei nicht um die einfache Anwendung einer *Allegorie* , sondern vielmehr um den von daher erleuchteten ursprünglichen Sinn der Schrift, also das exklusiv-intensive Verhältnis von Mann und Frau.

302 Vgl. Bo REICKE, Art. Eheleben, in: TRE 9 (1982), 321.

303 Dieses überwältigende Beweismaterial weist B. SCHALLER, Gen. 1.2 im antiken Judentum (Diss.), 1961, nach. Anschließend an ihn auch H. BALTENSWEILER, Die Ehe im N.T., 1967, 231f. J. GNILKA, Der Epheserbrief, 292-294, akzeptiert diese Interpretation der Adamgeschichte nur als den Ausgangspunkt (des Verf. des Eph.), aus dem die Folgerungen gezogen werden, die in die hell.-gnostische "Hieros Gamos"-Vorstellung als Urbild der christlichen Ehe hinein entworfen wären. Damit behauptet er, daß in Eph.5 "verschiedene Komponenten" "nebeneinander" zusammengeflossen sind. Aber die von seiner Behauptung abgeleitete Auseinandersetzung zwischen den beiden Motiven scheint nirgends vorzuliegen.

304 S.o. 242.

305 Gegen die Meinung von R. SCHNACKENBURG, aaO 259, daß eine Eva-Typologie nur am Rande in 2. Kor. 11,3 und 1. Tim. 2,13f auftaucht, und daß der Gedanke des Hervorgehens der Kirche aus Christus, das in Analogie zur Erschaffung Evas aus der Seite Adams steht, sonst nicht mit der Leib-Ekklesiologie verbunden wird. Dagegen wollen wir klar machen, daß Paulus schon im Zentrum seiner Auslegung des Brotwortes Jesu (1. Kor. 10,16f) die Adam-Eva-Typologie mit der Leib-Ekklesiologie verbindet.

Wir haben oben hinsichtlich der Exegese Gen. 2,22ff festgestellt, daß für den Jahwisten der Ausbau (בָּנָה) des Weibes aus der Rippe Adams theologisch ein massives und wichtiges Ereignis, nämlich Gottes Heilsakt für das Gottesvolk Israel bedeutete und später im ganzen Alten Testament und im hellenistischen Judentum als der mit der Hoffnung auf den Tempelbau verbundene eschatologische Aufbau Israels gedacht wurde. Ebenso ist es wohl denkbar, daß der Verfasser den an die im Epheserbrief zentral stehende Christusleib-Lehre angeknüpften οἰκοδομή -Begriff (4,12.16) gerade nach dem in der Adam-Eva-Kategorie konzipierten echatologischen Aspekt verstanden hat. Wie bei Paulus das οἰκοδομή-Motiv (z.B. 1. Kor. 3,9: θεοῦ οἰκοδομή ἐστε)[306] im Zusammenhang mit der Christusleib-Vorstellung ekklesiologisch eine wichtige Stellung einnimmt[307], so erscheint auch dessen Wichtigkeit in der Nebeneinanderstellung *des Leibes* Christi (als des Hauptes) und seiner *Auferbauung* in der Liebe (4,12.16[308]; 4,12: ..., εἰς οἰκοδομὴν τοῦ σώματος τοῦ Χριστοῦ) ; diesem Ziel dienen Amt und Gemeindediakonie der Kirchenglieder, weil die kirchlichen Ämter von Christus geschenkte Dienstämter sind und niemals Selbstzweck haben (vgl. dazu etwa 1. Kor. 12,27ff). Wichtig ist Eph. 4,16: κεφαλή, σῶμα, αὔξησις τοῦ σώματος, οἰκοδομή[309]. Der Ausdruck αὔξησις τοῦ σώματος, οἰκοδομή kann mit ᾠκοδόμησεν κύριος ὁ θεὸς τὴν πλευράν (Gen. 2,22) verglichen werden[310], gleich wie in 4. Makk. 18,7 die Mutter der sieben makkabäischen Brüder von ihrem Leib als von der auferbauten Rippe sprechen kann - τὴν ᾠκοδομημένην πλευράν -, die sie immer unversehrt bewahrt hat[311]. 4,25 heißt es dann weiter: ἐσμὲν ἀλλήλων μέλη, doch bald darauf wird wieder von οἰκοδομή gesprochen (V. 29). So verbinden sich beide Bilder miteinander. Wenn in diesem Hinblick Eph. 5,22ff, besonders V. 29f (καθὼς καὶ ὁ Χριστὸς τὴν ἐκκλησίαν,

---

306 S.o. 220ff.

307 S.o. 224f.

308 Wenn Eph. 2,20 die Bezeichnung Christi als λίθος ἀκρογωνιαῖος auftaucht, so ist das zwar gegenüber den anderen Paulusbriefen neu, stammt aber aus Jes. 28,16 und Ps. 118,22. Wichtiger ist jedoch, daß sich sowohl im Kolosserbrief als auch im Epheserbrief eine feste Verbindung beider Vorstellungen, des Leibes und des Hausbaues, noch stärker als in den Paulusbriefen feststellen läßt (bes. 4,12). Im Kolosserbrief, in dem das Bild des Leibes im Ganzen vorherrscht, taucht ἐποικοδομούμενοι (wie Eph. 2,20, vgl. 1. Petr. 2,5) im Sinne einer geistlichen Erbauung wie in 1. Kor. nur an einer einzigen Stelle auf (2,7) und auch hier neben ἐρριζωμένοι (mit ἐν αὐτῷ, vgl. Eph. 3,17), d.h. also neben einem Begriff, der wie αὔξει und αὔξησις (2,19) offensichtlich aus der σῶμα -Vorstellung stammt. Auch πᾶν τὸ σῶμα bezieht sich in V.19 am Anfang zwar auf den Leib der Kirche, dessen Wachstumsprozeß vom Haupt her noch einmal rekapituliert wird, aber die αὔξησις τοῦ σώματος, die vom gesamten Leib der Kirche betrieben wird, bezieht sich auf die Erhebung des Alls zu Christus, die in und mit dem Aufbau der Kirche vorangeht.

309 Was in Kol. 2,19 noch undifferenziert vom ganzen Leib der Kirche gesagt ist, wird in Eph. mit Rücksicht auf die einen besonderen Dienst Ausübenden mit neuen Akzenten versehen, doch so, daß die überragende Stellung Christi gewahrt bleibt und der ganze Leib in den Wachstumsprozeß einbezogen wird.

310 Vgl. C. CHAVASSE, The Bride of Christ, 79; A. DUBARLE, Les fondements bibliques du titre marial de "Nouvelle Eva", in: "Mélanges Lebreten I, 1951, 55.

311 S.o. 177. Vgl. auch Gn R 18 zu Gen 2,22f.

ὅτι μέλη ἐσμὲν τοῦ σώματος αὐτοῦ; vgl. V. 32) wiederum überlegt wird, so zeigt das Ganze, daß das σῶμα Christi zum Objekt der "Erbauung" wurde, in gleicher Bedeutung wie οἶκος und im Sinne der christlichen Ekklesia. Also 'Erbauen' bedeutet: das σῶμα Christi aufbauen. Es bezeichnet den Akt, in welchem sich die Liebe Christi darstellt und zur Vollendung kommt. Die aus dem zweiten Adam Christus als Haupt *gebaute* Gemeinde "Leib Christi" zielt auf die fest auf ihm als dem Eckstein (2,20) aufgebaute und in Liebe erwachsene Ekklesia. "Die Kirche *ist*, indem sie wächst"[312]; Bau- und Leib-Bild illustrieren die Tatsache, daß Kirche immer zugleich *ist* und *wird*[313].

IV. Gal. 4,21-31; 3,27f

Das Ehebild zwischen Christus und der Gemeinde findet sich auch in Gal. 4,21-31, Paulus wertet das jetzige Jerusalem, das er nur mit dem Gesetz zusammenbringen kann, ab zugunsten des "oberen Jerusalem" (V. 26), das "unsere" Mutter, also Mutter der Glaubenden ist, frei wie Sara. Die Vorstellung eines *oberen, himmlischen Jerusalem* hat eine alte Tradition im Judentum, in der Paulus auch steht[314]. Dieses "obere[315] Jerusalem" ist nicht erst eine kommende Heilsgröße, die einstweilen im Himmel verborgen ist, sondern eine schon gegenwärtige Größe[316], weil sie ja bereits "unsere Mutter", d.h. die Mutter der Christusgläubigen, ist, wie der Relativsatz sagt. Wenn "das obere Jerusalem" aber schon "unsere Mutter" ist, dann hat es "irgendwie" mit der Kirche zu tun, dem irdischen Sammlungsort der Gläubigen, auch wenn "das obere Jerusalem" und die Kirche nicht einfach identisch sind[317]. Dort lebt man aus

---

312 H. SCHLIER, Der Brief an die Epheser, 144.

313 J. PFAMMATTER, οἰκοδομή, EWNT II, 1981, pp.1213.

314 So hat Mose nach der priesterschaftlichen Darstellung bereits auf dem Sinai das himmlische Modell für die Stiftshütte gesehen (Ex. 25,9), das damit zum Gesetz selber gehört. In der Exilszeit, als der Tempel Salomos zerstört ist, beschreiben die Kapitel Ez. 40 bis 48 das Modell eines im Himmel existierenden Jerusalem, nach dessen Vorbild dann das irdische wieder aufgebaut werden soll. Diese Tradition geht weiter in Apk. Barsyr. 4, 1-6, wo die himmlischen Gebäude (= das Paradies) zuerst dem Adam, bevor er sündigte, gezeigt wurden. 4. Esr. 7,26; 8,52; 10,7; 13,36. S.o. 175 mit Anm.289; 184 mit Anm.323, 188f. Vgl. H. SCHLIER, Der Brief an die Galater, KEK VII (1949, ^{12}1962), 222f. Ferner Beth ha-Midrasch 5, 128,11. Vgl. Bill. III, 796. In jüdischer Tradition steht Paulus auch, wenn er Jerusalem "unsere Mutter" nennt; neu ist nur, daß er dies für die Glaubenden allein beansprucht und denen abspricht, die aus dem Gesetz leben. Dabei ist Jes.28,16 wichtig, s.o. 191ff.

315 Das ἄνω hat seine Wurzeln nicht in einem weltanschaulichen Dualismus wie in der Gnosis (Act Joh. 97 <199,13ff>; Hippolyt, Philos., sondern in christolog. Überzeugungen, wie sie z.B. in Kol. 3,1 zum Ausdruck kommen: "Wenn ihr mit Christus auferweckt seid, sucht das Obere, wo Christus sitzt zur Rechten Gottes." Vgl. auch Eph. 2,6; Phil. 3,20; Hebr. 12,22: Ἰερουσαλὴμ ἐπουράνιος.

316 H. SCHLIER, aaO 223; A. OEPKE, Der Brief des Paulus an die Galater, (1957) ^{4}1979, 151: "Das geistig verstandene himmlische und zukünftige Jerusalem (vgl. Phil. 3,20), ist diesseits vorläufig eschatologisch realisiert in der Gemeinde des Neuen Bundes." E. LOHSE, Die Offenbarung des Johannes, NTD 11 (1976), ^{3}1983), 107, mit Hinblick auf die Parallele zu Apk. 21,3.

317 Dazu P. BONNARD, L'Épitre de Saint Paul aux Galates, CNT (1953), 98.

der Rechtfertigung und der vom Geist gewirkten und vom Geist bestimmten Freiheit[318]. Zwei "apokalyptische" Grundideen paulinischer und deuteropaulinischer Theologie zeigen sich hier: Der neue Äon, zu dem nach jüdischer Anschauung auch das heutige Jerusalem gehört[319], ragt seit der Auferstehung Jesu bereits in diesen Äon herein; die Gläubigen sind bereits "Mitbürger der Heiligen (der Engel) und Hausgenossen Gottes" (Eph. 2,19); die Kirche lebt in einer realen, wenn auch unsichtbaren Gemeinschaft mit der himmlischen Welt, wie es auch frühjüdische Anschauung war[320], besonders in Qumran[321]. Die "Mutterschaft" des oberen Jerusalem aktualisiert sich in dem konkreten Heilshandeln des Auferstandenen und Erhöhten in der christlichen Gemeinde (vgl. Eph. 5,29)[322]. Windisch drückt dies so aus: Jede Einzelgemeinde repräsentiert die Gesamtkirche (wie in Eph.) und hat teil an deren Eigenschaften (vgl. 1. Kor. 12,28, ἐκκλησία-Begriff[323])[324].

Was das von Paulus zitierte Schriftwort Jes. 54,1, das im Kontext des alttestamentlichen Ehebildes von Jahwe und Israel steht[325], dem irdischen Jerusalem verheißt, sieht Paulus aber nicht schon in der Rückkehr aus dem Exil, der Wiederbevölkerung der Stadt und dem Wiederaufbau des Tempels erfüllt, sondern meint, daß die Verheißung einer großen Nachkommenschaft sich zunächst auf das "obere Jerusalem" (entsprechend der freien Sara[326]) bezogen hat. Und diese Verheißung realisiert sich in der weltumspannenden Kirche aus Juden- und Heidenchristen[327]. Wenn Paulus hier nicht nur räumlich (V. 26), sondern auch zeitlich (V. 28) denkt, so heißt das aber nicht, daß er "heilsgeschichtlich" im Sinn eines heilsgeschichtlichen *Kontinuums* denken würde. Die Realisierung der Verheißung ist erst über den *einen* Samen Christus (vgl. 3,16) möglich geworden, der am Kreuz den Fluch wegnahm (3,13) und damit den Segen brachte. Der Apostel blickt nicht auf die einzelnen Glieder in dieser Nachkommenschaft, sondern exklusiv auf "den Samen", auf den es ankommt: Christus

---

318 Vgl. W. KLAIBER, Rechtfertigung und Gemeinde, 1982, 166.

319 Vgl. 4. Esr. 8,52.

320 S.o.Anm.314.

321 S.o. 188f. Vgl. auch F. MUSSNER, Beiträge aus Qumran zum Verständnis des Epheserbriefes, in: Neutestamentliche Aufsätze, FS, 1963, 188f.

322 F. MUSSNER, Der Galaterbrief, (1973) ³1977, 327.

323 S.o. 245.

324 H. WINDISCH, Der zweite Korintherbrief, KEK VI (1924, Nachdr. 1970), 321. Mit dem Hinblick auf das obere Jerusalem, "unsere Mutter" (Gal. 4,26ff) beweist er weiter, daß da vorausgesetzt ist, daß die endzeitliche Hochzeit (mit dem Messias?) schon stattgefunden hat.

325 Zion ist "als Frau dargestellt, die von ihrem Mann gleichsam verlassen ist und deshalb keine Kinder mehr bekommt. Mit dem Ende des Exils kehrt Jahwe nach Zion an der Spitze der Verbannten zurück; somit hat Zion wieder ihren Gemahl und ihre Kinder." Vgl. J. ZIEGLER, EB (1954), 158. Der Text gilt in der Exilszeit als Verheißung dem zerstörten Jerusalem, als die Stadt und mit ihr der Tempel in Schutt und Asche liegt, Israel in der babylonischen Gefangenschaft ist. S.o. 171-172.

326 Mit dem Wort von der "Unfruchtbarkeit" denkt der Apostel vermutlich an Sara, in Erinnerung an die Verheißung Gottes in Gen. 17,16 ("ich werde sie segnen, sie soll zu einer Mutter von Völkern werden.").

327 D. LÜHRMANN, Der Brief an die Galater, ZBK (1978), 78.

(Gal. 3,16)[328]. Aber durch und in Christus wurde die Verheißung Gottes an Abraham für die Völker, die Glaubensmenschen, Wirklichkeit (3,7.26[329]). Die Gottessohnschaft der Gläubigen besteht also "in Christus Jesus". Wer in dem Glauben (3,26) und der Taufe (3,27)[330] zu Christus gehört, ist der wahre Same Abrahams, und darum auch Erbe der Segensverheißung (3,29). Die durch den jetzt kollektiven Gebrauch von σπέρμα entstehende logische Schwierigkeit wird durch εἷς V. 28 gemildert und das logisch geforderte χριστός (ἐστε) zu χριστοῦ (ἐστε) umgebogen[331]. Die zu Christus Gehörenden konstituieren den einen Leib Christi[332]. In Gal. 4,28 greift Paulus eben auf 3,29 zurück. Also Kinder der Verheißung sind die, die aus Glauben sind, wie Israel ein solches Kind der Verheißung ist und nicht "nach dem Fleisch" geboren war (vgl. V. 23)[333]. Wie Israel sind so auch die "gesetzesfreien" Christusgläubigen die Kinder sowohl Abrahams als auch Saras (V. 4,31). Aus der mit 3,16ff und 4,22ff zusammenhängenden allegorischen Auslegung kann man nun folgern: dem Ehepaar "Abraham-Sara" entspricht die Beziehung zwischen Christus und dem oberen Jerusalem (als der Freien), die in der christlichen Gemeinde realisiert wird. Hieraus erklärt sich die ehebildliche Verbindung Christi mit der Gemeinde.

3,28: εἷς wird ganz deutlich als Oppositum gesehen zu Ἰουδαῖος und Ἕλλην, δοῦλος und ἐλεύθερος, ἄρσεν und θῆλυ ..., also zu den im alten, vergehenden Äon oft so wichtigen Kategorien und Unterschieden. Vgl. auch Gal. 6,15; 1. Kor. 12,13; Kol. 3,11. Möglicherweise folgt diese Aufzählung einem formelhaften, aber variablen

---

328 Der eigentliche Grund dafür, daß kein Kontinuum besteht, liegt für den Apostel im Gesetz.

329 Wenn Paulus V.26 nicht bloß von "Söhnen", sondern von "Söhnen Gottes" (vgl. auch Röm. 8,17 τέκνα θεοῦ)redet, würde man mit Rücksicht auf 3,7 und im Vorausblick auf V.29 ("ihr seid Abrahams Same") auch hier "Söhne Abrahams" erwarten. Die letzten Worte "in Christus Jesus" sind die Bezeichnung des In-Christus-Seins, weil sie nicht das Objekt des Glaubens angeben (dafür wird bei Paulus auch sonst nie "in Christus" gebraucht, vgl. H. SCHLIER, aaO 171f mit Anm.1; F. MUSSNER, aaO 261).

330 Die Partikel γάρ begründet, warum die Gottessohnschaft der Gläubigen "in Christus Jesus" ihren Seinsgrund hat: weil alle auf Christus Getauften Christen angezogen haben. εἰς Χριστόν ἐβαπτίσθητε bedeutet nicht eine Taufformel, sondern primär das Heilsgeschehen bei der Taufe, das an den Namen "Christus" gebunden ist. Worin dieses mit Christus zusammenhängende Heilsgeschehen bei der Taufe näher besteht, legt der Apostel eingehender in Röm. 6,3ff dar. In Gal. 3,27 deutet er dieses Heilsgeschehen bei der Taufe auf Christus nur kurz als Χριστὸν ἐνεδύσασθε. Das Verbum ἐνδύεσθαι wird auch in der LXX häufig metaphorisch gebraucht. Vgl. dazu G. DELLING, Die Zueignung des Heils in der Taufe (Berlin o.J.), 76; A. OEPKE, Art. ἐνδύω, ThWb II, 320. Im NT wird der Ausdruck "anziehen" noch in ethischen Zusammenhängen gebraucht, so in Röm. 13,12.14; Eph. 4,22-24; 6,11.14; Kol. 2,12; 3,9f; 1. Thess. 5,8f. 1. Kor. 15,53f redet vom "Bekleiden" mit Unsterblichkeit bei der Auferweckung von den Toten (s.o.157f). So zieht der "auf Christus" Getaufte Christum als seine eschatologisch-pneumatische Wirklichkeit wie ein neues Kleid an und befindet sich damit "in Christus" als in seinem "neuen Seinsgrund" (H. SCHLIER, aaO 173f). Das ist objektiv-sakramental gemeint. Der Aorist ἐνεδύσατε denkt eindeutig an den einmaligen Akt der Taufe.

331 Vgl. A. OEPKE, aaO 126.

332 H. D. GALATIANS, 1979, 201.

333 Zu den Gegnern in den galatischen Gemeinden (V.29) vgl. F. MUSSNER, aaO 330ff.

Schema[334]. Das εἷς, das nicht von seinem Präpositionalattribut ἐν Χριστῷ Ἰησοῦ getrennt werden darf, ist der eschatologische "Einheitsmensch" ("der Christ"), der aus der Taufe hervorgeht[335]; V. 28 wird mit einem von Gen. 1,26f inspirierten Gedanken gegen die empirische Wirklichkeit gebraucht: Christus ist Eikon Gottes, in der die Unterschiede von Mann und Frau überwunden sind[336]. Vgl. auch Eph. 2,15 ("Er schuf die zwei (den Juden und den Heiden) in sich zu einem einzigen neuen Menschen")[337]. Damit lebt der Verfasser des Epheserbriefes vom paulinischen Erbe (Gal. 3,26-28). Aber das Bild von dem einen neuen Menschen in 2,15 entspricht in gewisser Weise dem "vollkommenen Mann" (ανηρ), zu dem alle Glieder der Kirche, des Leibes Christi, hingelangen sollen (4,13), und auch dem Ehebild, für das im Schriftzitat der "Mensch" (ἄνθρωπος) genannt wird (5,31)[338]. 2,16 ist umstritten, ob mit " ἐν ἑνὶ σώματι " an den Kreuzesleib Jesu oder an den ekklesialen Leib (die Kirche als Leib Christi) oder auch an beides gedacht ist, sofern sich nämlich im Leib des Gekreuzigten schon die Kirche abbildet und ursprunghaft verwirklicht. Aber der Verfasser hat bereits im Sinn die neue Einheit der beiden vorher getrennten Gruppen, also die Kirche[339]: 1) für den am Kreuz getöteten Leib Jesu, durch den das Gesetz vernichtet wird, bevorzugt der Verfasser in V. 14 "in seinem Fleisch"; 2) "Leib" Christi bezeichnet im Eph. durchweg die Kirche (1,23; 4,4.6; 5,23.30); 3) die mit "eines, einer" (ἕν, εἷς) angesprochene Wirklichkeit ist in der Gedankenfolge von VV 14-18 stets die Kirche; 4) dieses "in einem einzigen Leib" korrespondiert dem nachfolgenden " ἐν ἑνὶ πνεύματι " (V. 18) und bildet mit ihm zusammen einen Doppelausdruck für die als Einheit verstandene Kirche (4,4a); 5) der Gedanke war zuvor ganz konzentriert auf den vorher genannten "einen neuen Menschen" in Christus. Konkret denkt der Verfasser dabei an die Gemeinschaft der Kirche aus Juden- und Heidenchristen. Damit wird die Kirche in unmittelbare Nähe des Kreuzes gerückt. Indem Christus am Kreuz stirbt, wird die Kirche geboren; indem er sich für uns als Opfer hingibt (5,2), erweist er der Kirche seine Liebe (5,25), ja wird er der Erlöser seines Leibes, der Kirche (5,23).

Auch die Idee von der "neuen Schöpfung", die hinter der Formulierung von Eph. 2,15 steht, stammt aus dem paulinischen Erbe, wobei Paulus selber wieder auf jüdische Theologumena zurückgreifen konnte; vgl. Gal. 6,15; 2. Kor. 5,17[340]. Christus schafft in der Taufe eine neue, versöhnte Menschheit, in der die alten, so viel geltenden Unterschiede aufgehoben sind. Welches "Denkmodell" steht aber hinter der Vorstellung von "einem einzigen neuen Menschen"? Etwa der Anthroposmythus? So die

---

334 Vgl. dazu E. LOHSE, Die Briefe an die Kolosser und an Philemon, KEK (1968), 207.

335 Man darf den Sachverhalt nicht so formulieren, "daß alle ... in Christus Jesus **Einer** sind, nämlich Christus selbst" (H. SCHLIER, aaO 175), oder: "ihr alle seid der eine Singular, das σπέρμα, dem die Verheißung gilt, nämlich Christus" (So H. LIETZMANN, An die Galater, HNT 10 (1910), 245f): Die ἐν Χριστῷ (Ἰησοῦ)-Formel, in einem einheitlichen Sinn. Doch deutlich hat die Präposition ἐν "lokale"Bedeutung, und "Christus Jesus" läßt so an eine "Heilssphäre" denken, "in" der die Gläubigen zu einer Einheit zusammengefaßt sind. Diese "Heilssphäre" macht die ekklesiologische Aussage möglich im Horizont der Christologie. Hieraus kann man an die Idee der "korporativen Persönlichkeit" (A. OEPKE, Der Brief des Paulus an die Galater, 126: "Christus, die Universalpersönlichkeit". Vgl. etwa W. THÜSING, Per Christum in Deum, 116.), an "Christusmystik" (A. WIKENHAUSER, Die Christusmystik des Apostels Paulus, ^{2}1956, z.St.), an pneumatische "Lebenssphäre" (wie Gal. 2,20) denken. F. MUSSNER formuliert diesen Sachverhalt so: Nach Gal. 3,28 bildet Christus Jesus den Bereich, in dem "alle" Glaubenden "ein einziger" sind, der eschatologische in Christus lebende "Einheitsmensch", der alle im V.28a genannten Differenzierungen überschritten hat (aaO 265).

336 G. THEIßEN, Psychologische Aspekte paulinischer Theologie, 1983, 171.

337 Näheres dazu bei MUSSNER, Christus, das All und die Kirche, 85-87.

338 F. MEUZELAAR, Der Leib des Messias, 47f.68, weist auf eine Anspielung in Eph. 2,15 (τοὺς δύο) auf Gen. 2,24 hin.

339 Vgl. H. MERKLEIN, Christus und die Kirche. Die theologische Grundstruktur des Epheserbriefes nach Eph. 2,11-18, SBS 66 (1973), 45-53.

340 P. STUHLMACHER, Erwägungen zum ontologischen Charakter der καινὴ κτίσις bei Paulus, EvTh 27 (1967), 1-35(16ff).

Bultmannschule. Nun hat es den Anthroposmythus zur Zeit der Abfassung des Epheserbriefes noch gar nicht gegeben[341]. Wie wir konsequent behauptet haben, ist bei der sakramentalen, pneumatischen Christuseinigung, "Sein in Christus", an den neuen Adam = Christus gedacht[342].

V. Röm. 7,4

Man darf die Argumente in Röm. 7,1-4 nicht streng als Vergleich bzw. Allegorie auffassen, weil man sich sonst daran stoßen muß, daß es auf der einen Seite um den Tod des Ehemannes, auf der anderen dagegen um den Tod der Christen selbst geht[343]. V. 4 ist nicht eine Anwendung von VV 2f, sondern eine zu VV 2f parallele Anwendung des Grundsatzes V. 1, der zweifellos deswegen so allgemein formuliert ist: ... τοῦ ἀνθρώπου, ἐφ' ὅσον χρόνον ζῇ. Das tertium comparationis liegt allein darin, daß Sterben sonst lebenslang geltende Bindungen aufhebt[344]. Die Zugehörigkeit

341 Vgl. auch R. SCHNACKENBURG, Der Brief an die Epheser, EKK X, 116. Der gnostische Gedanke im Ev Philippi (NHC II/3,71): "Hätte sich das Weib nicht vom Mann getrennt, so würde es nicht sterben mit dem Mann. Seine Trennung wurde zum Anfang des Todes. Deshalb kam Christus, damit er die Trennung, die von Anfang an bestand, wieder beseitige, sie beide vereinige und denjenigen, die in der Trennung gestorben sind, Leben gebe (und) sie vereinige." Vgl. Logion 78, ed. W. C. TILL, 1963, 41f; vgl. auch Log. 79: "Die Frau aber vereinigt sich mit ihrem Gatten im Brautgemach ..." (Till 43); ferner Log. 71; Ev. des Thomas 22; 106. Vgl. K.-M. FISCHER, Tendenz und Absicht des Epheserbriefes, FRLANT 111 (1973), 133f; DERS., Adam und Christus, in: K.-W. TRÖGER (Hrsg.), Altes Testament - Frühjudentum - Gnosis, 1980, 283-298. Eine einheitliche gnostische Vorlage läßt sich nicht erweisen.

342 Vgl. F. MUSSNER, Der Brief an die Epheser, ÖTK 10 (1982), 80.

343 Die Auslegung von BARRETT, The Epistle to the Romans, (1962) [8]1984, 136, daß der Mann der Frau gegenüber die Tora repräsentiere, ist abwegig, weil Paulus in V.4 nicht von dem Tod des Gesetzes, sondern von dem Tod der Christen dem Gesetz gegenüber spricht. Andererseits exegesiert Augustinus am stringentesten allegorisch: Die Frau sei die Seele, ihr Ehemann die Sünde, das Gesetz das Gesetz der Sünde; die Seele sterbe der Sünde und werde so vom Gesetz der Sünde frei, um Christus zu gehören (Propos. 36, ähnlich De div. quaest. LXXXIII 66,1f; Contra Faust. Manich. 15,8 bei SCHELKLE, Paulus 226). Ähnlich in der Gegenwart F. J. LEENHARDT, L'Épitre de Saint Paul aux Romains, 1957; Complément, (1969) 1981, 102f: Der Christ sei seit dem Tode seines "Leibes der Sünde" (6,6: ὁ παλαιὸς ἡμῶν ἄνθρωπος) gleichsam Witwe und somit frei geworden, Christus zu heiraten, gleich wie SANDAY-HEADLAM, A Critical Commentary on the Epistle to the Romans, ICC (1895, [5]1902), 172. Aber diese Auslegung ist extrem kompliziert. Und wie W. G. KÜMMEL, Römer 7 und die Bekehrung des Paulus, 1929, 41, hinweist, hat Paulus nirgendwo die Idee von der Heirat der individuellen Christen mit Christus. C. H. DODD, The Epistle of Paul to the Romans, (1932) 1947, 101, behauptet: "The illustration ... has gone hopelessly astray ...". - Paulus spricht die "Brüder" auf ihre Kenntnis der Tora hin an, die als "Schrift" der normative Text der Kirche bleibt; und das Ehe- und Sexualrecht der Tora, verstärkt durch das Gebot des Kyrios (1. Kor. 7,10), ist in der Urkirche vollauf rezipiert worden. Unter formaler Anwendung der Methode rabbinischer Eherechtslehre (Qid 1,1; Schab 30a; Nidda 61b; Pes rabb 51b; jer. Kilaim 9,3. Vgl. Bill, 234; H.-J. SCHOEPS, Paulus, 1959, 178f.) leitet Paulus die christliche Freiheit vom Gesetz aus der Tora selbst ab, wie er zuvor in Kapitel 4 die Glaubensgerechtigkeit aus der Genesis begründet hat. Die verbreitete Auffassung, daß in VV 1.3 das römische Recht (z.B. A. JÜLICHER, Die Schriften des Neuen Testaments, SNT II (1907, [3]1917), 269) oder allgemein das Zivilrecht der damaligen Zeit im Blick stehe (z.B. E. KÜHL, aaO 224; Sanday-Headlam 172 und E. KÄSEMANN, aaO 277: "νόμος ist hier die gesetzlich geregelte Ordnung"), scheitert daran, daß V.4 eine Folgerung aus VV 1-3 ist, in V.4 aber eindeutig vom νόμος im Sinne von 6,14 die Rede ist.

344 E. KÄSEMANN, An die Römer, 179, C. H. DODD, aaO 101; O. KUSS, Der Römerbrief, Lfg. I (1957, [2]1963), 496.

zu Christus, dem von den Toten Auferweckten, schafft durch die Wirkung des Sühnetodes Christi das Ende der Gesetzesbindung (vgl. Gal. 4,1f). Durch die Hingabe des Leibes Jesu in den Tod und durch die Teilhabe (in der Taufe, pass. Aor. ἐθανατώθητε → 6,3ff[345])an diesem Geschehen seines Sterbens für sie sind sie der Sünde gegenüber gestorben (6,10f, vgl. 1. Kor. 6,13ff). Deshalb sind ἐθανατώθητε und κατηργήθημεν nicht zufällig. Aber ὥστε ("daraus") im Anfang V. 4, mit dem nicht ein Vergleich, sondern eine Folgerung eingeleitet wird, wie Cranfield und Kümmel mit Recht betonen[346], zeigt mit dem Ausdruck εἰς τὸ γενέσθαι ὑμᾶς ἑτέρῳ (parallel zu V. 3a: γένηται ἀνδρὶ ἑτέρῳ)[347] freilich eine Analogie der ehebildlichen Beziehung: Wie nach dem Gesetz die Ehefrau seit dem Eintreten des Todes ihres Mannes frei geworden ist, einem anderen zu gehören, so *auch* die Christen seit ihrem θανατωθῆναι in der Taufe[348]. Daß mit dem Ausdruck εἰς τὸ γενέσθαι ὑμᾶς ἑτέρῳ die Zugehörigkeit zu Christus im Bild der ehelichen Verbindung mit dem zweiten Mann dargestellt wird, ist natürlicher und bedeutsamer als die einfache Beziehung der Übertragung auf einen anderen Herrn, wie Cranfield richtig betont[349]. Die Tatsache, daß in 7,4 zunächst Christus (V. 4a.b) und nicht Gott als derjenige genannt ist, dem die Christen zu eigen werden, läßt sich am ungezwungensten so erklären, daß Paulus den Kontext von 7,2 an auf das bräutliche Christusverhältnis hin angelegt hat. Deswegen geht die Vorstellung vom bräutlichen Verhältnis der Gemeinde zu Christus nicht völlig verloren[350]. Diese bräutlichen Züge in der Christusgemeinschaft hören jedoch nicht auf, in erster Linie Unterstellung under die Herrschaft Christi zu sein[351], wie unsere obige Exegese von 1. Kor. 11,3 erwiesen hat. Natürlich ist γενέσθαι V. 4 inhaltlich von V. 3a verschieden, weil die Zugehörigkeit zu Christus *nicht* das Ende der Gesetzesbindung *voraussetzt* , sondern es *schafft* (vgl. Röm. 10,4), wie wir oben erwähnt haben[352]. Anders als die geschilderte Frau bekommt der Christ keine Verfügung über sich selbst, sondern einen neuen Herrn, der selber den alten ablöst. εἰς τὸ γενέσθαι ist "konsekutiv" und "final". (Weiteres Ziel ist der ἵνα-Satz)[353]. Dieser einheitliche

---

345 W. G. KÜMMEL, aaO 41; O. MICHEL, Der Brief an die Römer, KEK 4 (1978), 220; E. KÄSEMANN, An die Römer, 179; Ul. WILCKENS, Der Brief an die Römer, EKK IV/2, 1979, 64.

346 C. E. B. CRANFIELD, aaO 335; W. G. KÜMMEL, aaO 41.

347 Gegen W. G. KÜMMEL, aaO 41. γίνεσθαι ἀνδρί erinnert an den alttestamentlichen Sprachgebrauch (Deut. 24,2; Hos. 3,3). In Hos. 3,3 ist das Verhältnis zwischen Mann (Hosea) und der Frau genau mit dem Jahwes mit Israel verglichen. O. MICHEL, aaO 220; C., E. B. CRANFIELD, aaO 36. Vgl. Röm. 9,25f (Hos. 2,1.25).

348 U. WILCKENS, aaO 66.

349 C. E. B. CRANFIELD, aaO 336. Gegen W. G. KÜMMEL, aaO 41: ... γενέσθαι mit Dativ einfach gehören heißt = εἶναί τινι.

350 Gegen E. KÜHL, Der Brief des Paulus an die Römer, 1913, 225f.

351 W. THÜSING, Per Christum in Deum, 98.

352 Vgl. E. KÄSEMANN, aaO 179.

353 C. K. BARRETT, The Epistle to the Romans, (1957, 1984), 137; E. BEST, The Letter of Paul to the Romans, 1967, 78; J. A. LITTLE, Paul's Use of Analogy: A Structural Analysis of Romans 7: 1-6, CBQ 46, No. 1 (1984), 89, sehen in dem "Fruchtbringen" von V.4 die Frucht der "eheli-

Unterschied schließt jedoch nicht das Ehebild aus. Kümmel behauptet zwar richtig, daß Paulus die Vorstellung von einer Ehe zwischen dem einzelnen Gläubigen und Christus nicht kennt[354]. Nach seiner Meinung ist in 7,5.6 sowie V. 4 von der sittlichen Lage und der Aufgabe der einzelnen Christen die Rede. Gleichfalls sind auch 7,4 nicht einfach die einzelnen Christen angeredet, weil Paulus mit dem Wechsel aus der 3. (V. 3) in die 2. und 1. Person (V. 4), der eine dauernde Bestimmung markiert, anzeigt, daß, was er den Adressaten (ἀδελφοί μου)[355] im Blick auf ihre Bekehrung sagt, zugleich ihm selbst und also gemeinsam ihnen allen als Gemeindegliedern gilt. Für die Auslegung ist der Wechsel im Stil (Anrede "Ihr" in "Wir" übergehend: 7,1-6, Übergang in das "Ich" 7,7-25, in das "Du" 8,2) zu beachten. 7,7-25 legt Paulus die Erzählung von Adam und Eva aus[356], verdichtet im "Ich" Adams[357]. Also nur in dem durch die apokalyptische Gerichtslehre (5,12-21) geschaffenen Gegensatz zwischen *adamitischer und christusförmiger Existenz* soll der Gegensatz von "einst - jetzt" (V. 5-6) und der Wechsel im Stil verstanden werden[358]. Deshalb handelt es sich bei der Zugehörigkeit zu dem zweiten Mann (εἰς τὸ γενέσθαι ὑμᾶς ἑτέρῳ) nicht um den Einzelnen, sondern um die Gesamtheit der an dem von den Toten Auferweckten, dem zweiten Adam Christus[359], Anteil Habenden. Erst an diesem Gegensatz der Gesamtheit kann die anthropologisch geschilderte Antithese "Fleisch-Geist" genügend erläutert werden.

Wie rasch und intensiv speziell im rabbinischen Schrifttum das auf die Gemeinschaft angewandte Bild des Leibes (גוף) auch anthropologisch, also auf den einzelnen Menschen bezogen werden konnte, haben wir schon in Teil B[360] klargestellt. Dort wurden personifizierte Körperglieder öfters mit dem Begriff der Sünde bzw. des guten/bösen Triebes (vgl. Röm. 7,18-21) unter der Herrschaft der Weisheit ontologisch geschildert[361]. Diese Wechselseitigkeit des individuellen und kollektiven Gebrauches des Bildes kennt Paulus und wendet ihn nun auf die theologische Anthropologie

---

chen" Gemeinschaft mit Christus. Durch das Bild vom Fruchtbringen wird ein neuer Gedanke eingeführt (Röm. 6,21f): aus der Gemeinschaft mit Christus erwächst Frucht für Gott. Im übertragenen Sinn vgl. Kol. 1,10.

354 W. G. KÜMMEL, aaO 41.

355 Die Formel οὐ θέλω δὲ ὑμᾶς ἀγνοεῖν, ἀδελφοί, findet sich mehrfach bei Paulus (Röm. 11,25; 1. Kor. 10,1; 12,1; 2. Kor. 1,8; 1. Thess. 4,13). Sie entspricht hellenistischem Briefstil, wo sie zumeist positiv lautet: γινώσκειν σε θέλω (Pr-Bauer 701). E. KÄSEMANN, aaO 179, vermutet mit Recht, "daß der Apostel sich bewußt war, hier der römischen Gemeinde oder wichtiger Gruppen in ihr gegenüber sehr gefährlichen Boden zu betreten".

356 Die Schlange ("die Sünde") hat Adam "getäuscht" (so Gen. 3,13 im Mund der Eva = Röm. 7,11).

357 Vgl. R. PESCH, Römerbrief, NEB 1983, 66f.

358 Vgl. O. MICHEL, aaO 219.

359 E. STAUFFER, Art. γαμέω, ThWb I, 652ff.

360 S.o. 112.

361 Targum zu Jes. 11,3ff; 12,3, Otioth d.R.Aqiba (Beth ha-Midrasch, ed. Jellinek III, 27) und Jalq.Schim-II, 296 zu Jes. 26,2 ist gesagt, daß in der Messiaszeit zusammen mit dem bösen Trieb die alte Tora aufgehoben wird, Gott aber durch den Messias eine neue Tora geben werde. Vgl. H.-J. SCHOEPS, Paulus, 179.

und die Ekklesiologie an. Wenn er in Röm. 7,5 die anthropologisch geschilderten Glieder (μέλη, wie V. 23 und 6,13.19) erwähnt, ist es deshalb durchaus denkbar, daß er dabei zugleich an die kollektiven Glieder, nämlich an die Glieder der Christusgemeinschaft (V. 4) denkt und dabei im Lichte des "einst - jetzt" (V. 5-6) auch die Existenz der einzelnen Christen betrachtet, so wie in 12,1ff die Leiber der einzelnen Christen (V. 1) sofort als die Glieder des ἓν σῶμα ἐν Χριστῷ bestimmt werden (V.4).

Andererseits haben wir schon im Anfang des Teils D erhellt: τὸ σῶμα τοῦ Χριστοῦ (V. 4) bedeutet vom Kontext her nicht die Gesamtheit der Glaubenden als Leib Christi[362]. Trotzdem kann man darin einem ekklesiologischen Bezug hören, aber nur im Blick auf die gemeinsame sakramentale Teilhabe aller Christen am Leib des Gekreuzigten. Daß Wilckens mit Schlier den gekreuzigten Leib Christi im Kontext der Taufe und der Eucharistie auf die ekklesiologische Formel "Leib Christi" zu beziehen versucht[363], ist freilich als solches richtig. Wir sind aber nicht dadurch, daß wir in den Leib Christi, die Kirche, aufgenommen wurden, dem Gesetz getötet worden, sondern umgekehrt: Als dem Gesetz durch die Taufe Getötete sind wir in den Leib Christi eingegangen (vgl. 1. Kor. 12,13). Dabei soll man jedoch - wie in 1. Kor. 10,16f; 11,24; 12,11.27 - nicht übersehen, daß im sakramentalen Kontext das Adam-Motiv des Christusleibes nicht ausgeschaltet wird, sondern vorausgesetzt ist[364].

Die vom Gesetz befreite und ehelich geschilderte Zugehörigkeit der Gemeinde zu Christus ist zugleich die Realisierung des neuen Bundes mit Gott, weil Paulus nach 2. Kor. 3,6 (vgl. 2,29) das Wesen des Alten und des Neuen Bundes durch die Begrifflichkeit von dem alten Wesen des Buchstabens, welcher tötet, und dem neuen des Geistes, welcher lebendig macht, definiert[365]. Auch in Gal. 4,21-31 erscheint das Motiv der δύο διαθῆκαι (V. 24), obwohl es Paulus nicht im Schema alt/neu, sondern im Gegenüber von ἡ νῦν Ἰερουσαλήμ - ἡ ἄνω Ἰερουσαλήμ erwähnt. In Christus

362 Während W. G. KÜMMEL in seinem früheren Buch, Römer 7 und das Bild des Menschen im N.T., meint, daß 7,4 keine Rede von der Gemeinde ist S.41), behauptet er später, Die Theologie des Neuen Testaments, (1969)⁴ 1980, 191, im Gegenteil, daß Paulus den Leib Christi hier als den der Gemeinde versteht. S.o. 134f.

363 U. WILCKENS, aaO 65; H. SCHLIER; Der Römerbrief, HThK VI (1977, ²1979), 217.

364 Vgl. E. KÄSEMANN, Paulinische Perspektiven, ²1972, 194.197.

365 H. CONZELMANN, Grundriß der Theologie des Neuen Testaments, (1967)⁴ 1987 (bearb. v. A. Lindemann), 187: Aber "zeitlose Begrifflichkeit von Buchstaben und Geist" sollte man angesichts von Röm. 7,6 nicht konstatieren; E. KÄSEMANN, An die Römer, 182; E. GRÄßER, Der Alte Bund im Neuen, 1985, 83. Das Gesetz ist die Macht, die als Forderung begegnend, dem Menschen möglich macht, was er aus eigener Kraft nicht vermag. Vgl. R. BULTMANN, Der zweite Brief an die Korinther, KEK (1976), 80; E. KÄSEMANN, Paulinische Perspektiven, 258f. O. HOFIUS, Das Gesetz des Mose und das Gesetz Christi, ZThK 80 (1983), 267: "Nicht die faktisch übertretene oder in die Hand der Sünde geratene Tora, auch nicht die als Aufforderung zur Werkgerechtigkeit mißverstandene, zum Leistungsprinzip pervertierte und zum Selbstruhm vor Gott mißbrauchte Tora, sondern die Tora in ihrer ursprünglichen Bestimmung und Funktion ist gemeint, wenn Paulus Gal. 3,21 erklärt: "... Nur wenn ein Gesetz gegeben wäre, das da lebendigmachen **könnte**, käme die Gerechtigkeit (d.h. das Heil) wirklich aus dem Gesetz". HOFIUS hält es von daher für unmöglich, daß Paulus "zwischen einer ursprünglichen Zweckbestimmung der Tora einerseits und ihrer faktischen Wirkung andrerseits" unterschieden habe (266).

erweist sich das Gesetz des Lebens und des Geistes. Das Gesetz des Geistes ist nichts anderes als der Geist selbst nach seiner Herrschaftsfunktion im Bereich Christi.

§ 2 Der einheitliche Leib als die neue Bundesgemeinde in der Sinaitradition

Von der Exegese der Stelle Röm. 7,1-6 her wird eine Frage gestellt, wie sich der Leib-Christi-Gedanke auf die wichtige, andere Vorstellung von der Gemeinde des neuen Bundes bezieht, und ob Paulus die in Christus wiederhergestellte neue Bundesgemeinde als einen kollektiven Leib im Auge hat. Wir wollen das nun überlieferungsgeschichtlich untersuchen.

I. Die Einheit der neuen Bundesgemeinde

1. Qumran und rabbinisches Schrifttum

Die Wirkungsgeschichte der Sinaitradition wird im früheren Judentum besonders an der Qumrangemeinde sichtbar. Sie hatte in Ex. 19 geradezu das Modell für die Existenz des wahren Bundesvolkes gefunden und suchte solche Existenz in endzeitlicher Ausrichtung zu verwirklichen (1QS 8,15f, wo die Mittlerrolle Moses erwähnt wird). Dazu strebte sie - mit der Hoffnung auf das Kommen Gottes zu Gericht und Heil - danach, den von Gott am Sinai gestifteten Bund wieder aufzurichten, den im Gesetz geoffenbarten Willen des göttlichen Bundesherrn ganz ernst zu nehmen und so den neuen Bund vorzubereiten (1QS 8,11f)[366]. Der Rigorismus des Toragehorsams in Qumran, alles von Gott Gebotene in einem gemeinsamen Leben zu erfüllen, hat seine Wurzel in der Bereitschaftserklärung am Sinai: "Da antwortete das ganze Volk *zusammen* (יַחְדָּו) und sagte: "Alles, was der Herr sagt, wollen wir tun!" (Ex. 19,8). Diese einmütig abgegebene Erklärung hat Gestalt und Gesinnung der Qumrangemeinde entscheidend geprägt. Ihre eigenartige Selbstbezeichnung יַחַד = "Einigung", "Gemeinschaft" (1QS 1,1ff; 5,1f; 5,3: der Gemeinschaft derer, die am Bund festhalten - הַיַּחַד הַמַּחֲזִיקִים בַּבְּרִית) läßt sich von Ex. 19,8 her am besten erklären: Am Sinai war ganz Israel "gemeinsam" zum Tun des Gotteswillens bereit; das wird in Ex. 24,7 mit fast den gleichen Worten noch einmal gesagt, und zwar bei der Bundesverpflichtung. Der Jaḥad ist ein *Zusammenschluß zur Verwirklichung der Tora*. Echter Gesetzesgehorsam ist nur in der "Einung" der von Gott Erwählten möglich; nur sie können dem kommenden Herrn den Weg bereiten. Nach 1 QS 1,11f sollen die, die sich willig erweisen für Seine Wahrheit, all ihr Wissen und ihre Kraft und *ihren Besitz in die Gemeinschaft*

---

366 Vgl. dazu O. BETZ, Bergpredigt und Sinaitradition, in: Jesus. Der Messias Israels, 1987, 356f.

Gottes (בְּיַחַד אֵל) einbringen (vgl. Josephus, Bellum I, 139; Apg. 2,42ff). Dazu ist es auffällig, daß das Wort יַחַד so oft in enger Parallele zu einem das Fundament (יְסוֹד) des Tempels bedeutenden Begriff סוֹד (Kreis bzw. Gemeinde) auftaucht. Nämlich an den Stellen von 1QH 3,21f; 1QS 5,3-6; 8,5; 11,8, die wir oben im Zusammenhang mit dem מִבְנֶה-Begriff angeführt haben[367], sind יַחַד und סוֹד als parallele Begriffe nebeneinandergestellt. Das heißt: In der Qumrangemeinde wird die Vollendung des wahren Bundesvolkes zugleich für den Bau der Gemeinde als den endzeitlichen Tempel Gottes gehalten.

Auch die Rabbinen (Mekh. Ex. 19,8) haben in Ex. 19,8 den gemeinsam (יַחְדָּו) (mit einem Herzen בְּכָל לֵב) bekundeten, grundsätzlich geltenden Ausdruck der Bereitschaft gefunden, *alles, was Gott jetzt sage und noch sagen werde,* zu tun, obwohl die Botschaft Moses und die Antwort des Volkes sich eigentlich auf das schon gesprochene Wort Gottes beziehen (צִוָּהוּ V.7, דִּבֶּר V.8). Zu dieser Deutung sahen sie sich dadurch berechtigt, daß in Ex. 24,7, d.h. nach dem inzwischen befohlenen Dekalog (Ex. 20) und dem Bundesbuch (Ex. 20-23), eine ähnlich, rückblickende und in Ex. 19,8 korrespondierende Erklärung Israels folgt: "Alles, was der Herr gesagt hat, wollen wir tun und hören!" Wie das rechte Verhältnis von Hören und Tun des Gotteswortes für das Judentum beachtenswert war, ist auch in b Schabbat 88a gezeigt[368]. Mit ihrer Antwort auf das Heilshandeln Gottes und dessen große Zusage (Ex. 19,3-6) waren die Glieder der Bundesgemeinde miteinander entschlossen, sich ganz für den anderen einzusetzen. Die Bindung an das Wort Gottes, die Bereitschaft, *es gemeinsam und ganz zu tun,* hat das Volk Gottes als solches konstituiert, seine Einheit zum Ausdruck gebracht. Die jüdischen Ausleger fanden diese Einheit durch die Singularform: "Die Israeliten lagerten (sic.) sich" (וַיִּחַן שָׁם יִשְׂרָאֵל) ausgedrückt: Die Schrift wolle damit sagen, daß das Volk mit *einem Herzen* (gleich wie Mekh Ex. 19,8) *und einem Sinn* am Sinai versammelt war[369].

2. Die Urgemeinde in Apg. 2; 4

Man wird an die Gemeinschaft der Jerusalemer Urgemeinde erinnert, die durch das Wort des Evangeliums und die Kraft des Geistes geschaffen war (Apg. 2,42-46). Das schon in Apg. 1,15 und 2,1 (auch Lk. 17,35) gebrauchte und lukanisch redaktionelle "Beisammensein" (ἦσαν ἐπὶ τὸ αὐτό, V.44.47)[370] der Gläubigen ist nun die

---

367 S.o. 191-194.

368 Rabbi Elieser urteilte, Israel habe damals eine Bereitschaft bewiesen, wie sie für den **Dienst der Engel** gelte, die mit Gotteswort ihre Aufgabe verrichten (vgl. Ps. 103,20).

369 S. J. AGNON, Attäm Reʾitäm. Kommentar zur Toraübergabe, 1959, 47. Vgl. O. BETZ, Bergpredigt und Sinaitradition, in: Jesus. Der Messias Israels, 369.

370 ἐπὶ τὸ αὐτό bedeutet an sich "am gleichen Ort zusammen", in Beziehung auf eine Summe jedoch "insgesamt, im ganzen". Die Einheitsübersetzung überträgt 2,44 als "... bildeten eine Gemeinschaft". Vgl. G. SCHNEIDER, Die Apostelgeschichte, HThK 2/1 (1980), 216; M. ZERWICK/M. GROSVENOR, A Grammatical Analysis of Greek New Testament I. Gospels-Acts, 1974, 352. ΠΕ pl verdeutlichen durch τῇ ἐκκλησίᾳ.

neue Gemeinschaft am selben Ort, die ihnen ihre "Gütergemeinschaft" ermöglicht.[371] Durch diese aus יַחַד יַחְדָּו übersetzten gleichsinnigen Ausdrücke ἐπὶ τὸ αὐτό und ὁμοθυμαδόν (46a) ist das Leben der ersten Gemeinde, das umfassend charakterisiert ist, als das einer einmütigen Gemeinschaft gekennzeichnet, des eschatologischen Volkes Gottes[372]. Eine große Anzahl von Autoren weist auf die für Qumran und für die Urgemeinde analoge Gütergemeinschaft hin[373], obwohl, anders als etwa in Qumran, jeder von der Urgemeinde *mit seinem Privatbesitz* in hoher sozialer Verantwortung umgeht und seine Güter verkauft (4,34), um den Erlös Notleidenden zuzuwenden[374]. Daß יַחַד (auch 1 QS 8,10ff) und κοινωνία in der Liebe (hierbei Apg. 2,42-44[375]) in solcher Hinsicht miteinander korrespondierten, kann man mit B. Reicke[376] und Burrows[377] behaupten. Denn diese Vokabel schließt de facto auf beiden Seiten die Gütergemeinschaft mit ein, wenn diese hüben und drüben auch eine verschiedene Struktur trägt (Apg. 2,41.42.44.45)[378]. Weiter, wie nach 1QS 5,7-10 jeder, der in den Gottesbund eintreten soll, sich verpflichtete, von ganzem Herzen und ganzer Seele (5,8f: בְּכוֹל לֵב וּבְכוֹל נֶפֶשׁ) zu allem, was ihm offenbart ist, umzukehren, und sich zusammen (יחד 5,10) willig zu der Wahrheit des Bundes gehorsam zu erweisen, war auch die Jerusalemer Gemeinde als die Gütergemeinschaft (Apg. 4,34) *ein* Herz und *eine* Seele (ἦν καρδία καὶ ψυχὴ μία, Apg. 4,32), und die Apostel bezeugten die Auferstehung des Herrn Jesus[379]. Diese biblische Doppelaussage (Deut. 6,5; 10,12; 11,13.18; 13,4 u.ö.) könnte zugleich an das im שְׁמַע täglich rezitierte "Hauptgebot" (Deut. 6,5; vgl. 11,18) erinnern, dessen drittes Stichwort (δυνάμει) in V.33 ebenfalls

---

371 Im Vorgriff auf 4,32-37 wird berichtet, daß die Gläubigen "alles gemeinsam hatten" (vgl. 4,32c); auszulegen ist als Abbreviatur von 4,32-37, eine typisch lukanische Variation. Aber die luk.-redaktionellen Verse halten fest, daß der Auferstehungsglaube der Christen nicht spiritualisiert werden darf, sondern des "Zeugnisses" (4,33) im gemeinsamen wirtschaftlichen Leben bedarf.

372 H. ZIMMERMANN, Die Sammelberichte der Apostelgeschichte, BZ, N.F. 5 (1961), 76 Anm.18. Aber Zimmermann denkt andererseits, daß aus dem Hellenismus (Pythagoras u. Platon) das Ideal der Gütergemeinschaft ins Judentum (z.B. die Essener nach dem Bericht v. Josephus) eingedrungen ist (82). R. PESCH, Die Apostelgeschichte. EKK V/1 (1986), 132.

373 Zu den Autoren vgl. H. BRAUN, Qumran und das Neue Testament, Bd. I, 143f u. Bd. II, 155f, 213 u. 288, 335.

374 Vgl. A. WEISER, Die Apostelgeschichte, Kap. 1-12, ÖTK 5/1 (1981), 104; H. BRAUN, aaO, Bd. I, 143ff u. Bd. II, 152.

375 κοινωνία ist zunächst charakterisiert durch das "Brotbrechen" (vgl. Lk. 24,35), die gemeinsamen Mahlzeiten (Sättigungsmahl **und** Feier der Eucharistie), ein herausragendes propium der neuen, messianischen Gemeinschaft, dann durch die (gemeinsamen) "Gebete" (vgl. zu 1,14; auch 6,4, nach 46a (vgl. 3,1) im Tempel; doch im Blick auf 1,14.24f; 4,24-30; 12,12 ist auch an die Gebete in den Gemeindeversammlungen in den Häusern zu denken. Zur Vorstellung von der urchristlichen Eucharistiefeier" vgl. R. PESCH, Das Abendmahl und Jesu Todesverständnis, QD 80 (1978), 66-69.

376 B. REICKE, The Constitution of the Primitive Church in the Light of Jewish Documents, in: The Scrolls and the New Testament, 1957, 151.

377 M. BURROWS, Die Schriftrollen vom Toten Meer, 1956, 275; DERS., Mehr Klarheit über die Schriftrollen, 1957, 98.

378 Vgl. R. PESCH, Die Apostelgeschichte, EKK V/1 (1986), 132.

379 Vgl. B. REICKE, aaO 151.

auftaucht[380]. Trotz der Ähnlichkeit mit den Essenern unterscheidet sich allerdings das Selbstverständnis der Urgemeinde von dem der Essener; während die Essener eine introvertierte Gruppe im damaligen Judentum darstellten, die alle Kontakte zur "Außenwelt" möglichst vermied und strenge Arkandisziplin übte, versteht sich die Urgemeinde als eine die Öffentlichkeit ganz Israels (und der Welt) angehende Gemeinschaft, die ihre Botschaft "von den Dächern" verkündet.

Paulus hat wohl in Röm. 3,2 an Ex. 19,8 gedacht: Dem Israeliten wurden "die Worte Gottes anvertraut"[381]. Was Paulus unter "Neuem Bund" versteht, zeigt am deutlichsten 2. Kor. 3. Im Rahmen der Apologie seines Apostolats greift er die Gewohnheit seiner Gegner auf, sich durch Empfehlungsschreiben zu legitimieren. Wenn er in 2. Kor. 3,7ff die Charakteristik des Neuen Bundes durch eine typologische Exegese von Ex. 34,29-35 LXX zu erhärten versucht, ist der Übergang zu der midraschischen und allegorisierenden Auslegung von Ex. 34,29ff (V.7-11 und V.12-18) gewonnen, welche in dem von christologischen Prämissen aus abgeleiteten Unterschied zwischen Altem und Neuem Bund gebraucht wird[382]. In Ex. 34,34a wird berichtet, daß Mose jedesmal, wenn er hineinging vor den Herrn (Jahwe), sich die Decke vom Gesicht abnahm. In der zweiten Hälfte des Midrasch (2. Kor. 3,12-18) gewinnt Paulus durch die Umsetzung der Verben ins Präsens die Möglichkeit, die Stelle auf das zukünftige Christusgeschehen zu deuten. Er bezog die "Zuwendung zum Herrn" wohl zunächst auf das Volk des Alten Bundes (vgl. V.25ff): wenn sich Israel zu Christus bekehrt, wird ihm von Gott die Decke abgenommen. Mose wird so zum Prototyp für jeden aus Israel, der sich zu Christus bekehrt.

Wenn Jesus in den sogenannten "Antithesen" der Bergpredigt (Mt. 5,21-48) sich auf das berief, was "den Alten gesagt worden war", so erinnert er mit dieser Wendung seine Hörer an die weiterhin geltende Selbstverpflichtung der Väter, "alles, was Gott gesagt hat, zu tun"[383]. Nach rabbinischer Ansicht haben die Israeliten sich damit "alle eines Herzens dazu vereinigt, die Gottesherrschaft mit Freuden auf sich zu nehmen" (לְקַבֵּל עֲלֵיהֶם מַלְכוּת שָׁמַיִם בְּשִׂמְחָה); eben dies habe Gott dazu veranlaßt, mit dem Volk den Bund zu schließen. Betont wird auch der Zustand des Heils: zur Zeit dieser Verpflichtung habe es in Israel keine körperlichen Gebrechen gegeben[384].

380 Vgl. G. SCHNEIDER, Die Apostelgeschichte, HThK 2/1, 365. Dieser Bundeserneuerung bei der Horebtheophanie (Deut.) korrespondiert doch freilich die Gesetzgebung am Sinai (Ex. 19,7f. Vgl. 6,1-3).

381 λόγος in V.2 ist auf die atl. Bundesverheißung im weitesten Umfange zu beziehen. Vgl. E. KÜHL, Der Brief des Paulus an die Römer, 97.

382 Bestimmend für den Aufbau V.7-11 sind Antithese und steigernder Vergleich. Über dieses Kontrastschema legt sich als zweiten Strukturmoment ein dreifacher Schluß vom Geringeren auf das Größere: wenn schon - um wieviel mehr (πολλῷ μᾶλλον περισσεύει). Paulus unterstreicht die Überlegenheit der Herrlichkeit des Neuen Bundes hier mit dem Ausdruck "überfließen" (περισσεύειν), den er im 2. Kor. besonders häufig gebraucht (10 mal). Hinter diesem steigernden Vergleich, der auch für die Adam-Christus-Typologie in Röm. 5,15.17.20 verwendet ist, steht das **hebräische Partizipium** mĕrubbäh = "mehr als" (מִן), das einen "Mehrwert" bedeutet.

383 O. BETZ, Bergpredigt und Sinaitradition, 369.

384 S. J. AGNON, aaO 87.

II. Die Leib-Christi-Vorstellung und die Sinaitradition

1. Das rabbinische und hellenistisch-jüdische Schrifttum

Im Zusammenhang mit der lukanischen Verwendung der von der Sinaitradition her abgeleiteten "יַחַד-Gemeinschaft" auf die jerusalemische Urgemeinde ist es noch mehr bemerkenswert, daß nach rabbinischer Ansicht das ganze Israel, als es Gottes Gesetz durch Mose mit der Sprengung des Bundesblutes (Mekh Ex. 20,6; vgl. Ex. 24,8) empfangen hat, nicht nur als Braut Jahwes (Mekh Ex. 19,17), sondern auch als einheitlicher Leib eines Lammes (טְלִי bzw. טַלְיָא)im Hinblick auf Jer. 50,17 dargestellt (Mekh Ex. 19,6; auch Lv R. 4,6[385]) wurde, worauf wir schon in Teil B hingewiesen haben[386]. Wenn, anders als die Völker der Welt, die Gemeinschaft des Leidens der Israeliten mit dem Bild von Gliedern des Leibes eines Lammes geschildert wird, so ist diese midraschische Vorstellung mit der alttestamentlichen Exklusivität verbunden, in der Israel als der gerechte Übriggebliebene verstanden wird[387]. Israel wurde *ein* Volk auf Erden, von Gott erkauft und durch wunderbare, furchterregende Taten erlöst und ins Land gebracht (1. Chron. 17,21), es wuchs zusammen wie *ein Leib und eine Seele*. Die Einheit und die Solidarität des Volkes wird am Diebstahl Achans sichtbar (Jos. 7,25). Nach b. Tâanith 11a soll man die Gemeinde (Israel) nicht verlassen, wenn sie in Schmerz ist, sondern mit ihr leiden, ebenso wie Mose sich am Schmerz der Gemeinde beteiligte. (Als die Hände Mose schwer waren, nahmen sie einen Stein und legten den unter ihn, und er setzte sich darauf, Ex. 17,12). Dabei wird Jes. 22,13 zitiert: sage nicht: "Laß uns essen und trinken, denn morgen müssen wir sterben" (vgl. 1. Kor. 15,32; Lk 12,19).

Daß die Anwendung des Bildes von Leib und Gliedern auf die organische Einheit der Gemeinde Israel sich schon zur neutestamentlichen Zeit (unter hellenistischem Einfluß) vorfand, beweist Josephus, nach dem die Vorstellung der Einheit und der Ganzheit des σῶμα zusammen mit dem Bild von der Entzündung (φλεγμαίνω, vgl. Hipp Ref. V.9,2; Bell. 1,507 usw.) eines wichtigen Körpergliedes konkret auf die Mitleidenschaft des Landes Israel im Jüdischen Aufstande verwandt wurde (Bell. 4,406; 6,164)[388]. Wenn die Hauptstadt krank ist, müssen die anderen Teile des Landes mit erkranken. Dementsprechend verwendet auch Philo dieses Bild für die Einheit der Israeliten, obwohl er den σῶμα-Begriff immer mehr auf der universalen bzw. kosmischen Ebene gebraucht[389]. Spec Leg III 131: Der Hohepriester betet und opfert für das ganze Volk: "... auf daß jedes Lebensalter und alle Teile des Volkes wie Glieder

---

385 Chizqijja b. Chijja (um 240) hat den gleichen Vergleich gelehrt: Die Israeliten werden mit einem geflohenen Lamm (Jes. 50,17) verglichen, wie wenn ein Lamm auf seinen Kopf oder auf eins von seinen Gliedern מֵאֵבָרָיו geschlagen wird, alle seine Glieder es fühlen, so fühlen es alle Israeliten, wenn einer von ihnen sündigt (Num. 16,22). S.o.

386 S.o. 112f.

387 S.o. 112f.

388 S.o. 80.

389 S.o. 75-77.

eines Körpers zu einer und derselben Gemeinschaft zusammengefügt (ἁρμόζω, gleich wie 2. Kor. 11,2 "verloben") werden im Streben nach Frieden und Gehorsam gegen das Gesetz"[390]. Hier sind die Bundesgemeinschaft und ihre Gliederschaft als Leib und Glieder dargestellt. Und von den Proselyten sagt er, daß sie angesehen werden sollten als Glieder des Volkes, "so daß trotz verschiedener Glieder schließlich nur ein einziges Lebewesen besteht" (Virt 103, wo Philo aber ἓν ζῷον statt ἓν σῶμα gebraucht[391]). Eph. 3,6 ist der Ausdruck "Einverleibte" möglicherweise vom Begriff "Leib Israel" her zu interpretieren. Israel könnte ein σωμα genannt werden, mit dem zusammen nun die Heidenchristen ein σύσσωμα sind[392]. Gewiß besaß Israel einmal die aus dem ihm gewährten "Bund" Gottes stammende Verheißung (2,12); aber dieser Horizont ist in Christus überschritten und verändert. Nur "Mitteilhaber" der in Christus erfüllten Verheißung sind die Heiden also mit ihren Mitchristen (Juden und Heiden)[393].

Weil in Mekh 19,6 das ganze Israel unmittelbar nach der Erwähnung der Geschichte des Bundesbruchs Israels als ein Lamm geschildert wird, scheint das gemeinsame *Leiden* der Israeliten wohl als die Strafe Gottes gemeint zu sein, obwohl der *einheitliche Leib* Israels als solcher seine Vorrangstellung im Gegensatz zu anderen Völkern bezeichnet. Nach der Mekhilta des R. Simon ben Jochai[394] hätte ganz Israel von den heiligen Abgaben essen dürfen; als es jedoch das Goldene Kalb verehrte, wurde ihm dieses Recht weggenommen und dem treu verbliebenen Stamm Levi gegeben[395]. Das entspricht wohl Jer. 50,17, wo Israel als ein von den Löwen (die Könige von Assyrien und Nebukadnezar) gejagtes kollektives Lamm geschildert wird. Doch mit dem Gericht Gottes gegen das schuldige Israel wird die tröstliche Verheißung gegeben, daß Jahwe selbst Israel in die heimatlichen Fluren zurückbringen wird (V.19f). Darin folgt der Dichter der jeremianischen Zukunftsperspektive vom Neuen Bund, daß er in der Vergebung der Sünden durch Jahwe die bedeutsame Grundlage erblickt, auf der das Gottesverhältnis des geretteten Restes des Bundes-Volkes beruhen wird (vgl. 31,34; 33,8).

---

390 ἵνα πᾶσα ἡλικία καὶ πάντα μέρη τοῦ ἔθνους ὡς ἑνὸς σώματος εἰς μίαν καὶ τὴν αὐτὴν ἁρμόζηται κοινωνίαν εἰρήνης καὶ εὐνομίας ἐφιέμενα.

391 Vgl. J. J. MEUZELAAR, Der Leib des Messias; A. V. ROON, The Authenticity of Ephesians, 1974, 303f.

392 So P. ANDRIESSEN, Die neue Eva als Leib des neuen Adam, 130 Anm.32; G. KNIGHT, Christian Theology of the Old Testament, 1959; H. SCHLIER/V. WARNACH, Die Kirche im Epheserbrief, 1949, 85.

393 Vgl. R. SCHNACKENBURG, Der Brief an die Epheser, EKK X (1982), 135f mit Anm.325.

394 Ed. D. HOFFMANN, 1905. Vgl. MEKILTA (Lauterbach) Vol I,XXXiii; MECHILTHA (v.WINTER/WÜNSCHE), 196f Anm.

395 S. J. AGNON, aaO 86. Vgl. die Drohung Mt. 21,43: Das Gottesreich wird von euch weggenommen und einem Volk gegeben werden.. Wie es heißt, daß Adam den Tod in die Welt brachte, BEr18b; Deut R 9,8; Num R 23,13, heißt es auch, daß das goldene Kalb den Tod herbeiführte, Ex R 32,7. Num R 7,4: Ehe die Israeliten sündigten, waren sie wie die Engel. Die endgültige Erneuerung aber des Bundes zwischen Gott und Volk, von der die Propheten sprachen, haben die Rabbinen von den Tagen des Messias erwartet. Ex R 15 zu 12,2; Lv R 11 zu 9,1 und j Schebi 35c 25.

2. Das Alte Testament

Auffallenderweise findet sich das Bild des kranken Volkeskörpers zur Kennzeichnung der Not und des Elends schon öfters: in Jes. 1,5f (mit dem Glieder-Bild); Jer. 8,21-23; 30,12f; 33,6[396]; Hos. 5,13. In diesen Stellen ist gemeint, daß der kranke Mann "Israel" von seiner Krankheit nicht aufsteht, bis Gott ihm alle seine Sünden vergeben hat[397].

a) Jes. 1,4-9

Jes. 1,4-9 zeigt: Obwohl die zerstörenden Folgen des Bundesbruches (V.4b[398], vgl. Jer. 14,21: die Parallele "verwerfen" und "den Bund brechen") offen zutage liegen, verharrt Israel im Aufruhr. Mit סָרָה greift Jesaja nach עָזַב und נִאֵץ zu einem weiteren Begriff, der die Unbotmäßigkeit des Volkes umschreibt. In dem späteren Zusatz 31, 6-7 wird das Wort mit dem Abfall von Jahwe durch Götzendienst in Zusammenhang gebracht[399]. Es gehört wiederum zum Bild vom widerspenstigen Sohn (V.2.4)[400]. Verharren in der Widerspenstigkeit müßte weitere Akte des Gerichts zur Folge haben. Diese werden in den Fluchandrohungen als "Schläge" (מַכָּה) bezeichnet, womit bösartige Krankheiten gemeint sind (Deut. 28,59.61; 29,21; Lev. 26,21). Jesaja redet tatsächlich von מַכָּה und הֻכָּה, aber von Schlägen anderer Art, indem er Jerusalem daran erinnert, daß der "Leib" des Volkes schon genug "zerschlagen" sei[401]. Daß

---

396 J. VERMEYLEN, Du prophète Isaie à l'apocalyptique. Isaie, I-XXXV, miroir d'un demi-millénaire d'expérience religieuse en Israel, I-II (1977-78), 56, verweist darauf, daß die Parallele zur Beschreibung Jes. 1,5f sich in Jer. 30,12-15 findet; weiter notiert er Lev. 26,14-33; Jer. 15,18. Auch Jes. 1,4-7bα ist nach Vermeylen nicht jesajanisch. Anhand seiner Beobachtungen zur literarischen Form, zu den Vokabeln und zu Fragen der literarischen Beziehungen, ist er zu dem Ergebnis gekommen, daß Jes. 1,4-7bα am ehesten das Werk eines Zeitgenossen Jeremias ist (aaO 54-57). Die Krankheits- und Wunderschilderung Jes. 1,5f ist aber mit Sicherheit gegenüber Jeremia literarisch eigenständig: Jer. 30,12 redet von נחלה מכתך, Jer. 15,18 von מכתי אנושה, Jes. 1,6 aber von נחלה טריה (wobei טריה sonst nur noch in Ri. 15,15 zu belegen ist). Die Vokabeln מתם, פצע und חבורה Jes. 1,6 fehlen überall im dtr. Schrifttum. Die Beschreibung Jer. 30,13 ist mit keiner Vokabel oder Phase in Jes. 1,4-7 vertreten, auch nicht die Darstellung Jer. 15,18, abgesehen vom Substantiv מכה. Vgl. A. J. BJØRNDALEN, Zur Frage der Echtheit von Jesaja 1,2-3; 1,4-7 und 5,1-7, in: Norsk Theologisk Tidsskrift, 1982, 90-93, aber die sachliche Parallele zwischen den beiden soll nicht übersehen werden. Trotz aller aufgewendeten Mühe ist es bis heute in vielen Fällen nicht gelungen, ein allgemein anerkanntes Urteil zu erreichen: Die Ansichten der Ausleger, die versuchen, **Jesajanisches** und **Nichtjesajanisches** zu trennen, gehen gelegentlich stark auseinander.

397 Zu der Sündenvergebung und dem Heile der einzelnen siehe Ps. 103,3; Ned 41a (im Namen des R. Chijja b.Abba, um 280).

398 Jesaja verwendet mit עָזַב und נִאֵץ zwei Verben, die in der Bundestradition beheimatet sind; vgl. Deut. 31,20.

399 Somit wollte der Glossator vermutlich auch in V.5 den Zustand des Volkes auf die in 31,6-7 erwähnte Sünde zurückführen. סרה könnte deshalb in V.5 nicht mit der Jerusalemer Oberschicht nach 701 v.Chr. in Beziehung gesetzt werden. O. LORETZ, Der Prolog des Jesaja Buches (1,1-2,5), 1984, 136f, behauptet von einer Parallele zwischen Jes. 1,5-6 und Deut. 28,3 ("Jahwe schlägt dich mit bösen Geschwüren an Knien und Schenkeln, von denen du keine Heilung bekommen kannst, vom Fuß bis zum Scheitel"), nicht nur, daß in Jes. 1,5-6 der Text Ausweitungen erfahren hat, sondern daß das Bild vom wunden Körper nicht unbedingt auf das Jahr 701 v.Chr. zu beziehen ist.

Kopf und Herz als wichtige Teile des menschlichen Leibes von der Krankheit befallen sind, zeigt deren Gefährlichkeit, daß von Kopf bis Fuß keine heile Stelle mehr zu finden ist, ihre Totalität (zu letzterem s. ראש וזנב in 9,13)[402]. Daß Kopf und Herz eines mehrfach in kurzen Abständen ausgeprügelten Menschen in Mitleidenschaft gezogen sind, ist einsichtig. Erstaunlich ist bei der Aufzählung der unterlassenen Hilfeleistungen (6b) die Reihenfolge, die so auch Lk. 10,34 wiederbegegnet und nach der das Verbinden dem Aufweichen der verkrusteten Wunden mit Öl vorausgeht[403]. In V.7 ist ohne Bild die göttliche Strafe dargestellt: feindliche Verwüstung des Landes, Zerstörung der Städte, Wegnahme der Ernte. Das stolze Jerusalem (Klgl. 4,12), die poetisch als Tochter und nach dem Tempelberg als Zion benannte Hauptstadt (vgl. 10,32; 16,1 und 2. Kön. 19,21 par. 37,22[404]), war durch die Zerstörungen der Eroberer, die in die Stadtmauern gelegten Breschen, Niederbrennung der Tore, Adelshäuser und nicht zuletzt des Tempels und des Königspalastes arg in Mitleidenschaft gezogen (V.8). Zielten die bisher betrachteten Verse sämtlich auf die Gefährlichkeit der Lage, den weiter über dem Volk stehenden Gotteszorn und damit indirekt auf seine Buße und Umkehr, fügte in V.9 eine letzte Hand den tröstenden und zugleich verpflichtenden Gedanken hinzu, daß das Überleben (שריד כמעט)[405] selbst ein Zeichen der Gnade Jahwes ist (vgl. Ps. 94,17). Dann wäre es allein nach Recht und Gerechtigkeit zugegangen, so folgerte der Schriftgelehrte aus der ihm bekannten Geschichte der beiden Städte Sodom und Gomorra (vgl. Gen. 19,24)[406].

In der targumischen Deutung[407] von Jes. 1,4-9 wird die frühere und jetzige Stellung Israels vor Gott gegensätzlich wiederholt. Obwohl Israel das Heilige Volk, die erwählte Versammlung (V.4.8. כנש <= כנס, vgl. Hes. 22,21; 39,28; Ps. 147,2>)[408],

---

400 Vgl. 31,1.6 mit Deut. 21,18.20, s. auch Prov. 7,11.

401 G. FOHRER meint, daß Jesaja ein von seinem Herrn ausgepeitschter Sklave vor Auge gestanden habe, 'Jesaja 1 als Zusammenfassung der Verkündigung Jesajas', ZAW 74 (1962), 257.

402 אין מתם wird auch sonst in Krankheitsschilderungen verwendet (Ps. 38,4.8, wo es in V.4 parallel zu אין שלם, emendierter Text, steht und die Krankheit ebenfalls als Auswirkung des göttlichen Zorns verstanden ist). Alle drei Vokabeln von 6a פצע, חבורה und מכה stehen auch in Prov. 20,30 nebeneinander, und alle drei können auch bei Verwundungen verwendet werden.

403 Vgl. dazu auch J. JEREMIAS, Die Gleichnisse Jesu, (1947) ⁸1970, 202f. Schon im Sumerischen kann der Arzt **iazu** = "Ölkundiger" heißen, und als Linderungsmittel wird in der Antike oft Öl erwähnt. Z.B. Schabbat XIX 2. Sucht man für das Wort einen Ort in der Geschichte, wird man es hinter die große Katastrophe von 587 einordnen können, in welcher der Volkskörper in Wahrheit zerschlagen und das Reich zerstört war. Vgl. O. KAISER, Das Buch des Propheten Jesaja, Kap. 1-12, ATD 17 (1981), 35-37.60 mit Anm.1.

404 Vgl. auch Mi. 1,13; 4,8.10.13; Zef. 3,14; Jer. 4,31; 6,2.23 und z.B. Klgl. 2,1.

405 Zur Wendung vgl. auch Num. 21,35; Deut. 2,34; Jos, 8,22; 2. Kön. 10,11; Klgl. 2,22; Jer. 31,2 u.ö.

406 Vgl. auch Deut. 29,22; Jes. 13,19; Jer. 49,18; 50,40; Am. 4,11; ferner Jes. 1,10; 3,9; Klgl. 4,6; Ez. 16,46ff sowie Zef. 2,9 und Deut. 32,32.

407 The Targum of Isaiah, ed. with a transl. by J. F. STENNING, (1949) ²1953, 2ff.

408 Die von Hes. 39,28 (vgl. auch V.27 "Sammeln" קבץ) und Ps. 147.2 abgeleitete כנש (= כנס Verb)-Wendung ist theologisch bedeutsam, weil sie dort das eschatologische Heilshandeln Gottes zeigt, daß der köstliche (Ps. 147,2) und barmherzige (Hes. 39,25) Gott die einst wegen ihrer Sünde unter die Heiden (bes. Hes. 39,28) verstreuten Israeliten wieder sammelt (כנס). Die Versammlung als die Heilstat Gottes vollbringt zugleich den Aufbau Jerusalems (Ps.

der geliebte Same, die wertgeschätzten Söhne genannt worden ist, hat es *(immer) noch* gesündigt, die Übertretung gemehrt, sich boshaft erwiesen, die Wege verdorben, den Dienst für Gott verlassen, die Furcht vor dem Heiligen Israels verachtet und ist so abgefallen (V.4). Ohne Verständnis für die Ursache der jetzigen Krankheit und der nun eiternden Wunde[409] des Volkes sündigen sie immer noch (V.4). Sie haben keine Gerechtigkeit (זְכוּת V.6), wodurch die Gemeinschaftstreue zwischen Gott und seiner erwählten Versammlung Israel gebrochen wird[410], und kehren zum Gesetz Gottes nicht zurück (V.3). Nicht die Gerechtigkeit (זְכוּת, wie Jes. 59,17 und auch 33,5.15; 54,14.17; 58.8), sondern das Antonym "Sünden (חוֹבִין)" prägt die Gesellschaft und verunreinigt sie 1,6; 5,7[411]. Indem hier die gegenwärtige Sünde[412] betont wird, wird doch in V.9 die übermäßige Güte des Herrn mehr als im MT betont, die einen Rest (שְׁאָר) in seiner Barmherzigkeit (בְּרַחֲמוֹהִי) übriggelassen hat, in dem ihre Sünde nicht mehr war. "Barmherzigkeit", die Sündenvergebung bewirkt, fehlt im MT.

Die in V.4-9 beschriebene Situation von einem total zerschlagenen Isreal bringt man üblicherweise mit der Situation von 701 v.Chr. und mit der Aussage des Taylorzylinders Sanheribs in Zusammenhang[413]. Dieser Hinweis ist unter Berücksichtigung von 22,1-4 jedoch nicht zwingend[414]. Es kann sich ebenso gut um die Situation nach

---

147,2a) und die Heilung des wunden Israels (Ps. 147,3). Diese Bestimmung Israels als כְּנִשׁ in Tg. Jes. 1,4 zeigt sich noch klarer in Tg. Jes. 1,8, wo auch der Rest Israels, der in Gottes Barmherzigkeit überlassen werden soll (V.9), als die Versammlung (כְּנִשׁ = כְּנֶשֶׁת) Zions aufgefaßt wird.

409 Siehe G. R. DRIVER, Isaiah I-XXXIX: Textual and Linguistic Problems, JSS 13 (1968), 36. Er weist darauf hin, daß "die Krankheit" des Kopfes (V.5) in MT "die Eiterbläschen" andeutet.

410 Vgl. dazu K. KOCH, Die drei Gerechtigkeiten. Die Umformung einer hebräischen Idee aramäischen Denkens nach dem Jesajatargum, in: Rechtfertigung, FS E. KÄSEMANN, 1976, 252.255; DERS., Wesen und Ursprung der 'Gemeinschaftstreue' im Israel der Königszeit, ZEE 5 (1961), 72-90.

411 K. KOCH, die drei Gerechtigkeiten, 256.

412 חוֹבִין ist hier anders als MT mehrmals gebraucht.

413 Auf ihm rühmt sich der Assyrerkönig, daß er die Städte im Umland Jerusalems zerstört und Hiskija in seiner Hauptstadt "wie einen Käfigvogel" eingeschlossen hat. Siehe K. GALLING, Textbuch zur Geschichte Israels, 1950, 56ff.

414 Vgl. W. WERNER, Eschatologische Texte in Jesaja 1-39, 1982, 120.125. Wir sehen in der Auslegung des Prologs des Jesaja-Buches zwei Tendenzen am Werk. Während in der einen versucht wird, die einzelnen Texteinheiten auf den Propheten und seine Tätigkeit vor oder nach 701 v.Chr. zu beziehen <H. WILDBERGER, Jesaja I, BK X/1 (1972), 20; DERS., Jesaja III, BD X/3 (1982), 1554; DERS., Königsherrschaft Gottes. Jesaja 1-39. Teil 1 (1984), 1.3.12.49.58f. Siehe ferner z.B. R. RENDTORFF, Das Alte Testament, 1983, 52; J. EATON, The Isaiah Tradition, in: Israel's Prophetic Tradition, FS P. R. ACKROYD (1982), 71.74-75; J. J. M. ROBERTS, Form, Syntax, and Redaction in Isaiah 1,2-20, in: The Princeton Seminary Bulletin, Vol. III, Num. 3 (1982), 294; J. A. SAWYER, Isaiah, Vol. I (1984), 4f.7.10f; J. N. OSWALT, The Book of Isaiah. Chapters 1-39 (1986), 84f>, herrscht in der anderen das Bestreben vor, die in Kap. 1 beschriebene Situation auf die Zeit nach 587 v.Chr. hin zu interpretieren oder den als Prolog bezeichneten Teil 1,2-2,5 auch mit Kap. 40-66 enger zusammenzusehen. <S.o. 266 Anm. 399; s.o. 267 Anm. 403. So auch R. KILIAN, Jesaja 1-12, NEB. Lfg 17 (1986), 22; O. LORETZ, aaO 23; J. VERMEYLEN, Isaie, 54 Anm. 2. Sie lehnen eine Erklärung von 1,4-9 von 701 v.Chr. her ab. Sie sehen die in 1,2.20 vorausgesetzte Situation in Juda erst nach 587 gegeben. Auch H. BARTH, Jesaja-Wort, 1977, 218 mit Anm. 37.> Oder könnte man doch anders fragen, ob womöglich eine

587 v.Chr. handeln. Dabei kann man den als Prolog bezeichneten Teil 1,2-2,5 auch mit Kapitel 40-66, besonders wohl 53 in bezug auf 1,4-9, enger zusammensehen. Sogar die neuesten Ausleger, J. N. Oswalt[415] und J. F. A. Sawyer[416], welche die in V.4-9 beschriebene Situation mit der Situation von 701 v.Chr. in Zusammenhang bringen, machen darauf aufmerksam, daß sich das aus der Sünde Israels resultierende Leiden (1,5-6) inhaltlich tief auf die von dem Gottesknecht getragene Krankheit und die Schmerzen (Kap. 53) bezieht, obwohl diese begriffliche und metaphorische Einheit zwischen den beiden nicht genügend von der formgeschichtlichen Rekonstruktion des Jesajabuches gelöst werden kann[417]. Müssen die von ihrer Rebellion verursachten Leiden endgültig die Israeliten ausrotten? Diese Frage muß besonders dringlich für Jesaja geworden sein, als er immer mehr erkannte, wie die Bußfertigkeit für sein Volk schwer erschwinglich war. Für diese Frage tritt Jesaja 53 wohl ein. Denn was von der tröstlichen Verheißung vom Neuen Bund trotz der Gefährlichkeit der Zerstörung des Gesamtkörpers und der Bundesgemeinde geredet wurde, gleich wie in Jes. 50,17ff, das vollzieht sich dank des heilbringenden Leidens des gerechten Knechtes, des leidenden Knechtes, des Ebed-Jahwe (Jes. 53)[418].

b) Jes. 53

Das Leiden wird dort einerseits vermittels der scheußlichen Krankheit (VV.2-6), andererseits mit der "Unmenschlichkeit" des Gottesknechtes (VV.7-10) geschildert. Daß das Leiden von anderen Menschen verursacht wird, zeigt sich in V.7: "Und er tat seinen Mund nicht auf wie ein Lamm" (vgl. Joh. 1,29); das ist nur sinnvoll im Blick auf Gewalteinwirkung durch andere Menschen (vgl. Jer. 11,19; Ps. 38,14[419]). Während Kapitel 1 das Leiden als die Bestrafung der Sünde zeigt, interpretiert Kapitel 53 es als das Mittel zur Heilung und zur Versöhnung. Das unerhört Neue ist die Wandlung der Ursache der Schläge eines Leidenden; und damit setzt V.4a ein: "Unsere Krankheiten -, die trug er!", d.h.: die Sünde der anderen und die aus dieser Sünde resultierende Strafe. Durch seine Wunden wird für die anderen Heilung (V.5, auch V.12. Vgl. Röm. 4,25) erwirkt; diese umfaßt also die Vergebung der Sünden und die Fortnahme der Sündenstrafe, also der verdienten Leiden[420]. Die Frage, wer der Knecht ist und wie der Kreis der in 53,1-11 Redenden ("Wir") zu dieser Entdeckung gekommen ist, ist kaum lösbar[421]. Aber nur in V.6 wird geredet: sie selbst sind gewandelt worden.

---

andere Zeit sich dazu veranlaßt sah, die eigenen Zeitumstände durch die Brille der Ereignisse von 701 v.Chr. zu lesen. So z.B. W. WERNER, Israel in der Entscheidung; Überlegungen zur Datierung und zur theologischen Aussage von Jes. 1,4-9, in: Eschatologie, FS für E. Neuhäusler, 1981, 69.

415 J. N. OSWALT, The Book of Isaiah, Chapters 1-39, 1986, 83ff, 90.

416 J.F. A. SAWYER, Isaiah, Vol. I, 1984, 10.

417 Vgl. J. N. OSWALT, aaO 90 Anm.20.

418 Vgl. J. COPPENS, Die Kirche als neuer Bund Gottes mit seinem Volk, in: Vom Christus zur Kirche, 1966, 15.

419 Vgl. auch Ps. 116,10; 119,67.71.107.

420 Luthers Übersetzung bringt dies gut zum Ausdruck: "Die Strafe liegt auf ihm, auf daß wir Frieden (šālōm) hätten".

Dieselben, die vorher (mit allen Gottesfürchtigen) den Gottesknecht für einen von Gott Geschlagenen gehalten hatten, bekennen jetzt, daß sie selbst in die Irre gegangen und jeder von ihnen nur auf den eigenen Weg bedacht war, wie Schafe, während der verachtete Leidende ihre Schuld auf sich nahm und damit ihnen Heilung und Frieden verschaffte.

Wie ernsthaft im Prophetentargum die Bekehrung bzw. die Umkehr (תְּיוּבְתָּא, תּוּב) zum Gesetz und von der Missetat weg als die Voraussetzung der Sündenvergebung und der Gerechtigkeit gefordert worden ist, erhellt aus der targumischen Auslegung von Jes. 1,3c.6c sowie 1,16.18; 10,21; 17,11; 21,12; 28,10; 42,14a.19; 50,2a; 57,11b.18f; 65.12; 66,4, wo das Wort "Bekehrung" bzw. "Umkehr" zum MT ergänzt wird[422]. Doch ist es zugleich so gedacht, daß die Sündenvergebung erst bei dem messianischen Gottesknecht möglich ist. Das Targum Jesaja 53,11f ist das Vorwort zur Aussage über die Vergebung, die durch den Messias erreichbar ist.

Tg. Jes. 53,11: ... und wegen ihrer Sünde wird er Fürbitte tun.

12: ... und für viele Schuldige wird er Fürbitte tun und den Abtrünnigen wird um seinetwillen vergeben werden.

Der Messias vergibt nicht die Sünde, sondern tut Fürbitte wegen ihrer Sünde. Seine Fürbitte wird jedoch vielen die Sündenvergebung schenken[423]. Sein Programm zielt auf die Wiederherstellung des Volkes und auf die Gesetzeserfüllung, welche zur Vergebung führt.

Tg. Jes. 53,5: Und er wird das Heiligtum bauen, das entweiht ward durch unsre Schuld, preisgegeben (אִתְמְסַר) durch unsre Sünden, aber durch seine Lehre wird der Friede groß werden über uns, und dadurch, daß wir uns um seine Worte sammeln[424], werden unsre Schulden uns vergeben werden.

Hier hat das Targum בַּחֲבוּרְתוֹ von חֲבוּרָה "Gesellschaft" (vgl. Hi. 34,8) abgeleitet, wie Hegermann zeigt[425], und die Gemeinschaft mit dem Messias als das sich "Sammeln um seine Worte" (וּבְדִנְתְנַהֵי לְפִתְגָמוֹהִי) erläutert. Das erinnert an jene "יַחַד-Gemeinschaft" von Ex. 19,8. Auch Ps Sal. 17,43 redet von der überragenden Wichtigkeit der Worte (ῥήματα, λόγοι)[426] des Messias und dazu auch davon, daß er in den Versammlungen (ἐν συναγωγαῖς) richtet. Weiter wird das יִרְפָּא לָנוּ des MT im Targum auf die Vergebung der Sünde (= Schuld חוֹבִין, zweimal in V.5) gedeutet, die durch die Sammlung um die Worte des Messias geschieht, während nach Tg. Jes. 1,6 die Gesellschaft

421 Die den Verben "gelitten, gestorben und begraben" (V.7-9) entsprechende Struktur zeigt sicher, daß das Gottesknechtslied unter dem Gottesknecht ein Individuum versteht. Vgl. C. WESTERMANN, Das Buch Jesaja, ATD 19 (1966), 213. Aber in Jes. 43,10 könnte der "Knecht" kollektiv für Israel verwandt werden. Origenes, Contra Celsum I.IV, erwähnte die kollektive Interpretation des Knechtes Jesajas durch die zeitgenössischen Juden.

422 B. D. CHILTON, The Glory of Israel, The Theology and Provenance of the Isaiah Targum, 1983, 38-42.

423 Vgl. P. SEIDELIN, Der Ebed Jahwe und die Messiasgestalt im Jesajatargum, ZNW 35 (1936), 216.

424 Zu dieser Übersetzung vgl. P. SEIDELIN, aaO 209.

425 H. HEGERMANN, Jesaja 53 in Hexapla, Targum und Peschita, 1954, 81.

durch die Sünden (חוֹבִין) geprägt und verunreinigt wurde. Das entspricht Ps Sal. 17, 43, wo die Verbindung zwischen den Worten des Messias und seinem richtenden heiligenden Handeln hergestellt wird.

Man kann im Vergleich mit MT bemerken, daß der Targum Jes. 52,13-53,12 messianisch verstanden hat; dabei werden die Leiden des Messias umgesetzt in solche des Volkes Israel 52,14; 53,3.4.8.10; oder in solche der Völker und ihrer Herrscher 53,3.7.8; ... oder in solche der Gottlosen 53,9. In 53,5 wird das, was vom Messias gesagt ist, auf den Tempel bezogen. Darum wird oft unter den Auslegern behauptet, daß diese Deutung ein Beispiel der antichristlichen Polemik mit dem Ziel ist[427], die Art von Gottesknecht-Christologie zu vermeiden, die durch die christliche Gemeinde in Verbindung mit Jesus verbreitet wurde (vgl. Mt. 8,17; 12,18-21; Lk. 22,37; Apg. 8,32. 33; Heb. 9,28; 1. Pet. 2,24.25)[428]. Man könnte vielmehr daran denken, daß keine Tendenz offenkundig ist außer dem Motiv des triumphierenden Messias, bei dem das Leiden ungewöhnlich wäre[429]. Jes. 53,12 wird mehr literarisch übertragen: "... daß er seine Seele dem Tode preisgab" (דִּמְסַר לְמוֹתָא נַפְשֵׁיהּ)[430].

Tg. Jes. 43,10: Ihr seid die Zeugen vor mir, spricht der Herr, und mein Knecht der Messias, an dem ich Wohlgefallen habe ...

MT Jes. 43,10: Ihr seid meine Zeugen, spricht der Herr, und mein Knecht, den ich erwählt habe ...

Hier wird der Knecht mit dem Messias identifiziert. Nämlich der Targumist hat in dem עֶבֶד den Messias gesehen, obwohl jede Spur von Leiden von dieser Messiasgestalt ferngehalten ist. Es ist denkbar, daß die Knecht-Messias-Identifikation primitiv ist, und daß auch die Übertragung "an dem ich Wohlgefallen habe" ein Präzedenzfall für das Neue Testament (vgl. Mt. 12,18) ist[431]. Im Zusammenhang der targumischen Deutung von Jes. 1,4-9 und Jes. 53 kann man erschließen, daß die

---

426 W. FRANKENBERG, Die Datierung der Psalmen Salomos. Beihefte zur ZAW I (1896), 84.

427 So z.B. H. HEGERMANN, Jesaja 53 in Hexapla, Targum und Peschitta, 1954, 66-94, 110; J. JEREMIAS, Neutestamentliche Theologie, (1971) ³1979, 281 Anm.79; D. JUEL, Messiah and Temple. The Trial of Jesus in the Gospel of Mark, SBLDs 31 (1977), 182-196.

428 Weiter vgl. J. JEREMIAS, aaO 272, wobei sich allerdings im einzelnen sehr alte Bestandteile nachweisen lassen. Vgl. R. RIESNER, Jesus als Lehrer, 1981, 325-327.

429 B. D. CHILTON, aaO 19f.

430 Vgl. H.-J. HERMISSON, Israel und der Gottesknecht bei Deuterojesaja, ZThK 79 (1982), 23, versteht רַבִּים (πολλοί) Jes. 52,13-53,12 (MT) als die Erwähnung von Israel: "... denn es scheint eine gewisse Differenz zwischen den Vielen 52,14 und den vielen Völkern V.15 beabsichtigt zu sein". V.14 und V.15 enthalten keine gleichgewichtigen Aussagen (viele-viele), sondern eine Steigerung. Auf die Frage, warum der Dichter aber dann nicht offen von Israel spricht, antwortet Hermisson: Aus Rücksicht auf die Konstellation des Einen und der Vielen. "Das ist eine typische Situation der Klage- und Lobpsalmen des einzelnen: Der Klagende ist durch sein Leiden aus der Gemeinschaft ausgeschlossen, weiß sich isoliert gegenüber den Vielen (cf. schon Ps. 3,2; 31,14; Jer. 20,10; Ps. 71,9); der errettete Leidende gliedert sich mit seinem Dankpsalm wieder in die Gemeinde der Vielen ein (cf. Ps. 40,4; 109,30)." Bei Paulus wird doch die die ganze Menschheit bedeutende Wendung οἱ πολλοί (Röm. 5,12ff; vgl. Mk. 10,45) zugleich auf die Christusgemeinde (Röm. 12,5; 1. Kor. 10,17; vgl. 1. Kor. 12,12f) angewandt (s.o. 240f. Vgl. O. Hofius, Abendmahl, TRT 1 (1983), 18.

431 Zur Debatte über die Entstehungszeit des Jesaja-Targums siehe B. D. CHILTON, aaO 92-96.

durch das heilbringende Leiden und Sterben des gerechten Ebed-Jahwe vollzogene Sündenvergebung und Gerechtigkeit nicht primär auf einzelne Israeliten geht, sondern auf die Sammlung um die Worte des Messias zielt, und wieder vollmächtig die Heiligkeit des Gesamtkörpers des Bundesvolkes Israel herstellt.

3. Paulus

In Röm. 9,29 zitiert Paulus auffallend Jes. 1,9 als Beleg dafür, daß Gott Israel nicht verworfen hat. Er läßt die Judenchristen zu Wort kommen, den "Rest" (auch V.27, als Zitat Jes. 10,22.23), der ganz Israel davor bewahrt, Sodom und Gomorra gleich zu werden, und der dafür bürgt, daß "Gottes Wort (für Israel) nicht hinfällig geworden ist" (V.6) und daß "Gott sein Volk nicht verstoßen hat" (11,1). Er ebnet jedoch nicht den heilsgeschichtlichen Sachverhalt so ein, daß nur ein Rest Israels zu Gefäßen des Erbarmens zählt und die Mehrheit der Israeliten zu Gefäßen des Zorns geworden sind (V.21-24). Israel kann keinen Anspruch auf Gottes Erbarmen geltend machen. Später wird er doch ausführen, daß Gott aus seinem freien Erbarmen auch ganz Israel retten kann und daß bei der Parusie Christi der neue Bund in der Sündenvergebung und in der Rechtfertigung des Gottlosen ganz Israel so gegeben wird (Röm. 11,26f), wie es der Erlöser Christus an den Heidenchristen schon getan hat (vgl. 2. Kor. 3,7ff). Die im Zusammenhang mit dem Zitat aus Jes. 1,9 dargestellte eschatologische Bundesgemeinde denkt der Apostel gewiß als den einheitlichen Körper infolge von Jes. 1,5f. Der Sachverhalt spiegelt sich klar auch an der Stelle von 1. Kor. 11,30, die wir später behandeln werden[432]. Der Gedankengang von Gottes Erbarmen zur Sündenvergebung bei Paulus entspricht zumindest auch der targumischen Deutung von Jes. 1,9.

Der den neuen Bund heraufführende Sühnetod Jesu (Röm. 3,25; vgl. auch 1. Kor. 6,20 als Lösegeld[433]) wird nach 1. Kor. 5,7 als Opfer des eschatologischen Passalamms definiert, wobei auch der Bundesgedanke anklingt (vgl. Heb. 13,25 als Bundesopfer)[434]. H.-J. Schoeps[435] nimmt an: Wahrscheinlich hat auf ihn jene Stelle des AT (Jes. 53,7), die Lamm und Sünde nahe aneinanderrückt, Einfluß ausgeübt, wie Mt. 8,17; Lk. 22,37; Apg. 8,32 u.ö.. Ebenfalls lehnt sich das Bild von dem die Sünde der ganzen Welt hinwegschaffenden Opferlamm in Joh. 1,29 zunächst an die Typologie von Christus, dem wahren Passalamm, an (vgl. Joh. 19,36); jedoch dürfte auch die Sühnevorstellung des Gottesknechtsliedes (Jes. 52,13ff) eingewirkt haben[436]. Es ist

---

432 S.u. 299.

433 S.o. 225f.

434 H. CONZELMANN, Der erste Brief an die Korinther, (1961) [11]1981, 126; DERS., Grundriß der Theologie des Neuen Testaments, (1967) [4]1987, 55.

435 H.-H. SCHOEPS, Paulus, 1959, 135f mit Anm.3.

436 Vgl. H. W. WOLFF, Jesaja 53 im Urchristentum, (1942) [4]1984, 79-82; J. GNILKA, Johannesevangelium, Die Neue Echter-Bibel, (1983) [2]1985, 19. Nach der Meinung von J. JEREMIAS, Die Abendmahlsworte Jesu, 173 Anm.3 ist Joh. 1,29 ὁ αἴρων τὴν ἁμαρτίαν τοῦ κοσμοῦ freies Zitat von Jes. 53,12.

kein Zufall, daß der "Neue Bund" vor allem im Zusammenhang mit dem Abendmahl und der Deutung des Todes Jesu erwähnt wird[437]. Daß Paulus die Hingabe Jesu "um unsrer Sünde willen"[438] auch in der engen Verbindung mit Jes. 53 denkt, können wir sicherlich an der Bekenntnisformel Röm. 4,25 (mit den Worten παρεδόθη διὰ τὰ παραπτώματα ἡμῶν) bemerken[439]. Die in den Evangelien dreimal begegnende Wendung παραδίδοσθαι (Passiv. Mk. 9,31 par.; 14,41 par.; Lk. 24,7) findet sich in Jes. 53,5 Targ (אִתְמְסַר)[440] und 53,12 LXX (zweimal: ... ἀνθ' ὧν παρεδόθη εἰς θάνατον ἡ ψυχὴ αὐτοῦ, ... καὶ διὰ τὰς ἁμαρτίας αὐτῶν παρεδόθη.). In 2. Kor. 5,21 sieht Paulus den Tod Jesu nicht nur als das Sündopfer aus Lev. 4,21.24; 5,12; 6,18 LXX, sondern vielmehr in ihm die Aussagen über den Gottesknecht (Jes. 53,5.12) erfüllt[441]. Ferner nimmt im vorgegebenen Credo-Satz (1. Kor. 15,3b), der in der Forschung sehr unterschiedlich abgegrenzt wird, der global klingende Verweis auf "die Schriften" näherhin die Gestalt des leidenden Gottesknechtes aus Jes. 53,5.12 in den Blick, obwohl die Wendung "ὑπὲρ τῶν ἁμαρτιῶν ἡμῶν" zwar wörtlich weder im hebräischen noch im griechischen Text von Jes. 53 vorkommt. Auch die als urchristliches Traditionsgut angeführte Christushymne Philipper 2,5-11 steht möglicherweise im Banne von Jes. 53[442].

4. Abschluß

Aufgrund der bisherigen Betrachtung können wir nun folgern, daß Paulus, wenn er das neue Gottes-Volk, die Kirche, als den Leib Christi darstellt, in dem Glieder leiden (1. Kor. 11,25.30; 12,26; Röm. 12,15), den zu Christus gehörigen Leib (= die Gemeinde) für den eschatologischen, einheitlichen Bundeskörper Gottes hält; dieses

---

437 Gegen G. BORNKAMM, Herrenmahl und Kirche bei Paulus, in: DERS., Studien zu Antike und Urchristentum, 150. S.u.273 Anm.438.

438 Eine hervorragende Rolle spielt der Gedanke des ὑπὲρ ἡμῶν in der Abendmahlstradition (1. Kor. 11,23).

439 Vgl. Gal. 1,4; 2,20; 1. Thess. 5,10; Eph. 5,2.25; Tit. 2,14 als eine traditionelle Formel. J. JEREMIAS, Neutestamentliche Theologie, (1971) ³1979, 280f; H. CONZELMANN, Grundriß der Theologie des Neuen Testaments, 55. Vgl. auch U. WILCKENS, Der Brief an die Römer, EKK VI/1, 279. Als weitere christologische Ausdeutung aus Jes. 52,13ff siehe Röm. 10,16; 15,21.

440 Das Subjekt dieses kurzen Satzes ist im heutigen Targum-Text das Heiligtum als das Zitat aus Sach. 6,13. Infolge H. HEGERMANN; Jesaia 53 in Hexapla, Targum und Peschitta, 1954, 66-94, 110 behauptet J. JEREMIAS (Neutestamentliche Theologie, 281 Anm.79), daß Tg. Jes. 53 systematisch mit dem Ziel überarbeitet worden ist, die Aussage über die Niedrigkeit bzw. das Leiden des Gottesknechtes umzudeuten, damit die Christen sich nicht auf sie berufen könnten. Die ältere Gestalt von Tg. Jes. 53,5a.b wäre eigentlich: "Und er (ohne "wird den Tempel bauen", Sach. 6,13), der entweiht worden ist durch unsere Sünden, preisgegeben durch unsere Verschuldungen (**ʾitmesar ba ʿawajatana**)". Sie gebe buchstabengetreu den hebräischen Text von Jes. 53,5 wieder und stimme genau mit Röm. 4,25 überein. Ob dies eine Bildung aufgrund von antichristlicher Polemik sei, bleibt doch hypothetisch. Die Weissagung Sacharias (6,12f) ist von dem Jesa ja-Targum wieder aufgenommen worden. Vgl. P. SEIDELIN, aaO 212f. Daß der Tempel in der messianischen Zeit herrlich erbaut werden soll, ist ein festes Glied der spätjüdischen Eschatologie; als Baumeister des Tempels denkt man sich zwar im allgemeinen Gott, aber gelegentlich auch den Messias (vgl. Die Oracula Sibyllina 5,420ff).

441 F. LANG, Die Briefe an die Korinther, 303. M. HENGEL, Der stellvertretende Sühnetod Jesu, IKaZ 9 (1980), 19.142.

442 H. W. WOLFF, aaO 98. Vgl. J. JEREMIAS, Art. παῖς θεοῦ, ThWb V, 703f.

Motiv hat er aus der vom hellenistischen Judentum (Philo, Josephus), Qumran, den Rabbinen und der Jerusalemer Urgemeinde übernommenen Sinaitradition aufgegriffen. Wenn auch der Apostel hier indirekt zum mindesten den Gedanken vom Organismus der Gemeinde mit der Popularphilosophie teilt, so hat er zunächst das Denkmotiv des einheitlichen pneuma-somatischen Leibes (1. Kor. 6,17), der sich durch den Sühnetod Christi zusammen mit der Sündenvergebung und dem Heil des ganzen Leibes verwirklicht, entscheidend von der Sinaitradition aufgegriffen. Darin besteht die heilsgeschichtliche Kontinuität zwischen der Christenheit und dem Gottesvolk des Alten Bundes; das wollen wir später weiter erörtern.

Der Leib *gehört* jedoch nicht nur dem Christus; vielmehr ist er auch dessen weltweite irdische Projektion und Manifestation. Zwar bildet das Motiv von der als einheitlicher Leib dargestellten Bundesgemeinde sicherlich eine wichtige *Vorstufe* zur Christusleib-Formel. Aber die Antithese zwischen altem und neuem Äon, ihren Repräsentanten Adam und Christus, muß entscheidend berücksichtigt werden. Der Unvergleichbarkeit des soteriologischen Christusleibes als neuer Schöpfung soll wirklich Rechnung getragen werden. Für ihn konstituieren nicht Glieder den Leib, sondern dieser setzt sie aus sich heraus. Denn es geht um den Leib des Christus als des eschatologischen Adam, nicht um denjenigen eines Kollektivs wie der Kirche als der messianischen Gemeinde[443]. Christus hat nicht nur das am Sinai verkündigte Gebot erfüllt, sondern auch das getan, was durch Gott am Anfang geschah und im ersten Kapitel der Genesis berichtet wird. Er tat es am Ende der Zeit, als Wiederherstellung des gefallenen Menschen.

Wenn Bultmann meint, Jes. 53 fehle (anders als bei den Synoptikern) seltsamerweise bei Paulus[444], so hat Paulus Jes. 53 nicht wie andere Schriftstellen eingesetzt, die er als einzelne Worte, mehr oder weniger gelöst vom alten Zusammenhang, um des bloßen Schriftbeweises willen, zitiert. Denn dieses Kapitel war Gegenstand ganz persönlicher Aneignung des Apostels, wie die beiden angesprochenen Zitate aus Jes. 53 (Röm. 10,16; 15,21) zeigen[445]; "es ist ihm Speise gewesen, nicht Handwerkszeug"[446]. Seine Theologie, die aus Jes. 53 wichtige Nahrung bezog, ist nur zu vergleichen mit dem einzigartigen Echo, das Jes. 53 in Jesu Wort Mk. 10,45[447]; Mk 14,24 u.ö. fand[448]. Es ist jedoch zu beachten, daß das Motiv des Menschensohnes, der den Weg des leidenden Gottesknechts ging, bei Paulus vor allem in die Adam-Christus-Vorstellung übernommen wird. Dementsprechend haben wir gerade in den bisherigen Exegesen verdeutlicht, daß Paulus den Gehalt des soteriologischen Chri-

443 Vgl. E. KÄSEMANN, An die Römer, 326.
444 R. BULTMANN, Reich Gottes und Menschensohn, ThR (1937), 27.
445 S.o. 273mit Anm.439. Dazu H. W. WOLFF, Jesaja 53, 93f.
446 H. W. WOLFF, aaO 99.
447 Daß hier bei Mk. das zu διακονῆσαι parallele Motiv des δουλεύειν aufgenommen ist, verweist ebenso auf Jes. 53,11f (LXX: δίκαιον εὖ δουλεύοντα πολλοῖς) wie die Stichworte πολλοί, ψυχή , ἀντί ; vgl. D. LÜHRMANN, Das Markuseveanglium, HNT 3 (1987), 181.
448 Vgl. J. JEREMIAS, Neutestamentliche Theologie, 277f.

stusleibes, über die aus der Sinaitradition aufgegriffene Bundesgemeinschaft-Vorstellung hinaus, durch sein Theologumenon vom Adam-Christus-Leib ausgebaut hat. Daß das Anthropos-Motiv des Christusleibes auch im sakramentalen Kontext nicht ausgeschaltet wird, sondern für ihn vorausgesetzt ist[449], wollen wir nun zuletzt zu erhellen versuchen.

§ 3 Der sakramentale Kontext

I. 1. Kor. 10,16f

1. Exegese

Der an Bekanntes erinnernde (V.15[450]) Doppelsatz V.16 könnte den Korinthern aus der Abendmahlsunterweisung[451] geläufig sein; wobei Paulus selbst dem geprägten Satz die Frageform (mit οὐχί) verliehen hat, um eindrücklicher die Zustimmung der Gemeinde herauszufordern. In diesem überlieferten Doppelsatz werden (anders als in der den paulinischen Gemeinden bekannten Herrenmahlstradition 11,23-25) sowohl Brot und Leib Christi als auch Becher und Blut Christi[452] zueinander in Beziehung gesetzt. Das entspricht den Herrenmahlsworten Mk. 14,22-24. Weiter erinnert der wiederholte κοινωνία-Gedanke an die Teilhabe am Abendmahl und die Gemeinschaft innerhalb der Gemeinde (λάβετε im Brotwort; ὑπέρ-Wendung im Becherwort) der markinisch-matthäischen (Mt. 26,26-28) Fassung. Es ist also ein Zusammenhang zwischen 1. Kor. 10,16 und der von Markus/Matthäus aufgenommenen Tradition anzunehmen[453]. Ein Vergleich ergibt, daß die Parallelität in 1. Kor. 10,16 konsequenter durchgeführt ist als in Mk. 14,22-24, so daß von daher die erstgenannte Variante wahrscheinlicher sein dürfte.

Nach 11,23-25, nach den Berichten der Evangelien, und überhaupt dem Ablauf eines jüdischen Mahles entsprechend, ist auch hier die Anordnung Brot - Becher zu erwarten. Aber die umgekehrte Reihenfolge ist bei der Beschreibung des Herrenmahls (hier V.16) auffällig. Die Abfolge kann damit erklärt werden, daß Paulus das Brotwort anschließend mit dem Gedanken von der Gemeinde als dem einen Leib (V.17) verbinden wollte und deshalb umstellte[454]. Das wollen wir in der folgenden Exegese erörtern.

---

449 Vgl. E. KÄSEMANN, Paulinische Perspektiven, (1969) ²1974, 194, 197.

450 Paulus wertet in V.14 den Exodus-Midrasch für eine allgemeine Warnung vor dem Rückfall in den Götzendienst aus und appelliert in V.15 an die Urteilsfähigkeit und Einsicht der Korinther.

451 G. DELLING; Der Kreuzestod Jesu in der urchristlichen Verkündigung, 1971, 32f; DERS., TRE I, 54,2f.

452 In 11,25 sind es Becher und Bund. Das theologische Abendmahlsverständnis der Tradition in V.16 ist aber sachlich durchaus vereinbar mit dem Einsetzungsbericht in 11,23-25.

453 Vgl. dazu G. DELLING, Das Abendmahlsgeschehen nach Paulus, in: DERS., Studien zum Neuen Testament und zum hellenistischen Judentum, 1970, 323; DERS., Kreuzestod, 32f.

454 So E. SCHWEIZER; Gottesdienst im Neuen Testament und Kirchenbau heute, in: DERS., Beiträge zur Theologie des Neuen Testaments, 1970, 256; H. CONZELMANN, Der erste Brief an die Korinther, 211; C. K. BARRETT, 1968, 233; G. BORNKAMM, Herrenmahl und Kirche bei Paulus, in: DERS., Studien zu Antike und Urchristentum, BevTh 28 (²1963), 162; E. KÄSEMANN, Anliegen und

V.16: ποτήριον τῆς εὐλογίας ist als Wiedergabe des hebräischen כּוֹס שֶׁל בְּרָכָה feststehende Bezeichnung für den Becher Wein, über dem am Ende eines festlichen Mahles das Dankgebet für das Essen gesprochen wurde[455] Beim Passa-Mahl trug der dritte Becher diesen Namen[456].

Nach den alttestamentlichen Vorschriften für das Passamahl in Ex. 12,1-14; 13, 3-10; Deut. 16,1-8 und der jüdischen Festordnung gedenkt man bei dem abendlichen Fest des Auszuges Israels aus Ägypten (Pes. X,5)[457], des Bundesschlusses am Sinai nach Ex. 24, der Gabe der Tora, der Führung ins gelobte Land und der Erbauung des Tempels zur Sühne der Sünden. Man singt miteinander die Gott lobpreisenden Psalmen 113-118, das sog. Hallēl, und bestärkt sich gegenseitig in der Hoffnung auf die endgültige Erlösung Israels aus aller Bedrängnis und Not[458]. Was Jesu Verhalten bei dem Abschiedspassa anbetrifft, halten die ältesten neutestamentlichen Abendmahlstexte, analog zur Mischna, nur die auffälligen, über die gewohnte Festsitte hinausreichenden Handlungen und Äußerungen Jesu fest[459].

Es gibt viele Deutungen der beim Passamahl gegessenen Mazzen (das ungesäuerte Brot)[460], des "Brots der Bedrängnis" (לֶחֶם עֳנִי), das die Väter essen mußten, als sie aus Ägypten zogen. Jesu Deutewort in Mk. 14,22-25 (vgl. 1. Kor. 11,24) lautet: τοῦτό ἐστιν τὸ σῶμα μου. Er deutet die Mazza auf sich selbst[461]. Die Mazza erhält in der Deutung Jesu also eine neue Bedeutung - und sie bedeutet Jesus selbst! Eine nähere Bestimmung dieser Deutung hängt kaum von der Entscheidung darüber ab, welches semitische Äquivalent mit σῶμα wiedergegeben ist (so J. Jeremias, aaO 191-194; 211-216). Denn sowohl hebr. בָּשָׂר/aram. בִּשְׂרָא wie hebr. גּוּף /aram. גּוּפָא können mit dem Suffix der 1. Person die des Sprechers bezeichnen: das bin ich selbst[462]. Doch wahrscheinlicher und von der jüngeren Forschung überwiegend vertreten, ist die Übersetzung von σῶμα aus גּוּפָ(א)[463].

Der tautologisch gebrauchte Relativsatz ὃ εὐλογοῦμεν erzeugt eine Feierlichkeit, markiert den Anfang der Entwicklung hin zum ausführlichen *christlichen* Dankgebet bei der Eucharistie (siehe Did. 9,2f). Aber an dieser Stelle ist keine antijüdische Polemik[464] im Blick[465]. Der als Interpretament neu eingeführte Zentralbegriff κοινωνία bezeichnet hier die "Gemeinschaft" (mit jemanden V.18.20), die durch die

---

Eigenart der paulinischen Abendmahlslehre, in: DERS., Exegetische Versuche und Besinnungen I, ⁵1967, 13; P. NEUENZEIT, Das Herrenmahl. Studien zur paulinischen Eucharistieauffassung (StANT 1), 1960, 59.175f; O. MERK, Handeln aus Glauben (MThST5), 1968, 137; E. GÜTTGEMANNS, Der leidende Apostel und sein Herr, 1966, 258; G. DELLING, Abendmahlsgeschehen, 322; L. GOPPELT; Theologie des Neuen Testaments, ³1981 (UTB 850), 477. R. PESCH, Das Abendmahl und Jesu Todesverständnis, 1978, 93; F. LANG, aaO 128; H.-J. KLAUCK, 1. Korintherbrief, 73; D. LÜHRMANN, Das Markusevangelium, HNT 3 (1987), 239. Dagegen versucht C. WOLFF, Der erste Brief des Paulus an die Korinther, 51f, den Grund für die Umkehr der Reihenfolge nicht in der Beziehung des Brotwortes zu V.17 zu finden (weil für ihn V.17 als Bezug auf die Einheit der Gemeinde ein kleiner **Exkurs** sei), sondern in der Voranstellung des Becherwortes, damit dies in dem durch die Einleitung in V.15 geführten Thema "Herrenmahl oder Götzendienst" eine polemische Rolle gegen heidnische Kultmahlzeiten (**Trank**opfer - **Becher**; dabei würde das Brotbrechen nicht geübt) spielen kann (gleiche Abfolge in V.21). Aber die Verknüpfung von Brotwort (V.16) und "Christus - Leib" als Kirche (V.17) ist nicht ein **Exkurs**, sondern gibt einen theologisch wichtigen Grund für die Polemik gegen die Götzenopfer.

455 Siehe Ber. 51a; Bill. IV, 630f.

456 Vgl. Bill. IV, 627f.

457 Das Verständnis des Passafestes nach Pes. X,5: "In jedem einzelnen Zeitalter ist man verpflichtet, sich selbst so anzusehen, wie wenn man selbst aus Ägypten ausgezogen wäre ... Deshalb sind wir verpflichtet, zu danken, zu preisen, zu loben, zu verherrlichen, zu erheben, zu erhöhen den, der an uns und an unseren Vätern alle diese Wunder getan hat."

458 Dies ist bis heute so geblieben. Vgl. Mischna-Traktat 10,5 über Ex. 13,18.

(gemeinsame) "Teilhabe" (V.17.22) geschenkt wird[466]. Der Grundgedanke von "κοινωνία τοῦ αἵματος τοῦ Χριστοῦ" als Deutung des Bechers ist der der Sühnkraft des Blutes, der in Mk. 14,24[467] durch ὑπέρ angezeigt wird. Diese Präposition, die in 1. Kor. 11,24 für den Leib Jesu verwendet ist, spricht auch den Stellvertretungsgedanken aus: Christus ist *an unserer Stelle* gestorben (Gal. 3,13; 2. Kor. 5,21 u.ö.)[468]. 2. Kor. 5,14f zeigt, daß Sühne- und Stellvertretungsgedanken ineinander übergehen können. αἷμα meint nicht das Blut als Substanz, sondern das heilbringende Sterben (Röm. 3,25; 5,9; auch Kol, 1.20)[469]. Demnach kann man die erste Hälfte des Doppelsatzes so verstehen, daß beim Trinken des Bechers die Glaubenden Anteil an der Heilswirkung des stellvertretenden Sühnetodes Jesu erhalten.

Es folgt die analoge Deutung des Brotbrechens (τὸν ἄρτον κλᾶν), bei dem auf eine alttestamentlich-jüdische Sitte Bezug genommen wird (Jer. 16,7; Klagel. 4,4). Dieses Brechen erfolgte zum Zweck der Verteilung einzelner Stücke, die der Hausvater vom Brot abbrach[470]. Es wird also nicht etwa eine Opferhandlung damit bezeichnet. Der Ausdruck "Brotbrechen" faßt folgende Akte in sich: das Nehmen des Brotes, das Sprechen eines Lobspruches (nach Ber. 6,1: "Gepriesen seist Du, Herr,

---

459 Vgl. P. STUHLMACHER, Das neutestamentliche Zeugnis vom Herrenmahl, ZThK 84 (1987), 7.

460 J. Jeremias, Die Abendmahlsworte Jesu, 50-52.

461 Dagegen behauptet D. LÜHRMANN, Das Markusevangelium, 240: Jesus nimmt Brot (Mk. 14,22), "ohne daß dieses Brot entsprechend dem bei Mk. vorausgesetzten Passamahl als ungesäuertes (ἄζυμα) bezeichnet wird. Brot ist Grundbestandteil jeder antiken Mahlzeit. ... ist nicht eine Besonderheit des Passamahls. So liegt aller Ton auf der Identifizierung des Brotes als "mein Leib".

462 S.o. 92ff ; R. MEYER, in: ThWb VII,110, 115f; E. SCHWEIZER, ThWb VII, 1056.

463 H. FELD, Das Verständnis des Abendmahls, EdF 50 (1978), 52f.

464 So L. GOPPELT, ThWb VI, 157.

465 LIETZMANN/KÜMMEL, An die Korinther, [12]1981, 210; C. WOLFF, aaO 52. Die Urgemeinde hat das Abendmahl anders als das jüdische Passamahl regelmäßig (Apg. 2,42.46f), später allsonntäglich (Apg. 20,7.11; vgl. 1. Kor. 16,2) gefeiert.

466 Die Bedeutung "Genuß" (so H. SEEMANN, Der Begriff κοινωνία im NT, BZNW 14 (1933), 34ff; LIETZMANN/KÜMMEL, An die Korinther I/II, 182) ist für κοινωνία nicht zu belegen. Vgl. F. HAUCK, Art. κοινωνός, ThWb III, 798, 43ff; J. M. McDERMOTT, The Biblical Doctrine of ΚΟΙΝΩΝΙΑ, BZ N.F. 19 (1975), 64-77 und 219-233.

467 Vgl. P. STUHLMACHER, Das neutestamentliche Zeugnis vom Herrenmahl, ZThK 84 (1987). Heft 1, 19 mit Anm.18.

468 Vgl. R. BULTMANN, Theologie des NT (1953), 290f.

469 L. GOPPELT, ποτήριον, ThWb VI, 143 Anm.70. Nach alttestamentlich-jüdischem Verständnis ist das Blut der Sitz des Lebens (Lev. 17,11); die Wendung "das Blut jemandes vergießen" bedeutet: jemand gewaltsam töten (Gen. 9,6 u.ö. par. zu Mt. 27,6). Der Gebrauch des Christustitels bringt den heilbringen Charakter dieses Todes zum Ausdruck.

470 Die Evv. beschrieben Jesus in der Rolle des jüd. Hausvaters beim Mahl, wenn er bei der Speisung der Menge (Mk. 6,41; 8,6; Mt. 14,19; 15,36; Lk. 9,16) bzw. beim Abschiedsmahl (Mk. 14,22; Mt. 26,26; Lk. 22,19, vgl. 1. Kor. 11,24) das Brot bricht. Es ist möglich, daß Jesus dem Segensspruch über das Brot eine eigene Fassung zu geben pflegte. Aber die vierte Vater-Unser-Bitte bittet wohl nicht um das eschatologische Brot. ὁ ἄρτος ὁ ἐπιούσιος scheint doch sich auf die tägliche Mannaspeisung Israels (Ex. 16,4. Vgl. Joh. 6,31; 1. Kor. 10,3; 2. Kor. 8,15; Apk. 2,17) zu beziehen. Und vom Hintergrund der Mannaspeisung her, deren Wiederholung für die Endzeit erwartet wurde (Apk. 2,17), wird die vierte Bitte auch transparent für das von Gott gegebene Heil der Gottesherrschaft, auf das Jesu Gebet als Ganzes ausgerichtet ist. Vgl. darüber O. BETZ, Jesu Tischsegen, in: Jesus. Der Messias Israels, 202-231, bes. 211-213. Beim letzten Mahl diente Jesus der vorgegebene Ritus des Brotbrechens als Grundlage

unser Gott, König der Welt, der Brot aus der Erde hervorgehen läßt!"), worauf die Gäste mit "Amen" antworten, das Teilen des Brotes und das Weiterreichen an die Gäste[471]. Deshalb spielt auch das Gebet in der Herrenmahlsfeier eine Rolle[472]. Es wurde dann also jeweils vor Austeilung von Brot und Wein gedankt für die Gabe, die Anteil am Heilstod Christi gewährt. Dabei läßt die Parallelität des σωμα zum vergossenen αιμα nur eine christologische Deutung des σῶμα zu; gemeint ist also der am Kreuz hingegebene Leib Jesu (vgl. Röm. 7,4; 1. Kor. 11,24; auch Kol. 1,22). Es geht demnach bei der Deutung des Brotes ebenfalls um Anteil an der Heilswirkung des Todes Christi. Dabei ist die Alternative Kreuzesleib oder pneumatischer Leib falsch. Denn eine sakramentale Communio mit dem in den Tod gegebenen Christusleib gibt es nur darum, weil der Gekreuzigte zugleich der Erhöhte ist und im Sakrament sich wirksam erweist[473]. Die parallel formulierten Akte mit Brot und Wein sind in ihrer Wirkung als Einheit verstanden[474]; es geht beide Male um das Mithineingenommenwerden der Glaubenden in die Dahingabe des Christus in den Tod. Dies gewährt der Erhöhte selbst[475], weil es dem Apostel ja um den Nachweis geht, daß das Herrenmahl die Gemeinde in lebendige Beziehung zum erhöhten Herrn setzt (ähnlich wie V.4), so wie das Götzenopfermahl seine Teilnehmer in den Wirkungsbereich der heidnischen Götter bringt (V.20f). Daher kann man paraphrasieren: Das Essen des Brotes und das Trinken aus dem Kelch, gemeinsam vollzogen, vermitteln persönliche und kollektive Gemeinschaft mit dem gekreuzigten und erhöhten Christus durch Teilhabe an seinem Leib und Blut[476]. Man muß hierbei, will man Paulus (1. Kor. 11,24ff) richtig wiedergeben, genau die Mitte halten zwischen einer spiritualisierenden Umdeutung des Herrenmahles, die es nur[477] zu einer Bezeugung des Golgatha-Geschehens macht und die Realpräsenz Christi im Herrenmahl damit nicht wirklich zu ihrem Recht kommen läßt, und einem Sakramentalismus, der die Elementenfrage in unpaulinischer Weise in den Vordergrund rückt und der Grenze der Aussagen nicht gerecht wird[478]. Es geht dem Apostel um mehr als nur um die Identifikation von Wein und Brot mit Blut und Leib Jesu und deren Genuß. In einem neuen Aufsatz formuliert P. Stuhlmacher diese Einsetzungsworte im Hinblick auf 1. Kor. 11,23-25: "Für ihn geht es beim Herrenmahl darum, daß die Mahlgenossen an Jesus

---

für die neue Sinngebung seiner Brotdarreichung, die er - entgegen dem jüd. Brauch - mit einem Deutewort begleitete. Apg. 20,7 ist mit κλάσαι ἄρτον der Grund für das Zusammenkommen der Gemeinde von Troas umschrieben und entspr. meint κλάσας τὸν ἄρτον 20,11 wohl den Vollzug des eucharistischen Doppelgestus. An der Stelle Apg. 2,46, auf die wir oben in bezug auf die יַחַד-Gemeinschaft hingewiesen haben, hebt sich κλῶντες κατ᾽ οἶκον ἄρτον ab. Diese Wendung entspricht der κλάσις τοῦ ἄρτου aus der summarischen Notiz von Apg. 2,42, wo Lukas auf das Besondere der Gemeindemahlzeiten hinweist. Er überliefert, daß diese Mahlfeiern von eschatologischer Freude (vgl. 2,46 ἀγαλλίασις) erfüllt und mit gegenseitiger Diakonie (vgl. Apg. 2,44f; 6,1) verbunden waren. Lt. Apg. 27,35 handelt Paulus der jüd. Mahlsitte entsprechend. Für Lukas ist jedoch eine Anspielung auf die im eucharistischen Mahl erfahrene rettende Nähe des Kyrios Jesus nicht auszuschließen. Vgl. J. WANKE, Beobachtungen zum Eucharistieverständnis des Lukas auf Grund der lukanischen Mahlberichte (Erf. Theol. Schriften 8), 1973, 25-30.

471 Vgl. Bill. IV, 70f, 621.

472 G. HEINRICI, Der erste Brief an die Korinther, KEK V, [8]1896, 306.

473 Vgl. R. BULTMANN, Theologie des NT, 145.

474 A. SCHLATTER, Paulus, der Bote Jesu, 295.

Anteil gewinnen, und zwar an der Frucht seines Sühnetodes, an der Kraft seiner leiblichen Auferweckung und an der durch Tod und Auferweckung Jesu begründeten Hoffnung auf das endgültige Kommen Jesu zur Erlösung und zum Gericht"[479].

V.17: Im Herrenmahl erblickt Paulus ein für die Einheit der Gemeinde entscheidendes Geschehen. ὅτι ist als Einleitung für einen kausalen Nebensatz zu verstehen; der Hauptsatz beginnt mit ἓν σῶμα: "Weil es *ein* Brot (ist), sind wir, die Vielen, ein Leib; denn wir alle bekommen von dem *einen* Brot unseren Anteil." (Diese Übersetzung von V.17c müssen wir später präzis erörtern). V.17 schließt sich also als Interpretation an V.16 an[480]. Paulus gibt nämlich seinen Kommentar zu der herangezogenen Abendmahlstradition und hebt hervor, daß beim Herrenmahl alle an *einem* Brot teilhaben[481]. So hat er die Einheit der Kirche als des Leibes Christi im Blick, obwohl diese Vorstellung nicht unmittelbar ausgesprochen ist, und obwohl σωμα hier mit dem Akzent auf ἓν (neben εἷς ἄρτος) auch etwa als Bild für die organische Einheit gemeint ist[482]. Indem die Mahlteilnahmer durch das Essen des Brotes Anteil an dem in den Tod gegebenen Leib Jesu Christi bekommen, werden die Vielen zusammengeschlossen zur Einheit des ekklesiologischen Leibes Christi[482]. Diese Deutung der Kirche als des Leibes Christi ist das Neue, das Paulus in das Abendmahlsverständnis eingebracht hat[483].

Der in V. 17 ausgesprochene, spezifisch paulinisch ekklesiologische σωμα-Gedanke ist also durch ein ebenso real gemeintes ἐσμέν charakterisiert, wie das ἐστίν der Einsetzungsformel selbst eindeutig durch die Begriffe κοινωνία und μετέχειν im Sinne einer Realität interpretiert war. Ein Wie-So, durch das der ekklesiologische σῶμα-Gedanke den Charakter eines Gleichnisses erhielte, hat hier keinen Raum. Man darf aus dem Anfang von V.17 (ὅτι εἷς ἄρτος) also keineswegs nur den abstrakten Gedanken der Einheit heraushören, den Satz zu einem Bildwort machen und dem Brot, von dem hier die Rede ist, die Qualität nehmen, die es durch die eben (V.16) ausgesprochene κοινωνία τοῦ σώματος τοῦ Χριστοῦ empfangen hat. Wolff behauptet dagegen: σῶμα ist hier als Bild für die Einheit zu verstehen ..., während eine weitere Charakterisierung (etwa 'Christi') fehlt"[484], "man muß 'Leib' in V.16 und in V.17

475 Vgl. dazu die Ausführungen von W. BOUSSET, Der erste Brief an die Korinther (SNT 2), [3]1917, 121f: Es sei "der erhöhte Christus", der "sich nicht nur geistig, sondern auch mit seiner verklärten Leiblichkeit den Seinen gebe" (122). Es ist "die Leiblichkeit des Auferstandenen", welche "die Möglichkeit seiner Selbsthingabe im Sakrament bewirkt" (E. KÄSEMANN, Anliegen und Eigenart der paulinischen Abendmahlslehre, in: DERS., Exegetische Versuche und Besinnungen, Bd. 1, [6]1970, 33). Christi Leiblichkeit ist jedoch σῶμα πνευματικόν, wie er selber die πνευματικὴ πέτρα und τὸ πνεῦμα ist.

476 J. HAINZ, Koinonia. "Kirche" als Gemeinschaft bei Paulus (BU 16), 1982, 34f.

477 So z.B. E. SCHWEIZER, Das Herrenmahl im Neuen Testament, ThLZ 79 (1954), Sp. 590 Anm.83, auch in: DERS., Neotestamentica, 1963, 366.

478 Der Sakramentalismus erscheint auch in der korinthischen Totentaufe (1. Kor. 15,29). S.o.137 Anm.21.

479 P. STUHLMACHER, Das neutestamentliche Zeugnis vom Herrenmahl, 20.

480 Die Übersetzung "Denn ein Brot, ein Leib sind wir" (so H. CONZELMANN, aaO 208, 211) läßt nicht erkennen, was mit diesem Satz begründet werden soll.

481 Daß ein Hinweis auf den Tod fehlt, beweist nicht, daß hier eine alte Abendmahlsauffassung

mit verschiedenem Inhalt füllen: Eine organische Einheit ('Leib') ist die Gemeinde (V.17) durch den Anteil am Kreuzestod, am dahingegebenen Leib Christi (V.16)"[485]. Deshalb stimmt er nicht der Definition Käsemanns zu, "daß der Christusleib der Kirche der irdische Leib des Auferstandenen und Erhöhten ist"[486]. Ähnlich versteht Merklein unter dem Gedanken von der *funktionalen Einheit* im Sinn der neuen *Identität* in Christus (V.16)[487] den Leib-Begriff in V.17 als eucharistische Variante: "Wir alle, die wir an dem einen Brot, dem (sakramentalen) Leib Christi, teilhaben, wir alle sind einer" (πάντες ἡμεῖς εἷς ἐσμεν)[488]. Aber was über die Einheit des Brotes gesagt wird, steht von Anfang an unter dem Vorzeichen, daß dieses Brot Anteil an dem einen Leib Christi gewährt und so die Essenden zum einen Leib Christi zusammenschließt. Darum darf man mit Bornkamm sinngemäß paraphrasieren: Der in diesem Brote uns dargereichte, für uns dahingegebene Leib Christi ist *einer*, und eben *darum* sind wir, die Vielen, ein Leib, nämlich Christi Leib[489]. Die Teilnahme am Abendmahl erbaut nicht nur den einzelnen, sondern schließt die einzelnen zum Leib Christi zusammen[490].

Wie wir in Teil A ("Die Forschungsgeschichte") erwähnt haben, stammt der ekklesiologische σῶμα -Gedanke nicht einfach aus dem Brotwort beim Herrenmahl, sondern wird von Anfang an von Paulus konzipiert und liegt in dem Fortgang von V.16 zu V.17. Man darf allerdings nicht schon in V.16 den Begriff des σῶμα τοῦ Χριστοῦ mit dem von V.17 gleichsetzen[491]. Bornkamm bestimmt das Verhältnis von dem eucharistischen und dem ekklesiologischen Leib Christi: Der Leib Christi, den wir im Brot empfangen, *impliziert* für Paulus unmittelbar das σῶμα Χριστοῦ, zu dem wir im Sakrament zusammengeschlossen werden[492]. Denn, wie er richtig feststellt, der Tod Christi *für alle* schließt das Leben der Glaubenden *für ihn* als Konsequenz in sich (wie 2. Kor. 5,14f zeigt), im Sinne einer mit dem Heilsgeschehen selbst gesetzten, heilsgeschichtlichen Realität[493], wodurch das von Christus selbst beherrschte *soteriologische* (nicht mythologische) Leib-Motiv auch sogar beim σωμα der Gemeinde

---

durchschimmert, die sich nicht am Tod Christi orientierte (so J. WEIß, Der erste Korintherbrief, 1910, 259). Vielmehr wertet Paulus hier einen Punkt der in V.16 vorliegenden Tradition aus.

482 Gegen C. WOLFF, aaO 54, 113f. Für die bloß organische Einheit der Kirche siehe Did. 9,4: "Wie dies zerbrochene Brot zerstreut war auf den Bergen und zusammengebracht eins wurde, so laß deine Kirche von dem Ende der Erde in dein Reich zusammengebracht werden." Bei Paulus geht es jedoch um eine reale und logische Folgerung (weil - darum). So kann aber nur gefolgert werden, weil in dem Vordersatz schon dieselbe Einheit impliziert enthalten ist, die der Nachsatz expliziert.

483 J. JEREMIAS, Die Abendmahlsworte Jesu, (1935) [4]1967, 228.

484 C. WOLFF, aaO 112.

485 AaO 113.

486 E. KÄSEMANN, Paulinische Perspektiven, 194.

487 H. MERKLEIN, Entstehung und Gehalt des paulinischen Leib-Christi-Gedankens, in: Im Gespräch mit dem Dreieinen Gott, FS W. BREUNING, 1985, 130f. Infolge des σῶμα -Verständnisses von BULTMANN (Theologie, 196f) interpretiert er auch 1. Kor. vom Gegensatz der somatisch begrenzten Identität des Menschen und der durch Christus gewonnenen neuen, pneumatischen Identität (aaO 128) her.

488 Von daher meint er, die eucharistische κοινωνία sei Ausdruck und Vergegenwärtigung der bei

gewahrt wird. Trotzdem versucht er eine religionsgeschichtliche Herleitung dieses ekklesiologischen σῶμα-Gedankens, weil dieser Gedanke nicht eine logische Folgerung aus dem eucharistischen σῶμα-Gedanken (V.17) ist[494]. Woher hat der Apostel diese ekklesiologische Auslegung dessen, was im Abendmahl geschieht, gewonnen? Statt der Vermutung (wie bei anderen Exegeten), daß der Gedanke aus der gnostischen Vorstellung vom Leib des Urmensch-Erlösers stammt[495], wollen wir dieses Problem aufgrund unserer neuen These untersuchen mit der Frage, ob Paulus ausgerechnet hier in dem midraschischen Exodus-Kontext (1. Kor. 10,1ff) dessen Herkunft nicht verrät.

2. Die Leib-Christi-Vorstellung und das Brotwort Jesu

Im Sakrament werden die Gläubigen in den Herrschaftsbereich Christi hineingenommen. Paulus scheut sich nicht, dies am Bild des den Götzen opfernden, abtrünnigen Israel und der mit ihm zugleich gemeinten Heiden und ihrer Opfermahlzeiten zu illustrieren (10,18-22) und so eine entsprechende Realität für die im Sakrament gestiftete Verbindung mit dem Herrn zu behaupten, wie sie den Korinthern aus ihrer eigenen Vergangenheit und der für sie noch immer versucherischen heidnischen Umwelt geläufig und verständlich war. Dabei gilt es darauf zu achten, was V.17c sagt: οἱ γὰρ πάντες ἐκ τοῦ ἑνὸς ἄρτου μετέχομεν. Zunächst ist es offensichtlich, daß die am Herrenmahl teilnehmenden Glaubenden οἱ πάντες analog zu Ἰσραὴλ κατὰ σάρκα (V.18a) als das neue Israel der Endzeit, das neue Gottesvolk der Christen (1,2: εκκλησία τοῦ θεοῦ; 11,18[496]; Gal. 3,29; 6,16; Phil. 3,3; u.ö.) und Israel κατὰ πνεῦμα (Röm. 2,28f; Gal. 4,29) gemeint sind[497]. (In Röm. 9,3.5 sagt Paulus, daß κατὰ σάρκα er selbst und auch Christus aus den Israeliten herkommen[498].) Auffällig ist, daß Paulus so betont von *einem Brot* spricht, er sagt dies am Anfang und am Ende der Begründungssätze (V.17a.c) für den Hauptsatz (V.17b). Weil er das σῶμα τοῦ Χριστοῦ (V.16) im V.17 ekklesiologisch gebraucht, kann man folgern, daß er *auch* das parallel zu ποτήριον stehende eucharistische Wort "ἄρτος" in dem Fortgang zu

---

der Taufe (Gal. 3,28b) grundlegend gewonnenen neuen Identität (in Christus), aaO 130. Er interpretiert auch Gal. 3,28; 1. Kor. 12,12f.27 mit dem Identitäts- und (funktionalen) Einheitsgedanken.

489 G. BORNKAMM, aaO 163f.

490 C. MÖLLER, Art. Gemeinde, TRE XII, 318: Der Begriff κοινωνία "hängt bei Paulus sachlich mit ἐκκλησία aufs engste zusammen".

491 So H. v. SODEN, Sakrament und Ethik bei Paulus, 1931, 26 mit Anm.2; LIETZMANN/KÜMMEL, An die Korinther I/II, 182.

492 G. BORNKAMM, aaO 163.

493 AaO 162f.

494 Darüber s.o. 249ff.

495 G. BORNKAMM, aaO 164 Anm.55. Auch E. KÄSEMANN, Leib und Leib Christi, 163ff, bes. 174ff; W. SCHMITHALS, Die Gnosis in Korinth, 233.

496 Das Gottesvolk wird in Korinth bei der gottesdienstlichen Versammlung, in der man den Namen des Kyrios anruft, dargestellt. S.u. 298.

497 C. F. G. HEINRICI, aaO 310; H. SCHLIER, Besinnung auf das Neue Testament, 1964, 296; C. WOLFF, aaO 54; Mysterium Salutis. Das Heilsgeschehen in der Gemeinde, Bd. IV/1, unter Mitarbeit v. H. SCHLIER u.a., 1972, 154; H. SCHLIER, Der Geist und die Kirche, 1980, 186.

V.17 ekklesiologisch interpretiert und gebraucht. Das im Herrenmahl verteilte ἄρτος ist der für uns alle dahingegebene Leib (גּוּפָא)[499] Christi, also Christus selbst[500]. Dieses universale Heilsgeschehen zeigt sich im semitischen Ausdruck οἱ πολλοί (auch V.33) im Gegensatz zu ὁ εἷς, der in Röm. 5,12ff für die Adam-Christus-Parallele verwandt wird[501]. In Röm. 5,15 ist die Bedeutung οἱ πολλοί "alle Menschen" sichergestellt, nicht nur durch den doppelten Gegensatz zu εἷς, sondern auch durch den Sinn: "die Vielen starben", das besagt: "alle Menschen starben" (οἱ πολλοί 5,15a = πάντες ἄνθρωποι, 5,12 = πάντες 1. Kor. 15,22, auch Röm. 5,19; ferner vgl. Mk. 9,26; 10,45). Dazu ist parallel οἱ πάντες in 1. Kor. 10,17b. Deshalb bezeichnet die zweimal betonte Einzigkeit des Brotes (εἷς ἄρτος) nicht etwa als einfaches Bildwort die Einheit der Gemeinde, sondern den mit οἱ πολλοί bzw. οἱ πάντες korrespondierenden "Einen", der als Schicksalsträger wie der Gottesknecht in Jes. 53 (vgl. Dan. 12,3)[502] dem ersten Adam entgegengestellt wird. Und **ἓν σῶμα οἱ πολλοί ἐσμεν** ist gerade parallel zu Röm. 12,5: οὕτως **οἱ πολλοί ἓν σῶμά ἐσμεν** ἐν Χριστῷ, τὸ δὲ καθ' εἷς ἀλλήλων μέλη[503]. Also das eine Brot, durch das die Glaubenden an Gottes Heilstat für alle Menschen teilhaben können, ist nun als Leib Christi, des zweiten Adam, bezeichnet. D.h.: erst durch die Teilnahme an dem einen Brot entsteht das neue Israel, das neue Gottesvolk der Christen *als* ἓν σῶμα des zweiten Adam Christus. Wir müssen hier einen weiteren Schritt tun. Wie oben angeführt, ist bedeutsam der zu Anfang bei der Eröffnung des altjüdischen Gastmahls[504] über dem Brot gesprochene Lobspruch, worauf die Gäste mit "Amen" antworten sollen[505]: "Gepriesen sei Jahwe, unser Gott, der König der Welt, der Brot aus der Erde hervorgehen läßt!" (הַמּוֹצִיא לֶחֶם מִן הָאָרֶץ, Berakoth 6,1). Die erste Ordnung der Mischna wird durch diesen Traktat "Segensprüche" eingeleitet (Ber. 6,1). Denn Gott ist der Herr des Landes, der Schöpfer und Geber aller Früchte (Deut. 26,10); dem Herrn gehören die Erde und ihre Fülle (Ps. 24,1)[506]. Gott, der durch sein Wort alles, die Erdfrucht, entstehen ließ, gab die Erde den Menschenkindern (לִבְנֵי הָאָדָם), der Gemeinschaft Israel (כְּנֶסֶת יִשְׂרָאֵל), die den Willen Gottes ausübt. Denn es ist dem Menschen ver-

---

498 Wenn Paulus in 1. Kor. 10,1 im Blick auf die Wüstenwanderung Israels von "unseren Vätern" spricht und sich damit mit seinen heidenchristlichen Adressaten zusammenschließt, so ist damit lediglich gesagt, daß die christliche Gemeinde ihrerseits in der Kontinuität des Gottesvolkes der Wüstenwanderung steht. In V.18 wird die heidenchristliche Gemeinde in Korinth aufgefordert, sich das Verhalten des "Israel kata sarka" vor Augen zu führen und daraus die entsprechenden Schlußfolgerungen für ihr eigenes Verhalten zu ziehen (1. Kor. 10,12). Vgl. H.-F. WEIß, "Volk Gottes" und "Leib Christi", ThLZ 102 (1977), Nr. 6, Sp. 414. "Nicht die Kontinuität der Geschichte, sondern die Identität Gottes ist es, was die Einheit der Schrift mit der Heilsordnung in Christus konstituiert" (VIELHAUER, Paulus und das AT, in: Oikodome, 219).

499 S.o. 276.

500 Joh. 6,31.32.33.34.41.50.51.58 legen das Brot der Speisung aus als ἄρτος ... ἐκ τοῦ οὐρανοῦ gemäß dem Manna der Wüstenzeit (Ex. 16,4) bzw. (in spezifisch joh. Terminologie) als ἄρτος τῆς ζωῆς 6,35.48 bzw. ἄρτος ὁ ζῶν 6,51. Jesus ist das Lebensbrot. Er ist vom Vater gesandt und aus dem Himmel gekommen, damit die Seinen nicht mehr sterben, sondern in Ewigkeit leben 6,51.58. Das von Jesus gespendete Brot ist also er bzw. sein "Fleisch" und sein "Blut" 6,51.53-56. Die Speisungsgeschichte wird christologisch und sakramental interpretiert.

boten, von dieser Welt etwas ohne Segenspruch zu genießen[507]. Der Gedanke, daß Gott alles auf der Erde Israel gibt, findet sich in 4. Esr. 6,55.59; 7,10f: Die Welt wurde um Israels willen erschaffen; daneben haben wir schon oben denselben Gedanken im spät-jüdischen Schrifttum aufgewiesen[508]. Nach Ber. 6,1 dankt man dem Schöpfer für die Früchte der Bäume und speziell des Weinstocks, dazu für die Früchte der Erde. Zu den letzteren gehört eigentlich auch das Brot, der "Bissen". Aber wegen seiner großen Bedeutung wird *das Brot mit einem eigenen Segen* bedacht. Nämlich der fest formulierte Segenspruch über das Brot: הַמּוֹצִיא לֶחֶם מִן הָאָרֶץ, wird im Ber. 6,1 mehr als zehnmal wiederholt, und הַמּוֹצִיא ("der Herausführende") selbst wird nach der Halakha sowie nach den Rabbinen bald als "Der Brot aus dem Boden hervorbringt" bezeichnet. Die daneben stehende rabbinische Auslegung von הַמּוֹצִיא beim Brot-Segenspruch ist noch bedeutender. In dem Dialog zwischen den Rabbinen und R. Nehemja zeigt sich, daß הַמּוֹצִיא als Gott einerseits verstanden wird, als der, "Der dir (Israel) Wasser aus einem Kieselstein (vgl. 1. Kor. 10,4) *hervorgebracht* hat" (vgl. Deut. 8,15: הַמּוֹצִיא לְךָ מַיִם מִצּוּר הַחַלָּמִישׁ - der <Gott>ließ dir Wasser aus dem Kieselfelsen hervorgehen. Vgl. Ex. 17,6: וְיָצְאוּ מִמֶּנּוּ מַיִם, so wird Wasser herauslaufen, auch Lev. 20,8.10f) und andrerseits ist "Der euch aus der Knechtschaft Mizrajims *heraus-geführt* hat" (mit dem Zitat aus Ex. 6,7: "Ihr sollt erkennen, daß ich, der Herr, euer Gott bin, der herausgeführt hat"). Also für sie wurde das Brot beim Segenspruch immer als das aus der Erde (הָאָרֶץ) Hervorgebrachte (schöpfungsgeschichtlich) gemeint und zugleich Gott als *der* Brot*Hervorbringende* (הַמּוֹצִיא) und gewöhnlich als der Erlöser Israels aus Ägypten (heilsgeschichtlich, nach der Exodustradition) bekannt. Für Juden sollte das dargebotene Brotstücklein wohl weniger am Tischgebet Anteil geben, sondern eher als heilbringende Segensvermittlung gedacht werden[509].

Dieser besondere Tischsegen ist Psalm 104,14 entnommen, der das Lob der Schöpfung singt und Gott als einen guten Haushalter preist.

V.13: Der die Berge tränkt aus seinen Obergemächern -
von der Frucht Deiner Werke sättigt sich die Erde -,

V.14: der Gras sprossen läßt für das Vieh
und Kraut für die Arbeit des Menschen,
daß er Brot hervorbringe aus der Erde (הַמּוֹצִיא לֶחֶם מִן-הָאָרֶץ).

---

501 H. CONZELMANN, aaO 211 Anm.26.

502 S.o. 147/8 Anm.94,95, 271 Anm.430.

503 S.o. 147/8 Anm.94,95; 240/1. Vgl. J. JEREMIAS, Die Abendmahlsworte Jesu, 172; O. MERK, Handeln aus Glauben (MTh St 5), 1968, 159. Gegen C. WOLFFF, aaO 49 Anm.270 (im Sinn "Vielheit").

504 Nur die Mahleröffnung, nicht das ganze Mahl (dafür Ex. 18,12; Mk. 3,20; 7,2.5: "Brot essen").

505 Wenn das Amen! verklungen ist, bricht der Benedizierende von dem Brot in seiner Hand Stück für Stück ab und reicht es den übrigen zu. Vgl. b Ber. 47,16 (Rabbah bar Chana - um 280).

506 Vgl. die erste Benediktion zum Morgengebet und die erste Bitte des Achtzehn-Bitten-Gebets. Vgl. Bill. IV, 208ff.

507 Theologisch bedeutsam sind vor allem die Aussagen, die sich auf das Land Kanaan beziehen. Die Erde wird dem Volk Israel als Land der Verheißung in Aussicht gestellt (Gen. 15,18) und im Deut. (12,1; 17,14; 19,8f). Dieses Land gehört eigentlich Jahwe (1. Sam. 26,19; 2. Sam. 14,16; Jer. 2,7 u.ö.), אַדְמַת יהוה (Jes. 14,2; Hos. 9,3). Die Propheten idealisieren diese Vorstellung in eschatologischer Vollendung (Jer. 20,6.15.28.34.40; 30,3; Ez. 36,28; vgl. Jes. 65,17). Vgl. M. OTTOSSON, Art. אֶרֶץ, ThWAT I (1973), 432-436.

Der Psalmist schreibt dies der Arbeit des Menschen (הָאָדָם) zu, der ja nicht mehr im Paradiese lebt (vgl. Gen. 3,18f.23). Dagegen wird **im Tischsegen Gott** gedankt, der als alleiniger Produzent (הַמּוֹצִיא) Brot aus der Erde hervorbringt. Das Gewinnen des Brotes aus der Erde ist ein großes Wunder Gottes[510a].

Vor kurzem hat O. Betz bemerkt, daß dem tiefsinnigen, exegetisch umstrittenen Gleichnis von der selbstwachsenden Saat (Mk. 4,26-29) gerade Ps. 104,13f und 27f zugrundeliegen, aus denen der jüdische Tischsegen stammt (schon diese Tatsache spricht dafür, daß Jesus den jüdischen Segen verwendet hat)[510b]. Die Kernbegriffe von Ps. 104,14 sind in Mk. 4,26-29 aufgenommen: Der Mensch (הָאָדָם, vgl. ὁ ἄνθρωπος Mk. 4,26) und die Erde (הָאָרֶץ, vgl. ἡ γῆ V.26.27), das Gras (חָצִיר, vgl. ὁ χόρτος V.28) und das Brot (Getreide) (לחם, vgl. σῖτος bzw. καρπός, VV.28f). An den beiden Stellen werden die bäuerliche Arbeit und die Schöpferkraft Gottes (die von der Erde ausgeht und das Aufgehen des Samens, das Sprossen des Halms bis zur Reife des Korns und schließlich das Darbieten der Frucht bewirkt, Ps. 104,13f; Mk. 4,28f) in ihrem Zusammenwirken gezeigt. **Die Erde** soll nach Gottes gebietendem Machtwort Grünes und Kraut hervorbringen (תּוֹצֵא, Gen. 1,12), weil für die Aussageform des Verses Mk. 4,27 der Satz ("und schläft und aufsteht Nacht und Tag ...") aus dem Schöpfungsbericht Gen. 1,12 maßgebend war, der wohl auch dem Beter von Ps. 104 vor Augen stand (V.13f). Die Erde ist demnach nicht autonom, selbständig (αὐτομάτη, Mk. 4,28) wirkendes Subjekt, sondern gehorcht Gottes Gebot; ihre "Automatik" wird gleichsam "theokratisch" ermöglicht. In diesem Sinne wird die Initiative Gottes in V.14 (daß er Brot hervorbringe aus der Erde") klar, eben in der Verbindung mit V.27: "daß **du ihnen Speise gebest zur rechten Zeit**". Aus diesem Grunde konnte Jesus den Segen der Erde parabolisch für die Güte Gottes und **die Fülle der Gottesherrschaft** verwenden. Die Erde wird im Gottesreich von paradiesischer Fruchtbarkeit erfüllt werden, so wie der gute Boden im Sämannsgleichnis, der hundertfältig Frucht gibt (Mk. 4,8.20).

Die Aussage in Mk. 4,29a ist endzeitlich ausgerichtet: "Sobald aber (das Korn) es gestattet, sendet der Bauer sofort die Sichel, denn die Ernte ist da". Das reife Getreide 'gibt (sich) hin' (παραδίδομαι) von der Erde her, bietet gleichsam sich selbst als Nahrung für den Menschen an. Das "Geben" (vgl. Mk. 4,8) und vor allem "Hingeben, Übergeben" gehört mit neuer Bedeutung **in die Sprache Jesu**, bringt Sinn und Ziel seines Wirkens mit zum Ausdruck. Der Menschensohn wird den Menschen "übergeben" (Mk. 9,31), "gibt" sein Leben als Lösegeld für die Vielen dahin (Mk. 10,45); das Weizenkorn muß sterben, damit es Frucht bringen kann (Joh. 12,24). Aber durch diese fruchtbringende Hingabe des Sohnes wird die Liebe Gottes zur Welt offenbart; Jesus ist der endzeitliche Sämann Gottes (Mk. 4,11f) und das Korn, das sich selbst anbietet (4,29)[511]. Der endzeitliche Bezug von Wachstum und Fruchtbarkeit der Erde wird auch durch Ps. 104,30 nahegelegt, wonach Gott das Antlitz der Erde erneuert, so wie er durch die Sendung seines Geistes die Menschen "erschafft" (ibid.), die ohne diesen Geist verenden und zu Staub werden (V.29).

Die Vorstellung, daß das gute und kräftige Brot, das aus der Erde hervorgeht, die erhabenste Gabe der eschatologischen Zeit ist, findet sich weiter in Jes. 30,23: "Und er wird deinem Samen, den du auf den Acker gesät hast, Regen geben und dir Brot geben vom Ertrag des Ackers in voller Genüge. Und dein Vieh wird zu der Zeit weiden auf weiter Aue." Wer Brot aus der Erde hervorbringt, ist nun nicht mehr der Mensch, sondern Gott selbst. Jahwe, der das Brot vom Ertrag des Ackers in voller Genüge **gibt** (וְנָתַן ... וְלֶחֶם תְּבוּאַת הָאֲדָמָה; LXX: τότε ἔσται ὁ ὑετὸς ... καὶ ὁ

---

508 S.o. 179f.

509 H. SCHÜRMANN, Die Gestalt der urchristlichen Eucharistiefeier (1955), in: DERS., Ursprung und Gestalt, 1970, 81 Anm.31; J. WANKE, Art. κλάω/κλάσις, EWNT 2 (1981), Sp. 730. Das, was die Weisheit als Nahrung für das geistige Leben bietet, ist "Brot der Klugheit" und "Wasser der Einheit" (Sir. 15,3). In Auslegung von Spr. 9,5 bezeichnet die jüdische Bildersprache auch die Tora als "Brot" oder redet von dem "Brot der Welt der Seelen" und meint damit die ewige Seligkeit (Bill. II, 482ff).

510a O. BETZ, Jesu Tischsegen, in: Jesus. Der Messias Israels, 1987, 205ff. Während meiner Forschung über diesen jüdischen Segenspruch in bezug auf den paulinischen σῶμα Χριστοῦ -Begriff hat mir O. BETZ diesen neu geschriebenen Aufsatz bekanntgegeben.

ἄρτος τοῦ γενήματος τῆς γῆς σοῦ ἔσται πλησμονή), verbindet mit seinem Erbarmen den Schaden seines Volkes und heilt ihm geschlagene Wunden (V.26). In dieser endzeitlichen Hoffnung wird das Schöpfungshandeln Gottes mit seinem Heilshandeln vereinigt. Schab 30 b trug Rabban Gamliel (um 90) vor: In der messianischen Zeit wird das Land Israel Feinbrote גלוסקאות (= κόλλιξ) und wollene Gewänder hervorbringen, wie es heißt: Es sei Überfluß an Getreide in der Erde יהי פסת בר בארץ Ps. 72,16 [512]. R. Eli'ezer (um 90) sagte: "Von dem Kuchen, den die Israeliten mit sich aus Ägypten genommen haben, haben sie 31 Tage lang gegessen ... (vgl. Ex. 16,1). Von diesem Kuchen erkennst du, was ich ihnen ganz am Ende tun werde. Das ist es, was geschrieben steht: Es wird Feinbrot פסת בר in der Erde sein Ps. 72.16" [513]. Also das Essen des Brotes verheißt die eschatologische Erde-Brot-Segnung Gottes für Israel, der es früher aus Ägypten gerettet hat [514]. **Auffällig ist, daß nach Midr Ps. 104 (222a,9) die Rabbinen "לְהוֹצִיא לֶחֶם מִן-הָאָרֶץ" in Ps. 104,14 und das Wort הַמּוֹצִיא, das die Weisen bei der Benediktion gesprochen haben, in bezug auf Ps. 72,16 als eschatologische Gabe Gottes gedeutet haben** [515].

In äth Hen. 10,18-22, wo die Beschreibung des endzeitlichen Friedensreiches in Jes. 30,23-25 wiedergegeben wird, fehlt die Erwähnung des Brotes, aber die Gerechtigkeit der **Erde**, die von aller Gottlosigkeit gereinigt wird, wird mit der Gerechtigkeit [516] der darauf lebenden **allen Menschenkindern** (לבני האדם) einschließlich der Heiden verbunden.

Obwohl die Passatradition (Ex. 12-13; Mischnatraktat Pesachim Kap. 10) den **Ablauf des letzten Mahles Jesu bestimmt und Jes. 53** dessen Sinn erhellt, wird doch in der Überlieferung auch der Einfluß von Ps. 104 und die daran anschließende Stelle Jes. 30,23 sichtbar. Nach den synoptischen Berichten sprach Jesus als Hausvater den Segen, ehe er das Brot brach und es den Jüngern gab (Mk. 14,22ff). Für diesen Segen kann nicht direkt Ps. 104,14 maßgebend gewesen sein, vielmehr ist an V.27 zu denken. Denn im Einklang mit dem "Geben" (des Brotes und des Weins) und der damit bezeichneten "Hingabe" des Christus für die Seinen kann **Jesu Segen beim Abendmahl** gelautet haben: "Gepriesen seist du Herr, der du Brot **gibst**!" (Ps. 104,27, vgl. Jes. 30,23). Dabei weiß er allerdings, daß das Brot von dem Herrn hervorgebracht wird (Ps. 104,14) [517]. Das "Geben" ist nicht etwa redaktionelle Zutat zum Abendmahlsbericht. Erstens entspricht es der folgenden Aufforderung Jesu: "Nehmt, eßt!", zweitens der Lebenshingabe Jesu, auf die solches Geben verweist: Der Menschensohn ist der Gottesknecht, der in die Hände der Menschen "übergeben" wird (Mk. 9,31; vgl. Jes. 53,4 Targum), der sein Leben als Lösegeld für viele dahingibt (Mk. 10,45).

Daß die Selbsterkenntnis Israels aus dem mit dem Erde-Begriff gefaßten Schöpfungs- und Heilshandeln Gottes unzweifelhaft in der neutestamentlichen Zeit unter Juden (auf der eschatologischen Dimension) gewonnen worden ist, erhellt das apokalyptische Schrifttum, Ant Bibl. 32,15 und 4. Esr. 6,54ff; 7,116ff, wie wir jeweils erörtert haben. Während sich in Ber. 6,1 die Zusammenstellung von dem Schöpfungs- und Heilshandeln Gottes im Schema "Erde - Brot (-Israel, die Kinder des Adam)"

510b O. BETZ, aaO 205ff.

511 Über die weitere Exegese Mk. 4,26-29 im Vergleich mit Ps. 104 siehe O. BETZ, aaO 206f. Auf Grund von PS. 104 versucht er weiter die im Hintergrund von Lk. 12,16-21; Jak. 5,7-9,17f; Mk. 6,35ff; Joh. 6 (Bes. V.26-35.51-58 in bezug auf den Menschensohn) liegende Bedeutung zu verdeutlichen, aaO 208-221.

512 פסת בר bedeutet 1.) reines, feines Brot; 2.) durch Wortanalogie nach כתנת פסרם Gen. 37,3 = reine, feine Gewänder. Bill. IV 2, 953.

513 Vgl. Gen R 15 (11a,33).

514 Bill. IV/2, 954.

515 Midrasch Tehillim. Haggadische Erklärung der Psalmen (BUBER/WÜNSCHE), 1892, 116; The Midrash on Psalms, Vol. II, Transl. by W. G. Braude, 1959, 172, 505 (Note).

516 Nach dem Targum-Jesaja 30,23 wird ergänzt, daß dereinst die Gerechten (צַדִּיקַיָּא) (auf der Erde) in ihrer Herde ernährt werden sollen.

fand, wurde sie bei Ant Bibl. und 4. Esr. um einer dringenden Frage nach dem Geschick Israels (das in bezug auf Adam begriffen wurde) willen in dem aus Gen. 2,22 neu gedeuteten Schema "Erde-Adam-Israel (אָדָם-אֲדָמָה-יִשְׂרָאֵל)" konzipiert, und Israel wurde als das aus der Rippe des Adam herausgebrachte Volk Gottes (Contio Domini) gedacht. In 4. Esr. wird deshalb das in Ber. 6,1 für die das Brot "herausbringende" Erde gebrauchte Wort הוֹצִיא(hebr. יָצָא) klar für Adam und Israel in der Bekenntnisformel "*educere* populum ex Aegypto" gebraucht (6,54b, auch 3,17; 14,4.28f); für das *Hervorbringen* des Adam sowie aller Tiere aus der Erde wird nur das Verb creare (6,53)[518] verwendet. Nach 1 QH 3,21f hat Gott die Gemeinde der Himmelssöhne aus Erde zu einem ewigen *Rat* gebildet (יצרתה מעפר לסוד עולם), ebenso wie Gott den ersten Menschen aus Erde gebildet hat (Gen. 2,7: וייצר יהוה אלהים את-האדם עפר מן — האדמה), doch fehlt hierbei "Adam" zwischen der Gemeinde und Erde (Staub). Für Paulus hat dieser אָדָם erst in Christus einen entscheidenden Inhalt, weil die Auferstehung Jesu als das Heilsgeschehen zugleich einen endzeitlichen Schöpfungsakt bedeutet; der letzte Adam Christus ist der eschatologische Schöpfungsmittler, im Gegensatz zum πρῶτος Ἀδάμ, dem Geschöpf.

Wenn Paulus, nachdem er in V.16 das der alttestamentlich-jüdischen Sitte folgende Brotbrechen christologisch gedeutet hat (vgl. Apg. 27,35[519]), nun in V.17 über die Parallelisierung des Brot- und Kelchwortes hinaus zweimal einseitig das Brotwort im Zusammenhang mit dem einen Leib der Gemeinde hervorhebt, nimmt er gewiß sowohl den von Jesus selbst und den Rabbinen aufgenommenen jüdischen Segenspruch zum Brot: הַמּוֹצִיא לֶחֶם מִן הָאָרֶץ aus Ps. 104,14 und auch die schöpfungs- und heilsgeschichtliche Auslegung des הַמּוֹצִיא in den Blick und interpretiert sie dann christologisch[520].

Der Brauch, eine Benediktion bei Tisch zu sprechen, steht in den Tagen Jesu und der Apostel im Judentum unangefochten fest[521]. Und das Psalmzitat ist Paulus aus

517 O. BETZ, aaO 221: "Der aus Ps. 104,14 stammende jüdische Segen zum Brot dürfte deshalb von Jesus im Sinne von Ps. 104,27 modifiziert worden sein und gelautet haben: "Gepriesen seist du, Herr, der (das) Brot gibt zu seiner Zeit!"".

518 S.o. 179.

519 S.o.277 Anm.470.

520 Es ist falsch, wenn G. Pearson WETTER, Die Auffassung des Apostels Paulus vom Abendmahl, ZNW 14 (1913), 208, einfach die Beziehung des ἄρτος in V.17 auf das Brot des Herrenmahles verneint und schreibt: "hier meint Paulus mit ἄρτος etwas Metaphorisches ganz wie 10,3 (... πνευματικὸν βρῶμα ἔφαγον), spricht also von Christus, nicht aber vom Brot im Abendmahl". Es kann nicht eindeutig beantwortet werden, ob Paulus in den πνευματικός -Wendungen in V.3f Abendmahlsterminologie der hellenistischen Gemeinden aufgreift (vgl. Did. 10,3). Aber der Zusammenhang von Taufe und Abendmahl zeigt wahrscheinlich, daß Paulus eine übergreifende Vorstellung von "Sakramenten" hat, wenn auch noch nicht ein Wort dafür, wie CONZELMANN zeigt, aaO 204 Anm.21. Die Beziehung, die Paulus zwischen Manna und Herrenmahlsbrot herstellt, gibt vielleicht eine im Urchristentum verbreitete Anschauung wieder (vgl. Joh. 6,53-58). Vgl. C. WOLFF, aaO 41f. Zur Beziehung von Manna und dem Brotbrechen Jesu s.o.277 Anm.470. Im Hintergrund der Erwähnung der geistlichen Mannaspeisung liegt wahrscheinlich die apokalyptisch-jüdische Vorstellung vom Mannasegen der messianischen Zeit. Nach syr Bar. 29,8 werden zu der messianischen Zeit wieder die Mannavorräte von oben herabfallen; und sie werden davon in jenen Jahren essen, weil sie das Ende der Zeiten erlebt haben. In Midr Qoh. 1,9 (9b) wurde

seiner jüdischen Zeit als autoritative Weisung für das Verhalten bei Tisch vertraut[522]. Die analoge Bezogenheit des als das Brot dargestellten letzten Adam Christus auf die Entstehung aus der Erde (Gen. 2,7) weist auf die Hingabe seines Leibes für alle Menschen, die auf der Erde leben. Nach der Genesis kamen alle Menschen selbst von Adam her, der aus der Erde gemacht wurde. Daß Gott das auf dem ganzen Erdboden (vgl. Jes. 45,18; 45,18 LXX: "die Grenze der Wohngebiete") wohnende Menschengeschlecht (vgl. Lk. 21,35; atl. "alle Völker" vgl. Gen. 1,28; 5,1-32) *aus einem einzigen* Menschen (= Adam, dessen Namen nicht genannt wird, wie in 31 nicht der Name Jesu[523]) *schuf* (ἐποίησέν τε ἐξ ἑνὸς, Apg. 17,26), hat auch Paulus auffällig vor dem Areopag in Athen bezeugt[524]. Aus einem Menschen (Adam) ließ Gott die ganze Menschheit hervorgehen (V.26) und durch einen von ihm bestimmten Mann (Christus) wird er den ganzen Erdkreis richten (V.31). Die Beziehung Adams zur Erde kann man christologisch wie folgt auffassen: Während die Erde (אֲדָמָה) um Adams (אָדָם) Sünde willen verflucht (Gen. 3,17; vgl. 4. Esr. 7,11)[525] und von der Sünde beherrscht worden ist, wird nun (nach 1. Kor. 10,26) die Herrschaft des *einen* Herrn über die ganze Erde, die Schöpfung (Apk. 11,4) ausgesprochen. Diese Zitierung (V.26) von Ps. 24,1 (vgl. Ps. 50,12): "Die Erde ist des Herrn und was darinnen ist, der Erdkreis und die darauf wohnen", (durch die Paulus die christliche Freiheit mit dem Schöpfungslauben begründet) diente den Rabbinen als Begründung dafür, daß niemand essen soll, bevor er eine Benediktion gesprochen hat (Tos Ber. IV,1)[526]. Alle Gaben der Schöpfung gehören Gott, und was Gott als Nahrung gibt, ist an sich rein und darf ohne Bedenken genossen werden (Röm. 14,14.20; vgl. 1. Tim. 4,4). Das unter den Rabbinen so verstandene Psalmwort (24,1) findet sich eben auch im Segenspruch zum Brot in Ber. 6,1. So gehören V.17 und V.26 im jüdischen Tischsegen zusammen. In der Intention des Apostels bezeichnet jedoch κύριος wohl Christus, der seit seiner

---

gesagt: "Wie der erste Erlöser (= Mose), so der letzte Erlöser (= Messias) ... wie der erste Erlöser das Manna niederfallen ließ", s. Ex. 16,4. Weiter s.o. 284f.

521 E. LOHSE, Zu 1. Korinther 10,26.31, in: Die Einheit des Neuen Testaments, 1973, 246.

522 Vgl. A. SCHLATTER, Paulus, der Bote Jesu, 1934, 303; E. LOHSE, aaO 247.

523 Die Aussage ist aus Gen. 1,27f entlehnt. Im Stammbaum Jesu Lk. 3,23-38 führt Lukas dies deutlich aus. Vgl. A. WEISER, Die Apostelgeschichte, Kap. 13-28, ÖTK 5/2 (1985), 471.

524 Die Erzählung über Paulus in Athen stellt also insgesamt zunächst summarisch Aufenthalt und Mission des Apostels in der Stadt dar (16-17). Daß Paulus allein in Athen blieb, war schon in 15 angedeutet und ist durch 1. Thess. 3,1 (ἐν Ἀθήναις μόνοι) bestätigt. Er wird in der Situation auch nach der Rücksendung des Timotheus aus Athen nach Thessalonich (1. Thess. 3, 1-5), von wo aus er (über Beröa) mit Silas zurückkehren sollte (vgl. zu 18,5), geblieben sein. Vgl. R. PESCH, Die Apostelgeschichte, 1986, 133-137.

525 Auch Gen R 3,17; 5 (4d.5a); 27,13; Pirqe REL 14 (7d,7); Jos Antiq. I, 49; Phil Mut 29. Vgl. Bill. III, 250-252.

526 The Tosefta. Transl. from the Hebrew. First Division Zeraim (The Order of Agriculture), ed. by J. NEUSNER/R. S. SARASON, New Jersey, 1986, 19. Ps. 24,1 wurde auch in J. Ber. 9d,62-64 zitiert. Der 24. Psalm wurde am ersten Tage der Woche in der Liturgie des Tempelgottesdienstes gesungen, weil Ps. 24,1 an das Handeln Gottes am ersten Tage der Schöpfungswoche erinnert. Im Blick auf Gottes Schöpfungswalten wird das Psalmwort nun auch als Schriftbegründung für die Allgemeingültigkeit des Gebotes, eine Benediktion über Speisen zu sprechen, verwendet. Vgl. Bill. I, 613, 825; IV, 619; E. LOHSE, aaO 245f. In 1. Kor. 10,31 folgt die Auf-

Auferstehung Herr über das Weltall ist (15,25; Phil. 2,9-11; auch 1. Kor. 8,6; ferner Kol. 1,15-18; Apk. 11,4). Des im gesegneten Brot dargestellten Herrn ist die ganze Erde und was sie erfüllt - für Paulus begründet dieses Schriftzitat, daß den Christen alles gehört, gehören sie doch Christus, Christus aber Gott (1. Kor. 3,21-23; vgl. 1. Kor. 11,3).

Für den Menschensohn ist nach Joh. 12,32; 17,4 die Erde Ausgangspunkt seiner Erhöhung und Verherrlichung (Joh. 12,32; 17,4). Nach Mk. 2,10 (par. Lk. 5,24) ist "der Menschensohn" gekommen, Sünden zu vergeben auf Erden (vgl. Apg. 14,3, die Erlösten heißen οἱ ἠγορασμένοι ἀπὸ τῆς γῆς), weil die Erde gefallene Schöpfung, die Stätte der Sünde ist. Von der Erde als dem Schauplatz der Endgeschichte (auch Mt. 5,13f; 10,34; 23,35 <Num. 35,33>; Lk. 12,49.51; 18,8; 21,23.25; Joh. 17,4; Apk. 16,18, vgl. Da. 12,1; 18,24 <Jer. 51,49>) wird an zahlreichen Stellen der Apk. gesprochen[527]. Nach Lk. 21,35f werden alle Erdbewohner (vgl. Jes. 24,17) wegen der nahekommenden endgültigen Parusie des Reiches Gottes zu anhaltendem Gebet ermahnt, das die Kraft zur Flucht aus all diesen Schrecken zum Menschensohn gibt; nicht zum Richter (wie 2. Kor. 5,10), sondern zu dem, vor dem man als Glaubender "aufgerichtet wird" (vgl. Röm. 14,4)[528]. Das ist vielleicht wie 12,8 ein echtes Jesuswort[529].

Wenn Paulus in 1. Kor. 10,17 die durch das Essen des Brotes an seiner grenzenlosen Heilswirkung Teilhabenden für das neue Israel hält, denkt er an eine christologisch begriffene Reihenfolge "Erde - Adam - Israel", eben entsprechend jenem jüdisch-apokalyptischen Schema. *Zum erstenmal* in dieser Reihenfolge bezeichnet er die Mahlgemeinde als ἓν σῶμα.

Ferner, wenn der Apostel, der in V.1f die Exoduserzählung (Ex. 13ff) als bekannt voraussetzen kann, das Sein Israels "unter" der Wolke (V.1) erwähnt, nimmt er es wohl aus Ps. 105,39, während Ex. 13,21 die Wolke vorauszieht: "Er breitete eine Wolke aus, sie zu decken, und ein Feuer, des Nachts zu leuchten"[530]. In V.37-45 von Ps. 105 als dem Danklied über Gottes Wundertaten an den Vätern ist zusammenhängend die Rede von den Exodus- und Wüstenereignissen: Bei dem Herausziehen (יצא) Israels aus Ägypten (V.37f), bei der ausgebreiteten Wolke (V.39), bei Wachteln und Himmelsbrot hält Paulus sich wohl neben Ps. 104,14 auch Ps. 105,37-45 vor Augen und weiß wohl auch um die tiefe Bedeutung von יצא als der Schöpfungs- und Heilstat Gottes, obwohl er hier nur διέρχομαι "durchgehen" (durch das Meer) in V.1 braucht. Dazu müssen wir die Aussage von der Tränkung aus (ἐκ) dem ihnen **folgenden Felsen**, der Christus war (V.4b), überlegen[531]. Das Alte Testament berichtet nichts davon, daß dieser Felsen die Israeliten begleitete. Solche Vorstellung findet sich aber in mehreren rabbinischen Belegen[532] und Pseudo-Philo (Ant Bibl.) 10,7[533].

---

forderung πάντα εἰς δόξαν θεοῦ ποιεῖτε, die in der Weisung der Tosefta (Tos Ber. IV, 1) eine Parallele hat: "Man darf sich seines Gesichtes, seiner Hände und Füße nur zur Ehre des Schöpfers bedienen."

527 Vgl. H. SASSE, Art. γῆ, ThWb I (1932/33), 677-679.

528 H. E. TÖDT, Der Menschensohn in der synoptischen Überlieferung, (1959) ²1963, 89-92.

529 Vgl. E. SCHWEIZER, Das Evangelium nach Lukas, NTD 3 (1982), 214f.

530 Vgl. Weish. 19,7; Mekh Ex. 13,21.

531 Während Philo den Felsen allegorisch auf die Weisheit deutet (Leg All 2,86), bezieht Paulus ihn auf den präexistenten Christus. (Das "war" der typologischen Fortsetzung, der Deutung des Felsens auf Christus, meint reale Präexistenz, nicht nur symbolische Bedeutung.) Wie die Schöpfung durch Christus vermittelt ist (1. Kor. 8,6), so gilt dies ähnlich auch für das Heilshandeln Gottes in Israel. Vgl. H. CONZELMANN, aaO 204f; C. WOLFF, aaO 42f; F. LANG, aaO 124.

532 Z.B. Tg Onkelos zu Num. 21,19f. Vgl. Bill. III, 406-408.

Ant Bibl. 10,7: "... und vierzig Jahre lang ließ er jenen vom Himmel Brot regnen, und die Wachteln führte er ihnen zu vom Meer, und den Brunnen **mit dem nachfolgenden Wasser** ließ er für sie ausziehen (eduxit)". Das Verb "Herausführen" (educere = הוֹצִיא ist identisch mit dem "Herausführen" (educere) Israels aus Ägypten als dem Heilshandeln Gottes in Ant Bibl. 11,6: "Ego sum Dominus Deus tuus, qui **eduxi** te de terra Egypti de domo servitutis". Diese Doppelsinnigkeit von **educere** korrespondiert auch mit der jüdisch-rabbinischen מוֹצִיא-Auslegung beim Tischsegen (Ber. 6,1). Auch von der Tatsache her, daß Paulus infolge der jüdisch-haggadischen Auslegungstradition von "dem nachfolgenden Felsenwasser" redet, kann man wohl annehmen, daß er sowohl um die Doppelsinnigkeit der Bekenntnisformel "Hervorbringen (aus)" als auch um das Ant Bibl. "Erde - Adam - Israel" gewußt hat.

Wenn Paulus weiter in V. 5ff die Unvereinbarkeit von Herrenmahl und Götzenopfermahl im Rückgriff auf die Wüstenereignisse als Warnung erwähnt, sind ihm natürlich verschiedene Stellen aus dem zweiten bis fünften Mose-Buch grundlegend. Aber die in den kurzen Versen (V. 5b-10; V. 18b.20) geschilderten Wüstenereignisse finden sich zusammenhängend miteinander nur in Ps. 106,14-38. Der mit "Aber" (Ἀλλ᾽) folgende Vers 5ff von 1. Kor. 10 entspricht dem (mit "Aber" Ps. 106,13 <Luth. Übers.> beginnenden) Bußgebet in Ps. 106,13ff, das am Lobpreis der Wüstentaten Gottes (Ps. 106,1-12) anschließt.

1. Kor. 10		*Ps. 106*
V. 5b (Num. 14,16.30)	*In der Wüste erschlagen / Kein Gefallen hatte Gott*	*V. 23a.26.33 (vgl. Ps. 78,31)*
V. 6 (vgl. Num. 11,4ff; 14,2-4)	*In der Wüste Lust haben*	*V. 14a*
V. 7 (Ex. 32,6.19)	*Götzendienst / Ein goldenes Kalb*	*V. 19f.36.38*
V. 8 (Num. 25,1-9)	*Unzucht und Verderben*	*V. 26.28f*
V. 9 (Num. 21,5f)	*Gott versuchen (Tod von Schlangen)*	*V. 14b (vgl. Ps. 78,18)*
V. 10 (Num. 17,6-15)	*Murren und Verderben*	*V. 25f*
V. 18b (Lv. 7,6.15; Deut. 12,7.18, vgl. 1. Kor. 9,13)	*Die Opfer essen / Die Gemeinschaft mit dem Altar*	*(? / Ps. 23,5f)*
V. 20 (Lv. 17,7; Deut. 32,17, vgl. 1. Kor. 8,5)	*Den Dämonen opfern*	*V. 37 (LXX Ps. 105,37)*

Von dieser Beobachtung kann man wohl annehmen, daß Paulus neben Ps. 104 und Ps. 105 auch Ps. 106 im Auge hat.

Ebenso wie Paulus in V.1ff in Anlehnung an die jüdisch-haggadische Tradition die Exodusgeschichte Israels zum Vorbild (τύπος , V. 6.11) für die Warnung vor dem Rückfall des ganzen Gottes-Volkes in den Götzendienst gemacht und dabei Christus als den Felsen ausgesagt hat, so erblickt er das wahre Israel, die Christusgemeinschaft, nicht einfach als einen Leib (ἓν σῶμα) der von Christus beherrschten organischen Einheit[534], sondern vielmehr als den einen, unmittelbar *von* dem letzten Adam Christus (der als das aus der Erde <מִן-אֲדָמָה> hervorgebrachte Brot dargestellt wird, Gen. 2,7), *her*stammenden Leib. Diese Entstehung wird jedoch allerdings nur durch die gemeinsame Teilnahme an einem Brot, an den für uns gestorbenen Leib Christi, realisiert, weil Paulus mit ἓν σῶμα οἱ πολλοί ἐσμεν die κοινωνία mit dem euchari-

533 E. E. ELLIS, A Note on First Corinthians 10,4, JBL 76 (1957), 53-56.
534 So C. WOLFF, aaO 54, 113.

stischen Leib Christi (V. 16) erläutern will[535]. Den Sachverhalt dieser gegenseitigen Beziehung zwischen Teilnahme und Entstehung drückt Paulus gerade in V. 17c anders als "τὸν ἄρτον ὃν κλῶμεν" (V. 16) aus: οἱ γὰρ πάντες **ἐκ** τοῦ ἑνὸς ἄρτου μετέχομεν. Man könnte wohl übersetzen: "weil wir alle *von* dem einen Brot unseren Anteil bekommen"[536]. Auch dabei wird das Schema "Erde-Adam-Israel" bewahrt. Dennoch solltenwir weiter präzise diesen letzten Satz exegesieren. μετέχειν = "teilhaben" hat stets das Objekt im Genitiv (Genitivus partitivus) wie V. 21[537]. Deshalb kann man dabei nicht übersetzen: "weil wir alle an einem Brot teilhaben" (Luth.; Einheitsübers.), weil μετέχειν nie mit ἐκ verbunden wird, wie Heinrici richtig betont[538]. Die Präposition μετά (= mit, an) ist dem ἐκ (aus) widersprechend. Die Annahme aber, daß Paulus bei ἐκ an das Verbum ἐσθίειν gedacht habe (11,28: ἐκ τοῦ ἄρτου ἐσθιέτω) ist willkürlich: 11,28 fehlt sowohl das in 10,17 zweimal betonte wichtige Wort ἑνὸς zwischen τοῦ und ἄρτου als auch die dem ἐκ entsprechende Präposition, und ἐκ τοῦ ἄρτου ἐσθιέτω wird parallel zu ἐκ τοῦ ποτηρίου πινέτω gesetzt. Heinrici macht darauf richtig aufmerksam. Aber er behauptet dazu, daß nach bekanntem Gebrauch (οἱ πάντες, Röm. 5,12.18) vor ἐκ τοῦ ἑνὸς ἄρτου die unbestimmte Teilbezeichnung τινος zur Analyse hineinzudenken ist; "Der Artikel vor ἑνὸς ist zurückweisend"[539]. Dadurch übersieht er aber den mit der Ergänzung des Artikels noch mehr erhellten "Einen" von V. 17a, der dem bekannten Gebrauch korrespondiert. Deshalb kann man nun grammatisch und inhaltlich so schließen, daß das Objekt (im Genitiv) des μετέχειν "ἄρτου" ist, ohne den Artikel gleich wie V. 21.30, und daß ἐκ τοῦ ἑνὸς mit οἱ πάντες verbunden wird, weil "wir alle" von "dem Einen" her stammen, eben entsprechend der Areopagrede des Paulus: ἐποίησέν τε ἐξ ἑνὸς - Gott schuf die ganzen Erdbewohner *aus einem einzigen* Menschen = Adam, Apg. 17,26 (auch Hebr. 2,11): ἐξ ἑνὸς πάντες; 11,12: ἀφ' ἑνος ἐγεννήθησαν). Auffällig ist die schon oben exegesierte Stelle von 1. Kor. 11,2ff, an der sowohl auf die ekklesiologische κεφαλή-Wendung gegenüber dem Gemeindegottesdienst als auch auf die unausgesprochene Parallele zwischen dem ersten Menschenpaar und dem eschatologischen Paar angespielt wird; in V. 8f macht der Apostel klar, er weiß, daß die Frau vom Mann stammt und geschaffen wurde (Gen. 2,21): ... **γυνὴ ἐξ ἀνδρός** ... ἐκτίσθη (לֻקֳחָה מִן הָאָדָם הָאִשָּׁה ...). Und in V. 12 sagt er dasselbe wie V. 11: alle Menschen sind ἐκ τοῦ ἀνδρός und διὰ τῆς γυναικός entstanden. Der zweite Adam Christus ist die antithetische Analogiebildung zu dem ersten Adam. Wie Eva als

---

535 Vgl. U. WILCKENS, Eucharistie und Einheit der Kirche, 76; P. STUHLMACHER, Das Herrenmahl im Neuen Testament, 53. S.o. 279.

536 So C. F. HEINRICI, aaO 309; W. PESCH, Art. μετέχω , EWNT II (1981), Sp. 1033.

537 Acht Vorkommen im NT, nur in 1. Kor. 5 mal, 9,10.12; 10,17.21.30 und Hebr. (1,9; 3,1-14; 6,4; 12,8). Vgl. K. HANSE, Art. μετέχω, ThWb II, 830f; W. PESCH, aaO Sp. 1033.

538 Anders W. BAUER, Griechisch-Deutsches Wörterbuch, [5]1958, Sp. 1016f: Die Stelle, an der das Objekt des μετέχειν **statt** des Genitivs mit der Präposition ἐκ (τινος) ausgedrückt wird, nur hier im NT. Auch BLASS/DEBRUNNER/REHKOPF, Grammatik des Neutestamentlichen Griechisch (1976) [15]1979, § 169: "μετέχειν hat immer den Gen. bis auf 1. Kor. 10,17 ἐκ."

539 AaO 309.

עֶצֶם וּבָשָׂר aus dem ersten Adam stammt לקחה מן האדם ראשון, so stammt die (gottesdienstliche) Versammlung aus dem letzten Adam לקחה מן האדם האחרון; und wie der erste Adam von der Erde (durch Lebensodem מנפש חיה) zu einem lebendigen Wesen (1. Kor. 15,45a: εἰς φυχὴν ζῶσαν)wurde: לָקַח האדם הראשון מן האדמה לנפש חיה (vgl. Gen. 2,7)[540], so stammt der letzte Adam vom Himmel (1. Kor. 15,47 ἐξ οὐρανοῦ ; 15,48 ὁ ἐπουράνιος. κατὰ πνεῦμα <רוּחַ> und ἐξ ἀναστάσεως νεκρῶν, Röm. 1,4; vgl. 1. Kor. 15,45) und wird zu dem *lebenschaffenden* (den Auferstehungsleib schaffenden, 1. Kor. 15,44.46) Geist 1. Kor. 15,45b: ὁ ἔσχατος Ἀδὰμ εἰς πνεῦμα ζωοποιοῦν, auch 15,22; 2. Kor. 3,6; Röm. 8,11. Vgl. 2. Benediktion: "... Gepriesen seist du, Jahwe, der die Toten lebendig macht <מְחַיֵּה הַמֵּתִים>): לָקַח האדם האהרון מן השמים לְרוּחַ מְחַיֶּה Die Vorstellung von Herausgehen/Zusammengefügtsein des ganzen Leibes von dem Haupt her verdeutlicht Kol. 2,19, im Verhältnis zum Kosmos betrachtet: ... ὅς ἐστιν ἡ κεφαλή, Χριστός, ἐξ οὗ πᾶν τὸ σῶμα συναρμολογούμενον...[541]; auch Eph. 4,15f: ὅς ἐστιν ἡ κεφαλή, Χριστός, ἐξ οὗ πᾶν τὸ σῶμα συναρμολογούμενον...[542].

Dennoch zeigen V. 17c die Nebeneinandersetzung von ὁ εἷς und ἄρτος und der Hinblick auf εἷς ἄρτος (V. 17a) offensichtlich, daß "der Eine" unmittelbar in *einem* Brot dargestellt wird: "weil wir alle von dem Einen her an einem Brot teilhaben" (von dem "der Eine" herkommt). Dieser kausale ἐκ-Gebrauch weist also auf das Motiv "Herausbringen aus ..." hin; das gleiche Motiv erscheint schon in V. 4 im Kontext des Auszugs der Israeliten aus Ägypten: **ἐκ** πνευματικῆς ... πέτρα, ἡ πέτρα δὲ ἦν ὁ Χριστός, wie eine noch andere Deutung von ... מִן ... הַמּוֹצִיא (Ber. 6,1) bei den Rabbinen zeigt. J. Weiß übersieht den theologisch wichtigen ἐκ-Gebrauch: "Es scheint mir pedantisch zu sein, auf das ἐκ so viel Gewicht zu legen ... Das ἐκ wird wie das hebräische מִן hier lediglich partitive Bedeutung haben"[543]. Aber hinter der auffälligen ἐκ-Wendung nimmt Paulus gewiß das als schöpferische Gottestat (מִן in Gen. 2,22) begriffene Exodus-Motiv in den Blick, das Ber. 6,1 (מן) und 4. Esr./Ant Bibl. (lat. ex/de) ausgedrückt wird. Die Entstehung aus dem in einem ἄρτος gegen-

---

540 S.o. 55, 56. Wenn der Verfasser des Jakobusbriefes sein Hauptthema "Ohne Werke isi der Glaube tot" mit einem Bild "Leib - Glieder" (3,2.3.5.6; 4,1. Vgl. o.) ausführt, zitiert er jeweils aus Genesis 1-2(9) (Gen. 1,28ff u. 9,2 zu Jak. 3,7; Gen. 1,26f zu Jak. 3,9). Jak. 2,26 kann man auffällig seine anthropologische Verwendung des σῶμα-Begriffs zu Gen. 2,7 finden: ὥσπερ γὰρ **τὸ σῶμα** χωρὶς πνεύματος νεκρόν ἐστιν, οὕτως καὶ ἡ πίστις χωρὶς ἔργων νεκρά ἐστιν). Auch Paulus kennt sicherlich diese alttestamentliche Anthropologie, auch aus dem im Hintergrund des Tischsegens zugrundeliegenden Stelle von Psalm 104; V.29b: "... nimmst du weg ihren Odem, so vergehen sie und werden wieder Staub". (תסף רוחם יגועון ואל-עפרם ישובון).

541 S.o.237, 239f, 251 Anm.308. S.u.304 Anm.622.

542 S.o. 116f.

543 J. WEIß, aaO 259 Anm.1. ἐκ in Joh. 1,13 und 3,5 bezeichnet den Ursprung. Gott (Urheber) nimmt den Täufling in die Kindschaft hinein (3,5 mit 1,12f; vgl. Gal. 3,26f). Beleg für ἐκ (τοῦ) θεοῦ bei Josephus bei A. SCHLATTER, Johannes 21f. Vgl. K. H. SCHELKLE; Israel und Kirche im Neuen Testament, in: Die Kirche des Anfangs. Für H. SCHÜRMANN, hrsg. v. R. SCHNACKENBURG u.a., 1978, 625f. Beleg für ἐκ als Wiedergabe von מן zur Bezeichnung des Ursprungs bei M. JOHANNESSOHN, Der Gebrauch der Präpositionen in der Septuaginta, in: NGG (1925), 287f.

wärtigen "Einen", dem zweiten Adam=Christus, kann der aus dem sündigen ersten Adam (ἐξ ἑνός Röm. 5,16) entgegengestellt werden[544].

Das unmittelbare Herkommen der Mahlgemeinschaft von dem εἷς ἄρτος = "Adam-Christus" ist der *Erkenntnisgrund* (γάρ, V. 17c) dessen, was "wir Viele *im Leib sind*" (V. 17b). Paulus denkt daran, daß Gott in dem vom auferstandenen Herrn vollbrachten, zweiten und endgültigen Exodus-Ereignis eine neue endzeitliche Heilsgemeinde schafft. Dieses Ereignis durch die Auferstehung Jesu setzt allerdings die Hingabe Jesu am Kreuz für οἱ πολλοί voraus, die Paulus sicherlich aus dem Bild des Sühnetodes des Gottesknechts in Jes. 53 entnimmt. Weil er jedoch die durch den Tod und die Auferstehung Jesu konstituierte Heilsgemeinde als *Leib Christi* auf der menschlichen Ebene begreifen will, knüpft er das Menschensohn-Motiv in Jes. 53 ganz eng an das Adam-Christus-Motiv an[545]. Dabei beruht die Leib-Christi-Vorstellung gerade auf einer neuen christologischen Auslegung von Gen. 2,22f. Und Christus - als der eschatologische Schöpfungsmittler - bildet mit seiner Gemeinde einen einheitlichen, pneuma-somatischen Leib (Gen. 2,24). Deshalb ist die Kirche als der Leib Christi nun nie als ein einfaches Bild (Adam - Eva) bzw. als die natürlich-weiblichen Charakter habende Eva, sondern analog dazu soteriologisch-pneumatisch konzipiert. Auch das Brot im Herrenmahl ist im Zusammenhang mit 10,3[546] und 11,17ff als das πνεῦμα-vermittelnde Element, als geistliche Speise, gemeint. Dies ist gerade das, was Paulus in 1. Kor. 6,16; 11,2ff; 2. Kor. 11,2f gezeigt hat. Es wird auch in der personal formulierten Wendung "einer (εἷς) in Christus" (Gal. 3,28) ausgedrückt[547] (vgl. Eph. 2,15: εἰς ἕνα ... ἄνθρωπον). Diese *räumliche* Vorstellung ist da durchweg *pneumatisch-heilsgeschichtlich* gemeint. Sie gilt darum konsequent auch für die christologische Analogie: "Erde-Adam", weil Welt und Geschichte von dem aus der Erde stammenden ersten Adam abhängen. Der erste Adam ist von (ἐκ) der Erde und irdisch, der zweite Adam ist vom (ἐξ) Himmel (1. Kor. 15,47; vgl. Kol. 3,2.5; Eph. 1,10; 3,15; Apk. 21,1). Auch die Erkenntnis dieser Heilstat Gottes in Christus ist nur möglich κατὰ πνεῦμα, nicht κατὰ σάρκα (2. Kor. 5,16; Röm. 8,4f)[548]. Vom ersten und vom zweiten Adam gehen jedoch Menschheitsreihen aus, deren Wesensart dem Anfänger ihrer Reihe entspricht. Bei Paulus hat "Mensch" eine Beziehung zur himmlischen Heilsgestalt der Endzeit wie bei der Erwartung des auf den

---

544 Im Anschluß an E. KÄSEMANN (An die Römer, 145) versteht U. WILCKENS; Der Brief an die Römer, 324, gegen E. BRANDENBURGER, Adam und Christus, 224f, das ἐκ in Röm. 5,16 als den Bereich, nicht den Grund. Man braucht aber das kausale Motiv als den Ausgangspunkt nicht auszuklammern. Vgl. H. SCHLIER, Der Römerbrief, 170. R. PESCH, Römerbrief, NEB 6 (1983), 54: "... Das Gericht führt **wegen** der Übertretung des einen zur Verurteilung, ..." (V.16).

545 S.o. 274.

546 S.o. 286 Anm.520. Auch H. SCHLIER, Der Geist und die Kirche, 1980, 186 Anm.15.

547 S.o. 254-256.

548 Joh. stellt den von oben kommenden, geistigen Menschen dem der Erde entstammenden, irdischen Menschen gegenüber (3,31). Vgl. A. KRETZER, Art. γῆ, EWNT I, Sp. 592f.

Wolken des Himmels erscheinenden "Menschen" (Dan 7,13f.17f.22.25.27) in der jüdischen Apokalyptik und bei Jesus[549].

Dieser Sachverhalt entspricht auch der Tradition vom Menschensohn (vgl. 1. Kor. 15,20-28; 45-49), die sich in der von Dan. 7 beeinflußten Brotrede Jesu Joh. 6,26 findet. Nach Dan. 7,27 repräsentiert der Menschensohn das Volk der Heiligen des Höchsten. Der Menschensohn als Individuum bildet korporativ das Gottesvolk der zukünftigen Heilszeit ab, das nicht wie alle diesseitigen Völker und Mächte vergehen wird [550]. In der Brotrede wird diese Menschensohnüberlieferung gleichsam soteriologisch ausgerichet: Der Menschensohn, der von Gott zur Erde hinabsteigt, gibt das Brot zum ewigen Leben (6,27). Dabei eint er das Gottesvolk (Joh. 11,52; 6,12f) [551]. **Der Menschensohn und die Erwählten bilden eine feste Einheit.** Beide sind von Gott "gegeben" (Joh. 6,32.39f); deshalb darf keiner verlorengehen (V. 39). Auch der Vater ist an der Sammlung der Gotteskinder beteiligt [552]: Er "zieht" sie (V. 44) und erreicht dadurch, daß man zu Jesus kommt (V. 37). Dieser tut das erst recht nach Tod und Auferstehung, wenn er zum bleibenden Lebensbrot geworden ist (12,32).

Die "Sammlung der Zerstreuten durch den Menschensohn" finden wir in Mt. 8,11 und Mk. 10,45 im Sinne des Segens beim Abendmahl Jesu. Wie wir oben im Zusammenhang mit der Wendung τιμῆς ἠγοράσθητε in 1. Kor. 6,20 beobachtet haben, sind die 'Leute' aus den vier Ecken der Erde (Jes. 43,5f) und die πολλοί (Jes. 53,11f) miteinander identisch in Mt. 8,11 (πολλοί) und Mk. 10,45 (πολλῶν); Jesus identifizierte Jes. 43,5f und Jes. 53,11ff miteinander in der Wendung πολλῶν. Der Menschensohn Jesus, der sein Leben als sühnende Ersatzgabe anstelle der Vielen gibt, sammelt in der Endzeit seine Kinder, das Volk Gottes, von den Enden der **Erde** [553].

Von der obigen Beobachtung her können wir nun schließen, daß Paulus den Leib-Christi-Gedanken nicht einfach aus der Herrenmahlsüberlieferung entnommen hat[554]. Vielmehr hat er das Adam-Christus-Motiv in das Brotwort Jesu der Herrenmahlsüberlieferung einbezogen, das auf Jes. 53 und Ps. 104 beruht. Deshalb wird entscheidend das ἓν σῶμα betont und dafür eine gewisse christologische Wendung der apokalyptisch-jüdischen Adamtradition (in Verbindung mit der neuen Auslegung von Gen. 2,7.22-24) zugrundegelegt. Dieser genuin paulinische Leib-Christi-Gedanke ist konsequent sowohl an den Stellen von der Taufe (1. Kor. 12,13; Gal. 3,27f) als auch in 1. Kor. 6,16; 11,2ff und 2. Kor. 11,2f vorausgesetzt. Die hellenistische Christusgemeinde, die sowohl das apokalyptische Äon-Verständnis (Urzeit - Endzeit), unter dessen

549 S.o. 149 ;185-187. Vgl. W. G. KÜMMEL, Die Theologie des N.Ts, (1969) [4]1980, 69, 138f.

550 S.o. 151 Anm.113.

551 S.o. 229. Vgl. W. GRIMM, Das Opfer eines Menschen. Eine Auslegung von Joh. 11,47-53, in: FS Schalom ben Chorin, 1978, 74ff.

552 Die "Sammlung" erinnert uns an die in Hes. 39,28 und Ps. 147,2 vorhandene כָּנַשׁ (= כָּנַס ,Versammeln-)Wendung in Tg Jes. 1,4.8, die das eschatologische Heilshandeln Gottes bezeichnet. S.o. 267 Anm.408. Vgl. auch Didache 9,4, wo die Sammlung und Einheit von Herrn und Gemeinde zum Ausdruck gebracht werden. S.o.279 Anm.482. Weiter heb Hen. 43,3; Sib. 3,24-26; slav Hen. 30,8 (s.o. 65); Sanh. 38b(s.o. 95).

553 Vgl. S. KIM, "The 'Son of Man'" as the Son of God, 1983, 60.

554 Gegen H.-J. KLAUCK, 1. Korintherbrief, 90f: "Wahrscheinlich ist die ekklesiologische Soma-Konzeption schon vor Paulus aus dem Brotwort der Abendmahlsüberlieferung heraus entwickelt und spekulativ ausgedeutet worden." Auch gegen U. WILCKENS, Eucharistie und Einheit der Kirche, 76. S.o. 45-48.

Einfluß Paulus wahrscheinlich die Adam-Christus-Typologie schuf[555], als auch die Herrenmahlsüberlieferung sowie Jesu Segensspruch des Brotes kannte, dürfte ohne weiteres den Sinngehalt der paulinischen Leib-Christi-Vorstellung verstanden haben. Denn Paulus kann offenbar voraussetzen, daß die hellenistischen Christusgemeinden, an die er schreibt, diese Vorstellung begreifen würden[556].

3. 'Leib Christi' und 'in Christus'

Die Mahlteilnehmer als Glieder des Christusleibes, der *allein von* dem eschatologischen Adam und Heilbringer für alle Menschen, *Christus selbst*, konstituiert wird, bleiben immer ἐν Χριστῷ, wie die parallel zu 1. Kor. 10,17b stehende Stelle Röm. 12,5 beweist. Die Vorstellung, daß sie der eschatologische *Einheitsmensch* in Christus sind, findet sich in Gal. 3,28 ("... εἷς ἐστε ἐν Χριστῷ 'Ιησοῦ)[557]. Wie sie *in* dem ersten Adam (ἐν τῷ 'Αδάμ) alle sterben, so werden *im* zweiten Adam Christus (ἐν τῷ Χριστῷ) alle *lebendig gemacht werden* (1. Kor. 15,22). Nur wenn sie stets *in* Christus bleiben, können sie lebendig aus ihm hervorgebracht werden. Deshalb wird σωμα Χριστου nicht einfach auf die räumliche Dimension beschränkt, sondern zugleich pneumatisch-heilsgeschichtlich verstanden. Man soll nicht das Gleichgewicht zwischen "Leib Christi" und "in Christus"[558] übersehen und, wie H. Merklein, sagen: " Leib Christi" ist weder eine bloße Metapher für die *Gemeinde* noch ein Synonym für *Christus*, sondern nur eine " *Interpretation* des In-Christus-Seins ", Gal. 3,28b[559]. "Leib Christi" ist vielmehr die *Explikation der mit dem Christsein wirkenden Existenz Christi*, nicht die *Interpretation der christlichen Existenz*[560]. Dabei wird jedoch keine Identität von Christus und Ekklesia gemeint. Vielmehr ist durch diese soteriologische Prämisse des paulinischen Leib-Christi-Begriffs der "absolute Vorrang der Christologie vor der Ekklesiologie" markiert[561].

Im Hintergrund des durch die Wendung "in Christus" dargestellten "Leibes Christi" liegt wahrscheinlich eben die jüdisch-rabbinische Adam- גוף bzw. - גוֹלֶם -Konzeption, die aramäisch einen außerordentlich großen Bedeutungsumfang aufweist und mit der messianischen Erwartung verbunden ist[562]; freilich hat die jüdische Adam-Tradition nicht das von Paulus dargelegte Gegenüber von der Radikalität der Sünde Adams und der Gnade Christi (vgl. Röm. 5,12ff; 1. Kor. 15,21f). Die Anwendung der

---

555 S.o. 156. Vgl. A. J. M. WEDDERBURN, The Body of Christ and related Concepts in 1 Corinthians, SJTh 24 (1971), 91.

556 Daß das Motiv vom Christusleibe in Röm. 12,4f wie in 1. Kor. 12,12ff nur im Zusammenhang mit der Paränese erscheint, spricht vielmehr dafür, daß der Apostel es bereits übernommen hat und als bekannt voraussetzt. Vgl. E. KÄSEMANN, An die Römer, 326.

557 S.o. 254-256.

558 Vgl. U. WILCKENS, Eucharistie und Einheit der Kirche, 74: Wir leben "in Christus" als dem einen Leib, dessen Glieder wir geworden sind.

559 H. MERKLEIN, Entstehung und Gehalt des paulinischen Leib-Christi-Gedankens, 135.

Adam- גּוֹלֶם -Tradition einerseits auf die Schöpfungsgeschichte und andererseits im Blick auf die Nachkommen ist bei R. Lakisch im Namen von R. Eleazar b. Azarja miteinander verbunden, wie wir schon oben gezeigt haben[563]. Ebenfalls dem Adam-גוף, in dem die Seelen vor ihrem Erdendasein existieren, entsprechen wohl die himmlischen "Ruhekammern" (promptuaria) (4. Esr. 4,35.41; 5,37; 7,32.80.95[564]; syr Bar. 21,23; 30,2 vgl. 1. Thess. 4,13[565]; Ant Bibl. 32,13), der "Beutel des Lebens" צְרוֹר הַחַיִּים (b Schab 152 b im Anschluß an 1. Sam. 25,29) oder die "Ruhekammer" אוֹצָר (Qoh R. 23,21), die die Seelen der Gerechten nach vollbrachtem Erdenleben vor der nackten Existenz der Frevler bewahrt[566]. Außerdem haben wir schon oben nachgewiesen, daß sich eine der rabbinischen Adam- גוף-Vorstellung entsprechende Lehre von Adam oft in den Apokryphen und den Pseudepigraphen findet[567a]. In frühen kabbalistischen Schriften entwickelte sich die Adam- גוף -Vorstellung als himmlische Ruhekammer besonders in Verbindung mit der Thron-Spekulation (hebr. Hen. 22,24-26; 43,1-3). In der jüdischen Mystik war eine solche Vorstellung das Hauptthema des *Schiʿur Qomah* (שִׁיעוּר קוֹמָה).

Man kann allerdings keine enge Parallele zwischen 'Leib Christi' und 'Adam-גוף' anerkennen, weil es da auch den Unterschied gibt: Der himmlische Adam-גוף ist nicht die geschichtlich-gegenwärtige Existenz; Paulus erwähnt nicht 'einen Leib des Adam' (als eine die Menschheit zusammenfassende Größe) analog zu 'dem Leib Christi'[567b].

4. 'Leib Christi' und 'Gottesvolk'

Von der obigen Beobachtung her erhellt sich, daß der Leib-Christi-Gedanke offensichtlich den Kirchenbegriff "Volk Gottes" einschließt[568], der primär heilsgeschichtlich gedacht aufs engste mit dem der Bundesschließung am Sinai verbunden ist und doch auch auf Heidenchristen, die nicht Proselyten wurden, übertragen angewandt werden kann. Es gibt aber einen Unterschied zwischen den beiden Kirchenbegriffen. Es genügt nicht, wenn bloß festgestellt wird, die räumliche Kategorie ersetze die mehr zeitliche des Gottesvolkes[569], Universalismus träte an die Stelle des Partikula-

560 So H. MERKLEIN, aaO 138g.

561 W. KLAIBER, Rechtfertigung und Gemeinde, 1982, 109.

562 S.o. 99f. Zur Angemessenheit der Adam- גוף-Vorstellung für den paulinischen Leib-Christi-Gedanken bes. s.o. 110-112. Vgl. auch J. ERNST, Pleroma und Pleroma Christi, 1970, 156f. S.o. 142.

563 S.o. 103f.

564 4. Esr. 7,95: "..., daß sie die Ruhe erkennen, die sie jetzt, in ihren Kammern versammelt, in tiefer Stille, von den Engeln bewahrt, genießen, und die Herrlichkeit, die am Ende auf sie wartet.

565 Man kann eine merkwürdige Parallele zwischen syr Bar. 30,1-5 und 1. Thess. 4,13-17 auch in 1. Kor. 15,50ff bemerken.

566 S.o. 101 Vgl. 2. Kor. 5,1ff.

567a S.o. 65f.

567b S.o. 41f. Vgl. A. J. M. WEDDERBURN, The Body of Christ and Related Concepts in 1 Corinthians, 90.

568 Vgl. o.244, 281 mit Anm.498.

rismus[570]. Die Frage der Weltherrschaft ist hier aufgeworfen. Sie aber wird von der Christologie her beantwortet, was ebenfalls vom Gedanken des Gottesvolkes her nicht direkt geschehen konnte[571]. Zentrum der Ekklesiologie ist nun der Gegensatz zwischen den beiden Äonen Adams und Christi, der gefallenen und verklärten Schöpfung. Dieser dualistische Aspekt kann vom Begriff des Gottesvolkes her nicht adäquat erfaßt werden. Der Christusleib ist mehr, als mit der Kategorie eines Volkes ausgedrückt werden kann, nämlich neue Welt, neue Schöpfung. Und er bezeugt die Treue dessen, der die Gottlosen rechtfertigt.

II. 1. Kor. 11,23-34: Die Mahlgemeinschaft als die Heils- und Bundesgemeinschaft

Der Apostel beruft sich hier bei seiner Kritik am Verhalten der Korinther auf die festgeprägte Abendmahlsüberlieferung, die er ihnen bei seinem Gründungsaufenthalt weitergegeben hat, um die Gemeinde dadurch zu einer stiftungsgemäßen Feier des Herrenmahls anzuleiten. Die Verse 23-25 sind ein liturgisch geprägter Bericht von der Einsetzung des Abendmahls durch Jesus, der erklärt, worin die christliche Feier des Herrenmahl ihren Ursprung hat. V. 26 ist die Interpretation des Paulus, angezeigt durch einen Wechsel der Person.

Das Brot (V. 24) *ist* der Leib im Sinne sakramentaler Identität[572]. Das in der Reformationszeit umstrittene Hilfsverbum "ist" wird von Paulus selbst in 10,16f erläutert mit dem Ausdruck der realen Teilhabe an dem in den Tod gegebenen Leib Christi und an dem am Kreuz vergossenen Blut Christi. Wir haben auch beim Kelchwort nicht nur auf die Identifikation von Kelch(inhalt) und Blut Jesu zu achten, sondern müssen nach dem ganzen sich in dem Wort ausdrückenden Geschehenszusammenhang fragen, gleich wie 1. Kor. 10,16f[573]. Der "für euch" hingegebene Kreuzesleib Jesu (vgl. 7,4; auch Kol. 1,22) wird in der sakramentalen Speise des Erhöhten

---

569 E. SCHWEIZER, σῶμα, ThWb VII, 1072; F. NEUGEBAUER, Die hermeneutischen Voraussetzungen R. BULTMANNS in ihrem Verhältnis zur paulinischen Theologie, KuD 5 (1959), 295. In dieser räumlichen Formel ist zwar die Gegenwart der Heilstat Gottes in Jesus Christus, die ständig gegenwärtige Verbundenheit der Kirche mit dem Erhöhten betont. Der Gedanke des als Gemeinde existierenden Christus ist stark unterstrichen bei D. BONHOEFFER, Akt und Sein, ²1956, 89-91. Vgl. dagegen K. BARTH, Kirchliche Dogmatik IV/1, 741f; IV/3, 834f, 868, der sagt: Christus existiert nicht als die Gemeinde, sondern als der Herr durch den Heiligen Geist in der Gemeinde. Der Ausdruck "Christus **ist** die Gemeinde" (Leib Christi) bzw. "Christus **als** die Gemeinde" ist nur möglich, sofern sie nicht ontologisch, sondern pneumatologisch verstanden wird.

570 P. S. MINEAR, Bilder der Gemeinde, 1964, 236.

571 E. KÄSEMANN, Das theologische Problem des Motivs vom Leibe Christi, in: DERS., Paulinische Perspektiven, 1969, 189.

572 In dem Brotwort weist Jesus zu Beginn der Mahlzeit mit dem gebrochenen und an die Jünger ausgeteilten Brotfladen auf seine (σῶμα = גוף = "Person") Hingabe in den Tod hin, die allen zugute kommen soll (s.o. 276). M. HENGEL (im Anschluß an Jeremias, Die Abendmahlsworte und Resch, Das Abendmahl und Jesu Todesverständnis), Der stellvertretende Sühnetod Jesu, IKaZ 9 (1980), 1-25, 146, zeigt die richtige Spur einer Auslegung von Mk. 10,45 (vgl. Jes. 53,11f): "Jesus hat in der Nacht vor seinem Tode, in der er dahingegeben wurde (1. Kor. 11,23) ... in einer Art von Gleichnishandlung das gebrochene Brot auf das Zerbrechen seines Leibes und am Ende des Mahles den Wein im Segensbecher auf das Vergießen seines Blutes hingedeutet, durch das der neue, endzeitliche Bund Gottes gestiftet und Sühne für alle gewirkt wird."

dargeboten[574]. ἀνάμνησις ist nicht nur bloßes Gedenken; es meint die sakramentale Vergegenwärtigung des Handelns Jesu, der als der erhöhte Herr bei den Seinen gegenwärtig ist (vgl. Mt. 28,20)[575]. Die Christen "gedenken" ihres Erlösers, indem sie in der Feier des Herrenmahls immer neu Anteil bekommen an der Heilswirkung seines Todes und ihm dafür danken (am Herrentag Did. 14,1).

Die Austeilung des Weins "ebenso" wie die des Brotes folgte "nach dem Essen"[576]. Das zweite Deutewort (V. 25) ist nicht analog dem ersten gestaltet. (Dagegen ist das Wort zum Becher bei Markus einigermaßen parallel dem paulinischen Wort zum Brot: τὸ ἐκχυννόμενον ὑπὲρ πολλῶν.) Es stehen nicht parallel Leib und Brot, sondern Leib und Bund. Der Becher wird zum "neuen Bund" in Beziehung gesetzt, der durch (kausales ἐν) das Blut Christi, das heißt durch seinen gewaltsamen Tod, geschlossen wird. Die Bezugnahme auf den Bundesschluß am Sinai in Ex. 24,8 (τὸ αἷμα τῆς διαθήκης, vgl. Hebr. 9,20) ist deutlich. Der neue Bund nach Jer. 31,31f (vgl. Jer. 38, 31 LXX διαθήκη, Übersetzung von בְּרִית) wird kraft Jesu stellvertretender Lebenspreisgabe erfüllt. Mit καινή wurde in eigenständiger Weise dieser Bundesschluß ausdrücklich als der eschatologische qualifiziert[577], während andererseits die Möglichkeit zur Parallelisierung (des Becherwortes) mit dem Brotwort gegeben war (Markus/ Matthäus). Während es im alten Bund (vgl. 2. Kor. 3,14 παλαιὰ διαθήκη) nicht zum vollen Gehorsam gegenüber dem Willen Gottes gekommen ist, schließt nun die Aufrichtung der neuen eschatologischen Heilsordnung die Aufhebung der Schuld (Röm. 3,25; 2. Kor. 3,4ff) ein und realisiert eine Gemeinde des Neuen Bundes - in Entsprechung (und mit dem Unterschied durch den Kreuzestod Jesu) zum Selbstverständnis der jüdischen Qumrangemeinde[578]. Schon die vorpaulinische Christusgemeinde hat die eschatologische Bedeutung des Christusgeschenes durch das Stichwort "neuer

---

573 Denn in der ursprünglichen aramäischen Form der Spendeworte Jesu hat ja das griechische Hilfszeitwort "ist" noch gefehlt; die ursprüngliche Bedeutung der Einsetzungsworte kann deshalb auch nicht bindend von "ἐστίν" her gewonnen werden. Worum es Jesus geht, ist ein lebenschaffender Vorgang im ganzen. Dies gilt auch für Lk. 22,19. Indem die Jünger gemeinsam Jesu Dankgebet und Zuspruch hören und indem sie von dem durch Jesus gebrochenen und ihnen gereichten Brot essen, gewinnen sie Anteil an der Pro-Existenz Jesu.

574 H. CONZELMANN, aaO 240f.

575 Gegen H. LIETZMANN, aaO 58. Er will den Ausdruck und den Gedanken aus den griechischen Gedächtnismahlen für Verstorbene herleiten (Diog Laert X 18). "εἰς ἀνάμνησιν" (zur Erinnerung an mich auch V.25) stammt aus dem alttestamentlichen jüdischen Sprachgebrauch (לְזִכָּרוֹן , Ex. 12,14; 13,9 vom Passa; u.ö.; Ps. 111,4; Sap. 16,6; Jos Ant 19,318; Justin Dial 27,4; 41,1; 70,4; 117,3). Vgl. dazu G. DELLING, Art. Abendmahl II, TRE I, 53.

576 Der Kelch ist der Becher am Schluß der Hauptmahlzeit, über dem die Danksagung gesprochen wird; beim Passamahl ist dies der dritte Becher (= Segensbecher am Ende des Passahauptmahles; am Anfang des Passahauptmahles gibt es das Tischgebet über dem ungesäuerten Brot). In Korinth waren beide Spendeakte vereinigt an den Schluß der Sättigungsmahlzeit verlegt. Die von G. BORNKAMM von dem μετὰ τὸ δειπνῆσαι in 1. Kor. 11,25 her erschlossene "alte, wahrscheinlich nicht einmal mehr von Paulus selbst noch geforderte Praxis" der Mahlfeier, "bei der Brot- und Kelchhandlung, Brot- und Kelchwort durch das gemeinsame Essen getrennt waren" (G. BORNKAMM, Herrenmahl und Kirche bei Paulus, 160), ist im urchristlichen Traditionsraum nirgends historisch belegt. Vgl. P. STUHLMACHER, aaO 14 Anm.13. Darauf hat K. T. KLEINKNECHT mich als Teilnehmer des Seminars (WiSem 1985/86) über die Abendmahlstexte, das P. STUHLMACHER abhielt, aufmerksam gemacht.

Bund" gekennzeichnet; das haben wir oben beim יַחַד-Begriff gezeigt[579]. Die Mahlgemeinschaft als neuer Bund wird ferner durch die ekklesiologische Wendung von dem in V. 17-34 fünfmal (jeweils mit ἐκκλησία, V. 18; 14,23) gebrauchten Verb συνέρχομαι (17.18.20 mit ἐπὶ τὸ αὐτό. 33.34, vgl. 14,23.26) gekennzeichnet, so daß sich die korinthische Ortsgemeinde durch das Zusammenkommen zur gottesdienstlichen Versammlung als Kirche Gottes sichtbar darstellen sollte (vgl. Apg. 1,6.21; 2,6 u.ö.. Auch Apg. 20,7; 27,35)[580]. Die Beschränkung des Bundes auf Israel ist durch das Kreuz Christi aufgehoben.

Wie P. Stuhlmacher richtig betont, handelt es sich beim "Ausblick" auf die messianische Mahlgemeinschaft mit den Jüngern Jesu vor Gott in Mk. 14,25 (vgl. Lk. 2,15f) nicht um ein entbehrliches Anhängsel oder einen bloßen Vorspruch zum Abendmahlstext, sondern um die entscheidende Zielangabe, also um den *Zugang* zu der endzeitlichen Mahlgemeinschaft, den Jesus bei der Feier mit seinen Jüngern auf der Grenzlinie zwischen seinem bevorstehenden Tod und dem neuen Leben (in der messianischen Vollendung) verschafft[581]. Sein eigenes stellvertretendes Sterben öffnet ihnen den "Zugang zu Gott" (Röm. 5,2), stellt sie in den Frieden mit ihrem himmlischen Vater und läßt sie teilgewinnen an der messianischen Tafel nach Jes. 25,6-8 und an dem in Jes. 31,31ff verheißenen neuen Bund, der den Bundesschluß vom Sinai ablöst und vollendet (vgl. Jer. 31,32f). Diese Herrenmahlgemeinschaft entspricht eben 1. Kor. 11,25f mit der Erwartung der Parusie Christi als der Bundesgemeinschaft.

In V. 27-34 zieht Paulus nun die Folgerung für die Behebung der Mißstände in Korinth aus dem überlieferten Abendmahlsbericht und aus seinem Verständnis des Herrenmahls. Mit einem Ausdruck aus der Gerichtssprache betont er die Verantwortung der Teilnehmer am Herrenmahl im Blick auf das eschatologische Gericht. Im Kontext (V. 24.27) bedeutet τὸ σῶμα (V. 29) zunächst den dahingegebenen Leib Christi[582]. Dieser Vers richtet sich jedoch gegen ein unangemessenes Essen des Herrenmahlbrotes, das gegen die in der Hingabe des Leibes Jesu konstituierte neue Gemeinschaft, also den Leib Christi, verstößt. So kann man mit einer doppelten Beziehung rechnen[583]. Mit der "Doppelsinnigkeit" soll man jedoch die aus der intensi-

---

577 Vgl. J. BEHM, ThWb III, 451: "καινός ist der Inbegriff des ganz Anderen, Wunderbaren, das die Endheilszeit bringt." Nach E. KÄSEMANN, Anliegen, 30, und K. WEGENAST, Das Verständnis der Tradition bei Paulus und in den Deuteropaulinen, WMANT 8 (1962), 100, stammt die Erwähnung des neuen Bundes von Paulus selbst.

578 Vgl. H.-F. WEIß, "Volk Gottes" und "Leib Christi", ThLZ 102, 1977, Sp. 418.

579 Vgl. o. 261-264.

580 S.o. 277 Anm. 470. Vgl. J. HAINZ, Ekklesia, 1972, 75, 265.

581 P. STUHLMACHER, Das neutestamentliche Zeugnis vom Herrenmahl, 9. Das hier geschilderte Abschiedspassamahl entspricht Jesu Tischgemeinschaft mit Zöllnern und Sündern (vgl. Mk. 2,15ff/ Mt. 9,10ff; Lk. 5,29ff; 19,1ff), welche einen Vorschein der himmlischen Mahlgemeinschaft des Menschensohnes mit den Gerechten erleben, während nach jüdischer Erwartung der himmlische Menschensohn (äth Hen. 62,13.14) nur mit den durch ihn im Gericht anerkannten Gerechten zusammen vor Gott zu Tisch liegen wird. Vgl. P. STUHLMACHER, Das Herrenmahl im Neuen Testament. Das missionarische Wort. Zeitschrift für Verkündigung und Gemeindeaufbau 36, 1983, 49.

582 So G. HEINRICI; J. WEIß; H. LIETZMANN, A. SCHLATTER; C. K. BARRETT; E. KÄSEMANN, Anliegen, 27; W. SCHMITHALS, Gnosis, 373; G. DELLING, Abendmahlsgeschehen, 329; C. WOLFF, 95. Dagegen,

ven Deutung des "Brotwortes" erhellte, tiefsinnige Verbindung zwischen dem eucharistischen und ekklesiologischen σῶμα Χριστοῦ (1. Kor. 10,16f) nicht übersehen. Wenn in V. 29 das "Blut" nicht erwähnt und der im Brot gegenwärtige Leib des Herrn einseitig betont wird, so setzt das für Paulus gewiß den in 1. Kor. 10,17 gemeinten Christusleib voraus. Der Gedanke, daß die Christusgemeinschaft das aus der neuen Deutung von Gen. 2,21f gewonnene σῶμα Χριστοῦ ist, spiegelt sich eben auch in 1. Kor. 11,2ff. Wie V. 14 und 1. Kor. 1,2; 14,19.28.35 zeigen, wird die gottesdienstliche Versammlung als die Kirche (ἐκκλησία) bezeichnet. Und diese ἐκκλησία τοῦ θεοῦ in 1. Kor. 11,22 wird in V. 29 mit dem ekklesiologisch gemeinten σῶμα des Herrn bezeichnet[584]. Die in dem letzten Adam Christus geschaffene endzeitliche Gemeinschaft "Leib Christi" impliziert offensichtlich auch die Vollendung der neuen Bundesgemeinschaft (V. 25)[585]. Dasselbe findet sich auch in Röm. 7,4.6, wie wir oben gezeigt haben[586]. Die jeweils ausgedrückte Vorstellung der Ekklesiologie wird christologisch entscheidend durch die Auswirkung des Sühnetods Christi begründet. Noch genauer ist zu bestimmen: In der Auswirkung des Sühnetodes Christi sieht Paulus nicht nur die Erfüllung des am Sinai verkündigten Gebotes, sondern auch die endzeitliche Vollendung des durch Gott am Anfang (Gen. 1) Geschehenen, nämlich eine eschatologische Heilstat Gottes als Wiederherstellung des gefallenen Menschen; als die Heilsgemeinde ist der Leib Christi die Antizipation der neuen, gehorsamen Welt.

Auf diese Weise sollen die Gemeindeglieder den Leib in seiner besonderen Eigenart als Leib des Herrn erkennen und sich dementsprechend verhalten. Wer dies nicht tut, der ißt und trinkt sich selbst zur Verurteilung (vgl. Röm. 13,2 ἑαυτοῖς κρίμα λήμψονται). In V. 30 versteht Paulus Krankheit und Tod als ein Wirksamwerden des *Gerichtshandelns des Kyrios* (V. 31f), aber deshalb versteht der Apostel nicht etwa die Elemente selbst in naturhaft-magischem Sinn als Unheil wirkende Stoffe. Er weist nicht allgemein auf die Verderbensmächte des alten Äon hin. Ferner ist es bemerkenswert, daß Paulus diese Vorfälle als ein wirksames Handeln des Herrn nicht nur am einzelnen, sondern an der Gemeinde insgesamt versteht (wie in 10,5-10)[587], wovon einzelne freilich besonders hart betroffen sind, während andererseits zumindest ein Teil der "Unwürdigen ... offenkundig sehr munter physisch am Leben geblieben" ist[588]. Es werden nämlich keine individuellen Relationen hergestellt: Krankheit als Zeichen *persönlicher* Schuld oder würdiger Eucharistieempfang als Schutz vor dem *eigenen* Tod[589], sondern nur solche, die den Zustand der Gemeinde betreffen; letztlich ist die Gemeinde krank. Von dem Aspekt her, daß der ganze Körper als die

---

zur Deutung für die Gemeinde als Leib Christi vgl. LIETZMANN/KÜMMEL, 186; H. D. WENDLAND, H. CONZELMANN.

583 G. BORNKAMM, Herrenmahl, 169; P. NEUENZEIT, Herrenmahl, 38f; O. MERK, aaO 139; H.-J. KLAUCK, aaO 82, F. LANG, aaO 155.

584 S.o. 297f.

585 Anders als W. MARXSEN, Das Abendmahl als christologisches Problem, 1963, 13. Er wendet die Vorstellung vom Leib Christi als der Gemeinde der καινὴ διαθήκη fälschlicherweise direkt auf 1. Kor. 10,16f an.

Bundesgemeinde schwach, krank und tödlich ist, wie in Jes. 1,5f, schildert der Apostel die ἀσθενεῖς καὶ ἄρρωστοι καὶ κοιμωμένοι [590]. Die Todesfälle (κοιμῶνται) verschärfen das Problem der Parusieverzögerung (anders als 1. Thes. 4,13: περὶ τῶν κοιμωμένων). Anstatt das Eintreten der Parusie herbeizuflehen, trägt die unwürdige Herrenmahlsfeier dazu bei, daß die Mächte des Verderbens und des Todes am ganzen Körper der Gemeinde ihr Wirken weiterhin entfalten können. Die Schilderung der Bundesgemeinschaft als des einheitlichen Körpers kommt für Paulus gewiß von der auch in der Urgemeinde verbreiteten Sinaitradition her.

Am Schluß (V. 33f) hebt Paulus mit einem praktischen Ratschlag nochmals den springenden Punkt zur Behebung der Mißstände in Korinth heraus (V. 20-22). Dabei wird die Rücksichtnahme auf die Armen eingeschärft. Die Reichen müssen bei der Mahlzeit auf die unbegüterten Gemeindeglieder warten, die über ihre Zeit nicht frei verfügen können. Wie Theißen erhellt [591], wurzelt der Konflikt darin, daß ihr die sozialen Unterschiede herausstellendes Verhalten mit dem konsequenten Gemeinschaftsgedanken kollidierte; er ereignete sich "zwischen schichtspezifischen Erwartungen und den Normen einer Liebesgemeinschaft, die Menschen verschiedener Schichten umfassen will" [592]. Die sozialen Spannungen zwischen reichen und armen Christen werden in eine über die alltägliche Welt hinausgehende eschatologische Welt transponiert, sie sind Teil eines eschatologischen Dramas und gehören zur Scheidung von Gerechten und Ungerechten in einer zu Ende gehenden Welt [593].

III. 1. Kor. 12,12f.27: Der Leib Christi / Die vielen Glieder - Die Taufe und das Herrenmahl

Dieser Abschnitt wird vom Bild des Körpers als Organismus beherrscht [594]. Dieses ist zunächst volkstümlich (z.B.: die Fassung der Fabel des Menenius Agrippa, Livius II 32; Dion Hal VI, 83ff) [595]. Phil De Spec Leg III, 131 und Jos Bell 4,406: 6,164 ist

586 S.o. 258f.

587 H. CONZELMANN, aaO 247 Anm.115; C. WOLFF, aaO 95; H.-J. KLAUCK, aaO 84.

588 G. BORNKAMM, Herrenmahl, 170.

589 Die korinthischen Pneumatiker haben so verstanden; vgl. Kap. 10 und 15,29 (s.o.137 Anm.21).

590 S.o. 272f.Die ἀσθενεῖς und ἄρρωστοι sind wohl nicht zu differenzieren.

591 G. THEIßEN, Soziale Integration und sakramentales Handeln. Eine Analyse von 1 Kor. XI 17-34 (1974), in: DERS., Studien zur Soziologie des Urchristentums (WUNT 19), 1979, 290-317.

592 G. THEIßEN, aaO 309.

593 G. THEIßEN, aaO 312f. Paulus will das Problem der "eigenen Mahlzeit" dadurch lösen, daß die Reichen ihr privates Mahl (ἴδιον δεῖπνον, V.21) im Hause haben, wie sie es für richtig halten. Damit wäre in der Tat der Rollenkonflikt, in dem die reicheren Christen standen, entschärft, so daß beim Herrenmahl die Normen der Gemeinde absoluten Vorrang haben. Im Zentrum des paulinischen Lösungsvorschlags steht jedoch allerdings nicht die pragmatische Anweisung, zu Hause zu essen, sondern der Appell an den Sinngehalt des Herrenmahls.

594 Die Verse 12f bilden die Mitte des Gedankengangs V.4-31a; V4-11 führen auf sie hin, wie das erklärende "denn" (γάρ) in V.12 zeigt; V.14-26 veranschaulichen V.12f, während V.27 den Gedanken von V.12f zusammenfassend wiederholt. V.28-31 enthalten die Übertragung der bildhaften Aussagen von V.12-27 auf die Charismen in der Gemeinde.

der Leib ein Bild für die Gemeinschaft Israels; der hellenistische Somagedanke ist also in das Judentum eingedrungen. Diese Stellen haben wir als einen traditionsgeschichtlich wichtigen Beleg für die Vorstellung vom einheitlichen Bundeskörper behandelt[596]. Aus der bis zur Urgemeinde verbreiteten Sinaitradition begriff auch Paulus die organische Einheit der Christusgemeinschaft nicht bloß als solche, sondern zunächst als den einheitlichen Leib der eschatologischen Bundesgemeinde (V. 26; 11,25.30; Röm. 12,15). Freilich ist jedoch auch hierbei umstritten, ob Paulus das Bild der organischen Einheit der Bundesgemeinde rein als solches verwendet oder ob über dieses Verständnis hinaus der eigentliche Sinn von "Leib Christi" (= Kirche) einwirkt.

Zur Abwehr einer unterschiedlichen Einschätzung der Geistesgaben führt Paulus in V. 12ff das verbreitete Bild vom Leib an, dessen Einheit trotz seiner vielen Glieder, ja gerade durch sie, gewährleistet ist. Überraschend wirkt der knappe Nachsatz, der den begonnenen Vergleich auswerten soll: Wie der Leib, so auch - der Christus (V. 12). Wie die Mehrzahl der Exegeten, erwartet man eigentlich eine Übertragung auf die Gemeinde und schließt daher auf eine Gleichsetzung von Christus und Gemeinde (als "Leib Christi")[597], während Weiß[598] und Schlier[599] behaupten, es liege lediglich *Bildsprache* vor; οὕτως καὶ ὁ Χριστός heiße: "so steht es auch dort, wo Christus ist". Nach Wolff wirkt das eine Pneuma in V. 11, mit dem sich V. 12 eng verbindet ("denn"), die verschiedenen Charismen. Auch in V. 13 sei der Geist die entscheidende Größe, deshalb sei V. 12 ebenfalls als eine auf das Handeln des Pneuma bezogene Aussage zu verstehen: "So ist es auch da, wo Christus durch seinen Geist wirkt (vgl. 2. Kor. 1,22; 5,5)"[600]. Der Hinweis auf die Verbindung von Christus und Geist ist als solcher richtig. Paulus will zwar in V. 13 durch den Zusatz ἑνὶ zu πνεύματι das den V. 11 beherrschende "ἓν πνεῦμα" wieder aufnehmen. Jedoch degradiert Wolff konsequent die Beziehung des knappen Nachsatzes (V. 12b) zur Vorstellung von "Leib Christi" als dem Regnum Christi[601], in dem Christus durch seinen Geist wirkt. Wie bei seiner Exegese zu 1. Kor. 10,17[602], so behauptet er auch hier: "..., daß der

595 Dionysius von Halicarnass, Antiquitates Romanae VI, 83ff: The Loeb Classical Library, The Roman Antiquities of Dionysius of Harlicarnassus IV, by E. CARY, (1943) ³1962. Das Bild wird auch sonst auf politische Verhältnisse angewandt: Curtius Rufus (in seinen Historiae Alexandri Magni Macedonis X, 9, 1-4. <Q. Curtius RUFUS, Von den Taten Alexanders des Großen, übers. v. J. Siebelis, 1855-1910>): Das Reich ist der Körper, der Herrscher das Haupt, die Provinzen sind die Glieder. Vgl. Platon, Politeia 462 c.d, Protagoras 330a (Platon, < Samml.> Werk und in acht Bänden: griech. u. dt. hrsg. v. G. EIGLER, Bd. 1. Protagoras, bearb. v. H. HOFMANN, 1977; Bd. 4. Politeia, bearb. v. D. KURZ, 1971; Seneca d. J. (Ad Lucilium epistulae morales XVII, 102,6. L. Annaeus Seneca, Philosophische Schriften, Bd. 4.<L. Annaeus Seneca: Ad Lucilium. epistulae mortales, LXX-CXXIV, 1984>); Plutarch, De Philopomene 8,3 (360 c).

596 S.o. 264f, 274f, 298f.

597 LIETZMANN/KÜMMEL, An die Korinther, 62f: Für Pls ist dies aber nicht bloß ein Gleichnis, sondern eine mystische Wahrheit. Daher der Gedankensprung in 12bff ... 'und zwar den Leib Christi'. Statt dessen sagt Pls kurz 'so ist es auch mit Christus' und begründet nun zunächst die Tatsächlichkeit der mystischen Vorstellung.": V.13.

598 J. WEIß, aaO, 303f.

599 H. SCHLIER, Christus und die Kirche im Epheserbrief, 1930, 40f.

Leibgedanke für ihn nicht in der Weise konkret ist, daß die Gemeinde realiter der Leib des erhöhten Christus ist; vielmehr gilt: Wir sind bei aller Vielzahl eine organische Einheit durch unser Bestimmtsein vom eschatologischen Heil ("in Christus"). In dieser Linie interpretiert er (auch Merklein) Röm. 12,4 ("Wir sind ein Leib in Christus") und 1. Kor. 12,27 ("Ihr seid Leib Christi", unter Hinweis auf das Fehlen des Artikels vor "Leib")[603]. Solches Verständnis ist nur eine Variation des von Weiß und Schlier Vorgetragenen. Aber die Christus-Geist-Beziehung muß in engem Zusammenhang mit ἓν σῶμα (V. 13) als der Gemeinde gedacht werden. V. 12 bildet zugleich den Auftakt zu dem neuen Abschnitt, der durch Leib (V. 12) und Leib Christi (V. 27) eingerahmt ist. Deshalb legt sich die Interpretation des Vergleichs von dem begründend (γάρ V. 13) angeschlossenen V. 13 aus nahe. Dort ist von dem "einen Leib" die Rede, der durch Geist und Taufe zustande gekommen ist, also von der Kirche als der Gemeinschaft der Getauften. ἓν σῶμα in V. 13 meint schwerlich nur abstrakt die organische Einheit, sondern die konkrete Gemeinschaft, die durch die Hingabe des Leibes in den Tod (vgl. Röm. 7,4) und den in der Taufe wirkenden Geist Gottes (1. Kor. 6,11: ἐν τῷ πνεύματι τοῦ θεοῦ, die Erfahrung der *iustificatio impii* in der Taufe. Vgl. Apg. 2,38) vollbracht wird. Paulus sagt in V. 27 nicht: "Ihr seid eine Einheit", sondern: Ihr seid "Leib Christi"[604]. Das Fehlen des Artikels bei Leib Christi in V. 27 drückt die Differenz zwischen dem ekklesiologischen Leib (wie 1. Kor. 10,17; Röm. 12,5: ἓν σῶμα) Christi und dem in den Tod gegebenen Leib Jesu Christi (wie 1. Kor. 10,16; Röm. 7,4: τὸ σῶμα) aus, wie F. Lang mit Recht betont[605]. Richtig ist jedoch, daß Paulus die Gemeinde mit einem Leib-Organismus vergleicht, weil die Gemeinde der Christus als die wirkliche Gemeinschaft ist (wie Röm. 12,4ff)[606].

In V. 13 fährt Paulus fort: Denn durch (instrumentales ἐν[607]) *einen* Geist wurden wir alle getauft als Zusammenfügung "in (εἰς) einen einzigen Leib".

Es ist umstritten, ob die Präposition εἰς hier konsekutiven Sinn ("zu einem Leib")[608] oder lokal ("in den bereits bestehenden Leib hinein")[609] hat. Im Neuen

600 C. WOLFF, aaO 107f.
601 S.o. 222 Anm.136.
602 S.o. 279f.
603 C. WOLFF, aaO 110; H. MERKLEIN; Entstehung und Gehalt des paulinischen Leib-Gedankens, 135f.
604 Vgl. L. GOPPELT, Der eucharistische Gottesdienst nach dem Neuen Testament, 1974, in: Die Eucharistie, hrsg. v. Kirchlichen Außenamt der EKD, 1974, 36.
605 F. LANG, aaO 171. Vgl. dazu auch C. KEARNS, The Church the Body of Christ acc. to St Paul. Irish Ecclesiastical Record 90 (1958), 157; P. BENOIT, Corps tête et plérôme dans les épîtres de la captivité, Rev Bibl 63 (1956), 16 (with detailed references to the grammarians): "The omission of the article ... is a semitism which is not rare in the NT, ...".
606 Vgl. E. KÄSEMANN, An die Römer, 320; H. HALTER, aaO 167.
607 Vgl. Mt. 13,11; Lk. 3,16; Joh. 1,33; 1. Kor. 6,11: R. SCHNACKENBURG, Das Heilsgeschehen bei der Taufe nach dem Apostel Paulus, 1950, 24 Anm.80; gegen OEPKE, ThWb II, 537 und J. WEIß, aaO 303, welche die Formel mit "von einem Geist umfaßt" übersetzen. Getauft "im Geist" ist hier also nicht getauft "mit dem Geist" im Sinne der Geistbegabung - davon wird gleich die Rede sein in 13 d -, schon gar nicht so, als ob hier rein metaphorisch nur von einer "Geisttaufe" die Rede wäre (So M. BARTH, Die Taufe - Sakrament?, 318ff.) Weitere Literatur vgl. H. HALTER, aaO 591 Anm.14.

Testament sind beide Bedeutungen möglich. Einerseits, βαπτίζειν εἰς kann Ziel oder Wirkung der Taufe ausdrücken (Mt. 3,11: ... εἰς μετάνοιαν; Apg. 2,38: ... εἰς ἄφεσιν τῶν ἁμαρτιῶν ὑμῶν ...). Andererseits kann βαπτίζειν εἰς für Paulus im Sinne der Übereignung gebraucht werden (Röm. 6,3: ... ἐβαπτίσθημεν εἰς Χριστὸν Ἰησοῦν, εἰς τὸν θάνατον αὐτοῦ[610] ἐβαπτίσθημεν; 1. Kor. 10,2: πάντες εἰς τὸν Μωϋσῆν ἐβαπτίσθησαν ... ἐν τῇ θαλάσσῃ; Gal. 3,27: ... εἰς Χριστὸν ἐβαπτίσθητε; auch 1. Kor. 1,13.15); damit ist freilich sonst stets die Nennung der betreffenden Person verbunden. Der entscheidende Sinn des βαπτίζειν εἰς hängt jedoch vom Verständnis des Ausdrucks σῶμα ab, zusammen mit dessen religions-/traditionsgeschichtlicher Untersuchung[611].

Weil der eine Leib der Gemeinde von der obigen Beobachtung her kein anderer als der Leib Christi selbst sein kann, deutet man das βαπτίζειν εἰς möglicherweise wie folgt: Wir wurden alle auf den einen für uns gestorbenen Christus getauft (wie Röm. 6,3; Gal., 3,27; vgl. 1. Kor. 10,2)[612] ..., denn nur so ist doch der überraschende Schluß des Vergleichs V. 12 "... so Christus" verständlich. Das ἓν σῶμα des V. 13 steht also in einem wechselhaften Zusammenhang mit dem ὁ Χριστός des V. 12[613]. Daß Paulus schon die ekklesiologische Leib-Christi-Vorstellung aus dem Horizont der Christologie in dem Brotwort Jesu vom Herrenmahl hat, haben wir oben durch die traditionsgeschichtliche Untersuchung und die Exegese verdeutlicht. Dabei ist jedoch die Tatsache zu beachten, daß die Vorstellung immer nur in engster *Verbindung* des "letzten Adam" bzw. des "Menschensohnes", Christus, der der Repräsentant der "Heiligen des Höchsten" (Dan. 7,13.22.27; 1. Kor. 15,20-28. 45-49) ist, mit den als Vollzug der alttestamentlichen Verheißung begriffenen Vorstellungen von der ehelich geschilderten Gemeinde (der Ekklesia) und dem eschatologischen Gottesvolk, dem neuen Israel und der neuen gerechtfertigten Bundesgemeinde, der Gemeinde als dem endzeitlichen Tempel und Bau Gottes, vorkommt. Die Vorstellung wird von Paulus sowohl räumlich als auch heilsgeschichtlich begriffen. Zwar kann man nicht sagen, daß die Einheit des Leibes von den Gliedern erwächst, weil sie nicht Ergebnis unseres Zusammenschlusses, nicht erst das Produkt (konsekutiv) der Gemeinschaft ist. Aber man darf umgekehrt die lokale εἰς -Wendung nicht einfach so interpretieren,

608 So J. WEIß, aaO 303; C. WOLFF, aaO 108: zu einem Leib, zu einer organischen Einheit; F. LANG, aaO 171f,doch anders als WOLFF: zu einem Leib, zu dem wirklichen Leib Christi. So auch C. K. BARRETT, aaO 288f; F. MUSSNER, Christus, das All und die Kirche im Epheserbrief, (1954) ²1968, 125ff.

609 E. KÄSEMANN, Leib und Leib Christi, 159, in dem gnostischen Soma-Begriff (auch so R. BULTMANN, Theologie, 146, 294, 306f); I. HERRMANN, aaO 80f; H. CONZELMANN, aaO 258; H.-J. KLAUCK, aaO 89; W. A. MEEKS, The First Urban Christians. The Social World of the Apostle Paul, 1983, 168; W. KLAIBER, Rechtfertigung und Gemeinde, 185; G. THEIßEN, Psychologische Aspekte paulinischer Theologie, 1983, 170.

610 Diese Wendung dürfte eine Analogiebildung zu εἰς Χριστόν sein, die sich um der rednerischen Kürze willen nahelegte: Wenn sie durch die Taufe aufs engste mit Christus verbunden wurden, dann wurden sie auch an sein Geschick gebunden, in sein Sterben hineingezogen. In V.3b liegt also eine bestimmte Deutung der üblichen Tauf formel V.3a vor. Die Übereignungsformel "auf den Namen des Herren Jesus" findet sich auch in Apg. 8,16; 19,3.5; Did. 9,5; Herm v III 7,3 sowie die entsprechende trinitarische Erweiterung in Mt. 28,19.

daß die Einheit des Leibes *Merkmal des Christus* ist[614], oder daß der Leib Christi als Realität *einfach da* ist, die dem einzelnen immer schon vorgegeben ist[615], weil der Leib Christi selbst hier als die Wirklichkeit des einen Leibes mit den vielen und mannigfaltigen Gliedern dargestellt wird[616]. Wie die Christologie nicht mit der Ekklesiologie identifiziert werden soll, so soll die Ekklesiologie nicht in die Christologie absorbiert werden. Nur kann die Frage gestellt werden, in welcher Weise Paulus daran denken konnte, daß durch die Taufe auf Christus die Glaubenden[617] zugleich auf den Christusleib (= die Gemeinde) hin getauft worden sind. Im Hintergrund dieses Gedankengangs liegt eben die folgende Vorstellung: Durch einen Geist und in der Taufe (wodurch die Glaubenden leibhaftigen Anteil an der allumfassenden Sühnewirkung des Todes Jesu haben) werden alle (das wiederholte πάντες in V. 13) in den *allein von Christus, dem zweiten Adam, herkommenden einen Leib* eingegliedert. Daß der Getaufte nach Gal. 3,27 (vgl. auch 2. Kor. 1,21; Röm. 6,3f; 7,4) in den neuen Adam integriert wird[618], gilt auch für 1. Kor. 12,13[619]. Parallel zu Röm. 12,4f, wo in analoger Wendung " καθάπερ - οὕτως " (ganz wie 1. Kor. 12,12) der Ausdruck οἱ πολλοί (wie Röm. 5,12ff; Jes. 53) als ein Leib in Christus (auch 1. Kor. 10,17) der Wendung "ἓν σῶμα-πολλὰ (bzw. πάντα) μέλη" entspricht, scheint auch im Hintergrund der auf einen bloßen Organismus-Gedanken (1. Kor. 12,12ff) bezogenen Wendung "ἓν σῶμα-πολλὰ (bzw. πάντα) μέλη" (V. 12f) das Adam-Christus-Motiv vorzuliegen. Der aus dem zweiten Adam Christus hervorgebrachte Leib ist deshalb der Leib *Christi selbst*, welchen Christus als den einzigen, mit dem Getauften zusammengehörigen pneumatischen Leib bildet; der Leib Christi gleicht der Gesamtperson in Gal. 3,28[620] (vgl. Kol. 3,10f; Eph. 2,15f[621]). Diesen schon in 1. Kor. 11,2ff angedeuteten Sachverhalt macht Eph. 5,22-33 (mit Hinweis auf die Taufe im Wort, V. 26) im Kontext der Eheparänese (vgl. Kol. 2,19[622]) noch klarer[623]. Wer schlechthin auf den für uns ge-

---

611 Zur Diskussion darüber vgl. I. HERRMANN, Kyrios und Pneuma, 79-81: H. HALTER, Taufe und Ethos, (FThSt 106), 1977, 590f Anm.9. Beide entscheiden sich gegen ein konsekutives 'Verständnis.

612 Vgl. R. SCHNACKENBURG, Todes- und Lebensgemeinschaft mit Christus, MüThZ 6 (1955), 42.

613 E. SCHWEIZER, Art. σῶμα, ThWb VII, 1068, 19ff; DERS., Art. πνεῦμα, πνευματικός, ThWb VI, 415: "selbstverständliche Identifikation des ἓν σῶμα mit ὁ Χριστός in V.12". Gegen E. BEST, One Body, 80f, 112.

614 So I. HERRMANN, aaO 81; E. KÄSEMANN, Anliegen, 14.

615 So H. HALTER, aaO 168.

616 Vgl. W. G. KÜMMEL, Die Theologie des N.Ts, 186f: Der Leib Christi ist die mit dem Christsein gegebene Wirklichkeit. S.o. 294.

617 Gal. 3,26f zeigt klar, daß Paulus Glaube und Taufe sachlich zusammendenkt. Das gilt auch für Röm. 6,3, weil die Aussage über die Taufe genau an der Stelle steht, an der zuvor im Kontext der Rechtfertigung vom Glauben (V.8) die Rede war. Vgl. E. LOHSE, Taufe und Rechtfertigung bei Paulus, in: DERS., Die Einheit des N.Ts, 228-244.

618 E. KÄSEMANN, Paulinische Perspektiven, 194f; DERS., An die Römer, 157.

619 Vgl. C. K. BARRETT, aaO 288f; E. KÄSEMANN, An die Römer, 157.

620 S.o. 254f, 294; vgl. W. A. MEEKS, aaO 156f.

621 S.o. 255.

622 Vgl. Kol. 2,19: Der mit vielen verschiedenen Gliedern gebildete eine Leib, dessen Haupt Christi die Quelle (..., ἐξ οὗ πᾶν τὸ σῶμα...) nicht nur der Existenz, sondern auch des Wachstums (αὔξησις) ist. S.o. 291 Anm.541. H. SCHLIER, Der Geist und die Kirche, 1980, 185, versteht auch εἰς ἓν σῶμα in 1. Kor. 12,13 in einem zweifachen Sinne: 1.) in einen Leib

storbenen Christus getauft worden ist (Röm. 7,4), der ist zugleich als Glied (V. 27b; 1. Kor. 6,15; Röm. 12,4f; Eph. 5,30) in den aus Christus neugeschaffenen einzigen Leib getauft worden, in dem durch den Geist Gottes die Struktur und Werte der alten Welt keine Heilsbedeutung (V. 13; Gal. 3,28) mehr haben[624]. Die Eingliederung in ihn durch die Taufe bewirkt die eschatologische (nicht empirische) Aufhebung der menschlichen Unterschiede. Von diesem Verständnis her kann man den konkretisierenden (V. 12a) und knappen (V. 12b) Vergleich "wie menschlicher Leib-Glieder (die alte Schöpfung), so Christusleib-Glieder (die neue Schöpfung)" gut verstehen. Wie real diese Zugehörigkeit zum Leib Christi als die Teilhabe an Christus selbst gedacht wird, zeigt die paulinische Argumentation dagegen, daß ein Christ mit einer Dirne verkehrt (1. Kor. 6,15). So nimmt Paulus an unserer Stelle vorpaulinisches, allgemein urchristliches Taufverständnis als den Ritus der Initiation in die Gemeinde (Apg. 2,38ff.41) auf[625] und formuliert es neu durch die Einfügung in seinen σῶμα Χριστοῦ-Gedanken und im Sinne der Rechtfertigungslehre[626].

Jeder hat die ihm geschenkte Geistesgabe (VV. 28b-30; VV. 8-10). In 1. Kor. 12,5 ist es bezeichnend, daß Christus als der eine Herr der Kirche ausgerechnet mit den mannigfachen 'Diensten' verbunden wird[627]. Er ist ja zum 'Knecht' der Menschen geworden (Phil. 2,7; vgl. Jes. 53; vgl. auch Jes. 43,23). V. 5 stimmt mit dem zentralen Wort Mk. 10,45 überein, in dem sich Jesus auf Jes. 53,10.12 und Jes. 43,3f.23 bezieht und damit die Aussage von der Herrschervollmacht des Menschensohnes (Dan. 7,14) in die von seinem Dienst für die Vielen (bis hin zur Hingabe seines Lebens) korrigiert. Ohne diakonische Liebe wird 'das Wort der Erkenntnis' (1. Kor. 12,8) zur Störung, zu Spaltungen und Krankheiten im Leibe Christi führen. Dessen Heilung kann nur durch das Wort vom Kreuz geschehen, das Christus als den Gottesknecht verkündigt, der unsere Krankheiten trug und durch die stellvertretend erlittene Strafe Frieden stiftete (Jes. 53,3.5). Wie der bis hin zum Sühnetod dienende Gottesknecht nach Jes.

---

hinein (der schon vorhanden ist) und 2.) zu einem Leib in dem Sinn, daß "der eine Leib" auf solche Weise entsteht und wächst (bzw. erbaut wird). Man soll aber die Beziehung zwischen 1.) und 2.) im Gegenüber "Indikativ"(V.13.27)"Imperativ" auffassen (V.14ff.28-31).

623 S.o. 244-252 . G. DELLING, Die Heilsbedeutung der Taufe im Neuen Testament, KuD 16 (1970), 266f.

624 Die Aufzählung der Gruppen und Stände der alten Welt begegnet immer im Zusammenhang mit dem Taufgeschehen (vgl. das Ablegen des alten Menschen in Kol. 3,10ff).

625 Die Urgemeinde hat nach Ostern zu taufen begonnen; von den ersten Anfängen an wurde in der Jüngerschaft Jesu generell eine Taufe als Aufnahme - und Initiationsritus geübt (Apg. 2, 38.41, 8,12f.36.38; 9,18 usw.). Diese Angabe der Apostelgeschichte wird durch Paulus bestätigt. Daß schon Paulus getauft worden ist, steht auf Grund seines eigenen Zeugnisses fest (1. Kor. 12,13; Röm. 6,3, wonach alle in der ihm unbekannten Gemeinde Roms getauft sind). Zum kurzen Überblick über die Tauflehre in der Kirchengeschichte vgl. U. WILCKENS, Der Brief an die Römer (6-11), 24ff. Zu Qumran und dem Täufer, vgl. H. BRAUN, Qumran und das N.T., Bd. II, 1-29. Weiter vgl. z.B. J. JEREMIAS, Neutestamentliche Theologie, 53; L. GOPPELT, Theologie des N.Ts, ³1985, 330-334; W. G. KÜMMEL, Die Theologie des N.Ts, 116f, 185ff; H. LICHTENBERGER, Täufergemeinden und frühchristliche Täuferpolemik im letzten Drittel des 1. Jahrhunderts, ZThK 84 (1987, Heft 1), 36-57.

626 S.o. 301f,304 Anm.617.

53,12 (... וְאֶת עֲצוּמִים יְחַלֵּק שָׁלָל ...) endlich mit den *Mächtigen* (**עֲצוּמִים**; beachte **מֵעַצְמִי** <*von Adam*> **עֶצֶם** <*Eva*>in Gen. 2,23!) die Beute *teilt* (יְחַלֵּק, LXX μεριεῖ), so *teilt* (διαιροῦν 1. Kor. 12,11; ἐμέρισεν Röm. 12,3) Christus als אָדָם (מִן) durch den Geist[628] die Geistesgabe mit den *Gliedern* (אֵבָרִים) der Gemeinde als "*den Vielen*" הרבים (Jes. 53,12). Die Lesart ℵDG PΨ 88 104.181 von Eph. 5,30: ὅτι μέλη ἐσμὲν τοῦ σώματος αὐτοῦ ἐκ τῆς σαρκὸς αὐτοῦ καὶ ἐκ τῶν ὀστέων αὐτοῦ [629] (LXX), hatsicherlich die Verbindung zwischen עֲצָמִים (Gebeine, pl) und עֲצוּמִים (die Mächtigen), zwischen אֵבָרִים(Glieder) und הָרַבִּים (die Vielen) im Blick. In Röm. 12, 3ff und 1. Kor. 12,4ff dürfte auch Paulus im Zusammenhang von Jes. 53,12 und Gen. 2,23 dieses Wortspiel machen und von daher (trotz der folgenden Darlegung des bloßen Organismus-Gedankens, der doch als solcher auch an die Vorstellung von dem einheitlichen Leib der neuen Bundesgemeinde anschließt) wesentlich das christologische Verhältnis zwischen dem Christusleib und dessen Gliedern "ἓν σῶμα-πολλὰ (bzw. πάντα) μέλη" im Auge haben.

Das Getränktwerden mit *einem* Geist (V. 13b), das manche Ausleger auf das Abendmahl beziehen[630], könnte nochmals den Empfang des einheitstiftenden Geistes in der Taufe unterstreichen; dafür spricht die Aoristform (ἐποτίσθημεν), die den einmaligen Akt in der Vergangenheit betont[631]. Bei der Beziehung auf die Taufe entspricht die Vorstellung des Trinkens der prophetischen Botschaft der Ausgiessung des Geistes (Jes. 32,15; 44,3; Ez. 36,25ff; Joel 3,1f; Sach. 12,10; Apg. 2,17f.33; 10,45). Aber an diesen Stellen fehlt der Ausdruck "tränken". Deshalb ist die Möglichkeit einer Beziehung auf das Abendmahl nicht abzuweisen[632]. Denn im Rückgriff auf das Nebeneinander von Taufe und geistlicher Speise/geistlichem Trank in 10,2-4 (V. 4: πνευματικὸν ἔπιον πόμα) kann der Schluß (12,13b), das Getränktwerden mit dem Geist, statt auf die Taufe, auch auf das Herrenmahl bezogen werden[633]. Der Aorist ἐποτίσθημεν allein kann die Deutung der Aussage auf die Taufe nicht tragen; er wird den vorangehenden Formen angeglichen sein[634].

Es geht in beiden Sakramenten um die aktuelle Einbeziehung und Teilhabe am Sühnetod Christi. In der einmaligen Taufe geschieht Eingliederung in die Gemeinschaft des Leibes Christi, während in dem immer wiederholten Herrenmahl (ὁσάκις 1.

---

627 In 1. Kor. 12,4-6 entwirft Paulus eine Art von ökonomischer Trinität, und zwar im Blick auf die Einheit im Wirken der verschiedenen Gnadengaben: Gott als schöpferische Potenz, Christus als Herr der Kirche und der Geist als Quelle der Charismen arbeiten in einer diakonischen Kondeszendenz im Leib der Kirche zusammen, deren Begabungen und Dienste somit alle von oben, von dem sich selbst mitteilenden Gott und seiner Gnade, kommen.

628 S.o.301. Über dasselbe Wortspiel in Röm. 12,3ff, s.o. 240f.

629 S.o. 249.

630 G. HEINRICI; A. SCHLATTER; E. KÄSEMANN, Anliegen, 16f; L. GOPPELT, ThWb VI, 160,15f; G. DELLING, Die Taufe im Neuen Testament, 119 Anm.423; H. RIDDERBOS, Paulus, 265, 302; H.-J. KLAUCK, 1. Kor., 89.

631 So. J. WEIß; Ph. BACHMANN; W. BOUSSET; H.-D. WENDLAND; C. K. BARRETT; I. HERRMANN, Kyrios, 78 Anm.58; H. HALTER, Taufe, 172f; C. WOLFF, 108f; F. LANG, aaO 172; G. J. CUMING, ΕΠΟΤΙΣΘΗΜΕΝ (1 Corinthians 12.13), NTS 27 (1981), 283-285; E. R. ROGERS, ΕΠΟΤΙΣΘΗΜΕΝ Again, NTS 29 (1983), 139- 141.

632 LIETZMANN/KÜMMEL, 63.

Kor. 11,26) die Gemeinschaft des Leibes Christi je neu empfangen und bestätigt wird. Die in der Taufe am Anfang erfahrene leibhafte Verbindung mit Christus als Grund christlichen Lebens wird in jeder Eucharistie neu erfahren (vgl. Kol. 2,12). Diese Teilhabe an dem Leib Christi ist eine Wirklichkeit, die im gegenseitigen Dienst der In-Christus-Seienden zum Tragen kommt.

Paulus denkt hier an die Taufe nicht rein metaphorisch in enger Parallele zu 1. Kor. 10,1f, weil in 1. Kor. 10,1f sich keine Vorstellung "auf des Mose Leib getauft werden" findet, und weil in 1. Kor. 12,12f keine Rede von Christus als Antityp zu Mose ist. 10,1f ist dennoch ein deutlicher Beleg dafür, wie sehr bei Paulus Geist und Wasser zusammengehören, wenn er von Taufe spricht. Dasselbe gilt von 6,11, wo zwar nicht von "Taufen", aber von "Abwaschen" (vgl. Eph. 5,26) gesprochen wird[635], was ebenfalls "durch den Geist Gottes" geschah. Paulus leitet allerdings hier nicht die Taufe aus dem Alten Testament ab, sondern denkt umgekehrt von der gegenwärtigen Gegebenheit der Taufe an das Alte Testament als Vorbild zurück[636]. Der Taufe entspricht in 1. Kor. 10,1f bei den Vätern das Sein unter der Wolke und der Durchzug durch das Schilfmeer[637]. Der Einmaligkeit des Auszugs aus Ägypten, der "Voraus-Darstellung" der Erlösung durch Christus, entspricht die Einmaligkeit der Taufe. Die Wendung "getauft werden auf Mose" ist Analogiebildung zu "getauft werden auf Christus". Und die Wolke ist offenbar das Zeichen der Gegenwart Gottes; dieser entspricht bei der Taufe der Geist. Nach der haggadischen Auslegung (Midr Ps, in der Rede von R. Meir und R. Eleasar) von Ps. 105,41 (diese Stelle hält sich Paulus vor Augen[638]) ist eine zur Decke ausgebreitete Wolke als die Gegenwart des Ewigen (Ex. 40,38; zur Herrlichkeit Gottes) bzw. als die Herrlichkeit gedacht[639].

In 14-26 wird das Bild vom Leib entfaltet. In einem ersten Gedankengang (V. 14-20) wird damit die Notwendigkeit des Vorhandenseins von unterschiedlichen Geistesgaben für den Bestand der Gemeinde veranschaulicht. Der zweite Teil der bildlichen Ausführungen des Apostels (V.21-26) wendet sich an die sich vollendet dünkenden Pneumatiker und warnt sie vor Überheblichkeit. Aber in V. 27 kehrt Paulus vom Bild des Organismus zum eigentlichen Sinn ("Christusleib") zurück; der Leib ist vom

633 W. KLAIBER, Rechtfertigung und Gemeinde, 185.

634 Natürlich ist die Übersetzung 'begossen' (ποτίζω in 1. Kor. 3,6f) nicht ausgeschlossen; dann legte aber 1. Kor. 3,6f es vollends nahe, für 12,13c an ein wiederholtes bzw. fortlaufendes Geschehen zu denken.

635 Zur Erwähnung der Wassertaufe Hippolytus Trad. apost. 21; Didache 7,3. Weiter vgl. W. A. MEEKS, The First Urban Christians, 150-157. Der Geist der Weisheit in Qumran wird in seiner reinigenden Funktion verbunden mit dem Wasser; es geht dabei um das Wasser der Waschungen und um ein symbolisch genommenes Wasser; diese Symbolik ist allerdings allgemein-jüdisch (s. zu Joh. 4,10-14; 7,38.39). Die eschatologische Tätigkeit des Geistes besteht im Reinigen. Diese wiederholte Geistreinigung in Qumran verbindet zwar mit einer in Qumran geübten Taufe (mit Sündenbekenntnis) als Eintritts-Ritual in die Bundesgemeinde (יַחַד) (1QS 5,13; vgl. 1QS 6,16). Vgl. Jos Bellum 2,137; Antiq. 18,2; O. CULLMANN; Die neuentdeckten Qumrantexte und das Judenchristentum der Pseudoklementinen, in: FS R. BULTMANN, 35ff; M. BLACK, The Scrolls and Christian Origins, 1961, 91-101; H. BRAUN, Qumran und das N.T., Bd. II, 253ff.

636 Typos bezeichnet "die Vorausdarstellung, die endzeitliches Geschehen ankündigt", L. GOPPELT, ThWb VIII, 252.

637 Es gibt keinen Beleg dafür, daß das Rote Meer als Todeselement gegolten hätte. Vgl. H. CONZELMANN, aaO 204 Anm.20 anschließend an Kümmel.

638 S.o. 291f.

Ganzen her bestimmt, nicht mehr von den Gliedern her. Das Bild vom Leib trifft sich mit der ausschließlich paränetischen Verwendung des Theologumenons von der Gemeinde als Leib Christi in den paulinischen Hauptbriefen. Indem Paulus die Christen auf die Folgen ihrer Zugehörigkeit zum Leib Christi aufmerksam macht (1. Kor. 10,17), dient der Organismusgedanke (Röm. 12,3 neben 4) nur der mahnenden Konkretisierung. Trotz der ernsthaften Mängel, die Paulus in Korinth zu tadeln hat, gibt er den dortigen Christen ausdrücklich das Prädikat "Leib Christi"; denn ihr Sein als Gemeinde Jesu Christi hängt nicht von ihren religiösen und sittlichen Leistungen ab, sondern von der göttlichen Berufung durch Wort und Geist (vgl. V. 28-31, durch die die Glieder des Leibes Christi dessen Aufbau dienen sollen; vgl. 1. Thess. 5,11). Alle ersten drei Verkündigungsarten in V. 28 werden als pneumatische Dienste und Funktion verstanden[640].

---

639 Vgl. The Midrasch on Psalms (W. G. BRAUDE), 506 Notes 12. LIETZMANN/KÜMMEL, An die Korinther I/II, 44: Die rabbinische Tradition ist ja um einen Schriftbeweis für die Proselytentaufe verlegen. (Vgl. Kol. 2,11: Die christliche Taufe entspricht der jüdischen Beschneidung der Proselyten.) Paulus hat seine Exegese im Anschluß an den Midrasch selbst geschaffen.

640 Bei der Anwendung des Gleichnisses vom Leib und den Gliedern auf die Gemeinde beleuchtet Paulus in den folgenden Versen den Reichtum an Gaben und Diensten, den Gott der Kirche (Ekklesia) in ihrer Gesamtheit geschenkt hat. 12,28 ist eine der wenigen Stellen in den authentischen Paulusbriefen (vgl. noch 10,32), wo sich der ἐκκλησία-Begriff schwerlich auf die Ortsgemeinde (so J. HAINZ, Ekklesia, 252-255; H. MERKLEIN, aaO 138 Anm.87), von der her Paulus ansonsten seine Ekklesiologie entwickelt, einschränken läßt. Auf die Gesamtkirche beziehen 1. Kor. 12,28 (meist zusammen mit 10,32; 15,9; Gal. 1,13; Phil. 3,6) R. BULTMANN, Theologie, 96; WIKENHAUSER, Die Kirche als mystischer Leib Christi nach dem Apostel Paulus, 7; H. SCHLIER, Zu den Namen der Kirche, Besinnung auf das NT, 298.

ZUSAMMENFASSUNG

1.)

Die Entstehung des paulinischen Gedankens von der Kirche als dem Leib Christi läßt sich aus dem 1. Korintherbrief, in dem er zum erstenmal auftaucht, erkennen. Paulus hat in 10,16 die fractio panis bei der Eucharistiefeier als κοινωνία τοῦ σώματος τοῦ Χριστοῦ gedeutet und diese Deutung in V. 17 nach unserer Übersetzung so expliziert: "Weil es ein Brot (ist), sind wir, die Vielen, ein Leib; denn wir alle haben **von dem Einen her** (ἐκ τοῦ ἑνός) an einem Brot teil" (von dem "der Eine" herkommt). Die Einzigkeit des Brotes (εἷς ἄρτος) bezeichnet nicht etwa als einfaches Bildwort die Einheit der Gemeinde, sondern den mit οἱ πολλοί (הָרַבִּים, vgl. אֵבָרִים Glieder) bzw. οἱ πάντες korrespondierenden "Einen" (vgl. Röm. 5,12ff), der als Schicksalsträger wie der Gottesknecht in Jes. 53 dem ersten Adam entgegengestellt wird (vgl. auch Röm. 12,5). Wenn Paulus in V. 17 über die Parallelisierung des Brot- und Kelchwortes (V. 16) hinaus zweimal einseitig das Brot im Zusammenhang mit dem einen Leib der Gemeinde hervorhebt, nimmt er gewiß sowohl den von Jesus (Mk. 14,22) und den Rabbinen (m. Ber. 6,1) aufgenommenen jüdischen Segenspruch zum Brot: הַמּוֹצִיא לֶחֶם מִן הָאָרֶץ aus Ps. 104,14 als auch die schöpfungs- und heilsgeschichtliche Auslegung des "Herausbringens" in den Blick und interpretiert diese christologisch. Paulus hält die durch das Essen des Brotes an der grenzenlosen Heilswirkung Jesu Teilhabenden für das neue Israel (vgl. V. 18). Dabei denkt er an eine christologisch, pneumatisch und heilsgeschichtlich begriffene Abfolge der von Gott geschaffenen und "herausgebrachten" Größen: "Erde - Adam - Israel", und zwar analog zur jüdisch-apokalyptischen Vorstellung (Ant Bibl. 32,15; 4. Esr. 6,54ff), nach der Israel als das unmittelbar **aus** Adam bzw. **aus** der Rippe des Adam "herausgebrachte" (wie Gen. 2,21f) Volk Gottes ("Contio Domini") gedacht ist. Aufgrund dieser Reihenfolge Erde - Adam(Brot) - Israel bezeichnet er zum erstenmal die Mahlgemeinde als ἓν σῶμα (vgl. Gen. 2,24). Deshalb hat der Apostel den Leib-Christi-Gedanken, der den anderen Kirchenbegriff "Volk Gottes" einschließt, nicht einfach aus der Herrenmahlsüberlieferung entnommen. Vielmehr hat er das Adam-Christus-Motiv in das Brotwort der Herrenmahlsüberlieferung mit einbezogen, das seinerseits wieder auf Jes. 53 und Ps. 104 beruht; auf diese Weise konnte das Brotwort "τὸ σῶμα (τοῦ Χριστοῦ)" mit der ekklesiologischen Vorstellung von "Leib Christi" verbunden werden. Dieser genuin paulinische Leib-Christi-Gedanke von der Taufe liegt wie 1. Kor. 12,13; Gal. 3,27f und auch den Aussagen 1. Kor. 6,16; 11,2ff und 2. Kor. 11,2f (vgl. Eph. 5,22ff) zugrunde. Die hellenistische Christusgemeinde, die sowohl das apokalyptische Zeitverständnis (Urzeit - Endzeit) als auch die Herrenmahlsüberlieferung sowie Jesu Segenspruch des Brotes kannte, dürfte ohne weiteres den Sinngehalt der paulinischen Leib-Christi-Vorstellung verstanden haben. Die so entwickelte Vorstellung vom "Leib Christi" als der Kirche wird schließlich in einem letzten Schritt mit dem Leib und dessen Gliedern verglichen, um so vom Gedanken eines Organismus her die gegenseitige und allgemeine Solidarität der Gemeindeglieder deutlich zu machen. Das individuell und kollektiv gebrauchte Bild von Leib und Gliedern wurde von Paulus **wegen und trotz** des Einflusses des griechischen Organismusgedankens und des Dualismus für die Darstellung des Christus als des Trägers des Lebens analog zu Ausführungen über Adam als Urheber der Sünde in den Apokryphen, Pseudepigraphen und in der spätjüdischen Literatur benutzt.

2.)

Unsere neue Betrachtung des paulinischen Gedankens hat auch deren inneres Verhältnis mit der Formel "in Christus" ans Licht gebracht. Nur wenn die Mahlteilnehmer als Glieder (אֵבָרִים, vgl. הָרַבִּים = "die Vielen"; Jes. 53,12) des Christusleibes stets **in** Christus bleiben (vgl. Röm. 12,5), können sie zum ewigen Leben **aus** ihm "hervorgebracht" werden (vgl. 1. Kor. 15,22: ... ἐν τῷ Χριστῷ πάντες ζωοποιηθήσονται). Der "Leib Christi" ist die Explikation der im Sein des Christen wirksamen Existenz Christi. Die leibliche Existenz der einzelnen Christen gehört nicht nur zum alten, vergehenden Äon, sondern ist auch an der neuen Schöpfung in Christus und der eschatologischen Vollendung beteiligt. Im Hintergrund dieses mit dem "in Christo" verbundenen paulinischen Gedankens liegt wahrscheinlich die jüdisch-rabbinische Adam-גּוּף bzw. גּוֹלֶם-Konzeption, die im Aramäischen einen außerordentlich großen Bedeutungsumfang aufweist und mit der messianischen Erwartung verbunden ist, obwohl Paulus keinen "Leib Adams" als eine die Menschheit zusammenfassende Größe analog zum "Leib Christi" erwähnt.

3.)

Die "im" letzten Adam Christus, in der Auswirkung seines Sühnetodes geschaffene endzeitliche Heilsgemeinde des "Leibes Christi" **impliziert** nach 1. Kor. 11,25 auch die Vollendung der neuen Bundesgemeinschaft (wie Röm. 7,4.6). Auffälligerweise denkt Paulus in 1. Kor. 11,30 daran, daß der einheitliche Körper als Bundesgemeinde schwach, krank und tödlich sein kann, wie Israel nach Jes. 1,5f. Aufgrund der auch in der Urgemeinde wohl bekannten Sinaitradition (Ex. 19,8; Mekh Ex. 19,6; 20,6; Lev R. 4,6; b Schabbat 88a; vgl. Phil. De Spec Leg III, 131; Jos. Bell. 4,406; 6,164; 1QS 1,1ff; 5,1ff; 8,11ff; Apg. 2,42ff; 4,34) begriff Paulus die organische Einheit der Christusgemeinschaft in 1. Kor. 12,12ff zunächst auch als den einheitlichen Leib der eschatologischen Bundesgemeinde (V. 26).

4.)

Außerdem wird in dieser Arbeit versucht, das Problem vom Leib Jesu als dem endzeitlichen Tempel Gottes in Joh. 2,19-22 exegetisch von dem individuell und kollektiv gemeinten מִבְנֶה -Begriff in den Qumranschriften her (1QH 7,4.8-10) zu lösen. In der alttestamentlichen, jüdisch-apokalyptischen und rabbinischen Tempelbau-Tradition läßt sich auch die Tempel- bzw. Haus-Metapher, wie sie in 1. Kor. 3,16f; 6,19 (vgl. auch 2. Kor. 5,1; 6,16; 1. Petr. 2,5; 1. Tim. 3,15) erscheint, ebenfalls nachweisen. Paulus hat die Bezeichnung der Gemeinde als Gottes endzeitlicher Tempel (Mk. 14,58) von der Jerusalemer Urgemeinde übernommen; schon Jesus hatte sich ja, wie der Stifter der Qumransekte, als den Erbauer einer eschatologischen Gemeinde betrachtet und diese als den endzeitlichen Tempel bezeichnet (nach 2. Sam. 7,13). Weil besonders die in der Adam-Christus-Typologie begründete "Leib-Christi"-Formel aus der heilsgeschichtlichen Auslegung von Gen. 2,21f stammt, wo die Entstehung Evas aus Adam mit dem heilsgeschichtlich (und ekklesiologisch bei Paulus) bedeutsamen Begriff בָּנָה (οἰκοδομέω) dargestellt ist, war es für den Apostel nicht schwer, den Gedanken vom Bauen der Gemeinde Christi als eines eschatologischen Tempels in den Bereich seiner "Leib-Christi"-Vorstellung einordnen zu können, obwohl der Tempel - streng genommen - als Bild nicht zum "Leib" paßt. Wenn der Apostel in Ga. 1,13.23 sagt, er suchte früher (in seinem pharisäischen Übereifer) die Kirche Gottes (ἐκκλησία τοῦ θεοῦ: קְהַל יהוה, vgl. 1QM 4,10: קְהַל אֵל) bzw. die Glaubenden zu **zerstören** (πορθεῖν), scheint er die christliche Gemeinde für ein "Haus" zu halten; πορθεῖν "est le contraire de οἰκοδομεῖν"[1].

---

1 Nach Ph. H. MENOUD, Le sens du verbe πορθεῖν, in: Apophoreta. FS E. Haenchen, BZNW 30 (1964), 178-186, verwendet Paulus das Verbum πορθεῖν in Gal. 1,13.23 (vgl. Apg. 9,21) "au sens morale". Vgl. F. MUSSNER, Der Galaterbrief, HThK IX, 1977, 78-80; A. SATAKE, Der Brief an die Galater (Japanisch), (1974) ⁴1986, 82f Anm. 1.112f.

LITERATURVERZEICHNIS

I. QUELLEN

1. Bibeln

Biblia Hebraica: Hrsg. R. Kittel, Stuttgart 1966=1937.

Biblia Hebraica Stuttgartensia: Hrsg. K. Elliger/W. Rudolph, Stuttgart 1968-1976.

Septuaginta I/II: Hrsg. A. Rahlfs, Stuttgart [8]1965.

Nestle-Aland, Novum Testamentum Graece. hrsg. K. Aland/M. Black/C. M. Martini/ B. M. Metzger/A. Wikgren, Stuttgart [26] 1979.

Biblia Sacra: Iuxta Vulgatam Versionem I/II, Stuttgart [2] 1975.

2. Apokryphen und Pseudepigraphen des Alten Testaments

Jüdische Schriften aus hellenistisch-römischer Zeit. [JSHRZ]. Hrsg. W. G. Kümmel, Gütersloh 1973ff;

aus Bd. II: Berger, K., Unterweisung in erzählender Form. Das Buch der Jubiläen, 1981.
Hammershaimb, E., Das Martyrium Jesajas/Meisner, W., Aristeasbrief, [2] 1977;
Dietzfelbinger, C., Pseudo Philo, Antiquitates Biblicae (Liber Antiquitatum Biblicarum), [2] 1979;

aus Bd. III: Becker, J., Die Testamente der zwölf Patriarchen, 1974;
Schaller, B., Das Testament Hiob, 1979;

aus Bd. V: Brandenburger, E., Himmelfahrt Moses, 1976;
Klijn, A. F. J., Die syrische Baruch-Apokalypse, 1976;
Schreiner, J., Das 4. Buch Esra, 1981.

Pseudepigrapha Veteris Testamenti Graece. [PVTG]. Hrsg. A. M. Denis/M. de Jonge, Leiden 1964ff.

Bd. I: Testamenta XII Patriarcharum. Hrsg. M. de Jonge, 1964.
Bd. I/2: The Testaments of the Twelve Patriarchs. A Critical Edition of the Greek Text. Hrsg. M. de Jonge, 1978.
Bd. II: Testamentum Iobi. Hrsg. S. P. Brock; Apokalypsis Baruchi Graece. Hrsg. J.-P. Picard, 1967.
Bd. III: Apocalypsis Henochi Graece. Hrsg. M. Black; Fragmenta Pseudepigraphorum quae supersunt Graeca. Hrsg. A. M. Denis, 1970.

Bonwetsch, G. N., Die Bücher der Geheimnisse Henochs. Das sogenannte slavische Henochbuch, TU 44/2, Leipzig 1922.

Box, G. H., The Ezra-Apocalypse, critical translation with Commentary and Introduction, London 1912.

Charles, R. H., The Apocrypha and Pseudepigrapha of the Old Testament I/II, Oxford 1963=1913.

- The Book of Enoch, Oxford [2] 1906.

- The Greek Versions of the Testaments of the Twelve Patriarchs. (1908). Nachdruck Oxford und Darmstadt [3] 1966.

Hades, M., The Third and Fourth Books of Maccabees, New York 1955.

Hoffmann, H., Das sogenannte hebräische Henochbuch < 3 Henoch >, nach d. v. H. Odeberg, 3 Enoch or the Hebrew Book of Enoch, Cambridge 1928, BBB 58, Königstein 1984.

Kappler, W.,/Hanhart, R., Maccabaeorum libri 2-3, Septuaginta, Soc. Litt. Gott. IX/ 2, Göttingen 1965.

Kautzsch, E., Die Apokryphen und Pseudepigraphen des Alten Testaments.
Bd. I: Die Apokryphen des Alten Testaments.
Bd. II: Die Pseudepigraphen des Alten Testaments. (1900). Nachdruck Darmstadt 1962.

Kisch, G., Pseudo-Philo, Liber Antiquitatum Biblicarum, Notre Dame/Indiana 1949.

Kraft, R. A., The Testament of Job, according to the SV Text. Missoula, Montana 1974.

Odeberg, H., 3 Enoch or the Hebrew Book of Enoch, Cambridge 1928.

Riessler, P., Altjüdisches Schrifttum außerhalb der Bibel. Augsburg 1928=Heidelberg 1966.

Stone, M. E., The Testament of Abraham: The Greek recensions, Missoula, Montana 1972.

Violet, B., Die Apokalypsen des Esra und des Baruch in deutscher Gestalt, GCS 32, Leipzig 1924.

- Die Esra-Apokalypse, GCS 18 und 32, Leipzig, 1910.

3. Philo und Josephus

Clementz, H., Flavius Josephus, Jüdische Altertümer, I/1-10, Wiesbaden [5] 1983.

- Flavius Josephus, Kleinere Schriften - Selbstbiographie, Gegen Apion, Über die Makkabäer, Köln/Melzer [2] 1960.

Josephus Flavius, De Bello Judaico/Der jüdische Krieg. Griechisch und Deutsch, Hrsg. O. Michel/O. Bauernfeind, Bde. I-III, Darmstadt 1959-1969.

Josephus in Nine Vlumes. With an English Translation by H. S. J. Thackery [u.a.], Vol. I [Ap]. Vol. II-III [Bell]. Vol. IV-IX [Ant], London/Cambridge, 1926-1965.

Josephus Flavius, Opera. Hrsg. B. Niese, I-IV, Berlin (1887ff) [2] 1955.

Philo von Alexandrien, Opera quae supersunt. Hrsg. L. Cohn/P. Wendland, I-VII, Berlin 1896-1930. Neuauflage 1962.

- Philo Supplement, Questions and Answers on Genesis/Exodus, engl. Übers. R. Marcus, London 1953.

Philo von Alexandria, Die Werke in deutscher Übersetzung. Hrsg. L. Cohn/I. Heinemann/M. Adler/W. Theiler, Bde. 1-7 (1909ff). Nachdruck Berlin 1962-1964.

4. Qumran

Allegro, J. M., Qumrân Cave 4, I (4Q 158 - 4Q 186), DJD V, Oxford 1968.

Barthélemy, D./Milik, J. T., Qumrân Cave 1, DJD I, Oxford 1955.

Lohse, E., Die Texte aus Qumran. Hebräisch und deutsch. Darmstadt [2] 1971=München [3] 1981.

Maier, J./Schubert, K., Die Qumran-Essener. Texte der Schriftrollen und Lebensbild der Gemeinde, UTB 224, München/Basel 1973.

Maier, J., Die Tempelrolle vom Toten Meer, UTB 829, München/Basel 1978.

- Die Texte vom Toten Meer. Erste deutsche Gesamtübertragung. Bd. I: Übersetzung. Bd. II: Anmerkungen, München 1960.

Milgrom, J., The Temple Scroll, BA 4 1/4 (1978), 105-120.

- Studies in The Temple Scroll, JBL 9(1978), 501-523.

Yadin, Y., The Temple Scroll (Hebrew Edition) I/III A, Jerusalem 1977.

5. Rabbinische Texte

Aboth di Rabbi Nathan, Hrsg. S. Schechter, Wien 1887, Hildesheim/New York 1979.

- J. Goldin, The Fathers according to Rabbi Nathan, translated, New Haven 1955.

Bereschit Rabba, bearb. v. Theodor, J., Berlin 1912.

Cohen, M. S., The Shi'ur Qomah: Texts and Recensions, TSAJ 9, Tübingen 1985.

Dalman, G., Aramäische Dialektproben. Hrsg. unter dem Gesichtspunkt neutestamentlicher Studien, Leipzig [2] 1927.

Geniza-Fragmente zur Hekhalot-Literatur, TSAJ 6, Tübingen 1984.

Jalquṭ Schimʿoni, Frankfurt 1687, Wilna 1898.

Jalkut, Šimʿoni leʿäśrim weʾarba' sifrej Torah, New York/Berlin 1925.

Jellinek, A., Bet ha-midraš, 6 Bde., Leipzig 1853-1878.

Kuhn, K. G., Der Tannaitische Midrasch. Sifre zu Numeri, Stuttgart 1959.

Mechilta, ein tannaitischer Midrasch zu Exodus, übersetzt und erklärt v. J. Winter und A. Wünsche, Leipzig 1909.

Mechilta de-Rabbi Ismael cum variis lectionibus et adnotationibus. Hrsg. H. S. Horovitz, Frankfurt 1931.

Mechilta de-Rabbi Simon ben Iochai. Rek. D. Hoffmann, Frankfurt 1905.

Mekilta de Rabbi Jischmael. Hrsg. J. Z. Lauterbach, I-III, Philadelphia 1933. Nachdruck 1949.

Meqōrōt Jalqūṭ Šimᵉʿōnī, Jerusalem 1965.

Midrash Bemidbar Rabba, übers. v. A. Wünsche, Leipzig 1885.

Midrash Bereshit Rabba. Hrsg. J. Theodor, Leipzig 1915.

Midrasch Mischle. Hrsg. S. Buber, Wilna 1893.

The Midrash on Psalms. Vol. II, translated by W. G. Braude, New Haven 1959.

Midrasch Rabbah, translated into English. Hrsg. H. Freedman/M. Simon, London ²1951.

Midrasch rabba. Wilna 1884ff.

Midrasch Tanchuma. Hrsg. S. Buber, Wilna (1885) 1912.

Midrasch Tanchuma B, genannt Midrasch Jelammedenŭ, Bd. I-II, übers. v. H. Bietenhard, Bern/Frankfurt a. Main 1980/1982.

Midrasch Tehillim. Hrsg. S. Buber, Rom 1891.

משניות ב, סדר מועד, Bd. II. Moed-hebräischer Text, Einführung und Übersetzung von P. Blackman, London 1952.

The Mishnah, translated by H. Danby, London ²1964.

Pirqe R. Eli'eser, Prag 1784, New York 1946.

Pesiqtā rabbātī. Hrsg. M. Friedmann, Wien 1879/1880.

Pesikta Rabbati, Bd. I-II, Übersetzung W. Braude, London 1968.

ספר הזוהר, 3 Bde. Jerusalem 1886.

Sēfer mēdrāš rabbōt ʿal hat-tōrā, Venedig 1545, Leipzig 1864/1865.

Siddur Schaarē Tefillah, Gebetbuch für Synagoge, Schule und Haus. Hrsg. J. B. Levy, Frankfurt a. M. 1934.

Sifra. Halachischer Midrasch zu Leviticus. Übersetzung J. Winter, Breslau 1938.

Sifre Deuteronomium, übersetzt und erklärt von H. Bietenhard, Bern/Frankfurt a. M./New York 1984.

Sifre zu Numeri und Deuteronomium: ספרי דבו״. Hrsg. M. Friedmann, New York 1948

Siphre ad Deuteronomium. Hrsg. L. Finkelstein, Berlin 1935.

Sotah (die des Ehebruchs Verdächtige). Text, Übersetzung und Erklärung von H. Bietenhard, Berlin 1956.

Synopse zur Hekhalot-Literatur, TSAJ 2, Tübingen 1981.

Talmud Babli, I-XII, Wilna 1895-1908.

- Der babylonische Talmud. Hrsg. L. Goldschmidt, I-XII, Berlin 1926-1936.

- Der Babylonische Talmud. Ausgewählt, übersetzt und erklärt von R. Mayer. Goldmanns Gelbe Taschenbücher 1963.

Talmud Jeruschalmi, ND der Krotoschiner Ausg., Venedig 1522/1523, Jerusalem 1960.

Targum of Isaiah, Hrsg. J. F. Stenning, Englisch und Aramäisch, Oxford [2]1953.

Tosephta. Hrsg. M. S. Zuckermandel, Pasewalk 1881.

- Seder IV: Nezikin, Sanhedrin-Makkot, übersetzt und erklärt von B. Salomonsen, Stuttgart/Berlin/Köln/Mainz 1976.

- translated from the Hebrew. First Division, Zeraim. Hrsg. J. Neusner/R. S. Sarason, New York 1986.

Tōseftā ʾalpī kitbē jād Erfurt ('rqwrt). Hrsg. M. Zuckermandel, Wien/Jerusalem 1962/1963.

Zē sāfer Sifrā, Wesnēsjā: Bamberg. Venedig 1545, Berlin 1925.

The Zohar, I-V. Hrsg. J. Abelson, London 1949.

6. Christliche Quellen

Ambrosius, Sancti Ambrosii Opera. Pars 4. Expositio evangelii secundum Lucan, 1902.

Die apostolischen Väter. Hrsg. J. A. Fischer, Darmstadt [6]1970.

Augustinus, A., Expositio quarumdam propositionum. Hrsg. J. Divjah, Latinorum 84, 1971.

- De utilitate credendi. De duabus animabus contra Fortunatum. Contra Adimantum. Contra epistulam fundamenti. Contra Faustum. Hrsg. J. Zycha, Latinorum 25, 1891.

- De diversis quaestionibus ad Simplicianum. Hrsg. A. Mutzenbecher, Corpus Christianorum: Latina 44, 1970.

Clemens Alexandrinus, III. Stromata VII-VIII. Hrsg. O. Stählin, GCS 17, Leipzig 1909.

Corpus Hermeticum,texte établi par A. D. Nock et trad. par A.-J. Festugière, Teil 1-4, Paris 1945-1954.

Didache. Barnabasbrief. Zweiter Klemensbrief. Schrift an Diognet. Hrsg. K. Wengst, SUC 2, Darmstadt 1984.

Eusebius, VIII 1/2, Praeparatio Evangelica. Hrsg. K. Mras, GCS 43, Berlin 1954/1956.
Foerster, W., Die Gnosis II: Koptische und mandäische Quellen, Zürich/Stuttgart 1967/1971.

Hennecke, E./Schneemelcher, W., Neutestamentliche Apokryphen I: Evangelien, II: Apostolisches, Apokalypsen und Verwandtes, Tübingen [4]1968 bzw. [4]1971.

Hippolyt, Refutatio omnium haeresium (Philosophumena). Hrsg. P. Wendland, GCS 26, Leipzig 1916.

- Philosophumena ou Refutation de Toutes les Hérésies. Hrsg. A. Siouville, Paris 1928.

Irenäus, Adversus haereses. Hrsg. W. W. Harvey, I/II, Cambridge 1857.

- Ausgewählte Schriften, übersetzt von E. Klebba I/II: Gegen die Häresien, BKV 3, 1912.

- Irenaeus of Lyons Versus contemporary Gnosticism: a Selection from Books I and II of Adversus haereses. Hrsg. J. T. Nielsen, Leiden 1977.

Die jüdische Legende von Joseph und Asenath. Hrsg. P. Batiffol, Studia Patristica 1, Paris 1889.

- Hrsg. C. Burchard, JSHRZ II, 1983.

ΚΛΗΜΗΣ Ο ΡΩΜΗΣ (Clemens von Rom): Teil 2. ΔΙΔΑΧΗ ΤΩΝ ΔΩΔΕΚΑ ΑΠΟΣΤΟΛΩΝ (Didache). ΒΑΡΝΑΒΑ ΕΠΙΣΤΟΛΗ (Barnabasbrief). Η ΠΡΟΣ ΔΙΟΓΝΗΤΟΝ ΕΠΙΣΤΟΛΗ (Diognet-brief). ΙΓΝΑΤΙΟΣ (Ignatius). - ΑΘΗΝΑΙ: ΕΚΔΟΣΙΣ ΤΗΣ ΑΠΟΣΤΟΛΙΚΗΣ ΔΙΑ-ΚΟΝΙΑΣ ΤΗΣ ΕΚΚΛΗΣΙΑΣ ΤΗΣ ΕΜΑΔΟΣ, 1955.

Krause, M./Labib, P., Gnostische und hermetische Schriften aus Codex II und VI, Glückstadt 1971.

Die Oden Salomos. Hrsg. W. Bauer, Berlin 1933.

Origenes, VIII, Homilien zu Samuel I, zum Hohelied und zu den Propheten. Kommentar zum Hohelied in Rufins und Hieronymus Übersetzungen. Hrsg. W. A. Baehrens, GCS 33, Leipzig 1925.

- Matthäuserklärung, GCS 40, X: Griechisch. Hrsg. E. Klostermann, 1935.
XI: Lateinisch. Hrsg. E. Klostermann, 1933.

- Der Kommentar zum Evangelium nach Matthäus. Hrsg. H. J. Vogt, Teil 1, Bibliothek der griechischen Literatur 18, Stuttgart 1983.

Evangelium Philippi. Hrsg. P. Labib, Coptic Gnostic Papyri in the Coptic Museum at Old Cairo I (1956), ThLZ 84 (1959), 5-26.

- Hrsg. W. C. Till, PTS 2, Berlin 1963.

Evangelium nach Thomas. Koptischer Text. Hrsg. A. Guillaumont [u.a.], Leiden 1959.

7. Griechisch-römische Schriftsteller

Aristoteles, De anima, London 1956.

- Über die Seele. Werke in Deutscher Übersetzung. Hrsg. E. Grumach, Bd. 13, Darmstadt 1959.

Curtius Rufus, Historiae Alexandri Magni Macedonis, Langenscheidsche Bibliothek 95, Berlin/Stuttgart 1855-1910.

Diogenes Laertius. Hrsg. R. D. Hicks, LCL I/II, Oxford [5]1959.

Dionysius von Halicarnass. Hrsg. E. Cary, LCL IV, London [3]1962.

Epictet: W. A. Oldfather, Epicetus: The Disourses as Reported by Arrian, The Manual, and Fragments, LCL I/II, Cambridge 1967.

Kleanthes, Zeushymnus, in: Das Vaterunser,Freiburg/Basel/Wien 1975, 153-155.

Platonis Opera. Hrsg. I. Burnet, Bde. I-V, Oxford 1967ff.

Platon Werke, Bde. I-VII. Hrsg. G. Eigler, Darmstadt 1971ff.

Plutarch, De Alexandri magni fortuna aut virtute, LCL, Plutarch's moralia V. Hrsg. F. C. Babbitt, Oxford [3]1962.

- De Philopomene, LCL XII, Cambridge/London 1968.

Seneca, Ad Lucilium epistulae morales, Philosophische Schriften 4. Bd., Darmstadt 1984.

Sophokles, Tragödien. Hrsg. W. Schadewaldt, Zürich/Stuttgart 1968.

- Fabulae, SCBO I, Great Britain [2]1971.

II. HILFSMITTEL

Agnon, S. J., Attäm Re'itäm. Kommentar zur Toraübergabe, Jersualem 1959.

Aland, K., Synposis Quattuor Evangeliorum, Stuttgart [9]1976.

- Vollständige Konkordanz zum Griechischen Neuen Testament, Berlin 1977ff.

Bauer, W.: Griechisch-Deutsches Wörterbuch zu den Schriften des Neuen Testamens und der übrigen urchristlichen Literatur, Berlin [5]1975.

Blass-Debrunner-Rehkopf, Grammatik des neutestamentlichen Griechisch, Göttingen [14]1976.

Computer-Konkordanz zum Novum Testamentum Graece von Nestle-Aland, 26. Aufl. und zum Greek New Testament, 3. Aufl., Berlin/New York 1980.

Dalman, G., Aramäisch-neuhebräisches Handwörterbuch zu Targum, Talmud und Midrasch, Hildesheim 1967 = Göttingen [3]1938.

Encyclopaedia Iudaica, Deutsch, I-X, Berlin 1928-1934.

- Englisch, I-XVI, Jerusalem 1971.

Exegetisches Wörterbuch zum Neuen Testament. Hrsg. H. R. Balz/G. Schneider, Stuttgart, I-III, 1978ff.

Gesenii, G., Thesaurus Linguae Hebraeae et Chaldeae Veteris Testamenti, Lipsiae 1835.

Gesenius, W./Buhl, F.: Hebräisches und Aramäisches Handwörterbuch über das Alte Testament, Berlin/Göttingen/Heidelberg [17] 1962.

Hatch, E./Redpath, H., A Concordance to the Septuagint I/II, Graz 1954 ND.

Hebräisches und aramäisches Lexikon zum Alten Testament, 3. Aufl., Bearb. v. W. Baumgartner, Leiden 1967ff.

Elieser Ben Jehuda: Thesaurus Totius Hebraitatis et veteris et recentioris, I-XVI, Berlin 1908-1959.

The Jewish Encyclopedia. Hrsg. I. Singer, I-XII, New York/London 1901-1907.

The Jewish Encyclopedy, New York 1971.

Köhler, L./Baumgartner, W., Lexicon in Veteris Testamenti libros, Leiden 1958.

Krauß, S., Griechische und lateinische Lehnwörter im Talmud, Midrasch und Targum, I/II, Hildesheim 1964.

- Talmudische Archäologie, I-III, Hildesheim/Olms 1966.

Kuhn, K. G., Konkordanz zu den Qumrantexten, Göttingen 1960.

- Nachträge zur "Konkordanz zu den Qumrantexten", RdQ 4, 1963/1964, 163-234.

- Rückläufiges Hebräisches Wörterbuch, Göttingen 1958.

Levy, J., Wörterbuch über die Talmudim und Midraschim I-IV, Darmstadt 1963 ND.

- Chaldäisches Wörterbuch über die Targumim I, Leipzig [2] 1881.

Liddell, H. G./Scott, R., bearb. v. Jones, H. S./Mckenzie, R., A Greek-English Lexicon, Oxford [9] 1961.

Moulton, J. H./Milligan, G., The Vocabulary of the Greek Testament, Edinburgh [2] 1949.

Paulys Realencyclopädie der classischen Altertumswissenschaft, Neue Bearbietung von G. Wissowa/W. Kroll u.a., Stuttgart 1893ff; 2. Reihe 1914ff.

Reallexikon für Antike und Christentum (RAC). Hrsg. T. Klauser, Stuttgart 1950ff.

Reicke, B./Rost, L., Biblisch-Historisches Handwörterbuch (BHH) II, Göttingen 1964.

Die Religion in Geschichte und Gegenwart. Handwörterbuch für Theologie und Religionswissenschaft. 3. Aufl., Hrsg. K. Galling, Bde. 1-6, und Register, Tübingen 1957-1965.

Rengstorf, K. H., A Complete Concordance of Flavius Josephus, Leiden 1973ff.

Soden, W. v., Akkadisches Handwörterbuch, Wiesbaden (1868-1947) 1959ff.

Taschenlexikon Religion und Theologie (TRT), Göttingen. [3]1979, [4]1983.

Theologische Realenzyklopädie (TRE), Bd. Iff, Berlin/New York 1977ff.

Theologisches Begriffslexikon zum Neuen Testament I/II, Hrsg. L. Coenen/E. Beyreuther/H. Bietenhard, Wuppertal 1967-1971.

Theologisches Handwörterbuch zum Alten Testament. Hrsg. E. Jenni/C. Westermann, München/Zürich, Bd. I, [3]1978, Bd. II, [2]1979.

Theologisches Wörterbuch zum Alten Testament, Hrsg. G. J. Botterweck/H. Ringgren, Stuttgart 1973ff.

Theologisches Wörterbuch zum Neuen Testament. Begr. v. G. Kittel, Hrsg. G. Friedrich, Bde. 1-10/2, Stuttgart 1933-1979.

Zerwick, M./Grosvenor, M., A Grammatical Analysis of the Greek New Testament I. Gospels-Acts, Rome 1974.

III. KOMMENTARE

1. Kommentare zum Alten Testament

Bertheau, E., Der Richter und Ruth, EHAT, Leipzig 1883.

Campbell, E. F., Ruth, AncB, New York 1975.

Cassuto, U., A Commentary on the Book of Genesis. Transl. from the Hebrew by I. Abrahams, Teil 1: From Adam to Noah, I Genesis 1, 1-6, Jerusalem 1961.

Davidson, R., Genesis 1-11, CBC, Cambridge 1973.

Delitzsch, F., Neuer Commentar über die Genesis, Leipzig 1887.

Dillmann, A., Die Genesis, EHAT, Leipzig 1892.

Duhm, B., Das Buch Jesaia, HK, Göttingen 1922.

Eissfeldt, O., Kleine Schriften I, Tübingen 1962.

Elliger, K., Deuterojesaja, BK, 1. Teil, Neukirchen 1978.

Fohrer, G., Das Buch Jesaja, Bd. 1 ([2]1966), Bd. 3 (1964), ZBK, Zürich/Stuttgart.

Fuerst, W. J., Ruth, Esther, Ecclesiastes, The Song of Songs, Lamentations, CBC, Cambridge 1975.

Gerleman, G., Ruth. Das Hohelied, BK 18, Neuenkirchen 1965.

Gispen, W. H., Genesis, Commentaar op het Oude Testament, 1 (Gen. 1-11:26), 1974.

Gunkel, H., Genesis übersetzt und erklärt. Die Urgeschichte bei J, HK, Göttingen [5]1922.

Herbert, A. S., The Book of the Prophet Isaiah, CBC, Cambridge 1975.

Herzberg, H. W., Die Bücher Josua, Richter, Ruth, ATD 10, Göttingen 1954.

Hieronymus: Commentaria in Malachiam Prophetam, MPL 25, Paris 1884, Sp. 1617-1654.

Junker, H., Die zwölf kleinen Propheten, HSAT, Bonn 1938.

- Genesis, EB I, Würzburg 1949.

Kaiser, O., Das Buch des Propheten Jesaja, Kapitel 1-12, ATD 17, Göttingen 1981.

Keil, C. F., Die Zwölf Kleinen Propheten, BK, Leipzig 1889.

North, C. R., The Second Isaiah, comm. to Chapters 40-55, Oxford 1964.

Nötscher, F., Zwölfprophetenbuch oder Kleine Propheten, Würzburg 1954.

Oswalt, J. N., The Book of Isaiah - Chapters 1-39, Michigan 1986.

Procksch, O., Die Genesis, KAT, A: Die Jahwequelle, Leipzig [2.3]1924.

Plöger, O., Das Buch Daniel, KAT 18, HAT 18, Gütersloh 1965.

Rad, G. von, Das erste Buch Mose: Genesis, ATD 1, Göttingen [6]1961.

- Das fünfte Buch Mose: Deuteronomium, ATD 8, Göttingen [3]1978.

Rudolph, W., Das Buch Ruth. Das Hohe Lied. Die Klagelieder, KAT, Gütersloh 1962.

- Haggai - Sacharja 1-8 - Sacharja 9-14 - Maleachi, KAT, Gütersloh 1976.

Ruppert, L., Das Buch Genesis, Teil I, Kap. 1-25,18, Düsseldorf 1976.

Sawyer, J. F. A., Isaiah, Vol. I/II, Philadelphia 1984.

Scharbert, J., Genesis 1-11, Die Neue Echter Bibel, Würzburg 1983.

Sellin, E., Das Zwölfprophetenbuch, KAT, Leipzig 1930.

Skinner, J., Genesis, ICC, Edinburgh [2]1963.

Smith, J. M. P., Haggai, Zechariah, Malachi and Jonah, ICC, Edinburgh 1912.

Speiser, E. A., Genesis. I: Primeval History: AnchB, New York 1964.

Steiner, H., Die Zwölf kleinen Propheten, EH, Leipzig 1881.

Weiser, A., Das Buch der Zwölf Kleinen Propheten II, ATD 24, Göttingen 1956.

Westermann, C., Genesis, BK I/1: Genesis 1-11 (1974), BK I/2: Genesis 12-36 (1981), Neukirchen.

- Jesaja, Kapitel 40-66, ATD 19, Göttingen 1966.

Wevers, J. W., Genesis, Göttingen 1974.

Wildberger, H., Jesaja I, 1-12, BK X/1, Neukirchen 1972.

Wolff, H. W., Hosea, BK XIV/1, Neukirchen 1961.

Zenger, E., Das Buch Ruth, ZBK, Zürich 1986.

Ziegler, J., Isaias, EB, Würzburg 1954.

Zimmerli, W., 1. Mose 12-25: Abraham, ZBK, Zürich 1976.

- Ezechiel, BK XIII/2, Neukirchen 1969.

2. Kommentare zum Neuen Testament

Allen, W. C., Gospel according to St. Matthew, ICC, Edinburgh 1922.

Asmussen, H., Der Römerbrief, Stuttgart 1952.

Bachmann, Ph., Der erste Brief des Paulus an die Korinther, KNT 7, Leipzig [2] 1910.

Barrett, C. K., The Gospel according to St. John, London 1965.

- A Commentary on the Epistle to the Romans, BNTC, London [8] 1984.

- A Commentary on the First Epistle to the Corinthians, BNTC, London [7] 1983.

- A Commentary on the Second Epistle to the Corinthians, BNTC, London 1973.

Barth, G., Der Brief an die Philipper, ZBK, Zürich 1979.

Barth, K., Der Römerbrief, München [2] 1922.

Barth, M., Ephesians 4-6, AnchB 34 A, New York 1974.

Beare, F. W., A Commentary on the Epistle to the Philippians, London 1959.

Becker, J., Erwägung zu Phil. 3,20-21, ThZ 27, 1971, 16-29.

- Das Evangelium des Johannes. Kap. 1-10, ÖTK 4/1. Kap. 11-21, ÖTK 4/2, Gütersloh 1979.

Bernard, J. H., Gospel according to St. John, ICC, Edinburgh 1928.

Best, E., The Letter of Paul to the Romans, CBC, Cambridge 1967.

Betz, H. D., Galatians, Hermeneia - A Critical and Historical Commentary on the Bible, Philadelphia 1979.

Bonnard, P., L'Epître de Saint Paul aux Galates, CNT, Paris 1953.

Bousset, W., Der erste Brief an die Korinther, SNT 2: Die paulinischen Briefe und die Pastoralbriefe, Göttingen [3]1917.

- Die Offenbarung Johannis, KEK 16, Göttingen 1906 (ND 1966).

Bruce, F., Romans. An Introduction and Commentary, London 1969.

Bultmann, R., Das Evangelium des Johannes, KEK 2, Göttingen (1941) [19]1968.

- Der zweite Brief an die Korinther, Hrsg. E. Dinkler. KEK-Sonderband, Göttingen 1976.

Conzelmann, H., Der erste Brief an die Korinther, KEK 5, Göttingen [12]1981.

Cranfield, C. E. B., A Commentary on Romans 12-13, Edinburgh 1965.

- The Epistle to the Romans I, ICC, [7]1977 London.

Dibelius, M., An die Kolosser, Epheser, an Philemon, HNT 12, Tübingen 1913. Bearb. v. H. Greeven [3]1953.

Dodd, C. H., The Epistle of Paul to the Romans, MNTC, [13]1949.

Egger, W., Galaterbrief, Philipperbrief, Philemonbrief. Die Neue Echter Bibel, Würzburg 1985.

Ernst, J., Die Briefe an die Philipper, an Philemon, an die Kolosser, an die Epheser. Regensburg 1974.

Fascher, E., Der erste Brief des Paulus an die Korinther, ThHK 7/1, Berlin [2]1980.

Friedrich, G., Die Briefe an die Galater, Epheser, Philipper, Kolosser, Thessalonicher und Philemon, NTD 8, Göttingen 1976.

Furnish, V. P., II Corinthians, AnchB 32 A, Garden City 1984.

Gnilka, J., Der Brief an die Philipper, Düsseldorf 1969.

- Der Epheserbrief, HThK 10/2, Freiburg [2]1977.

- Das Evangelium nach Markus (Mk. 8,27-16,20), EKK II/2, Neukirchen 1979.

- Johannesevangelium, NEB 4, Würzburg [2]1985.

- Der Kolosserbrief, HThK 10/1, Freiburg etc. 1980.

- Der Philipperbrief, Freiburg etc. [2]1980.

Grundmann, W., Das Evangelium nach Markus, ThHK 2, Berlin [2]1977.

- Das Evangelium nach Matthäus, ThHK 1, Berlin [2]1971.

Haenchen, E., Das Johannesevangelium. Ein Kommentar, Tübingen 1980.

Heinrici, G., Der erste Brief an die Korinther, KEK 5, Göttingen 1896.

Hoskyns, E. C. The Fourth Gospel, London 1947.

Hughes, Ph. E., Paul's Second Epistle to the Corinthians, NICNT, Michigan [3]1971.

Käsemann, E., An die Römer, HNT 8a, Tübingen [4]1980.

Klauck, H.-J., Der erste Korintherbrief, Die Neue Echter-Bibel 7, Würzburg 1984.

- 2. Korintherbrief, Die Neue Echter Bibel, Würzburg 1986.

Klöpper, A., Der Brief an die Epheser, Göttingen 1891.

Klostermann, E., Das Markusevangelium, HNT 3, Tübingen 1926.

- Das Matthäusevangelium, HNT 4, Tübingen 1927=[3]1938.

Krimmer, H., Erster Korintherbrief, Bibelkommentar 11, Neuhausen/Stuttgart 1985.

Kühl, E., Der Brief des Paulus an die Römer, Leipzig 1913.

Kuss, O., Der Römerbrief, Regensburg, Lfg. I, 1957, II 1959.

Lane, W. L., The Gospel according to Mark., NLC, London 1974.

Lang, F., Die Briefe an die Korinther, NTD 7, Göttingen/Zürich 1986.

Lietzmann, H./Kümmel, W. G., An die Korinther I.II, HNT 9, Tübingen [5]1969.

Lietzmann, H., An die Galater, HNT 10, Tübingen 1910.

- An die Römer, HNT 8, Tübingen [4]1933.

Lohmeyer, E., Die Briefe an die Philipper, Kolosser und an Philemon, KEK 9, Göttingen [8]1930=[13]1964 (Beiheft von W. Schmauch).

- Das Evangelium des Markus, KEK 2, Göttingen [17]1967.

- Die Offenbarung des Johannes, HNT 16, Tübingen [2]1953.

Lohse, E., Die Briefe an die Kolosser und an die Philemon, KEK 9/2, Göttingen 1968.

Lührmann, D., Der Brief an die Galater, ZBK NT 7, Zürich 1978.

- Das Markusevangelium, HNT 3, Tübingen 1987.

Marxsen, W., Der Evangelist Markus. Studien zur Redaktionsgeschichte des Evangeliums, Göttingen 1956.

Menoud, Ph. H., Le sens du verbe πορθεῖν, in: Apophoreta, FS E. Haenchen, BZNW 30, 1964, 178-186.

Michel, O., Der Brief an die Hebräer, KEK 13, Göttingen [13]1975.

- Der Brief an die Römer, KEK 4, [14]1978.

Moule, C. F. D., The Epistle of Paul the Apostle to the Colossians and to Philemon, Cambridge 1957.

Müller, U. B., Die Offenbarung des Johannes, ÖTK 9, Gütersloh 1984.

Mussner, F., Der Brief an die Epheser, ÖTK 10, Gütersloh 1982.

Mussner, F., Der Brief an die Kolosser. Geistliche Schriftlesung, Düsseldorf 1965.

- Der Galaterbrief, HThK 9, [3] 1977.

Nygren, A., Der Römerbrief, Göttingen [3] 1959.

Oepke, A., Der Brief des Paulus an die Galater, ThHK 9, Berlin [4] 1979.

Orr, W. F./Walther, J. A., I Corinthians, Ab 32, New York 1976.

Pesch, R., Die Apostelgeschichte, EKK V/1-2, Neukirchen 1986.

- Das Markusevangelium, HThK 2/1 (1976) - 2(1977), [4] 1984.

- Römerbrief, Die Neue Echter Bibel 6, Würzburg 1983.

Riggenbach, E., Der Brief an die Hebräer, Wuppertal (1922) [2] 1987.

Robertson, A./Plummer, A., A Critical and Exegetical Commentary on the First Epistle of St. Paul to the Corinthians, ICC [2] 1914.

Roloff, J., Die Offenbarung des Johannes, ZBK NT 18, Zürich 1984.

Sanday, W./Heanchen, A. C., A Critical and Exegetical Commentary on the Epistle to the Romans, ICC, [5] 1902.

Satake, A., Der Brief an die Galater (Japanisch), Tokyo [4]1986.

Schenk, W., Die Philipperbriefe des Paulus, Stuttgart/Berlin/Köln/Mainz 1984.

Schlatter, A., Der Evangelist Johannes, Stuttgart 1930.

- Die Korintherbriefe. Ausgelegt für Bibelleser, Calw/Stuttgart 1908.

Schlier, H., Der Brief an die Epheser. Ein Kommentar, Düsseldorf [3] 1962.

- Der Brief an die Galater, KEK 7, Göttingen [12]1962 (ND).

- Der Römerbrief, HThK VI, [2] 1979.

Schmidt, H. W., Der Brief des Paulus an die Römer, ThHK 6, Berlin [3] 1972.

Schnackenburg, R., Der Brief an die Epheser, EKK X, Neukirchen 1982.

- Das Johannesevangelium, HThK 4/1, 1965.

Schneider, G., Die Apostelgeschichte, HThK 2/1 (1980) - 2(1982).

- Das Evangelium nach Johannes, ThHK-Sonderband, Berlin [2] 1978.

Schniewind, J., Das Evangelium nach Markus, NTD 1, Göttingen [9] 1960.

- Das Evangelium nach Matthäus, NTD 2, Göttingen [4]1950.

Schulz, S., Das Evangelium nach Johannes, NTD 4, Göttingen [4] 1983.

Schweizer, E., Der Brief an die Kolosser, EKK XII, Neukirchen [2] 1980.

- Das Evangelium nach Markus, NTD 1, Göttingen [12]1968.

- Das Evangelium nach Lukas, NTD 3, Göttingen 1982.

Sickenberger, J., Die Briefe des heiligen Paulus an die Korinther und Römer, HSNT, Bonn [4]1932.

Soden, H. v., Die Briefe an die Kolosser, Epheser, Philemon. Die Pastoralbriefe, HC 3, Freiburg [2]1893.

Strack, H. L./Billerbeck, P., Kommentar zum Neuen Testament aus Talmud und Midrasch I: Das Evangelium nach Matthäus, München [5]1969=1926.

- II: Das Evanglium nach Markus, Lukas und Johannes und die Apostelgeschichte, München [5]1969=1924.

- III: Die Briefe des Neuen Testaments und die Offenbarung Johannis, München [5]1969=1926.

- IV/1 und 2: Exkurse zu einzelnen Stellen des Neuen Testaments, München [5]1969=1928.

- V/VI: Rabbinischer Index (Hrsg. J. Jeremias), München [4]1974.

Strachan, R. H., The Second Epistle of Paul to the Corinthians, MNTC, New York/ London [2]1954.

Strathmann, H., Das Evangelium nach Johannes, NTD 4, Göttingen 1951.

Weiser, A., Die Apostelgeschichte, ÖTK 5/ 1(1981) - 2(1985). Gütersloh.

Weiß, J., Der erste Korintherbrief, KEK 5, [8]1896, [9]1970.

Weiß, J./Bousset, W., Die drei älteren Evangelien, SNT 1, Göttingen [3]1917.

_ Die paulinischen Briefe und die Pastoralbriefe, SNT 2, Göttingen [3]1917.

Wendland, H. D., Die Briefe an die Korinther, NTD 7, Göttingen [12]1968.

Wilckens, U., Der Brief an die Römer, EKK VI/1, Neukirchen 1978; EKK VI/2, 1980; EKK VI/3, 1982.

Windisch, H., Der zweite Korintherbrief, KEK 6, Göttingen (1924) 1970 (ND).

Wolff, C., Der erste Brief des Paulus an die Korinther, ThHK 7/2, Berlin [2]1982.

Zahn, Th., Der Brief des Paulus an die Römer, KNT 6, Leipzig [3]1925.

IV. Monographien

Adam, A., Die Psalmen des Thomas und das Perlenlied als Zeugnisse vorchristlicher Gnosis, ZNW 24 - Beihefte, Berlin 1959.

Adam, K., Ekklesiologie im Werden?, ThQ 122, 1941, 145ff.

Alen, G., Jews, Judaism and the Classical World. Studies in Jewish History in the Times of the Second Temple and Talmud, Jerusalem 1977.

Amir, Y., Philo and the Bible, SP 2, 1973.

Amiran, R., Myths of Creation of Man and the Jericho Statues. BASOR 167, 23-25, Jerusalem/Baghdad 1962.

Anderson, G. W., The History and Religion of Israel, Oxford 1966, 15-16.

Andriessen, P., Die neue Eva als Leib des neuen Adam, in: Vom Christus zur Kirche, Wien/Freiburg/Basel 1966, 109-137.

Arai, S., Die Gegner des Paulus im 1. Korintherbrief und das Problem der Gnosis, NTS 19, 1972/1973, 430-437.

\- Das Urchristentum und der Gnostizismus, Japanisch, Tokyo 1971.

\- Verborgener Jesus in den Thomasakten, Tokyo 1983.

Bach, R., Bauen und Pflanzen, FS Bach, Neukirchen 1961, 7-32.

Bailey, K. E., Paul's Theological Foundation of Human Sexuality: I Cor. 6:9-20 in the Light of Rhetorical Criticism, in: Theological Review (The Near East School of Theology), 1980.

Bailey, R. E., Is "Sleep" the proper Biblical Term, ZNW 55, Berlin 1961, 161f.

Baltensweiler, H., Die Ehe im Neuen Testament, Zürich/Stuttgart 1967.

Barrett, C. K., 'The Background of Mark 10:45', in: New Testament Essays for J. W. Manson, Manchester 1959, 1-18.

\- From First Adam to Last, London 1962.

Barth, H., Jesaja-Worte in der Josuazeit, WMANT 48, Neukirchen 1977.

Barth, K., Auferstehung der Toten, Zollikon/Zürich 4 1953.

\- Kirchliche Dogmatik, III/2 (1948), IV/3 (1954), Zollikon/Zürich.

Barth, M., A Chapter on the Church - the Body of Christ, Interp. XII, 1958, 138f.

\- Das Mahl des Herrn, Neukirchen 1987.

\- Die Taufe - Sakrament?, Zollikon/Zürich 1951.

Batey, R. A., Jewish Gnosticism and the 'Hieros Gamos' of Eph. V, 21-33, NTSt 10, 1963/1964, 121-127.

\- The MIA SARX. Union of Christ and the Church, NTS 13, 1966/1967, pp. 270ff.

\- New Testament Nuptial Imagery, Leiden 1971.

\- Paul's Bride Image, Interp. VII, 1963, 176-182.

Bauer, K.-A., Leiblichkeit - das Ende aller Werke Gottes, StNT 4, Gütersloh 1971.

Bauernfeind,O./Michel, O., Die beiden Eleazarreden in Jos. Bell. 7, 323-336; 7, 341-388, ZNW 58, 1967, 267-272.

Baum, H., Mut zum Schwachsein in Christi Kraft: Theologische Grundelemente einer missionarischen Spiritualität anhand von 2 Kor, Siegburg 1977.

Baumann, H., Schöpfung und Urzeit des Menschen im Mythus der afrikanischen Völker, Berlin 1936 (ND 1964).

Baumbach, G., 'Volk Gottes' im Frühjudentum: Eine Untersuchung der ekklesiologischen Typen des Frühjudentums, Kairos 21, 1979, 30-47.

Baumert, N., Täglich sterben und auferstehen. Der Literalsinn von 2 Kor 4,12-5,10. SANT 34, 1973.

Baur, F. C., Vorlesungen über neutestamentliche Theologie, Leipzig 1864.

Becker, J., Auferstehung der Toten im Urchristentum, SBS 82, Stuttgart 1976.

Bedale, S. F., The Meaning of κεφαλή in the Pauline Epistles, SThSt 5, 1954, 211-215.

- The Theology of the Church, in: Studies in Ephesians. Hrsg. F. L. Cross, London 1956.

Behm, J., καινός, ThWb III, 1938, 450-452.

Benoit, P., Corps, tête et plérôme dans les épîtres de la captivité, RB 63 (1956), 7ff. RB 64 (1957), 289-291.

Berger, K., Die Gesetzesauslegung Jesu. Teil I, WMANT 40, Neukirchen 1972.

- Zum traditionsgeschichtlichen Hintergrund christologischer Hoheitstitel, NTS 17, 1970/1971, 391-425.

Bernhart, J., Die Kirche der Zeit, Wien 1936, 65ff.

Bertram, G., παιδεύω, ThWb V, 1954, 617-624.

Best, E., One Body in Christ. A Study in the Relationship of the Church to Christ in the Epistles of the Apostle Paul, London 1955.

Betz, O., Adam, TRE I, 1977, 414-424.

- The Concept of the so-called "Divine Man" in Mark's Christology, in: Supplements Novum Testamentum, Vol. 33, Leiden 1972, 229-240.

- Jesu Evangelium vom Gottesreich, in: Das Evangelium und die Evangelien, WUNT 28, Tübingen 1983, 55-78.

- Felsenmann und Felsengemeinde, ZNW 48, 1957, 49-77.

- Jesu Tischsegen, in: ders., Jesus. Der Messias Israels, Tübingen 1987, 202-231.

- Jesus. Der Messias Israels, Aufsätze zur biblischen Theologie, Tübingen 1987.

- Jesus und das Danielbuch, Bd. II: Die Menschensohnworte Jesu und die Zukunftserwartung des Paulus (Daniel 7,13-14), ANTJ, Frankfurt a.M./Bern/New York 1985.

Betz, O., "Was kann denn aus Nazareth Gutes kommen?". Zur Verwendung von Jesaja Kap. 11 in Johannes Kap. 1, in: FS für K. Elliger, ADAT 18, Kevelaer/Neukirchen/Vluyn 1973, 9-16.

- Neues und Altes im Geschichtshandeln Gottes: Bemerkungen zu Matthäus 13, in: Wort Gottes in der Zeit, FS K. H. Schelkle, Düsseldorf 1973, 69-84.

- Offenbarung und Schriftforschung in der Qumransakte, WUNT 6, Tübingen 1960.

- Der Paraklet: Fürsprecher im häretischen Spätjudentum, im Johannes-Evangelium und in neu gefundenen gnostischen Schriften, Leiden/Köln 1963, AGSU 2.

- Das Problem der Gnosis seit der Entdeckung der Texte von Nag Hammadi, VuF 21 (1976), 46-80.

- Rechtfertigung und Heiligung, in: Rechtfertigung - Realismus - Universalismus in biblischer Sicht, FS A. Köberle, 1978, 30-44.

- Die Vision des Paulus im Tempel von Jerusalem. Apg. 22,17-21 als Beitrag zur Deutung des Damaskuserlebnisses, in: Verborum Veritas, G. Stählin. Hrsg. O. Böcher/K. Haacker, Wuppertal 1981, 113-123.

- Was am Anfang geschah. Das jüdische Erbe in den neugefundenen koptisch-gnostischen Schriften, in: Abraham unser Vater, FS O. Michel, Tübingen 1963, 24-43.

- Was wissen wir von Jesus?, Stuttgart 1965.

- Wie verstehen wir das Neue Testament?, Wuppertal 1981.

- To Worship God in Spirit and in Truth: Reflections on John 4,20-26 (1981), in: Jesus. Der Messias Israels, Tübingen 1987, 420-440.

Beyschlag, W., Neutestamentliche Theologie oder geschichtliche Darstellung des Lebens Jesu und des Urchristentums nach den neutestamentlichen Quellen, Vol. II, Halle 1896.

Bezold, C., Die Schatzhöhle, Leipzig 1883 (ND, Amsterdam 1981).

Bietenhard, H., Die himmlische Welt im Urchristentum und Spätjudentum, Tübingen 1951.

Bjørndalen, A. J., Zur Frage der Echtheit von Jesaja 1,2-3; 1,4-7 und 6,1-7, in: Norsk Theologisk Tidsskrift, Oslo 1982.

Black, M., The Scrolls and Christian Origins. Studies in the Jewish Background of the New Testament, New York 1961.

- An Aramaic Approach to the Gospels and Acts, Oxford [3] 1967.

- The Eschatology of the Similitudes of Enoch, JThSt 3, 1952.

Black, J., Some Christological Interpolations in the Esra-Apocalypse, in: Harv ThR 51 (1958), 91ff.

Blythin, I., A Note on Isaiah XLIX 16-17, VT 16 (1966), Leiden, 229-230.

Bömer, R., Untersuchungen V: Die sogenannte sakrale Freilassund in Griechenland und Rom, I-IV, Mainz 1960, 133ff.

Boman, Th., Das hebräische Denken im Vergleich mit dem griechischen, Göttingen (1956) ^{7}1983.

- Die Jesus-Überlieferung im Lichte der neueren Volkskunde, Göttingen 1967.

Bonhoeffer, D., Akt und Sein, München ^{2}1956.

Bonsirven, J., Besprechung von J. Klausner, Jesus von Nazareth, Biblica 35, Rom 1954.

Borgen, P., Bread from Heaven, NT Suppl. 10, Leiden (1965) ^{2}1981.

- Philo of Alexandria. A critical and synthetical survey of research since World War II, ANRW 21/1, 1984, 98-154.

Bouwman, G., Eph. V. 28 - Versuch einer Übersetzung, in: Miscellanea Neotestamentica (Supplements to Novum Testamentum 48), Leiden 1978, 179ff.

Bornkamm, G., Herrenmahl und Kirche bei Paulus, in: ders., Studien zu Antike und Urchristentum (BEv Th 28), München ^{2}1963.

- μυστήριον, ThWb IV, 1942, 823-834.

- Paulus, Stuttgart/Berlin/Köln/Mainz ^{4}1979 (UB 119).

- Die Vorgeschichte des sogenannten Zweiten Korintherbriefes (Heidelberg 1961), in: ders., Geschichte und Glaube. Teil II, BEv Th 53, München 1971, 162-194.

- Zum Verständnis des Gottesdienstes bei Paulus. A. Die Erbauung der Gemeinde als Leib Christi, in: Das Ende des Gesetzes, Gesammelte Aufsätze I (GA I), BEvTh 16, 1966, 113-132.

- Zur Interpretation des 1. Johannesbriefes, in: ders., GA III, 1966, 104-121.

Bousset, W., Hauptprobleme der Gnosis, Göttingen 1907.

Bousset, W./Greßmann, H., Die Religion des Judentums im späthellenistischen Zeitalter, HNT 21 (Abt), Tübingen ^{4}1966.

Brandenburger, E., Adam und Christus. Untersuchung zu Röm 5, 12-21 (1. Kor. 15), WMANT 7, Neukirchen 1962.

- Alter und neuer Mensch, erster und letzter Adam-Anthropos, in: Vom alten zum neuen Adam: Urzeitmythos und Heilsgeschichte. Hrsg. W. Strolz, Freiburg 1986, 182-217.

- Die Verborgenheit Gottes in der Weltgeschichte. Das literarische und theologische Problem des 4. Esrabuches, Zürich 1981.

- Fleisch und Geist. Paulus und die dualistische Weisheit, WMANT 29, Neukirchen 1968.

Brakemeier, G., Die Auseinandersetzung des Paulus mit den Auferstehungsleugnern in Korinth, Diss. theol., Göttingen 1968.

Bratsiotis, N. P., אִישׁ, TWAT I, Stuttgart/Berlin/Köln/Mainz 1973.

Bratsiotis, P., Das Menschenverständnis des NT, in: C. H. Dodd uam, Man in God's Design according to the New Testament, Newcastle 1953, 21-38.

Braun, H., Qumran und das Neue Testament, Bd. I/II, Tübingen 1966.

- Römer 7,7-25 und das Selbstverständnis des Qumran-Frommen (ZThK 56, 1959), in: ders., Gesammelte Studien zum N.T. und seiner Umwelt, [3] 1971, 100-119.

- Spätjüdisch-häretischer und frühchristlicher Radikalismus. Jesus von Nazareth und die essenische Qumransekte, I, Tübingen 1957.

- Wie man über Gott nicht denken soll. Dargelegt an Gedankengängen Philos von Alexandria, Tübingen 1971.

Bruce, F. F., Die Handschriftenfunde vom Toten Meer, München 1957.

Brueggemann, W., Of the same flesh and bone (Gn 2,23a), CBQ 32, 1970, 532-542.

Büchsel, F., ἀγοράζω, ThWb I, 1932/1933, 125f.

Bückers, H., Die Unsterblichkeitslehre des Weisheitsbuches. Ihr Ursprung und ihre Bedeutung (Alttestamentl. Abh. Bd. 13 H.4), Münster 1938.

Bultmann, R., Die Bedeutung der dialektischen Theologie für die neutestamentliche Wissenschaft, ThBl VII, 1928, 57-67.

- Boman: Hebräisches und griechisches Denken, in: Gnomon 27, München 1955, 556f.

- Die Geschichte der synoptischen Tradition, FRLANT NF 12, Göttingen 1931, [9] 1979.

- Glauben und Verstehen, Gesammelte Aufsätze I, Tübingen [8] 1980.

- Gnosis. Bespr. von D. J. Dupont, Gnosis ..., JThSt 3, 1952, 10-26.

- ζάω, ThWb II, 856-877.

- νεκρός, ThWb IV, 896-898.

- Paulus, RGG[2] IV, 1930, col. 1020-1045.

- Reich Gottes und Menschensohn, ThR NF 9, 1937, 1-35.

- Theologie des Neuen Testaments. Hrsg. O. Merk, UTB 630, Tübingen [8] 1980.

- Das Urchristentum im Rahmen der antiken Religion, Zürich/Stuttgart [3] 1963.

Burchard, C., Die Essener bei Hippolyt, JSJ 8, 1977, 1-41.

Burger, C., Schöpfung und Erlösung. Studien zum liturgischen Gut im Kolosser- und Epheserbrief. WMANT 46, Neukirchen 1975.

Burkill, T. A., Two into One: The Notion of Carnal Union in Mark 10:8; 1 Kor. 6: 16; Eph. 5:31, ZNW 62, 1971, 115-120.

Burney, C. F., Christ as the APXH of Creation, JThSt 27, 1926, 160-170.

Burrows, M., Mehr Klarheit über die Schriftrollen, München 1957/1958.

- Die Schriftrollen vom Toten Meer, München 1956.

Campenhausen, H. F. v., Die Begründung kirchlicher Entscheidungen beim Apostel Paulus, SHAW [2] 1965.

- Kirchliches Amt und geistliche Vollmacht in den ersten drei Jahrhunderten, BHTh 14, [2] 1963.

Carlson, R. A., David the Chosen King, Uppsala 1964.

Casel, O., Die Kirche als Braut Christi nach Schrift, Väterlehre und Liturgie, in: Theologie der Zeit, Wien 1936, 91ff.

- Besprechung des Buches v. E. Käsemann, Leib und Leib Christi, JLW 13, Münster 1933, 290f.

- Mysterium der Ekklesia, Mainz 1961, 65ff.

Catchpole, D. R., The Trial of Jesus, StPB 18, Leiden 1971, 116f.

Cavallin, H. C. C., Life After Death, Diss. Uppsala 1974.

- Leben nach dem Tode im Spätjudentum, ANRW 19, 1, 1979.

Chavasse, C., The Bride of Christ, London 1939 (=1978).

Cerfaux, L., La Christ dans la thêologie de Saint Paul, Paris 1954=(Deutsch): Christus in der Paulinischen Theologie, Düsseldorf 1964.

- La Théologie de l'Eglise suivant Saint Paul, UnSa 10, Paris 1948=(Englisch): The Church in the Theology of St. Paul, New York [2] 1959.

Chilton, B. D., The Glory of Israel, The Theology and Provenience of the Isaiah Targum, Sheffield 1983.

Christiansen, I., Die Technik der allegorischen Auslegungswissenschaft bei Philon von Alexandrien, Tübingen 1969.

Cohen, M. S., The Shi'ur qomah: Liturgy and Theurgy in Pre-Kabbalistic Jewish Mysticism, Lanham/New York/London 1983.

Cohon, S. S., Theology of Judaism according to Josephus, JQR 26, 1935/1936, 152-157.

- Jewish Theology, Assen 1971.

Colpe, C., Die religionsgeschichtliche Schule, FRLANT 87, Göttingen 1961.

- Zur Leib Christi-Vorstellung im Epheserbrief, Judentum - Urchristentum - Kirche, FS J. Jeremias, BZNW 26, 1960, 172-187.

Conzelmann, H., Grundriß der Theologie des Neuen Testaments (München 1967), UTB 1446. Bearb v. A. Lindemann, Tübingen [4] 1987.

Coppens, J., Die Kirche als neuer Bund Gottes mit seinem Volk, in: Vom Christus zur Kirche, Wien/Freiburg/Basel 1966.

Craig, C. T., Soma Christou, in: The Joy of Study. Papers on New Testament and Related Subjects Presented to the Honor of Frederick Clifton Grant. Hrsg. S. E. Johnson, New York 1951.

Cranfield, C. E. B., A Commentary on Romans 12-13, SJTh-Occasional Papers 12, London 1965.

Cross, F. M. (Hrsg.), Qumran and the History of the Biblical Text, Harvard 1976.

Cullmann, O., Christologie des Neuen Testaments, Tübingen 1957.

- Christus und die Zeit, Zollikon/Zürich 1946.

- Der johanneische Gebrauch doppeldeutiger Ausdrücke als Schlüssel zum Verständnis des 4. Evangeliums, (ThZ 4, 1948), in: ders., Vorträge und Aufsätze 1925-1962 (Tübingen 1966), 176-186.

- Der johanneische Kreis, Tübingen, 1975.

- Die neuentdeckten Qumrantexte und das Judenchristentum der Pseudoklementinen, in: Neutestamentliche Studien für R. Bultmann, BZNW 21, Berlin 1957, 35-51.

- Die Tradition als exegetisches, historisches und theologisches Problem, Zürich 1954.

- Das Urchristentum und Gottesdienst (Abh ANT 3, Zürich [2]1950), Stuttgart [4]1962.

- Von Jesus zum Stephanuskreis und zum Johannesevangelium, in: Jesus und Paulus, FS W. G. Kümmel, Göttingen 1975, 44-56.

Cuming, G. J., ΕΠΟΤΙΣΘΗΜΕΝ (1 Corinthians 12.13), NTS 27, Cambridge/London/New York 1981, 283-285.

Dahl, M. E., The Resurrection of the Body. A Study of 1 Corinthinas 15, SBT 38, 1962, 10f.

Dahl, N. A., The Johannine Church and History, in: Current Issues in New Testament, Essays in Honour of O. A. Piper, New York 1962, 124-143.

- Das Volk Gottes (1941), Darmstadt [2]1963.

Dautzenberg, G., Sein Leben bewahren: ψυχή in den Herrenworten der Evangelien, München 1966.

Daniélou, J., Qumran und der Ursprung des Christentums, übersetzt v. O. Schillina, Mainz 1959.

Davies, W. D., Paul and Rabbinic Judaism (1948), London [3]1970.

Deimel, L., Leib Christi. Sinn und Grenzen einer Deutung des innerkirchlichen Lebens, Freiburg 1940.

Deißmann, A., Licht vom Osten. Das Neue Testament und die neuentdeckten Texte der hellenistisch-römischen Welt, Tübingen [4]1923.

Deißner, K., Auferstehungshoffnung und Pneumagedanke bei Paulus, Leipzig 1912.

- μέτρον, ThWb IV, 635-638.

Delling, G., Abendmahl II, TRE (1977) I, 47-58.

Delling, G., Das Abendmahlsgeschehen nach Paulus, in: ders., Studien zum Neuen Testament und zum hellenistischen Judentum, Göttingen 1970.

- Die Heilsbedeutung der Taufe im Neuen Testament, KuD 16, 1970, 259-281.

- Der Kreuzestod Jesu in der urchristlichen Verkündigung, Berlin 1971.

- Partizipiale Gottesprädikation in den Briefen des Neuen Testaments, StTh 17, 1963, 1-59.

- Paulus' Stellung zu Frau und Ehe, BWANT 4. Fol., Heft 5, Stuttgart 1931.

- πλήρωμα, ThWb VI, 297-304.

- Die Taufe im Neuen Testament, Berlin 1963.

- Taufe und neue Existenz nach den Neuen Testament, in: Taufe und neue Existenz, Berlin 1973, 11-20.

- Die Zueignung des Heils in der Taufe, Berlin 1961.

Dibelius, M., Botschaft und Geschichte, Tübingen 1956.

- Die Reden der Apostelgeschichte und die antike Geschichtschreibung, Heidelberg 1949.

Diels, H., Die Fragmente der Vorsokratiker, I (³1903), II (⁸1956), Berlin.

Dillistone, F. W., How is the Church Christ's Body? Theology Today 2, Philadelphia/ Westminster 1945/1946.

Dillon, J., The Middle Platonists. A Study of Platonism, London 1977.

Dinkler, E., Korintherbriefe, RGG³ IV, 1960, 17-23.

Dodd, C. H., The Interpretation of the Fourth Gospel, Cambridge 1958.

- The Meaning of Paul for Today, Oxford 1920.

Dommershausen, W., לֶחֶם, ThWAT IV, 1984, 538-547.

Doughty, D. J., Heiligkeit und Freiheit, Diss. Göttingen 1965.

Driver, G. R., Isaiah I-XXXIX: Textual and Linguistic Problems, JSS 13, 1968.

Eaton, J., The Isaiah Tradition, in: Israel's Prophetic Tradition, FS P. R. Ackroyd, Cambridge 1982, 58-76.

Ebach, J., Frau II, TRE XI, 1983, 422-424.

Eichholz, G., Die Theologie des Paulus im Umriss, Neukirchen ⁴1983.

Eichrodt, W., Theologie des Alten Testaments, Teil II: Gott und Welt, Leipzig ⁴1961.

Eisenmenger, A., Entdecktes Judenthum, Königsberg 1711.

Eißfeld, O., Einleitung in das Alte Testament, Tübingen ⁴1976.

Elbogen, I., Der jüdische Gottesdienst in seiner geschichtlichen Entwicklung, Hildesheim [4] 1962=Breslau [3] 1931.

Ellis, E. E., How the New Testament Uses the Old, in: Prophecy and Hermeneutic in Early Christianity, WUNT 18, 1978, 147-172.

- A Note on First Corinthians 10,4, JBl 76, 1957, 53-56.

Eltester, F.-W., Eikon im Neuen Testament, ZNW, Bh 23, Berlin 1958.

Engel, M., Wirklichkeit und Dichtung. Aufschlüsse in und zu 1. Mose 2-4; 6,1-14; 9,18-27; 11 und 12,1-6, Dresden 1907.

Ernst, J., Pleroma und Pleroma Christi, Regensburg 1970.

Fascher, E., Der erste Brief des Paulus an die Korinther, ThHK VII/1, Berlin [2] 1980.

Feckes,C., Das Mysterium der heiligen Kirche, Paderborn 1934.

Feld, H., Das Verständnis des Abendmahls, EdF 50, Darmstadt 1976.

Feldmann, A., The Parables and Similes of the Rabbis, Cambridge 1924.

Feldmann, L. H., Flavius Josephus Revisited: The Man, His Writings, and His Significance, ANRW II/21.2, 1984.

- Josephus and Modern Scholarship (1937-1980), Berlin/New York 1984.

Feuillet, A., 'La demeure céleste et la destinée des chrétiens', RSR XLIV 1956.

Fiorenza, E. S., Cultic Language in Qumran and in the New Testament, CBQ XXXVIII, 1976.

Fischer, K.-M., Adam und Christus, in: Altes Testament - Frühjudentum - Gnosis, Gütersloh 1980, 283-298.

- Tendenz und Absicht des Epheserbriefes, FRLANT 111, Göttingen 1973.

Francis, F. O., Humility and Angelic Worship in Col 2,18, StTh 16, 1962, 126-130.

Friedländer, M. H., Geschichtsbilder aus der Zeit der Tañaiten und Amoräer, Brünn 1879.

Friedrich, G., Beobachtung zur messianischen Hohepriestererwartung in den Synoptikern, ZThK 53, 1956, 265-311.

- Christus, Einheit und Norm der Christen. Das Grundmotiv des 1. Korintherbriefes. KuD 9, Göttingen 1963=ders., Auf das Wort kommt es an. Gesammelte Aufsätze, Göttingen 1978, 147-170.

- Sexualität und Ehe: Rückfragen an das Neue Testament, Stuttgart 1977.

- εὐαγγέλιον, ThWb II, 718-734.

- Christus, Einheit und Norm der Christen. Das Grundmotiv des 1. Korintherbriefes, in: Auf das Wort kommt es an. Ges. Aufsätze 1978, 147-170.

Foerster, W., κύριος, ThWb III, 1038-1056.

Fohrer, G., Jesaja 1 als Zusammenfassung der Verkündigung Jesajas, ZAW 74. NF 33, 1962, 251-268.

Fraine, J. de, Adam und seine Nachkommen. Der Begriff der "Korporativen Persönlichkeit" in der Heiligen Schrift, 1962.

Frankenberg, W., Die Datierung der Psalmen Salomos: Ein Beitrag zur jüdischen Geschichte, ZAW, Bh. I, Gießen 1896.

Friedrich, G., εὐαγγέλιον, ThWb II, 718-734

- Christus, Einheit und Norm der Christen. Das Grundmotiv des 1. Korintherbriefes, in: Auf das Wort kommt es an. Ges. Aufsätze, Göttingen 1978, 147-170.

Froitzheim, F., Christologie und Eschatologie bei Paulus, Würzburg 1979.

Fuchs, E., Christus und der Geist bei Paulus. UNT 23, Leipzig 1932.

- Die Freiheit des Glaubens. Römer 5-8 ausgelegt. BEvTh 14, München 1949.

Früchtel, U., Die kosmologischen Vorstellungen bei Philo von Alexandrien, Leiden 1968.

Galling, K., Textbuch zur Geschichte Israels, Tübingen 1950.

Gärtner, B., The Temple and the Community in Qumran and the New Testament, Cambridge 1965 (MSSNTS 1).

Gaster, M., Das Schiur Komah, MGWJ. XXXVII, Breslau 1893, 179-185, 213-230.

Gaston, L., No Stone on Another. Studies in the Significance of the Fall of Jerusalem in the Synoptic Gospels, NT Suppl. 23, Leiden 1964.

Georgi, D., Die Gegner des Paulus im 2. Korintherbrief, WMANT 11, Neukirchen 1964.

Gerhardsson, B., Memory and Manuscript. Oral Tradition and Written Transmission in Rabbinic Judaism and Early Christianity, ASNU 22, Lund/Kopenhagen [2]1964=1961.

Gese, H., Τὸ δὲ Ἁγὰρ Σινὰ ὄρος ἐστὶν ἐν τῇ Ἀραβίᾳ (Gal 4,25), in: Das ferne und nahe Wort, FS L. Rost, Berlin 1967, 81 - 94 = ders., Vom Sinai zum Zion, BEvTh 64, München 1974, 49-62.

- Zur biblischen Theologie, Alttestamentliche Vorträge, BEvTh 78, München 1977.

Ginzberg, L., The Legends of the Jews V, transl. from the German, Philadelphia (1925) [7]1955.

Glubokowsky, N./Howard, W. F./Schmidt, K. L., Christus und die Kirche (Eph 5,25-32), ThBl 9, 1930, 327ff.

Gnilka, J., "Bräutigam" - spätjüdisches Messiasprädikat?, TThZ 69, Trier 1960, 298-301.

Goldberg, A. M., Untersuchungen über die Vorstellung von der Schekinah in der frühen rabbinischen Literatur, Berlin 1969.

Goldstein, M., Jesus in the Jewish Tradition, New York 1950.

Goodenough, E. R., By Light, Light. The Mystic Gospel of Hellenistic Judaism, London 1935.

Goppelt, L., Der eucharistische Gottesdienst nach dem Neuen Testament, EuA 49, 1973, 435-447.

- ποτήριον, ThWb VI, 148-158.

Goppelt, L., Theologie des Neuen Testaments. Hrsg. J. Roloff, UTB 850, Göttingen [3]1981.

- Typos. Die typologische Deutung des Alten Testaments im Neuen (1939), ND Darmstadt 1973.

Goosens, W., L'Eglise Corps du Christi d'après Saint Paul, Paris 1949.

Gräßer, E., Das Problem der Parusieverzögerung in den synoptischen Evangelien und in der Apostelgeschichte, Berlin 1957.

- Der Alte Bund im Neuen, Tübingen 1985.

Greeven, H., u. a. (Hrsg.), Theologie der Ehe, Regensburg/Göttingen 1969, 81-115.

Greeven, H., Ehe nach dem Neuen Testament, in: Theologie der Ehe, 1969, 37-79.

Grimm, W., Die Heimkehr der Jakobskinder (Jes 43,1-7), Frankfurt a.M./Bern/New York 1985.

- Das Opfer eines Menschen. Eine Auslegung von Joh 11,47-53, FS S. ben Chorin, Trier 1978, 74ff.

- Die Preisgabe eines Menschen zur Rettung des Volkes, in: Josephus-Studien, FS O. Michel. Hrsg. O. Betz u.a., Göttingen 1974, 133-146.

- Weil Ich dich liebe. Die Verkündigung Jesu und Deuterojesaja, Frankfurt a. M., ANTJ I, [2]1981.

Grossow, W., The Dead Sea Scrolls and the New Testament. A preliminary survey, StC 27, 1952, 3f.

Grundmann, W., Paulus, aus dem Volke Israel, Apostel der Völker, NovT 4, 1960, 268f.

- ἁμαρτάνω, ThWb I, 305-320.

Gundry, R. H., Soma in Biblical Theology, with Emphasis on Pauline Anthropology, NTS.MS 29, London/New York/Melbourne 1976.

Güttgemans, E., Der leidende Apostel und sein Herr. Studien zur paulinischen Christologie. FRLANT 90, Göttingen 1966.

Hahn, F., Christologische Hoheitstitel, Berlin (1963) [2]1964.

- Gottesdienst und Opfer Christi. Eine Untersuchung über das Heilsgeschehen im christlichen Gottesdienst, Göttingen 1951.

- Das Verständnis der Mission im Neuen Testament, WMANT 13, Neukirchen 1963.

-Hainz, J., Ekklesia. Strukturen paulinischer Gemeinde-Theologie und Gemeinde-Ordnung, BU 9, 1972.

- Koinonia. "Kirche" als Gemeinschaft bei Paulus, BU 16, Regensburg 1982.

Hanse, H., μετέχω, ThWb II, 830-832.

Halter, H., Taufe und Ethos. Paulinische Kriterien für das Proprium christlicher Moral, FThSt 106, Freiburg/Basel/Wien 1977.

Hanson, S., The Unity of the Church in the New Testament, Uppsala 1946.

Harnisch, W., Der Prophet als Widerpart und Zeuge der Offenbarung, in: Die Apokalyptik im Mittelmeerraum und im Vorderen Orient. Hrsg. D. Hellholm, Tübingen 1983.

- Verhängnis und Verheißung der Geschichte. Untersuchungen zum Zeit- und Geschichtsverständnis im 4. Buch Esra und in der syr. Baruchapokalypse, FRLANT 97, Göttingen 1969.

Haugg, D., "Wir sind Dein Leib", München 1937.

Hauck, F., ἐκβάλλω, ThWb I, 525f.

- κοινωνός, ThWb III, 798-810.

Hecht, R. D., Preliminary Issues in the Analysis of Philo's De Specialibus Legibus, SP 5, 1978.

Hegermann, H., Jesaja 53 in Hexapla, Targum und Peschitta, Gütersloh 1954.

- Die Vorstellung vom Schöpfungsmittler im hellenistischen Judentum und Urchristentum, TU 82, Berlin 1961.

- Zur Ableitung der Leib-Christi-Vorstellung, TLZ LXXXV, 1960, 840-842.

Heitmüller, W., Taufe und Abendmahl bei Paulus, Göttingen 1903.

Hempel, J., Die Texte von Qumran in der heutigen Forschung, Göttingen 1962.

Hengel, M., Atonement. A Study of the Origins of the Doctrine in the New Testament, London 1981.

- Judentum und Hellenismus, WUNT 10, Tübingen ² 1973.

- Mors turpissima crucis. Die Kreuzigung in der antiken Welt und die "Torheit" des "Wortes vom Kreuz", in: Rechtfertigung, FS E. Käsemann, Tübingen 1976.

- Der stellvertretende Sühnetod Jesu, IKa 9, Köln 1980, 1-25, 135-147.

- Die Zeloten, Untersuchungen zur jüdischen Freiheitsbewegung in der Zeit von Herodes 1. bis 70 n. Chr., Leiden ² 1976.

Herford, T., Christianity in Talmud and Midrash, London 1903.

Hermann, I., Kyrios und Pneuma: Studien zur Christologie der paulinischen Hauptbriefe, StANT 2, München 1961 (Diss. 1958).

Hermann, S., Die prophetischen Heilserwartungen im Alten Testament. Ursprung und Gestaltwandel, Stuttgart 1965.

Hermisson, H.-J., "Israel und der Gottesknecht bei Deuterojesaja", ZThK 79, 1982, 23f.

Hill, D., Greek Words and Hebrew Meanings. Studies in the Semantics of Soteriological Terms, SNTS.MS 5, Cambridge 1967.

Hölscher, G., Josephus, in: Pauly-Wissowa, Real-Encyclopädie der klassischen Altertumswissenschaft IX, Sp. 1934-2000.

Hoffmann, P., Die Toten in Christus, Münster 1966.

Hofius, O., Abendmahl, TRT 1, Göttingen 1983, 18ff.

- "Bis daß er kommt" 1. Kor XI.26, NTS 14 (1967/1968), 439-441.

- Der Christushymnus Philipper 2,6-11. Untersuchungen zu Gestalt und Aussage eines urchristlichen Psalms, WUNT 17, Tübingen 1976.

- Das Gesetz des Mose und das Gesetz Christi, ZThK 80, 1983, 266ff.

- Der Vorhang vor dem Thron Gottes, Tübingen 1972.

Holsten, C., Das Evangelium des Paulus, 2. Vol. Berlin 1898.

- Zum Evangelium des Paulus und des Petrus, Rostock 1868.

Hooker, M. D., Adam in Romans 1, NTSt 6 (1959/1960), Cambridge 1960, 297f.

Horst, J., μέλος, ThWb IV, 563-572.

Howard, G., Phil 2:6-11 and the Human Christ, CBQ 40, 1978, 368-390.

Hübner, H., τιμή, EWNT III, Stuttgart/Berlin/Köln/Mainz 1983, 858f.

Hulst, A. R., בנה, THAT I, München/Zürich [4] 1984, 325-327.

Hunt, H. B., Attitudes Toward Divorce in Post-Exilic Judaism, Bib Ill 12, 1986, 62-65.

Huppenbauer, H. W., Basar "Fleisch" in den Texten von Qumran, ThZ 13, 1957, 298-300.

Jacob, E., ψυχή, ThWb IX, 1973, 614-629.

Janowski, B., Sühne als Heilsgeschehen, Diss. Tübingen 1979.

Jellinek, A., Bet ha-Midrash. Sammlung kleiner Midraschim, Jerusalem [3] 1967.

Jenni, E., עולם, Ewigkeit, THAT II, München/Zürich [3] 1983, 228-243.

Jeremias, G., Der Lehrer der Gerechtigkeit, SUNT 2, Göttingen 1963.

Jeremias, J., Die Abendmahlsworte Jesu, Göttingen (1935), 1967.

- ᾿Αδάμ, ThWb I, 1933, 141-143.

- ᾅδης, ThWb I, 146-150.

- γέεννα, ThWb I, 655f.

- Die Gleichnisse Jesu, Göttingen (1947), [10] 1984.

- Golgotha. Angelos Beiheft 1, Leipzig 1926.

Jeremias, J., Jesus als Weltvollender, Gütersloh 1930.

- λίθος, ThWb IV, 1942, 272-283.

- Neutestamentliche Theologie. Erster Teil: Die Verkündigung Jesu, Gütersloh ³1979.

- πολλοί, ThWb VI, 536-545.

- Der Schlüssel zur Theologie des Apostels Paulus, Göttingen 1971.

- Die Sprache des Lukasevangeliums. KEK Sonderband, Göttingen 1980.

Jeremias, J./Zimmerli, W., παῖς θεοῦ, ThWb V, 1954, 653-713.

Jervell, J., Imago Dei. Gen 1,26f im Spätjudentum, in der Gnosis und in den paulinischen Briefen, FRLANT 76, Göttingen 1960.

- Imagines und Imago Dei, in: Josephus-Studien, FS O. Michel, Göttingen 1974, 197-204.

Jewett, R., Paul's Anthropological Terms. AGJU 10, Leiden 1971.

- Paulus-Chronologie, München 1982 = ders., A Chronology of Paul's Life, Philadelphia 1979.

Johannessohn, M., Der Gebrauch der Präposition in der Septuaginta, in: NGG (1955), 290-292.

Johannson, N., Det urkristna nattvardsfirandet - Dessreligionshistoriska bakgrund, dess ursprung och innebörd, Lund 1944.

Johnson, A. R., The One and the Many in the Israelite Conception of God, Cardiff 1961.

Jonas, H., Die mythologische Gnosis. Mit einer Einleitung zur Geschichte und Methodologie der Forschung, Göttingen (1934) ³1964.

Juel, D., Messiah and Temple. The Trial of Jesus in the Gospel of Mark, SBLDS 31, Missoula 1977.

Jülicher, A., Die Schriften des Neuen Testaments (SNT II): Die paulinischen Briefe und die Pastoralbriefe, (1907) ³1917.

Jüngel, E., Gott als das Geheimnis der Welt, Tübingen 1977.

- Paulus und Jesus, HUTh 2, ⁵1979.

Jüssen, K., Christus in der Kirche, in: Oberrheinisches Pastoralblatt, 1942, 57ff.

Kähler, E., Die Frau in den paulinischen Briefen, Zürich/Frankfurt a. M. 1960.

Käsemann, E., Die Anfänge christlicher Theologie, in: ders., Exegetische Versuche und Besinnungen, Bd. II (EVB II), Göttingen ⁴1970, 82-104.

- Anliegen und Eigenart der paulinischen Abendmahlslehre, EVB I (⁶1970), 11-34.

- Christus, das All und die Kirche, ThL 81, 1956, 585-590.

Käsemann, E., Erwägungen zum Stichwort "Versöhnungslehre im Neuen Testament", in: Zeit und Geschichte, FS R. Bultmann, Tübingen 1964, 47-59.

- Geist und Buchstabe, Paulinische Perspektiven, Tübingen (1969) [2]1972, 237-285.

- Jesu letzter Wille nach Johannes 17, Tübingen (1966) [4]1980.

- Leib und Leib Christi. Eine Untersuchung zur paulinischen Begrifflichkeit, BHTh 9, Tübingen 1933.

- Eine paulinische Variation des "Amor fati". 1. Kor. 9,14-18, EVB II, 223-239.

- Paulus und der Frühkatholizismus, ZThK 60, 1963 = EVB II, 239-252.

- Das Problem des historischen Jesus (ZThK 51, 1954, 125-153), EVB I, 187-214.

- Das theologische Problem des Motivs vom Leibe Christi, Paul. Persp. 178-210.

- Das wandernde Gottesvolk. Eine Untersuchung zum Hebräerbrief, FRLANT 37, Göttingen [2]1957.

- Zum Thema der urchristlichen Apokalyptik, EVB II, 105-131.

- Zum Verständnis von Römer 3,24-26, EVB I, 96-100.

- Zur Johannes-Interpretation in England, EVB II, 131-155.

- Zur paulinischen Anthropologie, Paul. Persp. 9-60.

Kalt, E., Das Buch der Weisheit. Das Buch Isaias, HBK VIII, Freiburg im Breisgau 1938.

Kastner, F., Marianische Christusgestaltung der Welt, Paderborn [4]1937.

Kearns, C., The Church the Body of Christ according to St. Paul, Irish Ecclesiastical Record 90, Dublin 1958, 1-11, 145-157; 91 (1959), 1-15, 313-327.

Kim, J. Ch., Der gekreuzigte Christus als geheimnisvolle Weisheit Gottes, Diss. Tübingen 1987.

Kim, Yong-Ok, Das Studium der Thomasakten, Koreanisch, Seoul 1983.

Kim, S., The Origin of Paul's Gospel, Tübingen 1981.

- "The 'Son of Man'" as the Son of God, WUNT 30, Tübingen 1983.

Kittel, G., εἰκών, ThWb II, 1935, 378-396.

Klaiber, W., Rechtfertigung und Gemeinde. Eine Untersuchung zum paulinischen Kirchenverständnis, Göttingen 1982.

Klauck, H.-J., Judas - ein Jünger des Herrn, QD 111, Freiburg/Basel/Wien 1987.

- Kultische Symbolsprache bei Paulus, in: Freude am Gottesdienst, FS J. G. Plöger. Hrsg. J. Schreiner, Stuttgart 1983, 108ff.

Klausner, J., Die Messianischen Vorstellungen des jüdischen Volkes im Zeitalter der Tannaiten, Berlin 1904.

Kleinknecht, K. Th., Der leidende Gerechtfertigte, WUNT 2, Reihe 13, Tübingen 1984.

Klinzing, G., Die Umdeutung des Kultus in der Qumrangemeinde und im NT, Göttingen 1972.

Knight, G., Christian Theology of the Old Testament, London 1959.

Knox, W. L., St. Paul and the Church of the Gentiles, Cambridge, 1939.

- Paralleles to the N.T. Use of Σῶμα, JThS 39, 1938, 243-246.

Koch, K., Die drei Gerechtigkeiten. Die Umformung einer hebräischen Idee im aramäischen Denken nach dem Jesajatargum, in: Rechtfertigung, FS E. Käsemann, Tübingen 1976.

- Wesen und Ursprung der 'Gemeinschaftstreue' im Israel der Königszeit, ZEE 5, 1961, 72-90.

Köhler, L., Theologie des Alten Testaments, Tübingen (1936) [4] 1966.

Köster, H., Einführung in das Neue Testament, GLB, Berlin-New York 1980.

Kosmala, H., Hebräer - Essener - Christen, Leiden 1959.

Koster, M. D., Ekklesiologie im Werden, Paderborn 1940.

Kraeling, C. H., Anthropos and Son of Man: A Study in the Religious Syncretism of the Hellenistic Orient, New York 1927.

- The Synagogue. The Excavations at Dura-Europos. Final report VIII, Part I, New Haven/London 1956.

Kretzer, A., γῆ, EWNT I, 1980, Stuttgart/Berlin/Köln/Mainz 1980, Sp. 592f.

Kretschmar, G., Geschichte des Taufgottesdienstes in der alten Kirche, in: Leiturgia. Handbuch des evangelischen Gottesdienstes V. Der Taufgottesdienst, Kassel 1970.

Kroll, J., Gott und Hölle. Der Mythus vom Descensuskampfe, Leipzig/Berlin 1932, 500f.

Kühlewein, J., אִשָּׁה, THAT I, München/Zürich [4] 1984, Sp. 247-251.

Kümmel, W. G., Besprechung von F. Neugebauer: In Christus, ZRGG 14, 1962, 379-381.

- Einleitung in das Neue Testament, Heidelberg [20] 1980.

- Kirchenbegriff und Geschichtsbewußtsein in der Urgemeinde und bei Jesus, SyBU 1, Uppsala (1943) [2] 1968.

- Römer 7 und die Bekehrung des Paulus (1929), in: Römer 7 und das Bild des Menschen im Neuen Testament, TB 53, München 1974.

- Die Theologie des Neuen Testaments nach seinen Hauptzeugen. Jesus, Paulus, Johannes, NTD Erg R 3, [4] 1980.

Küng, H., Die Kirche, ÖF.E 1, [3]1969 = Serie Piper 161, 1977.

Kuhn, H. W., Enderwartung und gegenwärtiges Heil in den Gemeindeliedern von Qumran (Diss. Heidelberg 1963), gedruckt, Göttingen 1966.

- Johannesevangelium und Qumrantexte. Neotestamentica et Patristica, FS O. Cullmann. Suppl. NT 6, Leiden 1962, 111-122.

Kuhn, K. G., Πειρασμός - ἁμαρτία - σάρξ im Neuen Testament und die damit zusammenhängenden Vorstellungen, ZThK 49, 1952, 200-222.

Kuss, O., Auslegung und Verkündigung I: Aufsätze zur Exegese des Neuen Testaments, Regensburg 1963.

Kutsch, E., Verheißung und Gesetz. Untersuchungen zum sogenannten "Bunde" im Alten Testament, ZAW.Bh.131, Berlin/New York 1973.

Lange, N. de, Origen and the Jews. Studies in Jewish-Christian Relations in Third-Century Palestine, Cambridge [2]1978.

Lapide, P./Pannenberg, W., Judentum und Christentum. Einheit und Unterschied. Ein Gespräch, München 1981.

Lee, E. K., Unity in Israel and Unity in Christ, in: Studies in Ephesians, 1956, 44f.

Leenhardt, J., L'Epître de Saint Paul aux Romains 1957, Complément, CNT[N] 6, Genève (1969) [2]1981.

Lehmann, M. R., "Gen. 2,24 as the Basis for Divorce in Halakkah and New Testament", ZAW 72. Neue Folge 31, 1960, 263-267.

Leipoldt, J., Die Frau in der antiken Welt und im Urchristentum, Leipzig [3]1965.

Leisegang, H., Die Gnosis, Stuttgart (1924) [4]1955.

- Der Heilige Geist, Bd. I/1, Leipzig/Berlin 1919 (= Darmstadt 1967).

Licht, J., The Thanksgiving Scroll. A Scroll from the Wilderness of Judea, Jerusalem 1957.

Lichtenberger, H., Täufergemeinde und frühchristliche Täuferpolemik im letzten Drittel des 1. Jahrhunderts, ZThK 84, 1987, Heft 1, 36-57.

Lieberman, S., The Natural Science of the Rabbis, in: ders., Hellenism in Jewish Palestine, New York [2]1962.

- Sheqi'in, Jerusalem [2]1970.

Lietzmann, H., Messe und Herrenmahl, Bonn 1926.

Lillie, W., An Approach to II Corinthians 5.1-10, SJTh 40, 1977.

Lindeskog, G., Studien zum neutestamentlichen Schöpfungsgedanken, Uppsala/Wiesbaden 1952.

Little, J. A., Paul's Use of Analogy: A Structural Analysis of Romans 7:1-6, CBQ 46, No. 1, 1984, 82-90.

Livius, Ab urbe condita II, 32. Menenius Agrippa, LCL, Liby I, Books I/II, Cambridge (1916) [6]1961, 323-325.

Locher, C., Altes und Neues zu Maleachi 2,10-16, in: Mélanges Dominique Barthélemy. Hrsg. P. Caselti/O. Keel/A. Schenker, OBO 38, Freiburg/Göttingen 1981, 242-271.

Lohfink, G., Paulus von Damaskus, SBS 4, Stuttgart 1966.

Lohmeyer, E., Vom urchristlichen Abendmahl, ThR IX (1937), 168ff; X (1938), 81ff.

Lohse, E., Christusherrschaft und Kirche im Kolosserbrief. NTS 11, 1964/1965, 203-216.

- Die Einheit des Neuen Testaments, Göttingen 1973.

- Die Entstehung des Neuen Testaments, ThW 4, Stuttgart/Berlin/Köln/Mainz 1972.

- Die Gemeinde und die Theologie, in: Als Boten des gekreuzigten Herrn, FS W. Krusche, Berlin 1982, 69ff.

- Grundriß der neutestamentlichen Theologie, ThW 5, Stuttgart 1974.

- Umwelt des Neuen Testaments. Grundrisse zum Neuen Testament, NTD Ergänzungsreihe 1, Göttingen [6] 1983.

- Zu 1. Korinther 10,26.31, in: Die Einheit des Neuen Testaments, 245ff.

Loosen, J., Unsere Verbindung mit Christus. Eine Prüfung ihrer scholastischen Begrifflichkeit bei Thomas und Skotus, 2. Teil, in: Scholastik 16, 1941, 193ff.

Loretz, O., Der Prolog des Jesaja-Buches (1.1-2,5). Ugaritologische und kolometrische Studien zum Jesaja-Buch, Bd. 1 (UBL), Altenberge 1984.

Löwe, H., Christus und die Christen, Untersuchungen zum Verständnis der Kirche in den großen Paulusbriefen und im Kolosser- und Epheserbrief. Diss. Heidelberg 1965 (masch.).

Lührmann, D., Freundschaftsbrief trotz Spannungen. Zu Gattung und Aufbau des Ersten Korintherbriefes, in: Studien zum Text und zur Ethik des Neuen Testaments, FS H. Greeven, Berlin 1986, 298-314.

Lütgert, W., Freiheitspredigt und Schwarmgeister in Korinth (BFChrTh 12,3), Gütersloh 1908.

Luz, U., Das Geschichtsverständnis des Paulus, BEvTh 49, München 1968.

Manson, T. W., On Paul and John, SBT 38, London 1963.

- A Parallel to a New Testament Use of σῶμα, JThS 37, 1936, 385.

- The Servant-Messiah, Cambridge 1953.

- The Son of Man in Daniel, Enoch and the Gospels, in: Studies in the Gospels and the Epistles, Manchester 1962, 143ff.

- The Teaching of Jesus, Cambridge [2] 1963.

Marco, A. di, "Misterium hoc magnum est ..." (Ef 5,32), Laur. 14, 1973, 43-80.

Martelet, G., Le mystère du corps et dans L'Eglise, in: Verbum Caro 45 (1958), 31ff.

Marxsen, W., Das Abendmahl als christologisches Problem, Gütersloh 1963.

- Einleitung in das Neue Testament, Gütersloh [3]1964.

Maurer, Chr., Ehe und Unzucht nach 1. Korinther 6,12-7,7, WuD NF 6, Bethel 1959, 159ff.

Mayer, R./Reuß, J., Die Qumrânfunde und die Bibel, Regensburg 1959.

Mckenzie, S. L./Wallace, H. N., Covenant Themes in Malachi, CBQ 45, No. 1, 1983, 549-563.

Meagher, J. C., John 1,14 and the New Temple (σκηνοῦν), JBL 88, 1969, 57-68.

Meeks, W. A., In One Body: The Unity of Humankind in Colossians and Ephesians, FS N. A. Dahl. Hrsg. J. Jervell/Meeks, W. A., Oslo 1977, 209-221.

- The First Urban Christians. The Social World of the Apostel Paul, New Haven/London 1983.

- The Prophet-King, NT Suppl. 14, Leiden 1967.

Meier, J. P., On the Veiling of Hermeneutics (1 Cor. 11:2-16), CBQ 40, 1978, 212-226.

Mengel, B., Studien zum Philipperbrief, Tübingen 1982.

Merk, O., Handeln aus Glauben, MThSt 5, Marburg 1968.

Merklein, H., Christus und die Kirche. Die theologische Grundstruktur des Epheserbriefes nach Eph 2,11-18, SBS 66, 1973, 45-53.

- Die Einheitlichkeit des ersten Korintherbriefes, ZNW 75, Berlin 1985, 153-183.

- Entstehung und Gehalt des paulinischen Leib-Christi-Gedankens, in: Im Gespräch mit dem dreieinen Gott, FS W. Breuning, Düsseldorf 1985, 115-140.

Mersch, E., Le Corps Mystique du Christ, Paris [3]1949.

Meuzelaar, J. J., Der Leib des Messias. Eine exegetische Studie über den Gedanken vom Leib Christi in den Paulusbriefen, Assen 1961.

Meyer, R., Betrachtungen zu drei Fresken der Synagoge von Dura-Europos, ThLZ 74, 1949, 35-38.

- Das Gebet des Nabonid. Eine in den Qumran-Handschriften wiederentdeckte Weisheitserzählung. Philologisch-historische Klasse. Bd. 107, Heft 3, Berlin 1962.

- Hellenistisches in der rabbinischen Anthropologie. Rabbinische Vorstellungen vom Werden des Menschen, BWANT IV/22, Stuttgart 1937.

Meyer, R., σάρξ, ThWb VII, 1964, 109-118.

Michaelis, W., Rezension von Käsemann: Leib und Leib Christi, ThLBl LIV 1933, 387-390.

- Die biblische Vorstellung von Christus als dem Erstgeborenen, ZSTh 23, 1954.

- πρωτότοκος, ThWb VI, 1959, 872-883.

Michel, O., ναός, ThWb IV, 1942, 884-895.

- οἰκοδομέω - οἰκοδομή, ThWb V, 1954, 139-149.

- Das Zeugnis des Neuen Testaments von der Gemeinde, FRLANT 57. NF 39, Göttingen 1941 = 2., erw. Aufl., Gießen/Basel 1983.

- Paulus und seine Bibel (1929), Darmstadt 1972.

Miskotte, K. H., When the Gods are Silent, London 1967.

Mitterer, A., Biologische Grundlagen einer organischen Auffassung von der Kirche, in: Theologie der Zeit, 1936, 112ff.

- Christus und Kirche im Lichte ihrer Analogie zum Menschenleib. Abhandlung über Theologie und Kirche, Düsseldorf 1952, 61-77.

- Geheimnisvoller Leib Christi. Nach St. Thomas von Aquin und nach Papst Pius XII, Vienna 1950.

Moffatt, J., Survey of Recent Theological Literature, HibJ XXXII 1933, 292-300, 617-623.

Montague, G. T., Building Christ's Body. The Dynamics of Christian Living According to St. Paul, Chicago 1970.

Moore, G. F., Judaism in the First Centuries of the Christian Era. The Age of the Tannaim I-III, Cambridge Mass. 1927-1930.

Moule, C. F. D., The Origin of Christology, Cambridge 1977.

- The Phenomenon of the New Testament, London 1967.

Müller, C., Gemeinde, TRE XII 1984, 316-335.

Müller, U. B., Messias und Menschensohn in jüdischen Apokalypsen und in der Offenbarung des Johannes, StNT 6, Gütersloh 1972.

Muirhead, J. A., The Bride of Christ, SJTh V, 1952.

Murmelstein, B., Adam, ein Beitrag zur Messiaslehre, WZKM XXXV, 1928, 242ff; XXXVI, 1929, 51ff.

Mussner, F., Beiträge aus Qumran zum Verständnis des Epheserbriefs, in: Ntl. Aufsätze. FS J. Schmid, 1963, 185-198.

- Christus, das All und die Kirche, Studien zur Theologie des Epheserbriefes, Trier [2]1968.

Neuenzeit, P., Das Herrenmahl. Studien zur paulinischen Eucharistieauffassung, StANT 1, München 1960.

Neuenzeit, P., Die hermeneutischen Voraussetzungen R. Bultmanns in ihrem Verhältnis zur paulinischen Theologie, KuD 5, 1959, Göttingen, 294ff.

- In Christus ἐν Χριστῷ. Eine Untersuchung zum Paulinischen Glaubensverständnis, Göttingen 1961.

Nickels, P., Targum and New Testament. A Bibliography together with a New Testament Index, SPIB 117, Rom 1967.

Nötscher, F., Heiligkeit in den Qumranschriften, RQ 2, 1959/1960, 163-181.

Odeberg, H., The View of the Universe in the Epistle to the Ephesians, AUL.T 29,6, Lund 1934.

Oepke, A., ἐν, ThWb II, 1935, 534-539.

- Leib Christi oder Volk Gottes bei Paulus, ThLZ 79, 1954, 363-368.

- Das neue Gottesvolk, Gütersloh 1950.

Ohly, F., Hohelied-Studien: Grundzüge und Geschichte der Hoheliedauslegung des Abendlandes bis um 1200 über Hippolytus von Rom, Wiesbaden 1958.

Onuki, T., Gemeinde und Welt im Johannesevangelium, Neukirchen 1984.

Osten-Sacken, P. von der, Röm 8 als Beispiel paulinischer Soteriologie, FRLANT 112, Göttingen 1975.

- Überlieferung und Auslegung in Röm 8, WMANT 43, Neukirchen-Vluyn 1974.

Ottosson, M., ארץ, ThWAT I, 1973, 418-436.

Pannenberg, W., Grundzüge der Christologie, Gütersloh [3] 1969.

Pascher, J., Η ΒΑΣΙΛΙΚΗ ΟΔΟΣ. Der Königsweg zu Wiedergeburt und Vergottung bei Philon von Alexandria, Paderborn 1931.

Pearson, B. A., Philo and Gnosticism, ANRW 21.1, 295-342.

- The Pneumatikos-Psychikos-Terminology in 1 Corinthians. Dissertation Series 12, Cambridge 1973.

Pederson, J., Israel: Its Life and Culture. I-IV, London 1926-1940.

Percy, E., Der Leib Christi Σῶμα Χριστοῦ in den paulinischen Homologumena und Antilegomena, LUA NF Aud. 1, Bd. 38/1, 1942.

- Die Probleme der Kolosser- und Epheserbriefe. Lund 1946.

- Zu den Problemen des Kolosser- und Epheserbriefes, ZNW 43, 1950/1951, 178-194.

Perrin, N., Rediscovering the Teaching of Jesus, London 1967.

Pesch, R., Das Abendmahl und Jesu Todesverständnis, QD 80, Freiburg 1978.

- Paulinische "Kasuistik". Zum Verständnis von 1 Kor. 7,10-11, in: Homenaje a Juan Prado, Madrid 1975, 433-442.

Pesch, W., μετέχω, EWNT II, 1981, Sp. 1033.

- Die sogenannte Gemeindeordnung Mt 18, in: Evangelienforschung, Graz/Wien/Köln 1968, 177-197.

Pfammatter, J., Die Kirche als Bau. Eine exegetisch-theologische Studie zur Ekklesiologie der Paulus-Briefe, Rom 1960.

- οἰκοδομή, EWNT II, 1981, SP. 1211-1218.

Pfister, W., Das Leben im Geist nach Paulus, Freiburg/Schweiz 1963.

Pfleiderer, O., Paulinismus. Ein Beitrag zur Geschichte der urchristlichen Theologie, Leipzig (1973) ²1890.

Pohlenz, M., Paulus und die Stoa, ZNW 42, 1949, 69-104.

- Die Stoa. Geschichte einer geistigen Bewegung, 2 Bde., Göttingen ³1948/1949.

Pohlmann, H., Erbauung, RAC 5, Stuttgart 1962, Spalte 1043-1070.

Pokorny, P., Σῶμα Χριστοῦ im Epheserbrief, EvTh 20, München 1960, 456-464.

Popkes, W., Christus traditus. Eine Untersuchung zum Begriff der Dahingabe im Neuen Testament. ATANT 49, Zürich/Stuttgart 1967.

Porter, J. R., The Legal Aspects of the Concept of "Corporate Personality" in the Old Testament, VT 15, 1965, 361ff.

Preuß, J., Biblisch-Talmudische Medizin, Berlin (1911) 1923.

Priebatsch, H., Die Josephsgeschichte in der Weltliteratur. Eine leidensgeschichtliche Studie, Breslau: Marcus 1937.

Prümm, K., Theologie des zweiten Korintherbriefes, Bd. 1 (1960), Bd. 2 (1962), Wien.

Rad, G. v., Theologie des Alten Testaments, Bd. I (⁶1969), Bd. II (⁵1968), München.

- Das theologische Problem des alttestamentlichen Schöpfungsglaubens, BZAW 66, 1936, 138ff.

Ratzinger, J., Zur Theologie der Ehe, in: H. Greeven u.a., Theologie der Ehe, Regensburg/Göttingen 1969, 81-115.

Rawlinson, A. E. J., Corpus Christi, in: Mysterium Christi. Hrsg. G. K. A. Bell/D. A. Deißmann (London 1930), Berlin 1931, 273-296.

Reicke, B., The Consitution of the Primitive Church in the Light of Jewish Documents, in: The Scrolls and the New Testament, New York 1957, 143-156.

- Eheleben, TRE IX, 1982, 318-325.

- Die Verwandtschaftsformel in Genesis 2,23, ThZ 16, 1960, 1-4.

Reitzenstein, R., Das iranische Erlösungsmysterium, Bonn 1921.

Reitzenstein, R., Studien zum antiken Synkretismus aus Iran und Griechenland, Leipzig 1926.

Rendtorff, R., Das Alte Testament. Eine Einführung, Neukirchen-Vluyn 1983.

- Die theologische Stellung des Schöpfungsglaubens bei Deuterojesaja, ZThK 51, Tübingen 1954, 31ff.

Reuss, J., Die Kirche als Leib Christi und die Herkunft dieser Vorstellung bei dem Apostel Paulus, BZ II, 1958, 103-127.

Reventlow, H. G., Liturgie und prophetisches Ich bei Jeremia, Gütersloh 1963, 200-I.

Richard, E., Polemics, Old Testament, and Theology. A Study of II. Cor. III,1-IV,6, RB 88, 1981, 340-367.

Richardson, A., An Introduction to the Theology of the New Testament, London 1958.

Richter, G., Studien zum Johannesevangelium, BU 13, Regensburg 1977.

Ridderbos, H., Paulus. Ein Entwurf seiner Theologie, Wuppertal 1970.

Riesner, R., Jesus als Lehrer, WUNT, 2. Reihe, Tübingen [2]1984.

Roberts, J. J. M., Form, Syntax and Redaction in Isaiah 1:2-20, PSB III. Num. 3, Princeton 1982, 293-306.

Robinson, H. W., Corporate personality, in: The Christian Doctrine of Man, Edinburgh [3]1958, 27ff.

- The Hebrew Conception of Corporate Personality, in: Werden und Wesen des Alten Testaments. Hrsg. J. Hempel. BZAW 66, 1936, 49ff.

- The Psychology and Metaphysic of "Thus saith Yahweh", ZATW, 1923, 1-15.

Robinson, J. A., St Paul's Epistle to the Ephesians, London-New York 1904.

Robinson, J. A. T., The Body. A Study in Pauline Theology, London 1952.

Rogers, E. R., ΕΠΟΤΙΣΘΗΜΕΝ Again, NTS 29, 1983, 139-141.

Rogerson, J. W., The Hebrew Conception of Corporate Personality, JThS.NS 21, 1970, 1-16.

Roloff, J., Apostolat - Verkündigung - Kirche, Gütersloh 1965.

Roon, A. van, The Authenticity of Ephesians, Supplements to Novum Testamentum 39, Leiden 1974.

Rost, L., Einleitung in die alttestamentlichen Apokryphen und Pseudepigraphen einschließlich der großen Qumran-Handschriften, Heidelberg 1971.

Rudolph, W., Zu Mal 2,10-16, ZAW 93/1, 1981, 85-90.

Ruiz, J. G., San Pablo: Cartas de la Cantividad, in der Reihe: Christus Hodie I, Madrid 1956.

Sampley, P., And the Two shall become one Flesh. A Study of Traditions in Ephesians 5:21-33, Cambridge 1971.

Sandelin, K.-G., Die Auseinandersetzung mit der Weisheit in 1. Korinther 15 (MÅAF 12), Åbo 1976.

Sanders, P., Paulus und das palästinische Judentum, London ²1981.

Sandmel, S., The First Christian Century in Judaism and Christianity, New York 1969.

- Philo's Place in Judaism. A Study of Conceptions of Abraham in Jewish Literature, New York 1956.

Sasse, H., γῆ, ThWb I, 1932/1933, 676-679.

Schaller, J. B., Gen 1.2. im antiken Judentum, Diss. Göttingen 1961.

Scharbert, J., Ehe/Eherecht/Ehescheidung, TRE IX, 1982, 311-313.

Schelkle, K. H., Israel und Kirche im Alten Testament, in: die Kirche des Anfangs. Für H. Schürmann. Hrsg. R. Schnackenburg u.a., Freiburg/Basel/Wien 1978.

Schenk, W., Der 1. Korintherbrief als Briefsammlung, ZNW 60, 1969.

Schenke, H. M., Der Gott »Mensch« in der Gnosis. Ein religionsgeschichtlicher Beitrag zur Diskussion über die paulinische Anschauung von der Kirche als Leib Christi, Göttingen 1962.

Schenke, H. M./Fischer, K. M., Einleitung in die Schriften des Neuen Testaments I. Die Briefe des Paulus und Schriften des Paulinismus, Gütersloh 1978.

Schlatter, A., Die korinthische Theologie, BFchTh 18/2, Gütersloh 1914.

- Paulus, der Bote Jesu, Stuttgart ³1962.

- Die Theologie des Judentums nach dem Bericht des Josephus, Gütersloh 1932.

Schlier, H., Besinnung auf das Neue Testament, Freiburg/Basel 1961.

- Christus und die Kirche im Epheserbrief, BTTh 6, Tübingen 1930.

- Corpus Christi, RAC III, Stuttgart 1957, 437-453.

- Erbauung, LThK² 3, 1959, Sp. 959ff.

- Der Geist und die Kirche. Exegetische Aufsätze und Vorträge IV, Freiburg/Basel/Wien 1980.

- κεφαλή, ThWb III, 1938, 672-681.

- Mysterium Salutis. Das Heilsgeschehen in der Gemeinde, Bd. IV/1. hrsg. H. Schlier u.a., Zürich/Köln 1972.

- Religionsgeschichtliche Untersuchungen zu den Ignatiusbriefen, Gießen 1929.

- Über die Auferstehung Jesu Christi. Kriterien 10, Einsiedeln 1968.

- Zu den Namen der Kirche, Besinnung des NT 294-306.

- Zum Begriff der Kirche im Eph., ThBl, 1927, 12ff.

Schlier, H./Warnach, V., Die Kirche im Epheserbrief, Münster 1949.

Schmaus, M., Katholische Dogmatik IV/1, München 1952.

Schmidt, H., Die Anthropologie Philons von Alexandreia (Diss. Leipzig), Würzburg 1933.

Schmidt, K. L., ἐκκλησία, ThWb III, 1938, 502-539.

Schmidt, T., Der Leib Christi. Eine Untersuchung zum urchristlichen Gemeindegedanken, Leipzig 1919.

Schmidt, W. H., Königtum Gottes in Ugarit und Israel, BZAW 80, Berlin ²1966.

Schmithals, W., Gnosis in Korinth. Eine Untersuchung zu den Korintherbriefen, FRLANT 66, Göttingen ³1969.

- Die Korintherbriefe als Briefsammlung, ZNW 64, 1973, 263-288.

- Neues Testament und Gnosis. Erträge der Forschung, WB 208, Darmstadt 1984.

- Der Römerbrief als historisches Problem, StNT 9, Gütersloh 1975.

Schmitt, J., Les écrits du Nouveau Testament et le texte de Qumran. Bilan de cinq années de recherches, Revue des Sciences Religieuses 30, Strasbourg 1956, 261-282.

Schnackenburg, R., Die Adam-Christus-Typologie als Vorstellung für das Taufverständnis in Röm. 6,1-14, in: Battesimo e Giutizia in Rom 6 e 8, Ben.MS.BES 2, 1974, 37-55.

- Gottes Herrschaft und Reich, Freiburg ²1961.

- Heilsgeschehen bei der Taufe nach dem Apostel Paulus. Eine Studie zur paulinischen Theologie, MThS.H 1, München 1950.

- Die Kirche im Neuen Testament, QD 14, Freiburg ³1966.

- Mysterium Kirche in der Sicht der theologischen Disziplinen, Vol. 1, Salzburg 1962.

- Die sittliche Botschaft des Neuen Testaments Bd. 1: Von Jesus zur Urkirche, HThK. Supplementband 1, Freiburg 1986.

- Todes- und Lebensgemeinschaft mit Christus, MThZ 6, 1955.

- Wesenszüge und Geheimnis der Kirche nach dem neuen Testament, in: Mysterium Kirche in der Sicht der theologischen Disziplinen, Salzburg 1962, 89-199.

Schneider, J., τιμή, ThWb VIII, 1969, 170-182.

- Rezension von Schlier: Christus und die Kirche, ThLZ 1932, 79-81.

Schniewind, J., καταγγέλλω, ThWb I, 1933, 69-71.

- Die Leugner der Auferstehung in Korinth, in: ders., Nachgelassene Reden und Aufsätze, Berlin 1952, 110-139.

Schoeps, H.-J., Paulus. Die Theologie des Apostels im Lichte der jüdischen Religionsgeschichte, Tübingen 1959.

- Theologie und Geschichte des Judenchristentums, Tübingen 1949.

Scholem, G., Jewish Gnosticism, Merkabah Mysticism, and Talmudic Tradition, New York 1960.

- Die mystische Gestalt der Gottheit in der Kabbala, in: Von der mystischen Gestalt der Gottheit, Studien zu Grundbegriffen der Kabbala, Zürich 1962 (= in: Eranos-Jahrbuch, Bd. XXIX, Zürich 1961).

- Die Vorstellung vom Golem in ihren tellurischen und magischen Beziehungen, in: Eranos-Jahrbuch, Bd. XXII, Zürich 1954, 235ff.

Schottroff, L., Der Glaubende und die feindliche Welt, WMANT 37, Neukirchen-Vluyn 1970.

Schrage, W., Frau und Mann, Stuttgart/Berlin/Köln/Mainz 1980.

- Ist die Kirche das "Abbild des Todes"?, in: Kirche, FS G. Bornkamm, Tübingen 1980, 205-218.

- Die konkreten Einzelgebote in der paulinischen Paränese. Ein Beitrag zur neutestamentlichen Ethik, Gütersloh 1961.

- Leid, Kreuz und Eschaton. Die Peristasenkataloge als Merkmale paulinischer theologia crucis und Eschatologie, EvTh 34, 1974, 141-175.

- Zur Frontstellung der paulinischen Ehebewertung in 1 Kor 7,1-7, ZNW 67, 1976, 214ff.

Schreiner, S., Mischehen - Ehebruch - Ehescheidung, ZAW 91, Berlin/New York 1979, 207-228.

Schrenk, G., δικαιοσύνη, ThWb II, 1935, 194-214.

Schubert, K., Die Gemeinde vom Toten Meer, München/Basel 1958.

- Die jüdischen Religionsparteien in neutestamentlicher Zeit, SBS, Stuttgart 1970.

- Das Problem der Auferstehungshoffnung in den Qumrantexten und in der frührabbinischen Literatur, WZKM 56, 1960, 154-167.

Schürer, E., Geschichte des jüdischen Volkes im Zeitalter Jesu Christi, Bd. I-III, Leipzig [3+4] 1901-1909.

Schürmann, H., Die Gestalt der urchristlichen Eucharistiefeier (1955), in: Ursprung und Gestalt, Düsseldorf 1970, 77-99.

Schulz, S., Die Decke des Moses. Untersuchungen zu einer vorpaulinischen Überlieferung in 2 Kor 3,7-18, ZNW 49, 1958, 1-30.

- Maranatha und Kyrios Jesus, ZNW 53, 1962, 125-144.

- Untersuchungen zur Menschensohnchristologie im Johannesevangelium, Göttingen.

- Zur Rechtfertigung aus Gnaden in Qumran und bei Paulus, ZThK 56, 1959, 155-185.

Schwantes, H., Schöpfung der Endzeit. Ein Beitrag zum Verständnis der Auferweckung bei Paulus, AzTh 12, 1963.

Schweizer, E., Abendmahl im NT, RGG[3], Vol. I, Sp. 10-21.

- Beiträge zur Theologie des Neuen Testaments. (Neutestamentliche Aufsätze, 1955-1970), Zürich 1970.

- The Church as the Missionary Body of Christ, in: Neotestamentica. Aufsätze 1951-1963, Zürich/Stuttgart 1963, 317-329.

- 1. Korinther 15,20-28 als Zeugnis paulinischer Eschatologie und ihrer Verwandtschaft mit der Verkündigung Jesu, in: Jesus und Paulus, FS W. G. Kümmel, Göttingen [2]1978, 301-314.

- Gemeinde und Gemeindeordnung im Neuen Testament, AThANT 35 (1959), Zürich [2]1962.

- Gottesdienst im Neuen Testament und Kirchenbau heute, in: ders., Beiträge zur Theologie des Neuen Testaments, Zürich 1970, 249-261.

- Jesus Christus im vielfältigen Zeugnis des Neuen Testaments, München/Hamburg 1970.

- Das johanneische Zeugnis vom Herrenmahl, in: ders., Neotestamentica, 371-396.

- Die Kirche, in: ders., Beiträge zur Theologie des Neuen Testaments, 237-247.

- Die Kirche als Leib Christi in den paulinischen Antilegomena, TLZ 86, April 1961, 241-256 = in: ders., Neotestamentica, 293-316.

- Die Kirche als Leib Christi in den paulinischen Homologumena, TLZ 86, März 1961, 161-174 = in: ders., Neotestamentica, 272-292.

- Kirchenbegriff im Evangelium und in den Briefen des Johannes, StEv, 1959, 363-381 = in: ders., Neotestamentica, 254-271.

- Die Mystik des Apostels Paulus, Tübingen (1930) [2]1954.

- The Son of Man, JBL LXXIX (1960), 119ff.

- Die Sünde in den Gliedern, in: Abraham unser Vater, FS O. Michel, Tübingen 1963, 437-439.

- πνεῦμα, πνευματικός, ThWb VI, 1959, 413-422.

- (/Meyer, R.), σάρξ, ThWb VII, 1964, 98-151.

- σῶμα, ThWb VII, 1964, 1024-1091.

- ψυχή, ThWb IX, 1973, 635-657.

- Zur Herkunft der Präexistenzvorstellung bei Paulus, in: ders., Neotestamentica, 105-109.

Scroggs, R., The Last Adam. A Study in Pauline Anthropology, Philadelphia/London, 1962.

Seesemann, H., Der Begriff ΚΟΙΝΩΝΙΑ im NT, BZNW 14, Gießen 1933.

- Rezension von Käsemann: Leib und Leib Christi, ThLZ LIX 1934, 6-8.

Seidelin, P., Der Ebed Jahwe und die Messiasgestalt in Jesajatargum, ZNW 35, 1936.

Seitz, O. J., One Body and One Spirit. A Study of the Church in the New Testament. Greenwich 1960.

Shedd, R. P., Man in Community. A Study of St. Paul's Application of Old Testament and Early Jewish Conception of Human Solidarity, London 1958.

Siber, P., Mit Christus leben. Eine Studie zur paulinischen Auferstehungshoffnung, AThANT 61, 1971.

Sjöberg, E., Das Licht in dir, Studia Theologica 5, 1952, 89-105.

Smith, W. R., Kinship and Marriage in Early Arabia (1885), London [4] 1903.

Soden, H. Frhr. v., Sakrament und Ethik bei Paulus, MThSt. Heft 1, Gotha 1931, 1-40. Auch in: Das Paulusbild in der neueren deutschen Forschung. Hrsg. K. H. Rengstorf, WdF 24, 1964, 338-379.

Soiron, Th., Die Kirche als der Leib Christi, Düsseldorf 1951.

Spicq, C., Bulletin de Théologie biblique. Nouveau Testament, RSPhTh 23 1934, 120-128.

Spörlein, B., Die Leugnung der Auferstehung. Eine historisch-kritische Untersuchung zu 1. Kor 15, BU 7, Regensburg 1971 (Diss. 1969).

Stacey, W. D., The Pauline View of Man in Relation to its Judaic and Hellenistic Backgrounds, London 1956.

Stählin, G., νῦν, ThWb IV, 1942, 1099-1117.

- κοπετός - ἀποκόπτω, ThWb III, 1938, 829-855.

Staerk, W., Die Erlösererwartung in den östlichen Religionen. Untersuchung zu den Ausdrucksformen der biblischen Christologie, Soter II, Stuttgart/Berlin 1938.

Stalder, K., Das Werk des Geistes in der Heiligung bei Paulus, Zürich 1962.

Stanley, D. M., Christ's Resurrection in Pauline Soteriology, AnBib 13, Roma 1963.

Stauffer, E., γαμέω, ThWb I, 1933, 646-655.

Steck, O. H., Die Aufnahme von Gen 1 in Jubiläen 2 und 4 und 4. Esra, JStJud 8, 1977, 154-182.

- Israel und das gewaltsame Geschick der Propheten, WMANT 23, Neukirchen 1967.

Stendahl, K., Kirche, RGG[3] III, 1300f.

Steiner, A., Warum lebten die Essener asketisch?, BZ 15, 1971, 1-28.

Stenger, W., Beobachtungen zur Argumentationsstruktur von 1 Kor 15, Ling Bibl 45, Bonn 1979, 71-138.

Strathmann, H., λαός, ThWb IV, 1942, 49-57.

Strecker, G., Redaktion und Tradition im Christushymnus Phil 2,6-11, ZNW 55, 1964, 63-78.

Stuhlmacher, P., Achtzehn Thesen zur paulinischen Kreuzestheologie, in: Rechtfertigung, FS E. Käsemann 1976, 509-526.

- Das Bekenntnis zur Auferweckung Jesu von den Toten und die Biblische Theologie, in: ders., Schriftauslegung auf dem Weg zur biblischen Theologie, Göttingen 1975, 128-166.

- Biblische Theologie als Weg der Erkenntnis Gottes, JBTh 1, 1986, 91-114.

- Das Ende des Gesetzes. Über Ursprung und Ansatz der paulinischen Theologie, ZThK 67, 1970, 14-39. Auch in: ders., Versöhnung, Gesetz und Gerechtigkeit, Göttingen, 166-191.

- Erwägungen zum ontologischen Charakter der καινή κτίσις bei Paulus, EvTh 27 (1967), 1-35.

- Existenzstellvertretung für die Vielen: Mk 10,45 (Mt 20,28), in: Werden und Wirken des Alten Testaments, FS C. Westermann. Hrsg. R. Albertz/H.-P. Müller/H. W. Wolff/W. Zimmerli, Göttingen/Neukirchen-Vluyn 1980, 412-427.

- Gerechtigkeit Gottes bei Paulus, FRLANT 95, Göttingen 1968.

- Die Gerechtigkeitsanschauung des Apostels Paulus, in: ders., Versöhnung, Gesetz und Gerechtigkeit, 87-116.

- Das Herrenmahl im Neuen Testament. Das missionarische Wort. Zeitschrift für Verkündigung und Gemeindeaufbau 36, 1983, 47-56.

- Das neutestamentliche Zeugnis vom Herrenmahl, ZThK 84/1, Tübingen 1987, 1-35.

- Das paulinische Evangelium I: Vorgeschichte, FRLANT 95, Göttingen 1968.

- Theologische Probleme gegenwärtiger Paulusinterpretation, ThLZ 98, 1973, 721-732.

- Versöhnung, Gesetz und Gerechtigkeit. Aufsätze zur biblischen Theologie, Göttingen 1981.

- Zum Thema: Biblische Theologie des Neuen Testaments, in: Biblische Theologie heute. Hrsg. K. Haacker u.a., Neukirchen 1977, 39-60.

- Zur paulinischen Christologie, ZThK 74, 1977, 449-463.

Stuhlmüller, C., Creative Redemption in Deutero-Isaiah, AnBib, Rom 1970.

Suhl, A., Paulus und seine Briefe. Ein Beitrag zur paulinischen Chronologie, StNT 11, Gütersloh 1974.

Sutcliffe, E. F., The Monks of Qumrân as Depicted in the Dead Sea Scrolls, London 1960.

- Providence and Suffering in the Old and New Testament, London 1953.

Taylor, V., Jesus and his sacrifice. A Study of the passion-sayings in the Gospels, London 1943.

- The Names of Jesus (1953), London [2] 1960.

- The Passion Narrative of St. Luke. Hrsg. O. E. Evans, Cambridge 1972.

Tcherikover, V. A., Hellenistic Civilization and the Jews, Philadelphia (1959), [3]1966.

Thackeray, H. S. J., Josephus, the Man and the Historian, New Qork 1929.

Theiler, W., Philo von Alexandria und der Beginn des kaiserzeitlichen Platonismus, in: Parusia, FS J. Hirschberger, Frankfurt/Main 1965, 199-218.

Theissen, G., Psychologische Aspekte paulinischer Theologie, Göttingen 1983.

- Soziale Integration und sakramentales Handeln: Eine Analyse von 1 Cor. XI, 17-34. NovT 24, 1974, 179-205. Auch in: ders., Studien zur Soziologie des Urchristentums. WUNT 19, Tübingen 1979, 290-317.

Thoma, C., Christliche Theologie des Judentums, Aschaffenburg 1978 (= A Christian Theology of Judaism, translated by H. Croner, New York 1980).

Thompson, G. H. P., Ephesians 3,13 and 2 Timothy 2,10 in the Light of Colossians 1,24, ExpT 71, 1959/1960, 187-189.

Thornton, L. S., The Body of Christ, in: The Apostolic Ministry. Hrsg. K. E. Kirk, 1946.

- The Common Life in the Body of Christ, London [2]1946.

Thüsing, W., Erhöhung und Verherrlichtung Jesu im Johannesevangelium, NTA 21.1/2. NTA 21.1/2, Münster/Westfalen 1960.

- Per Christum in Deum. Studien zum Verhältnis von Christozentrik und Theozentrik in den paulinischen Hauptbriefen, NTA NF 1, Münster 1965.

Tödt, H. E., Der Menschensohn in der synoptischen Überlieferung, Gütersloh (1959), [2]1963.

Unnik, W. C. van, Flavius Josephus als historischer Schriftsteller, Heidelberg 1978.

Urbach, E. E., The Sages. Their Concepts and Beliefs. I u. II, Jerusalem 1975.

Usami, K., How are the Dead Raised? (1 Kor 15,35-58), Bib 57, Rom 1976, 468-493.

Vermes, G., The Dead Sea Scrolls. Qumran in Perspective, London 1977.

Vermeyler, J., Du prophète Isaïe à l'Apocalyptique. Isaïe, I-XXXV, miroir d'un demi-millénaire d'expérience réligieuse en Israël, I-II, Paris 1977-1978.

Via, D. O., The Church as the Body of Christ in the Gospel of Matthew, SJTh 11, 1958, 271ff.

Vielhauer, Ph., Geschichte der urchristlichen Literatur. Einleitung in das Neue Testament, die Apokryphen und die Apostolischen Väter, Berlin/New York 1975.

- Oikodome. Das Bild vom Bau in der christlichen Literatur vom NT bis Clemens Alexandrinus (Diss. Heidelberg), Karlsruhe/München 1939, auch in: ders., Oikodome (unveränd. ND). Hrsg. G. Klein, München 1979.

Volz, P., Die Eschatologie der jüdischen Gemeinde im neutestamentlichen Zeitalter, nach den Quellen der rabbinischen, apokalyptischen und apokryphen Literatur, Tübingen 1934.

Wächter, L., Der Einfluß platonischen Denkens auf rabbinische Schöpfungsspekulationen, ZRGG 14, 1962.

Wagner, S., בנה, ThWAT I, 1973, 689-706.

- Die Essener in der wissenschaftlichen Diskussion vom Ausgang des 18. bis zum Beginn des 20. Jahrhunderts, BZAW 79, Berlin 1960.

Wanke, J., κλάω / κλάσις, EWNT 2, 1980, Sp. 729-732.

- Beobachtungen zum Eucharistieverständnis des Lukas auf Grund der lukanischen Mahlberichte, EThS 8, Leipzig 1973.

Wedderburn, J. M. A., The Body of Christ and related Concepts in 1 Corinthians, SJTh 24, 1971, 74-96.

- Philo's "Heavenly Man", NovT 15, Leiden 1973, 301-326.

Weiss, H., The Law in the Epistle to the Colossians, CBQ 34, 1972, 294-314.

Weiss, H. F., Untersuchungen zur Kosmologie des hellenistischen und palästinensischen Judentums, TU 97, Berlin 1966.

- "Volk Gottes" und "Leib Christi". Überlegungen zur paulinischen Ekklesiologie, ThLZ 102, 1977, 411-420.

Wellhausen, J., Einleitung in die drei ersten Evangelien, Berlin (1905) [2] 1911.

Wengst, K., Bedrängte Gemeinde und verherrlichter Christus. Der historische Ort des Johannesevangeliums als Schlüssel zu seiner Interpretation (BTS 5), Neukrichen 1981.

- Christologische Formeln und Lieder des Urchristentums (Diss. Bonn 1967), StNT 7, Gütersloh 1972.

Wenschkewitz, H., Die Spiritualisierung der Kultusbegriffe Tempel, Priester und Opfer im Neuen Testament, Angelos 4, 1932, 70-230.

Werbick, J., Versöhnung durch Sühne?, in: Sühne und Versöhnung. Theologie zur Zeit 1. Hrsg. J. Blank, Düsseldorf 1986, 92-117.

Werner, W., Eschatologische Texte in Jesaja 1-39. Messias, Heiliger, Rest, Völker, Würzburg 1982.

- Israel in der Entscheidung. Überlegungen zur Datierung und zur theologischen Aussage von Jes. 1,4-9, in: Eschatologie, FS E. Neuhäusler, St. Ottilien 1981.

Westermann, C., Erträge der Forschung am Alten Testament, München 1984.

- Forschung am Alten Testament, TB 24, München 1964, 266-305.

- Genesis 1-11, Erträge der Forschung, Darmstadt (1972) [2] 1976.

- Die theologische Bedeutung der Urgeschichte (Oslo 1973), in: Forschung am Alten Testament, 19ff.

Wette, M. W. L. de, Kurze Erklärung der Briefe an die Korinther, KEH 2/2, Leipzig (1841) [2] 1845.

Wettstein, J. J., Novum Testamentum Graecum 2, Amsterdam 1751/1752, ND (Graz) 1962.

Wetter, G. P., Die Auffassung des Apostels Paulus vom Abendmahl, ZNW 14, 1913, 202-215.

Whitely, E. H., Christology,Studies in Ephesians. Hrsg. F. L. Cross, 1956, 54f.

Whitely, D. E. H., The Theology of St. Paul, Philadelphia 1964.

Whybray, R. N., Isaiah 40-66, NCeB, London 1975.

Widengren, G., The Great Vohu Manah and the Apostle of God, Studies in Iranian and Manichaean Religion, UUÅ 1945, 5.

- Der iranische Hintergrund der Gnosis, ZRGG 4, Jg. 1952, 97-114.

Wikenhauser, A., Die Christusmystik des heiligen Paulus, Münster 1928.

- Die Kirche als der mystische Leib Christi nach dem Apostel Paulus, Münster (1937) [2]1940.

Wikenhauser, A./Schmid, J., Einleitung in das Neue Testament, Freiburg/Basel/Wien (1961) [6] 1973 (bearb.).

Wilcke, H. A., Das Problem eines messianischen Zwischenreiches bei Paulus, AThANT 51, Zürich/Stuttgart 1967.

Wilckens, U., Auferstehung, ThdTh 4, Stuttgart/Berlin 1970.

- Bekehrung des Paulus als religionsgeschichtliches Problem, Rechtfertigung als Freiheit, Neukirchen 1974.

- Christologie und Anthropologie im Zusammenhang der paulinischen Rechtfertigungslehre, ZNW 67, FS G. Bornkamm, 1976, 64-82.

- Christus, der "letzte Adam", und der Menschensohn, in: Jesus und der Menschensohn. Hrsg. R. Resch u. R. Schnackenburg, Freiburg/Basel/Wien, 1975, 387ff.

- Eucharistie und Einheit der Kirche, KuD 25, Göttingen 1979, 67-85.

Wildberger, H., Königsherrschaft Gottes. Jesaja 1-39. Teil 1: Das Buch. Der Prophet Jesaja und seine Botschaft, Neukirchen 1984; Teil 2, 1984.

Wilkens, W., Zeichen und Werke. Ein Beitrag zur Theologie des 4. Evangeliums in Erzählungs- und Redestoff, Zürich 1969.

Wilson, R. McL., Philo of Alexandria and Gnosticism, Zeitschrift für Religionswissenschaft und Theologie, Kairo XIV, 1972.

Winter, M., Pneumatiker und Psychiker in Korinth, MThSt 12, Marburg 1975.

Winter, P., Sadokite Fragments IV 20,21, ZAW 68, 1956, 82ff.

Wolff, H. W., Anthropologie des Alten Testaments, München [4] 1984.

- Jesaja 53 im Urchristentum, (Bethel 1942), Gießen [4]1984.

Wood, H. G., The Conversion of St. Paul. Its Nature, Antecedents and Consequences, NTS 1, 1954/1955.

Wrede, W., Paulus (1904) [2] 1907.

Yadin, Y., A Note on DSS IV 20, JBl 74, 1955, 41ff.

- Die Tempelrolle, München 1985.

Yamauchi, M., Die Auferstehung (Japanisch), Tokyo 1979.

Ziesler, J. A., The Meaning of Righteousness in Paul, NTS.MS 20, Cambridge 1972.

Zimmermann, H., Die Sammelberichte der Apostelgeschichte, BZ. NF 5, 1961, 73ff.

Zuntz, G., The Text of the Epistles. A disquisition upon the Corpus Paulinum, London 1953.

Monographien und Studienbücher